抗日战争时期中国人口伤亡和财产损失调研丛书

主　编　李忠杰

副主编　李　蓉　姚金果

　　　　霍海丹　蒋建农

福建省抗日战争时期人口伤亡和财产损失

福建省委党史研究室　编

中共党史出版社

图书在版编目(CIP)数据

福建省抗日战争时期人口伤亡和财产损失/福建省委党史研究室编.
—北京:中共党史出版社,2015.9
(抗日战争时期中国人口伤亡和财产损失调研丛书/李忠杰主编)
ISBN 978-7-5098-3235-6

Ⅰ.①福… Ⅱ.①福… Ⅲ.①抗日战争-损失-史料-福建省
Ⅳ.①K265.06

中国版本图书馆 CIP 数据核字(2015)第 197515 号

出版发行:**中共党史出版社**
责任编辑:贾京玉
复　　审:姚建萍
终　　审:汪晓军
责任校对:龚秀华
责任印制:谷智宇
责任监制:贺冬英
社　　址:北京市海淀区芙蓉里南街6号院1号楼
邮　　编:100080
网　　址:www.dscbs.com
经　　销:新华书店
印　　刷:北京汇林印务有限公司
开　　本:170mm×240mm　1/16
字　　数:717 千字
印　　张:38.75　16 面前插
印　　数:1—3000 册
版　　次:2015 年 9 月第 1 版
印　　次:2015 年 9 月第 1 次印刷
　ISBN　978-7-5098-3235-6
定　　价:80.00 元

此书如有印制质量问题,请与中共党史出版社出版业务部联系
电话:010—82517197

《抗日战争时期中国人口伤亡和财产损失调研丛书》

本课题在中共中央党史研究室室委会领导下进行。先后三位时任主任孙英、李景田、欧阳淞对本课题给予了重要指导。

主　编　李忠杰

副主编　李　蓉　姚金果　霍海丹　蒋建农

参加审稿的领导和专家：

一、中共中央党史研究室领导和专家

　　　曲青山　孙　英　龙新民　陈　威　石仲泉

　　　谷安林　张树军　黄小同　黄如军　李向前

　　　陈　夕　任贵祥　郑　谦　王　淇　黄修荣

　　　刘益涛　韩泰华

二、有关部门和单位的专家

　　　李景田（第十二届全国人大常委、民族委员会主任
　　　　　　　委员；中共中央党史研究室原主任；中共
　　　　　　　中央党校原常务副校长）

　　　何　理（中国人民解放军国防大学少将、教授、中
　　　　　　　国抗日战争史学会会长）

　　　支绍曾（中国人民解放军军事科学院少将、原军事
　　　　　　　历史研究部副部长、研究员）

罗焕章（中国人民解放军军事科学院研究员）

刘庭华（中国人民解放军军事科学院原军事历史研
究部研究室主任、研究员、博士生导师、
首席军史专家）

阮家新（中国人民革命军事博物馆原副馆长、研究员）

步　平（中国社会科学院近代史研究所原所长、研
究员）

汤重南（中国社会科学院世界历史研究所研究员、
中国日本史学会名誉会长）

姜　涛（中国社会科学院近代史研究所研究员）

荣维木（《抗日战争研究》原主编）

郭德宏（中共中央党校党史教研部原主任、教授、
博士生导师）

肖一平（中共中央党校党史教研部教授）

杨圣清（中共中央党校党史教研部教授）

李东朗（中共中央党校党史教研部教授、博士生
导师）

徐　勇（北京大学历史系教授、博士生导师）

李良志（中国人民大学中共党史系教授）

王桧林（北京师范大学教授、博士生导师）

谢忠厚（河北省社会科学院原现代史研究所所长、
历史研究所顾问、研究员）

中共中央党史研究室课题组成员

李忠杰　霍海丹　李　蓉　姚金果　李　颖
王志刚　王树林　杨　凯

《抗日战争时期中国人口伤亡和财产损失调研丛书》

总　序

中共中央党史研究室副主任　李忠杰

　　发生在 20 世纪三四十年代的中国人民抗日战争，是中华民族抵抗日本帝国主义侵略的一场规模巨大的战争，是世界反法西斯战争的重要组成部分和东方主战场，是近代以来中国反对外敌入侵第一次取得完全胜利的民族解放战争。中国人民抗日战争的胜利，成为中华民族由衰败走向振兴的重大转折点，也对世界各国人民取得反法西斯战争的胜利、争取世界和平的伟大事业产生了巨大影响。

　　这场战争，作为世界反法西斯战争的一部分，从根本上来说，是反法西斯正义力量与法西斯侵略势力之间的一场大决战，是文明与野蛮的一场大搏斗。日本侵略者，站在法西斯阵营一边，不仅与中国人民为敌，而且与世界人民为敌，肆意践踏人类的公理和正义，企图以残暴杀戮的手段，将中华民族置于自己的铁蹄之下。日本侵略者先后占领了中国、东南亚、南亚、大洋洲许多国家的领土，杀害居民，掠夺物资，强征劳工，施放毒气，蹂躏妇女和儿童，毁坏和窃取文物，造成了大量人员和财产的损失，给中国人民和亚洲其他许多国家人民留下了巨大的创伤，给世界文明造成了空前的破坏。

　　中国是受战争摧残最为严重的国家。从 1931 年到 1945 年的 14 年间，日本侵略者先后占领了东北、华北、华中、华南等大片中国最重要的经济政治文化战略地区。在整个战争进程中，日军到处屠杀、焚烧、抢掠、奸淫，使中国人民的生命财产惨遭蹂躏；大量使用生化武器，进行残酷的细菌战和化学战；把大批中国平民和俘虏当作细菌和毒气的试验品；对无辜的中国平民施放毒气，或在河流、湖泊、水井中投毒；掠走大批中国劳工，强迫他们筑路、开矿、拓荒，从事大型军事工程，使其大批冻、饿、病、累而死；强征中国妇女作为"慰安妇"，严重残害妇女的身心健康；对抗日根据地实行"烧光、杀光、抢光"政策，企图摧毁抗战军民起码的生存条件；在许多地方还制造了一系列触目惊心的大惨案。直至今天，日本侵略所造成的后果还难以完全消除，日军遗留的毒气弹还不时地威胁着中国人民的生命安全。

日本侵略者的罪行，违背了起码的人类良知和国际公法，不仅是对人权和人道主义的践踏，而且是对人类文明的挑战。它决不是如某些日本右翼分子所说是解放亚洲和太平洋地区人民的行动，而是亚洲和太平洋地区历史上最黑暗的一幕，是人类文明史上的一场浩劫。第二次世界大战结束后，根据《波茨坦公告》的规定，远东国际军事法庭在东京对日本首要战犯进行了国际审判，确认侵略战争为国际法上的犯罪，策划、准备、发动或进行侵略战争者为甲级战犯。此外，盟军还在马尼拉、新加坡、仰光、西贡、伯力等地，对日本的乙、丙级战犯进行了审判。中国也先后对日本的有关战犯进行了审判。这些审判，与欧洲的纽伦堡审判一起，使发动侵略战争的罪犯受到了应有的惩处，代表了全世界一切爱好和平人民的共同愿望。这是正义的审判，历史的审判！这一审判的结果是不容挑战的！

策划和制造当年这场战争的，是一小撮日本军国主义和法西斯分子。而日本人民，从根本上来说，也是受害者。所以，日本人民也用不同方式对这场战争进行了抵制和反抗。不少参加侵华战争的士兵认识到战争的性质，幡然悔悟，积极参加了国际和日本国内的反战活动。战后，很多人勇敢面对历史事实，以见证人的身份揭露了日本军国主义的罪行。还有很多当年的士兵，真诚忏悔战争的罪行，以实际行动推动世界和平和中日友好，做了很多有益的工作。他们的良知和勇气，应该得到充分的肯定和赞赏。

相反，日本国内一些右翼势力，直到今天仍然否认侵略战争的性质和罪行，竭力推卸侵略战争的责任。对早已由当年远东国际军事法庭作出严正判决的南京大屠杀一案，始终企图翻案。历史不容改变，事实岂能抹杀！企图歪曲历史，掩盖罪行，这是中国人民绝对不能同意的！

中国人民在当年那场战争中的胜利，是正义战胜邪恶、光明战胜黑暗、进步战胜反动的伟大胜利！是正义的胜利、人民的胜利、和平的胜利！既是中华民族永远值得纪念的胜利，也是世界人民永远值得纪念的胜利！但是，在纪念胜利的同时，我们不要忘记，这一胜利是用极为惨重的代价换来的。在这一伟大胜利的背后，是中华民族遭受的巨大人员伤亡和财产损失！中华民族，既为这场战争的胜利作出了巨大的贡献，也在这场战争中付出了巨大的民族牺牲。

1995 年，江泽民同志在首都各界纪念抗日战争暨世界反法西斯战争胜利 50 周年大会上，对当年日本侵略中国造成巨大人口伤亡和财产损失的基本数据作出了重要表述。2005 年，胡锦涛同志在纪念中国人民抗日战争暨世界反法西斯战争胜利 60 周年大会的讲话中，再次郑重宣布，据不完全统计，在抗日战争期间，中国军民死伤 3500 多万人；按 1937 年的比值折算，中国直接经济损失 1000 多亿美元，间接经济损失 5000 多亿美元。中国领导人公开宣布的基本数据，从整体上揭示了中国人口伤亡和财产损失的规模，有力地揭露了日本军国主义侵略的罪行。

数据，是历史的抽象。数据的背后，是大量的事实、确凿的证据，是无数人们的惨痛记忆和血泪控诉。为了更直接、更具体、更全面、更系统、更立体地还原当年的历史，展示中国人民遭受的灾难和损失，揭露日本军国主义的罪行，驳斥日本右翼势力否认侵略罪行的种种言论，我们必须通过更多档案资料的展示、历史文书的挖掘、具体事实的考查、当事人的证词证言、各种各样的物证书证，等等，将侵略者的罪行昭告天下。因此，作为炎黄子孙，作为郑重的历史工作者，有必要、有责任、有义务、也有权利对战争期间中国的人口伤亡和财产损失进行更加系统、详尽、具体的调查研究，将当年中国人民的巨大牺牲和惨重损失永远地记载下来。

这项调查研究工作，本来在抗日战争结束之后，或者在新中国成立时，就应该进行。但由于种种历史原因，未能系统、全面地进行。由于年代久远，资料散失，在世的证人越来越少，现在进行这方面的调查和研究已经有很大困难。但是，无论早晚，这项工作总得有人来做。现在才做，已经晚了几十年。但如果现在再不做，将来就更晚，也更困难了。所以，无论再困难，做，都是必要的。做好这项调研，是对历史负责、对人民负责、对当年的牺牲殉难者负责、对我们的子孙后代负责。根本上，是对整个中华民族负责，也是对国际社会和人类文明负责。

因此，2004 年，中央党史研究室决定开展《抗日战争时期中国人口伤亡和财产损失》的课题调研。从 2005 年开始，组织全国党史部门围绕这一重大课题，开展了系统深入的调研工作。其基本任务，是按照实事求是的原则，调查更加详实、有力、具体、准确的档案、材料、事实，更加清楚准确地掌握日本军国主义的侵略罪行，更加清楚准确地掌握日本侵略在各个不同领域、地区和方面对中国造成的破坏和损失。其中包括：各个省、自治区、直辖市在抗战中的人口伤亡和财产损失情况；历次重大战役战斗中国军队伤亡的情况；日本从中国掠走各种资源的情况；日本从中国掠走和破坏文物的情况；日军在中国制造的一系列重大惨案；中国劳工的损失情况；中国妇女遭受日军性侵犯的情况，包括"慰安妇"的情况；日军在中国使用细菌武器、化学武器及其造成伤害的情况；日本侵略在其他方面给中国造成破坏的情况；等等。

课题调研的整体布局，实行块块和条条的结合。每个省、自治区、直辖市党史研究室，主要负责把本区域内的情况调查清楚。也可根据实际情况，选择一些重点，进行专题性的调研，形成专题性的研究成果。一些重要专题，单靠某个省（自治区、直辖市）做不了，就采取条条的办法，组织专题性的调研。还有一些，则是条条与块块相结合。如毒气，日军在不同区域使用过，有关的省（自治区、直辖市）都调查。但作为一个专题，由相关的区域进行协调，配合开展调研工作，并形成专项的调研成果。如劳工、性侵犯等，就大致属于这种类型。

课题调研的方式方法，主要是查阅和搜集档案文献资料，包括不同历史时期的统计报表。同时查阅当时有关的报刊资料，查阅多年来涉及有关地方、有关课题的研究成果。对一些特殊的重大事件，特别是重大惨案等，也同时进行社会调查，对当事人、知情人、有关研究人员等进行走访，记录证词证言。对于特别重要的事件，有条件的，还进行必要的司法公证，如南京大屠杀、潘家峪惨案等，使这些调查都成为在法律上可以采信的证据。根据需要与可能，也到国外境外包括台湾地区查阅搜集档案资料。

中央党史研究室进行了大量组织和指导工作。在课题确定前，首先进行了必要的论证，得到了许多专家的支持。随后，制定了详细的工作方案，向各省、自治区、直辖市党史研究室发出正式通知和实施意见，明确了工作的指导思想、组织领导、调研项目、工作步骤、基本要求、注意事项等等。为了提高认识，振奋精神，交流经验，落实措施，专门召开了工作培训会议，就课题的总体规划、调研方法、需要把握的问题等，作了全面部署，特别是提出了把调研工作做成"基础工程、精品工程、警世工程、传世工程"的要求。多年来，一直分阶段、有步骤地把这项课题调研推向前进。有关领导和专家分别到各地参加会议，指导培训，提出要求，统一规格，解答疑难问题。在调研过程中，随时就有关问题进行具体指导。工作班子及时编发简报和简讯，交流情况和经验。

各级党委和政府高度重视。多数地方成立了由党史研究室领导负责的课题组。各地先后召开工作会议、电话会议等，培训人员，落实任务。许多地方形成了由党史研究室牵头，档案、民政、财政、司法、地方志、社科院以及高校等部门单位联合攻关的局面，保证了调研工作扎扎实实、有计划有步骤地向前推进。

《抗日战争时期中国人口伤亡和财产损失》课题调研先后经历了六个阶段。第一，酝酿启动。第二，全面调研。这是最重要的阶段。各地组织专门人员，查询档案，实地走访，搜集了大量资料。第三，起草报告。凡参加调研的县以上单位，都要在搜集整理、考证研究档案文献资料和进行实地调查的基础上，写出调研报告，全面、准确地反映调研成果。同时，将调研中搜集的档案文献资料进行分类整理，制作统计表、大事记和人员伤亡名录等。第四，分级验收。为保证调研成果的科学性、准确性、严肃性，各省、自治区、直辖市调研报告都要经过四级验收。首先由课题领导小组审查通过，然后聘请所在省份资深专家审读验收，合格后报送中央党史研究室课题组。中央党史研究室课题组审读各省、自治区、直辖市的调研报告及相关调研成果，认为合格后，再聘请有全国影响的专家审读，写出书面意见并亲笔署名。根据审读意见，各地都要反复认真进行修改，只有达到规定要求才能通过验收。第五，上报成果。完成调研工作的省、自治区、直辖市，都按统一要求，将调研中收集的档案文献资料等所有文件，精心整理，分类成册，向中央党史研究室提交调研成果。各市县也要逐级向省级报送。第六，反复审核。中央党史研究室召开审稿会，组织各省、自治区、直辖市按照标准自审，相互间互审，将各种材料进行比对，将有关数据核实，解决带有共性的问题，进一步统一标准、统一规范、统一格式。

这项课题调研，作为一项浩大的工程，到目前为止，进行了将近 10 年之久。前后共有 60 多万党史工作者、史学工作者和其他各类有关人员参加。将近 10 年来，各个地方都周密组织，采取有力措施推动工作开展，保证调研质量。如山东省，先在 30 个县（市、区）进行试点，然后在全省普遍推开，形成了纵向省市县乡村五级联动、步调一致，横向十几个部门优势互补、携手攻关的工作格局。课题调研期间，山东省参加工作的同志共查阅档案 238742 卷，复印档案资料 406912 页，查阅抗战期间及战后出版的书刊 61301 册（期），复制文献资料 220177 页。走访调查 8 万余个行政村、609 万名 70 岁以上（即 1937 年全国性抗战爆发以前出生）老人中的 507 万余人，收集证言证词 79 万余份。拍摄照片资料 7376 幅、录像资料 49678 分钟，制作光盘 2037 张。全省 1931 个乡镇，每个乡镇都建立了包括证人证言证词、伤亡人员名录、财产损失清单、人员伤亡和财产损失数字统计、人员伤亡和财产损失大事记、重大惨案证据材料以及证人和知情人口述录音、录像、照片等内容的抗战时期人口伤亡和财产损失材料卷宗，共 12892 个。

这项课题调研，也得到了社会各界特别是档案图书部门、专家学者的普遍支持。许多档案馆、图书馆为这次调研提供各种方便。不少专家学者在教学科研任务繁重、经费困难的情况下，承担专题研究任务。有的外请专家利用学校假期全力以赴做课题，缺少交通工具，就以自行车代步或徒步，到档案馆和图书馆查阅文献资料。

为了扩大搜寻面，中央党史研究室还组织查档小组，分赴美国、俄罗斯、日本，搜集了许多抗战史料。很多地方的课题组都到台湾查档。在台北"国史馆"、中国国民党党史馆、"中央研究院"近代史研究所档案馆等，找到了数量巨大、整理比较细致的抗战档案。台北"国史馆"馆藏的国民党在大陆统治时期行政院赔偿委员会档案，涉及抗战时期中国人口伤亡和财产损失的有8924卷，内容十分翔实具体。既有中央机关、军队系统人口伤亡和财产损失情况，也有地方省、市，县、区和个人填报的资料，包括台湾地区和华侨的档案资料。新疆防空委员会也报送有财产损失材料，如修筑防空工事、疏散费等财产损失。重庆市报送有日机空袭慰恤重伤难胞姓名卡，上面有卡号、伤员姓名、性别、年龄、籍贯、受伤时间、受伤地点、犒金额、发犒金时期、所住医院名称、医院地址、入院时间等，受伤部位还配有图片加以说明。所有这些，为查明当时各方面的人口伤亡和财产损失，提供了重要证据。

　　这项重大课题调研的成果，均编成《抗日战争时期中国人口伤亡和财产损失调研丛书》公开出版，为国内外学者提供并为子孙后代留下一份关于抗战时期中国人口伤亡和财产损失的系统资料。经过验收、审核合格的调研报告和主要档案文献资料，都按统一体例，编辑成为丛书的A、B两个系列。A系列为各省、自治区、直辖市各一本调研成果，以及若干重要专题的调研成果，由中央党史研究室负责审核。B系列为各省、自治区、直辖市的其他大量调研成果，由各省、自治区、直辖市党史研究室负责审核。全部成果统一设计、统一规格、统一版式、统一编号，由中共党史出版社统一出版。全部出齐之后，将有300本左右。

　　为了集中反映日本侵略者在中国制造的各种重大惨案，我们专门编纂了一套《抗日战争时期全国重大惨案》，收录抗战时期死伤平民（或以平民为主）800人以上的重大惨案100多个，配以档案、文献、口述及照片等作为历史证据。日本一些右翼分子，常常攻击中国为什么不拿出伤亡人员名单。我们专门安排了一个省，即山东省，公布该省具体的伤亡人员名录（第一批先公布该省100个县＜市、区＞的死难人员名录），包括姓名、籍贯、年龄、性别、伤亡时间等多项要素。以此说明，中国的伤亡人员都是有根有据、铁证如山的。

历史的生命在于真实、客观、准确。《抗日战争时期中国人口伤亡和财产损失》这一课题调研的生命也在于真实、客观、准确。所以，在开展这一课题调研的过程中，我们始终把保证调研质量，保证所有材料、事实、成果的真实性、客观性和准确性放在第一位，并在五个重要环节上严格要求、严格把关。第一，严格要求。一开始就明确规定，课题调研工作坚持实事求是的原则和科学严谨的态度。整个调研工作必须尊重历史事实。档案怎么记录的，就怎么记载，不能随意改变。当事人、知情人怎么说的，就怎么记录，不能随意加工。所有的材料、事实都要经得起法律上和学术上的质证。在需要与可能的情况下，对当事人、知情人的证词证言要进行司法公证。各种数据，都要确有根据，不能随便编排、采信。不许追求任何高数字、高指标。第二，统一规范。对课题调研的项目、内容，都做了认真细致的研究，提出了统一要求和严格规范。对全部调研项目设计了统一的表格，对调研报告的内容和格式做了统一规定。每个数字的内涵外延，包括如何计算、如何换算等等，都有明确的规定。事前对调研人员进行了培训。调研过程中，对没有理解的问题、疑难的问题等，都由专家给予统一的解释、说明。第三，责任到人。对所有参与课题调研的人员，都实行责任制。查档的、笔录的、整理的、起草调研报告的、审读的……，每个环节的人员都要签名，以对这一环节自己的工作负责，对子孙后代负责。明确规定，今后凡遇到质疑，有关环节的调研人员都要能够站出来进行证明、解释和辩论。第四，客观撰写。在汇总情况、起草调研报告阶段，要求所有的数据统计都必须客观、真实、准确。一律用事实说话，材料要具体、实在。不允许像写文艺作品那样来写调研报告；不允许作任何想象、编造和煽情性的描写；不允许刻意追求语言的生动华美；不允许使用任何带有夸张性、主观推断性的文字；不允许用"不计其数"、"无恶不作"这类抽象的形容词来概括相关内容；经过调研，凡是能够说清的事实、数字都予采用，但仍然说不清的情况、数据，就客观地说明未查核清楚，在汇总和整理数据时充分考虑这些因素，绝对不得编造数字。第五，逐级验收。除了在调研过程中由特聘的专家随时给予指导外，对各地提交的调研报告和相关材料，都实行逐级验收制度。其中，对省级调研成果实行由地方到中央的四级验收，其他调研成果由有关省、自治区、直辖市党史研究室组织验收。每一验收环节都要有专家审读、签字。凡存在问题和不符合要求之处，都要退回重新核查和修改。

经过艰苦努力，到 2010 年底，我们在深入调研的基础上，初步编出了几十本成果，先行印制了少量样本作为内部工作用书，组织力量作进一步的研究、审读、复查、校核。从 2014 年初开始，我们又组织展开了新一轮较大规模的审核工作。第一，召开有关省、自治区、直辖市党史部门参加的审稿会，进一步提高认识，明确规范，听取相互评审以及从社会各方面听到的意见，对审核工作提出要求，进行部署。第二，开展自审、复核、修改，确保准确无误。同时在各省、自治区、直辖市党史部门之间交叉审读，相互间进行比较、核对、衔接。自审互审完成后，都要确认是否具备正式出版的质量水准，签署是否同意交付出版的意见。第三，由中央党史研究室组织专家，对所有拟第一批出版的成果（书稿）进行六个环节的审读、检查、修改、校对，不仅检查是否还有表述不够准确或不够清楚的地方，而且对各本书稿之间、每本书稿各个部分之间的内容、叙述、时间、数字等进行统筹检查，排除表述不一致的内容。第四，如实客观地说明我们工作尽最大努力后达到的程度。始终强调，凡是已经清楚的，就清楚表述。还没有搞清楚的，就如实说明还没有搞清楚。某些数据、结论与其他书籍资料不完全一致的，则说明我们是依据什么材料、从什么角度得出和叙述的，不强求一致。第五，组织各地党史部门继续参与审核。凡有疑问的，都与有关地方党史部门联系、查核。多数省、自治区、直辖市都派专人来京参与审核、修改、校对。审核完毕后，又组织各地党史部门对自己书稿的清样再次进行审核。然后再按出版流程交付印制。今年以来对这些成果再次进行如此繁密、细致的复核工作，都是为了进一步保证成果的质量，保证历史事实的真实性和准确性。

特别需要强调的是，开展这项调研，不是为了简单汇总、计算这样那样的数据，而是为了寻找、展示更多的档案、更多的材料、更多的人证物证、更多的历史事实，用具体的事实来反映当年中华民族遭受的巨大灾难，揭露日本侵略者反人类的罪行。时隔几十年，很多数据难以查清，很多数据可能不很吻合，而且数据的分类、统计、核算都极为复杂，远远不是简单做一做加法就能算出来的。所以，我们在数据上采取了十分谨慎的态度。能统计出来的就统计出来，难以统计的也不强求。统计的口径、结果相互有差别的，也注意说明。今后，我们将会对数据问题作进一步研究。因此，目前的研究还只是阶段性的，不能说已经包罗万象，更不是最终的结论。总体上，还是在为今后更加综合性的研究提供一个详尽、扎实的基础。

由于自始至终都高度重视和强调调研的质量，所以，对于这一项目的真实性、客观性、准确性，我们有充分的信心。当然，无论如何，历史已经过去了六七十年，很多当事人已经去世，很多档案资料已经散失。现在再对发生在六七十年前的灾难进行大规模的调查，其困难是可想而知的。所以，即使做了最大的努力，我们仍然充分预计在调研成果及有关材料中，还是会有不足和差错之处，出版之后，肯定会有不同意见。所以，我们真诚地欢迎所有看到这些调研成果的人们，对其中的内容、材料、数据等进行审查、讨论。如此，必将有更多的人们关心和参与对当年那场灾难的调查，必将会提供和发现更多的档案、更多的资料、更多的见证，必将对我们调研成果中的很多内容进行不断的推敲琢磨，从而使我们能够更加准确、系统地展示当年中国的人口伤亡和财产损失，使我们为子孙后代留下的资料更为完整、更为丰富。我们也欢迎日本和其他国家的人们对这些调研成果进行阅读、审查、讨论、质疑。如此，将会有更多的国家和人们关注中国当年所遭受的灾难，也将会有更多的存留于国外境外的档案资料出现在公众面前，也将会使对当年这段历史和灾难的记录、研究更加准确和科学。

《抗日战争时期中国人口伤亡和财产损失》课题调研，是一项学术性的工作。开展这项课题调研，是为了更加准确和详尽地记录这场战争和灾难的历史，更加充分和有力地揭露日本军国主义的侵略罪行、反击日本右翼势力否认侵略战争的言行，更加充分和有效地进行爱国主义教育，毋忘国耻、振兴中华，更加积极地促进两岸交流、推进祖国和平统一进程，同时，也是为了给全世界所有关注当年这场战争和灾难的国家、政府和人们一个更加负责任的交代，为子孙后代继续研究当年中国人民抗日战争和日本军国主义的侵略罪行留下一笔丰富翔实的历史遗产。因此，虽然是学术性调研，但具有重大的历史意义、现实意义、国际意义、政治意义。作为历史工作者，我们有责任、有义务，实事求是地把中华民族在那场战争中蒙受的巨大灾难和损失尽可能完整地记载下来。推动和开展这项课题调研，是良心所在，是责任所在！每每读到那些令人震颤的历史事实，每每想到那数千万死难者的冤魂亡灵，每每掂量我们今人特别是历史工作者的责任，我们都禁不住潸然泪下。将近 10 年来，所有调研人员本着对历史和民族负责的精神，殚精竭虑，无私奉献，千方百计寻找各种线索，逐字逐页翻阅档案资料。为了做好对当事人、知情人的调查取证工作，顶酷暑，冒严寒，深入村镇，一家一户进行走访。也许，随着时间的流逝，这样的调研工作，以后再也不可能如此全面深入大规模地进行了。所以，对于能够基本完成这一课题的调研，我们极为欣慰，对能够取得今天这样的成果，我们极为珍惜。将近 10 年来，调研工作遇到过重重困难，调研人员付出了巨大心血，但只要能够对国家、对民族、对人民有一个负责任的交代，我们所有的努力、辛劳甚至痛苦都是值得的！

现在，《抗日战争时期中国人口伤亡和财产损失调研丛书》A 系列第一批成果就要正式出版了，随后我们还将根据工作进程陆续出版第二批、第三批……B 系列丛书的编纂和出版工作也将同时推进。而且，这项课题调研工作远没有结束。截至目前课题调研取得的成果，都还是阶段性的、部分的、不完全的成果。很多专题性调研还要继续进行，对大量档案资料还要进行分析研究。所有这些，都还需要我们继续不懈地努力。我们将以对历史负责的精神，一如既往地将这项课题调研工作做好。

历史，是现实的基础，更是未来的起点。打开尘封的记忆，重温昔日的往事，我们可以得到很多的启示和教诲，增长很多的聪明和智慧。所以，研究历史，形式上是向后看，但根本目的是向前看。作为一种科学的研究，我们调查历史的真相，记录历史的灾难，不是为了延续旧时的仇恨，不是为了扩大中日之间的裂痕，不是为了煽动狭隘民族主义的情绪，而是为了以史为鉴，不让历史的悲剧重演；面向未来，书写更加友好合作的美好篇章。经历了太多的苦难和挫折之后，我们更加坚定地热爱和平，更加执着地追求正义，更加珍惜国家的主权与独立，也更加关注世界的文明发展和进步。我们真诚地希望，世界各国能够携手努力，平等协商，求同存异，友好相处，共同推进世界的发展，共享人类文明的成果；我们真诚地希望，中日两国人民能够更多地加强交流、理解和合作，共同开辟中日关系的新局面，使中日关系更加健康稳定地向前发展，使中日两国人民真正世世代代地友好下去；我们真诚地希望，中华民族能够始终以坚韧不拔的努力，坚定不移地走和平发展之路，在中国特色社会主义旗帜下全面建设小康社会，努力实现社会主义现代化，为推动建设一个和平发展、文明进步的世界作出自己的贡献！

2014 年 4 月 30 日

《抗日战争时期中国人口伤亡和财产损失》课题①调研工作规范和要求

2004 年，中共中央党史研究室决定开展《抗日战争时期中国人口伤亡和财产损失》课题调研。2005 年向全国各省、自治区、直辖市党史研究室发出开展此项工作的正式通知，进行相应部署，着重说明工作的指导思想、调查项目、实施步骤及规范和要求。以后又随着课题调研的深入开展，对规范和要求进行了补充和完善。

一、课题调研的基本任务

抗战损失课题调研的目的和任务是深化对抗日战争时期中国人口伤亡和财产损失的研究。1995 年，在首都各界纪念抗日战争暨世界反法西斯战争胜利 50 周年之际，江泽民同志曾经对 20 世纪三四十年代日本侵略中国造成巨大人口伤亡和财产损失的基本数据做出了重要表述。2005 年，在纪念中国人民抗日战争暨世界反法西斯战争胜利 60 周年大会的讲话中，胡锦涛同志再次郑重宣布，据不完全统计，在抗日战争期间，中国军民伤亡 3500 多万人；按 1937 年的比值折算，中国直接经济损失 1000 多亿美元、间接经济损失 5000 多亿美元。中共中央党史研究室组织开展的课题调研，旨在全面详尽调查有关抗日战争时期中国人口伤亡和财产损失的具体事实，为这组基本数据提供强有力的史实支撑，并不是简单地做数据统计。

---

① 本课题亦简称为抗战损失课题或抗损课题。因为抗日战争时期及抗战胜利后国民政府统计人口伤亡和财产损失多采用"抗战损失"等概括性提法，其中将人口伤亡也称作抗战损失之一种，与财产损失并提，故沿用这一表述。

课题调研的基本任务是：按照实事求是的原则，经过广泛、全面、深入细致的调查研究，包括查阅搜集档案资料、对统计数据进行分析等，获得更多的证据，以更加全面和准确地揭露日本帝国主义侵略中国的罪行及其对中国人民造成的伤害。

课题调研的主要内容包括：（1）各个省、自治区、直辖市在抗战中的人口伤亡和财产损失情况；（2）历次重大战役战斗中中国军队伤亡的情况；（3）日本从中国掠走各种资源的情况；（4）日本从中国掠走和破坏文物的情况；（5）日军在中国制造的一系列重大惨案；（6）中国劳工的损失情况；（7）中国妇女遭受日军性侵犯的情况，包括"慰安妇"的情况；（8）日军在中国使用细菌武器、化学武器及其造成伤害的情况；（9）日本侵略在其他方面给中国造成破坏的情况；等等。

二、课题调研的方式和方法

主要是组织有关人员查阅和搜集档案馆、图书馆和其他文博单位以及民间保存的有关中国抗战人口伤亡和财产损失的档案资料、报刊杂志、历年出版的专题资料集和发表的研究成果。对一些特殊、重大的事件如重大惨案，则走访当事人、知情人和有关研究人员，进行录音录像，整理和保存证人证言，有条件的还进行司法公证，努力使这些调查材料成为在法律上可以采信的证据。有些省份的课题组还到境外的有关机构查阅相关档案资料，作为对大陆保存的档案资料的丰富和补充。这次课题调研的整体布局，实行块块和条条相结合。每个省、自治区、直辖市党史研究室在负责开展地区性的广泛调研的同时，也从实际出发开展一些专题性调研。一些重要的、涉及多个地方的带有全局性的专题，则另组织专家进行调研。

三、对搜集档案资料的要求

1. 明确搜集档案资料的范围。搜集档案资料是本课题调研工作的基础，调研成果的质量也主要决定于档案资料是否翔实，是否尽可能完整和全面。所以，凡相关内容的档案资料，不论是直接反映人口伤亡和财产损失的，还是间接反映的（如关于人口状况、财产状况、生产能力、各类资源情况等资料），都尽量搜集，作为撰写调研报告的客观的历史依据。搜集的要件有：档案、报刊、史志、时人日记、专著专论、实地调查报告、图片、影像资料以及出版、发表的研究成果等。

2. 认真整理原始档案和资料。对于搜集到的档案资料，不论是来自原始的档案，还是来自报刊、史志、日记、图书、专题论文等，都认真整理，每份每件都注明保存的地点、单位、文件卷号、出版或发表处等，然后分类汇总，妥善保存。档案资料使用时一律保持原貌，必要时作注释说明，不允许对原件内容增改、涂抹。对搜集到的档案资料要在分门别类整理的基础上进行必要的考证、鉴别和研究。整理后的档案资料，不仅是有关课题承担者撰写课题调研报告的重要依据，其主要内容也作为附件收入有关的调研成果之中。

四、有关数据统计中的几个问题

1. 根据搜集、掌握资料的情况，抗日战争时期中国的人口伤亡分为直接伤亡和间接伤亡两大类。直接伤亡，一般是指日本侵略中国的战争直接导致的中国方面人员的死、伤、失踪等；间接伤亡，一般是指在日本侵略中国的战争包括特定战争环境中造成的中国方面被俘捕人员、灾民、难民、劳工等的伤亡。抗战期间，被俘捕人员、灾民、难民、劳工等伤亡很大，但由于其流动性大等复杂原因，很难形成具体数据资料，统计起来十分困难。因此，本课题调研中，将已确定属于死、伤或失踪的被俘捕人员、灾民、难民、劳工的数据归入有关地方间接伤亡统计数据；无法确定是否伤亡失踪的，可视情况单列相关数据并加以说明。需要补充说明的是，在战争中失踪者，按通常惯例归为死亡。

2. 抗日战争时期中国的财产损失分为直接损失和间接损失两大类。直接损失，一般是指在日军攻击、轰炸或掠夺中直接造成的社会财产损失。居民财产损失列为直接损失。间接损失，一般包括：(1)政府机关等因抗战需要而增加的费用，如迁移费、防空设备费、疏散费、救济费、抚恤费等；(2)各种营业活动可获利润额的减少及由于成本上升等增加的费用；(3)有关伤亡人员的医药、埋葬等费用；(4)为抗战捐献的物资和钱财；(5)有关人力资源的损失。总之，一切因战争造成的间接财产损失均包括在内。

3. 在财产损失中所列的人力资源类损失，包括了被俘捕人员、劳工等在财产方面的损失。中国各级政府所组织的劳役，例如为战争修筑公路、机场、军事工事等抽调民工，都算作人力资源损失。但中国方面征用民工和日本侵略军强征劳工有所区别。日军强征劳工的伤亡率很高，和中国方面征用民工民夫的情况区别很大，因此要分别统计和说明，不能混淆。

4. 中国军队在重大战役战斗中的人员伤亡，分别情况加以统计处理。此次课题调研以统计平民伤亡为主。有关省（自治区、直辖市）如发现有本地发生过军队人员伤亡的重要资料，可以搜集整理并在调研报告中说明，但不计入本地人口伤亡总数。若是本地籍军人的伤亡，则计入本地人口伤亡总数。

5. 海外华侨拥有中国国籍，因此在计算抗日战争时期中国人口伤亡和财产损失时，华侨人口伤亡和财产损失均计算在内。各有关地方在计算本地人口伤亡和财产损失时，视情况可以将本地籍华侨的伤亡、损失计入统计数据总数，亦可单列数据并加以说明。

6. 工厂、学校、机关团体等由于战争原因搬迁造成的损失，算作间接损失，原则上由工厂、学校、机关团体等原所在地方统计。如果原所在地方缺少相关资料，新迁移处具备资料条件，也可由后者统计。为避免交叉和重复，遇到这类情况须特别加以说明。

7. 政党、政府机构的财产损失，归入公用事业的社会团体类财产损失一并计算。

8. 被日军、日本占领当局无偿征用、占用的中国耕地，按农作物的产量及其价值计算财产损失。

9. 伪军、伪政府的人员伤亡和财产损失，一般计入中国人口伤亡和财产损失。

10. 由战争原因导致的如黄河花园口决堤一类重大事件所造成的人口伤亡和财产损失，计算在间接人口伤亡和财产损失中。

11. 重大的财产损失，均以相应数额的货币反映价值。反映财产损失的货币一般要注明币种。

12. 通常用于抗日战争时期财产损失统计的货币（主要是法币），币值问题非常复杂。本课题调研中，涉及财产损失统计的货币数据，有条件进行折算的，一般按 1937 年即全国抗战爆发当年通用货币法币的币值进行折算，并说明折算的方式方法。因条件不具备，保留原始数据未作折算的，则注明有关数据中用以反映财产损失的货币系何种货币、何年币值。

五、关于撰写课题调研报告的要求

本次课题调研，有关课题组和承担专门课题的专家均按要求撰写出调研报告。

1. 各省、自治区、直辖市课题组撰写调研报告，内容大致分为概述、主体、结论三部分。

概述部分主要包括：介绍课题调研工作的基本情况，如：投入多少力量，到过什么地方查阅搜集档案资料，搜集了多少档案资料等。反映本地的自然地理概况，抗战爆发前的经济社会发展和人口状况，以及在抗战时期是重灾区还是大后方，是沦陷区还是根据地等。叙述日本侵略者在本地的主要罪行。还可简略回顾以往相关课题的资料和研究情况。

主体部分主要包括：分析说明本地人口伤亡和财产损失情

况。根据现掌握资料，将本地抗战时期人口伤亡分为直接伤亡和间接伤亡，将本地财产损失分为直接损失和间接损失，并分别说明主要的史料依据和分析结果。

结论部分，汇总本地人口伤亡数据、财产损失数据。据实说明迄今所掌握资料的局限性、本地遭受人口伤亡和财产损失的特点、影响等。

撰写调研报告依据的主要资料以及调研中同步完成的专题研究报告等，作为调研报告的附件，纳入课题调研成果中。

2. 由一批专家承担的全局性专门课题，如抗日战争时期重大惨案、劳工问题、"慰安妇"问题、细菌战、化学战、文化损失、海外华侨人口伤亡和财产损失、中国军队伤亡、重要战役战斗伤亡等，其调研报告的撰写和附件的收录，参照以上要求进行。

六、对调研成果的验收

在各省、自治区、直辖市课题调研工作结束后，完成的包括课题调研报告在内的省级调研成果和市、县等调研成果，要装订成册，通过审阅和验收，逐级上报，送交各省、自治区、直辖市党史研究室和中共中央党史研究室分别保存。

为确保质量，在调研过程中形成的各省、自治区、直辖市A、B两个系列书稿（省级调研成果为A系列书稿，市、县等调研成果为B系列书稿），要分别通过验收。其中，省级调研成果要通过由地方到中央的四级验收，市、县等调研成果则在有关省、自治区、直辖市内验收。

省级调研成果上报验收前，课题组先认真进行自审，以保证内容的完整准确，特别是调研报告和有关专题研究报告、资料、大事记的内容和数据要互相补充、印证，不能互相矛盾。课题组完成自审后，省级调研成果首先报送省级抗战损失课题领导小组验收。省级课题领导小组审查通过后，送省级专家验收组验收。省级专家验收组参加验收的专家一般为3—5人，人选来自党史系统、社会科学院和社科联系统、档案史志部门、高等院校等方面，为较有影响力、权威性的专家。省级专家验收组在本省（自治区、直辖市）课题领导小组的指导下，按照学术规范的严格要求和有关规定审读、验收本省（自治区、直辖市）拟提交中共中央党史研究室的省级调研成果。验收的主要标准和目的是确保调研成果的准确性、可靠性。对于验收中指出的问题、提出的意见和建议，各省（自治区、直辖市）课题组须采取有效措施解决和落实。对一次验收不合格的，修改、完善之后进行第二次以至多次验收，直到合格为止。省级专家验收组验收合格后，填写《A系列书稿验收报告表》。填写的报告表和书稿同时报送中共中央党史研究室课题组。

中共中央党史研究室课题组收到经省级专家验收组验收合格的省级调研成果后，先进行验收。认为合格后，再聘请国内知名专家进行验收，并填写《A系列书稿验收报告表》。验收中所提修改意见，由有关省、自治区、直辖市课题组予以逐条落实，对调研成果做出相应修改或者说明相关情况。

由一批专家承担的全局性专题研究成果，最后形成的书稿也纳入A系列，其验收也参照上述程序和要求，由中共中央党史研究室课题组组织有关专家进行。对于验收中提出的意见，承担课题的专家要逐条落实，对调研成果进行修改完善直至合格为止。

最后，中共中央党史研究室课题组对经过反复修改形成的省级调研成果和全局性专门课题调研成果进行复核。完成各项程序并符合要求的调研成果，包括通过四级验收的A系列书稿和由有关省、自治区、直辖市党史研究室组织验收并合格的B系列书稿，分批次送交中共党史出版社付印出版。

中共中央党史研究室课题组

《福建省抗日战争时期人口伤亡和财产损失》编审委员会

抗战时期集美学校校舍被日军飞机轰炸情形。

1938年9月，日军飞机轰炸福州祭酒岭协和职业中学后校舍被毁坏情形。

1941年3月24日，日军飞机轰炸福州，民房遭到毁坏。

1941年3月24日,日军飞机轰炸福州,将民房夷为平地。

1938年5月13日,厦门沦陷。

日军于1939年3月10日在厦门深田路设立的"兴亚院厦门联络部",是日伪统治厦门的最高权力机关。

抗战期间设在厦门鼓浪屿鹿礁路的原日本领事馆，其中关押过数以百计的抗日爱国志士。

日军侵占厦门后，在轮渡码头等交通要道设置关卡，对行人强行搜身。

厦门五通海边沙滩上的"万人坑"遗址，日军在这里屠杀了大量中国人。

日军强拆厦门大片民房。

厦门沦陷后，漳州成为抗日前线，常遭日军飞机骚扰轰炸。图为被炸毁的龙溪中学教室。

1938年9月8日，日军飞机轰炸闽清县城盐仓道时码头民船被炸情景。

1941年5月15日，日军飞机轰炸闽清县城城东教墙坂致多人死伤的惨状。

1939年5月9日，福建师范学校学生宿舍（永安文庙）遭日军飞机轰炸后的情景。

1939年5月9日，福建师范学校膳厅（永安文庙）遭日军飞机轰炸后的情景。

1939年5月9日，永安县城遭日军飞机轰炸。图为被炸后的一片废墟。

抗战时期日军飞
机轰炸永安投下的燃
烧弹。

日军飞机投下炸弹
的引信。

1940年7月16日，
日军入侵晋江永宁。图
为日军陆战队队员在永
宁沿海地方登陆。

1940年7月16日，日军入侵晋江永宁。图为摄于永宁宁东楼上的日军行进场景。

1940年7月16日，日军入侵晋江永宁。图为日军进入永宁城隍庙。

1940年7月16日，入侵晋江永宁的日军在梅林澳纵火烧船。

1940年7月16日，日军侵略晋江永宁，制造惨案，屠杀民众多人。图为"七·一六"惨案纪念碑。

1943年1月2日，福建省政府财政厅渔潭新村职员宿舍被日军飞机轰炸情形。

抗战期间福建省运输公司延平总站遭日军飞机轰炸惨状。

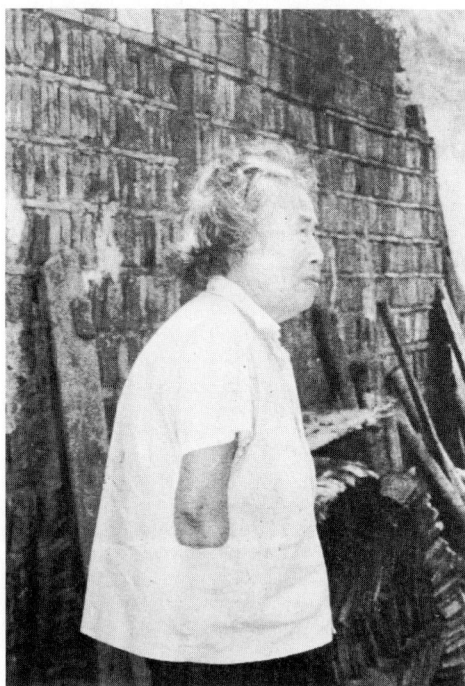

1943年11月4日，日军飞机轰炸永安，邵铸华被炸断右臂。

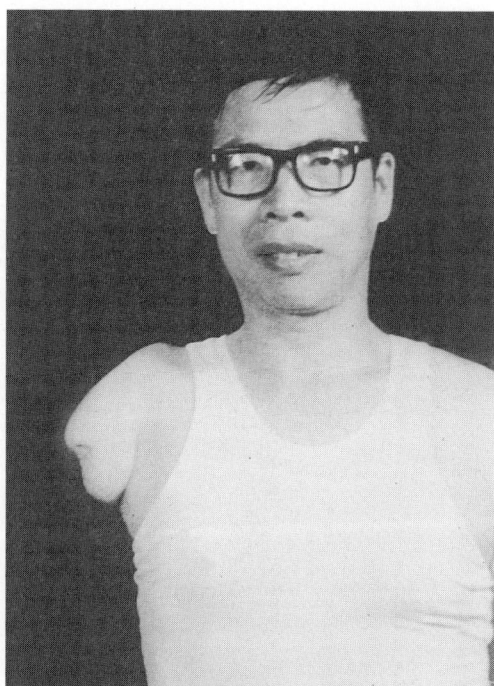

1943年11月4日，日军飞机轰炸永安，高熊飞失去右臂。

证　明

　　我们三人都是世草居住于永安东门街之居民。我们亲身经历1943年11月4日日机16架来轰炸永安城郊，投弹约两百枚，其中部份为大批烧夷弹，永安被炸火烧面积达三平方公里造成大火烧毁之地，城内精华尽毁殆尽，烧炸毁房屋700余栋。我们住街也落弹数故。高文达郤镫华传氏系从浙江迁来的，与这次轰炸前几时住东门街现时门牌77号杨友钟杨五堂家中，以后才搬至东门街37号（租杨家里居时间为1941年3月—1943年10月初）当轰炸之时东门街37号房屋连遭落炸弹一枚，由于弹炸击中郤镫华及其长女右臂即送有立医院抢救治疗而将右手臂削去以致残。她家五口人住地离我们三人家很近（约50米左右）他们家住方即现在苏真公共厕所附近。我们三人目睹郤镫华及其长女高熊飞被弹炸击中后的情况，随后即送医院抢救。特此予以证明。

　　　　　　　　　　　　永安东门门牌84号居民 曹宏坤　〔曹宏印鑑〕
　　　　　　　　　　　　身份证号码3504202203070001
　　　　　　　　　　　　永安市东门街77号农长 杨友堂　〔杨友堂印鑑〕
　　　　　　　　　　　　身份证号码35042021082001
　　　　　　　　　　　　永安东门街78号农比 施财龟　〔施财龟印鑑〕
　　　　　　　　　　　　身份证号码35042025020010 5
　　　　　　　　　　　　身份证发证单位永安市公安局
　　　　　　　　　　　　1993年11月3日

　　　　　　　　　　　　　　　　　　　　　　　　　　第　页

关于高熊飞被日军飞机炸伤的事情经过，高熊飞邻居的证词。

证明

在50年之前的1943年11月4日,日本帝国主义者对福建战时省会永安县进行狂轰滥炸,闹市变成废墟,平民伤亡惨重。我当时担任《东南日报》永安特派员,福建联合新闻社、联合晚报社长,曾到现场采访,目睹惨状,记忆犹新。联合晚报社还邀请画家萨一佛到现场速写,举办永安劫后诗画合展,愤怒控诉侵略者这一滔天罪行。

在这一次浩劫中,我有不少朋友和熟人蒙受灾难。朋友高文达的夫人邵铸华和幼儿高熊飞都被炸伤,经邻人抢救送往省立医院,由院长韦启霖亲自主持手术,结果仍切去断臂,终身残废。我曾多次到医院慰问,深表同情。

大轰炸当天,高文达在南平县,妻子被炸伤后,家中剩下1岁和3岁两个女孩,无人照顾,嚎啕大哭,我把她们抱回我家中抚养,到高文达夫人出院,才

蔡 大 丰 商 店

地址:中兴路1510号   邮编:200870   电话:6628926

关于高熊飞被日军飞机炸伤的事情经过,高熊飞邻居的证词。

送她们回家。

　　我现年77岁,曾任广东《民生日报》社之长《民族革命》半月刊社之长兼主编,福建联合新闻社,《联合晚报》社之长兼主编,《东南日报》《福建中央日报》社论委员会委员,上海大江通讯社,联合编译社之长,《现代新闻》周刊(中国民主同盟创办)社之长兼编委,《现代文摘》《现代经济文摘》主编。

证明人 蔡力行

家住:上海共和新路700弄
39号402室

电话: ~~6628~~ 6925351.
1992年12月17日

上海市公安局闸北分局发照身份证

号码: 310108190624401

以上情况属实

1992年 12月18日

蔡 大 丰 商 店

地址: 中兴路1510号　　邮编: 200070　　电话: 6628926

关于高熊飞被日军飞机炸伤的事情经过,高熊飞邻居的证词。

福建省档案馆藏"日军在华暴行调查表"之一（1943年8月27日）。

福建省档案馆藏《福建省沦陷区抗战损失调查汇报》（包括流窜部分）（1946年1月）。

福建省档案馆藏《福建省福州等十二县市沦陷损失调查》（1946年1月）。

目　　录

一、福建省抗日战争时期人口伤亡和财产损失调研报告

福建省调研课题组

（一）调研工作概述

抗日战争时期中国人口伤亡和财产损失课题（简称"抗损"课题）是中共中央党史研究室统一部署开展的、国家社会科学基金委托的一项重大课题。福建省抗损课题是其重要组成部分，具体由中共福建省委党史研究室研究一处负责，从启动到完成，历时9年。

1. 调研组织情况

根据中央党史研究室2005年3月下发的关于开展《抗战时期中国人口伤亡和财产损失》课题调研工作的通知和2005年11月召开的《抗战时期中国人口伤亡和财产损失》课题调研全国工作会议的精神，福建省委党史研究室分别于2005年3月和2006年2月以闽委史（2005）13号文件和闽委史（2006）13号文件的形式下发各设区（市），此后，成立了全省抗损课题领导小组，具体由省委党史研究室研究一处负责全省抗损课题调研的组织协调和业务指导工作。

根据省委党史研究室文件精神，全省9个设区市、80个市县也先后成立抗损课题组，启动了本课题的征研工作。

2. 调研的主要经过

2005年12月，中央党史研究室召开全国抗损课题调研工作会议，布置调研工作。福建省委党史研究室于2006年2月向各设区（市）下发了闽委史（2006）13号文件，即《关于开展〈抗战时期中国人口伤亡和财产损失〉（福建

部分）课题调研的补充通知》，明确省、设区市、县市各级党史部门的调研任务，正式启动该项工作。鉴于推进该项工作进程中的不平衡性，省委党史研究室克服各方面困难，首先，自己先行组织力量集中查阅省档案馆、省图书馆、高校、社科院及政协文史等资料，总结查档经验，提供查档线索；其次，加强对课题组的领导与对市县的督促。为确保工作的顺利开展，从 2006 年 5 月至 10 月，课题组在分管领导的带领下，到设区市进行分片开会，以会代训，讲解中央党史研究室有关抗损课题调研的精神和具体要求，提高市县党史部门对抗损课题重要性的认识，并把掌握的有关市县的档案资料及中央党史研究室下发的有关抗损课题简报送到市县课题组手中，督促各市县尽早进入工作状态。通过这些措施，绝大多数市县先后启动了该项工作。

抗损课题调研在全省铺开后，各市县立即进入了档案资料的收集和整理。各市县党史部门还充分发挥积极性，创造出了许多好经验。如泉州市把本市各县市的课题调研人员集中起来到晋江档案局查档，参加人员集中力量，分工协作，大大地提高了整体的工作效率，加快了工作的进度。厦门市在搜集大量、比较完整的档案、文史资料的基础上，进行了较大范围的入户调查，以社区为单位，在居委会的帮助下入户，获得了比较多的实地采访口述资料。福州的福清市则以村为单位，在村党支部的配合下也进行了入户采访，而罗源县党史研究室则召集 20 多位受害者、目击者座谈；此外，省室课题组成员在分管领导的带领下还专程到福州的闽侯县大湖乡实地采访了多位亲历"大湖惨案"的幸存老人，同时奔赴杭州实地采访"中国民间向日索赔第一人"高熊飞，征集到了非常珍贵的第一手资料。

课题在全省开展后，省室课题组成员在分管领导的带领下，多次到市县作调研，检查该课题的开展情况，在档案查阅、文献资料搜集和社会调查等方面进行交流、指导和督促。经过一年多的努力，至 2007 年底，全省 9 个设区市、80 个县市大部分上报了调研报告及相关的材料，省室调研课题组在此基础上进行了调研报告的撰写。其间，根据中央党史研究室的多次会议精神，尤其是 2014 年两次审稿会议精神，省室课题组对调研报告进行了多次修订补充。

本次调研，以查阅抗战期间和抗战结束后国民政府进行抗战损失调查所形成的历史档案为主，以实地采访健在的历史见证人为辅。全省参加查阅历史档案的人员 200 余人，参加实地采访和调研的人员 50 余人，共查阅档案和文献资料 4000 多卷。

这里需要指出的是，对福建抗日战争时期人口伤亡和财产损失的调查、研究和统计工作，自抗战中期及抗战胜利后一直都在进行。战争期间对日军飞机轰炸、军事进攻及暴行所造成的人口伤亡和财产损失的调查、记录与揭露，除了当时的新闻记者、幸存的日军暴行及惨案的目击者等所作的记录外，主要的是社会救济机构及地方政府机关进行的调查和统计。1937年8月，国民政府内政部即针对日军飞机空袭中国不设防城市的暴行，通令各省市政府及时调查日军飞机轰炸情形，搜集证据。此后，国民政府颁布了《抗战损失查报须知》，要求各省市查报抗战损失。1944年2月，国民政府行政院成立抗战损失调查委员会。1945年11月，为对日索赔，行政院成立的抗战损失调查委员会改为赔偿调查委员会。1946年10月，又改为行政院赔偿委员会。行政院颁布《抗战损失调查实施要点》，明确划分中央各部委及地方各省市县机关的调查职责、调查事项，并限令各级机关于3个月内将调查结果呈报完毕①。目前收集到的福建的抗战损失资料主要来自于当时福建省政府战后所作的调查统计。仅管其中因各种原因存在着前后卷宗中有些数据的相互矛盾，但因国民政府于60多年前的抗战损失调查是一次有组织、按系统的调查，资料相对完整，仍然是本次调研报告的最基本和最重要的依据。

本报告所征引档案资料主要来源于1945年、1946年由福建省政府编辑的《福州等五市县损失调查》《厦门等七市县损失调查》《福州等十二市县损失调查》《福建省沦陷区及日军流窜县市抗战损失》《福建省损失调查》，以及福建省政府统计室1946年、1947年编辑的《福建省抗战期间损失统计》《复员计划》等重要档案资料；同时参阅了一些省志、县志。此外，适当参考了部分市县的调研报告中的档案资料及此次入户调查所征集的口述史料。

课题组按照中央党史研究室课题组的统一要求，以1931年九一八事变至1945年8月抗战胜利为时间范围，以福建省现辖区为地域范围，对征集到的大量资料进行梳理、分类。按照调研报告要求的框架，依次报告如下。

（二）福建的自然条件和抗日战争前及战争中的社会经济变化状况

1. 福建的自然条件

福建省位于中国东南沿海，地处北纬23度30分至28度20分，东经115度

---

① 孟国祥、喻得文：《中国抗战损失与战后索赔始末》，安徽人民出版社1995年版，第66页。

50 分至 120 度 40 分之间。三面环山，一面临海。北邻浙江，西接江西，西南毗邻广东，东面与台湾省隔海相望。全省陆地面积 12.138 万平方公里，约占全国陆地面积的 1.26%，海域面积 13.6 万平方公里。海域兼跨东海、南海，海岸线长 3324 公里，约为全国海岸线总长度的六分之一，其曲折程度居全国首位，形成众多的天然良港，如沙埕湾、晴川湾、福宁湾、东吾洋、三沙湾至三都澳、罗源湾、闽江口、福清湾、海坛峡、兴化湾、平海湾、湄州湾、泉州湾、深沪湾、围头湾、料罗湾、厦门湾、浮头湾、东山内澳、诏安湾等等，对福建省海上贸易和海洋渔业的发展起着至关重要的作用。其中三都澳、福州、厦门是福建省主要的口岸。全省沿海共有大小岛屿 603 个，较大的是海坛、东山、金门、厦门 4 个海岛，另外，闽江上还有一个南台岛。福建属于亚热带海洋性季风气候，拥有较为丰富的水力和森林资源，也有一些矿产资源，但矿质和土质不高，且煤、铁资源比较贫乏，这严重地限制了福建重工业的发展。福建海上交通自古就比较发达，造船业和航海技术曾为全国之冠。

2. 抗战前及战争中福建的人口状况

根据《民国福建各县市（区）户口统计资料（1912—1949）》中的《民国福建全省户口统计表（一）（1912—1949）》记载，福建省抗日战争时期及其前后（从 1930 年至 1946 年）人口呈前升后降趋势，以 1937 年为界，1930 年至 1937 年总体呈上升趋势，1937 年至 1946 年总体呈下降趋势（参见附表一）。其中，1930 年至 1935 年为递减阶段。这时因为 1930 年至 1932 年 11 月为国民政府福建省政府主席杨树庄主政时期，1932 年 11 月至 1933 年 12 月由十九路军总指挥蒋光鼐主持闽政，1933 年 12 月至 1934 年 1 月是昙花一现的福建人民政府时代。这一时期，政局动荡，政权更迭频繁，瘟疫、天灾盛行，战争连年不断，其中有蒋介石讨伐十九路军的战争，有国民党对闽西苏区发动的多次"围剿"和"清剿"等，致使福建人口死亡率上升。同时，由于人民生活困苦，继晚清以来到南洋出国谋生的人数越来越多，沿海各县每年都有大批的人出洋，人口数量下降①。1935 年至 1937 年福建人口略呈上升趋势。但 1937 年全国抗战开始后，福建人口再度呈下降趋势。据统计，抗战结束后，福建人口就比

---

① 继晚清以来形成的到南洋出国谋生的移民潮，对福建的经济发展大有好处，不仅大大减轻了人口压力，还使外汇源源不断地流入，增进实业进步，使得从福清至诏安整片侨乡都繁荣起来，被称为"闽南黄金海岸"。

战前减少 1308572 人①。仅厦门人口就由抗战前的 265631 人，锐减至收复时的 8 万余人。这主要是因为在日军的野蛮入侵下，许多群众或死于战乱，或因战乱流浪。

附表一：1930—1946 年福建人口统计表②　　　　单位：户、人

期间（年）	户数	人口数			壮丁
		总计	男	女	
1930	—	9896693	—		
1931	—	112229183	—		
1932	—	10936545	—		
1933	—	10853203	—		
1934	—	10847698	—		
1935	—	10295000	—		
1936（1）	2253836	11431294			2040010
1937	—	12407936	—		2312692
1938	2028019	11894962	6455016	5439946	—
1939	2027370	12012198	6496586	5515612	2117361
1940	2112098	11945099	6419288	5525811	2063628
1941	2111655	11868201（3）	6281295	5586906	2030859（2）
1942	2156509	11540055（3）	6068841	5471214	1935090
1943	2166970	11654167	6090217	5563970	1924494
1944	2304073	11349226	5917265	5431961	—

---

① 《泉州日报》1946 年 3 月 11 日。

② 福建省档案馆编：《民国福建各县市（区）户口统计资料（1912—1949）》（内部刊物），1988 年 8 月，第 1—2 页，福建省档案馆存。

期间 (年)	户数	人口数			壮丁
		总计	男	女	
1945	2366891	11099364	5789807	5309557	—
1946	2397895	11097204	5798688	5298516	—

〔注〕

（1）系3月份数字。壮丁数据6月份数目列入；

（2）壮丁数据12月份保甲户口壮丁表数目列入；

（3）1941、1942年未包括日寇沦陷区厦门、金门户口数。

3. 抗战前及战争中福建的社会经济变化状况

民国时期，福建省政府先后设立实业厅、建设厅、农工厅等机构，管理工业及交通等建设。福建工业主要由一些民族工商业者和海外华人投资建设。主要发展的行业有轻工、电信、能源化工、交通运输等。其中，旅居海外的福建籍华侨和外籍华人投资家乡建设占较大比重。据统计，1911年至1949年，华侨投资福建金额按法币（亦称国币）计算共达1.29亿元。

尽管福建省政府努力推行国民政府财政、金融、贸易各项措施，但因执行战时经济改革，福建经济仍发展缓慢。据统计，1935年，福建省共有工厂2500多家，而资本总额仅668万元。大部分企业只是一些作坊、工场。其中，资本额在1000元以下的占75.2%，1000元至1万元的占21.8%，1万元以上的仅占2.9%（70多家）。马尾船政局、厦门造船所等官营工业，因经营不善，几近倒闭。在商业方面，福建历来大量输出茶、竹、木、纸、糖、香菇、水果、笋干等农林特产，如1932—1936年的商品输出中，土特产品占85%，年产值为2800万元。粮食、各种生活必需品、工业品需大量输入，如1933年，粮食输入量值达2100多万元，居输入货物量值的首位（其中进口国外粮食占3/4）。由于地方经济日益萧条，传统出口商品缺乏竞争力，市场不断缩小，输出量锐减，贸易结构呈现畸形状态。这一时期，每年侨汇高达数千万元①，成为维持福建经济的重要支柱。

———————————

① 从1924年起，至抗战前夕，按法币计算，每年侨汇均有5000万元左右，其中个别年份更高，1931年近1亿元，1926年和1930年也很多。

在全国抗日战争时期，福建部分沿海富庶地区沦陷，海上贸易和侨汇中断，土特产滞销，工商业萎缩，原本基础薄弱的地方经济更是雪上加霜。福建为缺粮省，全国抗战开始后，由于外粮输入减少，奸商囤积居奇，各地粮价上涨二三倍乃至十倍。

全国抗战时期，福建金融和贸易更受到严重影响。国民政府为加强战时金融垄断体制，组织成立中央、中国、交通、中国农民四所银行联合办事总处（简称"四联总处"），实行四行专业化。在福建设立"四联总处"分支机构，垄断福建金融。福建省政府执行各项金融法规，限制地方银行和商业银行发展。同时，中央信托局、邮政储汇局和中央合作金库的福建分支机构也相继成立，形成以中央银行为核心，包括"四行二局一库"的金融垄断集团。并从金融垄断扩大到经济垄断。地方银行业务在一定程度上受到金融垄断集团和地方势力的操纵与制约。一些私营银行因资金有限而受制于金融垄断集团，钱庄、民信局和典当业每况愈下，时有倒闭。与此同时，福建商业贸易备受摧残。1937年，福建省政府将特产推广所扩充为物产贸易公司（次年改为福建省贸易公司），意在拓展对外贸易。全国抗日战争爆发后，福州、厦门、三都澳等沿海三港贸易基本停止。三港贸易在战前三年每年平均值为9700万元，而陆路输出平均数额充其量只有1100万元。海路贸易断绝后，福建省集中发展与浙、赣、粤的省际贸易，用福建的茶、木、纸、糖、菇、笋等换取江西的粮食和浙、粤的棉布。还与江西省订立两省特产运销互惠特约，推行以货易货。但福建省出口贸易骤减的趋势并未得到控制。以茶叶为例，1936年输出30万担，1937年降为17万担，到1938年仅出口3.6万担。由于商业贸易开展困难，1943年3月，福建省贸易公司因资金短缺而裁并机构，附属于省企业公司。

民国初期，福建电业居全国先进行列，电厂数量排在全国第4位，仅次于浙江、江苏、广东。到抗战前夕，福州地区、漳厦地区、兴泉永地区和闽北山区，电厂普及至大多数县城和一些重要城镇，闽西和闽东山区个别县城也有了电力工业。抗战时期，福建沿海各地电业受到沉重打击，厦门沦陷，厦门电灯公司被日本福大公司吞并。经破坏，厦门电灯公司的发电机组无一完好。福州电气公司在抗日战争爆发的下半年，营业出现空前亏损。1941年，福州第一次沦陷期间，输电线路的铜线、电杆被破坏、盗窃殆尽，抗战后期，该公司财产损失严重，企业满目疮痍。福建沿海不少电厂倒闭。当时，虽然在山区利用水力和木炭资源兴建一批小型的水电站和火电厂，供给抗战后方用电，使这些地区的电业有明显的发展，但整个福建电业在抗战时期减少发电量 330 千瓦，远落后于西北、西南及长江流域的内地省份。

福建的水运和陆运，在全国抗战之前较为发达。在水运方面，沿海内港轮运业，民国初年已得到初步发展，并形成福州、厦门两个中心。20 世纪30 年代，福州已有 14 条航线航行，厦门则有 50 多条。而外港轮业在民国初直到抗战前主要在莆田涵江、泉州和福州得到发展，尤其是在 30 年代，泉州、涵江地区商民相继建立了新的轮船公司，利润丰厚。民国时期闽海远洋航行十分活跃，其中不乏侨商、港商投资创办者。虽有英、澳、美、日、荷、意等国的轮船公司一起竞争业务，但到全国抗战前夕，闽商始终能与江浙航运商一道打破外轮的垄断，并挤进东南亚的远洋航线。日本发动全面侵华战争后，福州、厦门这两个中心丧失，华资外港轮船全部停航，大多奉命将轮船沉塞各港口、要冲，民族工商业者在抗战一开始就为中华民族的生存做出巨大奉献和牺牲。福建与外界的联系完全靠继续航行的外商轮船。华商沿海轮运损失惨重，几乎完全中断营运。抗战胜利后，很快恢复生机，并远远超过战前。

1917 年，福州市首先通行汽车；1919 年，开始修筑公路。20 世纪 30 年代，福建公路建设有所发展，国民党当局为了军事需要，修筑闽粤、闽赣、闽浙等省际公路干线。至 1937 年，全省已建成公路 4218.4 公里，官办营业汽车达 130 多辆，商营客货汽车近 400 辆。全国抗战爆发后，为了阻止日军的推进，福建沿海公路被全面、彻底、大纵深的毁坏，化路为田。1938 年 5 月厦门沦陷，毁路即开始。当时闽省共毁坏已筑成和未筑成公路 2730.6 公里，占全省公路里程的63%①。官商运输机构和业务从沿海转向内陆，促进了闽西北公路运输路线和业务的发展。但受战局影响，运输业务日趋萎缩，许多民营企业亏损不振或停业倒闭，官营企业陷入困境。

就农村而言，果树业在福建农村经济中占有一定比例，据统计，1935 年全省果树种植面积扩大到 145462 亩。由于日本发动侵略战争，从 1940 年起，闽省果树业转向衰落，1942 年全省种植面积减少到 23763 亩。日本的封锁，使水果不易远销，果农对经营失去信心，将果树砍掉，改种粮食。同时，福建渔业的生产规模也出现了变化，据统计，抗战前福建全省渔民总数为 241645 人，渔船8977 艘，每年海产量为 170 多万担，约值当时法币 1900 多万元②。抗战期间，

---

① 林庆元主编：《福建近代经济史》，福建教育出版社 2001 年版，第 17 页。
② 福建省政府秘书处编：《福建省统计年鉴》1945 年，第 747 页。

渔民人数猛减到130449人，比战前减少111196人，其捕获量也比战前减少60—70余万担①。

（三）日本侵略者在福建的主要罪行

福建位于我国东南部沿海，濒临东海，大陆海岸线长达3300公里。福建面对台湾，日本强占台湾割据福建为其势力范围后，除在福建沿海各地不断进行经济、文化侵略外，更派遣大批日籍浪人（其中大多为日籍台湾人）在厦门、福州等地从事破坏和渗透活动，刺探情报，扰乱社会。早在全国抗战爆发前，日本政府在《对华作战的设想》中就称："为保卫台湾并依据不割让福建条约之精神，必要时使用约一个师团的兵力，以主力占领福州，一部占领厦门。"七七事变以后，原来居住在厦门等地的日籍浪人慑于中国人民的反日怒潮，纷纷离去，返居台湾或金门、澎湖等沿海岛屿。上海八一三抗战爆发以后，日军加紧窥视福建，不断出动飞机和军舰侵犯袭扰沿海各地。随着侵略步伐的加快，日军对福建的武装挑衅也不断升级。1937年9月3日，日舰首次炮击厦门，10月26日，日军进攻金门，金门失陷。1938年5月10日凌晨，日军在厦门东北海岸登陆，厦门军民经过三个昼夜的浴血奋战，未能阻挡住日军侵略的铁蹄。5月13日，厦门沦陷，日伪对其开始了7年零4个月的殖民统治。

1938年2月24日，日军飞机首次轰炸福州，福州告急，当年4月底5月初起，国民党福建省政府及附属各机构开始内迁永安。紧接着，福州、连江、长乐、福清、平潭、闽侯、东山等地又被日军侵占，福州、闽侯、连江、长乐、福清均曾二度失守，惠安的崇武与莆田的南日岛也曾部分沦陷。1945年日军败退时，驻扎福州的日军从罗源、宁德、霞浦、福安、福鼎等地逃窜至浙江；而驻扎金门、厦门的日军则取道海澄、漳浦、云霄、诏安等地溃逃至广东，日军逃窜之时所经过县市，尽遭蹂躏，损失惨重。

自日军占据厦门后，整个抗日战争期间在福建省虽没有进行过像淞沪、武汉

---

① 林庆元主编：《福建近代经济史》，福建教育出版社2001年版，第21页。

那样的大会战,但在福建沿海进行的大小战斗从未中断①。平潭、东山、诏安、海澄等沿海县市,中日双方是你占我夺,我占你夺,失而复得,得而复失,这种拉锯战不下10次,一直延续到日本投降为止,其主要战役有3次。

第一次是1938年5月入侵厦门。为了牵制徐州战役及即将发起的武汉会战的中国军队,并为下一步进犯华南、攻占广州,打通从上海到粤南的海上交通,1938年5月10日,日本海军第五舰队,以"妙高"重巡洋舰,"苍龙""加贺"航空母舰等30余艘作战舰只,载海军陆战队2000余人,在20余架飞机掩护下,发动对厦门的进攻,遭到了厦门军民的顽强抵抗。为了达到攻占厦门的目的,日军对厦门军民进行了残酷的镇压和屠杀,犯下了令人发指的罪行,仅平民伤亡就达5000多人。驻守厦门的国民党第七十五师二二三旅四四五团、四四六团第二营和炮兵2个排,以及厦门要港湾司令部所属海军陆战队1个营,约3000多人,奋起抗击,伤亡惨重,全旅干部伤亡三分之二,四四五团全团原有1500人,阵亡800多人。其中第三营除营长负伤外,副营长和4个连长全部阵亡。总计军队伤亡2000多人。

第二次是1941年4月入侵福州。1941年,日军为完善华南方面的沿海封锁,决定占领福州,发动"福州作战"。日本华南方面军第四十八师团和第十八师团的第二十三旅团,于4月19日分别在福州连江县和长乐县登陆,当日占领长乐,次日占领连江、福清,21日占领福州。占领福州地区日军抢劫港口大量物资,有些物资还被推入江中抛到海中,以达到其破坏与封锁的目的。5月21日国民党第二十五集团军第一纵队司令李良荣,率领原十三补训处一个补充团,在福州闽侯大湖与进犯的日军进行了大湖战役,血战三昼夜,日军全线崩溃,伤亡600余人。当年8月,中共福建地方组织领导的长乐抗日游击总队也取得了福建沿海抗日游击战中战绩最大的一次伏击战——琅尾港伏击战的胜利,击毁日军汽艇一艘,毙敌42人。9月3日中国军队收复福州、长乐、连江、闽侯、福清。

第三次是1944年9月入侵福州。为了控制福建沿海,既防止美军在东南沿海登陆,防止美空军利用福州的空军基地,袭击日本本土;同时也为控制台湾海峡,谋求海上交通的安全,使之成为日军舰艇的中转基地,日军再次发动了攻占福州的作战。驻上海第十三军永津佐比重中将指挥独立混成第62旅团,于9月

---

① 据1946年8月国民政府行政院秘书处《关于赔偿调查委员会报送军民人力以及公司财产损失总数的签呈及附件》中的《抗战八年各省会战、重要战斗、小战斗次数》记载,全国抗战8年,福建重要战斗次数6次,小战斗次数291次﹝见中央党史研究室第一研究部、中国第二历史档案馆编,中共党史出版社2014年出版的《国民政府档案中有关抗日战争时期人口伤亡和财产损失资料选编》(1),第379页﹞。

27 日再次在福州连江登陆。中国军队第八十师在大、小北岭进行了拦击战。10 月 4 日日军占领福州，仅留下一个大队在福州地区，主力部署在马尾对面的闽江南岸，防止美军在该地区登陆。1945 年 5 月，德国法西斯投降，太平洋战场形势对日军更加不利，福州地区日军北撤浙江，在闽东福安县白马河与中国军队发生激烈战斗。厦门地区日军也南撤广东，中国军队于 5 月 18 日收复福州。

此外，在入侵沿海的同时，日机对福建全境进行了狂轰滥炸，除上述县市（指沦陷区与日军窜逃袭扰区）外，还有永安、建瓯、浦城、同安、建阳、龙溪（今龙海）、龙岩、晋江、南安、崇安（武夷山）、上杭、古田、南平、闽清、尤溪（今龙海）、永泰、沙县、三明、大田、漳平、华安、德化、仙游、永春、安溪、长泰、南靖、连城、长汀、武平、莆田各县，其中尤以建瓯、永安、浦城、长汀、晋江、同安、龙溪、南平、龙岩等县遭受最为惨烈①。而同安的莲河及宁德、诏安等县滨海地区曾多次遭到敌舰炮火轰击。其余各县市虽未受战事的直接影响，但因战时肥料来源断绝，耕牛减少，农具添置不易，农民征服兵役等而导致农村生产力降低，且因物价高涨，各县都受到严重的间接影响。

日军在入侵福建的过程中，特别是在侵占金门、厦门、福州及其邻近四县后进行的殖民统治中，对福建人民犯下了军事镇压、政治压迫、经济掠夺和文化摧残等种种罪行，给福建人民造成了深重的灾难。

1. 日军在福建的暴行

（1）狂轰滥炸

1937 年 5 月 16 日上午 10 时左右，4 架日军飞机轰炸上杭县城，炸死 5 人，毁屋数间，从而开始了对福建全境长达 8 年的狂轰滥炸。据不完全统计，从 1937 年至 1944 年 3 月，日本帝国主义共出动 3104 架飞机，对福建 24 个县市进行 642 次空袭，投弹 5511 枚，造成 6430 人伤亡，毁坏房屋 23105 间，财产损失

---

① 据福建省政府 1945 年 11 月编印的《福建省损失调查》记载，当时福建除沦陷区域外，受战事影响较大的有永泰、闽清、古田、莆田、龙溪、晋江、同安、浦城、水吉、建阳、建瓯、永安、长汀、南平、邵武、崇安 16 县。同时除沦陷区外省境内遭敌轰炸的有永安、建瓯、浦城、建阳、同安、龙溪、龙岩、晋江、南安、崇安、水吉、上杭、古田、南平、闽清、尤溪、永泰、沙县、三元、大田、漳平、华安、德化、仙游、永春、安溪、长泰、南靖、连城、长汀、武平共 31 处。轰炸次数较多的有建瓯 58 次，晋江、同安各 27 次，龙溪 25 次，浦城 21 次，南平 17 次，龙岩、长汀各 12 次，南安 11 次，云霄 10 次。永安被炸 7 次，损失颇重。

97699933 元（参见附表二）。在被轰炸的县市中，福建沿海各县首当其冲，其中连江县遭到 90 次空袭，龙溪（今龙海市）65 次，省城福州尽管沦陷两次，遭空袭次数也达 44 次之多。

1937 年 9 月 3 日，厦门首次遭到日机的轰炸，经过 12 架日机持续长达 2 个小时的轰炸，海军驻厦各机关、要港司令部、造船所、无线电台、医院、航空处等均被炸毁。1938 年 2 月 24 日，日机 3 架从漳州旧桥向北低飞，连续投弹 30 多枚，炸中烧灰巷、南市场、龙眼营及上坂中山公园一带，炸毁民房 114 间，伤亡 100 多人。

除了沿海各县市，内陆山区各县也遭到不同程度的袭扰轰炸，其中尤以永安、建瓯、长汀、龙岩等县市为重。1938 年 4 月底 5 月初起，省会内迁永安达七年半之久（1938 年 4 月至 1945 年 10 月）。永安是战时的省城，又是当时东南抗战文化的中心，于是就成了日本频频轰炸的目标。其中尤以 1943 年 11 月 4 日中午日机对永安的轰炸最为残酷，造成了巨大的人员伤亡和财产损失，史称"永安浩劫"，在伤亡的 200 多人中，高熊飞及其母亲邵铸华就是在这次轰炸中分别失去右臂的（参见书中插图中高熊飞提供的图片）。于 1936 年底建成的总面积 1000 亩的长汀机场，以及建瓯机场，在全国抗战初期成为了日机在福建的主要轰炸目标。为适应抗日战争的需要，1939 年 9 月长汀机场被改为空军第九十九站，并先后被两次扩建。此后，随着第二次世界大战形势的急剧变化，长汀机场还成为了航空邮运的枢纽和战略要地，因而更遭到了日机的经常"光顾"。

日本侵略者的疯狂残暴不仅是对有"目标"的地方，更多的时候是对不设防城市的滥投滥炸，很多文化慈善机关在轰炸中被摧毁。甚至不顾国际公法，连医院也不放过。莆田圣路加医院是一所英国教会创办的慈善医院，1939 年 11 月 1 日，日机 6 架分作两队先后侵入莆田县城上空，该院特在花园内摆设木制红十字旗一面，十字旗画幅 2.5 尺，长各 27 尺，同时院中及院旁外侨职员住屋，均高悬英国国旗，各种标识十分明显，然而也同样遭到轰炸，当日被炸后，伤 4 人，死 6 人，现场血肉模糊，惨不忍睹。

1944 年 5 月《福建赈济》对福建全省 1937 年到 1944 年 3 月日机轰炸作了一份统计，从轰炸次数、敌机数及投弹数、伤亡人数、物资损失等四个方面进行了归类，参见附表二。

附表二：《抗战以来福建省遭受日机轰炸损失统计》①

（1937 年至 1944 年 3 月）

（1）被炸次数

县区别	空袭次数	县区别	空袭次数	县区别	空袭次数
总计	642	德化	4	永泰	5
福州	44	龙溪	65	闽清	2
闽侯	25	漳浦	6	浦城	2
长乐	17	诏安	4	建瓯	10
霞浦	3	福鼎	3	建阳	2
连江	90	宁德	16	古田	11
福安	5	罗源	7	晋江	41
惠安	16	福清	21	莆田	37
安溪	3	南平	4	仙游	4
金门	7	沙县	2	南安	17
同安	1	大田	1	崇安	1
永春	5	连城	1	平和	2
海澄	79	武平	1	漳平	1
南靖	2	上杭	2	长汀	12
云霄	12	三元	2	华安	2
东山	21	宁化	1	龙岩	13
永安	8	长泰	2		

说明：凡空袭次数未据报详细者不计在内（原文如此——编者注）。

（2）敌机数及投弹数

县区别	敌机数（架）	投弹数（枚）	县区别	敌机数（架）	投弹数（枚）
总计	3104	5511	惠安	44	123
福州	150	420	安溪	8	4
闽侯	93	347	金门	6	11
长乐	24	47	德化	6	16
霞浦	7	3	龙溪	338	628
连江	80 余	362	漳浦	31	67
福安	20	32	诏安	22	92

---

① 福建省档案馆编：《日本帝国主义在闽罪行录》（1931—1945 年），福建人民出版社 1995 年版，第 446—451 页。表中财产损失金额为法币。

县区别	敌机数（架）	投弹数（枚）	县区别	敌机数（架）	投弹数（枚）
福鼎	9	10余	海澄	146	103
宁德	48	12	南靖	10	30
罗源	19	52	云霄	27	29
福清	30余	50余	东山	974	349
南平	33	39	永安	78	269
沙县	16	35	龙岩	74	221
永泰	6	37	大田	6	6
闽清	7	15	连城	3	12
浦城	3	30	武平	6	28
建瓯	320	816	上杭	7	25
建阳	9	25	三元	9	13
古田	40	103	宁化	6	1
晋江	88	135	长泰	5	5
莆田	80	198	华安	5	5
仙游	13	20	崇安	42	131
南安	44	89	平和	2	5
同安	1	3	漳平	14	37
永春	23	57	长汀	72	365

说明：凡敌机架数及投弹数未据报详细者不计在内。

（3）伤亡人数

县区别	伤亡人数			县区别	伤亡人数		
	共计	伤	亡		共计	伤	亡
总计	6430	3245	3170	惠安	216	37	179
福州	362	217	145	安溪	—	—	—
闽侯	125	113	12	金门	5	4	1
长乐	67	38	29	德化	—	—	—
霞浦	13	8	5	龙溪	664	269	395
连江	778	474	304	漳浦	95	59	36
福安	48	21	27	诏安	229	162	67
福鼎	28	25	3	海澄	270	140	130

続表

县区别	伤亡人数			县区别	伤亡人数		
	共计	伤	亡		共计	伤	亡
宁德	55	20	35	南靖	34	13	21
罗源	36	19	17	云霄	62	32	30
福清	102	47	55	东山	435	232	203
南平	57	36	21	永安	537	278	259
沙县	39	22	17	龙岩	8	4	4
永泰	33	22	11	大田	35	35	—
闽清	60	27	33	连城	59	32	27
浦城	72	17	55	武平	39	22	17
建瓯	654	228	426	上杭	63	42	21
建阳	15	—	—	三元	12	6	6
古田	131	70	61	宁化	—	—	—
晋江	379	180	199	长泰	—	—	—
莆田	102	63	39	华安	—	—	—
仙游	15	10	5	崇安	119	47	72
南安	6	4	2	平和	2	1	1
同安	18	4	14	漳平	34	24	10
永春	17	13	4	长汀	300	128	172

说明：凡伤亡人数未据报者不计在内。

（4）物资损失

县区别	毁屋间数	财产损失估计数（元）	县区别	毁屋间数	财产损失估计数（元）
总计	23105	97699933	惠安	173	142097
福州	734	4136100	安溪	5	—
闽侯	234	33000	金门	11	—
长乐	91	68200	德化	47	—
霞浦	6	2000	龙溪	710	145610
连江	1182	6050000	漳浦	136	319500
福安	8	28600	诏安	167	119500

· 15 ·

县区别	毁屋间数	财产损失估计数（元）	县区别	毁屋间数	财产损失估计数（元）
福鼎	8	13000	海澄	615	306220
宁德	357	1220110	南靖	14	60000
罗源	12	3100	云霄	39	90350
福清	49	416500	东山	1059	1248340
南平	46	162464	永安	13028	59805756
沙县	213	135000	龙岩	45	5800
永泰	7	18791	大田	4	5500
闽清	17	310	连城	35	11477
浦城	300	463891	武平	—	23800
建瓯	1402	7755577	上杭	136	41230
建阳	33	55000	三元	21	48000
古田	63	36182	宁化	4	—
晋江	477	7308500	长泰	—	—
莆田	432	471450	华安		
仙游	23	8100	崇安	42	283000
南安	321	391250	平和	3	4160
同安	—	5000	漳平	30	290000
永春	129	297200	长汀	637	5472470

在遭受日机轰炸的同时，福建沿海各县还遭到日舰的炮击。被炮击的有：厦门、金门、福州、福清、闽侯、长乐、连江、平潭、东山、惠安、莆田、罗源、宁德、霞浦、福安、福鼎、诏安、海澄、漳浦、云霄、同安等市县。1938年5月10日，日军发动侵厦战役，在攻占厦门的过程中，凡日军炮火所及到处断垣残壁，满目疮痍。著名爱国华侨领袖陈嘉庚先生创办的集美学校和厦门大学亦未能幸免。据统计，抗战期间，共有2000多发炮弹落在集美学校校舍。而"由于炮火之攻击，飞机之轰炸，敌兵之拆毁"，至抗战结束时，厦门大学校舍已大部被毁。在东山县，"1939年8月22日至9月2日止……敌舰不断发炮轰击，不独我参加抗战部队，损失奇重，素称乡区经济中心之东西埔，化成一片焦土，而人烟稠密之城区，以及铜砵、康美、樟塘、东沈、梧龙、新山、后黄、山姆、前

何、张家、陈城、澳角、歧下等乡，均被惨炸，现经分别调查，此次暴敌犯境……敌舰发炮 110 次，炸死民众 159 人，受伤民众 341 人，炸毁民房商店 826 间，公共场所 18 处，震毁民船 130 只，总计不动产与动产之损失，数达一百万元左右，至被抢运盐斤尚不计算在内。"①

1939 年 12 月 19 日 10 时许，日汽艇一艘载日军 10 多名驶近永宁海岸，焚烧民船 1 艘。11 时 20 分，该汽艇驶至梅林港域，把泊在港内的 18 艘渔船放火焚烧。同时向岸上扫射及发炮，致平民吴永通、陈宗海、陈恩、黄马贞（惠安人）和他的 2 个儿女，以及陶青小学 6 名学生受伤。1941 年 1 月 20 日上午 6 时左右，日航空母舰一艘驶抵祥芝村雷仔头海域，向村里开炮轰击，击沉渔船 1 艘，另有 3 艘中弹起火烧毁，渔民蔡修烧死船中。蔡志凶跳海力乏溺死，造成 3 死 2 伤，并有 20 多座民房被毁坏。1941 年 6 月 22 日，在浙江台州海面，泉港渔民刘宝泰被日舰拦阻劫去，船员刘华龙、刘华风等 46 人惨遭杀害。其中船员刘盘菜看见他的儿子刘旺子被敌刺杀，悲痛难堪，跳下海里，又被敌连击数枪而死。

据统计，石狮市抗战时期受日舰炮击发炮数为：1939 年 17 响；1940 年 80 响；1941 年 48 响；合计 145 响②。其遭日舰炮击的人口伤亡及财产损失情况见附件一和附件二③。

（2）残杀无辜

日军嗜杀成性，侵略福建期间，任意残杀无辜平民。1938 年 5 月 10 日至 5 月 13 日，在进攻厦门的过程中，日军对厦门军民进行了残酷的镇压和屠杀，犯下了令人发指的罪行，仅平民伤亡就达 5000 多人。5 月 10 日日军进攻厦门的当天，"进村的日军对凡是敲门来不及开的就放火，连人带屋烧成灰烬；见到门户开着，闯进去遇人便杀，手无寸铁的妇孺老弱也无一幸免。"④ 5 月 11 日，日兵进入厦门市区，在街上碰到年青人或中年人，全部抓到司令部门口，令他们站成一排，用机枪扫射。沦陷后的厦门到处是衣衫褴褛、骨瘦如柴的穷人，日伪当局认为穷人给他们增添负担，遂反复搜捕，押到大屿岛，任他们在无医无药、饥寒

---

① 东山县政府：《东山县 8 月 22 日至 9 月 3 日暴敌犯境抗战经过报告书》（1939 年），福建省档案馆馆藏档案，档案号 82—8—73。

② 见中共石狮市委党史研究室撰写的《关于石狮市抗战时期人口伤亡和财产损失的调查报告》，2009 年。中共石狮市委党史研究室存。

③ 该表格系根据民国晋江县政府抗战档案、民国晋江县赈济公所、社会调查石狮市署调查报告及民国《泉州日报》资料整理而成（见中共石狮市委党史研究室编，中共党史出版社 2011 年 5 月版的《福建省石狮市抗日战争时期人口伤亡和财产损失调查》，第 14—29 页）。

④ 厦门市政协文史资料委员会编、洪卜仁主编：《抗战时期的厦门》，鹭江出版社 1995 年版，第 97 页。

交迫的环境中自生自灭。在抗击日军的进攻中，驻守厦门的国民党第七十五师二二三旅四四五团、四四六团第二营和炮兵2个排伤亡惨重，达2000多人；而义勇队、壮丁队和保安警察也开赴前线与日军浴血奋战，死伤甚多，5月13日，厦门沦陷，日军将来不及撤退的壮丁队员逐至鹭江道海岸边用机枪扫射，只有极少数人跳进海里幸免于难。还有450余名壮丁被日军拘押至中山公园，以改编伪保安队为名，用机枪扫射后抛尸海中，据《福建民报》1938年5月13日报道："全市壮丁无辜被杀戮者，已达7000人。"

日军对福州地区人民的屠杀更是骇人听闻。1941年4月，日军在全市大街小巷布满岗哨，手持利刃，架设机枪，任意枪杀民众。6月18日，日军以肃清所谓反动分子和共产党为借口，对福州全市实行连续五天的大搜查，凡发现藏有武装照片、军人用品、机关文件、抗日图表、传单、标语等，都认为有"反日"嫌疑，逮捕后施以酷刑，野蛮虐杀。其杀人方法有活埋、剥皮、电刑、枪毙、砍头、剖腹。还有用烧红的铁条将人活活烙死；用煤油掺水灌入，腹胀后，踢人小腹，将人弄死；用绳索将人捆住，倒悬在梁上，活活吊死；用鞭毒打，抛入河中溺死；甚至将人捆住，让毒蛇缠身咬死。1939年6月，长乐县"治安维持会"串通日军，枪杀仙桥乡民39人，打伤30人，接着又在沙京乡打死乡民40多人。7月，日军在福清县星桥乡捕捉26名村民，其中11人被诬指为游击队，结果眼蒙黑布条被日兵用刺刀活活捅死。在松坛、里美等地，日军还以插秧的农民为练习射击的目标，死于日军刺刀和枪弹下的不下数百人。

穷凶极恶的日军杀人如麻，类似的罪行，举不胜举。最为残酷的则属对沿海村镇渔民的疯狂屠杀，1940年7月16日，日舰在泉州沿海登陆，制造了惠安崇武惨案、石狮永宁惨案、惠安獭窟屠杀。在永宁，日军所到之处，实行烧、杀、抢"三光"政策，血流遍地，惨无人道。据查民国晋江县政府有关抗战调查资料及当地史料纪实，永宁惨案，平民死68人、伤22人，国民兵团队员（地方武装）17人殉职，国民党军队11人殉难，2人受伤。妇女4人被奸淫。梅林港被烧毁渔船52艘、商船3艘。而崇武惨案则造成75人死亡，30人受伤，房屋被炸、被烧50多处，全毁154间，受破坏412间，大小船只毁436艘（估价值当时法币25.69万元），其他财物损失，估价值当时法币11.9万多元。在龙海，占领浯屿岛时枪杀渔民23人，将患病渔民隔离在荒岛致死9人①。在惠安，日军200多人从獭窟登陆，放火焚烧59艘大小船只，估值时币8.7万多元，群众被

---

① 福建省龙海县地方志编撰委员会编、黄刻岚主编：《龙海县志》，1993年版，第1153页。

杀 18 人，重伤 10 人。

日军还肆意侮辱市民，践踏人格。日军侵占厦门、福州后，在全市的主要交通要口设立岗哨，检查行人。中国人经过必须向哨兵行鞠躬礼，如不知行礼或不符合标准就要受责罚，轻者被侮辱，重者或被打得头破血流，或致残，甚至即被枪杀，"来往行人无不胆颤心惊"①。有的妇女经过岗哨时，哨兵还以检查为名，强迫妇女脱光衣服，供日军嬉笑取乐。在鼓浪屿的泉州路，两个小贩吵架，被日籍台湾警察看见，即不分青红皂白，命令两人面对面互跪，之后，叫甲打乙，又叫乙打甲，直至两人都头破血流，面肿眼红，日籍台湾警察才扬长而去。此外，日军还常"捆人之脸，弹人之鼻，提人之耳，拔人之发，击人之首"，甚至强迫市民趴在地上作蛤蟆式、犬式、竖蜻蜓等各种怪状取乐，任意侮辱中国人。

(3) 奸淫妇女

日军在侵占福建期间，每到一处，除疯狂杀人、放火、抢劫外，还到处追逐"花姑娘"。日军官西岗规定每周三、周五为"行乐日"。日军以查户口为名，经常三五成群在大街闹市强拉妇女，任意奸污，就连幼女和老妇也不放过，甚至于夫前奸其妻，父前奸其女，翁前辱其媳，子前辱其母。在福鼎，日军过境期间，强奸了数十名妇女，并强掳妇女随军，随时奸淫。在白琳，多人受辱，其中一个患有精神病的少女竟惨遭 10 余名日兵轮奸。在福安顶头，避入普照寺内的所有妇女被关于一室强奸。一妇女被绑于凳上轮奸，日军还以殴打手段逼其子上前观看，母子悲痛欲绝，而日兵在旁狂笑不已。在福清，一名 18 岁妙龄少女被日军18 人轮奸而死。在罗源，仅城关及附近村庄被轮奸摧残致死者便达 10 余人。在长乐，洋屿王某之妻刚生孩子数日，因体弱无法躲避，一天被日军轮奸数起，生命垂危。更令人难以容忍的是驻长乐的一群日军强拉一少年，迫他奸其生母，并加以拍照，致使母子二人均投河自尽。在厦门，禾山泥金社村民林氏因年近 70，不能满足日兵兽欲，日兵即以酒瓶作弄林氏，致其"血点斑斑涂染下身"②，惨不忍睹。在福州，遭日军蹂躏强奸者更是不可胜数，东门东山乡驻扎日军 50 多名，一日间，附近各乡妇女被强奸者达 65 人，福州市两次沦陷期间，大根区被日军强奸致死者达 30 人。另据 1941 年 5 月 5 日《福建日报》（泉州版）报道，日本侵略者掳走福州市 1000 多名女性，运往台湾及海南作"慰安妇"。

---

① 福建支部生活杂志社编：《福建支部生活》1995 年第 12 期，第 37 页。

② 福建省档案馆编：《日本帝国主义在闽罪行录》（1931—1945 年），福建人民出版社 1995 年版，第 84 页。

（4）投放毒菌

抗战爆发后就不断有日军在闽采取毒菌手段毒害民众的报道。1937 年 9 月 9 日，《泉州时报》报道，日军雇佣汉奸在莆田的瑶台、东洴村等地，企图在民众饮水井中放毒，被当地群众发现，放毒者当场被抓，从其身上"搜出毒药二十多包"①。1940 年又有报道驻厦门日军雇用汉奸百余人，"乔装华侨，潜入涵江"放毒。居民饮水后"病类霍乱"，"患者初觉头昏欲吐，继以腹痛，均四小时即告不治，当此症初来时一日便死十余人，后乃变本加厉，数十数百，时有所闻。截目前止，已死二千余人。"②《福建新闻》1940 年 11 月载："敌对我内地之阴谋，已因军事上之无力侵犯，而仅用特务上之毒菌之进攻。两月来，敌领馆遣派此种汉奸百余名，携带毒菌，潜入闽省各地，将到处施放毒菌，造成我内地之广泛疫区，用毒菌杀害我民众。"由于此事已经过去了 60 多年，尚无法查证到这些报道的依据所在。但报道中有时间、地点、人证和物证，可以看出这些报道，并非都是空穴来风。另据记载，"1941 年 7 月 24 日，敌步骑 300 余由福清卷土重来……敌以炮兵向我塔山阵地轰击，自晨至午连续发炮三百余发，内有糜烂性毒气弹数十发，我军官兵中毒者颇多……"③

2. 日军在福建的殖民统治

（1）扶植傀儡政权

日军侵占厦门、福州等地后，即大肆搜罗、收买汉奸组建汉奸伪政权，以推行其"以华治华"的殖民统治。厦门沦陷后，1939 年 7 月，由日本兴亚院直接操纵成立的"治安维持会"改为"厦门特别市政府"。日伪当局明文规定：兴亚院厦门联络部有权辅翼市政府的施政，并与各机关联系，以进行兴亚大业，实现"大东亚共荣圈"。1941 年 4 月 21 日福州第一次沦陷后，在日军指挥官铃木兼三的导演下，组织了以林赤民为首的傀儡组织——福州治安维持会，下设民、财、建、交、公安、水上警察、卫生、社会八局，在长乐、连江分别拼凑了"长乐县维持会"和"连江县维持会"。1944 年 10 月 4 日福州第二次沦陷时，又成立

---

① 《泉州日报》1937 年 9 月 9 日。
② 《福建民报》1940 年 8 月 29 日第 3 版。
③ 福建省保安司令部编：《福建省抗战史》，1947 年 5 月，福建省档案馆藏档案，档案号 89—8—173。

了汉奸政权——福州市政委员会。参加维持会的汉奸甘当日军的鹰犬。他们不但帮日军破坏我军民的抗日运动，还帮日军征粮派款、强征民工、修机场、挖战壕、筑碉堡、搞运输等，为日本"大东亚战争"卖命。

（2）组织伪军

厦门沦陷后，日本海军系统的情报机关"兴亚院"加紧在福建沿海网罗海匪，成立了伪"和平救国军"。海匪余宏清被任命为"福建和平救国军"总司令，下辖三个集团军。盘踞于南日、竿塘一带的匪首林义和被任命为第一集团军司令；原闽中土匪张雄南被任命为第二集团军司令；盘踞于福清海域的海匪翁尚功被任命为第三集团军司令。这支庞大的伪军在日占领区，与日军一起对抗日据点进行"扫荡""清乡"，敲诈勒索，搜刮民财。厦门沦陷期间，在日方指使下，厦门地区伪政权还建立了"闽南警备司令部""乐山保卫团""日本领事署乐山警分团"及"决战生活联盟支部"等伪军组织，为日军掠夺资财，刺探情报，侦缉爱国志士。

（3）施行毒化政策

日本侵略者为建立所谓"新秩序"，别有用心地推行毒化政策，把大批鸦片、海洛因等麻醉品运进厦门、福州、闽侯、长乐、金门等地，在厦门公开设立公卖机构，并先后成立了福裕、福和、福庆三家鸦片公司，在福州设立"鸦片公卖处"，大肆推销。日军还在长乐县与金门县强迫居民种罂粟，甚至把金门的理海开辟为"示范罂粟园"，并在厦门组织"华南株式会社"，制造鸦片烟膏，然后把大批制成品运进福州等占领区。据统计，福建省各县（市）抗战期间人民因被迫吸烟毒的有6353人，其中男4933人，女1420人，造成经济损失达32102500000元；被迫种植烟苗计3165亩，造成经济损失达15200000元（原档案资料如此记载，币值不详）①。这些鸦片公司还在城乡各地开设了大量的烟馆、赌场和妓院，到1939年9月，"厦门市烟馆多达132间，仅局口街至大同路即有30余间"②。在市面上，几乎"五家就有一家烟厕"，"十家必有一家娼寮"，"任何一角落都有一二赌场"。在这些遍布全市的烟馆、赌场、妓院中，规模最大的是位于晨光路的兴南俱乐部和位于思明南路的大千娱乐场。据不完全统计，仅

---

① 福建省政府民政厅：《福建省各县（抗）期间人民被迫吸毒及种植烟苗所受损失调查表》，1946年6月25日，福建省档案馆馆藏档案，档案号11—5—3712。

② 《福建民报》1939年8月23日、9月3日。

"大千娱乐场"，在1938年6月到1945年8月的7年多时间里，剥削厦门人民的资财就达200余万美元以上。鸦片和赌博如两把杀人不见血的刀，使许多人倾家荡产，卖妻鬻女，甚至跳楼自尽。

（4）实行奴化教育

日本侵略者在采用武力统治的同时，还大搞文化侵略和奴化教育，企图"掌握民心"。在厦门，日方操纵的伪政权先后成立了福民俱乐部、东本愿寺、鹭江青年会、旭赢书院及文艺协会等，对厦门民众实行奴化教育。福州第一次沦陷后，日方通过伪政权建立"协和会""东亚文化协议会"，旨在"肃清赤化思想，推行王道政治"。此外，日本还办报纸，建立反动的文化宣传阵地。如厦门创办的《全闽新日报》《华南日报》《新闻报》等，经常煽动台湾同胞和厦门同胞互斗，借以削弱反日组织，激化中国内部矛盾，以达到逐步并吞中国的目的。这些报纸还大肆宣扬日军侵占厦门是"替中国人出气"，侵占福州是要"解除福州人民的痛苦"等谬论。同时，日本侵略者还借宗教来欺骗、麻醉人民。厦门大乘佛教会就是一个日军以宗教组织为名义进行文化侵略实质的活动机构。此外，还有闽南佛学院、"厦门基督教联合会"等也是如此。

3. 日军在福建的经济掠夺

日本帝国主义在侵占福建期间，实行"以战养战"的侵略政策，以中日"经济提携"为幌子，采取强占强买、包办统制、税费盘剥等手段，不断加紧对福建的经济掠夺和控制。

（1）抢劫财物

日军侵略福建期间，每到一地，均任意抢劫群众的财物。日军占领福州后，几乎天天三五成群，以检查居民户口为名，挨家挨户翻箱倒柜，除金银首饰、古玩瑰宝等贵重物品外，就连红木家具、衣服、日用品、粮食、家禽等也不放过。据《闽东日报》报道，"福州为东南沿海有数城市，敌军入侵后，即积极进行物资之榨取，散布闽江之木材及集中福州候运之茶叶，均被劫掠净尽，刻敌人为加紧榨取计，敌财阀'三井'、'三菱'经派员抵榕，勘测地址，筹设分行，敌人经济侵略随军事侵略以俱来……"①"厦门太古堆栈前曾遭敌封闭，现栈内存货，均被搬上敌舰运往台湾，价值在百万以上。又中山、厦门两个图书馆全部名贵藏书，亦由敌派台奸将其变卖一空"②。"厦门伪警察局督察科及所属各伪警署，借口商人暴利、囤积，四出骚扰拘罚，大肆敲诈勒索，自本年7月底起，迄今两个月，厦鼓受祸商家计587家，没收与罚款总数共值30余万。又鼓岛和记栈存储煤达数百吨，自太平洋战争爆发后……凡10吨以上者，尽予没收……"③ 福州第二次沦陷后，"敌寇近在福州大事抢掠以救火会汽车出去运载，南大街、上下杭、台江路及仓前山一带店屋、民房，饱受劫掠。敌将掠夺所得食糖一批五千余担装民船图运出海，至闽江口复折还马尾。现敌将劫掠所得物资，将囤存台江汛仓库内，未运出海。据敌人自称，系闽江口外盟机及舰艇活跃，航运受阻，不能出海云。"④

（2）强占强买

日军占领厦门后，即以"繁荣市面"为借口，将自来水、电灯、电话、山海冰厂等数大公司强占。在福州地区通过伪政权设立"物资调查委员会""木材处理班""商会"等机构，有计划、有目的地大批掠夺钢铁、有色金属、木材、粮食、棉花、布匹等战略物资。1939年，日军为修建飞机场，强占高崎农田600多亩。据日占当局"兴亚院大门经济联络部"1941年出版的《新厦门指南》一书记载："禾山的田地，战前42000亩，沦陷后的1940年减至20462亩。"日军第二次入侵福州后，为修建义序机场，无偿霸占义序土地3000市亩，使农民损失地价70万元，损失稻谷和柑、橘等果树约值156500元，拆毁房屋60座，损失约达60万元，征用材料达200万元，无偿征用民工5万名⑤。

（3）包办统制

日军每占领一地首先抢占银行银号，掠夺金条现钞，实行金融统制。长乐沦陷后，县银行库存的30余万元现款被洗劫一空。日军还操纵各地的傀儡政权，建立"储备银行""劝业银行""华兴商业银行"等，大量发行没有储备金的伪

---

① 《闽东日报》（宁德版）1941年9月3日。
② 《大公报》（桂林版）1942年6月12日。
③ 《同安民报》1942年11月18日。
④ 《南方日报》（闽东版）1944年11月1日。
⑤ 福建省政府编：《福州等五市县沦陷损失调查》，1945年9月，福建省档案馆藏档案，档案号3—2—80。

钞。截至 1945 年 9 月日本投降，日伪当局仅在厦门就发行伪币 10.99 亿元，使厦门通货膨胀堕入恶性循环，粮食、盐、食油、柴火等生活必需品的市价，数十倍甚至上百倍地上涨。此外，还将"日常必需品及各种企业，由台人设公司实行包办与统制，如粮食皆由庆发（苏宝泉所营）、义泉、茂记三台奸洋行所包，菜果皆由海南公司（台人陈学海）、厦门果菜消费社（日人河合进）所包办，自来水、电灯、电话由福大公司所包办，渔业由厦南海上渔业公司所包办"①。其中尤以闽盐为重。抗战初期，全国食盐来源只有川、粤、浙、闽四区。1939 年底，随着广州、杭州等地沦陷，盐的供应只剩下川、闽两地。于是，日本政府对内陆地区加紧物资封锁，特别严禁食盐流入。日军侵占福建沿海地区后，福州、厦门等地的存盐被掠夺一空，经常大闹盐荒，销往内地的食盐也随之显著减少。

（4）税费盘剥

日军在对福建殖民统治期间，还通过税收的方式来大肆搜刮民脂民膏。1939 年 2 月，日伪当局除征收战前的赋额外，又加征山头税、粪便税、复兴费等 14 种苛捐杂税。城乡之间的进出货物一律登记抽税，油、盐、茶、蔬菜、炭、食米、杂粮、薯干、纸等值百抽十至值百抽五十，日常用品，实用物资搬运也需纳税，广大人民叫苦不迭。如在厦门"伪财政科设有四税务分所，一税契局，以剥削民脂。第一，滥征房铺税；第二，苛征入口税，抽 2/10；第三，发行复兴奖券，每张 1 元；第四，强征印花税，不论机关、商店之货物、薪俸、帐簿、单据，概领贴足印花，否则拘罚；第五，户口捐，每户均须缴纳；第六，清洁捐；第七，钱粮，每年先收 5 分，以后增加；第八，手续费……第九，牌照费……第十，……第十一，罚金，……"② 1942 年 12 月开始，日军粮食吃紧，更改"丁粮"为"征购"实物，宣布农户所产粮食除自给外，概为"征购粮"，而付给农户的粮款却不及时价的百分之一。

（四）抗战时期福建人口伤亡情况

在日军入侵福建，尤其是侵占福建沿海市县期间，福建遭受了巨大的人口伤亡和财产损失，其中人员伤亡情况大致如下。

---

① 福建省档案馆编：《日本帝国主义在闽罪行录》（1931—1945 年），福建人民出版社 1995 年版，第 44 页。
② 福建省档案馆编：《日本帝国主义在闽罪行录》（1931—1945 年），福建人民出版社 1995 年版，第 44 页。

1. 直接伤亡

（1）日军飞机轰炸所造成的直接伤亡

1944 年 5 月福建省赈济会秘书室编印的《福建赈济》中，对福建省在 1937 年至 1944 年 3 月这 7 年中遭受日军飞机轰炸的损失进行了统计（参见附表二），统计包括福州、福鼎、霞浦、福安、宁德、罗源、连江、林森、长乐、福清、金门、海澄、漳浦、云霄、东山、惠安、安溪、德化、龙溪（今龙海市）、诏安、南平、沙县、永泰、闽清、浦城、建瓯、建阳、古田、晋江、莆田、仙游、南安、同安、永春、南靖、永安、龙岩、大田、连城、武平、上杭、三明、宁化、长泰、华安、武夷山、平和、漳平、长汀等县市，这 49 个县市总计伤亡人数达 6430 人，其中受伤 3245 人，死亡 3170 人。但不包括平潭、厦门、安溪、德化、宁化、长泰、华安的伤亡人数（参见附表二中伤亡人数部分）。

福建省档案馆所编纂的《日本帝国主义在闽罪行录》的"日机狂轰滥炸福建全境大事记"中，记载了 1938 年 5 月 12 日，日机终日轰炸厦门，死伤多人[1]。1939 年 4 月 27 日，厦门大学学生宿舍被日机投中 1 弹，烧伤群众 3 人[2]。1939 年 9 月 19 日，日机向德化育英小学投弹 1 枚，当场死 3 人；1941 年 3 月 2 日，敌机 36 架先后轰炸平潭岛，死者 30 余人，伤 10 余人[3]。1943 年 4 月 7 日，日机 6 架侵入平潭上空，死 3 人，伤 2 人[4]。1943 年 7 月 27 日，日机一架飞经泰宁、南平，在光泽县投弹 5 枚，死伤 20 余人[5]。1944 年 5 月未统计在内的厦门、德化、平潭等县共计伤亡 71 人。而在此次统计之后的 1944 年 4 月到 1945 年 5 月 31 日，日机最后一次轰炸福建省罗源凤石乡凤保为止，造成至少 162 人的人员伤亡，将这两个数字的和 233 补充到附表二中伤亡人数部分，则飞机轰炸伤亡人数至少为 6663 人。

（2）日军进攻所造成的伤亡

根据福建省政府 1946 年 1 月对包括福州五县市、厦门七县市沦陷损失所作

---

[1] 福建省档案馆编：《日本帝国主义在闽罪行录》（1931—1945 年），福建人民出版社 1995 年版，第 573 页。
[2] 福建省档案馆编：《日本帝国主义在闽罪行录》（1931—1945 年），福建人民出版社 1995 年版，第 575 页。
[3] 福建省档案馆编：《日本帝国主义在闽罪行录》（1931—1945 年），福建人民出版社 1995 年版，第 585 页。
[4] 福建省档案馆编：《日本帝国主义在闽罪行录》（1931—1945 年），福建人民出版社 1995 年版，第 593 页。
[5] 福建省档案馆编：《日本帝国主义在闽罪行录》（1931—1945 年），福建人民出版社 1995 年版，第 585 页。

的调查内容，我们统计出这 12 个县市的直接人口伤亡的数字至少 4345 人，其中死亡人数至少 2779 人，受伤人数至少 555 人，未明 619 人，飞机轰炸伤亡 392 人（参见附表三）。

附表三：福建省福州等十二市县沦陷损失直接人口伤亡情况①

地区	伤亡人数							
	合计	伤			亡	未明	伤亡不分	备注
福州	727	沦陷时伤亡	第一次			252		
			第二次			68		
		克复时伤亡	第一次					
			第二次		15			
		遭受敌机轰炸伤亡					392	
林森[注5]	299	沦陷时伤亡	第一次			85		
			第二次			214		
		克复时伤亡	第一次					
			第二次					
连江	1402	沦陷时伤亡	第一次	69	647			127[注1]
			第二次	32	476			
		克复时伤亡	第一次	12	42			
			第二次	65	59			
长乐	112	沦陷时伤亡	第一次		18			11[注2]
			第二次	17	77			
		克复时伤亡	第一次					
			第二次					

① 根据福建省政府 1946 年 1 月编印的《福建省福州等十二市县沦陷损失调查》整理而成。原件为福建省档案馆馆藏档案，档案号民资 3—7—27。

地区	伤亡人数								
	合计	伤			亡	未明	伤亡不分	备注
福清	2	沧陷时伤亡	第一次					
			第二次		2			
		克复时伤亡	第一次					
			第二次					
厦门	1038	116			922			
金门	207	103			104			
海澄	176	35			141			
漳浦	90	4			86			200^{注3}
云霄	53	25			28			
诏安	76	28			48			
东山	163	49			114			
总计	4345	555			2779	619	392	注4

注1：第二次敌人败退时被拉充当挑夫中途死亡者约127人（以被拉人数三十分之一估计），属间接伤亡。

注2：第二次敌人败退时被拉往闽东挑夫失踪不明者11人，属间接伤亡。

注3：沧陷时在境内征派壮丁计达200人，属间接伤亡。

注4：不包括注1至注3的间接伤亡数字。

注5：今闽侯县。

在对上述福州等12市县进行沧陷损失调查的同时，福建省政府又对日军败退时流窜过的闽东五县市（福鼎、霞浦、福安、宁德、罗源）及抗战期间被日军反复占据过的平潭县进行调查，从而有了福建省政府对福建省沧陷区及日军流窜县市共18个市县（即福州、福鼎、霞浦、福安、宁德、罗源、连江、闽侯、长乐、福清、平潭、厦门、金门、海澄、漳浦、云霄、东山、诏安）比较详细的调查，1946年1月形成了福建省沧陷区及日军流窜县市抗战损失人口伤亡部分汇报总表。从中可见，就人口伤亡方面而言，整个抗战期间，以上述及的17个市县（诏安除外）至少有4863人。其中受伤977人，死亡3886人（参见附表四）。

附表四：福建省沦陷区及日军流窜县市抗战损失人口伤亡部分汇报总表（1946年1月）①

	伤 亡 人 口								
	总 计			伤			亡		
	合计	男	女	合计	男	女	合计	男	女
总计	4863	3542	1321	977	690	287	3886	2852	1034
福州	333	227	106	102	71	31	231	156	75
福鼎	150	126	24	70	57	13	80	69	11
霞浦	90	77	13	25	23	2	65	54	11
福安	98	73	25	32	21	11	66	52	14
宁德	133	116	17	24	22	2	109	94	15
罗源	51	42	9	17	15	2	34	27	7
连江	639	469	170	96	68	28	543	401	142
林森	334	233	101	88	75	13	246	158	88
长乐	276	227	49	58	39	19	218	188	30
福清	540	364	176	81	52	29	459	312	147
平潭	335	282	53	47	25	22	288	257	31
厦门	1071	777	294	118	66	52	953	711	242
金门	207	155	52	103	86	17	104	69	35
海澄	177	91	86	35	19	16	142	72	70
漳浦	91	82	9	4	4	—	87	78	9
云霄	63	48	15	25	17	8	38	31	7
东山	275	153	122	52	30	22	223	123	100

附注：诏安人口伤亡未据报告故未收入　来源：根据各县人口伤亡表编制

通过对上述各种调查结果的对比甄别，尤其是把福建省政府对福州等十二个县市的调查情况（参见附表三）和对福建省沦陷区及日军流窜县市（共18个）的调查情况（参见附表四）进行对比，再把日机对这18个县市的轰炸伤

---

① 福建省政府编：《福建省沦陷区抗战损失调查汇报（包括流窜县份）》，1946年1月，福建省档案馆馆藏档案，档案号3—7—33。

亡数字放在一起比较（参见附表五），我们发现，附表三和附表四中厦门等七县市的数字基本一致，但福州等五县市的两次数字却有所不同。如附表三中对福州等 12 个县市的调查中福州伤亡合计 727 人，其中第一次沦陷伤亡 252 人，第二次沦陷及克复时伤亡 83 人，两次共计 335 人，遭受敌机轰炸伤亡 392人①。据此表格，沦陷伤亡数字与飞机轰炸损失数字是相互独立的。在附表四中即 18 个沦陷区及流窜县市的调查中福州伤亡合计 333 人，这与附表三中福州两次沦陷伤亡的数字 335 人相近似。而参照附表二中日机轰炸所造成的人员伤亡数字，福州合计为 362 人，与附表三中福州遭受敌机轰炸伤亡392 人也只差 30 人。仅从上述分析来看，福建省政府对沦陷区及日军流窜县市（共 18 个县市）调查中的人员伤亡数字似乎是不包括飞机轰炸所造成人员伤亡。

我们将上述三个表格中共同的县市伤亡数字进行比较，形成下表（参见附表五）。

附表五：福建若干县市伤亡数字进行比较

	福建省政府对沦陷区及沿海日军流窜的 18 个县市所作的调查统计：即附表四中的数据			对福州五县市厦门七县市所作的调查数据统计，即附表三中的数据				抗战以来福建省遭受日机轰炸损失统计之伤亡人数即附表二中的一些数据		
	合计	伤	亡	合计	伤	亡	未明	合计	伤	亡
	4863	977	3886	4345	555	2779	1011	2710	1611	1099
福州	333	102	231				727[注1]	362	217	145
福鼎	150	70	80					28	25	3
霞浦	90	25	65					13	8	5
福安	98	32	66					48	21	27
宁德	133	24	109					55	20	35
罗源	51	17	34					36	19	17

---

① 福建省政府编：《福建省福州等十二市县沦陷损失调查目录》，1946 年 1 月，第 2 页，福建省档案馆馆藏档案，档案号民资 3—7—27。另从福州市筹备处 1945 年 6 月 25 日向福建省抗战损失调查团提供的报告《福州市沦陷损失调查》及 1945 年 9 月 11 日调查团的审核回复报告来看，福州两次沦陷被残杀和被强奸妇女致死的有 350 人（第一次残杀市民 252 人，强奸妇女致死者 30 人；第二次残杀市民 68人），历年敌机炸死伤 392 人（第一次沦陷死伤 380 人，第二次沦陷死伤 12 人），共计 742 人（见中共福州市委党史研究室 2014 年撰写的《福州市抗战时期人口伤亡和财产损失调研报告》，中共福州市委党史研究室存）。此数字与附表三中福州的伤亡数字相近似。

	福建省政府对沦陷区及沿海日军流窜的 18 个县市所作的调查统计:即附表四中的数据			对福州五县市厦门七县市所作的调查数据统计,即附表三中的数据				抗战以来福建省遭受日机轰炸损失统计之伤亡人数即附表二中的一些数据		
	合计	伤	亡	合计	伤	亡	未明	合计	伤	亡
连江	639	96	543	1224				778	474	304
林森注2	334	88	246	299				125	113	12
长乐	276	58	218	112				67	38	29
福清	540	81	459	2				102	47	55
平潭	335	47	288							
厦门	1071	118	953	1038	116	922				
金门	207	103	104	207	103	104		5	4	1
海澄	177	35	142	176	35	141		270	140	130
漳浦	91	4	87	90	4	86		95	59	36
云霄	63	25	38	53	25	28		62	32	30
东山	275	52	223	163	49	114		435	232	203
诏安				76	28	48		229	162	67

注1:第一次沦陷伤亡252人,第二次沦陷伤亡83人,遭受敌机轰炸伤亡392人。

注2:林森即闽侯。

然而,另外一份资料即福建省统计室于1946年对福州及邻近沦陷6市县及日军流窜闽东5市县即福州、林森(今闽侯)、长乐、连江、福清、宁德、福鼎、霞浦、罗源、平潭、福安共11个县市所作的损失统计,人口伤亡总数为2504人,按性别分:男1931人,女573人;按伤亡分:亡1920人,伤562人,死伤不明22人;费用总数14553034元,其中医药费3815882元,埋葬费10727152元①。而上述附表四中这11个县市的人口伤亡数字总数为2979,很显然,若这2979中不包括飞机轰炸损失的数字,则与2504相差太多,若包括,则相差400多人可以理解。

此外,下述三份材料也说明了上述附表四即福建省沦陷区及日军流窜县市的人口伤亡统计数字是包括飞机轰炸的伤亡数字的。

---

① 张直:《半年来的福建统计工作》,1946年,福建省档案馆藏档案,档案号民资9—1—19。

由福建省政府统计室于 1946 年 11 月编的《各县市最近简要统计》，其中第 12 项中的抗战损失列表如下（参见附表六）：

附表六：抗战损失疾病诊疗人数、生活费物价指数①（节录）

县　市	人口部分	县　市	人口部分
总计	9157	龙　溪	456
福州市	333	漳　浦	91
厦门市	1071	诏　安	—
林　森	334	海　澄	177
福　清	540	云　霄	63
古　田	337	长　泰	—
永　泰	40	东　山	275
长　乐	276	南　靖	39
连　江	639	龙　岩	34
闽　清	—	永　定	—
罗　源	51	平　和	2
平　潭	335	漳　平	35
南　平	92	华　安	4
沙　县	38	长　汀	297
顺　昌	—	上　杭	47
尤　溪	—	宁　化	—
将　乐	—	武　平	—
建　宁	—	连　城	39
泰　宁	—	永　安	512
建　瓯	282	大　田	—
浦　城	141	德　化	150
邵　武	—	宁　洋	—
建　阳	123	清　流	—

① 福建省政府统计室编：《各县市最近简要统计》，1946 年 11 月，福建省档案馆馆藏档案，档案号民资 6—7—121。

县　　市	人口部分	县　　市	人口部分
崇　安	297	明　溪	—
松　溪	—	三　元	24
政　和	—	福　安	98
水　吉	8	霞　浦	90
晋　江	515	福　鼎	150
莆　田	123	宁　德	133
仙　游	22	寿　宁	—
南　安	43	屏　南	—
同　安	1	周　宁	81
永　春	34	柘　荣	—
惠　安	478	金　门	207
安　溪	—		

　　这个资料是1946年11月由福建省政府统计室编的，由于是抗战胜利后统计的更具有全面性，上述表格中所列抗战损失中的人口损失数据，福州、林森（今闽侯）、连江、长乐、福清、平潭、厦门、金门、海澄（今龙海市的一个镇）、漳浦、云霄、东山、罗源、宁德、福安、霞浦、福鼎等18个县的人口伤亡数字与附表四即福建省沦陷区及日军流窜县市抗战损失人口伤亡部份汇报总表中的数字是一致的。鉴于统计的时间及权威性，我们认为这个表格中的数据是能够比较好地反映福建省战时的人口伤亡情况的，而福州等12县市尤其是福州等5县市的数据中关于人口伤亡的有些数据是不够准确的，福建省沦陷区及日军流窜的18个县市中的伤亡人口是包括其间的飞机轰炸损失的数据的①。

　　同时，福建省政府统计室编的另外两份人口伤亡的数据，也与上述数据比较接近（参见附表七、附表八）。

---

①　根据目前掌握的各种材料分析，附表四中的人口伤亡数据是包括飞机轰炸损失的伤亡数，但是只记录了有名有姓的伤亡数。而附表三中所统计的数据有可能是不仅仅有名有姓的伤亡数，也包括集体刑罚类似大屠杀而没有具体名字的。待以后搜集到更多新的材料再加以确认。

附表七：福建省抗战损失调查总表（二十六年—三十四年）——人口伤亡①

	伤亡人口									费用（法币元）		
	总计			伤			亡			合计	医药费	埋葬费
	合计	男	女	合计	男	女	合计	男	女			
总计	9313	6437	2876	3105	2031	1074	6208	4406	1802	28183739	8079279	20104460
沦陷及日军流窜部分	4863	3542	1321	977	690	287	3886	2852	1034	26069722	7133655	18936067
非沦陷及日军流窜部分	4450	2895	1555	2128	1341	787	2322	1554	768	2114017	945624	1168393

注：本省抗战以来，除了部队的伤亡由军委会调查发表外，其民众及公教人员等伤亡总数是9313人，其中男6437人，女2876人，其中以厦门市为最多，计1071人，占全数九分之一。各伤亡人口所用的医药费埋葬费计2800万余元（为伤亡时之币值），以上人口损失的数字，均系知其姓名者。因抗战损失调查重证据，必须详知其姓名，方能算数，对于没有确实证据的只得暂缺，如厦门血魂团一案就死39人，但因此项伤施以集体刑罚类似大屠杀，没有具体名字，故均不算在内。

附表八：人口伤亡② 二十六年至卅四年底止收到之材料编制

	伤亡人数			费用		
	小计	男	女	小计（元）	医药费	埋葬费
总计	9313	6437	2876	28183739 . 40	8079279 . 00	20104460 . 40
沦陷及日军流窜地区	5019	3667	1352	26793492 . 00	7527515 . 00	19265977 . 00
非沦陷区	4294	2770	1524	1390247 . 40	551764 . 00	838483 . 40

观察上述两个表格中的数据，附表七与附表八中的总计伤亡人数均为9313人，附表七中的沦陷区伤亡人数为4863，是取福建省沦陷区及日军流窜县市之人口伤亡数字，而附表八中沦陷区人口伤亡人数为5019，虽然附表八统计时间迟于附表七，为1947年10月份，但附表七的注释更具有说服力，因而我们倾向

---

① 摘自张直：《统计室工作报告》，1946年，第40页，福建省档案馆馆藏档案，档案号民资9—1—20。表中费用金额为法币。

② 摘自福建省政府统计室主编的《福建统计》，1947年10月15日，第27期。

于取附表七的数据①。

另据福建省民政厅编著的《福建省革命烈士英名录》所载，抗日战争时期福建籍烈士共计 2403 人。这些人员也应列入直接伤亡数，不排除同附表七的数字会有交叉和重复。

综上所述，据不完全统计，抗日战争期间，福建省直接伤亡人口中有名有姓者 11700 多人。

2. 间接伤亡

日本侵略者对福建人民造成的间接伤亡，主要发生在强迫吸食烟毒、掳走妇女儿童等、无偿征用民工，由于侵略造成大量的难民等方面。

(1) 被迫吸食烟毒造成的伤亡

抗战期间，日军在福建的毒化活动，给厦门、福州等地民众造成难以估算的损失。1946 年 6 月 25 日，福建省政府民政厅对此作过调查，以受日军毒化最为严重的金门、厦门、福州、林森（今闽侯）、长乐等县、市统计，共有居民 1210115 人，被迫吸食烟毒的居民为 6353 人，其中厦门 5000 人、金门 887 人、闽侯 200 人、长乐 176 人、福州 90 人（参见附表九）。

---

① 据 1941 年 1 月、1942 年 1 月、1943 年 1 月、1943 年 7 月以及 1944 年 1 月国民政府主计处分别编制的《抗战中人口与财产所受损失统计》记载，截至 1940 年 12 月底、1941 年 12 月底、1942 年 12 月底、1943 年 6 月底及 1943 年 12 月底，福建人口伤亡数分别为 1526 人、2559 人、3404 人、4789 人、4834 人［见中央党史研究室第一研究部、中国第二历史档案馆编，中共党史出版社 2014 年出版的《国民政府档案中有关抗日战争时期人口伤亡和财产损失资料选编》(1)，第 247、263、311—312、354、369 页］。另据 1946 年 8 月国民政府行政院秘书处《关于赔偿调查委员会报送军民人力以及公司财产损失总数的签呈及附件》记载，抗战八年，福建人民伤亡估计共 43124 人，其中重伤 4900 人，轻伤 11316 人，死亡 26908 人［见中央党史研究室第一研究部、中国第二历史档案馆编，中共党史出版社 2014 年出版的《国民政府档案中有关抗日战争时期人口伤亡和财产损失资料选编》(1)，第 380 页］。由于此项数据是根据军令部统计的抗战八年福建省重要战斗次数（6 次）、小战斗次数（291 次）分别乘以每次普通战斗代表数的十倍及百分之十后的数字相加，再加上本省实际报告的空袭伤亡数字之和而得（见同上书第 376—378 页中的估计方法），其中包括福建人民在日机空袭、屠杀及辗转逃难的伤亡数。据此可知，该项数据包括福建省八年抗战中的人民直接和间接伤亡，但又没有包括全部的间接伤亡，如没有包括华侨人口及日本所征用及调遣的劳工等伤亡（见同上书第 373 页）。因此，根据有名有姓证据确实的原则，我们只取直接伤亡 9313 人这个数据。当然，在抗战八年中，被日军施以集体刑罚类似大屠杀而没有留下具体名字的伤亡人数均不在内，如厦门血魂团一案即死 39 人就不在此列。

附表九：福建省各县（市）抗战期间人民被迫吸烟毒及种植烟苗所受损失调查表（部分）①

县（市）别	吸食烟毒					
	原有居民人数			被迫吸食烟毒人数		
	合计	男	女	合计	男	女
总计	1210115	624570	485545	6353	4933	1420
福州市	314679	171050	143629	90	68	22
厦门市	124075	59880	64195	5000	3751	1249
林森县	525710	266145	259565	200	190	10
长乐县	201212	106311	94901	176	151	25
金门县	44439	21184	23255	887	773	114

（2）被掳掠造成的伤亡

日军在侵略福建的过程中，据不完全统计，掳走福州市 1000 多名女性，运往台湾及海南作"慰安妇"。同时虏走幼童 400 多人运往日本②。另据 1947 年 9 月所作调查统计，1940 年 9 月厦门市被劫掠儿童人数共 95 人，其中男童 86 人，女童 9 人，大多数被运往台湾（参见附表十）。

附表十：厦门市被敌劫掠儿童人数调查③
（民国 36 年 9 月填报）

劫掠年月	劫掠地点	劫掠部队机关及主管姓名	运往地点	儿童人数	
				男	女
民国 29 年 9 月	厦门	未详	上海	34	2
民国 29 年 9 月	厦门港	未详	台湾	12	1
民国 29 年 9 月	禾山区	未详	台湾	26	4
民国 29 年 9 月	鼓浪屿	未详	台湾	14	2
总　计				86	9

另据报道，1941 年 8 月初，惠安崇武镇渔船一艘在大小嶝被日舰劫去，渔

---

① 福建省档案馆编：《日本帝国主义在闽罪行录》（1931—1945 年），福建人民出版社 1995 年版，第 658 页。

② 《福建日报》（泉州版）1941 年 5 月 5 日。

③ 厦门市档案局、厦门市档案馆编：《厦门抗日战争档案资料》，厦门大学出版社 1997 年版，第 586 页。

民 7 人被抓上舰，生死未明，另 3 人被日军监视令将原船驶往金门上陆①。是年在惠安大乍，5 艘渔船在台湾海峡被日军劫走，57 位渔民被囚于台中监狱，其中 29 人被杀害，28 人被送往南洋一带当兵，至抗战胜利后才由菲律宾返回家乡②。此外，海澄浯屿第 27 保渔民在捕鱼时，共有 7 艘小渔船被日舰辑获，每船有 4 至 5 人被一并带走③（每船按 4 人算，共 28 人）。东山县沃角村渔民胡武等 20 人在海上捕鱼时，被日军强行抓到台湾，并施以种种酷刑，其中被折磨而死的有 15 人④。

依上所述，根据已掌握的资料，抗战期间福建省被日军掳掠所造成的伤亡（主要是妇女儿童）达 1610 人。

（3）劳工伤亡

日军第二次入侵福州后，为修建义序机场，无偿征用劳工 5 万名⑤。约合 800000 工，损失达 200000 元⑥。1939 年至 1942 年间，为在厦门挖战壕辟机场，厦门人民被征服劳役 27509 人，约合 170000 工，其中死亡 44 人，失踪 212 人，因被征服劳役损失工资数 204567 元⑦。另据调查，抗战期间厦门市被敌征用民工 34258 人，其中伤 162 人，死亡 7 人，故抗战期间厦门劳工 61767 人，其中死亡 51 人，伤 162 人，失踪 212 人。同时根据"福建省福州等十二市县沦陷损失直接人口伤亡情况"表统计，日军在第二次侵入连江县败退时，民众被拉充当挑夫中途死亡者约 127 人（以被拉人数三十分之一估计）。在长乐县，第二次沦陷时，日军为修建工事开掘地洞，每日要求各乡镇按保派劳力，劳工每日均在 500—600 人（按 600 人计），被折磨受伤，致残的无数；另外，敌人败退时被拉往闽东挑夫失踪不明者 11 人。在罗源，1945 年 5 月，溃败日军途经罗源时，除大肆烧杀抢掠外，还到处搜索和抓捕农民充当伕役，仅护起镇就抓去 500 多人（按 500 人计），大部分在途中被折磨拖累至死，有的被活活打死刺死，有的失

① 《福建日报》（泉州版）1941 年 8 月 27 日。

② 参见中共泉州市委党史研究室撰写的《抗战时期日寇在泉州罪行总录》，2009 年。中共泉州市委党史研究室存。

③ 参见本书中王盛泽撰写的专题《抗战时期福建渔民和渔业损失》。

④ 参见本书中王盛泽撰写的专题《抗战时期福建渔民和渔业损失》。

⑤ 福建省政府编：《福州等五市县沦陷损失调查》，1945 年 9 月，福建省档案馆馆藏档案，档案号 3—2—80。

⑥ 福建省政府编：《福州等十二市县沦陷损失调查》，1946 年 1 月，福建省档案馆馆藏档案，档案号 3—7—27。

⑦ 厦门市政府统计室编：《厦门市抗战损失》，1946 年 11 月，厦门市档案馆馆藏档案，档案号 A8—1—227。

踪，少数逃回的也是伤痕累累，抱病终生（按途中死亡三分之二算，死亡人数应至少在 330 人以上）①。在漳浦县，沦陷时日军在境内征派壮丁计 200 人（参见附表三中注 1、注 2、注 3）。1945 年日军从海澄县镇海乡（今龙海县）浯屿岛撤退时，强掳 46 个渔民供其役使，被抓走的人中，大多从此下落不明②。另据报道，沦陷期间，日军在海澄境内征派壮丁挑夫 14 人③。此外，日军在侵略占领福建沿海县市期间，强迫当地百姓供其役使的情况数不胜数。如福州两次沦陷期间，日军强迫马尾造船厂工人拆卸大型机器并搬上轮船运走，有的工人拒不拆卸，不少被活活打死，有的被绑上铁板坠入江底；第二次沦陷期间，日军海军陆战队、警备队每日强迫马尾人民上山开战壕，稍不顺从就拳打脚踏。诸如此类的劳工役使没有明确的数据，具体伤亡数字也不详，有待进一步查证。

依上所述，根据现有掌握资料，抗战期间福建省被日军强征劳工至少113265 人，伤亡比率较高，但具体伤亡数字不详，有待进一步查证。除有记载的伤亡数 893 人（其中死亡 508 人、伤 162 人、失踪 223 人）外，以上劳工数字未计入统计结果。

（4）难民伤亡

金门、厦门沦陷后，沿海的民众为躲避战祸，纷纷迁往内地弃家离乡沦为难民。1938 年 4 月，福建省政府被迫内迁，更造成了民众的恐慌，引起了大规模的内迁难民潮。难民以福州、厦门、林森、金门、长乐、连江六县市为最多，原来有职业的约占 70%。据统计，两次沦陷期间，福州及其邻近四县难民就达36.1 万人（其中福州市 173500 人、闽侯县 96250 人、连江县 30000 人、长乐县19000 人、福清县 42296 人）（参见附表十一）。

---

① 参见中共福州市委党史研究室撰写的《抗战时期福州市人口伤亡和财产损失调研报告》，2009 年，中共福州市委党史研究室存。
② 参见本书中王盛泽撰写的专题《抗战时期福建渔民和渔业损失》。
③ 福建省档案馆编：《日本帝国主义在闽罪行录》（1931—1945 年），福建人民出版社 1995 年版，第 629 页。

县市	难民数	赖长期救济数	系一时失业数	逃出难民数	备注
福州	173500 (93000、80500)	49000 (39200、9800)	95500 (68200、27300)	105700 (57000、48700)	括号内分别为第一次、第二次沦陷时相应人数，下同。
林森	96250 (45000、51250)	17580	41970	36100 (17000、19100)	
连江	30000 (16000、14000)	7475	6525	6000 (3200、2800)	
长乐	19000 (10500、8500)	6900 (4200、2700)	37600 (33800、3800)	4500 (2500、2000)	
福清	42296 (32609、9687)	42296 (32609、9687)		16209 (10568、5641)	
厦门	25900	10000	15000	1100	
金门	10000	3000	3000	2500	
海澄	7000	2000			
漳浦	20000	8000	10000		
云霄	15100	5000	15000		
诏安	5500		3000		
东山	1000	3000（原文如此——编者）			

根据中央党史研究室第一研究部与中国第二历史档案馆编纂的《国民政府档案中有关抗日战争时期人口伤亡和财产损失资料选编》（中共党史出版社 2014 年版）记载，厦门等七市县沦陷损失调查中难民情况如下（参见附表十二）。

附表十二：厦门等七市县沦陷损失调查难民情况（根据中国第二历史档案馆资料统计）

县市	难民数	赖长期救济数	系一时失业数	逃出难民数	备注
厦门	29500	14500	1500	1100	
金门	50000	7000	3000	10000	
海澄					未统计（原文如此）
漳浦	50000		10000		
云霄	15100	100	15000		
诏安	5500		5500		
东山	51000	15000	36000		

---

① 根据福建省政府 1946 年 1 月编印的《福建省福州等十二市县沦陷损失调查》（福建省档案馆藏档案，档案号 3—7—27）整理而成。

上述两个表格中厦门等七市县有关难民的数据存在诸多的不同。如厦门、金门、漳浦、东山等市县的难民数均有较大的出入。另据福建省档案馆编《日本帝国主义在闽罪行录》中的"厦门市、金门市沦陷损失调查"第97至98页记载，厦门全市难民估计2.95万人，逃出难民约有1.1万人，约有1.45万人赖长期救济，一时失业者1.5万人；金门县沦陷后全县（全县人口5万人）人民沦为难民，逃出者约有1万人，其中约有7000人赖长期救济，3000人系一时失业。该文系福建省档案馆编著人员根据馆藏福建省政府编印的《厦门等七市县沦陷损失调查》综合整理而成，另说明该馆所藏档案号11—10—7355卷档案与上文内容基本一致。此外，该书中所记载海澄、漳浦、云霄、诏安四个县的难民情况，难民数等均与南京二档资料数据一致。据此，我们认为福建省档案馆编著的《日本帝国主义在闽罪行录》中所记载的厦门、金门及其他四个县市的难民数为相对较准确数字。东山县难民数据取南京二档资料中的数据。再跟福州等十二市县的数据对比，最终取下列数字（参见附表十三）。

附表十三：福建省福州等十二市县难民情况（综合各种资料整理而成）

县市	难民数	赖长期救济数	系一时失业数	逃出难民数	备注
福州	173500 （93000、80500）	49000 （39200、9800）	95500 （68200、27300）	105700 （57000、48700）	
林森	96250 （45000、51250）	17580	41970	36100 （17000、19100）	
连江	30000 （16000、14000）	7475	6525	6000 （3200、2800）	
长乐	19000 （10500、8500）	6900 （4200、2700）	37600 （33800、3800）	4500 （2500、2000）	括号内分别为第一次、第二次沦陷时相应人数。
福清	42296 （32609、9687）	42296 （32609、9687）		16209 （10568、5641）	
厦门	29500	14500	15000	11000	
金门	50000	7000	3000	10000	
海澄	7000	2000			
漳浦	50000	8000	10000		
云霄	15100	100	15000	无	
诏安	5500	无	5500	无	
东山	51000	15000	36000	无	

但据1947年9月厦门市政府填报的资料显示，厦门沦陷期间的流亡人力损

失调查数为 179984 人，远远超过上述表格中的 29500 人（参见附表十四）。

附表十四：厦门市流亡人力损失调查①（民国 36 年 9 月填报）

| 时期 | | | | | | | 县市库及慈善团体支出救济总数（元） | 流亡人力工资损失总数（元） |
年	月	日	男	女	幼童	合计		
27	5	13	47500	33467	35321	116288		
28			18374	15293	14329	47996		
29			2156	1443	1824	5423		
30			204	1230	1125	2559		
31			1175	1980	1875	5036		
32			785	650	213	1648		
33			150	240	150	540		
总计			70344	54803	54837	179984	7842500	2459600

注：流亡时间除沦陷时蜂涌逃亡外，余各年均系经常逃亡无法查悉。

根据对上述材料以及福州厦门等 12 市县沦陷的时间和程度的分析，参阅《福建省沦陷暨遭受战事损害地区及人口估计表》（参见附表十五）以及专家学者的意见②，我们认为，厦门战后对沦陷期间流亡人力损失的调查数为 179984 人，与附表十五中沦陷期间厦门人口 178656 人基本相符。又据林庆元主编的《近代福建经济史》中谈及"金、厦两岛沦陷一年逃出的难民就达 8 万余人"③来看，因金、厦两岛沦陷时间长达七年多，所以其全部沦为难民是可信的。另福州及邻近四县两次沦陷，其时间相对金、厦较短，因而其难民数并不以全部人口计算，乃据附表十三中难民数为准，其余类似。据此，抗战期间福建难民数以目前掌握的资料分析得出：福州 173500 人、林森 96250 人、连江 30000 人、长乐 19000 人、福清 42296 人、厦门 179984 人、金门 50000 人、海澄 7000 人、漳浦 50000 人、云霄 15100 人、诏安 5500 人、东山 51000 人，合计 719630 人。

---

① 厦门市档案局、厦门市档案馆编：《厦门抗日战争档案资料》，厦门大学出版社 1997 年版，第 587 页。表中金额为法币。

② 福建省抗损调研报告送呈专家组鉴定，其中意见之一是不能以当时国民政府时期的估计数（即福建受战事影响人口 250 余万人，其中需要救济的占 50% 以上，约为 130 余万人）为全部难民数，应有所区别。

③ 林庆元主编：《福建近代经济史》，福建教育出版社 2001 年版，第 296 页。

附表十五：福建省沦陷暨遭受战事损害地区及人口估计表①

一、全部沦陷

市县别	厦门	金门	福州	平潭	林森	长乐	东山
人数	178656	49351	261137	106107	554196	109137	86970
备考							

二、部分沦陷（以百分之六十计）

市县别	连江	福清	惠安	莆田（南山岛）	罗源	宁德	霞浦	福安	福鼎	诏安	海澄	漳浦	云霄
人数	134405	22538	118001	14000	41314	76360	78416	51137	68872	21018	13147	21479	11950
备考	该县人口224008人	该县人口352564人	该县人口393337人按百分之三十估计	上列南日岛人数系照统计年鉴数目	该县人口105784人按百分之四十估计	该县人口190876人按百分之四十估计	该县人口196041人按百分之四十估计	该县人口255685人按百分之二十估计	该县人口219572人按百分之三十估计	该县人口210183人按百分之十估计	该县人口131468人按百分之十估计	该县人口214792人按百分之十估计	该县人口119504人按百分之十估计

三、沿海及接近沦陷区曾受战事直接影响（以百分之十估计）

市县别	永泰	闽清	古田	莆田	龙溪	晋江	同安
人数	15013	13443	18388	67498	25515	57270	22746
备考	该县人口150130人	该县人口134425人	该县人口□83880人	该县人口674983人	该县人口285□48人	该县人口572704人	该县人口227455人

此外，据统计，战区退出经收容救济之难民，计有 253900 余人，约占难民人数五分之一。另外，根据调查外省（主要是粤赣浙湘各省）必须救济的退闽义民，人数为 30000②。仅以永安为例，全国抗战爆发后，大量福建沿海及其他省份难民涌入永安，永安成为全省难民集散中心之一。其中大多为浙赣战区退闽

① 福建省政府编：《福建省损失调查》，1945 年 11 月，第 78 页，福建省档案馆馆藏档案，档案号民资 9—1—19。

② 福建省政府编：《福建省损失调查》，1945 年 11 月，第 78 页，福建省档案馆馆藏档案，档案号民资 9—1—19。

学生、福建沿海战区学生、闽侯战区退出中小教职员、从敌占区流亡而来的流浪儿童和残老人员、过境难民等等。据统计，1937 年至 1943 年 3 月，永安县收容难民 1172 人，遣送 1172 人①。1944 年 1 月至 1945 年 4 月，永安县收容难民 182 名，遣送 182 名②。战争结束后，根据 1946 年 2 月的调查显示，仍有 141 名外地难民滞留永安，其中 94 人愿返回原籍（参见本调研报告附件三）。

依上所述，我们认为战区退出经收容救济之难民 253900 余人已包括在前述难民数 719630 中，粤赣浙湘各省退闽义民 30000 人则应统计到难民数中，因此，抗战期间福建省难民至少 749630 人③。但具体伤亡人数不详，故未计入伤亡统计结果。

（5）灾民伤亡

抗战时期福建受战争影响的灾民主要指鼠疫而造成的灾民。据福建省防役处统计，1937—1943 年全省鼠疫发病 8525 人，死亡 6504 人④（参见附表十六）（具体参看本书中钟健英撰写的专题《抗战时期福建鼠疫调查与分析》）。

附表十六：1944 年福建省防疫处的鼠疫统计表

病 \ 年份	1937		1938		1939		1940		1941		1942		1943		总计		病死百分率
	病	死	病	死	病	死	病	死	病	死	病	死	病	死	病	死	
鼠疫	858	467	318	137	554	434	252	178	56	44	408	172	5158	4082	8525	6504	76.6

此外，全国抗战爆发后就不断有日军在闽采取毒菌手段毒害民众的报道。根据 1940 年 8 月 29 日《福建民报》报道，驻厦门日军雇佣汉奸乔装华侨潜入莆田涵江放毒，居民饮水后"病类霍乱"，"已死二千余人"（按 2000 人计）。

据目前掌握的资料统计，抗战时期福建灾民伤亡人数统计为 10525 人（其中因鼠疫病、亡 8525 人）。

---

① 参见中共永安市委党史研究室撰写的专题《抗战时期永安赈济情况与损失调查》，2014 年。中共永安市委党史研究室存。

② 参见中共永安市委党史研究室撰写的专题《抗战时期永安赈济情况与损失调查》，2014 年。中共永安市委党史研究室存。

③ 据福建省政府 1945 年 11 月编印的《福建省损失调查》记载，战事发生以来，全省沦陷区及受战事影响各县市人口估计约为 250 余万人，其中需要救济者，估 50% 以上，约为 130 余万人（侨眷归侨及侨生除外）（详见上文具体分析及附表《福建省沦陷暨遭受战事损害地区及人口估计表》）。由于其人口为估计，且与至目前掌握数据有较大出入，同时，其"难民"的概念较泛，因而此数据仅作为参考。

④ 目前未查到 1944—1945 年的鼠疫统计档案。

(6) 壮丁伤亡

全国抗战爆发后，为抵御日军的进攻，国民政府征用大量民工壮丁，运送军粮公粮、抢修工事、破坏道路和巩固海防等等。据《江声报》报道，至 1937 年 11 月中旬，厦门经受警备司令部社训总队检阅训练的就达 2000 余人①。其中禾山区在当年 9 月底就有壮丁 451 人②。在厦门战役中，当日军在禾山登陆时，禾山壮丁队以及厦门市壮丁常备队赶到前线，与守军一起投入阻击日军的战斗。5 月 13 日，厦门沦陷，日军将来不及撤退的壮丁队员逐至鹭江道海岸边用机枪扫射，只有极少数人跳进海里幸免于难。还有 450 余名壮丁被日军拘押至中山公园，以改编伪保安队为名，用机枪扫射，抛尸海中③。据统计，福建省自 1937 年至 1945 年上半年，共出征壮丁 532668 人，其中农民占 95%，约 506526 人④。由于壮丁中具体伤亡数字不详，除现已掌握的有记载的死亡 450 人外，以上壮丁数字未计入统计结果。

综上所述，据目前掌握资料统计，在抗战期间，福建省间接人口伤亡数有记载的大致为：被迫吸食烟毒伤亡 6353 人、被日军掳掠者伤亡 1610 人、劳工伤亡 893 人、灾民伤亡 10525 人、壮丁伤亡 450 人。上述几类合计约 19831 人。而其他类别人群中发生的伤亡，由于具体数字不详，故未计入统计结果。

抗战末期及抗战结束后，福建省政府曾做过多次的调查统计。根据当时日军侵略的程度，把福建省遭受战事损害地区划分为四类，这些县市中遭受战事影响人口约 250 余万人（见附表十五），其中需要救济的占 50% 以上，约为 130 余万人。其情况大致如下（以下由"甲"至"圭"的内容为原文摘录原始档案资料——编者注）⑤：

甲、失业者——本省遭受战事损害较大之地区多为重要城市，是以难民中以工商为最多，此等人民，或因生产工具丧失，或因营业资金缺乏，无力复业者，比比皆是。失业之数达全省人口百分之一计 124000 人（全省人口总数见福建省

---

① 《江声报》1937 年 11 月 15 日。

② 《江声报》1937 年 9 月 28 日。

③ 厦门市档案局、厦门市档案馆编：《厦门抗日战争档案资料》，厦门大学出版社 1997 年版，第 574 页。

④ 福建省社会处：《福建省战时救济事业概况及战后救济方案》，1945 年 9 月 20 日，福建省档案馆馆藏档案，档案号 6—2—1491。此数据仅供参考，不计入间接伤亡人员数。另据《民国福建各县市（区）户口统计表（一）（1912—1949）》记载，从 1936 年至 1943 年（1938 年未有认载）7 年中的壮丁数远超过这个数据［参见附表一］。

⑤ 福建省社会处：《福建省战时救济事业概况及战后救济方案》，1945 年 9 月 20 日，福建省档案馆馆藏档案，档案号 6—2—1491。

损失调查）。

乙、衰老孤残——战时老弱残废及孤儿人数较战前为多，其原因：（一）受战事之影响，儿童与家庭脱离；（二）遭敌机轰炸等致成残废；（三）疫病流行，药品来源缺乏；（四）逃离逃亡，体力损毁；（五）本省弃婴之风极盛，战时因生活压迫，此风尤炽，此等人数占难民总额千分之八，数约 20300 人。

丙、盲哑——盲哑需要特殊救济，故另列一类不计入老残人数中，按盲哑数字一向缺乏精确统计，唯我国盲哑者实较他国为多，据战前估计，全国盲者约 675000 人，哑者 415000 人（见中央政治学校编印之社会行政），本省人口占全国之百分之二六，依此率推算，则全省盲哑人数不下 28000 人。

丁、游民乞丐——沦陷区域因敌伪施行毒化政策，并设置赌场，因是破家荡产者颇不乏人，在后方区域则因物价高涨，生活困迫，致流离道路沦为游惰者，亦属不少，为战后社会安全计必须予以收容，施行感化，其人数计约 6000 人。

戊、侨眷及归侨——战事发生后，本省归侨计达 80100 人（见本省损失调查），此等侨胞海外之财产既遭损失，返籍后又因谋生乏术，生活极形困窘，其中需要救济者据赈济会调查共 64，080 人，至本省侨眷数达 1214800 人，其平时均赖侨汇维持，迄侨汇断绝生活困难于是卖田产，典衣饰或鬻子女，或没身为奴，惨况有甚于难民，现侨汇虽通，需要救济者仍众，其中小贫者占百分之十五，赤贫者百分之十，应受救济者共 303700 人。

己、贫苦征属——本省自 26 年至 34 年上半年（即 1937 年至 1945 年），出征壮丁共 532668 人，其中农民占百分之九五，约 506526 人，此种农家向赖一二丁壮耕作以维生活，征调服役后，其家庭生活多生困难，现虽战事结束，开始复员，唯仍须供给农具种籽肥料等，其需要救济者达百分之七五，计 399501 户。

庚、沿海渔民——本省沿海渔民在战时屡遭敌伪劫掠死亡甚众（据调查所得全省渔民在战时减少 111196 人），渔船渔筏损失 9501 只，渔产亦形锐减，需要救济至为殷切，按民国 33 年全省渔会登记，计有渔户 35496 户，渔民 130449 人，其中应予救济者计约 50000 人。

辛、贫苦农户——乡村之佃农自耕农等战时因肥料缺乏收获歉啬，特产如煎糖烟叶等价格甚低销路不畅，加以战时征借及献粮，故生活多濒于困境，施行广泛之救济，亦属必要，据 1926 年统计，全省农民 8920192 人，约 2230000 户，需要救济者达 1115000 户。

圭、其它——此外尚有房产毁于兵灾、生活无法安定者需要济给家庭用具，藉以减轻其战时损失，兹按房屋毁坏之座数计算，其需要家庭救济者约三万户（房屋毁坏统计见后），按毁坏之房屋中含有医院学校等公共建筑，据此统计，应受救济之户数原未尽适合，唯一屋之中，往往有数家共住者，两种因素，可以互相抵除。

（五）抗战时期福建财产损失情况

对于抗战中福建省的财产损失情况，国民政府在不同时期所做的损失调查中均有反映。如对福建最早沦陷的厦门有《厦门市抗战损失》《厦门等七县市沦陷损失调查》；对两次沦陷的福州及其邻近四县的调查《福州等五市县沦陷损失调查》，以这两项为基础的《福州等十二县市沦陷损失调查》，在这些基础上，又有《福建省沦陷区及日军流窜县市抗战损失调查》，主要对福建省沿海 18 个县市作了调查。最后形成全省的《福建省损失调查》（1945 年 11 月形成）。此外，国民政府在全省损失调查的基础上，对于全省各方面的复员进行了一个预算，从而有了《复员计划》（1946 年 1 月形成）。在综合所有的损失统计材料中，我们发现，《复员计划》与《福建省损失调查》相辅相成，《福建省损失调查》从粮食、交通运输、衣服、房屋、工商业、物产及贸易、医药卫生、华侨、学校、灾情、水利、合作事业 12 个方面对抗战期间全省的损失情况作了调查，但许多项目的损失只有数量而没有价值，有的只列某一个地方的损失，有的只列某一年的损失；而《复员计划》是在《福建省损失调查》的基础上，进一步对一些没有理清数字进行摸底，而且是从整个社会民生的角度来论述战后福建省的复员情况，这里较详细地陈列了方方面面的损失情况，有一般行政、民政、教育、建设、社会、军事、金融、会计八大方面，每个大的下面又细分小的类别，如一般行政下分修建办公房屋、省会机关迁移、战时机构裁撤等三类。但由于复员计划中的数字更多的是体现了战后复员所需要的财政预算，因此，在论述福建省的财产损失时，我们主要参照《福建省损失调查》中民国政府所作的调查的数字，并且以《十八个县市》损失调查、12 个县市及福州等五县市、厦门等七市县的损失调查为补充，同时参考《复员计划》中一些损失资料①。

---

① 根据档案资料记载，本书中所引用的法币币值，除了有特殊说明外，来自《复员计划》的币值为战后法币；来自《福建省福州等十二市县沦陷损失调查》《福州等五市县沦陷损失调查》及《厦门等七市县沦陷损失调查》的币值均为战前 1937 年法币。

1. 战后福建省政府统计室对福州、林森、长乐、连江、福清、宁德、福鼎、霞浦、罗源、平潭、福安 11 个沦陷区及日军流窜县市所作的财产损失调查统计，直接损失为法币 4816458308 元；间接损失为法币 692288392 元（全部损失价值以各时间之损失价值相加。——原档案如此记载，没有折合为同一时间价值）。表述如下①：

（1）财产直接损失法币

1）总数：4816458308 元；

2）按轻重分：最重——福州：2009577188 元，占总数 41.7%；

最轻——福安：48797604 元，占总数 1.0%；

重轻次序：福州、林森、长乐、连江、福清、宁德、福鼎、霞浦、罗源、平潭、福安；

3）按公私分：

公的损失：912700408 元，占总数 19.0%；

私的损失：3903757900 元，占总数 81.0%；

4）按事件分：沦陷损失：4541843865 元，占总数 94.03%；

轰炸损失：274614443 元，占总数 5.7%；

（2）财产间接损失法币

1）总数：692288392 元；

2）按轻重分：最重——福州：449785654 元，占总数 65% 弱；

最轻——福安：165000 元，占总数 0.03%；

3）按公私分：公的损失：32449599 元，占总数 4.7%；

私的损失：659838793 元，占总数 95.3%；

2. 据福建省政府在战后对福建省沿海沦陷区及日军流窜县市抗战损失所作调查，于 1946 年 1 月形成了调研损失表格（以法币计算）。其中直接财产损失 14209625208 元，间接财产损失 3431144451 元，总共计 17640769659 元（全部损失价值以各年之损失时值相加，为各年价值总计。——原档案如此记载，未折合为同一时间价值）（参见附表十七、十八）。

3. 根据福建省政府统计室于 1946 年 11 月所作的《各县市最近简要统计》记载，抗战时期福建省财产部分损失计约 19046856430 元（参见附表十九）。

---

① 张直：《半年来的福建统计工作》，1946 年，第 133—135 页，福建省档案馆馆藏档案，档案号民资 9—1—19。

附表十七：福建省沦陷区及日军流窜县市抗战损失财产损失部分汇报总表（1946 年 1 月）①（按损失年度分）

县别	总计	二十六年	二十七年	二十八年	二十九年	三十年	三十一年	三十二年	三十三年	三十四年
总计	17640769659	123637620	216497509	343637651	167519075	874548600	144008229	296914939	1195456232	14278549804
福州	9918285884	115940000		87490		285483563			170946536	9345811350
福鼎	227828563		16945	36240		5775	116371	113403	64230245	163326529
霞浦	300560342									300560342
福安	113849072			2500						113846572
宁德	229146612			511	4304655					224841446
罗源	142566277									142566277
连江	404786969		6133728	15041500	37603000	103606660	4435000	416000	97908735	139642346
林森	1584999122									1584999122注2
长乐	532752996					32412315				500340681注1
福清	238621196			2178520		187598662	166000		44536357	4141657
平潭	143863763	1650	1168605	17760022	2859877	37850838	4402129	9749944	24400342	45670356
厦门	2302871898	8585	163961833	14515923	43945302	202183797	125430372	273965172	749221455	729639459
金门	158996202	760655	1414040	433955	1629280	121010	48000	1845070	19004520	133739672
海澄	216584053	444940	40846050	49577720	55407226	10392700	2422004	3166100	15033000	39294313
漳浦	258097852	119600	1077200	21949201	13174160	881100	1365000	1315000	2958800	215257791
云霄	341670289		901740	148962873			1230000	678500	37000	189860176
诏安	50843761			4612590		8703100				37528071
东山	474444808	6362190	977368	68478606	8595575	5309080	4393353	5665750	7179242	367483644

附注：（一）系三十三年至三十四年又二十七年至三十四年三十四年数字暂并入本年。

（二）系二十八年至三十四年数字暂并入本年。

① 录自福建省政府编：《福建省沦陷区抗战损失调查汇报（包括流窜县份）》，1946 年 1 月，福建省档案馆馆藏档案，档案号 3—7—33。表中财产损失数据均为法币，单位为"元"，系按向年币值计算不详。

附表十八：福建省沦陷区及日军流窜县市抗战损失财产损失部分汇报总表（1946年1月）①（按损失主体分）

县别	统计	直接损失					间接损失				
		合计	人民及民营事业	人民团体	机关	学校	合计	民营事业	人民团体	机关	学校
统计	17640769659	14209625208	12854432247	69323529	493303691	781536591	3431144451	3252348907	3002340	30421192	135372012
福州	9918285884	9068297930	8136132198	63922978	233073939	635169815	849987954	706076787	2064970	16583067	125263130
福鼎	227828563	163418200	159658938		1062227	2697035	64410363	64227000		154083	29280
霞浦	300560342	142755276	140294765		1199606	1260905	157805066	157249486		555589	
福安	113849072	68670812	68357655		284747	28410	45178260	43815000		1312030	51230
宁德	229146612	203909062	202815610		486858	576594	25237550	21978000	190550	3004000	65000
罗源	142566277	142321448	137998274		2400774	1922400	244829	9350		235479	
连江	404786969	394338269	376906344	1969010	2513480	12949435	10448700	10116100		332600	
林森	1584999122	1579035222	1282551997		199184985	87298240	5963900			5963900	
长乐	532752996	521853397	490534514	486890	20428373	10403620	10899599		208500	6587495	4103604
福清	238621196	235074559	225694897	138100	3316562	5925000	3546637			392637	3154000
平潭	143863763	109419308	89547442		14806496	5065376	34444455	33463055		981400	
厦门	2302871898	660756356	644754929	1836551	11758906	2405970	1642115542	1641585042		264600	265900
金门	158996202	57805692	54533482		216390	3055820	101190510	101166910		23600	
海澄	216584053	180001613	178816598		173420	1011595	36582440	36127340		33000	422100
漳浦	258097852	239623910	227327994		831496	11464420	18473942	16505900		737800	1230242
云霄	341670289	330407549	329389174		808150	210225	11262740	8292795	244000	2397119	327826
诏安	50843761	27170571	26074844	970000	125677		23673190	23486190			187000
东山	474444808	84766034	80042592		631711	91137	389678774	388248952	294320	862802	272700

① 录自福建省政府编：《福建省沦陷区抗战损失调查汇报（包括流窜县份）》，1946年1月，福建省档案馆馆藏档案，档案号3—7—33。表中财产损失数据均为法币，单位为"元"，系按何年币值计算不详。

县市	抗战损失		县市	抗战损失	
	人口部分	财产部分（损失时价值②）		人口部分	财产部分（损失时价值③）
总　计	9157	19046856430	龙　溪	456	4131913
福州市	333	9918285884	漳　浦	91	258097852
厦门市	1071	2302871898	诏　安	—	50843761
林　森	334	1584999122	海　澄	177	216584053
福　清	540	238621196	云　霄	63	341670289
古　田	337	1851086	长　泰	—	13074180
永　泰	40	1057374	东　山	275	474444808
长　乐	276	532752996	南　靖	39	1629810
连　江	639	404786969	龙　岩	34	1247290
闽　清	—	—	永　定	—	46234207
罗　源	51	142566277	平　和	2	5255993
平　潭	335	143863763	漳　平	35	7026600
南　平	92	12348148	华　安	4	59547
沙　县	38	908679	长　汀	297	44354294
顺　昌	—	69109	上　杭	47	253212
尤　溪	—	2203440	宁　化	—	1456
将　乐	—	—	武　平	—	127658851
建　宁	—	21156	连　城	39	3470939
泰　宁	—	11148	永　安	512	55592302
建　瓯	282	27095325	大　田	—	25681155
浦　城	141	6992684	德　化	150	131126393
邵　武	—	12527000	宁　洋	—	11917
建　阳	123	4353360	清　流	—	4254240
崇　安	297	8220769	明　溪	—	496519060
松　溪	—	3164771	三　元	24	57964
政　和	—	3691688	福　安	98	113849072
水　吉	8	33295147	霞　浦	90	300560342
晋　江	515	21115755	福　鼎	150	227828563

---

① 录自福建省政府统计室编：《各县市最近统计简要》，1946 年 11 月，福建省档案馆藏档案，档案号
　　民资 6—7—121。表中财产损失数据均为法币，单位为"元"。
②③ 原档案资料如此记载。"损失时"系指何时，没有说明。

县市	抗战损失		县市	抗战损失	
	人口部分	财产部分(损失时价值)		人口部分	财产部分(损失时价值)
莆　田	123	7279761	宁　德	133	229146612
仙　游	22	13691751	寿　宁	—	—
南　安	43	9911308	屏　南	—	593540
同　安	1	6353000	周　宁	81	191255247
永　春	34	1448464	柘　荣	—	400000
惠　安	478	65585738	金　门	207	158996202
安　溪	—	—			

4. 另外两份福建省统计室于战后所做的对全省财产损失的统计数字分别为: 法币 19869848443.75 元、19869848435.25 元(两个损失数据均是以各年度损失价值相加总和。——原档案资料如此记载,未经折合同时间价值)① (参见附表二十、附表二十一)。

附表二十: 抗战期间福建省财产损失情况表②

	合计	直接损失	间接损失
总　计	19869848443.75	14489340299.27	5380508143.48
省政府及其所属各省级机关	53025712.93	15784943.00	37240769.93
省立各学校	5819985.36	2944606.00	2875379.36
省立中学学校	21454610.00	5173055.00	16281555.00
省营事业	742711707.79 占全数 4% 弱	34493508.89	708218198.90
沦陷及日军流窜县份之县级机关、学校、住户、民营事业	17640769659.00 占全数 89% 弱	14209625208.00	3431144451.00
非沦陷	1406066768.67 7% 强	221318978.38	1184747789.21

---

① 据国民政府主计处 1944 年 1 月编《抗战中人口与财产所受损失统计》记载,至 1943 年 12 月,福建地区抗战财产损失计法币 162690377.55 元(当年币值)[见中央党史研究室第一研究部、中国第二历史档案馆编,中共党史出版社 2014 年出版的《国民政府档案中有关抗日战争时期人口伤亡和财产损失资料选编》(1),第 369 页]。这一数据与本次调研所采用的数据有所不同,其主要原因:一是计算口径不完全相同。二是当时统计存在"省县命不能下,致使全面普查无从下手,故报告者为数甚少"的情况。三是统计涵盖的时间不同。当时统计涵盖的时间为 6 年,而本次调研所采用的是 8 年,且由于战后沦陷区收复等原因统计比较全面。

② 张直:《统计室工作报告》,1946 年,第 40 页,福建省档案馆馆藏档案,档案号民资 9—1—20。表中财产损失数据均为法币,单位为"元",系按何年币值计算不详。

附表二十一：抗战期间福建省财产损失统计表（二十六年至卅四年底止收到之材料编制）①

	合　计	直接损失价值	间接损失价值
总计	19869848435.25	14489340300.27	5380508134.98
非沦陷地区	1406066769.17	221318979.38	1184747789.79
住户	98249817.00	98249817.00	
民营事业	1175475534.50	77202615.00	1098272913.50
人民团体	4916720	4894020.00	22700.00
县属机关	64648651.13	4119047.00	60529604.13
县属学校	62776046.54	36853480.38	25922566.16
沦陷区及日军流窜地区	17640769659.00	14209625208.00	3431144451.00
住户及民营事业	12865461297.00	12865461297.00	
民营事业	3252348907.00		3252348907.00
人民团体	72325869.00	69323529.00	3002340.00
县属机关	533724983.00	493303791.00	40421192.00
县属学校	916908603.00	781536591.00	135372012.00
省府所属各机关	53025712.93	15784943.00	37240769.93
省营事业	742711698.79	34493508.89	708218189.90
省立学校	5819985.36	2944606.00	2875379.36
私立中等学校	21454610.00	5173055.00	16281555.00

注1：财产损失系各年损失价值之总和，未经折算。

下面，分社会财产损失和居民财产损失具体论述抗战时期福建省的财产损失情况：

（1）福建省抗战时期社会财产损失情况

1）工、矿、盐业

工业：民国时期，福建的工业有一定发展。但在抗日战争期间，均遭到不同程度的破坏。战前全省原有工厂资本1万元以上的有：福州75家，厦门21家，龙溪28家，全省电厂28家，海军造船厂2家，除造船厂为国营外，其他全部民营②。电力厂：福建沿海各地电业受到沉重打击，厦门、福州的电灯和电气公司要不被日本公司吞并，要不被破坏殆尽；造纸厂：福州原有福建造纸厂一所，遭

① 录自福建省政府统计室主编：《福建统计》，1947年10月15日，第27期。表中财产损失数据均为法币，单位为"元"。

② 福建省政府编：《福建省损失调查》，1945年11月，第84页，福建省档案馆馆藏档案，档案号民资9—1—19。

敌轰炸，损失约美金五万元，值战后法币 12450000 元；锯木厂：福州原有的锯木厂，因战事破坏，所受损失约值法币 25000000 元；机器厂：福州原有浅水汽船修造厂三所，均遭破坏，约值法币 50000000 元；自来水厂：福州原已兴工筹设的自来水厂，沦陷后器材散失殆尽，约值法币 37000000 元；其他如厦门南平等地工厂，损失较为轻微，共计损失至少为法币 124450000 元（战后币值）①。战前有马尾、厦门两个造船厂，战事发生后，厦门造船厂被日军侵占，而马尾造船厂两次被日军大肆洗劫破坏，形同废墟。据国民政府经济部统计处所编的《战时经济事业财产损失统计》中记载，抗战期间福建全省的工业损失数为法币 269953906.56 元（1937 年币值），其中直接损失 92449968.00 元，间接损失 177503938.56 元②。

矿业：福建矿产有金属矿和非金属矿，已开采的铁砂矿有闽清、古田、永安、长汀、闽侯、南安、南靖、福鼎、霞浦、浦城、沙县等 14 处；铁矿有平和、龙溪、长泰、安溪、永春、德化、宁洋、龙岩、莆田、福清、闽侯、古田等 17 处；煤矿有浦城、政和、崇安、建瓯、邵武、宁洋、永安、运城、漳平、龙岩、永定、武平等 23 处。福建矿产产量不是很大，据估计战前每年约产煤 2200 公吨。而且矿场大部分分布内地，日军搜刮较少，但沿海各县因受战事威胁，矿场

① 福建省政府编：《复员计划》，1946 年 1 月，第 72 页，福建省档案馆馆藏档案，档案号 20—3—762。
② 中央党史研究室第一研究部、中国第二历史档案馆编：《国民政府档案中有关抗日战争时期人口伤亡和财产损失资料选编》（2）中共党史出版社 2014 年版，第 576—578 页。另外，据 1947 年 12 月经济部统计处编《战时经济事业财产损失统计》记载，抗战期间，福建全省的工业损失数为 319769088 元（法币，下同），其中直接损失数为 196177354 元，间接损失数 123591734 元（1937 年 7 月币值）［见中央党史研究室第一研究部、中国第二历史档案馆编，中共党史出版社 2014 年出版的《国民政府档案中有关抗日战争时期人口伤亡和财产损失资料选编》（2），第 601、604 页］。由于该数据是"系就各种有关资料作一合理之估计"，且"以各省会沦陷年月为标准，计算至该省会收复或抗战胜利时止之时间作为该省工业受损后停止生产之平均年数"，福建省会福州沦陷两次，其第一次沦陷为 1941 年，至抗战结束总共时间为 4 年，且福建工业本身基础较差，因而其估值偏多。此外，1941 年 1 月、1942 年 1 月、1943 年 1 月国民政府主计处所编《抗战中人口与财产所受损失统计》记载，截至 1940 年 12 月，福建工业直接损失为 417214.00 元；1941 年 12 月，福建工业直接损失 464065.70 元、间接损失 69500.00 元；1942 年 12 月，福建工业直接损失数 464065.70 元（原文如此）［见中央党史研究室第一研究部、中国第二历史档案馆编，中共党史出版社 2014 年出版的《国民政府档案中有关抗日战争时期人口伤亡和财产损失资料选编》（1），第 250、267、271、316 页］。而 1943 年 10 月国民政府经济部统计处编《战时经济事业财产损失统计（初稿）》记载的福建省从 1939 年至 1942 年四年的工业损失数依次为：1939 年直接损失 72584000 元，间接损失 18146000 元，合计 90730000 元；1940 年直接损失 417214 元，间接损失 34500 元，合计 451714 元；1941 年直接损失 937000 元，间接损失 700000 元，合计 1637034 元；1942 年直接损失无统计，间接损失 34760000 元，合计 34760000 元（原档案资料如此记载，币值不详）。［见中央党史研究室第一研究部、中国第二历史档案馆编，中共党史出版社 2014 年出版的《国民政府档案中有关抗日战争时期人口伤亡和财产损失资料选编》（2），第 555—572 页］。由于这几份档案资料所统计的时间不同、数字不同，其中有的重复，有的差别较大，仅供参考。

多有停闭。输入也全部停止，矿产损失没有具体数据①。

盐业：福建地处东南沿海，是中国南方主要海盐产区之一，到1935年，福建有莆田、前下、浔美、山腰、埕边、莲河、诏浦等七个盐场。在七个盐场设立盐场公署及福清、平潭韩厝寮、宁德南埕等三个盐务所。抗战时期福建盐业遭受很大损失，包括产盐和存盐的损失、税收损失、财产损失、场警损失、硝磺损失、人口伤亡等。根据不确切统计，抗战期间，福建产盐损失至少达17228804.70元（法币，下同），存盐损失在180158526元以上，税收损失在65105078元，财产损失（包括直接和间接损失）103020182元，盐警损失179526.50元，硝磺损失38687663元，以及人员伤亡损失等。虽然因为抗战损失统计表不全，无法对福建全省盐业几个方面的损失作个全面的反映，但从个别地方的情况也很能说明问题。闽南盐务管理分局暨所属盐场、支局抗战损失总数为8952018.60元，其中盐税收入损失5012946.43元，存盐损失148726.47元，财产直接损失132266.05元，财产间接损失3112191.90元，存硝存磺损失1387.75元，员工财产损失544500元②。

---

① 在国民政府经济部统计处于1943年10月、1945年6月、1947年12月编的《战时经济事业财产损失统计》中，分别记载了1938年、1939年福建省矿产年度损失情况以及整个抗战期间福建省矿产损失情况。其中1938年损失5000500000元（法币，下同）、1939年损失1000600000元；整个抗战期间福建省矿业损失两次统计分别为3884400.00元［直接损失1030000.00元、间接损失2854400.00元（战前币值）］、3091640元（直接损失2529680，间接损失561960）（1937年7月币值）［见中央党史研究室第一研究部、中国第二历史档案馆编，中共党史出版社2014年出版的《国民政府档案中有关抗日战争时期人口伤亡和财产损失资料选编》(2)，第555、556、576、601、605页]。由于上述数据互相之间存在较大差别，且均是根据全国统一估算方法得出的估值，根据福建省实际情况以及目前我们掌握的资料，我们暂不予以采纳，仅供参考。

② 参见本书中王盛泽撰写的专题《抗战时期福建盐业损失》。另据福建省政府1945年11月编印的《福建省损失调查》记载，福建省1937年产盐1431221.46市担，至1943年间因内地需盐多仰给福建省，故激增至2487903.88市担。关于消费量之统计，可由用途及省内外分列之。按用途分1937年共销盐1435629.97市担，内食盐843053.13市担，渔盐186106.84市担，厘盐407470.00市担，至1943年共销盐仅965941.60市担，内食盐874658.32市担，渔盐74360.63市担，工业盐170.00市担，卤盐832.35市担，厘盐15910.10市担。按省内外分除销盐总数同上数外，1937年省内共销1028159.97市担，省外共销407470.00市担，1943年省内共销950021.30市担，省外共销15910.30市担。因战事盐场盐坎及仓坨无损失，1937年本省有盐场9，盐户7559，盐坎3280053，仓坨49，至1943年则有盐场11，盐户26235，盐坎465726，仓坨442。惟1944年10月福州等县沦陷时，政府存盐颇有损失（见福建省政府1945年11月编印的《福建省损失调查》第85—86页，福建省档案馆藏档案，档案号民资9—1—19）。由于《福建省损失调查》一文"择定损失较重之福州市及林森连江长乐福清四县，派员切实调查……惟厦门市及金门县，尚在敌军侵占中，其损失实在情形，未能详确调查，敌军败退时如何破坏，亦尚不能估计……""除一部分系实地调查所得者，其余系由各部门专家，就本省历年调查统计资料，加以采用，惟原有各项资料之正确程度，殊不一致"，又根据本书中王盛泽所撰写的专题《抗战时期福建盐业损失》一文中所引用的大量文献资料来看，《福建省损失调查》中对"盐业"损失的调查记载不够完整及不够准确。抗战期间，福建沿海多沦为沦陷区和半沦陷区，其盐业的损失是肯定的，不仅仅是福州第二次沦陷时所受到的损失。

2）农、林、茶、纸、糖业

农业：由于战争，农民在农具、种籽、肥料、病虫害及药械供应以及小型农田水利等方面均遭到一定程度的破坏和损失。福建的肥料不能自给，除一般施用土肥外，战前自外运入化学肥料包括硫酸胺及各种化学或人造肥料，1937年海关贸易统计，计为862398市担，占输入货品之第3位，豆饼输入量计为448270市担，占输入货品之第七位。战事发生，外来供给完全断绝①。同时，由于战争，所有外销农产均停顿，茶园、果园等遭破坏，损失甚巨，林业方面也遭破坏。据国民政府主计处编的《抗战中人口与财产所受损失统计》，至1940年12月底，福建农业直接损失291431.00元（法币，下同）；至1941年12月底，福建农业直接损失1071431.00元，间接损失4187997.00元，合计5259428元；至1942年12月底，福建农业直接损失1093520.00元，间接损失5732397.00元，合计6825917元②（均按当时币值）。

抗战期间，为增加战时粮食生产及使农林行政与农林业务分工合作，1942年9月在永安创立农林特种股份有限公司。因战事影响遭间接损失（生产额减少部分已另计），折迁费2500000元，防空费500000元；救济费800000元；合共损失3800000元。而战后要建立公司永久地址则共需6500万元（1946年币值）③。

福建的物产主要特产为渔业、林木、茶业、糖业及纸业等。战前多数出口，因战事影响对各业均造成损失。其中渔业方面：据福建省统计年鉴1936年统计报告，全省每年平均渔获量为1728004市担，现值在100亿元以上。而据1938年全省渔会登记数：渔户数54567户，渔民数241645人，渔船及渔筏数18004只，渔商2957家，渔获量1184849市担，渔获值17592222元④。另据1944年全省渔会登记数字：渔户数35496户、渔民数130449人、渔船及渔筏数8503只、

---

① 福建省政府编：《福建省损失调查》，1945年11月，第80页，福建省档案馆馆藏档案，档案号民资9—1—19。

② 中央党史研究室第一研究部、中国第二历史档案馆编：《国民政府档案中有关抗日战争时期人口伤亡和财产损失资料选编》（1），中共党史出版社2014年版，第250、267、271、316、321页。另据中央研究院社会科学研究所《关于中国抗战损失问题研究报告（1939年）》记载，抗战2年来，福建省农产品损失为法币6588000元［见中央党史研究室第一研究部、中国第二历史档案馆编，中共党史出版社2014年版的《国民政府档案中有关抗日战争时期人口伤亡和财产损失资料选编》（1）第176页］。这个数据比上述1941年12月份和1942年12月份的两个总的数据5259428元及6825917元还大。由于该文是对全国抗战两年来的损失估计，而福建至1938年底真正沦陷的城市只有厦门（沿海）一地，因而上述数据仅供参考。

③ 福建省政府编：《复员计划》，1946年1月，第64页，福建省档案馆馆藏档案，档案号20—3—762。

④ 福建省政府编：《福建省损失调查》，1945年11月，第85页，福建省档案馆馆藏档案，档案号9—1—19。

渔获量 1060890 市担。由上述数字可知因战事影响，渔民减少 111196 人，渔船渔筏损失 9501 只，渔产减少 123959 市担①。而据 1944 年统计，抗战开始至 1944 年，每年渔获量平均比战前减少 677114 市担②（具体参见本书中王盛泽撰写的专题《抗战时期福建渔民和渔业损失》）。

根据福建省福州等十二市县沦陷期间物产及贸易损失情况调查，兹整理成下表（参见附表二十二）。

附表二十二：福建省福州等十二市县沦陷期间物产及贸易损失情况表（1937 年币值）③

县别	林木损失（元）		渔业损失（元）	备注
	第一次	第二次		
福州	312500	34375	4030000	另渔船损失 102 艘，渔产减少 250000 市担④。
闽侯			693250	包括渔户损失约 548400 元和渔产减少 144850 元⑤
连江			1568600	其中渔船损失 955000 元，渔户财产损失 613600 元⑥。另渔产减少 3 万市担，外销减少 7 万市担⑦
长乐	12480	624000		另渔船损失 250 艘，渔户损失 410 家，渔产减少 30%；外销减少 16350 市担⑧
福清				渔产减少 7940 市担
厦门				渔船损失 470 艘，渔产减少 37440 市担，外销减少 169864 市担⑨。

---

① 福建省政府编：《福建省损失调查》，1945 年 11 月，第 85 页，福建省档案馆藏档案，档案号民资 9—1—19。
② 福建省政府编：《复员计划》，1946 年 1 月，第 76 页，福建省档案馆藏档案，档案号 20—3—762。
③ 根据福建省政府 1946 年 1 月编印的《福建省福州等十二市县沦陷损失调查》（福建省档案馆藏档案，档案号民资 3—7—27）中物产及贸易项目整理而成。表中损失金额为法币。
④ 福建省政府编：《福建省福州市等十二市县沦陷损失调查》，1946 年 1 月，第 11 页，福建省档案馆藏档案，档案号民资 3—7—27。
⑤ 福建省政府编：《福建省福州市等十二市县沦陷损失调查》，1946 年 1 月，第 27 页，福建省档案馆藏档案，档案号民资 3—7—27。
⑥ 福建省政府编：《福建省福州市等十二市县沦陷损失调查》，1946 年 1 月，第 46 页，福建省档案馆藏档案，档案号民资 3—7—27。
⑦ 福建省政府编：《福建省福州市等十二市县沦陷损失调查》，1946 年 1 月，第 46 页，福建省档案馆藏档案，档案号民资 3—7—27。
⑧ 福建省政府编：《福建省福州市等十二市县沦陷损失调查》，1946 年 1 月，第 61—62 页，福建省档案馆藏档案，档案号民资 3—7—27。
⑨ 福建省政府编：《福建省福州市等十二市县沦陷损失调查》，1946 年 1 月，第 89 页，福建省档案馆藏档案，档案号民资 3—7—27。

县别	林木损失（元）		渔业损失（元）	备注
	第一次	第二次		
金门	5000			渔船损失 138 艘，渔产减少 1062 市担，外销损失 35209 元①
海澄			1430000	渔船损失 100 艘，渔产减少 40000 市担②
漳浦			1050000	渔产减少 6680 市担，外销减少 4000 市担③
云霄				渔产减少 2132 市担，外销减少 1200 市担④
诏安	500000		1055000	渔产减少 4500 市担，茶叶减产 100 市担，糖业减产 10500 市担，糖房损失 20800 元⑤
东山			3800000	渔产减少 26953 市担，外销减少 269535 市担⑥

林木业："福州为东南沿海城市，敌军入侵后，即积极进行物资之榨取，散布闽江之木材及集中福州候运之茶叶，均被劫掠净尽"⑦。此外，战事发生后，沿海港口封锁，木材输出量、产量均逐年锐减。以杉木为例，战前全省当年杉木产量计 328 万根，输出数量据 1934 年到 1936 年福州、厦门、三都三海关统计，平均每年输出数量达 123 万根，最大多数自福州出口。战后产量减少甚巨，1937 年产量为 294 万余根，1938 年 258 万余根，1939 年 221 万余根，1940 年 112 万余根，比战前逐年减少，后杉木禁止运出口，输出停止⑧。其中，计松杉等板木，损失估价在法币 4 千万元以上，松板损失估价在法币 3 千余万元⑨。

---

① 福建省政府编：《福建省福州市等十二市县沦陷损失调查》，1946 年 1 月，第 99 页，福建省档案馆馆藏档案，档案号民资 3—7—27。
② 福建省政府编：《福建省福州市等十二市县沦陷损失调查》，1946 年 1 月，第 110—111 页，福建省档案馆馆藏档案，档案号民资 3—7—27。
③ 福建省政府编：《福建省福州市等十二市县沦陷损失调查》，1946 年 1 月，第 126 页，福建省档案馆馆藏档案，档案号民资 3—7—27。
④ 福建省政府编：《福建省福州市等十二市县沦陷损失调查》，1946 年 1 月，第 139 页，福建省档案馆馆藏档案，档案号民资 3—7—27。
⑤ 福建省政府编：《福建省福州市等十二市县沦陷损失调查》，1946 年 1 月，第 155 页，福建省档案馆馆藏档案，档案号民资 3—7—27。
⑥ 福建省政府编：《福建省福州市等十二市县沦陷损失调查》，1946 年 1 月，第 167—168 页，福建省档案馆馆藏档案，档案号民资 3—7—27。
⑦ 《闽东日报》（宁德版）1941 年 9 月 3 日。
⑧ 福建省政府编：《福建省损失调查》，1945 年 11 月，第 83—84 页，福建省档案馆馆藏档案，档案号民资 9—1—19。
⑨ 福建省档案馆编：《日本帝国主义在闽罪行录》（1931—1945 年），福建人民出版社 1995 年版，第 269 页。

茶业：受战争影响，福建战时茶叶出产量、输出量均受损失，逐年减少（参见附表二十三）。

附表二十三：战时福建茶叶的出产减产量及外销减少量（担）[1]

年份	出产量（担）	减产量（担）	输出量（担）
民廿七年	336100	增	220000
民廿八年	296100	37265	180000
民廿九年	186100	147265	70000
民三十年	146100	187265	30000
民卅一年	131100	202265	15000
民卅二年	126100	207265	10000
民卅三年	121100	212265	5000

纸业：全国抗战前纸类产量平均每年有82万4000余市担，产值平均每年有710余万元（法币，下同）。据1934年统计，经由海关输出外销数量318778市担，数值7362946元。

全国抗战前全省机器造纸厂有福州造纸股份有限公司一家，手工造纸规模稍大的有金继美纸厂及复兴工厂两家，其余均属槽户，历年平均计10487户。全国抗战爆发后，因战事影响，福州造纸股份有限公司停业，其余槽户由一万余户降至千余户，但小规模造纸厂渐有增加。按1941年法币价值，各厂损失约1300万元。纸类产量约减少20余万市担，外销减少约138497市担[2]。

糖业：全国抗战前糖房约有2417家，没有新式制糖厂。每年输糖粮类约82796市担。据统计1937年糖产约产1121282市担，值2695208元。而1941年调查仅产26万市担，可知战后糖类减产每年约达90万市担[3]。

3）交通

铁路：全国抗战前全省铁路只有漳厦铁路一条，计长49公里，战争中全被

① 福建省政府编：《福建省损失调查》，1945年11月，第86页，福建省档案馆馆藏档案，档案号民资9—1—19。

② 福建省政府编：《福建省损失调查》，1945年11月，第87页，福建省档案馆馆藏档案，档案号民资9—1—19。

③ 福建省政府编：《福建省损失调查》，1945年11月，第87页，福建省档案馆馆藏档案，档案号民资9—1—19。

破坏。

公路：全国抗战前原有公路共有 3563.20 公里；合计破坏里程 2730.60 公里，占全省公路里程的 63%，战时临时修筑计有 375.10 公里①。其中先后奉令破坏的有下列各线：省际干线：福罗路 103.20 公里；福漳路 381.70 公里；云汾路 71.70 公里；福瓯路 252.30 公里；嵩坂路 108.70 公里，共计 917.60 公里。省内重要干线共计 1014.72 公里；支线共计 725.00 公里；以上三项全长共计 2657.32 公里。当时因配合军事需要，所有路面路基尽遭破坏，桥梁涵洞均予彻底炸毁。战后修复这些里程所需经费：修复各线路基工程共需 1889532000 元（法币，下同），修复各线桥涵沟工程费共需 1728570000 元，修复各线路面工程费共需 1992990000 元；建筑站场工程费估算数 595214000 元，行车电话架设费 265732000 元，管理费 627862000 元；共计 7005900000 元（战后币值）②。

战前每年全省公路运输量约 840000 吨公里，货运以茶、纸、糖、盐等为重要物品，因战争每年减少 240000 吨公里；战前全省公路车辆 756 辆（包括公商车），战后仅剩 489 辆③。又据交通部编《敌伪毁损没收或占用交通事业财产损失及人员伤亡》统计，到 1943 年 6 月止，福建省沦陷各路局办公房屋器具损失 76500 元（其中房屋 51000 元、器具 25500 元）、各地汽车配件及材料损失 740000 元、员工死亡（20 人）抚恤费 84660 元（根据档案资料中的说明，上述

---

① 福建省政府编：《福建省损失调查》，1945 年 11 月，第 81 页，福建省档案馆馆藏档案，档案号民资 9—1—19。另据国民政府交通部编《敌伪毁损没收或占用交通事业财产损失及人员伤亡》统计，到 1943 年 6 月止，福建省沦陷及因战事关系自动破坏公路里程为 2802 公里，按照沦陷及破坏时期的平均价值，按法币计，每公里估计 40000 元，估价总值达 112080000 元（原文如此记载，币值不详）〔见中央党史研究室第一研究部、中国第二历史档案馆编，中共党史出版社 2014 年出版的《国民政府档案中有关抗日战争时期人口伤亡和财产损失资料选编》（2），第 792 页〕。另外，据记载，抗战期间，福建修成的公路，包括先修后毁的在内，共计 762.4 千米，不及破坏掉长度的 3 成。因而全省已成公路，由抗战前夕的 4218.4 千米，降至抗战胜利时的 2451.2 千米。残存的这些公路中，还有相当数量在沿海趋于荒废的支线上，无法使用者将近 700 千米（见林庆元主编，福建教育出版社 2001 年出版的《福建近代经济史》，第 553 页，福建省档案馆馆藏档案，档案号 36—11—1754）。

② 福建省政府编：《复员计划》1946 年 1 月，第 63—64 页，福建省档案馆馆藏档案，档案号 20—3—762。

③ 福建省政府编：《福建省损失调查》，1945 年 11 月，第 81 页，福建省档案馆馆藏档案，档案号民资 9—1—19。另据 1939 年国民政府交通机关《抗战损失统计》记载，截至 1939 年，福建省公路车辆损失为：普通汽车 432 辆、公共汽车 39 辆、脚踏机车 132 辆、货车 1785 辆〔见中央党史研究室第一研究部、中国第二历史档案馆编，中共党史出版社 2014 年出版的《国民政府档案中有关抗日战争时期人口伤亡和财产损失资料选编》（2），第 772 页〕。这份材料与文中所用资料数字相差较大。这是由于文中数据只统计战后剩余车辆数量，抗战期间损坏、增添，又损坏、又增添的数量没有逐一统计说明的原因；又据国民政府交通部编《敌伪毁损没收或占用交通事业财产损失及人员伤亡》统计，到 1943 年 6 月止，福建损失车辆 370 辆，折合当时法币 7400000 元，油料损失 388.5 吨，折合当时法币 3885000 元〔见中央党史研究室第一研究部、中国第二历史档案馆编，中共党史出版社 2014 年出版的《国民政府档案中有关抗日战争时期人口伤亡和财产损失资料选编》（2），第 795 页〕。

法币应为 1943 年币值)①。战后重建添置各路车站费及设备费共计 348700000 元②。同时，原设福州、泉州两修造厂工作母机及修车设备一部移白沙再并建阳修造厂，一部由永春经德化、大田至大陶，另设永安修造厂，所有各该路福州总车场及莆田、泉州同安等各车场均同时裁撤，后又裁撤其他的长汀、龙岩等地车场。战后重建经费：各路需要车辆共计 450 辆，除 50 辆由旧有车辆整修应用外，添置 400 辆至少需要 200000000 元，机务复员工作特别支出事务费 26880000 元。而所需员工及司机培训费则需 171720000 元；新设厂场设备费 8000000 元，其他部分补充费需 12000000 元。共计 418600000 元（战后币值)③。

航空：战前省内共有福州、龙溪、长汀、龙岩、建瓯五处飞机场，因战争福州、龙溪、龙岩三处机场均已破坏，仅有长汀、建瓯可供使用。另外日军在侵略福建尤其是厦门和福州期间，强占农田修建新的飞机场。如 1939 年在厦门，日军为修建飞机场，强占高崎农田 600 多亩。据日占当局"兴亚院大门经济联络部" 1941 年出版的《新厦门指南》一书记载："禾山的田地，战前 42000 亩，沦陷后的 1940 年减至 20462 亩。"又如 1945 年日军第二次入侵福州后，为修建义序机场，无偿霸占义序土地 3000 市亩，使农民损失地价 70 万元（法币，下同），损失稻谷和柑、桔等果树约值 156500 元，拆毁房屋 60 座，损失约达 60 万元，征用材料达 200 万元，无偿征用民工 5 万名④。

水运：战前全省共有厦门、福州、三都等港湾码头，可泊吨位自 1000 吨至 5000 吨的轮船。平均每年入口货约 26290000 公担，出口货年约 34000000 公担，海运有福州至上海、福州至厦门两条，行驶船只每年约 100 只。战争开始后，三港均已破坏。其中福州码头损失达 256933 元（法币，1935 年购置时价格)⑤。战前福建共有马尾、厦门两个造船厂，因战事厦门造船厂被日军侵占，马尾造船厂两次被日军破坏。此外，战前全省通航的河道共有 31 处，长 2573 公里。平均每年运输量约 6300000 吨⑥。另据国民政府主计处编《抗战中人口与财产所受损失

① 中央党史研究室第一研究部、中国第二历史档案馆编：《国民政府档案中有关抗日战争时期人口伤亡和财产损失资料选编》（2），中共党史出版社 2014 年版，第 792—805 页。
② 福建省政府编：《复员计划》，1946 年 1 月，第 79 页，福建省档案馆藏档案，档案号 20—3—762。
③ 福建省政府编：《复员计划》，1946 年 1 月，第 80 页，福建省档案馆藏档案，档案号 20—3—762。
④ 福建省政府编：《福州等五市县沦陷损失调查》，1945 年 9 月，福建省档案馆藏档案，档案号 3—2—80。
⑤ 福建省政府编：《福建省福州等十二市县沦陷损失调查》，1946 年 1 月，第 6 页，福建省档案馆藏档案，档案号民资 3—7—27。
⑥ 福建省政府编：《福建省损失调查》，1945 年 11 月，第 81 页，福建省档案馆藏档案，档案号民资 9—1—19。

统计》，截至 1940 年 12 月底，福建航业损失 1737193.00①。另据统计，至 1943 年 6 月底，交通部直辖的福州、厦门两个航政办事处财产分别损失 2485890 元、1099847 元（法币，1941 年币值）（参见附表二十四）②。

附表二十四：航务直接损失（至 1943 年 6 月底）

项目 / 航区	金额总计（元）	船只损失			趸船码头（元）	房屋（元）	设备（元）	机房仓库（元）	材料（元）	现金（元）	其他（元）
		艘数	吨数	金额（元）							
直辖福州航政办事处	2485890	51	7888	1655500	—	100000	216172	—	454090	—	60128
直辖厦门航政办事处	1099847	20	2224	426897	500000	50000	20000	10000	88300	4650	—

　　其他：在机构迁移方面，战后福建省政府还治福州，省公路船舶管理局也随之迁移，因该局是在战后成立于永安，在福州并无办公处所，势必新建，但必需先行筹租房屋为临时办公处，其复员步骤：1、先在福州筹租房屋为该局临时办公处，其中租金、修缮办公处及设备、购置等共需 2124000 元（法币，下同）。2、该局全体员工及物品由永安迁运福州，（其中旅费共需 2223565 元、运费共需 976500 元、购置费 113050 元、什支费约需 259000 元），以上四项共需费用 3572115 元。3、在福州觅定适当地址建筑该局办公厅约需 10000000 元。据此省公路船舶管理局迁回福州共需经费 15696115 元（以上均为战后币值）③。

　　此外，据交通部编《敌伪毁损没收或占用交通事业财产损失及人员伤亡》统计，截至 1943 年 6 月底，福建省驿运处战时运差运费损失 52137 元（原档案资料如此记载，币值不详）④。

　　4）邮政：战前全省共有邮政局 608 处，电报局 34 处，电话局有 7 处。根据 1935 年《交通年鉴》记录，福建电话公司、莆田电话公司、厦门电话公司的资本额总共 465000 元（分别为 150000 元、15000 元、300000 元，币种不详），其

①　中央党史研究室第一研究部、中国第二历史档案馆编：《国民政府档案中有关抗日战争时期人口伤亡和财产损失资料选编》（1），中共党史出版社 2014 年版，第 252 页。
②　中央党史研究室第一研究部、中国第二历史档案馆编：《国民政府档案中有关抗日战争时期人口伤亡和财产损失资料选编》（2），中共党史出版社 2014 年版，第 792—805 页。表中损失金额为法币。
③　福建省政府编：《复员计划》，1946 年 1 月，第 47 页，福建省档案馆馆藏档案，档案号 20—3—762。
④　中央党史研究室第一研究部、中国第二历史档案馆编：《国民政府档案中有关抗日战争时期人口伤亡和财产损失资料选编》（2），中共党史出版社 2014 年版，第 805 页。

三者容量共达 3140 号①。据交通机关 1939 年抗战损失统计，至当年 6 月底，被劫汇票印纸计值 3775000 元（法币，下同）、邮件损失 180 件、包裹损失 566 件，最低估价 2830 元，电讯损失 4064.84 元（原档案资料如此记载，币值不详）②。另据福建省政府统计，从 1937 年 7 月至 1941 年底，根据当时登记资料，沙县、建瓯及永安的电话交换所的房屋、器具、路线设备及材料等电讯事业财产直接损失共计 3778 元③。另外，永安电话 1943 年 11 月 4 日被炸损失更重，计费修复 120 余万元。福州电话因沦陷、被炸损失也很严重。福建电话公司两度沦陷，电话机损失 537 架，市街材料及库存材料被劫甚多，直接损失达 58100 元，营业损失估计约 10300 元（损失时价值）。全省电话包括行车航运电话、市内电话、无线电台、各县乡电台等在抗战中均遭到严重损害。战后重修或重新架设需技术员 150 人、技工 1500 人、话务员 500 人、报务员 130 人、其他人员 300 人；物资共计 2500 公吨；经费共计 4178110000 元（战后币值）。

战时永安电厂、建瓯电厂屡次被炸，损失惨重。据福建省政府统计，从 1937 年 7 月至 1941 年底，根据当时登记资料，福建省沙县电厂、漳州电厂及永安电厂等机械器具财产直接损失共计 4767 元④。福州电灯公司第一次沦陷损失 165340 元，第二次沦陷设备损失 22520 元，历次受敌机轰炸损失 21200 元，因沦陷而停止营业损失 22820 元。自来水厂第一次沦陷时尽被破坏，损失达 181104 元（1937 年币值）⑤。另据经济部统计处 1943 年 10 月编的《战时经济事业财产损失》统计，福建省从 1938 年至 1942 年的公用事业损失如下表⑥。

---

① 中央党史研究室第一研究部、中国第二历史档案馆编：《国民政府档案中有关抗日战争时期人口伤亡和财产损失资料选编》（2），中共党史出版社 2014 年版，第 801 页。

② 中央党史研究室第一研究部、中国第二历史档案馆编：《国民政府档案中有关抗日战争时期人口伤亡和财产损失资料选编》（2），中共党史出版社 2014 年版，第 772—782、252 页。

③ 福建省档案馆馆藏档案，档案号 36—13—3481。

④ 福建省档案馆馆藏档案，档案号 36—13—3481。

⑤ 福建省政府编：《福建省福州等十二市县沦陷损失调查》，1946 年 1 月，第 7 页，福建省档案馆馆藏档案，档案号民资 3—7—27。

⑥ 中央党史研究室第一研究部、中国第二历史档案馆编：《国民政府档案中有关抗日战争时期人口伤亡和财产损失资料选编》（2），中共党史出版社 2014 年版，第 555—572 页。原档案资料如此记载，币值不详。

附表二十五：公用事业战时损失 （单位：法币元）

损失类别 年份	直接损失	间接损失	总损失
民国二十七年	5608000	337545	5945545
民国二十八年	1121600	405054	1526654
民国二十九年	4766.50	44936.00	49703
民国三十年	392000□□□	—	392000
民国三十一年	—	268200.00	268200

5）商业：全省主要手工业有纸、漆器、瓷器等等。因战事影响，海口封锁后，输出估计约减少十分之九，计每年损失香6万元（法币，下同），芋草18万元，纸500万元，麻袋16万元，糖42万元，纸伞15万元，蔬菜果品干制80万元，磁器5万元，竹器28万元①，陶器瓦器5万元，估计全部损失2472万元（均以战前法币价格为标准）②。

战前全省商店70778家，其中小本经营者最多。主要经营饮食，其次为衣服日用品，战后登记商店计14185家，与战前相比相差5693家，其中或一部未经登记约三分之一，估计因战事停闭数为37728家，按每家平均亏损500元算，总计损失18864000元③。据国民政府主计处编《抗战中人口与财产所受损失统计》记载，至1940年12月底福建商业直接损失671089.84元，1941年12月底福建商业直接损失14295148.84元、间接损失4537673.70元，1942年12月底福建商

---

① 另据中央研究院社会科学研究所《关于中国抗战损失问题研究报告（1939年）》记载，抗战2年来，福建省林产品手工业品损失为法币9783964元［见中央党史研究室第一研究部、中国第二历史档案馆编，中共党史出版社2014年版的《国民政府档案中有关抗日战争时期人口伤亡和财产损失资料选编》（1），第176页］。由于该文是对全国抗战两年来的损失估计，而福建至1938年底真正沦陷的城市只有金门、厦门（沿海）两地，日军此时并没有直接进入福建内陆。因此数据与其他目前所掌握的资料相差太远，因而上述数据暂时仅供参考。

② 福建省政府编：《福建省损失调查》，1945年11月，第84页，福建省档案馆馆藏档案，档案号民资9—1—19。

③ 福建省政府编：《福建省损失调查》，1945年11月，第85页，福建省档案馆馆藏档案，档案号民资9—1—19。

业直接损失 22349936.54 元、间接损失 13325471.70 元①；另据 1947 年 9—12 月社会部统计处《为全国工商业团体战时财产损失致行政院赔偿委员会公函》的统计，抗战期间，福建工商业团体财产直接损失 1752020 元、间接损失 3509800 元，福建民营商业财产直接损失 1282773584 元、间接损失 8815200 元②，合计 1291588784 元。

根据福建省福州等十二市县沦陷损失调查，这些县市的工商业损失情况如下表。

附表二十六：福建省福州等十二市县沦陷期间工商业损失情况表（1937 年法币币值）③

县别	手工业损失（元）		工厂器材损失（元）			商铺损失（元）	
	第一次	第二次	第一次	第二次	历年轰炸	第一次	第二次
福州	47500	991000	35000	36600	223000		161400注1
闽侯	6000000	12320000	80000			2188000	6000000
连江	21250	42500	68000	560000		118404	361188
长乐	125000		7500	16000		32350	54462
福清	600					30000	20000
厦门	500000					6000000000	
金门						70000注2	

---

① 中央党史研究室第一研究部、中国第二历史档案馆编：《国民政府档案中有关抗日战争时期人口伤亡和财产损失资料选编》（1），中共党史出版社 2014 年版，第 250、267、271、320—321 页。另据国民政府经济部统计处 1943 年 10 月编《战时经济事业财产损失统计（初稿）》记载，从 1938 年到 1942 年每年的商业总损失依次为法币 6000000000、1440000000、2683336、484484601、507977571 元（原档案资料如此记载，币值不详）。[见中央党史研究室第一研究部、中国第二历史档案馆编，中共党史出版社 2014 年出版的《国民政府档案中有关抗日战争时期人口伤亡和财产损失资料选编》（2），第 555—572 页]。由于这些数据是估计数字且为初稿，仅供参考。

② 中央党史研究室第一研究部、中国第二历史档案馆编：《国民政府档案中有关抗日战争时期人口伤亡和财产损失资料选编》（3），中共党史出版社 2014 年版，第 1049 页。另据国民政府经济部统计处 1945 年 6 月编《战时经济事业财产损失统计》，抗战期间福建省商业损失为法币 1079815506.24 元（战前币值），其中直接损失 369799872.00 元，间接损失 710015624.24 元 [见中央党史研究室第一研究部、中国第二历史档案馆编，中共党史出版社 2014 年出版的《国民政府档案中有关抗日战争时期人口伤亡和财产损失资料选编》（2），第 576—578 页]。又据经济部统计处 1947 年 12 月编《战时经济事业财产损失统计》记载，抗战期间福建省商业类直接损失 169054157 元（法币，下同）、间接损失 115639650 元，合计损失 284693807 元（1937 年 7 月币值）[见中央党史研究室第一研究部、中国第二历史档案馆编，中共党史出版社 2014 年出版的《国民政府档案中有关抗日战争时期人口伤亡和财产损失资料选编》（2），第 601—606 页]。

③ 根据福建省政府 1946 年 1 月编的《福建省福州等十二市县沦陷损失调查》（福建省档案馆馆藏档案，档案号民资 3—7—27）中工商业项目整理而成。

县别	手工业损失（元）		工厂器材损失（元）			商铺损失（元）	
	第一次	第二次	第一次	第二次	历年轰炸	第一次	第二次
海澄	12000						29000^{注3}
漳浦							
云霄							16598
诏安							10322
东山							56110 元

注 1：福州战前原有商铺 9328 家，第二次沦陷期中完全停闭 4500 家，战后登记调查仅有 6100 家，与战前相比差 3228 家①。按每家平均亏损 500 元算，总计损失 1614000 元。

注 2：金门战前原有商铺 300 家，因战事关闭 140 家②。按每家平均亏损 500 元算，总计损失 70000 元。

注 3：海澄因战事关闭商铺 58 家③。按每家平均亏损 500 元算，总计损失 29000 元。

另据 1945 年 6 月福州市政府所作的福州市区商业损失情况调查，两次沦陷期间福州市商业损失共计 266266140 元（参见附表二十七、二十八）④。

附表二十七：福州市第一次沦陷期间商店损失情况表

	共计	房屋	器具	现款	存货	工具	其他
大根	3221820	—	5000	—	3216820	—	—
小桥	1709300			5500	1699800		4000
台江	800000	150000	650000				
仓山	58705800	14435000	5865300	—	32174500	—	6233000
合计	64436920	14585000	6520300	5500	37091120	—	6235000

资料来源：福州市档案馆馆藏档案，档案号 901—16—9。表中损失金额单位为法币元。

---

① 福建省政府编：《福建省福州等十二市县沦陷损失调查》，1946 年 1 月，第 9 页，福建省档案馆馆藏档案，档案号民资 3—7—27。

② 福建省政府编：《福建省福州等十二市县沦陷损失调查》，1946 年 1 月，第 98 页，福建省档案馆馆藏档案，档案号民资 3—7—27。

③ 福建省政府编：《福建省福州等十二市县沦陷损失调查》，1946 年 1 月，第 109 页，福建省档案馆馆藏档案，档案号民资 3—7—27。

④ 参见中共福州市委党史研究室撰写的《福州市抗战时期人口伤亡和财产损失调研报告》，2014 年。中共福州市委党史研究室存。

附表二十八：福州市第二次沦陷期间商店损失情况表

	共计	房屋	器具	现款	存货	运	其他
鼓楼	7795365	887400	1278800	1303785	4173380	—	152000
大根	7306355	63000	471920	578500	3919835	—	2273100
小桥	51094347	90100	8472250	1242060	32511327	—	8778610
台江	34578371	10123000	1540700	2945921	19311150	18200	6392200
又	17952086	10000	1319810	3033028	6672170	—	6917278
仓山	83102496	200000	189000	—	78486216	—	4227280
合计	201829220	11373500	13272480	9103294	145074078	18200	22987668

资料来源：福州市档案馆馆藏档案，档案号901—16—9。表中损失金额单位为法币元。

6）金融：抗战期间，福建银行业也遭受损失。据国民政府主计处编的《抗战中人口与财产所受损失统计》，至1940年12月底，福建银行业各项财产直接损失法币37469.77元，至1941年12月底，直接损失法币39796.77元、间接损失法币50279.75元[①]。据战后国民政府财政部统计，抗战期间，福建省银行业民营财产的损失中，福州商业银行直接损失法币15820500元；省营银行的财产损失中，福建省银行直接损失法币2789208、间接损失法币11908756元（原档案资料如此记载，币值不详）（参见附表二十九、三十）[②]。

附表二十九：银行业省营财产直接损失报告表　　　　单位：元

区域别	总计	房屋	器具	现金	保管品	运输工具	其他
福建省银行	2789208	909142	460960	15717	200000	100000	1103389

附表三十：银行业省营银行财产间接损失报告表　　　　单位：元

区域别	总计	可能生产额减少	可获纯利额减少	拆迁费	防空费	救济费	抚恤费
福建省银行	11908756	300000	2947864	1930376	2154345	1358084	218087

---

① 中央党史研究室第一研究部、中国第二历史档案馆编：《国民政府档案中有关抗日战争时期人口伤亡和财产损失资料选编》(1)，中共党史出版社2014年版，第252、267、271页。

② 中央党史研究室第一研究部、中国第二历史档案馆编：《国民政府档案中有关抗日战争时期人口伤亡和财产损失资料选编》(2)，中共党史出版社2014年版，第741、738、747页。表中金额为法币。

根据资料记载，前述福建省银行的损失应只是省内部分①，而实际上省外行还有上海、香港、衡阳、桂林等处也遭受了巨大的损失。

上海方面：物资损失：法币 2566260 元 3 角 5 分

现金损失：法币 3774724 元 8 角 2 分

美金 878 元零 8 分

英磅 4m4 s2d（原档案如此——编者注）

香港方面：物资损失：法币 22196 元 2 角

现金损失：法币 651059 元 7 角 8 分

港币 441401 元 1 角 8 分

美金 8613 元 4 分

衡阳方面：现金损失：法币 3266000 余元

物资损失：（纯系杂项财产营业用具约数 100000 元）

桂林方面：现金损失：法币 2528000 余元

物资损失：（纯系杂项财产及营业用器具确数未悉）②

综上所述，省外行处直接损失：法币 12908241 元 3 角 3 分，美金 9491.12 元，英磅 4m4 s2d（原档案如此——编者注），港币 441401 元 1 角 8 分。

再加上战后复员时期的经费（复员时经费均为战后币值），如下所述：

a. 修缮总行及省内收复区行处并一切设备估需工料 32000000 元（法币，下同）。

b. 建筑总行行址估需 30000000 元设备费估需 10000000 元。

c. 上海分行之复业估需人员旅费行屋租赁修缮及设备各费 16000000 元内预租行屋及修理费 10000000 元器具及设备费 2000000 元筹备费及人员旅费 4000000 元。

d. 重庆分行迁移南京及香港分行迁回原地估需人员旅费迁移费行址租修及设备各费 30000000 元。

e. 总行复员所有员工及其眷属移运旅费即器物迁移费估需 16840000 元内物

---

① 另据福建省政府 1946 年 1 月编印的《复员计划》（福建省档案馆馆藏档案，第 108 页，档案号 20—3—762）记载，福建省银行省内直接损失 3479250 元（其中房屋 1171000 元、器具 486000 元、现金 683000 元、有价证券 50 元、保管品 200 元、其他 1139000 元）、间接损失 11583790.85 元（其中可能生额减少 300000 元、可获纯利额减少 2874000 元、折迁费 4506790.85 元、救济费 1432000 元、防空费 2193000 元、抚恤费 278000 元）；另外 1941 年信托部损失物资一批估值 604007220 元；福建省行总行从 1938 年迁到永安办公，因事实上需要购建营业用房屋颇多，计 800 余万元，省会迁回福州后，此项房地产价值大跌，损失颇大（以上币值均是 1946 年法币）。

② 福建省政府编：《复员计划》，1946 年 1 月，第 109 页，福建省档案馆馆藏档案，档案号 20—3—762。

资运送费 11660000 元员工及其着着眷属旅费 5480000 元。

　　f. 分批训练人员二百人经费 9500000 元。

　　福建省银行复员费用预算也是一笔不少的数字（参见附表三十一）。①

附表三十一：福建省银行复员费用预算表　　　　　单位：法币元

项　目		小计	合计	附　注
旅运费	旅费	13430000	24840000	裁撤机构暨收复区复业员工及眷属迁移旅费，包括一切公物器具舟车运费上下力汽油暨汽车折旧等费用
	运送费	11360000		
修缮及设备	修缮费	62000000	112000000	修理收复区行处屋及仓库、建筑总行行屋、原有行屋内一切家具设备破坏抗战胜利收复区准备复业及扩展原有之机构一切设备
	建筑费	30000000		
	设备费	20000000		
训练费	膳费	4000000	9500000	分批训练二百人每期以四个月计算
	旅费	4000000		
	办公及设备	1000000		
	临时费	500000		
总计			156340000	

　　另据统计，战事发生后至 1941 年，福建省海关财产损失共计 197383.97 元，其中直接损失 163922.62 元，间接损失 33461.35 元②（参见附表三十二）。

附表三十二：抗战期间福建省海关财产损失（至 1941 年止）③

损失类别	损失主体	数额（单位法币元）	备注	合计
直接损失	福海关	433.22		163922.62
	厦海关	128876.76		
	闽海关	34612.64	其中至 1940 年 3 月为 34085.34 元，1941 年为 527.30 元。	

---

① 福建省政府编：《复员计划》，1946 年 1 月，第 109—110 页，福建省档案馆馆藏档案，档案号 20—3—762。

② 原档案资料中，直接损失数目按损失物原价计，间接损失币值不详。

③ 中央党史研究室第一研究部、中国第二历史档案馆编：《国民政府档案中有关抗日战争时期人口伤亡和财产损失资料选编》（2），中共党史出版社 2014 年版，第 614、615、636、637、667、668、699 页。

损失类别	损失主体	数额（单位法币元）	备注	合计
间接损失	闽海关	5715.41	其中至 1939 年 12 月有两个数据，一是 264.44 元，一是 5395.47 元；1940 年为 55.50 元。	33461.35
	厦海关	26574.85	其中至 1939 年 12 月为 25926.85 元，1940 年为 648 元。	
	福海关	1171.09	其中至 1939 年 12 月为 710.36 元，1940 年为 460.73 元。	
总　　计				197383.97

在财政税收方面，据 1942 年 1 月国民政府主计处编《抗战中人口与财产所受损失统计》记载，截至 1941 年 12 月底，福建各项税收损失 402962.62 元，截至 1942 年 12 月底，福建各项税收损失 2593752.24 元（原档案资料如此记载，币值不详)[①]（参见附表三十三、三十四）。

附表三十三：抗战期间福建间接损失情况表（税收，截至 1941 年 12 月底）

地域别	各项税收（法币元）							
	共计	田赋	营业税	屠宰税	契税	牙当税	牲畜税	房捐
福建	402962.62	49256.35	79505.36	35285.32	9964.04	1260.00	181.60	64626.58

地域别	各项税收（法币元）							
	行政收入	财产收入	特产出口捐	堤工专款	宴席捐	烟酒附加	其他收入	未详
福建	15269.91		23096.00			2700.00	121817.46	

附表三十四：抗战期间福建间接损失情况表（税收，截至 1942 年 12 月底）

地域别	各项税收（法币元）							
	共计	田赋	营业税	屠宰税	契税	牙当税	牲畜税	房捐
福建	2593752.24	226545.21	361243.59	41459.23	369971.29	1285.95	181.6	802831.37

---

① 中央党史研究室第一研究部、中国第二历史档案馆编：《国民政府档案中有关抗日战争时期人口伤亡和财产损失资料选编》(1)，中共党史出版社 2014 年版，第 297—298、346 页。

地域别	各项税收（法币元）							
	行政收入	财产收入	特产出口捐	堤工专款	筵席捐	烟酒附加	其他收入	未详
福建	199539.72	−773.74	23096.00		31624.51	3578.42	514019.09	19150.00

7）教育

大学：抗战时期福建省公私立学校共有 6260 校。公私立专科以上学校，计有七院校，其中省立各院校均于抗战中成立，分设于永安、沙县、南平等地，私立各院校原设福州，战时校舍焚毁殆尽。其中，私立福建学院校舍破坏约需修建费 50000000 元（法币，下同）；私立华南女子文理学院私立福建协和大学校舍，破坏颇多，各需修建费 100000000 元；至充实设备除私立福建学院补充较易，约需 30000000 元外，其余华南女子文理学院私立协和大学各需 50000000 元①。抗战时私立各院校即私立福建学院、私立华南女子文理学院、私立福建协和大学校舍原福州校址的损失共 380000000 元（均为战后币值）。另省立研究院、省立医学院、省立农学院及省立师范专科学校都需重新择址设校，共需修业费 299500000 元；而充实设备费则需 112500000 元（研究院 1000000 元，师范专科学校 100000000 元，医学院 3500000 元，农学院 8000000 元）②。

中学：抗战期间，福建省有省立中学 20 校，县立初级中学 56 校，私立中学 71 校。设在沿海县份的公私立中学，为避免战事影响，保障员生安全起见，均分别迁移内地，继续办理。原设内地的公共场所私立中学，间有县城屡遭袭击威胁，无法照常上课，复经迁入乡间办理，各校校舍校具，经此数度搬迁，损失甚巨，各地原有校舍有遭敌人拆毁的，如福州的各公私立中学，厦门的中等学校等，有遭敌机轰炸，无法修复的，如省立建瓯、晋江、长汀、龙溪、三都各中学及私立集美（同安）中学，更有学校虽未受敌人直接摧毁，但因抗战影响而间接蒙受损失的比比皆是。全省省立中学 20 校应需修建费及补充设备费合计需 405351167 元（法币，下同），县立中学 56 校，每校应需修建费及补充设备费最低为 2500000 元，最多为 3000000 元，合计需 152000000 元，私立中学计 71 校，需要予以补助的计 27 校，每校应需修建费及补充设备费最低 4000000 元，最多 5000000 元，合计需 118000000 元③。以上省县私立中

---

① 福建省政府编：《复员计划》，1946 年 1 月，第 17 页，福建省档案馆藏档案，档案号 20—3—762。

② 参见福建省政府 1946 年 1 月编印的《复员计划》教育部分（福建省档案馆藏档案，档案号 20—3—762，第 17 页）。

③ 参见福建省政府 1946 年 1 月编印的《复员计划》教育部分（福建省档案馆藏档案，档案号 20—3—762，第 17—18 页）。

学三项合计全部共需修建费及补充设备费 675351167（均为战后币值）元。

中专：抗战期间设有省立师范学校 13 校，县立简师 19 校，各校因战争而受损失普遍现象。复员所需之人力经费：省立师范 11 校，约需 351688635 元（法币，下同）；县简师 18 校约需 100000000 元，共计 451688635 元。

全省公私立职业学校计 39 校（其中省立 12 校；县立 7 校，私立 20 校），应需修建及补充设备费计 890650000 元。

小学：省立 13 校（另有国民教育示范区及实验中心国民学校各一所，省立儿童教育馆一所）；县立 5745 校；私立小学 337 校。（本省私立小学为华侨办理及教育会维持者，为数尤多，每因外汇断绝致多停闭。）

省立各小学等 10 单位合计 81224340 元（法币，下同）；补助全省各私立小学复员经费为 100000000 元；补助陷敌及被敌流窜县市国教复员经费为 1000000000 元。共计 1181224340 元。

其他：省立社会教育机关 7 所，县立社会教育机关 79 所，抗战军兴，省立各社教机关迁至内地，原馆舍均遭破坏。而厦门及其他沿海县市的社教机关也因战事蒙受损害或被敌人流窜或受敌机轰炸。其所需经费为：省立社教机关为 37949138 元（法币，下同），县立社教机关 34 所所需经费为 407000000 元。共计 444949138 元（以上均为战后币值）①（有关厦门市教育文化损失参见附表三十五，全省十二市县损失参见附表三十六）。

附表三十五：厦门市沦陷期间教育文化损失统计（原档案资料如此，币值不详）②

（1946 年 11 月）　　　　　　　　　　　　单位：亿元

	合计	建筑物	图书	仪器	其他
总计	114.28	29.245	59.22	22.15	15.735
厦门大学	14.93	—	—	—	—
公立中学	5.5	—	30	1.5	1
私立中学	30	9.3	8.2	6.3	6.2
公立小学	30.5	8.9	9.1	5.3	7.2
私立小学	30.85	10.74	10.1	8.8	1.21
民众教育馆	0.145	50 万元	200 万元	500 万元	700 万元
图书馆	2.3553	0.3	1.8	0.2	550 万元

---

① 参见福建省政府 1946 年 1 月编印的《复员计划》教育部分（福建省档案馆馆藏档案，档案号 20—3—762，第 18—28 页。）

② 厦门市政府统计室编：《厦门市抗战损失》，1946 年 11 月，厦门市档案馆馆藏档案，档案号 A8—1—227。表中损失金额为法币。

附表三十六：福建省福州等十二市县沦陷损失调查（教育）（1937 年法币币值）

市、县	原有学校或私塾	教师及学生		建筑物损失		图书仪器等损失	
		教师（人）	学生（人）	损毁数（处）	价值（元）	损毁数	价值（元）
福州市	中学 12 所、国民学校 30 所、私立小学 37 所	753	32200	40	243000	图书4000册 桌椅6500副 仪器2000元	291500
林森县	中学 2 所、国民学校 209 所、私立小学 2 所	1071	4332	350	635 万	—	90 万
连江县	中学 1 所、国民学校 60 所、私立小学 2 所	450	7500	第一次沦陷时损失 1298 元 第二次沦陷时损失 12052 元			
长乐县	中学 2 所、国民学校 62 所、中心小学 23 所	288	14147	第一次沦陷时损失 50510 元 第二次沦陷时损失 120000 元			
福清县	中学 4 所、中心学校及国校 144 所	595	26117	—	—	图书 8000 卷	3000
厦门市	学校 107 所、私塾 15 处	985	21560	35	2924500	5437000	
金门县	学校 33 所	350	5000	4	17469	7334	
海澄县	小学 83 所 私塾 2 处	599	7852	2		32000	
漳浦县	学校 134 所	359	28111		50000		
云霄县	学校 70 所 私塾未统计	321	14211	—	—	286	
诏安县	学校 81 所	305	14360	2	34000	50000	
东山县	学校 19 所 私塾未统计	69	1530	3	85000	398000	

　　据 1946 年 12 月教育部统计处编的《全国各级学校及教育机关战时财产数量与价值损失》记载，福建的中等学校、小学、社会教育机关及教育机关在抗战时总的损失数是 2120682837 元（1937 年法币），折合 1945 年 8 月法币为 237802597646 元。其中直接损失 1760085640 元，间接损失 360597197 元（参见

附表三十七、三十八)。其中学校的图书仪器直接损失 186044306 元①。

附表三十七：福建省公私立各级学校及教育机关损失表（依年度计）单位：法币元

共 计		二十六年	二十七年	二十八年	二十九年	三十年	三十一年	三十二年	三十三年	三十四年
历年损失合计	折合三十四年八月之价值									
2120682837	237802597646	2723805	772956	1912659	347205070	660441793	2429191	5952918	244936819	854307626

附表三十八：福建省公私立各级学校及教育机关损失表（依学校类别计） 单位：法币元

共 计		中等学校	小 学	社会教育机关	教育机关（教育厅局学术机关等）
历年损失合计	折合三十四年八月之价值				
2120682837	237802597646	1579640956	513448281	27583910	9690

8）公共事业·医药卫生：据 1936 年统计，全省共有医院 477 处，诊所 310 处，抗战期间，医院损失 157 所。据福建省政府 1946 年对福州等十二市县沦陷期间的损失情况进行调查，其中医药卫生方面的损失情况中医院及其设备的损失情况为：福州第一次沦陷损失 70000 元（法币，下同），第二次沦陷损失 235900 元②；闽侯损失 78349 元；连江损失 5000 元；长乐第一次沦陷损失 9000 元，第二次沦陷损失 40000 元；福清第一次沦陷损失 20000 元，第二次沦陷损失 25000

---

① 中央党史研究室第一研究部、中国第二历史档案馆编：《国民政府档案中有关抗日战争时期人口伤亡和财产损失资料选编》（2），中共党史出版社 2014 年版，第 866—880 页。另据中央研究院社会科学研究所《关于中国抗战损失问题研究报告》指出，至 1939 年福建省中小学及社会教育机关财产损失共计法币 1460000 元（其中中学 500000 元、小学 480000 元、社会教育机关 480000 元）。另外，1941 年 1 月、1942 年 1 月、1943 年 1 月国民政府主计处编《抗战中人口与财产所损失统计》分别记载了福建省学校财产损失情况：截至 1940 年 12 月底，福建省学校财产直接损失 2016234.36 元（法币，下同）；1941 年 12 月底，福建学校财产直接损失 4543386.86 元、间接损失 277192.52 元；1942 年 12 月底，福建学校财产直接损失 4738951.86 元、间接损失 649457.76 元（原档案资料如此记载，币值不详）[见中央党史研究室第一研究部、中国第二历史档案馆编，中共党史出版社 2014 年出版的《国民政府档案中有关抗日战争时期人口伤亡和财产损失资料选编》（1），第 188、250、267、271、316、320—321 页]。另外，据福建省政府 1945 年 11 月编的《福建省损失调查》记载，福建省学校图书仪器设备以 1941 年法币计算，价值大约为 3 万万元。因战争影响，根据 1942 年调查，学校图书仪器设备损失约为 1600 万元（参见《福建省损失调查》第 92 页，福建省档案馆馆藏档案，档案号民资 9—1—19）。

② 福建省政府编：《福建省福州等十二市县沦陷损失调查》，1946 年 1 月，第 11—12 页，福建省档案馆馆藏档案，档案号民资 3—7—27。

元；海澄损失 20000 元，云霄损失 85000 元；诏安损失 300000 元①。合计 888249 元（以上均为 1937 年币值）。

其中，毒化政策所造成的财产损失见附表三十九。

附表三十九：福建省各县（市）抗战期间人民被迫吸烟毒
及种植烟苗所受损失调查表（部分）②

县（市）别	吸食烟毒				种植烟苗			
	被迫吸食烟毒人数			所受经济上之损失③	原有农田亩数	被迫种植烟苗亩数	所受经济上之损失
	合计	男	女				
总计	6353	4933	1420	3210250000 元	15125 亩	3165	
福州市	90	68	22	9000000 元		无	①
厦门市	5000	3751	1249	3200000000 元		无	
林森县	200	190	10	60000000 元		无	
长乐县	176	151	25	1000000 元		200 亩	②
金门县	887	773	114	32500000 元	15125 亩	2965 亩	15200000
备考	①本市在沦陷期中受敌诱胁而犯烟瘾者数达千余人以上损失当达一万万元。但收复后烟民多先期逃散市外，确数无从考查。业以前市政一一四五一号呈报敌军毒化情形有案本表左列数字系较可考者查填。 ②种烟二百亩如易以种麦可收 500 担，估值 2500000 元，本县于卅三年十月沦陷，卅四年五月始克复彼时适合种烟季候被迫种烟，损失详表。							

此外，全国抗战八年，福建省伤亡人口中有名有姓的民众及公教人员伤亡总数为 9313 人，其医药费和埋葬费分别为 8079279 元、20104460 元，共计 28183739 元④。其中沦陷区及日军流窜县市伤亡人口的医药费 7133655 元，埋葬费 18936067 元，合计 26069722 元⑤（参见附表四十）。

---

① 参见福建省政府 1946 年 1 月编印的《福建省福州等十二市县沦陷损失调查》中医药卫生项目部分（福建省档案馆馆藏档案，档案号民资 3—7—27）。

② 福建省档案馆编：《日本帝国主义在闽罪行录》（1931—1945 年），福建人民出版社 1995 年版，第 658 页。表中损失金额为法币。

③ 原档案资料如此记载，币值不详。

④ 参见人口伤亡部分附表七、附表八。

⑤ 原档案资料如此记载，币值不详。

附表四十：福建省沦陷区及日军流窜县市抗战损失人口伤亡
部份汇报总表（部分）（1946 年 1 月）①

	费用（法币，单位：元）		
	合计	医药费	埋葬费
总计	26069722	7133655	18936067
福州	2170421	912280	1258141
福鼎	474753	239340	235413
霞浦	639660	203900	435760
福安	636400	133600	502800
宁德	1024900	218500	806400
罗源	384100	49900	334200
连江	5587760	1285990	4301770
林森	2943602	735551	2208051
长乐	2141744	357500	1784244
福清	1291174	275037	1016137
平潭	874619	215514	659105
厦门	1283499	658284	625215
金门	1649620	1139359	510261
海澄	471200	41300	429900
漳浦	895000	11000	884000
云霄	924580	351510	573070
东山	2676690	305090	2371600

根据现有资料统计，以上医院及其设备损失 888249 元，被迫吸烟毒损失 3210250000 元，伤亡人口的医药费与埋葬费 28183739 元，故医院卫生方面合计损失 3239321988 元。

9）水利：抗战后，水利疏导工作停顿，且有移顺水塌石料来作封锁线，港道淤积日剧，二三百吨的小轮，亦需候潮而进；闽江下游防洪工程；罗星塔码头工程，沦陷期间，被销毁；拆除封锁线工程：七七事变后，八月决定将闽江口封

---

① 福建省政府编：《福建省沦陷区抗战损失调查汇报（包括流窜县份）》，1946 年 1 月，福建省档案馆馆藏档案，档案号 3—7—33。

锁，沉下大小轮船十余艘，石块约一百四十八堆，同时施放水雷，以阻敌船舰侵入。三十年四月福州沦陷时封锁线被毁。战后必须敦治闽江下游航道工程、闽江下游防洪工程、扩大罗星塔码头、拆除封锁线等等共需 3346800000 元（战后法币币值）①。其中：

(1) 整理闽江航道：500000000 元

(2) 闽江下游防洪工程：2500000000 元

(3) 罗星塔码头：60000000 元

(4) 拆除封锁线：280000000 元

(5) 福州码头：3400000 元

(6) 厦门码头：3400000 元

10）合作事业、侨汇、兵役、司法

合作事业：根据福建省福州等十二市县沦陷损失调查，抗战期间，福州及邻近四县市的合作事业遭受一定的损失（参见附表四十一）。

附表四十一：福州及邻近四县市合作事业遭受损失情况表（1937 年币值）②

县别	境内原有合作社数	因战事解散合作社数	损失费用（元）	备注
福州	156	78	11000	
闽侯	239			
连江	81	15	4650	
长乐	108		6950	
福清	109		13000	

华侨：战前全省旅外华侨约有 300 万人，分布于马来亚、新加坡、印度、越南、香港、缅甸、菲律宾、日本、泰国等国。战争爆发后，1937、1938 两年经厦门返省的侨胞，因抗战影响无法出国，统计除回自台湾者外，计有 48300 人，不包括厦门沦陷后由其他各地转回的华侨数，太平洋战争爆发后返回的有 31100 人，总计 80100 人③。回省华侨多集中于安溪、海澄、龙溪、龙岩、同安、福州、南平等处。

---

① 参看福建省政府 1946 年 1 月编印的《复员计划》中有关水利部分（福建省档案馆馆藏档案，档案号 20—3—762，第 70—71 页。）

② 根据福建省政府 1946 年 1 月编印的《福建省福州等十二市县沦陷损失调查》（福建省档案馆馆藏档案，档案号民资 3—7—27）合作事业部分数据整理而成。表中损失费用为法币。

③ 福建省政府编：《福建省损失调查》，1945 年 11 月，福建省档案馆馆藏档案，档案号 9—1—19。

抗战中华侨的损失首先体现在侨汇的巨大损失方面。福建侨汇数额颇为可观。清末民初，除欧战后半期外，每年汇款接近或者达到2000万元法币。从1924年起，至抗战前夕，每年侨汇均有5000万元左右法币，其中个别年份更高，1931年近1亿元，1926年和1930年也很多①。据《福建省损失调查》统计，1933年至1937年每年侨胞汇款回省平均数为59166002元法币（参见附表四十二）。

附表四十二：福建省侨胞汇款回省数（1933—1937年）　　单位：法币元

年度	汇款数额
1933	51274000
1934	46398000
1935	54804710
1936	62356300
1937	61000000
平均数	59166002

此外尚有归国华侨带回款项、托由水客携带款项及以其他方法汇寄款项三种，数额合计当在2000万元法币，也可视为汇款，合并全省每年侨汇当为8000万元法币，至侨汇最多者为厦门市、晋江、南安、林森、永春、安溪、惠安、福清、龙溪、龙岩、同安等县，依1938年统计如下：

附表四十三：1938年福建省侨汇统计表　　单位：法币元

县　　市	汇款数额
厦　　门	52929211
晋　　江	25000000
南　　安	6610000
林　　森	5517015
永　　春	3700000
安　　溪	3647982
惠　　安	3220000

---

① 林庆元主编：《福建近代经济史》，福建教育出版社2001年版，第658页。

县　　　市	汇款数额
福　　清	2808360
龙　　溪	1920000
龙　　岩	665000
同　　安	508320
海　　澄	300000

其中厦门数字最大，因厦门为闽南各县份侨汇的转汇口岸，所以这项数字不能视为厦门一地侨汇的数字。另外晋江与林森二县的侨汇，也有转汇附近县份的，同时海澄侨汇接近厦门，汇款多直接向厦门信局领取，或由厦门信局迳送，所以统计上所表现的数字较小[①]。

另据《闽侨》统计，按法币计算，1938年全省侨汇总计6144.70万元，其中英属殖民地2441.45万元；荷属殖民地2061.25万元；美属殖民地1500万元；法属殖民地110万元[②]，而郑林宽在《福建华侨汇款》中则统计出了1938年全省各地侨汇数的分布情况（参看附表四十四）：

附表四十四：1938年全省各地侨汇数分布情况[③]

地名	金额（元）	地名	金额（元）
永春	3700000	上杭	1700
安溪	3647000	武平	100
仙游	119310	金门	145000
古田	129582	惠安	3220000
同安	508320	德化	97800
大田	710	漳平	3500

---

① 福建省政府编：《福建省损失调查》，1945年11月，第91—92页，福建省档案馆馆存档案，档案号民资9—1—19。另据1937年至1940年统计，侨汇汇入福建的数额为：1937年6900万元，1938年6600万元，1939年增至11500万元，1940年14150万元（均为法币）（参见本书中吕东征撰写的专题《抗战中的福建华侨及侨汇》）。

② 1939年5月10日《闽侨》月报第一期公布的《闽侨汇款归国之总数》。

③ 参见本书中吕东征撰写的专题《抗战中的福建华侨及侨汇》。表中金额为法币。

地名	金额（元）	地名	金额（元）
南靖	49100	华安	7326
诏安	276100	闽清	169576
东山	137500	屏南	14396
云霄	33000	连江	981
平和	500	永泰	1500
三都	70	宁德	1260
漳浦	141670	罗源	460
长泰	6935	平潭	8800
龙岩	665000	霞浦	500
连城	8500	建阳	250
长汀	8000	崇安	960
海澄	300000		

　　1941年12月太平洋战争爆发后，福建省的侨汇受战事影响全部损失。另据福建省政府对福州等十二市县沦陷损失调查，其中侨汇的损失见下表（附表四十五）。

附表四十五：福建省福州等十二市县沦陷损失调查（华侨）①

市、县	战前旅外华侨人数（人）	每年汇回侨汇（元法币）	本地华侨在国外资产总值（元法币）（估值）	战后归侨人数（人）	因战事国外及本地资产损失（元法币）	侨汇损失（元法币）（估值）
福州市（包括林森县注1）	100000	2000万	30000万	10000	仅缅甸1000万	太平洋战事后侨汇全部断绝8000万
连江县	97	159250	485000	39	仅本地9700	太平洋战事后侨汇全部断绝600000

---

① 根据福建省政府1946年1月编印的《福建省福州等十二市县沦陷损失调查》（福建省档案馆藏档案，档案号民资3—7—27）中华侨损失项目整理而成。

市、县	战前旅外华侨人数（人）	每年汇回侨汇（元法币）	本地华侨在国外资产总值（元法币）（估值）	战后归侨人数（人）	因战事国外及本地资产损失（元法币）	侨汇损失（元法币）（估值）
长乐县	13000	300000	5000	6000	—	太平洋战事后侨汇全部断绝1000000
福清县	40000	30000万	—	10000	—	太平洋战事后侨汇全部断绝每年30000万
厦门市	19000	1500000	150000（二十六年币值）	1000	10000000（二十六年币值）	太平洋战事后侨汇全部断绝40000000（二十六年币值）
金门县	15000	每人约683	——	442	—	—
海澄县	11000	2750000	11000000	500	800000	44000000
漳浦县	1392	7000000	140000	832	仅本地50000	太平洋战事后侨汇全部断绝700万
云霄县	872	209280	4360000（二十六年币值）	——	50000（二十六年币值）	1744000（二十六年币值）
诏安县	2000	每人约500	每人约3000（二十六年币值）	130	1850000（二十六年币值）	太平洋战事后侨汇全部断绝4000000（二十六年币值）
东山县	15457	21637800	30914000	—	—	8655200

注1：林森县即闽侯县。

除了汇钱给侨眷外，抗战期间，华侨以人力物力报效祖国，对祖国抗战经济做出了突出的贡献。捐款则是华侨历次支援祖国反帝反封建的一种主要方式。据南侨总会的统计，自抗战开始至太平洋战争爆发的四年间，华侨的捐款平均每个月达法币1350万元，每年1.6亿多元，等于负担了当时军费的三分之一。其中福建籍的华侨从全国抗战爆发到1940年底，捐款近1亿元。广大华侨还募集了大量物资运回祖国。抗战头三年间，菲律宾华侨献机捐款达490万比索（2比索合 1 美元），共可购机 50 架①。此外，福建华侨还汇寄侨汇作救济慰劳金之用（参见附表四十六）。

附表四十六：1939 年—1941 年华侨汇寄福建救济慰劳金一览表②

时 间	汇款单位	金额（法币元）	用 途	汇转机构	接受机关
1939 年4 月	霹雳福建公会	19925.07	购买省债	福建省银行	省赈济会
5 月	马里拉中华青年建设协会	2000	纪念厦门沦陷救济金		同上
6 月	马里拉蕊省抗敌会	10000	救济基金	中国银行	同上
8 月	菲岷许氏家族自治会	1600	救济建瓯被炸难民	菲律宾中兴银行	同上
8 月	马里拉什品商同业公会	5000	救济泉州兵民	菲律宾中兴银行	同上
8 月	马里拉什品商同业公会	8000	救济难民伤兵	菲律宾中兴银行	同上
8 月	马里拉黄江夏堂诸先生	2000	购买省南桥慰问团演券	中国银行	同上
8 月	泗水闽侨王振持	5000	救济灾民		同上
8 月	马里拉信局同业会	7323	沿海难民、洪水难民	交省南桥慰问团	同上
9 月	荷属泗水安溪公会	9000	赈济金	爪哇万隆锦成银庄	省府
10 月	旅棉福建民生学校	163.23	拨助战时儿童保育金	战时保育金福建分会	省行
12 月	爪哇万隆陈仁义陈之麟	13500	省慈善事业费	福建省银行	
12 月	华侨俞宏瑞	3000	调查矿产费用	福建省银行	
1940 年1 月—4 月	东山县华侨	31000	赈济家产难民款		东山县
2 月	菲律宾烽牙丝兰省华侨妇女慰劳会	1000	500 元给泉州花桥亭善举所，500 元给省赈济会	交通银行	

---

① 陈烈甫：《东南亚的华侨华人和华裔》，台北正中书局 1985 年版，第 194 页。

② 参见本书中吕东征撰写的专题《抗战中的福建华侨及侨汇》。

续表

时 间	汇款单位	金额（法币元）	用 途	汇转机构	接受机关
3 月	马里拉布商会张昆	2000	捐赠犒赏金	福建省银行	省府
4 月—8 月	东山县华侨	31023.75	赈济家乡难民第二期款		东山县
11 月	马里拉澳亚婆华侨屠商同业公会节省五周年纪念费	1000	救济难民	交通银行	省赈济会
12 月	吉隆波雪兰峨惠安公会	4000	赈恤惠安难民		同上
1941 年 1 月	新加坡福州十邑同济会救济福州十邑	50000	救济难童国际教养院基金		难童教养院
2 月	福州旅港同乡会	12856.16	福建省寒衣捐款		省赈济会
3 月	越南南圻中华商会救济会	1000（港币）	救灾		
6 月	保地磨华侨抗日救国筹饷会	5000	赈济闽省难民	中央银行	省赈济会
7 月	菲岛肴省冷汽社抗敌会	37030.7	泉州花桥筹赈会救济款		晋江县府
9 月	新加坡妇女慰劳分会	20000	救济收复福州受伤将士	全国妇女慰劳总会蒋夫人转	
10 月	福州旅港同乡会	7382	福州战区难民赈款		林森县
10 月	马里拉	30000	中国妇女慰劳会转		省府会计室
10 月	泗水福州同乡会	10000	救济福州难民（小本货金）		闽海急赈会
11 月	菲律宾凉社抗敌会	4850.42	捐泉州难民	中央银行	省赈济会
11 月	菲亚弄亚仙未讫华侨抗敌会	1810.46	捐泉州伤民及难民		省赈济会

81

1941 年 12 月太平洋战争爆发后，福建省的侨汇就完全断绝，侨眷生活陷入绝境。为了救济归侨、侨生、侨眷、侨校和补助侨团，仅中央政府就拨给福建省紧急救侨经费 500 万元法币；同时还拨款 3000 万元法币为福建侨贷专款，以帮助福建侨胞从事生产建设。各县还征募救侨捐款 13.8 万元法币，1945 年 12 月国民党中央政府增拨侨眷赈款 300 万元法币。抗战结束后，为了资助侨民返回原侨居地，所需救济款项共需美金 1790776 元折合战前法币 6070427 元（参见附表四十七）[①]。

附表四十七：资助侨民返回原侨居地补助费表

侨居地	返归本省之人数（人）	需要资助再度出国之人数（人）	每人补助费旅费（美金）入口税		需要补助款款额（美金元）
缅甸	31578	25262	30 元		757860
马来亚	22910	18328	20 元		366560
菲律宾	12165	9732	20 元	8 元	272496
荷属各地	9825	7860	30 元		235800
安南	2247	1798	20 元		35960
泰国	1375	1100	20 元	91 元泰币200 元折合数	122100
合计	80100	64080			1790776

兵役：各县战时机构裁撤。抗战期间，为配合前方作战，维护后方治安，并加强推行役政及便利军运起见，故于各县设立国民兵团军民合作处，各乡镇设立后备队及军民合作站。抗战结束后，国民兵团改设军事科归并县政府编制，后备队及军民合作处站一律裁撤。裁遣官兵依照规定给与标准发给三个月薪饷生活补助费及伙食费，具体各县情况如下表[②]。

附：福建省各县市及特种区所属国民兵团军民合作处站及后备队遣散费旅费数目表（单位：法币元）：

第一行政区：12209900

福州：1171654

林森：2106 970

长乐：1086060

---

① 参见本书中吕东征撰写的专题《抗战中的福建华侨及侨汇》。
② 参见福建省政府 1946 年 1 月编印的《复员计划》兵役部分（福建省档案馆馆藏档案，档案号 20—3—762，第 105—107 页）。

福清：1463010

连江：1316060

罗源：507110

平潭：670 346

永泰：1316060

闽清：1256560

古田：1316060

第二行政区：8859592

南平：976090

沙县：1 589020

顺昌：991991

将乐：762965

尤溪：1275286

建宁：1088080

泰宁：1088080

三元：1088080

第三行政区：9618823

浦城：1918490

建瓯：1115647

水吉：1088080

邵武：1316060

崇安：1316060

建阳：1316060

松溪：858080

政和：670346

第四行政区：13944732

同安：1504540

晋江：2106970

莆田：1918490

仙游：2106970

永春：1693020

南安：1918490

惠安：1316060

金门：293386

安溪：1086806

第五行政区：9632403

漳浦：1316060

龙溪：1626010

诏安：1316060

海澄：1316060

南靖：1127580

长泰：543601

平和：376960

云霄：1127580

东山：882452

第六行政区：9344384

德化：1127580

龙岩：1693020

永安：1316060

漳平：1363766

华安：670346

宁洋：670346

大田：1316060

永定：1086806

第七行政区：6212802

长汀：1311530

连城：1316060

宁化：898324

上杭：547870

武平：898326

清流：670346

明溪：670346

第八行政区：6856950

霞浦：1316060

福安：828836

福鼎：1091560

宁德：1316060

寿宁：670346

周墩：481866

柘洋：481866

屏南：670346

以上八区合计 76779586 元（战后币值）。

司法：据调查，至 1943 年 9 月，福建高等法院及所属各机关司法人员战时私人财产直接损失 472688 元（法币，下同）、间接损失 141301 元；福建各级法院及县司法处战时财产直接损失 28970 元、间接损失 41670 元；而从福建省各监狱看守所战时财产损失调查记载，至 1943 年 9 月福建战时永永监狱和长乐司法处看守所两处财产直接损失合计 4839 元。另据 1947 年 9 月监察院《为填送该院及所属战时财产损失报告表致行政院赔偿委员会函稿》记载，监察院福建浙江监察区监察使署财产间接损失共计 3032013.64 元[①]，按折半算，则福建损失计1516006.82 元（以上数字均为原档案资料记载，币值不详）。

（2）福建省抗战时期居民财产损失情况

1）房屋：根据 1944 年 5 月省赈济会秘书室统计，从 1937 年至 1944 年 3 月，全省各县遭受敌机轰炸毁屋间数达 23105 间，财产损失估计数为法币 97699933 元（原档案资料如此记载，币值不详），参看附表二中物资损失部分数字。

而据《福建省损失调查》中统计，自抗战开始至 1944 年底止，全省各县（沦陷区及收复区破坏情形不计在内）遭受敌机轰炸震毁房屋计 21296 座，沿海各地遭受敌舰炮轰毁坏的计 410 座，约占 2%。另据国民政府主计处所作的《抗战中人口与财产所受损失统计》，载至 1942 年底，福建省的地方机关（包括福建省政府及所属、福建县政府及所属）的直接损失中，建筑物损失数为1440060.6 元（法币，下同）；各种人民团体的房屋损失为 207400 元；住户的房屋损失为 7732189 元[②]；即至 1942 年底，福建省的房屋等建筑物的直接损失为

---

① 中央党史研究室第一研究部、中国第二历史档案馆编：《国民政府档案中有关抗日战争时期人口伤亡和财产损失资料选编》(3)，中共党史出版社 2014 年版，第 1072—1073 页、1086—1087、1098、1117 页。

② 中央党史研究室第一研究部、中国第二历史档案馆编：《国民政府档案中有关抗日战争时期人口伤亡和财产损失资料选编》(1)，中共党史出版社 2014 年版，第 324—337 页。

9379649.6 元（原档案资料如此记载，币值不详）（参见附表四十八）。

附表四十八：福建省的房屋等建筑物的直接损失统计表（截至 1942 年底）单位：法币元

损失主体		损失数（单位：元）	小计
福建省地方机关建筑物	福建省政府及所属	1051262.60	1440060.60
	福建县政府及所属	388798.00	
各种人民团体的房屋	文化团体	5000	207400
	宗教团体	72900	
	慈善团体	123500	
	其他公益团体	6000	
住户的房屋		7732189.00	7732189.00
合计			9379649.60

注：据国民政府主计处《抗战中人口与财产损失所受损失统计》整理而成。

仅从福州一地居民房屋损失情况来看，战前福州城内共有房屋数目 35700 座，抗战期间尤其是两次沦陷期间经过日机轰炸、炮击、日军焚烧、拆毁以及敌宪兵队、敌伪及浪民等拆毁各种原因，福州市居民的房屋损失 2745 座[1]（参见附表四十九）。

附表四十九：福州市房屋损失数量（1945 年 6 月） 单位：座

原因 ＼ 区别	鼓楼	大根	小桥	台江	仓山	统计
合计	1255	718	59	429	284	2745
日机轰炸	75	128	11	149	134	497
日机炮击	—	—	4	—	—	4
日军焚烧	3	20	—	22	66	111
日军拆毁	36	—	44	245	61	386
敌宪兵队拆毁	—	—	—	—	5	5
敌伪拆毁	72	558	—	13	18	661
浪民拆毁	—	12	—	—	—	12

---

[1] 见吕南勋撰写的专题《抗战时期福州基础设施被破坏情况分析》，2014 年。中共福州市委党史研究室存。

区别 原因	鼓楼	大根	小桥	台江	仓山	统计
倒塌	957	—	—	—	—	957
火灾	112	—	—	—	—	112

资料来源：福州市档案馆馆藏档案，档案号901—16—13。

另外，据福州两次沦陷期间住户的损失调查记载，两次沦陷福州住户房屋损失金额分别为10309800元、20195450元，合计30505250元（参见附表五十、五十一）①。

附表五十：福州市第一次沦陷住户损失调查（1945年6月） 单位：法币元

	合计	房屋	器具	衣	首饰	书	现款	粮食	其他
鼓楼	1105476	255000	327086	335460	94980	11760	—		81220
大根	6443145	402000	123075	5144692	143085	475700	2500	—	152093
小桥	3113750	—	—	939000	12500		56650	12000	91600
台江	3866925	3703200	49075	—	—		—		124650
仓山	18710020	3299600	4705350	5684950	2087920	335200	9000	45600	2542400
补	8827830	365000	3229600	918500	—	3116000	510	—	913220
合计	40065146	10309800	8434186	13022602	2338485	1938660	68660	57600	3895187

资料来源：福州市档案馆馆藏档案，档案号901—16—9。

附表五十一：福州市第二次沦陷住户损失调查（1945年6月） 单位：法币元

	合计	房屋	器具	衣	首饰	书	现款	粮食	其他
鼓楼	24328736	1795900	7397290	9491380	1050500	453996	69880	342930	3726860
大根	23733069	5700000	6080000	5678934	716875	173700	145960	22200	5215400
小桥	20860010	335000	1818880	12761400	1455600	40000	576200	511600	3361330
台江	15742500	6094550	5552200	2594500	87000	60000	538650	236300	579300
仓山	24741945	1030000	9069210	12240250	805450	61500	17085	656370	863080
补	15438300	5240000	967200	2670300	683900	4040000	20000	—	1916900
间[注1]	16174600	—	—	—	—	—	—	—	16174600
合计	141019160	20195450	30884780	45436764	4799325	4829196	1367775	1769400	31736490

资料来源：福州市档案馆馆藏档案，档案号901—16—13。

注1：原材料字迹模糊，有缺漏。

---

① 见吕南勋撰写的专题《抗战时期福州基础设施被破坏情况分析》，2014年。中共福州市委党史研究室存。

2）禽畜：战后由于粮食价格高涨，饲料供给困难，所以除家禽类外，其余畜类均有减少。如 1937 年全省役畜类牛马骡驴等共计 646119 头，肉畜类猪羊等共计 2030533 头，至 1941 年役畜类减为 582815 头，肉畜类减为 1743645 头。其中尤以耕牛为最。福建省战前耕牛数量，1937 年计有 631743 头，因战争 1938 年减少 126501 头。截至 1941 年统计为 562849 头，比 1937 年减少 68894 头①，且自 1943 年开始宰废牛，每年宰杀头数在千万头以上，其中以健牛混充宰杀，加以牛瘟，邻省又禁运出口，来源减少，所以战后耕牛缺乏，成为农村最严重的问题。另外，据 1939 年中央研究院社会科学研究所关于中国抗战损失问题研究报告，至 1939 年，福建省畜产品损失数为法币 1348360 元（原档案资料如此记载，币值不详)②。

3）粮食：福建是缺粮省，常年要靠进口。据海关贸易统计自 1933 年至 1937 年五年，平均由厦门输入米计 1210591 市担，面粉 478788 市担，由福州输入米计 600816 市担，面粉 536548 市担，由三都输入米计 12490 市担，面粉 23112 市担③。抗战开始后，除了 1938、1939 年尚有输入外，1940 年起外源完成断绝，于是国民政府推行粮食增产，增加小麦、甘薯等杂粮以补充正粮的不足，所以全省产量并没有减少。但福州、厦门、金门、惠安、平潭、东山、连江、长乐、福清等地，因为沦陷或部分沦陷减产以及遭到敌人掠夺，损失惨重，其中尤以厦门、福州、连江、长乐四地最为严重。如福州第二次沦陷期间被日军掠夺白米 24067 市担、糙米 2170 市担、干谷 5400 市担，小麦 140 市担、面粉 108 市担、黄豆 26 市担、麦皮 56 市担，估值 1937 年法币价值 332700 元。根据 1942 年福建省政府统计，全国抗战前全省有积谷 181913 市担，因战事消耗及损失数为 5867 市担④。

4）服饰：根据全省各县损失调查情况，抗战期间，棉花衣布被掠夺主要是在福州及邻近四县两次沦陷期间（参看附表五十二）：

① 福建省政府编：《福建省损失调查》，1945 年 11 月，第 80 页，福建省档案馆馆藏档案，档案号民资 9—1—19。
② 中央党史研究室第一研究部、中国第二历史档案馆编：《国民政府档案中有关抗日战争时期人口伤亡和财产损失资料选编》（1），中共党史出版社 2014 年版，第 175—176 页。
③ 福建省政府编：《福建省损失调查》，1945 年 11 月，第 79 页，福建省档案馆馆藏档案，档案号民资 9—1—19。
④ 福建省政府编：《福建省损失调查》，1945 年 11 月，第 79 页，福建省档案馆馆藏档案，档案号 9—1—19。据 1945 年 6 月福州市政府对福州两次沦陷期间住户损失调查记载，第一次沦陷期间福州市住户粮食损失 57600 元；第二次沦陷期间住户粮食损失 1769400 元。见中共福州市委党史研究室撰写的专题《抗战时期福州基础设施被破坏情况分析》，2014 年（中共福州市委党史研究室存）。

附表五十二：福州及邻近四县两次沦陷期间衣服类损失情况表

县别	衣服（法币元）		棉花（元）	土布（法币元）		缝纫机（架）	纺织布机（架）	合计（法币元）
	第一次	第二次		第一次	第二次			
福州	120000	92000	122400		720000			10544400[注1]
闽侯	26000	56710	4359	2000	4065			93134[注2]
连江	59235	423695		166560				649490[注3]
长乐	252200	211370		1260	466 尺	150	16	464830[注4]
福清				150000	30000	115	16	180000[注5]
总计								12131854[注6]

注1：福州被日军掠取的衣服第一次估值 120000 元，第二次 23000 件估值 92000 元。棉花第二次沦陷被掠夺 204000 市斤，估值 122400 元。布第二次被夺 24000 疋，估值 720000 元①。

注2：闽侯第一次被夺 8000 件，约值 26000 元，第二次 11342 件，约值 56710 元。棉花被掠夺 7266 斤，约值 4359 元。布疋第一次 420 市仗，约值 2000 元，第二次 813 市仗，约值 4065 元②。

注3：连江第一次 11847 件，估值 59235 元，第二次 84739 件，估值 423695 元。布两次共损失 5552 疋③。估值 166560 元（以 1937 年价值每疋约值 30 元计）。

注4：长乐衣服第一次 25220 件，约值 252200 元，第二次约 22137 件，约值 211370 元。第一次土布 42 疋（约值 1260 元），第二次土布 466 尺。纺织布机损失 150 架，缝纫机损失 16 架④。合计 464830 元中未包括土布 466 尺，纺织布机损失 150 架，缝纫机损失 16 架。

注5：福清，第一次布类被抢约 5000 疋，以 1937 年价值计每疋约值 30 元，计共损失 150000 元，第二次被抢 1000 疋，计损失 30000 元。纺织布机损失 115 架，缝纫机 16 架⑤。合计 180000 元中未包括纺织布机损失 115 架，缝纫机 16 架。

注6：此外，还损失土布 466 尺，纺织布机 265 架，缝纫机 32 架。

另据调查，福州市两次沦陷期间，衣服损失分别为 13022602 元（法币，下

① 福建省政府编：《福建省福州等十二市县沦陷损失调查》，1946 年 1 月，第 7 页，福建省档案馆馆藏档案，档案号民资 3—7—27。
② 福建省政府编：《福建省福州等十二市县沦陷损失调查》，1946 年 1 月，第 23 页，福建省档案馆馆藏档案，档案号民资 3—7—27。
③ 福建省政府编：《福建省福州等十二市县沦陷损失调查》，1946 年 1 月，第 41 页，福建省档案馆馆藏档案，档案号民资 3—7—27。
④ 福建省政府编：《福建省福州等十二市县沦陷损失调查》，1946 年 1 月，第 58 页，福建省档案馆馆藏档案，档案号民资 3—7—27。
⑤ 福建省政府编：《福建省福州等十二市县沦陷损失调查》，1946 年 1 月，第 73 页，福建省档案馆馆藏档案，档案号民资 3—7—27。

同）、45436764元（参见附表五十、五十一）。此外，厦门战前有织布工厂2家，产布21000疋，织布机202架，战时全部损失①。诏安被抢土布200疋②，估值6000元。其他县市损失没有具体数据。另据国民政府主计处所作的《抗战中人口与财产所受损失统计》，截至1941年12月底，全省住户服饰损失数为160664.50元；截至1942年12月底为300088.40元（原档案资料如此记载，币值不详)③。

（3）福建省抗战时期捐献情况：

抗战时期，福建人民以各种方式积极筹募劳军捐款，纷纷捐献物资和财物支持抗战，如劝募寒衣、献金、献机等。据资料显示1939年全国征募寒衣运动委员会总会给各地分担征募数目中，福建省共需捐献15万件，每件按当时币值1元5角算，共计22万5000元（法币，下同)④。1940年征募寒衣中，各机关社团捐献数目为70815元⑤，各县（区）捐献数目为174900元⑥，共计245715元。"七七"献金方面，据不完全统计1944年各县"七七"献金总额至少达到228万元（参见附表五十三）。

附表五十三：三十三年各县"七七"献金数目（法币）

县 别	金额（元）	资料来源
1. 松溪	31612	松溪县政府：《松溪县各界七七献金名册》，1944年。福建省档案馆：6—3—3797④
2. 顺昌	27479.5	顺昌县政府：《顺昌县各界七七献金名册》，1944年。福建省档案馆：6—3—3797④

---

① 福建省政府编：《福建省福州等十二市县沦陷损失调查》，1946年1月，第85页，福建省档案馆藏档案，档案号民资3—7—27。
② 福建省政府编：《福建省福州等十二市县沦陷损失调查》，1946年1月，第150页，福建省档案馆藏档案，档案号民资3—7—27。
③ 中央党史研究室第一研究部、中国第二历史档案馆编：《国民政府档案中有关抗日战争时期人口伤亡和财产损失资料选编》(1)，中共党史出版社2014年版，第286、337页。
④ 福建省政府编：《二十八年度各机关团体应募棉背心数目分配表》，1939年10月，福建省档案馆藏档案，档案号24—3—1159。
⑤ 福建省政府编：《二十九年度征募寒衣各机关社团配额一览表》，1940年，福建省档案馆藏档案，档案号82—8—290。
⑥ 福建省政府编：《本省二十九年度征募寒衣各县（区）配额一览表》，1940年，福建省档案馆藏档案，档案号82—8—290。

县　别	金额（元）	资料来源
3. 将乐	14300	将乐县政府：《将乐县各界七七献金名册》，1944 年。福建省档案馆：6—3—3797④
将乐（节约献金）	31288	将乐县政府：《将乐县各界七七献金名册》，1944 年。福建省档案馆：6—3—3797④
4. 平和	60288	平和县政府：《平和县各界七七献金名册》，1944 年。福建省档案馆：6—3—3797④
5. 漳浦	38475	漳浦县政府：《漳浦县各界七七献金名册》，1944 年。福建省档案馆：6—3—3797④
6. 建瓯	85849.5	建瓯县政府：《建瓯县各界七七献金名册》，1944 年。福建省档案馆：6—3—3797④
7. 上杭	200486	上杭县政府：《上杭县各界七七献金名册》，1944 年。福建省档案馆：6—3—3797④
8. 罗源	123103	罗源县政府：《罗源县各界七七献金名册》，1944 年。福建省档案馆：6—3—3797④
9. 福安	557000	福安县政府：《福安县各界七七献金名册》，1944 年，福建省档案馆：6—3—3797②
10. 华安	38080	华安县政府：《华安县各界七七献金名册》，1944 年福建省档案馆：6—3—3797⑦
11. 诏安	53928	诏安县政府：《诏安县各界七七献金名册》，1944 年，福建省档案馆：6—3—3797⑦
12. 东山	30980.08	东山县政府：《东山县各界七七献金名册》，1944 年，福建省档案馆：6—3—3797⑦
13. 莆田游洋乡（米）	124865（73 石 5 斗 9 管 3 分）	莆田县政府：《莆田县游洋乡七七献金名册》，1944 年，福建省档案馆：6—3—3797⑧
莆田	458554	莆田县政府：《莆田县各界七七献金名册》，1944 年，福建省档案馆：6—3—3797⑧
14. 海澄	45000	海澄县政府：《海澄县各界七七献金名册》，1944 年，福建省档案馆：6—3—3797⑧

县　别	金额（元）	资料来源
15. 清流	100000	清流县政府：《清流县各界七七献金名册》，1944 年，福建省档案馆：6—3—3797⑧
16. 闽侯	29388	闽侯县政府：《闽侯县各界七七献金名册》，1944 年，福建省档案馆：6—3—3797⑧
17. 南安	72627	南安县政府：《南安县七七节约献金名册》，1944 年，福建省档案馆：6—3—3797⑧
18. 金门	76410	金门县政府：《金门县各界七七献金名册》，1944 年，福建省档案馆：6—3—3797⑧
19. 长泰	41800	长泰县委党史研究室编撰：《长泰县抗战时期人口伤亡和财产损失调研报告》，2008 年。长泰县党史研究室存。
20. 屏南	42750（含捐抗日军队款、"七七"献金、慰劳湘北将士捐等）	屏南县委党史研究室编撰：《屏南县抗战时期人口伤亡和财产损失调研报告》，2008 年。屏南县党史研究室存。
总计	2284263	

另外，根据目前所占有资料，抗战期间部分"献机"捐款参见附表五十四。

附表五十四：抗战期间"献机"捐款部分统计表（法币）

名称或单位	时间	金额	资料来源
福建省商会联合会经收滑翔机捐款	1943. 3. 25	67500 元	福建省商会联合会编：《福建省商会联合会经收滑翔机捐款名册》1943 年 3 月。福建省档案馆馆藏档案，档案号，9—1—8。
福建省建设厅暨附属机关扣缴续征飞机捐清册（合计）	1938. 3	28299 元	福建省建设厅编：《福建省建设厅暨附属机关扣缴续征飞机捐清册》，1938 年 3 月。福建档案馆馆藏档案，档案号 36—9—1422。
福建省建设厅暨各附属机关扣缴续征飞机捐总表（合计）	1938. 4	30360 元	同上
福建省商会联合会各委员认捐"闽商号"飞机	1942. 4	3270 元	福建省商会联合会编：《福建省商会联合会各委员认捐"闽商号"飞机捐登记表》，1942 年 4 月。福建省档案馆馆藏档案，档案号 9—1—37

名称或单位	时间	金额	资料来源
石码镇商会联合会各委员认捐"闽商号"飞机	1942 年	6050 元	同上
云霄县商会联合会各委员认捐"闽商号"飞机（收据函）	1942 年	1946 元	同上
龙溪县商会联合会各委员认捐"闽商号"飞机（收据函）	1942 年	4800 元	同上
永泰县商会联合会各委员认捐"闽商号"飞机（收据函）	1943.2	450 元	同上
莆田县一元购机捐款	1941.11	637688 元	附表三十三：抗战期间莆田县捐献情况表
莆田县开展献机祝寿运动捐款	1943.10	172416 元	同上
屏南县捐抗日军队款"七七"献金、闽党号飞机捐	1940 年	4477.9 元	附表三十二：抗战期间屏南县捐献情况表
屏南县党员飞机捐、"七七"献金、妇女号飞机捐、慰劳抗日将士款、滑翔机款	1942 年	13886.55 元	同上
建宁县两次开展购机捐款		20 余万元	参见建宁县委党史研究室撰写的《建宁县抗战时期人口伤亡和财产损失调研报告》，2008 年，建宁县委党史研究室存。

在抗战期间的捐献款物中，各县市都积极组织和参加，如屏南县从 1938 年到 1945 年的 8 年时间中，据不完全统计共捐献各种款项达到法币 893435.47 元，银 60.8 两，银币 13 枚半，银器 21 件，铜币 10 枚，干谷 253842 斤，茹米 10 斤，实物 1564.1 斤（参见附表五十五）。

附表五十五：抗战期间屏南县捐献情况表①

时间	名目或款项	金额（法币）	实物或其他
1938 年	劝募寒衣	3284.5 元	银 60.8 两，银币 13 枚半，银器 21 件，铜币 10 枚。
1939 年	救国捐款、慰劳抗日将士	44659.77 元	
1940 年	捐抗日军队款"七七"献金、闽党号飞机	4477.9 元	
1941 年	捐募款物、"七七"献金、闽海四县将士慰劳金、慰劳湘北将士	8428.6 元	干谷 200000 斤
1942 年	党员飞机捐、"七七"献金、妇女号飞机捐、慰劳抗日将士款、滑翔机款	13886.55 元	
1943 年	党员飞机捐、捐募抗日军队款、救国捐款、滑翔机款、捐布鞋款	774833.9 元	干谷 1732 斤，茹米 10 斤，布鞋 1258 双
1944 年	捐抗日军队款、"七七"献金、慰劳湘北将士捐物	42750.2 元	实物 1564.1 斤
1945 年	捐募	1104.0 元	干谷 52110 斤
总计		893435.47 元	银 60.8 两，银币 13 枚半，银器 21 件，铜币 10 枚，干谷 253842 斤，茹米 10 斤，实物 1564.1 斤。

而莆田县从 1940 年到 1945 年的各种捐款不完全统计达到了 2178669 元（参见附表五十六）。

---

① 参见中共屏南县委党史研究室撰写的《屏南县抗战时期人口伤亡和财产损失调研报告》，2008 年。中共屏南县委党史研究室存。

附表五十六：抗战期间莆田县捐献情况表①

时间	金额（法币）	名目或款项	备注
1940 年	105 元	三青团莆田分团捐款	②
1940. 3. 26	780 元	各团队捐款	
1941. 11. 20	637688 元	莆田县一元购机捐款	③
1942. 9. 8	37500 元	莆田县捐鞋 2500 双，折合法币	④
1942. 10	1900 元	涵江各界开展献金运动	
1943. 1. 1	5000 元	莆田县捐献慰问金	
1943 年春节	150000 元	莆田县劳军捐款	
1943. 3. 1	1850 元	莆田县献机捐款	
1943. 10. 30	172416 元	莆田县开展献机祝寿运动捐款	
1944. 5. 3	1430 元	莆田训练所第六十四保长系学员献机捐款	
1944. 1. 6	50000 元	青年团莆田分团捐慰劳金	
1944. 6. 15	100 万元	莆田各界召开扩大献金大会捐款	
1945. 9	12 万元	莆田县社会各界庆祝抗战胜利捐款	
总计	2178669 元		

长泰县 1943、1944 年两年期间各种捐献达到法币 777. 18 万元，必须完成的献粮任务达到 11158 市石（参见附表五十七）。

附表五十七：抗战期间长泰县捐献情况表⑤

时间	金额（法币）	名目或款项	备注
1943 年	117 万元	全县筹募同盟胜利公债	
1944 年	4. 18 万元	全县"七七"献金	
1944 年	656 万元	全县献金任务	该年完成情况无法查阅

---

① 参见中共莆田市委党史研究室撰写的《莆田县抗战时期人口伤亡和财产损失调研报告》，2008 年。中共莆田市委党史研究室存。

② 三民主义青年团福建支团莆田分团第二区队：《三民主义青年团福建支团部莆田分团第二区队呈文》（1940. 12—1941. 11）。中共莆田市委党史研究室存。

③ 莆田县政府：《莆田县政府第三区区署呈文》，1941 年 11 月 30 日。中共莆田市委党史研究室存。

④ 涵江区署：《涵江区署呈文》，1942 年 9 月 8 日。中共莆田市委党史研究室存。

⑤ 参看中共长泰县委党史研究室撰写的《长泰县抗战时期人口伤亡和财产损失调研报告》，2008 年。中共长泰县委党史研究室存。

时间	金额（法币）	名目或款项	备注
1944 年	11158 市石	全县献粮任务	该年完成情况无法查阅
合计	777.18 万元，11158 市石		

此外，明溪县在抗战的最后三年劳军捐献共计法币 838147.8 元，其中 1943 年劳军捐献临时支出 116218.8 元，1944 年劳军捐献临时支出 101929 元，1945 年劳军捐献临时支出 620000 元①；1937 年至 1945 年，泰宁县劳军捐款达 182566.45 元②；霞浦县抗战期间贡献捐款 548 万元③。

在战时临时省会永安，"福建省抗战后援会"从 1938 年 8 月到 1940 年 10 月期间，组织了"慰劳捐款""节约献金"等 12 次大型募捐活动（包括 3 次"七七"献金），共募得赈济款 19365.64 元，救国公债 243.40 元。

附表五十八：福建省抗战后援会募捐情况表④（1938 年 8 月—1940 年 10 月）

名称	金额（单位：法币元）	备注
慰劳捐款	2271.42	
节约献金	369.60	
七七献金	841.33	此款项为二十七、八年度的（即 1938—1939 年）
鞋袜代价	628.40	
寒衣代价	4318.96	
义卖献金	211.05	
药品代价	700.83	
春礼劳军捐款	3528.11	另外还有救国公债票及债息 233.40 元

---

① 参看中共明溪县委党史研究室撰写的《明溪县抗战时期人口伤亡和财产损失调研报告》，2008 年。中共明溪县委党史研究室存。
② 参看中共泰宁县委党史研究室撰写的《泰宁县抗战时期人口伤亡和财产损失调研报告》，2008 年。中共泰宁县委党史研究室存。
③ 参看中共霞浦县委党史研究室撰写的《霞浦县抗战时期人口伤亡和财产损失调研报告》，2008 年。中共霞浦县委党史研究室存。
④ 参见福建省抗战后援会编的《福建省抗战后援会永安县分会工作总报告》，永安档案馆存档案，档案号 83—7—935。

名称	金额（单位：法币元）	备注
急救包捐款	221.60	
二十九年（1940 年）"七七"节约献金	6224.34	另外还有救国公债票 10 元
总计	19365.64	救国公债票合计 243.40 元

另外，1941 年，福建省会各界抗战建国筹备会于抗建四周年纪念日发动"七七"献金竞赛，为抗战募集资金，截至 9 月 15 日，据不完全统计共募集到永安各界捐赠的法币 17078.82 元以及各种债券 699 元[①]，是 1940 年"七七"献金活动募集资金的近 3 倍。1945 年 5 月至 7 月，永安各界开展了抗战募捐活动，募得法币 532875.76 元，粮食 8018 市石[②]。

永安各界还开展了各种飞机募捐活动，尤以 1943 年 9 月的"一县一机"运动捐款为最，永安县 11 个乡公所响应号召，捐款 75164 元。

附表五十九：永安县一县一机运动捐款名单和金额[③]（1943 年）

地方	金额（法币元）	地方	金额（法币元）
龙岭乡公所	7982.00	古马乡公所	5000.00
大湖乡公所	3500.00	龙青乡公所	10000.00
曹远乡公所	3000.00	吉峰乡公所	3555.00
龙青乡公所	3000.00	安砂乡公所	15000.00
西洋乡公所	15000.00	槐西乡公所	211.00
洪田乡公所	8918.50		

1944 年，永安的"白沙献金"运动三天中得到各方人士捐献达到 2 万余元[④]。

---

① 参见福建省各界抗战建国四周年纪念筹备会印的《福建省会各界"七七"节约献金征信录》，永安档案馆馆藏档案，档案号 83—7—919。
② 参见中共永安县委党史研究室撰写的专题《抗战时期永安赈济情况与损失调查》，2014 年。中共永安县委党史研究室存。
③ 参见中共永安县委党史研究室撰写的专题《抗战时期永安赈济情况与损失调查》，2014 年。中共永安县委党史研究室存。
④ 参见中共永安县委党史研究室撰写的专题《抗战时期永安赈济情况与损失调查》，2014 年。中共永安县委党史研究室存。

（六）结论

综上所述，日军侵华给福建造成了巨大的损失。飞机轰炸，海上封锁，瘟疫流行，造成大量人员伤亡。据不完全统计，直接伤亡人口中有名有姓的 11700 多人，间接人口伤亡数 19800 多人，因此福建省抗战期间总的伤亡人数至少为31500 多人。当然，这只是目前为止我们所掌握的资料中确切记载的伤亡数。实际伤亡数肯定更多，有待进一步查证。

由于日军侵略，福建的经济受到极大破坏，社会动荡，民不聊生。抗日战争期间，福建省财产损失仅粗略统计，总计就达法币 19869848400 多元，其中直接损失 14489340299 多元，间接损失 5380508143 多元（损失系各年损失价值之总和，未经折算。——原国民政府档案资料如此记载）。

根据截至目前所掌握的资料和进行的相关研究，我们得出了福建省抗日战争时期人口伤亡和财产损失的以上若干数据。由于年代久远、搜集资料困难等客观原因，应该说，我们得出的这些数据还只是初步的和尚不完整的数据，并不是研究的最终结果。今后，我们将继续推进本课题调研工作，以期在掌握更多资料和取得研究新成果的基础上对有关数据再做出修订和补充。

日军野蛮侵略，对福建造成的严重影响主要有：

1. 经济遭到巨大破坏，人民生活困苦

1937 年全面抗战爆发后，福建沿海相继沦陷。日本侵略者从政治、经济、军事、文化等方面对福建人民实行惨无人道的殖民统治。许多无辜民众或死于日军屠刀之下，或流浪异乡。在日本侵略者的飞机和炮舰的轰炸声中，福建省尤其是沿海县市的基础设施遭到严重破坏，大量办公建筑、房屋、学校、庙宇等被毁坏；机场、铁路、公路、海运大量被破坏、停滞；大多数手工行业被迫停工停产，传统手工业走向衰退；对外贸易骤减；侨汇中断，商铺倒闭，市场萧条，再加上日伪盘剥、物价上涨，福建沿海 250 多万沦陷区人民过着饥无食、寒无衣、住无室、病无药、死无棺、读书无学校、经商无资本、耕田无农具的凄惨生活。

2. 文化损失无法弥补

抗战期间，福建省公私立学校共有 6260 校。学校图书仪器设备以 1941 年法币计算，价值大约为 3 万万元。因战争影响，沿海大、中学校大部分内迁，人力、物力损失巨大，而学校图书仪器在搬运的过程中丢失严重。在小学教育中，私立小学大多为华侨及教会创办，由于战争影响，外汇中断，因而大多数小学也多停闭，此外各校在福州、厦门等沿海沦陷区的校舍，战时大多数被焚毁殆尽。而一些珍贵的图书仪器及藏书则被日寇抢劫、变卖。使福建的文化教育事业惨遭浩劫，造成的损失无弥补。同时，一些文物古迹也未能逃过被破坏的厄运，许多文物古迹被夷为平地，从此消失。根据 1942 年调查，仅学校图书仪器损失就达到 1600 万元。

3. 心灵创伤难以愈合

日本侵略者对福建的狂轰滥炸与野蛮屠杀，给福建人民造成的心灵创伤永难愈合。由于永安成为福建的战时省会，同时也成为东南抗战文化中心，因而遭到日机的重点轰炸。马勋凤是日机轰炸永安的第一个受害幸存者。1938 年 6 月 3 日上午 11 点，日机第一次轰炸永安，当时只有 12 岁的马勋凤刚好站在一个中药店门口，炸弹落下来时，附近 2 人被炸死，而马勋凤则被炸成重伤。经抢救，从她的右侧腰间取出一枚大小如铜钱的弹片。马勋凤虽保住了性命，却只能靠一根拐杖支撑着走过漫长的人生。而心灵的创伤更无法弥合。另外一个受害者高熊飞，在 1943 年 11 月 4 日永安遭到日机最疯狂的轰炸时，他年仅 4 周岁，右臂断折。自 1995 年 8 月开始，高熊飞以战争受害者的身份状告日本政府，要求日本政府道歉并进行经济赔偿。然而至今也没有得到公正的判决。在沿海各县市尤其是沦陷区，日军的直接烧杀更是让受害者永世都难以忘怀。在厦门五通村和曾厝垵村，60 多年来约定俗成每年都各有一个村祭日，纪念在抗战期间同日死难的亲人和乡亲。5 月 10 日（农历四月十一日）是日军在五通登陆的日子，"整个泥金社共被日军杀死 30 人，东宅社 24 人，浦口和凤头社共 28 人，其他村社各有人数不等的死难人数"[①]。5 月 12 日（农历四月十三日），从五通登陆的日军冲

---

① 厦门市政协文史资料委员会编、洪卜仁主编：《抗战时期的厦门》，鹭江出版社 1995 年版，第 98 页。

进曾厝垵村，见人就杀，50 多个人被无辜杀害。宁静祥和的村庄数小时之内被血腥洗劫得惨不忍睹，满目疮痍，到处残砖颓壁、死尸血迹、凄烟惨雾、嚎哭之声令天地动容，直到如今，每年农历四月十一日、四月十三日一直是五通村泥金、东宅等社、曾厝垵村共同哭祭先人的纪念日，善良的人们世代不会忘记日本侵略者给他们带来的灾难。

（福建省抗损课题组成员：钟健英、王盛泽、吕东征、王爱菊；

王爱菊执笔）

附件一：石狮市抗战时期遭日舰炮击人口伤亡统计①

死、伤者姓名	性别	年龄	职业	被害时间	被害地点、主要情节	原住址	备注
胡氏	女	61	农	1940.2.7	日舰炮击死亡	永宁	民国《泉州日报》
董春前媳妇	女	28	农	1940.2.7	日舰炮击永宁受伤	永宁	民国《泉州日报》
昌文	男	49	商	1940.2.7	日舰炮击永宁受伤	温州	民国《泉州日报》
杨鸿	女	37	农	1940.2.7	日舰炮击永宁受伤	港边	民国《泉州日报》
王年华	男	32	商	1940.2.7	日舰炮击永宁受伤		民国《泉州日报》
吴永通	男		渔	1939.12.19	日舰炮击致伤	梅林	民国《泉州日报》
陈宗海	男		渔	1939.12.19	日舰炮击致伤	海滨联保	民国《泉州日报》
陈恩	男		渔	1939.12.19	日舰炮击致伤	海滨联保	民国《泉州日报》
黄马贞	男		商	1939.12.19	日舰炮击致伤	海滨联保	民国《泉州日报》
马贞二小孩	1男1女		童	1939.12.19	日舰炮击致伤	惠安	民国《泉州日报》
小学生六人			童	1939.12.19	日舰炮击致伤	惠安	民国《泉州日报》
船员三人	男		商	1939.12.23	运猪船在永宁海面被击沉死亡		民国《泉州日报》
船员二人	男		商	1939.12.23	运猪船被击沉受伤		民国《泉州日报》
船民二十人	男		商	1939.12.23	运货抵梅林炮击生死不明	兴化县	民国《泉州日报》
张兴	男	34	渔	1940.2.4	日舰炮击死亡	梅林	民国《泉州日报》
高苏	男	46		1940.2.4	日舰炮击致伤	外高	民国《泉州日报》

① 中共石狮市委党史研究室编：《福建省石狮市抗日战争时期人口伤亡和财产损失调查》，中共党史出版社 2011 年版，第 27—29 页。

死、伤者姓名	性别	年龄	职业	被害时间	被害地点、主要情节	原住址	备注
张桃	男	34	商	1940.2.4	日舰炮击致伤		民国《泉州日报》
张孔予	男	37	商	1940.2.4	日舰炮击致伤	惠安	民国《泉州日报》
一平民	男		农	1940.7.14	日舰炮击永宁、外高、郭坑、下宅死	郭坑	民国《泉州日报》
平民二人				1940.7.14	日舰炮击下宅二人受伤	下宅	民国《泉州日报》

附件二：石狮市抗战时期遭日舰炮击财产损失统计①

损失年月日	事件	地点	损失项目	单位	数量	损失时价值（法币元）	备注
1939.12.23	日舰击沉商船	永宁	商船	艘	1	6000	民国晋江县调查报告
1939.12.23	日舰击沉商船	永宁	生猪	头	250	25000	民国晋江县调查报告
1941.1.12	日舰炮击烧船	祥芝	渔船	艘	4	60000	民国晋江县调查报告
1940.2.7	日舰炮击	永宁	洋楼	座	5	50000	民国晋江县调查报告
1940.2.7	日舰炮击	永宁	民房	间	8	8000	民国晋江县调查报告
1940.7.14	日舰炮击	郭坑	民房	间	17	15000	包括永宁、外高、下宅
1941.1.20	日机轰炸、日舰炮击	祥芝	民房	间	38	30000	民国晋江县调查报告
1942.11.23	日机轰炸、日舰炮击	厝上	民房	间	3	2500	民国晋江县调查报告
1942.11.23	日机轰炸、日舰炮击	厝上	生猪	头	1	100	民国晋江县调查报告

---

① 中共石狮市委党史研究室编：《福建省石狮市抗日战争时期人口伤亡和财产损失调查》，中共党史出版社 2011 年版，第 14—16 页。

附件三：永安县流离人民调查报告表①

(1946 年 2 月 13 日)

省籍	来自外省沦陷区战区之流离人民数（人）	前项流离人民战后愿回原籍者（人）	来自本省沦陷区战区之流离人民数	前项流离人民战后愿回原籍者	出省之主要交通路线
浙江	58	43			由永安至浦城出江山县
江西	23	12			由永安至长汀出瑞金
广东	16	8			由永安至长汀出梅县
江苏	9	7			由永安至浦城、江山、杭州至上海
安徽	12	10	厦门 10 人、金门 4 人	厦门 10 人、金门 4 人	由永安至瑞金、九江、长沙、安徽
湖南	6	/			由永安至长汀、瑞金、九江、长沙
河北	3	/			由永安至福州、上海、天津
合计	127	80			

---

① 参见中共永安市委党史研究室撰写的专题《抗战时期永安赈济情况与损失调查》，2014 年。中共永安市委党史研究室存。

二、专　　题

（一）抗战时期福建鼠疫调查与分析

日本帝国主义的侵华战争，使中华民族面临着近代以来前所未有的亡国灭种的危险。在灾难深重的历史条件下，往往祸不单行。全国抗战爆发后，"由于战时生活之失常，军民迁徙之传播，国民营养之不足，环境卫生之不良，以及医药设备之缺乏，遂使疫病流行之机会随之增多"①。致使疫病如伤寒、斑疹伤寒、霍乱、赤痢、天花、白喉、猩红热、脑膜炎、鼠疫等的发生与流行，呈逐年上升的趋势，受疫病传染病死的情况日益严重。特别是鼠疫不仅是抗战时期福建频发的疫病，而且于1943年酿成大面积的爆发，造成十分严重的后果。在中外战争史上，往往存在"死于炮弹的，比较死于疫病的少"②的现象，所以，对于抗战时期福建鼠疫的调查十分有必要。

1. 抗战前福建的鼠疫与防疫

福建的鼠疫疫情最早可追溯到清光绪二十年（公元1894年），因香港发生鼠疫后通过海上交通传入福建厦门，而后福建各地逐渐蔓延起鼠疫，"本省鼠疫，多藉水路交通而蔓延，自厦门福州相继染疫后，沿海各县由海轮而传染，内地之闽西、闽北则分别由厦门及福州两处之民船，向内河行驶而传染。盖此等船只载运粮食，携带染疫之鼠及跳蚤等，因而疫亦随之而分散于各地"③，鼠疫随之成为福建较为严重的疫病之一。当时鼠疫流行主要有三个区域：一是福州至漳浦之间的闽南沿海各地；二是闽西的永定和上杭一带；三是闽北的南平、建阳、建瓯、政和、松溪一带。

---

① 金宝善：《抗战与防疫》，载福建省卫生处防疫大队编：《福建防疫季刊》第1卷第1期，1944年，福建省图书馆藏。
② 徐承幹：《战时防疫问题》，载福建省卫生处防疫大队编：《福建防疫季刊》第1卷第1期，1944年，福建省图书馆藏。
③ 福建省政府编：闽政丛刊《福建省鼠疫的防治》，福建省图书馆藏。

1935 年，龙岩爆发严重的鼠疫，因疫病死亡的达 300 多人，引起当局的高度重视，从此福建开始设立防治鼠疫的专门机构。即于 1935 年 8 月设立龙岩鼠疫实验区防疫所，1936 年在建瓯设立闽北防疫所，并下设松政防疫分所；1937 年 7 月在晋江设立闽南防疫所，附设永春、福清、惠安等防疫分所，并在莆田、仙游、水吉等县各设立了防疫队，鼠疫的防疫机构和力量基本覆盖福建的各疫区。

由于鼠疫具有传播快、死亡率高的特点，据史料记载："鼠疫的死亡率甚高，平均为百分之七八"，且"鼠疫之损害，不仅死亡而已，其可怕情形，过于洪水猛兽，某乡发现鼠疫，则全乡居民，逃散一空，影响了社会程序，民众安宁甚大"①。所以，民众因此总是谈鼠疫而色变。每逢出现鼠疫，民间对鼠疫的发生及因染病死亡的人数，多有风传并形成许多不同的说法，导致对抗战前福建鼠疫的情况，流传着不同的版本。根据全省防疫总所的统计数据，全省"自二十五年一月至二十七年十二月，共诊八百六十八例，一年平均四百三十四例，若将不经该所诊治而死者，亦计在内，则每年患者当在五百人以上。"从趋势上而言，抗战爆发前，由于"卫生防疫机构的设立，竭力防范，疫势不如前此之剧烈，地方因为鼠族之频受刺激，已产生相当的免疫性，疫势亦较为衰弱"②。

2. 抗战爆发后鼠疫的传播趋势

1937 年 7 月 7 日，日本挑起了卢沟桥事变，全面发动对中国的侵略战争，并很快把侵略的战火烧到了地处东南沿海的福建。1937 年 10 月 26 日，日军攻占了厦门仅一海之隔的金门，致使"沦为奴隶的数万金民的奔走骇号，与夫日暮途远的多数难民的颠沛流离"③。随后于 1938 年 5 月 10 日日军又发起对厦门的进攻。在保卫厦门的战斗中，中国守军四四五团阵亡 800 余人，厦门保安队全部殉难，厦门民众在战火中死亡多达三四千人。由于战争的爆发，导致"酣战之后，不但尸横遍野，血流成渠，而且弄得人民流离失所，饮食起居荡动不定"，且"战地民众的逃亡，对于衣食住行自然不能讲究"④ 等，致使疫病的流行此起彼伏，更加难以防控。

---

① 福建省政府编：闽政丛刊《福建省地方病情形与防治》，福建省图书馆藏。
② 柯恺：《福建的鼠疫》，载福建省卫生处防疫大队编：《福建防疫季刊》第 1 卷第 2 期，1944 年。
③ 《收复金门与保卫闽南的必要条件》，载厦门抗敌后援会编：《抗敌导报》第 5 期，1937 年 11 月 18 日。
④ 徐承幹：《战时防疫问题》，载福建省卫生处防疫大队编：《福建防疫季刊》第 1 卷第 1 期，1944 年。

日军占领厦门后，随着日军对福建侵略的不断深化，八闽大地的生态环境不断恶化，导致福建鼠疫呈现频发状态。在抗战期间始终持续不断，并呈上升的趋势。一方面日军不断派飞机对福建城乡进行狂轰乱炸，据统计截至 1940 年底，日军出动飞机 1852 架次，轰炸 604 次，投弹 3906 枚，炸死炸伤福建民众 4026 人，导致八闽大地伤痕累累、哀鸿遍野。另一方面日军加紧将战火由南向北推进，利用其海空优势，在闽江口集结大批舰艇，向福州沿海地区进犯。1941 年 4 月日军先后攻占福州、长乐、连江、福清等地。所到之处烧杀抢掠无恶不作，给福建人民带来了巨大的灾难，民众为逃避战祸不得不流离失所、离乡背井逃往内地，造成大量的难民流。据统计，在福州第一次沦陷时，福州市就有难民 98000 人，连江县有难民 18000 人。长乐县有难民 10500 人，福清县有难民 32600 人，闽侯县有难民 45000 人。战乱的恶劣环境和难民的大批流动，为鼠疫的发生和蔓延提供了温床，八闽大地已是暗流汹涌，正在酝酿着鼠疫的大爆发。

随着战乱日深，鼠疫在全省各地频频发生，仅当时的战时省会永安就发生数起。1939 年 5 月至 9 月间，日机数架 5 次轮番轰炸永安城区及省政府所在地吉山后不久，永安城乡爆发瘟疫，患者 435 人。1941 年 1 月，永安发生腺鼠疫，数月间疫情扩及城关仁义街、中华路、中山路一带，丽华商店店东张惠泉和一店员相继死亡。同年 11 月永安城区鼠疫再起，死亡 30 人。同时，永安洪田乡山坑自然村也发生瘟疫，死亡青壮年 14 人。"1942 年 3 月又发生鼠疫流行，同年 12 月，因日本飞机投下鼠疫杆菌，中山街、衙后街发生肺鼠疫数起。"[1] 1943 年 6 月，永安新桥防空驻军部队 40 余人染鼠疫，死亡 10 人，省政府机关所在地吉山等处发生疫情，死亡 50 人。同时，闽北的浦城、建阳、建瓯、光泽、邵武、顺昌、松溪、政和、南平等地均有鼠疫发生，鼠疫已处于失控和蔓延状态，在沦陷区尤甚。据史料记载：1941 年 7 月福州在日军占领期间，福州已成为"满目疮痍之死城"，并已经出现"鼠疫流行，传染甚速，以致死亡日众"[2]。"大凶之后，必有瘟疫"的预言，正在演变成可怕的现实。

3. 1943 年鼠疫的大爆发

仅从当年防疫部门对部分地区的统计，1942 年鼠疫的发生已经出现大幅度的增加，至 1943 年就出现了更为严重的大爆发。1943 年的大面积鼠疫，是率先

---

① 《战时永安的疫情》，载永安市政协文史资料委员会编：《永安文史资料》第 7 期，1988 年。
② 《闽东日报》1941 年 7 月 1 日。

在福州城区发生，是年1月据协和医院报告："有鼠疫病人到该院诊治，2月间，又有城内乌山路名邓廷者于二月十三日发病，至十五日即告死亡，经当地陈光桦医师及协和医院细菌检验，确系腺鼠疫。一星期后复有大庙里九号陈应龙等相继染病而亡"。而后在福州市南台新街铺前顶保福山等处先后发现死鼠，随即"死鼠则四处发生，几遍城台各角落"，"疫情又随之而起，由台南逐渐向城内蔓延。至六月底，城台各地相继发生，日趋严重，猖獗流行，平均每日死亡者达十数人或二十余人不等，迄八月底始形衰退"。据统计仅1943年3—9月福州市鼠疫患者死亡达859人。

1943年福州市鼠疫患者死亡分类统计表

月份 \ 人数 \ 类别	腺性	肺性	类似鼠疫	合计
三月	12		4	16
四月	27		22	49
五月	62		11	73
六月	115		9	134
七月	300		23	323
八月	174		78	258
九月	6	6		6
共计	696	6	157	859

福州发生鼠疫后迅速向莆田、晋江等地蔓延，随即很快向全省波及，由沿海向山区蔓延，就连"僻处乡隅"的沙县夏茂镇也发现鼠疫。于1943年5月中旬夏茂开始发现死鼠，6月2日在该镇西北的兴太保发现鼠疫病人，"其后即陆续发现，均未加以隔离，疫区遂日渐扩大，死者日众"，疫情持续到7月底，该镇有5000多人口，其有59人染病，死者56人[①]。全省疫区很快发展到包括福州、闽侯、长乐、福清、莆田、尤溪、晋江、仙游、同安、南安、连江、安溪、海澄、南平、浦城、建瓯、永春、南靖、沙县、永定、建阳、邵武、顺昌、罗源、闽清、政和、宁德、古田、将乐、平潭、水吉等32个县市。全省因鼠疫染病者

---

① 林成潮：《协防夏茂镇鼠疫报告》，载福建省卫生处防疫大队编：《福建防疫季刊》第1卷第1期，1944年。

达 5158 人，死亡达 4082 人，"患病与死亡的人数均超出以往七年的总和"。鼠疫波及面积之广，患者死亡之多都是空前的①。

4. 战时的统计与战后的调查

抗战爆发后，为了防治鼠疫等各种瘟疫，福建省成立全省防疫总所。1939年5月，将全省防疫总所扩充为福建省防疫处，下设闽南、闽西、闽北三防疫所，各防疫所下设防疫分所或流动防疫队，"专任防治鼠疫及其他各种传染病。"

由于厦门福州的先后沦陷，致使福建省当局的防疫部门对于鼠病的防疫和掌控，已无法覆盖至全省特别是闽南地区，更无法掌握全省鼠疫发生的准确情况和数据。1938年3月厦门失陷后，无法统计到厦门及周边地区的数据，1941年日军攻占福州后，又无法统计到福州及周边地区的数据，所以，当年福建省防疫处所统计的1937年至1942年的数据，是无法真实反映全省鼠疫发生的实际情况。如福建省防疫处1941年对鼠疫病情的统计，全省染病的仅为56人、死亡44人。然而这一年正是日军加紧实施由南向北进攻，战事最为频繁。日军攻陷福建省会福州后，占领福州及附近地区近5个月。福州的失陷，使日军基本上控制了福州、闽中及闽南一线。所以国民党当局的防疫部门统计疫情数据，由于缺少福州至闽南这一重要疫区的数据，导致1941年全省鼠疫疫情的统计数据严重失真，成为抗战时期鼠疫最轻的一年。至于1944—1945年的鼠疫情况，目前尚未见到当年的统计档案。

1944 年福建省防疫处的鼠疫统计表

年份 病死例 病名	1937		1938		1939		1940		1941		1942		1943		总计		病死
	病	死	病	死	病	死	病	死	病	死	病	死	病	死	病	死	百分率
鼠疫	858	467	318	137	554	434	252	178	56	44	408	172	5158	4082	8252	6504	76.6

由此可见，抗战期间福建省当局防疫部门的相关统计，无法全面真实反映全省鼠疫的疫情。不过建国后福建省的文史资料和志书对此抗战时期的鼠疫情况有一些零星的记载，可作为调查研究抗战时期福建发生鼠疫的重要佐证。《浦城县文史资料》记载：1941年鼠疫随浙江患者传入浦城，当年5个村镇发病615人，

① 柯恺：《福建的鼠疫》，载福建省卫生处防疫大队编：《福建防疫季刊》第1卷第1期，1944年。

死亡508人。在浦城临江镇的一个国民党新兵团大批士兵团因鼠疫死亡，没有剩下几人。1943年，浦城城关、观前、连墩三个村庄发病69人，死亡54人。1944年4月蔓延到苏厝弄和富岭，至9月仅在县医院治疗的鼠疫患者就达252人，死亡177人。1945年，又在仙阳、富岭、余塘、濠村等地发病445人，死亡300人。《建阳县志》记载：1942年9月，在建阳的徐市、大阐、南槎、长布等村相继爆发鼠疫，仅这一年，建阳的5个区、14个乡镇、26个村发病907人，死亡777人。1945年，建阳的大阐范墩一带鼠疫严重，发病287人，死232人。《建瓯县志》记载：1943年5月，建瓯城乡鼠疫蔓延，来建瓯任职的吴亚农县长到任仅两天，患鼠疫身亡。边远山乡迪口竟因鼠疫死亡160余户。《光泽县志》记载：1941年秋光泽发生鼠疫，导致45人发病，死亡182人。随后连年发生，1943年秋，仅在城区惠济路后街发病525人，死亡18人。1945年，光泽城区孔庙至西门口发病58人，死亡24人。《邵武文史资料》记载：1941年9月，邵武北石桥边朱某家的小孩从光泽传染上鼠疫回家中发病，鼠疫迅速由城区蔓延到乡村，全县百分之八十的乡村陆续发生，死亡达1200多人。《顺昌县文史资料》记载：1943年7月上洋镇发生鼠疫，死亡15人，1944年5月至6月间，蔡坑村发生鼠疫，死亡60多人，城区染病50余人，死亡20余人。《松溪县志》记载：1941年12月，松溪郑墩、大溪尾、土当布、庙下村发生严重鼠疫。《政和县志》记载：从1942年开始，政和鼠疫连年流行不断，每次发病在1000至3000人之间。《南平市志》记载：1944年，鼠疫甚烈，至1946年，南平的王台、西芹、太平、大凤、东坑、洋后等地相继发生鼠疫，患者1086人，死亡931人。从上述资料所提供的数据，有助于全面了解抗日战争时期福建鼠疫的情况。

5. 鼠疫大爆发的原因分析

福建的鼠疫在抗战时期进入多发高发期，并于1943年酿成全省性的爆发，究其原因有以下几点：

(1) 日军的种种侵略暴行是鼠疫日趋严重的直接原因

为了使中国人民屈服于其淫威之下，日军侵略者每到一地都进行了惨无人道的狂轰滥炸、烧杀抢劫。抗战期间，福建"被炸地域达四九县市，被炸次数共五〇七次"。每次轰炸都制造了肢体横飞、血肉涂壁、尸横遍野的人间惨剧。从抗战开始至1940年，日军就出动飞机389架次，向福州市区及附近县轰炸153

次，炸死 502 人，伤 907 人，毁屋 1849 座。1941 年 4 月，日军攻入福州城后，又在全市大街小巷"手持白刃，架设机关枪，遇人即杀，无一幸免"①。造成死尸枕藉，血流成渠。据统计，在抗战期间福州地区惨遭杀害的民众达 2239 人。在生灵惨遭如此涂炭之时，"大凶之后，必有瘟疫"，危及生命的疫病也在民众的呻吟中滋生蔓延。

（2）大批难民背井离乡、颠沛流离是鼠疫广为传播的重要原因

金厦沦陷后，沿海的民众为躲避战祸，纷纷沦为难民迁往内地，1938 年 4 月，福建省政府被迫内迁，更造成了民众的恐慌，引起了大规模的内迁难民潮；1941 年福州沦陷时仅福州地区的难民就达 29.2 万人。与此同时，在日机的轰炸下，大部公路被毁，交通受阻，不仅内迁的人群只能靠脚力，就连"军民必需品的盐米等项，必须以人力来替代运输"。导致在交通线上"每日肩夫负贩，军旅客商，往来络绎，多者万人，少者一二千人"，人挤为患。如此众多的人流，长途跋涉、风餐露宿，使"鼠疫的传播于无形之中增加了许多机会"。莆田是在涵江率先发现鼠疫的，而"涵江最初发现的患者，则系往来榕莆道上的苦力肩贩"。"福清福庐旅社中也有一个客人，刚到客舍即行发疫，不久身故"。种种迹象表明："因为战争，客旅人数增多，往来起居，流动太甚，很可能造成辗转传播的更多机会。"②

（3）战乱中民众生活困苦，防疫工作又无法正常进行，使疫情越演越烈

日军的入侵打破了民众的正常生活，使众多的民众失去生计，如日军在进攻永宁梅林沃时，就惨无人道地把沃内停泊的 200 多艘商船、渔船全部纵火焚烧，造成大批渔民船民断绝生计。这样的情况在日军的铁蹄下是举不胜举，众多的民众陷入了饥寒交迫的境地。再加上 1942 年又出现严重的旱灾，导致福州、福清、莆田、晋江等缺粮严重。特别是在日军占领下的福州"全市商店民众零星粮食，已遭敌寇搜劫殆尽，食米每斤已达七元五角之高价，但仍无从购取，任何其他食物，即水果糖饼之类，亦告绝迹，全城市民尽将绝食，困饿而死者，日数百人，饿殍触目皆是，寇军蹂躏下之福州，已成悲惨恐怖之饿城"③。在此情况下，更增加了染病的几率。同时，由于战乱防疫工作陷入无序状态，特别是沦陷区的防

---

① 《中央日报》（永安版）1941 年 4 月 27 日。
② 柯恺：《福建的鼠疫》，载福建省卫生处防疫大队编：《福建防疫季刊》第 1 卷第 1 期，1944 年。
③ 《中央日报》（永安版）1941 年 5 月 11 日。

疫根本无法开展，"许多防疫工作未能彻底，这也可能影响到鼠疫的蔓延"。

（4）不排除日军有意放毒破坏的可能性

抗战爆发后就不断有日军在闽采取毒菌手段毒害民众的报道。1937年9月9日，《泉州时报》报道，日军雇佣汉奸在莆田的瑶台、东洙村等地，企图在民众饮水井中放毒，被当地群众发现，放毒者当场被抓，从其身上"搜出毒药二十多包"[①]。1940年又有报道驻厦门日军雇用汉奸百余人，"乔装华侨，潜入涵江"放毒。《福建新闻》1940年11月载："敌对我内地之阴谋，已因军事上之无力侵犯，而仅用特务上之毒菌之进攻。两月来，敌领馆遣派此种汉奸百余名，携带毒菌，潜入闽省各地，将到处施放毒菌，造成我内地之广泛疫区"。由于此事已经过去了60多年，尚无法查证到这些报道的依据所在。但报道中有时间、地点及人证和物证，可以看出这些报道，并非都是空穴来风。特别是国民党省政府还特别就此事发布通告，要求各地加强防备，至少当时已经掌握到日军企图施放毒菌的某些证据或情报。从常理而言，只有在掌握确凿情报时才会发布此类通告，否则必然会在民众中造成不必要的恐慌和混乱。同时，当年永安大轰炸的见证者魏启东先生也证明：1942年12月，"因日本飞机投下鼠疫杆菌，中山街、衙后街发生肺鼠疫数起"[②]。

永安解放后，日军在战时施放的细菌武器，仍在遗患无辜平民。据调查永安山边街、茅坪等地，有不少炭疽患者，腿脚肿大、溃烂。1952年，永安有关部门对长期堆放在新桥的日机炸弹残骸进行处理，经辨认其中确有细菌炸弹的弹体。所以说，福建鼠疫的大爆发也不排除有日军有意放毒和日军飞机投放细菌的原因。

（钟健英执笔）

---

① 《泉州日报》1937年9月9日。
② 魏启东：《战时永安的疫情》，载永安市政协文史委员会编：《永安文史资料》第7期，1988年。

（二）抗战时期福建渔民和渔业损失

福建濒临东海，海岸线长达3300多公里，沿岸港湾众多，浅海、滩涂辽阔，海洋资源极为丰富，海洋渔场面积12万多平方公里，大于全省陆域面积，海鱼种类繁多，从而使福建成为全国著名的渔业省份。20世纪30年代，福建外海渔场西自本省海岸，东至台湾西岸，北起西洋岛，南至铜山港，沿岸海底平坦，大小渔场不可胜数。按地域来分，重要渔场有三处，即三沙湾至西洋岛沿海一带；南日岛及澶泉岛附近；泉州至厦门海面及铜山湾附近。按出产鱼类来分，主要有五类，即大黄鱼场、鲷鱼场、鲻鱼渔场、带鱼渔场和网艚渔场。福建自古渔业兴旺，素有"海为田园，渔为衣食"之说，据民国27年全省渔会登记，全省有渔户54567户，渔民241645人，渔船及渔筏18004只，渔商2957家，渔获量1184849担，渔获值17592222元（1938年法币）。可见渔业在福建经济中所占的重要地位。

福建优越的自然资源受到外国列强的觊觎，日本很早就把福建作为它的势力范围。在日本发动侵华战争期间，福建成为日本南进的要冲，于是发动了对福建的武力侵占。居住在沿海最前线约百万以捕鱼为生的渔民首当其冲，经常受到日军侵扰或于海上被劫杀，渔船、房屋被炸毁、焚烧，渔民的生命财产遭受巨大损失，生产无法进行，鱼产锐减，沿海渔业受到前所未有的破坏。

1. 对沿海进行封锁劫掠

渔民皆以渔业为生，但在日军侵占期间，沿海港口、重要海面、渔场等遭日舰封锁，不许船只往来，若出海外即派小艇追捕焚毁，甚至在沿海布设水雷，使各渔船不敢前往外海捕鱼。漳浦因为日军的封锁，渔民整整8年中无法出海作业，渔民无从生活，经济困苦。有的渔民迫于生计，以小舢舨船在港内捕鱼，以换取粮食充饥，但也受到日舰的驱赶和追捕。如海澄浯屿第27保渔民在捕鱼时，遭到日舰派出的两只小艇追捕，并被以机枪扫射威吓。各小渔船躲避不及，共有7艘被缉获，每船有4至5人被一并带走。后除2艘小而破的放回外，其余5艘及捕鱼用具一并被焚毁。造成渔民无法谋生，叫苦连天[1]。

---

[1] 福建省水警总队队长李国典：《海澄县洛屿渔船被敌寇焚毁》，1937年10月11日，福建省档案馆馆藏档案，档案号36—8—849。

日军侵占厦门后，封锁港口，不准渔船出海，而且在港外渔区布设水雷，渔民因断了生计被迫纷纷逃往外地。后日军为着经济利益，重新开放渔港，强令留下的渔民出海捕鱼，并定下期限。有的渔民畏险不出海，就被抓走，往口中灌入汽油或肥皂水，备受折磨。渔民走投无路，被迫出海，结果先后有 5 艘渔船触雷，造成船毁人亡。渔民阮尾来的船被炸沉，船上 10 余人全部罹难。据不完全统计，共有 35 个渔民死于水雷爆炸①。1937 年 10 月 5 日，三都渔民江元太兄弟的两条渔船在渔坛海面捕鱼，元太之妻莲妹收网时拉上一个水雷，只听"轰"的一声巨响，江氏兄弟一家大小 13 人被炸得血肉横飞。

日军在海上对渔民进行劫掠和屠杀更是常事。东山县沃角村有 17 个渔民出海捕鱼，遭日军机枪扫射，全部殉难。渔民胡武等 20 人在海上捕鱼时，被日军强行抓到台湾，并施以种种酷刑，有的被吊打致死，有的鼻子被灌进辣椒水后再被用刺刀捅入腹部而死，有的被反绑双手抛入海里，这样被活活折磨而死的有 15 人。1941 年 8 月初，崇武镇渔船一艘在大小嶝经数日作业，捕得鱿鱼数百斤。不料碰上日舰，全船物具及鱿鱼连同渔船尽被劫去，渔民 7 人被掳上舰，生死未明，另 3 人被日军监视令将原船驶往金门上陆，到时即将该渔船扣留。该船系 10 人合资建造，价值 2 万余元②。

据不完全统计，泉州市沿海的泉港区有至少 80 多名渔民和船工在海上被日军杀害，致伤 17 人以上。1941 年 3 月中旬，崇武一渔船在大乍、小乍之间海面上被日舰掳去，10 名渔工惨遭杀害。是年，大乍 5 艘渔船在台湾海峡被日军劫走，57 位渔民被囚于台中监狱，其中 29 人被杀害，28 人被送往南洋一带当兵，到抗战胜利后才由菲律宾返回家乡。石狮渔民也被杀伤多人，致 6 人失踪，12 人生死不明。

2. 日军对登陆地的烧杀抢掠

侵华日军在福建沿海登陆，进行了疯狂的烧杀抢掠，无所不用其极，制造了不少骇人听闻的惨案，给沿海渔民群众的生命财产造成严重损失。

1938 年 6 月，日军派遣一小股部队在邻近厦门的海澄县镇海乡所属的浯屿岛强行登陆。居民逃避到山上，日军在搜捕时发现一个山洞里躲藏有 23 个渔民，

---

① 潮信：《日寇蹂躏厦门记实》，载《厦门日报》1982 年 5 月 15 日。
② 福建省档案馆编：《日本帝国主义在闽罪行录》（1931—1945 年），福建人民出版社 1995 年版，第 88 页。

当即把他们捆绑起来，押解到海滩上进行集体枪杀。日军在岛上烧杀劫掠，焚毁渔船24艘、房屋11间。并把数十个患病的渔民驱赶到荒无人烟的浯垵屿上，任其在无医无药、饥寒交迫的境地中悲惨死去。1945年日军撤离时，还劫夺岛上一批渔船充作运输工具，并强掳46个渔民供其役使，被抓走的人中，有的从此下落不明。

1940年7月16日，日舰6艘窜犯石狮永宁海面，配以飞机扫射轰炸，数百名日伪军登陆，实行烧光、杀光、抢光的"三光"政策，制造了骇人听闻的"永宁惨案"。梅林港被烧毁渔船52艘。石狮三区所属的祥芝、东埔、伍堡、蚶江等沿海渔村，被日机轰炸，损失各类船只共91艘。被烧毁炸毁民房、洋楼190间，另有未计间数洋楼5座，店面18间，栈房26间，行实、梅林、益群（龚氏宗祠）3所小学及王氏宗祠（永宁镇公所）、董氏宗祠、妈祖娘宫被焚烧，金埭保办公处、沙美保办公处被抄。日军践踏永宁、梅林、沙美、岑兜、外高、梧沙、金埭、西厝、沙堤等村。飞机轰炸了郭坑、下宅、官聘及祥芝镇区域内的卢厝、港东、祥芝、东埔、伍堡、蚶江等沿海渔村，造成重大损失。

几乎同时，日军又在惠安崇武制造了"崇武惨案"。日军侵入崇武城后，搬出泉春商行仓库的煤油，分头往港关、后海、三屿、港墘等4地，烧毁船只，使浓烟笼罩天空。船主们不畏强暴，舍身保护船只而被杀害者不少。下坑村李霞家有一条网仔船停泊在港关，船被烧时李霞不顾一切地上前灌救，被日军强拉下船，用刀砍其身，并将其投入火海中。日军还在港关强迫李桂树烧毁自己的船，遭到抗拒后枪射李臂部，李倒在船上呻吟打滚，日军又以刺刀戳其惨死。日军在崇武烧船，到17日大火还未熄灭。4个海港除港墘还剩几只残船外，所有船只尽成灰烬。总计：房屋被炸、被烧50多处，全毁154间，受破坏412间；大小船只毁坏436艘，其中电船3艘，钓槽船27艘，驳船19艘，槺沼船42艘，大排船74艘，冬海船34艘，网仔船62艘，舢舨船39艘，小渔船55艘等。加上被抢货物价格，估计价值200多万元（1940年法币）[1]。遭受浩劫后的崇武，留下了一幅灰暗的景象：沙滩已经成黑黝黝的，看不见船桅，所有的渔船已剩下残余的灰烬，剩下破碎的木板，在沙滩上的渔民流着泪，收拾着残余的碎木和黑的火炭。

日军200多人从惠安獭窟登陆。有大批船只停泊在后茂垵岙口，有些船上装载面粉和布匹，日军即向船上泼煤油，放火烧船，从早到晚，火焰熊熊，浓烟冲

---

[1] 王缏帆：《七一六血债》，载1940年《惠钟报》，惠安县档案馆藏档案，档案号1—1—149。

天。群众被杀 18 人，重伤 10 人，大小船只被烧毁 59 艘，估值时币 8.7 万多元。石码浯屿岛上专业渔村被烧毁渔船 40 多条。

3. 日机轰炸和炮火轰击，渔民和船只损失惨重

抗战期间，日军为了打击人民的抗战意志，经常对福建沿海进行飞机轰炸和炮击，总计对沿海县份的轰炸就达近 500 次，给沿海县（区）渔民和渔业造成惨重损失。

抗战时期漳州市被日机炸毁 252 艘。东山县渔船、民船等被炸损失 292 艘，约 500 万元。诏安县被炸毁渔船 6 艘。莆田沿海渔船被日舰毁坏百余只；罗源被毁 70 艘。1939 年 7 月，日机轰炸宁德三都及附近渔村，炸毁渔船 2 艘，死伤 5 人，损失渔网 5 张及其他渔具。与此同时，在斗帽附近洋面，受日军炮击及鱼雷炸毁渔船 6 艘，死伤 10 余人，损失 14 张渔网。

惠安县秀涂港，1939 年 6 月间，在秀涂江被日侵略机炸毁驳船两艘；1940 年 7 月间，被日军炮艇烧毁装满杉木的帆船两艘，每艘 30 余吨；1941 年在晋江县南永宁、深沪、麻头一带同时间被烧毁帆船 28 艘。地处惠北的泉港也损失了许多船只和货物。仅峰尾一地，船只被炸毁达 21 艘（大木帆船 17 艘，不白钓船 4 艘）。货物被日军抢走就有红糖 8.3 万斤，桂圆干 3.3 万斤，纱布棉花 960 多件，鳗鱼 6 万斤，盐无数等。

晋江沿海渔村损失渔、商、民船数量巨大。据 1946 年 3 月国民党福建省社会处关于《福建省渔民遭灾损失总表》调查：仅晋江深沪渔民死亡 21 人，伤 45 人，被毁渔船 72 艘，价值 1503 万元；渔货 64 担，价值 26 万元；渔具 283 件，价值 18.4 万元；其他损失 140 万元。合计 1687.4 万元（1946 年法币）。石狮当时属晋江第三区，1939 年 12 月 19 日，一艘日军汽艇在永宁海岸焚烧民船 1 艘后，又驶至梅港域，将泊在港内的 18 艘渔船全部烧毁。日艇还向岸上发炮 13 发，致海滨联保平民吴永通数十人受伤。1941 年 1 月 20 日，日航空母舰一艘驶抵祥芝村雷仔头海域，向村里开炮轰击，舰上日机也飞向村子盘旋扫射，致使渔民 3 人死伤。日舰还发炮击沉渔船 1 艘，另有 3 艘中弹起火烧毁，一渔民被烧死在船中，一渔民跳海力乏溺死。据统计，石狮总共被毁船只达 116 艘，被敌击沉 3 艘，海上被劫船只 5 艘，日舰追逐后触礁船只 3 艘，加上船上货物，损失估值国币 5720268 元（1941 年法币）。

沿海的岛屿、渔村受害尤其严重。福鼎县沿海为日伪所盘踞，海船出入轻遭

掳劫勒赎，重受焚毁毙命，时有所闻，且日军于沙埕港口之南镇海面布设水雷，渔民为生活所迫，不得不冒险驶往外海捕获鱼类，藉糊口腹，致误触水雷全船炸没者或遭日舰撞沉者，不知凡几。沙埕为全县渔业之中心，战前颇见繁荣，因日军两次登陆，焚毁全市，成为瓦砾之场，使渔民仅以稻草结庐藉避风雨。大小渔船在战前计有 200 余艘，因遭受损失无力继续经营，停歇失业半数以上①。其余渔村大体亦是如此。

霞浦三沙镇为闽东沿海一纯渔区，也受到日军大肆蹂躏。1939 年 9 月，在北澳外洋面，有 9 艘渔船被敌舰牵往乐清串作浮桥，有 5 位渔民跳海毙命，49 人受伤，损失约五六十万元；1940 年 6 月，在嵛山北霜洋面，日舰横行，牵劫渔船勒赎渔户，停业 11 艘，有 66 户渔民生活陷于绝境。1941 年和 1942 年间，日伪军多次围攻和侵占三沙，沿户搜劫，人员伤亡，公私财产损失颇重。1941 年 8 月，日伪攻陷三沙，使渔船全部停歇，渔民尽皆停炊。还被劫去渔船 6 艘，毁坏渔舍 2 间，鱼寮存货被劫无数，共计损失约百万余元（1941 年法币）；1942 年 6 月，日舰 4 艘在炮火掩护下向三沙、西澳登陆，民众纷纷逃难，日军肆虐达 10 个小时，全镇货物均被洗劫一空，其状惨不忍言。1943 年 10 月，日舰在嵛山北霜洋面劫夺渔船 9 艘并全部渔具渔货，致 31 家渔民损失约 300 万余元（1943 年法币）；1945 年 3 月至 6 月，敌伪劫夺渔船 2 艘并全部渔具渔货，击沉渔船 2 艘，造成渔民 6 人毙命、1 人失踪，有 27 户渔民受害惨重，综计损失 140 余万元（1945 年法币）②。特别是日伪横行，炮火不断，即使是渔汛季节，渔民不敢出海捕鱼，渔船尽皆停捕，损失尤深，从而造成渔业陷于绝境，渔民相继歇业者年多一年，渔村衰落，经济枯竭。据统计，抗战期间日伪大规模登陆三沙六次，焚烧民房店屋 112 座，被劫航商渔船 90 余艘。三沙镇渔业损失 3600 万元，商业损失 2000 万元，住户损失 3500 万元，加上民众疏散 80 余次，迁移损失 3000 余万元，以及商渔停歇损失 6000 余万元（以上均为 1945 年法币）。日军所造成的直接、间接损失"确较县城各乡镇尤为惨重"③。

长乐县也是著名的渔业县，渔业"为全省最繁盛之唯一区域"，分布在梅花、漳港、潭头、东沙等十余村落，四村渔船均在千艘以上，渔民数万人。抗战

---

① 福鼎县县长丁梅薰：《福鼎县渔民抗战期间损失要求救济》，1948 年 11 月，福建省档案馆馆藏档案，档案号 67—1—122。

② 霞浦县渔会：《抗战期间三沙渔民遭受敌伪危害情形报告》，1945 年 7 月 15 日，霞浦县档案馆馆藏档案，档案号 G20—1—21。

③ 福建省霞浦县三沙镇民代表会主席刘永钊等：《霞浦县三沙镇自抗战以来受敌灾损失惨重请求救济》，1945 年 8 月 20 日，中国第二历史档案馆馆藏档案，档案号 21—2—723。

期间，"渔民以生活所迫不得不冒险从事渔业，故最厉时每日出渔渔船被敌焚毁或一二艘或十余艘不计，并触水雷沉没。"抗战十年中，梅花村渔船损失二三百艘，渔民死亡1000人以上。漳港、潭头、东沙、松江渔船亦损失一二百艘，渔民死亡亦在数百人①。

据统计，厦门市原有渔户260户，渔民4500人，因战事渔民被害或改业致减少4050人，渔船被毁363艘及渔民学校、渔民会舍、渔具等损失估计达10亿多元（1946年法币）。渔产仅3.7万担，为战前的15%。外销原有9.3万多担，减少65%。金门县原有渔户522户，渔民3334人，渔船288艘，因战事渔民减少45%，渔船损失138艘，值8.35万元，渔户损失财产约3万多元，渔产仅及战前75%②。

经调查，福州市因战事渔船停业及被劫毁102艘，渔民改业及死亡1225人，渔产减少25万担，渔产品外销完全停顿，损失价值约4030000元（1946年法币）③。连江县渔民、渔船由1934年的15700人、2191艘减为1945年的3865人、819艘；霞浦渔民、渔船由1934年的3592人、897艘减为1945年的2006人、473艘。云霄县原有渔商167家，因战事渔民减少500人，渔船损失67艘，值53万余元，渔民财产损失184万余元（1945年法币），渔产仅有964担，外销减少6125担。漳浦县战前渔户1332户，渔民4522人，渔船364艘，渔具（网）415口，渔获量13680担，有渔商109家。而到1945年6月，仅剩下渔户815户，渔民2890人，渔船226艘，渔具（网）239口，渔获量6680担，渔商30家④。因此"近来渔家经济一落千丈，而渔网虽蔽亦无力修补，至堪哀痛。渔民均采拾海菜等物作为食料聊以度活"。漳浦这种状况就是在日军侵略下沿海渔民的一个缩影。

抗战时期，福建沿海25个县市迭经日军登陆撤退或流窜，所受损失"较诸华北辽、冀、鲁、苏各省沿铁路线作战者尤为惨重"，沿海各地渔业受到严重破坏。到抗战后期的1944年，全省渔户35496户，渔民13万余人，渔船及渔筏

① 长乐县政府：《长乐县渔民抗战期间损失要求救济》，1948年9月23日，福建省档案馆馆藏档案，档案号63—1—122。
② 福建省政府编：《厦门等七市县沦陷损失调查》，1946年1月，福建省档案馆馆藏档案，档案号3—7—28。
③ 福建省政府编：《福州等十二市县沦陷损失调查》，1946年1月，福建省档案馆馆藏档案，档案号3—7—27。
④ 漳浦县渔会：《漳浦县渔业概况调查表》，1945年11月16日，福建省档案馆馆藏档案，档案号63—1—47。

8503只，渔获量1060890担①。渔民比战前减少11万多人，渔船渔筏损失9501只，及众多渔网和渔具；据1944年统计，抗战开始至1944年，每年渔获量平均比战前减少677114市担②。"抗战来渔业港被封锁，渔民被残杀，渔船被焚毁，且以渔盐、渔、渔具的缺乏，可说渔民全部破产……计本省沿海中渔民死者达3828人，伤者1494人。"③

抗战期间渔民和渔业的间接损失也是不可计数。

福建省沿海23个县268个渔村，渔业生产额每年在2000万以上。因战事发生，渔民失业者甚多，尤以外海为甚。仅福鼎等13县40个渔村，每年损失就在10000万元之上④。

日军占领厦门后，加紧了对厦门渔业的掠夺。主要手段是利用日伪军武力威胁设立"全闽水产株式会社"，达到操纵和垄断全市渔业，大肆敲榨和盘剥渔民的目的。通过下设"仲买行"取代原来的"鱼牙行"，建立拍卖场和共同计算所，以统制全市渔船、鱼产品，一方面是不让渔民自由买卖，必须将鱼产品悉数交会水产公司代行拍卖，仲买行再转售渔贩，从中剥削渔民，强征拍卖手续费、佣金、代劳金及水产会会费等达47%；另一方面由水产公司代办渔具及日用品，操纵价格，使渔民收不敷出，生活无法维持。致使渔民弃舟维生，成千渔民相继失业，而敌伪乘机收买贱价渔船，以冀达到全市渔船尽归日伪所有，而使全市渔民变为劳工，为其效劳⑤。据统计，厦门沦陷后，各鱼行损失达2.21亿元之巨。

金门沦陷后，设立了伪行政公署，通过税收对渔业的掠夺。规定凡鱼类在岛内销售及行商贩卖，对卖价每百元课税5元。鱼类搬入市场，先调查其种类、数量及价格，然后照其价最高课税，并另抽手续费每件5元。凡鱼类、蚵干、煮鱼、干鱼等海产物运出者，从价每百元课税5元，赤菜则每百元课税10元⑥。

渔民在捕鱼特别是渔汛旺季，需要大量渔盐来保存或腌制渔货，但因日军侵

---

① 福建省政府编：《福建损失调查》，1945年11月，第85页，福建省档案馆馆藏档案，档案号民资9—1—19。
② 福建省政府编：《复员计划》第76页，福建省档案馆馆藏，档案号20—3—762。
③ 见张直：《统计室工作报告》，1946年1月，福建省档案馆馆藏档案，档案号民资9—1—20。
④ 徐天贻等著：《福建战时经济地理》，福建人文出版社1943年版，第37—38页。
⑤ 福建省档案馆编：《日本帝国主义在闽罪行录》（1931—1945年），福建人民出版社1995年版，第57—58页。
⑥ 福建省渔业管理局：《金门沦陷期间渔业调查报告》（1946年），福建省档案馆馆藏档案，档案号63—1—60。

掠和统制，盐运阻梗，场户短绌，造成海盐紧缺，渔民"除极少数赶鲜外，余均任其腐臭，充作粪肥之用，价格每百斤只售百余元。渔民痛苦之状，不堪一观"[1]。

在渔产品的运输方面，因为日军的侵略，各地公路受到破坏，运输鱼类产品到内地，只能靠人力挑送，仅日行数十里。因运输不便，加上经纪人从中盘剥，影响到鱼鲜贬价及渔货品质下降，给渔民造成损失。日伪在闽东施行封锁政策，利用伪匪在东冲设立关卡，抽收百货捐，"渔民运渔被征收税或惩罚者损失不下百余万元"[2]。

福建沿海渔民，从明代开始，就有到省外渔场开发生产的习惯，如到浙江渔场捕鱼，形成季节性或常年就地捕鱼的做法，不少人定居下来，形成福建街、福建会馆等，这种往外省渔场捕鱼，往往收获颇丰，满载而归。但因为日军对中国沿海的侵略，到外省捕鱼无法实现，从而使沿海渔民受到很大损失，只是具体产量无法计算。还有渔业贸易方面，据民国二十六年海关统计，全省渔业输入值为1311277元法币，输出值为242431元法币，可见对外依存度高。但因为侵略战争爆发使这种贸易基本中断，连江、长乐两县渔业外销就减少86350担，不仅造成渔民的损失，而且严重影响了人民的生活。

渔业为本省特种产业之一，遭受敌人蹂躏最惨，需要救济最为迫切。

据国民党福建省社会处调查，全省渔民在战时减少111196人，渔船渔筏损失9501只，渔产锐减，生产和生活都极为困难。按1944年全省渔会登记，计有渔户35496户，渔民130449人，其中应予救济的约5万人[3]。渔民在战时损失甚巨，这5万人基本处于失业状态，需要救济渔船，助其复业。其方法主要有配给渔船网具和举办渔业贷款：配给渔船网具，是在沿海各渔村中以合作方式指导渔民组织产销合作社，按其社员人数配给渔船及网具，价款从低计算，由合作社分年摊还；举办渔业贷款，满足渔民对资金的需要，由国家银行划拨贷款，共计法币25万元，长期举办低利借贷，用以救济失业渔民。下面是福建省渔民救济所需渔船估计表，此外还需按渔船种类分别配备渔网渔具等。

---

① 李自富：《调查壶江渔业状况报告》，1944年8月3日，福建省档案馆馆藏档案，档案号34—10—23。
② 宁德县渔会：《宁德渔民被敌伪扰害及生活近况之调查》，1943年3月13日，福建省档案馆馆藏档案，档案号63—1—37。
③ 福建省社会处：《福建省战时救济事业概况及战后救济方案》，1945年9月20日，福建省档案馆馆藏档案，档案号6—3—1491。

渔业种类	需要渔船数	可救济失业人数	备注
延绳钓业	500 艘	7500	每艘大钓船需 15 人
小钓渔业	1000 艘	6000	每艘小钓船需 6 人
围缯渔业	500 对	9000	每对大对船需 18 人
小围缯渔业	1000 对	9000	每对小对船需 9 人
曳网渔业	1000 对	6000	每对船 6 人
流网渔业	1000 艘	5000	每艘 5 人
张网渔业	1000 艘	9000	每艘 9 人
共计	8500 艘（对）	51500	

（引自福建省战时救济事业概况及战后救济方案）

根据战后救济办法，还对全省渔民遭敌炮火或掳去屠杀死亡者发给抚恤金，对伤者发给医疗费及生产维持费。据不完全统计，对战时遭受损失的渔船、渔需品、渔舍及渔民家属等进行救济，共计需 192270 美元（1946 年法币）。

1943 年，福州第二次沦陷，省渔业管理局被迫迁址永泰，后又搬迁至仙游城关，直至 1945 年底才迁回福州。各级渔业管理机关搬迁、新址建设等也花费无数。根据当局的复员计划，主要有如下事项：省渔业管理局由仙游迁回福州；人员需复员 15 人；各区普遍设立管理所，依照区组织法配置员额；在福州、厦门各设官营渔船渔具制造厂一所，省局督促加紧生产，并予资金、原料及技术上之辅助。复员所需人力物资及经费，据统计，需职员 100 人、工人 475 人，物资方面需工具等，如各种车床、刨床、铣床、织网等机械 140 架（副），价值 4000 万元，还有材料如煤、铁、铜、木材、麻、棕、丝及染料等，价值 58920 万元。需要开办费、管理费、制造费、迁移费等 10485 万元（1946 年法币）[①]。

日本侵华战争给福建人民造成的重大损失，充分说明这场战争的残酷性和非正义性，这场战争给中国人民带来的，根本不是日本所吹嘘的"东亚共荣"和什么"中日亲善"，而是一场深重的大灾难，任何美化这场战争的企图都是不能得逞的，前事不忘，后事之师，它将激励人们为实现和平美好的现代社会而不懈奋斗。

（王盛泽执笔）

---

①　福建省政府编：《复员计划》，1946 年 1 月，福建省档案馆馆藏档案，档案号 20—3—762。

（三）抗战时期福建盐业损失

福建地处东南沿海，是中国南方主要海盐产区之一，其自然条件和滩涂资源极有利于盐业生产。自唐初开始，福建就有了制盐，长乐、连江、长溪（今霞浦、福鼎）、晋江、南安等县就出产海盐。到民国二十四年（1935年），福建有莆田、前下、浔美、山腰、埕边、莲河、诏浦等七个盐场。行政管理机构有在七个盐场设立的盐场公署及福清、平潭韩厝寮、宁德南埕等三个盐务所。1937年七七事变后，福建产盐地位更形重要，国民党政府对产、运、销各环节全面加强控制，于销售区交通枢纽设盐务运销所，后改称分局、支局或盐仓。

1937年日本发动了全面的侵华战争，福建成为日本实施南进战略的要地，日军加紧了对福建的骚扰和侵略，不仅派出大量飞机和军舰对福建沿海狂轰滥炸，而且派出军队直接登陆，侵占了福建沿海的金门、厦门、福州及沿海不少县份，进行烧杀抢掠。福建海盐成为日本掠夺的重要物资和原料，于是，福建的盐业在劫难逃，遭受严重损失。下面共分六个方面来进行阐述。

1. 人口伤亡

由于日军对福建的侵占后的烧杀，加上飞机轰炸、舰炮轰击等，造成盐务系统人员伤亡。据统计，伤亡人数共计324人，其中员司268人，工友56人。如1945年第一季度，莆田场就死伤7人，支出医药、丧葬费用共计58400元。

2. 盐业损失

首先是战争爆发使产盐减少，成本增加。日军占领厦门等沿海后，侵占福建盐区，从事殖民生产，掠夺财富。福建沿海"随处皆有受敌威胁之可能"，盐场情形日趋严重，使福建盐业生产无法正常进行，加上因运输不畅，积压严重，各场对产盐数量进行限制，从而造成盐产量锐减。如厦门沦陷后，靠近厦门的莲河、浔美两盐场就不得不停晒。全省产盐数量，1938年为2040055.27担，而1939年仅894057.62担。1940年原计划为2940000担，但实际产盐仅为

1289701.91 担，减少 1650298.09 担①。产盐量的减少与抗战关系很大。福清盐场 1940 年、1941 年、1944 年三年预计产盐 56660 担，实际产盐仅 2116 担，比计划减少 54543 担。同时制盐成本猛增，1940 年平均制盐成本每市担达到 3.38 元，比 1938 年的 0.23 元上升了 14.7 倍。

其次是日军的侵占和暴行，造成大量存盐遭受损失。

1939 年 7 月 5 日，平潭岛受到日军侵占。探石场务所负责人率带全所人员及公物躲避，当退至平潭马腿附近时，遭到殴劫。7 月 13 日发生事变，驻防各区税警悉数开赴东山抗战，地方纷乱，各区附场乡民乘机抢盐。经调查，陈城区被抢场盐 4141 担及囤存包盐计 683 包；探石区白埕损失 320 余担；礁头区损失 5 担②。

8 月 23 日，东山事变，日军由荟东亲营登陆。时东山分所荟东仓存盐 580 担，主管曾伦等仓皇逃避云霄，造成仓盐全部被劫掠③。1939 年，诏浦盐场公署的陈城、探石、大嶝、礁头，就损失存盐 94061 担。

"新福州"轮船在诏浦场装盐时，被日舰牵掠。盘进该轮的 991 包计 2081 担盐全部被掠走，在驳船内被敌焚劫 172 担又 20 斤。同时已下驳在澳兜等待装船盐斤 24574 担，因被敌扰乱不能装船，复令运商转运囤于陈城和港口，从而造成时间延误，雨侵水浸等使盐斤巨量损耗 1300 余担，还需额外付出搬运费及工人伙食费津贴等。

真是祸不单行。"福州轮"被敌舰牵劫所余袋盐 18914 外净存 38407 担 65 斤，分囤陈城港口等处，除将原包拆开用船散装陆续运往漳浦、诏安各地及囤在原处溶化的外，尚余 27784 担 97 斤，在东山两次陷敌时全数被抢，连同被抢堆盐 64061 担，共计损失盐斤 91845 担 97 斤。1939 年 12 月 7 日收复诏安，经过秤清盘，实损失盐斤 43 担 91 斤；四都站共损失 66 担 70 斤。11 月 29 日承运处由四都站领运至溪堤站盐挑 652 担，原定于 30 日转运黄冈，途中突闻敌我双方在钱东开战，当时将该盐斤改运诏安，在诏安雇民船 18 艘，除尽量转运往岭头 324 担外，搁存诏城未及运出的尚有 328 担。迨诏城克复，该项盐斤被敌移存他处，经收回过秤，仅剩 129 担，计损失盐斤 199 担。

1941 年福州沦陷期间，连江损失食盐 1591.66 担，小埕所损失渔盐 21 担，

① 福建省政府统计处编印：《福建省统计年鉴分类之四·盐业类》，1942 年，第 1 页。
② 诏浦盐场场长林坦平：《呈报职场此次事变场盐被抢损失数目请鉴核由》，1939 年 8 月 10 日，福建省档案馆馆藏档案，档案号 33—1—159。
③ 财政部盐务总局派驻福建区缉私督察员：《饬查诏场东山分所荟东仓损失经过及结果》，1937 年 10 月 29 日，福建省档案馆馆藏档案，档案号 33—1—157。

琯江所损失食盐 6925 担。平潭韩厝寮暨福清场失盐约 300 余担；已沦为战区或接近战区之销地如福州、连江、罗源、长乐、福清等处损失盐斤约 17000 担，在途损失商运盐数约 9000 担①。

1944 年 10 月初，日军第二次陷长乐、福州，"敌军长驱长乐，匪军随踞梅花一带，职仓员司赤手空拳无力抵抗，所有盐仓之遗盐税款铁柜公物及其他用具等件，被匪扫劫无遗"。仅梅花渔盐仓就遗失盐斤 4416 担；福州分局南台仓前路散失食盐 21685.96 担、功盐 2212.35 担，卤盐 2.46 担②。闽南盐务管理分局所在的厦门仓、厦港渔盐处和同安东头埔囤盐仓，共损失 28269 担。1945 年 3 月 21 日，日军在侯官强扣盐船 1 艘，内载食盐 7000 斤。

再次是日机轰炸和炮击造成的盐斤损失。秀屿盐运船被敌机炸毁，仓存袋盐共计正盐 176 担全部损失。苔菉仓盐 9098 担及由三都拨盐驳 4 艘计盐 1820 担，均被焚毁；平潭受日军侵扰，存盐"损失无遗"，共计损失盐 1054 担 48 斤，渔盐 6409 担 30 斤，韩厝寮损失场盐 16790 担 81 斤。泉永所祥东仓被敌炮轰，总共损失盐 56 担。

7 月中旬，由山腰场钟厝区秤放的金万春船，装载 350 担盐拟到辋川渡头，不料正在过秤时，三架日机飞来，轰炸加扫射，睹此情形，数百挑工大为恐慌，相率逃避，有将盐倾倒于海中者，或遗弃地上者，乘混乱将盐挑走者，敌机去后，计损失约 30 余担。

1941 年 4 月到 9 月，福州遭受日机轰炸，福州盐务运销所总计损失盐斤 60277 多担，大小麻袋 261182 个。

即使是在内陆也未能幸免。浦城盐务运销所被日机炸中，盐仓受到损坏，还有小麻袋、办公用品、家具等受损。魏立祥私人损失财物达 1130 元。浦城支局在 1942 年的一次日机空袭中，建筑物、麻袋、器具等损失达 4592 元。建瓯盐务分局的万兴仓被炸和水西盐船被敌机炸沉 3 艘，存盐损失 559 担。

还有盐在运输过程中遭受的损失。福建盐运从运输类别上可分为海运和陆运，从地域上可分为本运和外运两部分。福建海岸线长，历来有海运的便利，特别是在南风季节，可办理直帆海运，藉以维持内销外济的需要。除海运外，大量的还是依靠陆运。陆运又有本运与外运之分。本运有五大干线：一是由山腰前下经福州而达南平之山前之榕延线。二为由山腰经泉州至永春之山泉永线。三是由莲河经漳州而达龙岩之莲漳龙线。四是由诏浦经云霄而达平和之诏云平线。五是

① 《贡产 1318 号》，1941 年 6 月 2 日，福建省档案馆馆藏档案，档案号 33—1—161。
② 福州分局：《电送职局及梅花长乐等支局财产及盐斤损失各表由》，1945 年 12 月 14 日，福建省档案馆馆藏档案，档案号 33—1—178。

由诏浦至峰市而达上杭长汀之诏峰汀线。外运分为两线：在崇安、邵武、黎川、瑞金等地，由闽与赣直接交收者为内线；运达黄冈由粤接转者为外线。

沿海自被敌舰封锁以来，战事频繁，海道转运甚难，盐船迭次遇险，情势艰危。早在 1938 年，就有山腰盐场刘泰顺、陈宝进两艘渔盐船在往浙江运盐时，在闽江口遭遇敌舰，船上盐斤共 340 担及物件被洗劫一空，数人毙命，刘泰顺渔盐船还被焚毁，从而使主管部门决定往浙渔盐暂行截运的决定。

东山沦陷期间，海面敌舰密布，逡巡不息。1939 年 8 月 14 日，有"永和隆"号船一艘在陈城装盐 1500 担，每担另给途耗 5 斤，共计 1575 担。尚未起行，遇日军骚扰，在港口葫芦山被劫夺，只剩 100 多担。同时有"金顺金"号船在陈城装盐 1990 担，日军在长山尾登陆，将船拉至海中，将盐劫去，只剩船底 200 担左右[①]。有"叶扬福"号轮一艘，载盐 950 担，驶至斜州时触及日舰布设的水雷，船盐俱毁。

盐运商傅永年所雇佣的"新长发"和"金协盛"两艘盐船，分别装载官盐700 担和 350 担，于 1939 年 11 月在东埔澳口和永宁被炸焚毁，盐斤全部损失。随后，金胜源船在湖窟海面被日舰牵劫，漂失盐斛 730 担。

陆运方面，因闽江口受日军封锁，特别是日军进犯，福州、长乐、厦门等沿海相继沦陷，海上运输枢纽更形中断，盐运益呈艰困。受战争影响，频海区域之公路均遭破坏，使各条运输线都受到阻碍。于是不得不开辟新的运输线，以解决内地用盐问题。但新辟路线大都山路崎岖，加上战时车辆均受政府统制，车运盐斤难以进行，只能靠肩挑与溪船辗转盘运，困难重重，使全年运量大为减少，"为数过微，缓难济急"。

抗战非常时期，交通困难，运盐商人冒险承运，获利无多。运商承运盐斤，每担仅得二分五厘，再除盐斤挑力，应用什费及往来接洽旅费外，其所得利益实属微薄，更因机关订约严格，常须赔税吃亏，所以迭据运商请求停运。由此可见战事对于盐业影响之一斑。

据统计，抗战期间福建区韩厝寮、南埕、福清、诏浦、前下、沿浦六个场损失存盐 162783 担。全区仅 1939 年、1941 年、1942 年和 1944 年，共损失存盐105048 担，其中存仓损失 71710 担，在途损失 33338 担，共计损失价值约101793541 元（1945 年法币）[②]。

---

① 诏浦盐场：《永和隆等船被敌劫夺情形》，1940 年 3 月 18 日，福建省档案馆馆藏档案，档案号 33—1—160。
② 福建省盐务管理局：《福建区存盐损失年报表》，福建省档案馆馆藏档案，档案号 33—1—191。

3. 税收损失

除税收损失外，还包括固定利益、不固定利益、闽省附加、整理费、公益费、偿本费、营运费和渔盐税等项目。

据诏浦盐场诏安支局调查，1939 年盐税预计收入 8378 元，实际收入仅 347.90 元，损失 8030 元。抗战期间，总计预收 4433360 元，实收 6663 元，损失达 4426697 元（以上为 1945 年法币）[①]。

从平潭渔盐支局盐税收入可以看出，1942 年至 1945 年期间，盐税预计收入为 69902606.40 元，实际收入仅 9224225 元，损失共计 60678381.40（以上为 1946 年法币）元，损失率达到 86.8%[②]。

4. 财产损失

抗战期间，盐务部门公私财产损失重大。1937 年，金门被日军占领，盐税局仓地设备 4 座遭受损失；山腰场围场公路工程因抗战而停止等，合计直接损失 51927 元；1938 年，厦门岛与建瓯被日军攻占或轰炸，两地盐税局仓地设备、衡量设备及物品、现金受损。闽南盐务管理分局厦门稽核支所在撤退时，将所有公家家具交由德忌利士公司保管。当战事发生后，日军占领鼓浪屿，滥捕英美籍人员，而德忌利士公司系英商，职员逃散，日军将公司作为敌产，派兵围住，强占为军部。及日军撤走后，所有该处家具及公司器皿均被搬空，一无所有；1939 年，日军攻陷或轰炸平潭、南安、漳浦等县，各渔盐管理所、盐场及各运销所等受损，包括现金、房屋、车辆、船只、仓地设备等，总计损失 304418 元。

1941 年 4 月间，位于仓前路 221 号的福州盐务运销所被炸，林厝仓屋顶及仓门仓壁地板全部被炸毁，玻璃仓、尤溪仓、下天仓、新仓、桔前仓和药渣仓被炸毁一部，大小麻袋损失 104960 只；8 月 12 日，作为国民党临时省府驻地的永安遭受日机轰炸，永安运销所办公处屋瓦竹篷墙壁等多有毁坏。各种公私财产亦因仓皇抢救被毁被窃及遗落者亦多，北门盐仓对面相距只有十余米被投下六弹，

---

① 诏浦盐场公署：《诏浦盐场诏安支局盐税收入损失调查表》，1945 年，福建省档案馆馆藏档案，档案号 33—1—181。
② 福清盐场公署代电：《电报抗战损失各种调查表请鉴核由》，1946 年 2 月 26 日，福建省档案馆馆藏档案，档案号 33—1—177。

仓屋震动倾斜，木板上壁稍有倒塌，玻璃全毁。经查公物损失估计3059元，员工私人损失约4700余元①。

1944年，福州、建瓯等管理局、福州、连江、长乐、福清、建瓯等各分支局、福清场及梅花、筱埕渔盐支局等受损，包括房屋2座、车辆5辆、船只2艘，仓地20座及用品8875件等，共计达48273203元。如福州盐务分局损失来不及退出的舰艇6艘，枪枝3支子弹464发，无线电发报机。其他还损失案卷54卷、单照55本又911张，建筑物、器具、现款等损失349852元。以及员工私人财产方面，房屋破坏、家用器具损坏等，共计92675元；1945年，日军流窜宁德、福鼎、诏安等县，各分支局受损，达393994元（1945年法币）。

据统计福建区的员工财产损失共计162922709元（1945年法币）。

还有很多的间接损失，主要有办公场所的搬迁、有关人员的疏散、物资的运输及生活救济等。因战事紧急，盐场公署机关等需要搬迁。1939年6月，福建盐务管理局迁往永安贡川镇，福州设驻榕办事处，1942年管理局又迁回福州，1944年再移南平，1945年迁回。长乐支局在日军侵占时，先是退至福州，然后经侯官至闽清；福州分局撤退闽清。东山第二次沦陷时，诏浦盐场公署撤退到云霄办公，收复后迁返高陈；沿海受侵略时，前下、山腰两盐场人员转移安全地点；泉永盐务运销所全体撤退到惠安办公；贡川办事处移顺昌县城等。这样不仅造成了极大财物浪费，而且打乱了福建盐务管理秩序，影响盐业生产。

据调查，闽东盐务分局财产间接损失包括迁移费448745元，疏散费3611515元，救济费632332元，运输费96644元②。诏浦盐场公署财产间接损失有防空设备费1643元，疏散费2607790元，救济费919375元。

1938年至1946年，福建区财产间接损失包括疏散迁移费35734888元，遣散费199538元，其他费用8930498元，合计53292883.62元（以上均为1945年法币）③。

原在浙江区服务的姚方定，于1939年5月奉派来闽办理闽盐运浙及接运汽车任务，在福州南星旅社遭遇日机轰炸，衣服及随身物品共损失八九千元，时价则不下10余万元。

---

① 陈果：《永安运销所呈报敌机轰炸情形并呈送财产损失报告单及汇报表》，1941年8月29日，福建省档案馆馆藏档案，档案号33—1—164。

② 福建区闽东盐务分局：《福建区闽东盐务分局财产间接损失调查表》，1945年二季，福建省档案馆馆藏档案，档案号33—1—179。

③ 根据《福建区财产间接损失报告表》统计，福建省档案馆馆藏档案，档案号33—1—191。

5. 场警损失

据福州局及福清场 1944 年一个季度统计，盐警用品损失包括七九步枪 14 支、驳壳枪 1 支，子弹 760 余发，手榴弹 2 颗以及刺刀、刀鞘、枪皮带、子弹带、军衣、被单、绑腿及公用器具等，总价值 165849.90 元（按购买时价值估算）。福清场警第三十一区队盐警用品损失共计 563 件，价值 13679.6 元。

福州场警还损失棉大衣、棉制服、夏制服、军帽、绑腿、雨衣、胶鞋、皮腰带、枪背带、军衣架等公物。

6. 硝磺损失

硝磺也是盐业的一项重要收入。抗战期间，福建硝磺产量从 1944 年至 1945 年第二季度，预计 222.4 担，实际只有 7.72 担，损失 214.68 担，价值 5745028 元。存硝存磺方面，仅 1941 年就损失 78 担多，价值 11743 元。从 1938 年至 1945 年第二季度，硝磺收入预计 32584338 元，实际收入仅 487089 元，前五年收入均空白，损失达 32097249 元。硝磺部财产间接损失从 1939 年至 1945 年第二季度，共计 795339 元（以上均为 1945 年法币）。

此外，盐场建设方面，在抗战期间，不仅基础设施建设陷于停顿，而且已建立的各类建筑物如围场公路等，也因战事关系，进行了自动破坏。还有因战争引发社会混乱，盐务管理遭受破坏，一些武装和社会人员趁机劫夺，也使盐业生产受损。这些损失都没有确切统计。

虽然因为抗战损失统计表不全，无法对福建全省盐业几个方面的损失作全面的反映，但从个别地方的情况也能说明问题。闽南盐务管理分局暨所属盐场、支局抗战损失总数为法币 8952018.60 元，其中盐税收入损失 5012946.43 元，存盐损失 148726.47 元，财产直接损失 132266.05 元，财产间接损失 3112191.90 元，存硝存磺损失 1387.75 元，员工财产损失 544500 元[①]。

从以上可以看出，日本侵略中国所进行的经济掠夺和破坏是非常严重的，给福建人民造成了深重的灾难，战争创伤给人民留下了永远难以抹平的疤痕。

（王盛泽执笔）

---

① 闽南盐务管理分局：《福建区闽南盐务管理分局所属抗战损失部门及数目表》，福建省档案馆馆藏档案，档案号 33—1—183。

（四）抗战中的福建华侨及侨汇

福建是著名的侨乡。福建人远渡重洋谋求生计的历史虽源远流长，但在第一次世界大战后的新移民浪潮中，移居他国的福建人骤增，占据相当的比例。20世纪20年代，每年从厦门出国的福建人不下10万；在抗日战争爆发的1937年，进入新加坡的福建华侨竟多达40.26万人。在抗日战争时期，福建全省共有1300万人口，而侨居海外者就有约300万人，占四分之一多。根据1939年国民党福建省政府调查统计，全省各县有侨属约196637户，978317人。其地区分布情况见下表：

福建省各县侨属户数人数一览表①

地别	侨属户数	侨属人数	备注
福州市	100	500	估计
福清	30000	150000	福清华侨协会一月感电省政府报告报告依赖侨汇维护生活之侨眷约计有二万余户，兹估作三万户计算，应有十五万人。
长乐	1933	9185	根据民国二十八年（1939年）华侨眷属用旅外华侨调查统计表
霞浦	18	90	同上
福安	33	164	同上
宁德	22	93	同上
连江	248	727	同上
罗源	8	36	同上
平潭	500	2500	估计
南平	3	13	根据民国二十八年（1939年）华侨眷属用旅外华侨调查统计表
闽侯	91	334	同上
永泰	48	204	同上
闽清	1000	5000	同上

① 福建省档案馆编：《福建华侨档案史料》（下），档案出版社1990年版，第1731—1736页。

地别	侨属户数	侨属人数	备注
建瓯	2	11	同上
邵武	1	7	同上
古田	2446	2656	同上
崇安	5	13	同上
政和	2	5	同上
屏南	500	2500	估计
晋江	50000	300000	晋江县政府最近调查全县出国华侨达六万四千七百四十一人，侨眷估计约有三十万人，平均每户以五人计算，估计约有六万户。
莆田	7000	21000	根据最近该县呈报福建省紧急救侨委员会
仙游	870	52114	根据民国二十八年（1939年）华侨眷属用旅外华侨调查统计表
南安	57128	285604	南安县政府二月支电省政府报告侨眷人数为285604人。户数未详，平均每户五人计算，估计约有57128户。
同安	10000	50000	估计
永春	4654	25134	根据民国二十八年（1939年）华侨眷属用旅外华侨调查统计表
惠安	8460	42527	同上
安溪	2113	10747	同上
金门	276	1927	同上
德化	235	823	同上
龙溪	1273	16717	同上
漳浦	223	1335	同上
诏安	500	2500	估计
海澄	535	3946	根据民国二十八年（1939年）华侨眷属用旅外华侨调查统计表
南靖	498	807	同上
长泰	89	592	同上
平和	500	2500	估计
云霄	500	2500	估计

地别	侨属户数	侨属人数	备注
东山	1830	9459	根据民国二十八年（1939年）华侨眷属用旅外华侨调查统计表
龙岩	1334	7412	同上
永定	1276	6071	同上
漳平	11	74	同上
华安	162	821	同上
大田	37	111	同上
长汀	46	235	同上
宁化	1	2	同上
武平	23	92	同上
上杭	92	564	同上
连城	11	78	同上

1. 战前华侨在海外具有较高的经济地位

中国人离乡背井到海外定居谋生，几乎都是从艰辛的体力劳动开始，长年累月，克勤克俭，才逐渐有所积蓄。部分华侨手中有积蓄后，便从事摆摊小贩，开设"亚弄"小店、而后发展到经营二盘商、中介商、批发商。有了较大的资本后，就投资矿场、农业种植园乃至兴办近代大型工业或金融业。华侨经济的发展经历了一个长期艰苦的创业历程，才逐渐奠定了在海外发展的基础，并日益在侨居国的经济中发挥重要的作用。据统计，至1930年南洋华侨从事商业者达52%，工矿业者23%，农业者17%，其他行业者8%。华侨在南洋经济中特别是在商业流通领域，占据举足轻重的地位。在抗日战争前南洋华侨资本至少有国币800亿至900亿元，在橡胶业，马来亚橡胶园面积300万亩之中，华侨所经营的占100万亩以上，投资额达叻币8000万元；新加坡的橡胶厂几乎全部由华侨经营，投资额达叻币1.5亿元以上；荷印的糖业，华侨投资达到2.22亿元；马来亚的锡矿产量约占全世界的三分之一，其中60%至70%由华侨经营，投资额达5000万元以上；印度支那、菲律宾、暹罗的碾米业也几乎全为华侨所经营。

在金融方面，新加坡的"华侨""国民""四海通""利华"等银行，印尼的"黄仲涵银行""中华商业银行"，菲律宾的"中兴银行"，越南的"东亚银行""富滇银行"，泰国的"广州银行"等等，都是由华侨经营的，其银行资本都在1000万至2000万元以上。正由于海外华侨有如此强大的经济实力，因而在一定程度上可弥补中国经济落后、经济基础薄弱的不足。

2. 侨汇是华侨眷属的重要生活来源

华侨身在异乡，但是他们却具有浓厚的宗族和乡土观念，叶落归根，使他们总是想方设法存钱，汇款回家以维持家庭生活，建筑房屋等，侨汇成为华侨眷属的重要生活来源。战前曾有人估计："华侨对国内的汇款，主要为寄至故乡家庭的生活费用，用于投资事业的经济汇款为数极微。"[1] 有学者曾对解放前福建侨乡晋江县石狮镇的侨汇用途进行了调查，认为侨汇用于家庭生活费占58%，建筑房屋费占20%，地方公益事业费用占3%，投资工商业占2%，婚丧喜庆费用占15%，应酬费占2%[2]。在厦门，据当时一位外国领事的估计，厦门地区有80%的家庭依赖华侨汇款来维持生活。由此可以断定，绝大部分侨汇是用于维持侨眷的生活。

我们知道，近代福建经济腹地极为有限，它无法生产足够的物质生活资料来满足居民的生活消费。同时，近代福建的社会经济亦不发达，人民生活水平的底下，必然会加强对侨汇的依赖性。另一方面，从侨眷的人口结构来看，由于远渡重洋是为了谋生，且带有一定的冒险性，非妇孺老弱之辈所能胜任，这就必然会造成强壮劳力在国外，妻儿老小在国内的状况。据战前福建南安等13个县的侨眷登记数据显示，在37744户华侨家庭中，全家出国的仅占29%，留有眷属在国内的家则占71%；留在国内的眷属合计15583人，其中女性占55.5%。以年龄而论，20—44岁的青壮年仅占33.75%[3]。也就是说，66%以上的侨眷是自给程度较差的老弱妇孺，使得侨眷不得不依赖侨汇以补生活费用之不足。正是因为有了侨汇，才使侨眷的生活水平得到一定保障和改善，正如厦门海关的《十年（1922—1931年）报告》中所言："这一代人的富裕并不十分依靠本地工业的发

---

① 《侨声报》1946年6月3日。

② 林金枝：《近代华侨投资国内企业史研究》，福建省人民出版社1983年版，第93页。

③ 郑林宽：《福建华侨汇款》，第45页，福建调查统计丛书，福建省政府秘书处调查统计室1940年。

展，而是依靠海外侨民往国内汇款的增加。"①

3. 全国抗战爆发后侨汇汇入的途径发生了很大的变化

全国抗战爆发后，厦门的侨汇中心地位被泉州所替代。1937 年秋，日本海军陆战队侵占金门，继而轰炸厦门。1938 年 5 月，日军从厦门禾山登陆，厦门失陷。与此同时，日舰来往于福建沿海，封镇海口，货物进口几乎绝迹，更堵断了福建进出口邮件的海上通道，致使沿海形势十分紧张。1938 年 5 月 21 日，福建省政府内迁永安，同时下令毁坏沿海公路以阻敌军深入。截至 1940 年 5 月，计有福州——泉州、晋江——漳州等 16 条沿海主要公路和桥梁遭到毁坏。泉州一带通往各侨乡的 15 条公路也悉数遭到破坏。日舰飞机不断对福州、泉州等地进行侦察轰炸，致使闽南沿海乡村的交通运输状况倒退到中古时代。华侨出入国路线时断时阻，不能畅通。

1938 年 8 月，福建邮政管理局为适应形势和增加邮政收入，刻意介入侨批业务，迅速与马来亚华侨银行、菲律宾中菲汇总信托局、泰国曼谷马丽丰金银公司、香港信行公司等境外侨汇机构签订合约，也开始承办侨批业务。福建邮政管理局设置侨汇组并启用专门戳记，同时还在沿海的诏安、龙溪、厦门、同安、晋江、涵江、福清、永春等邮局也设立侨汇组（泉州邮局的侨汇组设置于 1938 年 8 月），福建邮政管理局在全省配备了侨汇巡员 10 人、侨汇雇员 15 人、侨汇差 25 人、临时侨汇差 156 人。邮局也采用民间侨批局解送侨汇的方式，由侨汇差员将批信和现金直接派送到侨眷手中。仅 1938 年 8—12 月，全省邮政派送侨汇 4568 笔，计法币 34.37 万元。原来许多由侨批局寄款寄批的华侨，都改经邮局直接寄送。至 1941 年，福建全省邮局派送侨汇人员增加到 400 多人，送汇金额增加到 5702.77 万元（按法币计）。据统计，1938 年全省侨汇总计 6144.70 万元法币，其中英属：2441.45 万元，荷属：2061.25 万元，美属：1500 万元，法属：110 万元②。1938 年全省各地侨汇数分布情况如下③：

---

① 厦门市方志编纂委员会编：《厦门方志通讯》1987 年第 1 期，厦门方志编纂委员会出版。
② 1939 年 5 月 10 日《闽侨》月报第一期公布的《闽侨汇款归国之总数》。
③ 郑林宽著《福建华侨汇款》，第 37 页，福建调查统计丛书，福建省政府秘书处调查统计室 1940 年。表中金额按法币计。

1938 年全省各地侨汇数分布情况

地 名	金额（元）	地 名	金额（元）
永春	3700000	上杭	1700
安溪	3647000	武平	100
仙游	119310	金门	145000
古田	129582	惠安	3220000
同安	508320	德化	97800
大田	710	漳平	3500
南靖	49100	华安	7326
诏安	276100	闽清	169576
东山	137500	屏南	14396
云霄	33000	连江	981
平和	500	永泰	1500
三都	70	宁德	1260
漳浦	141670	罗源	460
长泰	6935	平潭	8800
龙岩	665000	霞浦	500
连城	8500	建阳	250
长汀	8000	崇安	960
海澄	300000		

　　抗战以前厦门是福建一个最大的华侨吐纳口岸，每月有数千侨胞从那里进出。日军占领厦门后，除了将厦门作为侵略华南的海军根据地外，还截断华侨汇款，封锁华侨出入。厦门市内侨批信局一时全陷入停顿，汇款也无法解交。

　　此后，侨汇的途径开始发生变化。由中国银行泉州支行出面组建的合昌信局，将收解的侨汇利用鼓浪屿的亚细亚萍行的交通汽船，冒险搬运押送至嵩屿后，再绕道转送泉州而全部解清，其声誉也因此大振。南洋委托局激增至 183家，几乎囊括了全厦门的闽南侨汇。随后邮政总局决定，将合昌总局牌照移到泉州，另在鼓浪屿功苗设分局，两地同时收发国外侨汇。代解侨汇的地点也分为泉州和鼓浪屿两处。厦门市内的侨批局见此成效，有一部分也搬迁至鼓浪屿，另有20 家转移到泉州城内营业，其中离厦迁泉的批信局总号达 11 家[①]。

[①]　杨理正编：《人闽邮文精选》（第二集），海潮摄影艺术出版社 2003 年版，第 36 页。

当年，直接由外洋汇入泉州的侨汇达 1500 万元，全市统计侨汇有 3042 万元。1939 年 2 月，晋江邮局开始向新加坡和香港地区直接邮件互换。泉州取代厦门成为侨汇主要进出口商埠地位，当时计有侨汇信局 40 家，大多直接接收海外汇款后承接闽南各地汇款，成为闽南的侨汇中心。

4. 侨汇骤增对祖国抗战做出了巨大的贡献

抗战爆发初期，虽然侨汇途径发生了一定的变化，但海外侨汇仍源源不断，骤然增加。自七七事变以后，"闽南在南洋谋生之侨胞汇款回国极为踊跃，平均每月达 450 余万元"，到 1939 年七八两月"竟各达 1000 余万元"，"其中以菲律宾、新加坡两地为巨"，"次为仰光、泗水、爪哇、槟城、苏岛、三宝垄、暹罗、安南等埠。收款县份则为晋江、永春、南安、惠安、龙溪、福清等县，均属闽南区域"①。侨汇突破历年记录，超过常年 3 倍，是闽南侨汇的全盛时期。据厦门前银信业安会统计，"民国二十六（1937 年）最高记录为 6000 余万元，其范围包括厦、鼓及漳泉两地所属各县"。另据晋汇银信业统计，仅泉属各县 1939 年"侨汇当在 1 亿元以上"②。

侨汇是海外华侨寄回祖国赡养亲属的汇款，国内有数千万侨眷依靠侨汇生活，同时侨汇也是国家主要外汇来源，对加强抗战的经济实力具有巨大的作用。七七事变后，侨汇数额大增。当时国民政府的国际贸易差额主要靠外汇抵偿，1937 年用外汇 12 亿元，其中侨汇占 42%，1938 年为 11.4 亿元，其中侨汇占 56%，1939 年为 9.2 亿元，其中侨汇占 22%，1940 年为 40.4 亿元，其中侨汇占 10%。这笔巨大的侨汇，对祖国抗战的财政无疑是巨大的资助。当时"不但福建对外贸易之入超，全恃侨汇赖以平衡"，而且"在抗战期中，中国外汇基金，亦有赖之稳定"。同时，"此项庞大之侨汇，融活省内金融，维持一部分民众生活"。

抗战时期，侨汇的作用一是被认为是"中国的无形输出"，不仅在对外贸易中完全弥补了入超造成的亏空，而且余额很大；二是垫补了国民政府大量军费开支；三是充当法币的准备金。侨汇大部分流入农村，并非在城市间流通，经半年至 9 个月辗转复得重入银行。因此，侨汇不仅对国内货币流通有很大帮助，而且还巩固了法币即中国国币在国际市场上的作用。

---

① 杨理正编：《人闽邮文精选》（第二集），海潮摄影艺术出版社 2003 年版，第 35 页。
② 同上，第 35 页。

尽管从 1939 年起南洋各地先后实行统制外汇，缩减侨汇赡家的限额，但依然没有使侨汇中止下来。据 1937 年至 1940 年统计，侨汇汇入福建的数额为：1937 年 6900 万元，1938 年 6600 万元，1939 年增至 11500 万元，1940 年 14150 万元（均为法币）[①]。到 1941 年 12 月太平洋战争爆发后，福建省的侨汇才完全断绝。

侨汇骤增的原因主要有以下几点：

一是华侨支持国内抗战所进行的投资。全国抗战开始后，闽籍侨胞还大规模地向国内投资，开发祖国资源。国民政府为利用和开发大后方的丰富资源，以适应战争需要，制订了一些有利于华侨投资的政策和条例。自抗战开始，闽籍华侨对福建的投资有很大的变化。以往他们主要投资于沿海现实的轻工业及公用、公路、房产等几项企事业。抗战前期，则集中在农垦事业，投资总额达 670 余万元。其投资分布大体上可分为闽南的永春、南安、德化、晋江、龙溪等县和闽北永安、建阳、南平等县两个地区。

1940 年，闽侨殷商胡文虎、郑玉书等 14 人拟发起组织一大规模的华侨建设公司，目的是利用侨资开发福建资源，资本拟定 5000 万元。该公司建设程序分为战时和战后两个阶段，战时阶段的建设重点是垦荒以解决福建省民食方面的米粮不足和种植福建盛产的茶、烟草、水果、竹、米、蔬菜、笋、樟脑、桐油等各种经济作物。但自闽海被日军封锁后，已濒临破产。为此，该公司拟采取救济种植农户的办法，以开发福建的种植业。另外，还有各种轻工业，以改变因当时交通不便、商品匮乏的状况。该公司于 1941 年 1 月募得资金 2000 万元，但因新加坡殖民当局为防止资金外流，中途限制侨胞募股，第一期股额未能募足。同年 7 月该公司派人到马来亚秘密募股 550 万元，并欲与福建省银行联络，但因太平洋战争爆发，股款无法集中。最后将国内沪、粤两地的存款与福建省银行合并成立华侨兴业有限公司，资本 500 万元，其中官股 100 万元，侨股 400 万元。其主要经营范围为农业的培植与发展，森林的培植与保育，民生工业的经营与发展，重要矿产的探采及冶炼，土产原料及日用物品的调剂与供应，交通运输事业的经营与发展等。该公司于 1943 年 8 月成立后，就购买农林场 2000 余亩，并进行了稻麦改良，糖蔗栽培，花生、棉花、油茶和油桐的种植。并在南平、建瓯等地沿溪地区收购杉木和荒山，从事造林开荒。另外，马来亚华侨刘荆伦募集侨资，开垦建阳县荒地 10000 余亩。华侨刘冷候开垦南平荒田 2000 余亩。

---

① 蒋伯英编：《福建革命史》（下），福建人民出版社 1991 年版，第 865 页。

金融业也是战时华侨投资的一个重要方面，尤其是太平洋战争爆发后，许多华侨将资金转移到祖国，建立华侨银行。抗战期间，国内较早的华侨银行是新加坡华侨集资1000万元建立的福建实业银行。

太平洋战争爆发后，闽省旅居南洋的华胞与家乡的关系几乎断绝。除了归侨利用太平洋战争前移入国内的资金进行或继续前期一些投资活动外，新的大规模的华侨投资几乎完全停顿。

二是捐款捐物支援祖国抗战。1937年七七卢沟桥事变发生，抗日战争爆发后，海外华侨不分帮派、职业、男女、老幼，同仇敌忾，在抗日救国的旗帜下团结起来，有钱出钱，有力出力，支持和参加抗日战争。

1939年—1941年华侨汇寄福建救济慰劳金一览表①

时间	汇款单位	数额（国币元）	用途	汇转机构	接受机关
1939年4月	霹雳福建公会	19925.07	购买省债	福建省银行	省赈济会
5月	马里拉中华青年建设协会	2000	纪念厦门沦陷救济金		同上
6月	马里拉蕊省抗敌会	10000	救济基金	中国银行	同上
8月	菲岷许氏家族自治会	1600	救济建瓯被炸难民	菲律宾中兴银行	同上
8月	马里拉什品商同业公会	5000	救济泉州兵民	菲律宾中兴银行	同上
8月	马里拉什品商同业公会	8000	救济难民伤兵	菲律宾中兴银行	同上
8月	马里拉黄江夏堂诸先生	2000	购买省南桥慰问团演券	中国银行	同上
8月	泗水闽侨王振持	5000	救济灾民		同上
8月	马里拉信局同业会	7323	沿海难民、洪水难民	交省南桥慰问团	同上

---

① 福建省档案馆编：《福建华侨档案史料》（下），档案出版社1990年版，第1658—1661页。

时间	汇款单位	数额（国币元）	用途	汇转机构	接受机关
9月	荷属泗水安溪公会	9000	赈济金	爪哇万隆锦成银庄	省府
10月	旅棉福建民生学校	163.23	拨助战时儿童保育金	战时保育金福建分会	省行
12月	爪哇万隆陈仁义陈之麟	13500	省慈善事业费	福建省银行	
12月	华侨俞宏瑞	3000	调查矿产费用	福建省银行	
1940年1月—4月	东山县华侨	31000	赈济家产难民款		东山县
2月	菲律宾烽牙丝兰省华侨妇女慰劳会	1000	500元给泉州花桥亭善举所，500元给省赈济会	交通银行	
3月	马里拉布商会张昆	2000	捐赠犒赏金	福建省银行	省府
4月—8月	东山县华侨	31023.75	赈济家乡难民第二期款		东山县
11月	马里拉澳亚婆华侨屠商同业公会节省五周年纪念费	1000	救济难民	交通银行	省赈济会
12月	吉隆波雪兰峨惠安公会	4000	赈恤惠安难民		同上
1941年1月	新加坡福州十邑同济会救济福州十邑	50000	救济难童国际教养院基金		难童教养院
2月	福州旅港同乡会	12856.16	福建省寒衣捐款		省赈济会
3月	越南南圻中华商会救济会	1000（港币）	救灾		
6月	保地磨华侨抗日救国筹饷会	5000	赈济闽省难民	中央银行	省赈济会
7月	菲岛肴省冷汽社抗敌会	37030.7	泉州花桥筹赈会救济款		晋江县府

时间	汇款单位	数额 （国币元）	用途	汇转机构	接受机关
9 月	新加坡妇女慰劳分会	20000	救济收复福州受伤将士	全国妇女慰劳总会蒋夫人转	
10 月	福州旅港同乡会	7382	福州战区难民赈款		林森县
10 月	马里拉	30000	中国妇女慰劳会转		省府会计室
10 月	泗水福州同乡会	10000	救济福州难民（小本货金）		闽海急赈会
11 月	菲律宾凉社抗敌会	4850.42	捐泉州难民	中央银行	省赈济会
11 月	菲亚弄亚仙未讫华侨抗敌会	1810.46	捐泉州伤民及难民		省赈济会

在菲律宾，无论富商巨贾，还是升斗小民，男女老少，都热情捐赈。闽籍华侨李清泉以身作则，认购救国公债；1940 年弥留之际，嘱将 10 万美元赠送给中国政府作为抚养难童之用①。李清泉夫人颜敕于 1938 年 3 月 6 日代表中国妇女慰劳自卫抗战将士会菲律宾分会，汇款 1 万元法币赠送给八路军将士购买雨具。以杨启泰（海澄县人）为首的中国航空协会菲律宾分会倡导献机救国。菲律宾华侨铁商会首捐 20 万比索（当时可购机 2 架）。华侨郑万益独捐 10 万比索。菲律宾华侨百货商会、杂货商会、纸箱商会、信托商会、屠宰业、学生界及妇女界也各献机 1 架。据统计，抗战头三年间，菲律宾华侨献机捐款达 490 万比索（2 比索合 1 美元），共可购机 50 架②。菲律宾闽籍侨胞组织福建救济委员会，发起募款 1000 万元③。

在新加坡和马来亚，捐款方式一般分为定期捐款和临时筹募两种。各商店雇员、学校教职员、各机关工作人员，均按月扣薪若干巴仙，各学校学生每日每人捐零钱，车夫、小贩自愿认日捐和月捐。陈嘉庚每月捐款 2000 元。属于临时筹募者，则有各种特捐、如球类比赛筹赈、游艺会筹赈、歌咏筹赈、演剧筹赈，以及制糕饼、菜肴、花卉筹赈等，福建帮组织了 100 个售花队。侯西反（南安县人）是新

---

① 《新华日报》1940 年 10 月 13 日。
② 陈烈甫：《东南亚的华侨华人和华裔》，台北正中书局 1985 年版，第 194 页。
③ 《闽侨月刊》1939 年 5 月 10 日，第 13—16 页。

加坡筹赈会及南侨总会的总务主任兼闽侨募捐主任，他常常一天连续出席几个劝募会，筹款成绩斐然。他主持的树胶公会带头认购救国公债40万元（法币）。胡文虎于1939年10月赠给广东抗日军队15大箱万金油、头痛粉、八卦丹等药品。1937年抗战爆发到1939年4月，胡文虎共认购"抗日救国公债"250万元（法币），加上义捐，超过300万元。马来亚怡保的永定籍华侨戴汉杰，为了支持祖国抗日战争，于1940年将11岁的儿子钢芬卖掉，得款折合银300元，全部捐献给怡保筹赈会，国民政府特颁给戴汉杰一枚勋章，表彰其卖子救国的爱国义举。新马地区华侨义捐和公债合计共达32765826元（法币），平均每人负担15元[1]。

在印尼各地华侨到处张贴"节食救国"和"踊跃输将"等标语。各地侨校师生上街募捐、义卖、义演，成为募捐的主力军。《新报》从1937年8月起，建立"中国救济基金"，四年共募得1715854盾。《新报》职员自动减薪5%—10%以支援抗日[2]。坤甸华侨马细旦足残废多年，以手代步。他爬到街上向侨胞发表抗日救国演说，并将两天行乞所得40盾交到慈善委员会转汇祖国赈济难胞。爪哇华侨许启兴（父是福建籍）曾主办巴城华侨慈善夜市，奔走筹款。据统计，1938年11月至1940年12月的两年内，巴城华侨认捐31535287元。当时我国华南、西南地区疟疾流行，巴城华侨踊跃捐献奎宁丸，不到两年时间即捐一亿粒以上。印尼华侨还捐献6万件寒衣，价值约18万元[3]。

缅甸福建华侨将温陵会馆、安溪会馆、惠安会馆、三山会馆、南安公会的馆所变卖以购公债。缅甸华侨于1938、1939年通过中国航空建设协会仰光支会购献两批14架战斗歼击机，后被编为"缅甸华侨号"。滇缅公路开通后，缅甸华侨响应南洋华侨救灾总会的倡议，各侨团和侨校于1940年掀起献车百辆的运动，所献车辆被命名为"缅甸华侨青年号"[4]。此外，缅甸华侨还捐献大批衣服、药品等物资。据统计，1937—1939年缅甸华侨通过缅甸红十字会运回祖国的物品有：单夹衣裤313捆，32.52万件；新棉衣29捆，1.16万件；新旧麻袋360捆，18.35万件；各类药品69箱[5]。

据南侨总会的统计，自抗战开始至太平洋战争爆发的四年间，华侨的捐款平均每个月达法币1350万元，每年1.6亿多元，等于负担了当时军费的三分之一。其中福建籍的华侨从抗战爆发到1940年底，捐款近一亿元。

① 关楚璞主编：《星州十年》第二章，1940年。
② 《洪渊源自传》，载中国华侨历史学会编：《华侨历史》，1985—1986年。
③ 黄昆章：《印尼华侨对抗日战争的贡献》载暨南大学东南亚研究所编：《东南亚研究》1987年第3期。
④ 黄珍吾：《华侨与中国革命》，台北正中书局1963年版，第349页。
⑤ 《南侨回忆录》，草原出版社1979年版，第57—58页。

5. 日寇虐待华侨及侨眷的暴行

抗日战争前，厦门"侨汇进口正常月查有 200 余万美元，这笔侨汇总收入可以抵消入超额的 1.5 倍以上，即抵入超后还有盈余"。因此，"当时厦门对国内外市场来说相当广阔，在省内，当时除了控制漳泉属经济市场外，有很多进口货，甚至支配着莆田、仙游、福州，如肥田粉、豆饼、工业原料、白蜡、烧碱、煤油等液体燃料。且支配着龙岩、长汀、闽西等腹地"①。日军占领厦门后，厦门与华侨关系最密切的客栈、船头行、信局，大都转移到鼓浪屿和泉州营业，大批华侨出出进进，亦从鼓浪屿进出，不必经过厦门。大量华侨物资流入中国支援中国抗战，引起了日寇的注意。刚开始日寇实行"怀柔"政策，恐吓拉拢鼓浪屿各客栈，要求他们返回厦门营业，否则将不允许华侨在鼓浪屿登岸，并制定种种苛刻的规定。如（1）鼓浪屿客栈，复归厦门营业，应向"厦门警察所"请领营业许可证；（2）客栈复业，应具连环保状；（3）客栈引接客人，应在"厦门府"指定码头登陆，下轮登陆之旅客应依照"市府"指定之船舶；（4）客栈引接客人及下轮登陆时，须有该栈接客臂章，以便证明，该项臂章由客栈具呈"警察所"请发，每章纳费一元五角；（5）客人登陆，应由客栈经理在"客人招待所"填具保状，以便领取厦鼓临时通行证，每人应纳证费一元八角；（6）客人离厦，该项临时通行证由客栈呈"警察所"缴销，如在厦居住者，应请换正式通行证；（7）客栈因营业上提款如超过规定五百元，应向"警察所"声明运用理由；（8）客人不得携带违禁物品。这些条例颁布后，没有一家客栈屈服，他们照旧营业。

拉拢华侨的企图破灭后，日军终于露出凶残的面目，在鼓浪屿拘押华侨，借口华侨中有"支那"间谍，有"抗日分子"，经过重重检查后，押解厦门，拘禁于虎头山下的"风台厝"，每日勒索每人伙食费二元六角。认为没有嫌疑的，必需等到船将启行，才被押解上船。

1940 年 10 月下旬，泉州、永春各县出国侨胞 700 多人，由泉州港乘"智多""圣路沙"两轮船赴鼓浪屿出境。抵达鼓浪屿后，全体被拘禁于"风台厝"，不知生死，华侨家属得讯后，纷纷向菲律宾方面询问。11 月 9 日，各侨眷接到菲律宾方面电报 30 余通，内容大至相同，其中一封信写到："青阳后宅陈穆原，

---

① 汪方文：《近代厦门经济档案资料》，厦门大学出版社 1997 年版，第 221 页。

敌在厦迫华侨种毒药针，速转（张家口）来尼华侨多死，切勿来，陈泽慈。"①晋江二区深沪联保东门乡华侨谢坎，函告其家属说："余等所乘之船至厦，被迫驶进所谓'风台厝'，不久即起锭转驶虎头山下，然后将我华侨逐一打针，凡拒不打者，不许放行。余亦不能例外，抵菲后毒发死者数人。我之死期，未知却在何日耳！"②日军在拘禁侨胞后，借口防疫，给华侨注射慢性毒针，使其抵菲后毒发死亡，极其残酷，实属空前绝后。这一消息，轰动闽南各县。

另外，从海外返抵鼓浪屿的华侨，因日军封锁我海口，外国商轮船航期不定，往往要等候一两个月，还不能返乡，为了不愿登入鼓浪屿受日军蹂躏，侨胞常常冒险雇佣帆船趁夜驶至沿海各县区登岸，因而常遭日军抢劫拘杀。如1940年9月23日，一批华侨由槟屿搭乘荷轮芝巴德轮抵达鼓浪屿，至10月中旬，尚无轮船返泉，其中一部分华侨雇佣帆船冒险偷渡。13日，有两艘帆船，一艘载归侨9人，一艘载8人，趁黑夜由鼓浪屿出发，至嵩屿附近，被日舰探海灯照到后，遭机关枪扫射，船上一妇女当场死于流弹，该妇女身怀六甲，母子均死于日军的淫威之下，其余16人被日军捕送厦门海军司令部拘押。

在日本帝国主义策划发动太平洋战争的同时，便决定对东南亚华侨"采取坚决的行动"，"以没收财产作为一种原则"。所以，在对东南亚发动进攻之初，便把华侨作为主要的攻击对象之一。飞机轰炸的目标主要是最为集中的唐人街。1941年12月8日，日本在轰炸新加坡时，华侨集中的十八溪墘监光笞六甲及合洛津等地被炸成一片焦土，华侨死伤无数，惨不忍睹。日军轰炸瓦城时，瓦城的唐人街完全被炸毁，炸死华侨达1000余人。日军轰炸西婆罗洲首府坤甸时，投下大量的燃烧弹，坤甸市顿时成为火海。随后，日机又盘旋扫射约两小时，死伤达2000多人，其中95%是华侨。日军对逃往云南边境的华侨难民，也进行惨无人道的扫射，致使华侨死伤无数，仅在怒江两岸惠通桥附近，惨死的华侨就达5000多人。自从日军占领东南亚地区开始，便采取种种卑劣的手段，对华侨进行大搜捕、大屠杀，强迫华侨缴纳巨额"奉纳金"，强制实行经济垄断政策等，对华侨进行了惨无人道的人身迫害和强盗式的经济掠夺。这是东南亚华侨史上最为黑暗的一页。

① 《闽侨月刊》，1940年11月25日第七期。
② 《闽侨月刊》，1940年11月25日第七期。

6. 国民政府救助华侨难民及其眷属

1941年太平洋战争爆发，香港和南洋各地相继为日本帝国主义占领，华侨由厦门回省的有48300人，这个数字不包括厦门沦陷后由其他各地转回的华侨数。福建省的侨汇中断，受战争影响侨汇全部损失[①]。侨乡经济一落千丈，侨眷生活陷入绝境。除少数富侨有些财产积累外，一般侨眷生活均极困难。贫困侨眷起初变卖衣服、家具，继而折卖房屋，有的割海草，吃薯叶、薯渣以充饥，三餐难度；有的因生活困难，被迫鬻儿卖女，改嫁，也有的撕不下脸皮，被迫跳水或上吊自杀。

据1943年6月17日国民政府转发的福州等九县市侨眷生活状况调查显示：福州市有侨眷2000余户，从事小手工业或小买卖生活还能自给。福清县有侨眷约20000户，多数从事农耕及手工业，生活俭朴，尚能自给。莆田县有侨眷约5000余户，多务农，因土壤肥沃，生活尚称安适。惠安县有侨眷约3000余户，该县半山半海，耕作较为困难。晋江县有侨眷约80000余户，在侨汇旺盛时，每月达千万元，因此一般侨眷既不务正业，自太平洋战事爆发以来，侨汇中断，较贫困者鬻衣卖物，甚至盗窃及秘密卖淫者比比皆是，尤其在石狮、青阳一带，情况最惨。南安县有侨眷约28000余人，该县困苦情形如晋江。同安县有侨眷约3000余户，生活虽感困苦，但还能自力更生，以农、工、商、渔、运盐各业为主。海澄县有侨眷约2000余户，该县一、二区土壤肥沃，农作物除自用外，还可出售，唯有海沧区，侨眷密集，自给不足，生活困苦不亚于晋江之青阳。龙溪县有侨眷约1000余户，多密集于石角东及石码一带。

战乱使许多华侨失去了侨汇来源。福建省国民政府遂于1942年2月9日成立了福建省侨民紧急救济委员会，专门办理救济归侨。为了接待归侨便利起见，在上杭、龙岩、长汀、永定、平和、晋江、海澄、永安等地分设归侨接待站及联络站，除给予归侨以交通、住宿、医药等一切辅助外，并按其回原籍路程发给救济费。另外，为了健全各级机构加强救侨工作，于1942年7月间，就侨属众多的县市设立县救侨分会，计有大田、德化、晋江、南安、闽侯、龙岩、海澄、漳浦、闽清、永春、同安、长乐、诏安、云霄、古田、永定、安溪、仙游、南靖、东山、莆田、龙溪、福州等23个分会。省救侨会于广东境内的韶关设立联络站，

① 福建省政府编：《福建省损失调查》，1945年11月，第91—92页，福建省档案馆馆藏档案，档案号9—1—19。

并委托贵阳、韶关、南雄、老隆各地福建会馆分别代为办理过境闽侨接待事宜，又于长汀至永安必经的朋口，委托该处运输站接待难侨，遇有因车停留予以一切食宿之便利。

为解决福建救侨经费的不足，中央政府拨给福建省紧急救侨经费 500 万元[1]，主要从以下五个方面帮助华侨。（1）救济归侨，自福建省救侨会开办至 1943 年 2 月底，共接待归侨 27225 人，发放救济费 162.33 多万元；省救侨会鉴于沿途车辆缺乏、归侨往往滞留途中，1942 年 6 月至 9 月派车到曲江接回归侨 280 人，计拨车油费 3.2 万余元；归侨因远道跋涉，饱受风霜，途中患病者为数不少，计拨医药费 1.2 万余元。（2）救济侨生，南洋各地因受战争影响，侨汇中断，为维持省内中等以上学校侨生学业，共发放救济费 70.99 万余元，受惠侨生 3631 人；补助各县侨童教养机构，先后发放补助费 8.14 万元。（3）救济侨眷，发给侨眷赈款，全省侨眷人数达 100 余万，因太平洋战争爆发后，侨汇中断，生活困难已达极点，按照各县市区侨眷户数人数分配发给赈款，计有晋江、南安、福州、龙溪、安溪、惠安、福清、德化、诏安、云霄、东山、漳浦、永定、仙游、闽清、金门、莆田、连江、永泰、连城、龙岩、同安、海澄、长泰、大田、屏南、华安、霞浦、闽侯、沙县、建瓯、漳平、福鼎、泰宁、古田、长乐、南靖、平和、上杭、永泰 40 个县市，共发放救济费 116.661 万元。（4）救助侨校，全省各侨办及侨助学校，因侨汇中断，几乎无法维持，纷纷请求救助，受救助者计有集美学校、永春私立侨育学校、南星初中、三民初中、南安国章小学等 49 所学校，共发放补助款 54.5 万元。（5）补助侨团，全省各侨办慈善公益等机关及华侨团体，亦因侨汇中断无法继续运作，请求救助，受补助者计有泉州妇女养老院、泉州温陵养老院及各市县华侨公（协）会等 22 个单位，共发放补助款 7.77 万元。另外，还发给从国外回来的文化界人士救济费 5.33 万元，其他特别救济费 5.17 万元。

除发放紧急救济款给回国侨民及在本省的侨眷、侨校、侨团、侨生、侨童外，福建省还着手帮助侨胞从事生产建设，国民党中央政府也拨款 3000 万元法币[2]，为福建侨贷专款。特别设了省侨贷指导委员会，协同省赈济会推动生产救济。分配给农、工、商贷款 967.5 万元，归侨工业生产合作社资金 400 万元，侨

① 福建省政府赈济会：《福建省救侨工作报告》，1943 年 6 月，福建省档案馆藏档案，档案号 9—1—14。

② 福建省政府赈济会：《福建省救侨工作报告》，1943 年 6 月，福建省档案馆藏档案，档案号 9—1—14。

眷平粜资金 350 万元，归侨垦耕事业资金 600 万元，渔业生产贷款 20 万元，及其他侨办生产事业贷款 12.5 万元，共计 2350 万元。各县公典局资金及侨眷生活贷款，共计 650 万元。第一期贷款 1000 万元，其中农工商贷款 500 万元，侨眷生活贷款 50 万元，各县（包括晋江、南安等十三个县）公典局 150 万元，归侨产销合作社 150 万元，剩余 150 万元留待第二期继续发放。各县还计划征募救侨捐款 230 万元，但因地方财政困难，仅收到募款 13.8 万元。到 1945 年 12 月国民党中央政府，增拨侨眷赈款 300 万元[①]。

　　抗战结束后，海外失地已收复，所有归国华侨都想方设法返回原居留地，恢复旧业。民国政府于 1945 年 11 月间开始积极计划对华侨的救济遣送业务，尽可能地资助侨民返回原侨居地，以从事原有的职业为主。因多数侨胞在国内既无恒产，而且无适当的职业，抗战一经结束，即有重赴海外的必要。这些侨胞在战争发生时，受到各种损失，回国后生计又多困难，再度出国的费用就需要救助。当时民国政府拟定了资助标准：（1）返缅甸或荷属各地者，每人资助美金 30 元。（2）返马来西亚、菲律宾、安南或泰国者，每人资助美金 20 元。（3）返菲律宾者每人增给入口税美金 8 元，返泰国者增给泰币 200 元。至应受救济人数十分之八，所需救济款项如下[②]：

侨居地	返归本省之人数（人）	需要资助再度出国之人数（人）	每人补助费旅费（美金）入口税		需要补助款款额（元）
缅甸	31578	25262	30 元		757860
马来亚	22910	18328	20 元		366560
菲律宾	12165	9732	20 元	8 元	272496
荷属各地	9825	7860	30 元		235800
安南	2247	1798	20 元		35960
泰国	1375	1100	20 元	91 元泰币 200 元折合数	122100
合计	80100	64080			1790776

① 侨务委员会：《关于增拨侨眷赈款与配放计划函》，1945 年 12 月 6 日。载福建省档案馆编：《福建华侨档案史料》（下），档案出版社 1990 年版，第 1747 页。

② 福建省政府：《福建省战时救济事业概况及战后救济方案》，1945 年 9 月，福建省档案馆馆藏档案，档案号 6—2—1491。

以上共需美金 1790776 元折合战前法币 6070427 元。

而福建省主要开展了协助归侨出国复员登记及遣送工作。截至 1947 年 6 月底，向福建侨务处登记出国人数达 8274 人，向厦门侨务局登记者计 27843 人，两地共计 36117 人。厦门方面计遣送 9 批，共 5953 人，福州计遣送 3 批共计 2045 人，两地共遣送 7998 人[①]。因遣侨业务由国际难民组织远东局福州办事处办理，船期未定就先期通知归侨来榕登记，侨务局登记人数与遣侨人数相差甚远，致使侨民在家乡变卖财产，纷纷来榕，滞留多月未能出国，经济断绝，生活发生困难。为此，民国政府还增拨救济费法币 1.5 亿元交福建省政府统筹放赈。滞榕待遣侨胞以 1000 人估计，不分大小口每人发给法币 15 万元。

据《福建省福州等十二市县沦陷损失调查》[②] 整理

市、县	战前旅外华侨人数（人）	每年汇回侨汇（元）	本地华侨在国外资产总值（元）（估值）	战后归侨人数（人）	因战事国外及本地资产损失（元）	侨汇损失（元）（估值）
福州市（包括林森县）	100000	2000 万	30000 万	10000	仅缅甸 1000 万	太平洋战事后侨汇全部断绝 8000 万
连江县	97	159250	485000	39	仅本地 9700	太平洋战事后侨汇全部断绝 600000
长乐县	13000	300000	5000	6000	—	太平洋战事后侨汇全部断绝 1000000
福清县	40000	30000 万	—	10000	—	太平洋战事后侨汇全部断绝每年 30000 万
厦门市	19000	1500000	150000（二十六年币值）	1000	10000000（二十六年币值）	太平洋战事后侨汇全部断绝 40000000（二十六年币值）
金门县	15000	每人约 683	—	442	—	—
海澄县	11000	2750000	11000000	500	800000	44000000
漳浦县	1392	7000000	140000	832	仅本地 50000	太平洋战事后侨汇全部断绝 700 万

---

① 福建省政府：《福建善救月刊》1946 年第 6 期。

② 福建省政府编：《福建省福州等十二市县沦陷损失调查》，1946 年 1 月，福建省档案馆馆藏档案，档案号民资 3—7—27。其中侨汇、资产等金额按 1937 年法币价值计算。

市、县	战前旅外华侨人数（人）	每年汇回侨汇（元）	本地华侨在国外资产总值（元）（估值）	战后归侨人数（人）	因战事国外及本地资产损失（元）	侨汇损失（元）（估值）
云霄县	872	209280	4360000（二十六年币值）	—	50000（二十六年币值）	1744000（二十六年币值）
诏安县	2000	每人约500	每人约3000（二十六年币值）	130	1850000（二十六年币值）	太平洋战事后侨汇全部断绝 4000000（二十六年币值）
东山县	15457	21637800	30914000	—	—	8655200

　　抗日战争之前，福建的华侨们在侨居国的经济发展中有着强大的经济实力，因而在抗战时期对中国经济的发展产生了重大的影响。长期以来，侨汇是华侨眷属的重要生活来源，特别是全国抗战爆发初期，侨汇骤增，对祖国抗战做出了巨大的贡献。随着太平洋战争的爆发，侨汇汇入发生了根本的变化。日寇虐待华侨及侨眷，惨无人道地进行人身迫害和强盗式的经济掠夺，阻碍侨款的汇入，不但切断了国内部分经济物资来源，同时也造成了华侨及眷属的人员伤亡和财产损失。抗战后期，中国政府并没有放弃对难侨、归侨、侨眷的救助，以及战后帮助华侨回到侨居国，恢复经营生产和生活。

（吕东征执笔）

（五）抗战时期集美学校的内迁与损失

集美学校是爱国华侨陈嘉庚先生创办的集美各校的总称。自 1913 年 1 月 27 日集美小学创办，至全国抗日战争爆发前夕，集美学校已发展成为无论是规模还是设施都是当时全国首屈一指的学校。然而，日本侵略者发动的侵华战争却使集美学校几次内迁，造成严重损失。

1. 集美学校的规模与设施

身在海外的陈嘉庚先生面对多难尽弱的祖国，感叹"诚以救国乏术，亦只有兴学一方"，所以"思欲尽国民一分子之天职，愧无其他才能参加政务或公共事务，只有自量绵力，回到家乡创办小学校"。1913 年 1 月 27 日，陈嘉庚在集美创办了"乡立集美两等小学校"。小学分为高等一级，初等四级，时有学生135 人。1917 年 2 月创办"私立集美女子两等小学校"，初期设初等两班学生 60名。1918 年 3 月，创办集美师范和集美中学，师范招 3 年制师范讲习班和 5 年制师范预科班，12 月，正式定名为"集美师范学校"。1919 年创办集美幼稚园。1920 年 2 月，创办集美学校水产科，8 月创办集美学校商科（后改为集美商业学校）。1921 年 2 月创办集美女子师范，并于 2 月 23 日将所创办的学校总体定名为"福建私立集美学校"，学生总数 1409 人。1925 年创办集美学校农林部（后改为集美农林学校）、航海科（后改为集美高级水产航海职业学校）。1926 年创办集美国学专门部，1927 年创办集美幼稚师范，1933 年创办集美幼师美术专修科。除此以外，还设立了集美医院、集美图书馆、科学馆、音乐室等附属设施。

为了兴办规模日趋庞大的集美学校，陈嘉庚先生斥巨资在集美进行大规模的校舍建设。从 1914 年开始兴建，至 1927 年基本完成，依次如下：

1914 年 8 月建成小学校舍一层 24 间

1918 年1 月建成尚勇楼二层 18 间

5 月建成元功楼二层 20 间

12 月建成大礼堂二层 13 间

1920 年3 月建成立德楼三层 27 间

7 月建成立言楼二层 20 间

9 月建成医院二层 18 间

11 月建成约礼楼

11 月建成图书馆

1921 年 2 月建成手工教室一层 6 间

2 月建成尚忠楼四层 42 间

2 月建成诵诗楼二层 10 间

6 月建成明良楼三层 33 间

7 月建成即温楼三层 39 间

10 月建成钟楼五层 5 间

1922 年 9 月建成科学馆四层 34 间

9 月建成延平楼三层 30 间

1923 年 8 月建成允恭楼

1925 年 2 月建成音乐室一层 3 间

8 月建成文学楼三层 5 间

8 月建成教书楼三层 12 间

12 月建成务本楼二层 20 间

12 月建成事务楼二层 2 间

1926 年 2 月建成景俭楼

7 月建成农林建筑办事处二层 6 间

9 月建成葆真楼二层 24 间

9 月建成养正楼

1927 年 8 月建成敦业楼三层 40 间

为了兴建集美学校，陈嘉庚先生"血汗输将，苦心支持，斥资之巨，已达七百余万元"①（为当时相应之币值，以下同）。全国抗战爆发前夕，陈嘉庚先生于 1937 年 6 月 14 日又提出了复兴集美学校的计划，期望"以复兴民族之苦干精神来复兴集美学校"，拟对校舍道路进行整修，添置仪器，增置图书，改良供电等。日本帝国主义的侵华战争，不仅打断了陈嘉庚先生的复兴计划，而且，使这个在战争时期订下公约"学校范围内，不许军队长驻，毁击及作战有破坏前项规定者，即为吾人公敌，当与众共弃之"的教学圣地，面临着侵略者的铁蹄践踏。

---

① 福建私立集美学校：《集美周刊》第 593 期，1942 年 1 月 30 日。

2. 集美学校的内迁

1937年9月3日，日军飞机、军舰袭击厦门，集美危急。为了师生安全，9月19日，集美学校校务临时会议决定内迁安溪，并派员前往安溪商借、修葺校舍，订制课桌椅等，至10月初旬，一切准备就绪。随即与安溪汽车公司、同美汽车公司接洽车辆运载人员及校具。10月20日，集美中学324名学生、集美师范177名学生迁往安溪县城的文庙及安溪中学、中心小学等处上课。27日，集美商业学校学生138人迁往安溪后坂乡后坂小学。12月7日，集美农林学校学生81人迁往安溪同美乡同美小学。12月16日，集美水产航海学校学生86人迁往安溪官桥乡。至此，集美各中等学校全部内迁安溪各地，共计内迁学生806人，加上教职员工总计1000多人。

集美各中等学校内迁安溪后，由于办学地点分散，给学校管理、教职工调配带来一定困难，造成财力、物力和人力的浪费。为此，1938年1月3日，集美各校举行校务联席会议，决定各中等学校一并迁入安溪文庙校舍，合并办学，并定名为"福建私立集美联合中学"。合并后的联合中学由原校董陈村牧任校长，师范、水产航海、商业、农林各校改设为科，原各校校长改为科主任。1月13日，集美图书馆书籍装车运抵安溪校舍，但一部分珍贵图书28000多册装箱寄存在同安县石兜乡，1940年9月移至安溪。1月20日，水产航海科、商业科、农林科师生迁入安溪县城文庙。

集美小学在厦门沦陷的第二天，即1938年5月12日，迁往同安县第三区石兜校舍。8月20日，分别在石兜、霞店、珩山三个地方上课。

厦门沦陷后，沿海局势更趋紧张，地处闽南腹地的安溪随时都有可能遭到日军的侵袭。在此情况下，1939年1月10日，集美学校第四次校务会议作出决定，将集美各职业科，即水产航海科、商业科、农林科迁移至大田县城，合并定名为"福建私立集美联合职业学校"，并拨出迁移费700元，设备费500元，建筑费1000元，作为迁校费用。同时决议2月15日至20日搬迁，3月1日正式上课。

但上述搬迁费用远远不够，经报请国民党福建省政府，同意拨给搬迁费2000元，并确定从1939年2月份起，每月由省库补助职业科经费600元，同时核准校名为"福建私立集美职业学校"和"福建私立集美中学"（师范科附办）。经此变动，昔日的集美学校分为三个部分：即集美中学（在安溪）、集美职业学校（在大田）和集美小学（在同安）。

1939年9月20日，日机轰炸大田县城，集美职业学校教室被炸塌数间，所幸师生及时疏散，未造成人员伤亡。但师生的安全已受到威胁，学校不得不再次搬迁至县城西南二里多远的玉田村，借用范氏宗祠及民房20多座作为教室、宿舍、办公室、医院、厨房、膳厅等。

由于水产航海、商业、农业各科性质不同，设施各异，于是决定自1941年下半年起，仍将各科恢复抗战前状态，在大田各自单独设校，仍称"私立集美高级水产航海学校"、"私立集美高级商业学校"、"私立集美高级农业学校"。

设在安溪县城文庙的集美中学，到1941年秋有高中生308人，初中生778人，学生数激增，校舍狭小，因而在1941年下半年将高中部迁移到南安县诗山镇，初中部仍在安溪县文庙。

集美学校特别是水产航海学校内迁大田，给闽南各县渔民子弟入学造成了一定困难，于是，1942年8月20日，高级水产航海学校又由大田迁回安溪县城，在南街王田祠堂的侧背两面各建教室、宿舍一列。

至此，由于日军入侵，昔日的集美学校分别迁至安溪、大田、南安、同安等县。几次搬迁不仅耗费大量人力、财力、物力，而且也给师生的工作、学习和生活带来许多困难。即使如此，广大师生员工的精神面貌却生机勃勃。为避免敌机空袭的危险，上午9点至下午4点，师生疏散到树林里上课，学生肩上一边是书包，一边是写字板。写作业时，人盘腿坐在地上，写字板放在腿上，系在板上两端的绳子挂在脖子上，用这种简单方便的工具代替课桌。在最困难的时候，学生们唱着"当春天来到鼓浪屿，我将要回到你那里。可是现在兵荒马乱，要想见，除非在梦里……"的《春到鼓浪屿》的歌曲，表达了对抗战必胜的信心。

全国抗战开始后，陈嘉庚先生的钱财主要用于抗日救亡，集美学校的经费也较前困难。太平洋战争爆发后，陈嘉庚先生避难爪哇，一时经费来源断绝，再加上多次搬迁，耗资耗力，集美学校的困难更大了。此时，币值猛跌，物价飞涨，为了维持办学，集美校董会多方筹措资金。一是创办实业。1942年，陈嘉庚先生嘱其族弟陈六使、婿李光前、长子陈济民、次子陈厥祥共汇法币820万元，在福建临时省会永安设立"集美实业股份有限公司"和"集友银行"，每年以盈利的20%补助集美学校。二是向校友寻求资助。1939年11月，南洋各属集美校友及闽南同乡为抗战后修复被炸的集美校舍踊跃捐款，仅3个月就捐123万元法币，作为集美学校基金。1942 年 1 月 18 日，集美校友会第二届代表大会在安溪召开。19 日，通过了《告全体校友书》，指出："自南太平洋战事发生，校主领导侨胞起而抗战，大敌当前，内顾未暇，此后复兴母校，我校友实责无旁贷。愿资群力，共护门墙，少或一金，多则百数，使校主逐月之担负可以减轻，母校复兴之基金亦得立集，众擎之力易举，百年大计以成。"[①] 三是向国民党福建省政府申请补助。1944 年 2 月，国民党福建省政府同意由省级公学粮项下一次拨借集美学校 2000 担食米，由于集美学校分设安溪、大田、南安、同安等县，为免转运之劳，分别由安溪拨付 1250 担，南安 430 担，同安 320 担。同时，国民党行政院一次性补助集美学校 50 万元法币。1945 年初，国民党福建省政府"准由省特种积谷项下拨贷食米 2000 市担"给集美学校，由安溪县田粮处拨交 800 市担，大田县田粮处拨交 1200 市担[②]。4 月，省政府增贷食米（糙米）1000 市担，由安溪田粮处拨付[③]。秋，集美学校加紧修葺校舍，工作人员急需食米，由校董会函请福建省田粮处拨售限价米 1500 市担，每市斤限价 7 元。为了应对物价上涨，节省开支，集美学校从 1943 年春季开始，教职员工薪俸照原额增加五成，每月另发生活补助 100 元，食米 100 市斤[④]。从而保证了教职员工的基本生活。而学生的学、宿、杂费则改收"学米"，初中、高中 3 公斗，高商、高农 2 公斗，水产航海 1 公斗。

正因为采取了上述措施，集美学校不仅没有停办，反而在困难中有所发展，到 1944 年上半年，全校学生数达到了 2473 人，是内迁时的 3 倍。

3. 集美学校的损失及回迁

1945 年，日本战败已成定局，集美学校的回迁提到了议事日程。

抗战以前，集美学校有楼房 20 多座，平房几十座，总计 60 余座。抗战期间，被日机轰炸 40 多次，200 多枚炸弹在集美校园里爆炸。集美面对厦门高崎，那里有飞机场、大炮阵地，厦门沦陷后，日本侵略者的大炮和机枪，几乎把集美学校"当作实习射击的靶子"，有 2000 多发炮弹落在集美校舍，机场扫射更是经常。日本投降时，集美学校已是"百孔千疮，体无完肤"[⑤]。校舍及各种机件

① 福建私立集美学校：《集美周刊》第 539 期，1940 年 4 月 27 日。
② 福建私立集美学校：《集美周刊》第 675 期，1944 年 2 月 26 日。
③ 福建私立集美学校：《集美周刊》第 679 期，1944 年 3 月 20 日。
④ 福建私立集美学校：《集美周刊》第 622 期，1943 年 1 月 24 日。
⑤ 陈村牧：《战时集美学校的回顾》，见福建私立集美学校：《集美周刊》第 691 期，1946 年 2 月 20 日。

损失甚大。所幸图书仪器因疏散迁移，损失较轻。总计全部损失达现金 2.5 亿元以上。

由于校舍损毁严重，所以，集美学校的回迁只能分期分批分步进行。1945年4月，校董会作出5项决定：1. 在安溪县城的高级水产航海学校及初级中学两校暂不迁移；2. 原设立在南安诗山的高级中学，迁往安溪县城，拨出初级中学校舍一部分供高级中学使用；3. 远在大田县的高级商业学校迁往南安诗山原高级中学校舍；4. 在大田县的高级农业学校迁回同安县天马山麓原址；5. 集美小学暑假后在集美村上课。10月，集美学校公布了《集美学校复兴计划》，依据校舍、设施损毁程度，按照先修缮损毁轻的，再修缮损毁严重的，最后重建被夷为平地的顺序，将学校复兴分为三个复兴期，第一期：修复水产航海、商业、农林各校校舍，并将上述各校迁回集美；修理添置全校各部校具；修理学校码头，并恢复厦集汽船交通；第二期，修复高中、初中及小学校舍，并迁回集美；修复科学馆、医院及电灯厂，整理并添置图书仪器。第三期，重新建筑图书馆、大礼堂及小学校舍，造置航海实习船，安装自来水等。预计全部修缮费及搬迁费在7000万元以上。

水产及农业两校校舍因损毁较轻，修缮较易，1945年下学期迁返原址上课；小学也在临时校舍上课。1946年1月，高级中学、初级中学、高级商业职业学校全部迁返集美。春季，科学馆修复后，分散在各地的设备运回集美，集中整理后开放，教室、实验室、陈列室、暗室、X光室等均恢复原样。同时重整气象台，增设播音室，各校还装设收音机，以充实电化教育。夏季，图书馆修复后，全部图书运回集美，集中整理。

至1946年7月，已修竣的校舍有中学的居仁楼、瀹智楼、博文楼、立言楼、约礼楼；水产航海学校的允恭楼、崇俭楼；商校的尚忠楼、敦书楼、诵诗楼；农校的务本楼；小学的葆真楼、养正楼。此外，科学馆、图书馆、医院等也已修复。总计修复30余座校舍，占总数的二分之一，修理校具3000余件，以及电话、电灯等，总支出6000余万元。照此推算，集美学校的修缮费和搬迁费应在亿元之上，远远超出1945年10月《集美学校复兴计划》中提出的修缮搬迁费7000余万元（以上均为法币）的预算。

日本帝国主义的侵略，使集美学校遭受严重损失，校舍被毁，师生内迁，直接经济损失4亿多元法币。几次搬迁，打乱了正常的教学秩序，给教育事业带来的损害是难以估算的。

（兰桂英执笔）

（六）抗战时期厦门大学的内迁与损失

1937 年 7 月 7 日，日本帝国主义挑起了卢沟桥事变，全面发动对中国的侵略战争。日军在占领平津后，一方面加紧由北而南进攻，并进逼上海、南京；另一方面对中国海岸实行全面封锁，加紧对中国沿海地区的侵略行动，福建成为日本向东南沿海地区侵略的一个主要目标。八一三抗战爆发前后，日本海军派遣一批军舰驶入福建沿海各地，实施试探性进攻。1937 年 9 月 17 日，日舰炮击厦门及晋江县永宁镇；10 月 24 日，日本海军出动汽艇 2 艘直冲金门岛后湖至水头海岸。随之，日海军计有小型航空母舰 1 艘，巡洋舰 2 艘，驱逐舰 6 艘，运输舰 2 艘纠集于厦门港外，展开对厦门、金门的进攻之势。10 月 26 日晨，日军对金门发动了全面的进攻。"开始了华南的卢沟桥事变"，与金门仅一海之隔的厦门局势顿时岌岌可危，位于厦门岛的厦门大学面临着灭顶之灾。

（一）

厦门大学的创办是基于著名爱国华侨陈嘉庚先生对于教育极端重要性的认识。他指出："教育不振则实业不兴，国民之计日绌"，"国宝之富强，全在乎国民，国民之发展，全在乎教育"。认为"捐金以衬助国家社会之发达，最当最有益者，莫逾于设学校与教育之一举"。1918 年 11 月，第一次世界大战结束，陈嘉庚对所经营的橡胶、船运、黄梨等业进行结算，实存资产已达 400 万元。实业的巨大成功更坚定了他资助祖国教育的决心，宣布"此后本人生意及产业逐年所得之利，除花红外或留一部分添入资本，其余所剩之额，虽至数百万元，亦决尽数寄归祖国，以充教育费用"[①]。并开始有了回国兴办大学的念头。

1919 年 7 月，陈嘉庚经过一个多月的准备，发出了《筹办福建厦门大学附设高等师范学校通告》，7 月 13 日陈嘉庚在厦门陈氏宗祠宣布筹办"福建厦门大学"计划，决定自己认捐开办费 100 万元，三年内交清；经常费 300 万元，每年付 12 万元；总计 400 万元银元。对于实有资产 400 万元的陈嘉庚，为兴办厦门

---

① 陈嘉庚：《愿诸君勿忘中国》，载厦门大学校史编委会：《厦大校史资料》第一辑，1987 年 12 月，第 15 页。

大学可谓是倾囊捐出。

此后，为了厦门大学的创办和发展，陈嘉庚先生一如既往地倾力捐助，因为要创办一所综合性大学"欲制造各种专门人才，以活动于教育界、实业界或政治界，为吾国放一异彩，须年筹有数十万元或百万元之经费，抑千万元之基金，可收纳生徒数千名，方能达此目的"。仅 1921 年 1 月至 1922 年 7 月的筹办开支，就有校舍建筑费 199860 元，图书设备费 12449 元，经常费 73264 元，共计 285574 元（为当年相应之币值，以下同）。为了进一步筹措经费，陈嘉庚先生曾多次在南洋为厦门大学进行募捐。尽管办学资金不足，但在陈嘉庚的竭力捐助之下，至 1930 年厦门大学已发展成为拥有中国文学系、外国文学系、哲学系、社会学系、史学系、数学系、物理学系、化学系、植物学系、动物学系、法律学系、政治学系、经济学系、教育原理学系、教育心理学系、教育行政学系、教育方法学系、会计学系、银行学系、工商管理学系及附设高级中学等 20 多个学系，开设必修课 261 门，选修课 196 门，成为当时中国为数不多的综合性大学。

1929 年，资本主义世界爆发空前的经济危机，陈嘉庚的实业也受到严重损失。在处境十分困难的情况下，亲友曾劝陈嘉庚停止办学，将有限的资金投入企业经营，以渡难关。他却认为"两校如关门，自己误青年之罪小，影响社会之罪大"[①]。仍四处筹措经费以继续厦门大学和集美学校的办学费用，他甚至将过继给长子、二子的别墅卖掉，以充厦门大学的办学费用。在 1931 年至 1933 年间，每年仍给厦门大学划拨经费 14.4 万元。与此同时，为解厦门大学办学经费之困，海外华侨也纷纷伸出援助之手。1929 年 3 月，曾江水先生捐助图书馆建筑费叻币 15 万元，设备费 3 万元；新加坡群进像皮公司于 1929 年 9 月至 1930 年 2 月，先后捐助 1.5 万元叻币和 2.1 万元银元。

抗战爆发前夕，厦门大学收为国有。随着日军铁蹄的临近，这所"陈嘉庚先生独资兴学，所耗已近千万"，且凝集众多海外华侨心血的大学，面临毁于一旦的危险。

（二）

1937 年 8 月 24 日，旅居厦门的日侨开始撤退，厦门大学校长萨本栋觉察

---

① 陈嘉庚：《南侨回忆录》，南印印刷社 1946 年 3 月 25 日版。

到日本觊觎厦门的野心，即令将校内重要文件、图书、仪器等陆续装箱，准备内运。9月3日，厦门首次遭到日舰炮击和日机轰炸，驻厦门国民党军第157师奋起抵抗，各炮台大炮纷纷怒吼起来。厦大毗邻炮台，处于火线中。为了师生安全，9月4日，厦门大学暂迁至鼓浪屿，借用闽南职业学校部分校舍作为办公地点。借用英华中学及毓德女校部分校舍作为教室。10月4日，开始继续上课。

此时的厦门笼罩在被日军占领的阴影中，日军不断派飞机、军舰袭扰厦门，以图伺机抢占。据统计，仅1937年9月3日至1938年1月3日，日机空袭轰炸厦门37次，日舰入侵11次。战争随时都有可能爆发，厦门、鼓浪屿绝非安全之地。萨本栋当机立断，决定将厦门大学迁往内地山区，经与国民党福建省当局协商，最后选定地处闽西赣南交界处的长汀作为内迁地点。

1937年10月16日，厦门大学教务长和校秘书前往长汀，察勘、商借校址，得到驻长汀行署专员及长汀县当局的支持，拨出行署用地之一部分及孔子庙为厦门大学校舍。经与当地士绅及市民协商，又租借了一些民房。紧接着进行修葺、订制课桌椅、床架等。12月24日，厦门大学开始内迁长汀。

当年厦门到长汀，要渡过鹭海、九龙江及十几条溪流，越过多座崇山峻岭。道路崎岖，土匪出没，车辆又极少。厦门大学师生分期分批出发，翻山越岭，长途跋涉800里，前后经历20天，于1938年1月12日才抵达长汀。紧要及急需的图书、仪器设备等也同时运达，其余的则分存于鼓浪屿、漳州、龙岩等地。

厦门大学举校迁往长汀，租借、修葺校舍，定制课桌椅，以及长途运输费，总耗资1.7万元，相当于厦门大学年办学经费的8.4%。

师生到达长汀后，暂住宿在旅社、民房里，虽不免因陋就简，但总算安顿了下来。几天后，一切准备基本就绪，便于1月17日在长汀复课。从此，厦门大学开始了在长汀近9年的战时教学。

从滨海到山区，从繁荣的城市到偏僻的山城，师生们经历了工作学习和生活的巨大转变。当他们逐渐适应这一变化，慢慢爱上山城长汀的时候，从厦门传来了噩耗。1938年5月10日凌晨，日本海军陆战队700余人在炮舰和飞机的掩护下向厦门岛发起进攻。驻厦守军奋起抵抗，打死打伤日军500多人，自己也付出了异常惨重的代价，至12日厦门全岛遂告沦陷。全岛人口由18万骤减至1.3万，市区十室九空，一片狼藉。厦门大学遭到了日机的狂轰滥炸，一片废墟。

师生们闻讯莫不悲愤填膺，大家切齿痛恨日军暴行，深切怀念遭遇劫难的故土乡亲，更感到自己责任重大，全校呈现出一派奋发为国学习的景象。

全国抗战爆发以后，我国高等学校纷纷内迁。内迁于长汀的厦门大学成为粤汉铁路线以东唯一的国立大学，也是最逼近战区的国立大学。但因长汀地处崇山峻岭之中，距厦门、南昌、广州、武汉等敌占区均数百上千里，且非战略要地，在东南一带可以说是较为安全的地方，这对厦门大学的稳定及东南诸省学生的就学十分有利。有鉴于此，厦门大学迁汀后，便做长期打算，首先大兴土木，解决校舍严重不足问题。

1938 年上半年，厦门大学呈请国民党教育部核准拨给建设专款 3 万元，利用当地廉价的木料、杉皮以孔子庙为基点，盖起了十几座堂舍、教室。至 1938 年底，形成了三大院落。

与专署毗连为第一院，包括群贤堂、同安堂、男生宿舍映雪斋、博学斋，以及校长办公室、总务处、教务处、注册部、训育部、体育部、教员预备室、会客室、化学、生物、物理实验室及五间大教室。

仓下巷万寿宫及附近房屋为第二院，包括图书馆、体育场、男生宿舍囊萤斋、女生宿舍笃行斋、医院、西膳厅等。

与石山巷 41 号楼屋及附近空地为第三院，包括教师宿舍敬贤楼及拟建中的实习工厂，另租民族路 14 号房屋数进，作为教职员宿舍。

1939 年，学校在长汀北山之麓又建起一座嘉庚堂，整座建筑带有南洋风味，净雅、朴素，给人异常亲切之感。

1939 年春季开学后，日机频频轰炸福建内地，长汀数次被炸，厦门大学校舍也遭到一定毁坏，对此，师生们不仅毫不胆怯气馁，反而以更加奋发图强的精神投入到教学和抗日救亡宣传中，厦大学生也因此被称为"敬惜光阴爱书如命的英雄好汉"。1940 年 8 月国民政府教育部举办专科以上在校生全国竞试，按获奖人数比率名次、得奖系数比率名次，得奖生总数名次、总名次，厦大均名列第一。1941 年第二届全国竞试，在全国最优 5 校中，厦大再居首位，蝉联全国第一。与此同时，厦大也由原文、理、商 3 学院 9 个系扩展为文、理工、法、商 4 学院 15 个系，学生人数也逐年增加，1938 年 1 月，学校迁汀复课时只有 196 人，至 1944 年第一学期增至 926 人。

为了安顿逐年增加的学生，保证他们有较好的学习生活环境，学校向政府申请拨给虎背山南麓旧中山公园荒地一片共 57 亩，几年间陆续兴建各类教室、阅览室、实验室、实习工厂、男女生宿舍等大批校舍以及足球场、篮球场、蓄水池、发电厂等体育、生活设施。又在长汀东门外及龙山麓分别建成第三、第四、第五教职员宿舍共十余座，并扩建了厦大医院。这些新建校舍与孔子庙周近的三大院落，及嘉庚堂、万寿宫、仓颉庙等校舍联成一片，几乎占据了半个长汀城，使千余名师生得以安心求学与工作。

（三）

1945年8月15日，日本宣布无条件投降，厦门光复。8月下旬，厦门大学成立厦大复员委员会，具体负责回迁厦门各项事宜，下设交通、图书、仪器、员工及眷属、学生、其他公物等组。11月17日，校长汪德耀在长汀校舍大礼堂召开全校师生大会，提出1945学年度为"复员年"，学校一切工作应以"复员"为中心，宣布寒假内全校迁返厦门。

但迁返厦门却未能按计划进行，其主要原因是厦门原校址演武场校舍在敌占期间损毁严重。全部被毁者，计有生物院大楼一座、化学院大楼一座、女生宿舍笃行楼一座、教员眷属宿舍兼爱楼一座、白城山教职员住宅26座、发电厂一座、膳厅一座、医院一座、温室一座、植物园一处，以上数十幢校舍、宿舍及附属设施，无论楼房平屋，悉数夷为平地。梁木墙石，被日军运作防御工事之材料，留下的是一片废墟，损失估计在法币40亿元以上，折合当时外汇，约合美金115万元。

其他校舍遭受破坏须进行大修者，有博学楼、映雪楼等；须稍加修葺，添补门窗者，有群贤楼、集美楼、同安楼、囊萤楼等。此外，发电机、引擎、电料、印刷机件、抽水机管等损失，按法币计，约值战前15万元，家具之损失，值战前13万元；图书、仪器、标本等虽然及时搬迁，但仍损失一部分，约值战前50万元，三项合计值战前78万元，相当于私立时期4年的经常费。

校舍损毁及其他损失如此严重，而受破坏较轻的校舍在抗战胜利后又被国民党军队当作日俘集中营，全校要立即迁回厦门显然不可能。在此情形下，厦门大学一面通过海内外舆论催促国民党第三战区早日归还演武场校舍，另一方面寻找适合作教室、宿舍的房屋，经四处奔波，有关当局同意拨给海港检疫所、敌人油库、大南新村、南普陀一排石屋、大生理一列楼房为厦大所用。

1945年秋季，招生开始，厦大经严格考核，录取了436名学生。由于学校即将迁返厦门，因此决定一年级新生直接到厦门报到注册。但没有校舍，于是向鼓浪屿英华中学商借部分课室，接着，又借到田屋小学的部分校舍，同时征得日本小学旭瀛书院、日本博爱医院、日本总领事馆及八卦楼数处等敌财产为厦大校产。12月24日，新生正式上课，成为全国最早在收复的沦陷区中开学的大学。

1946年2月7日，日俘从厦门大学撤走。9日，厦门大学驻厦门复员办事处开始接收演武场校址。紧接着，集中力量对原校舍进行修缮。3月，修好群贤楼、集美楼、同安楼等；4月底，修好博学楼；6月初，囊萤楼、映雪楼等修缮工程也相继完成。至此，演武场原校舍除生物院、等行楼、兼爱楼等全部捐毁无法修复外，其余的校舍均已修竣。

在驻厦复员办事处紧张工作的同时，长汀校本部也积极准备复员迁校，大部分图书、仪器设备均已装箱待运。由于长汀通往漳州的公路只修复到水潮，学校乃决定一路分成三段：第一段由长汀至水潮，公路里程为498华里；第二段由水潮至漳州，溪流水程120华里；第三段由漳州到厦门，转入海程，长90华里。

1946年5月6日，学校与漳龙汽车公司订立运输合同，开始启运图书、设备。6月1日，全校开始迁返厦门。

为了使回迁工作顺利进行，学校在水潮、漳州两地设立接运站。长汀运来的公物，先由水潮接运站雇夫挑至离公路7里远的石鼓码头，装上雇来的木船或木筏，沿溪运至漳州；再由漳州接运站转驳到帆船上，经九江口入海，运往厦门。因为舟车辗转，箱柜家具又多，又适逢气候苦旱，溪流水浅多滩，水潮至漳州段之航行，少则五六天，多则六七天，给搬迁工作带来了许多困难。

但最为困难的，是复员经费严重不足，由于通货膨胀，法币贬值，按1946年5月的价格计算，全部复员修建经费，至少需法币20亿元以上，厦门大学才能恢复到抗战前校舍之旧观。而教育部只核准拨给6.68亿元，其中旅运费6800万仅及实际需要额的四分之一。在经费严重不足的情况下，厦门大学几经周折，延至7月上旬才将全校行政机构及大部分教职员迁厦，7月12日在演武场校址开始办公。长汀临时校址设留汀办事处，由留下的10余名职员处理有关事务。图书、设备及其他公物，则一直延到11月初才运完。11月13日，留汀办事处结束工作，全校复员厦门宣告完成。

（兰桂英执笔）

（七）抗战时期福建教育的损失

抗日战争时期，由于日本帝国主义的疯狂侵略和无情摧残，中国的教育遭到前所未有的重创，造成了极其巨大的资金和财产上的损失。这种损失，有因日军故意毁坏造成的，有被敌人强行劫掠造成的，有在转移和疏散中丢失损耗造成的。本文对全国抗战时期（1937年—1945年）福建教育所遭受的损失进行概述。

1. 全国抗日战争前福建学校教育概况

1920年1月，福建正式成立省教育厅，是省政府重要的直属机构。1928年后，福建省的学校教育有了长足的发展，各地相继采取了一系列的改革措施：如设立试验小学，作为地方小学的示范；设立乡村师范，培养农村小学教师；废除综合中学，将普通教育、师范教育和职业教育分开设置。1935年，成立了义务教育委员会，采取多种形式，广泛推行义务教育。截至1937年（全国抗日战争前夕）全省共有各类小学4700所，在校学生近50万人；普通中学82所（含完全中学和高级中学），在校学生17000余人；中等师范学校14所，中等职业学校19所；全省共有民众学校、补习学校、民众教育馆等成人教育机构1400多所，约有9万多人接受不同程度的成人教育①。但是，普通教育呈畸形发展状态，特别是沿海城镇与山区农村差距悬殊。

在资金投入方面，国民政府对大中小学生全部免除学费，甚至提供食宿，教育经费在财政支出中仅次于军费，居政府财政支出的第二位。

民国23—37年教育费支出数②　　　　　　　　　　　　　单位：万元

年份	支出数	占总支出%
民国23年	19	1.9
民国24年	115	9.9
民国25年	128	8.0
民国26年	182	7.9

---

① 福建省地方志编纂委员会编：《福建省志·政府志》，中国社会科学出版社2002年版，第51页。
② 同上，第117页。表中支出数为法币。

年份	支出数	占总支出%
民国 27 年	63	6.6
民国 28 年	127	6.3
民国 29 年	331	7.2
民国 30 年	452	5.7
民国 31 年	443	5.6
民国 32 年	1343	15.2
民国 33 年	2123	5.4
民国 34 年	19866	9.9
民国 35 年 （上半年） 民国 35 年 （下半年）	52715 68272	7.6 5.6
民国 36 年	553301	5.3
民国 37 年 （上半年）	4572644	7.9

当时省财政的教育文化支出，主要是用于各类省立学校，随着通货膨胀的日趋严重，教育经费中用于生活补贴的部分不断增大，实际教育经费处于萎缩状态。如 1947 年度教育经费支出 55 亿元法币中，公费生主副食费共 42 亿元，占财政教育经费支出的 76.4%[①]。

2. 抗战期间省内学校遭到的严重破坏

据省政府战后调查，抗战前全省各类学校大部分集中在福州、厦门等沿海一带。抗战爆发后，这些学校受到了极大的破坏。具体情况如下表所示。

另据各校向省教育厅主动呈报的被炸情形和损失概况，1937 年—1944 年，全省除福州、厦门等沿海一带的学校，其他各县学校因遭受日机轰炸损失也十分惨重，显示如下表[②]：

---

① 福建省地方志编纂委员会编：《福建省志·财税志》中国社会科学出版社 1994 年版，第 260 页。

② 福建省档案馆编：《日本帝国主义在闽罪行录》（1931—1945 年），福建人民出版社 1995 年版，第 452 页（整理）。

福建省福州等十二市县沦陷损失调查（教育）①

市、县	原有学校或私塾	教师及学生		建筑物损失		图书仪器等损失	
		教师（人）	学生（人）	损毁数（处）	价值（元）	损毁数	价值（元）
福州市	中学12所、国民学校30所、私立小学37所	753	32200	40	243000	图书4000册 桌椅6500副 仪器2000元	291500
林森县	中学2所、国民学校209所、私立小学2所	1071	4332	350	635万	—	90万
连江县	中学1所、国民学校60所、私立小学2所	450	7500	第一次沦陷时损失1298元 第二次沦陷时损失12052元			
长乐县	中学2所、国民学校62所、中心小学23所	288	14147	第一次沦陷时损失50510元 第二次沦陷时损失120000元			
福清县	中学4所、中心学校及国校144所	595	26117	—	—	图书8000卷	3000
厦门市	学校107所、私塾15处	985	21560	35	2924500	5437000	
金门县	学校33所	350	5000	4	17469	7334	
海澄县	小学83所 私塾2处	599	7852	2	32000	32000	
漳浦县	学校134所	359	28111		50000		
云霄县	学校70所 私塾未统计	321	14211	—	—	286	
诏安县	学校81所	305	14360	2	34000	50000	
东山县	学校19所 私塾未统计	69	1530	3	85000	398000	

① 据福建省政府1946年1月编《福建省福州等十二市县沦陷损失调查》整理。表中损失价值按1937年法币价值计算。

另据各校向省教育厅主动呈报的被炸情形和损失概况，1937年—1944年间，全省除福州、厦门等沿海一带的学校，其他各县学校因遭受日机轰炸损失也十分惨重，显示如下表①：

县别	被炸情形	损失概况
崇安县	民国30年7月9日，日机9架轰炸本县清献中心小学，教室被炸3间，其他受震数处	损失2500万元
福安县	民国29年9月23日，城西小学，基督教堂、王家祠各炸一部分，民房被炸塌5座	损失约万余元，伤亡人数壮丁共23人
长汀县	民国27年厦门大学学生宿舍被炸； 民国28年厦门大学宿舍被炸一部； 民国32年厦门大学生物系被炸； 省立长汀中学被炸住宅1所； 厦门大学第14教室被炸，死亡男2人，伤男1人	建筑损失总值4800元 损失约1000元 建筑及财产损失总值25万元 建筑损失总值5000元 建筑及财产损失总值25万元
龙溪县	民国33年1月20日，澄观道私立舰民小学中2弹，损毁教室4间、寝室4间、办公室1间、图书馆1间，课桌椅12件	损失计40余万元，一教员及其女被炸死
惠安县	县立初中被炸毁教室2间，礼堂1座	损失估值15万元
莆田县	民国28年5月25日，日机3架空袭县第一私立哲元小学，损毁多处房屋及运动器械。同年6月30日，日机7架投弹13枚，狂炸私立东山职业学校，校舍均遭摧毁	建筑损失估值1.2万余元，校具、教具及图书仪器损失约600余元。损失计3万余元。器物损失约3000余元，死亡2人

福建省中小学校被炸损失一览表②
(1939年7月29日)

校名	被炸日期	损失情形	备考
省立龙溪中学	5月12日	校舍大礼堂被炸，损失约2万元	已迁长泰
省立龙溪简师	5月13日	校舍大礼堂、宿舍、办公厅被炸，损失约2.5万元	已迁南靖
私立尚志女中	5月13日	福州校舍几乎全部被炸，损失约2万元	已迁闽侯县
私立咸益女中	5月22日	寝室、理化室、音乐室、教室均被炸，损失约3万	
省立福州中学	5月26日	生物标本室、图书馆被炸，损失1.2万元	已迁沙县
省立师范学校	5月30日	校舍内红砖教室全座被炸，损失1.5万元	已迁永安

---

① 福建省档案馆编：《日本帝国主义在闽罪行录》(1931—1945年)，福建人民出版社1995年版，第452页。
② 福建省档案馆编：《日本帝国主义在闽罪行录》(1931—1945年)，福建人民出版社1995年版，第467页。表中损失金额按法币计算。

校名	被炸日期	损失情形	备考
惠安县立简师	5月31日	校舍全部被炸或震坏，损失约1万元	
省立晋江初中	6月1日	礼堂、宿舍、办公厅均被炸，损失约2.5万元	已迁德化，属二次被炸
省立上杭初中	6月2日	宿舍部分被炸，损失约2000元	
省立建瓯初中	6月25日 7月6日	两次被炸，计毁自修室、教室、宿舍、实验室、器械室等，损失约3万元	
私立东山职校	6月30日	校舍全部被炸，损失约2万元	
省立三都初中	7月4日	教室2座被炸，损失约6千元	已迁福安
省立建瓯简师	7月6日	图书馆及员生宿舍被炸，损失约8千元	
私立进德女中	7月10日	礼堂、教室、物理室被炸，损失约5千元	
上杭县第一私立崇真初级小学	6月4日	寝室、教室被炸，教具、校具被毁，损失约5千元	
古田县第四区镇立湾口初级小学	6月8日	炸毁女厕所一座，器具略有损坏，损失约300元	
浦城县第一区县立西门小学	6月14日	校舍被炸，损失6千元	
长汀县第一中山中正联保联立小学	6月22日	校舍被炸，校具略有毁坏，损失约5千元	
连江县第三区县立苔菉初级小学	7月3日	学校被炸，校舍略毁，校具均被日军所抢，损失约1千元	
长乐县第三区县立三溪中心小学		校舍被炸，校具全毁，损失约1千元	
建瓯县第一区县立梨山小学	7月6日	教室、办公室、储藏室、阅览室、体育器械室等均被炸，校舍全毁，损失约6千元	
晋江县第一私立平民小学		被炸三次，礼堂厅室均倾倒，校具毁坏，损失约5千元	
省立师范学校	5月9日	男生宿舍、厨房、教室、办公室等全毁，计损失1万元	被炸地点永安校舍
省立高级职业学校	5月8日	机械电机工场全部被炸，计损失1.5万元以上	被炸地点南平校舍

校名	被炸日期	损失情形	备考
省立南平初级中学	5月8日	礼堂及教室一部分被毁，计损失8千余元	
省立福州女子家事职业学校	5月1日	宿舍、缝纫工场、烹饪室、模范室、厨房等全毁，计损失2万元以上	被炸地点福州校舍
省立龙岩简易乡村师范学校	5月19日	宿舍全毁，计损失5千元	
省立晋江初级中学	5月10日	教职员女生宿舍一部、理化仪器室等被毁，计损失5千元	被炸地点晋江校舍
私立福华中学	5月2日	炸在墙外，校舍微损，全部玻璃震碎，损失约1千元	被炸地点福州校舍
连江私立青芝小学	4月8日	被炸三次，全部校舍毁坏，计损失5千余元	
大田县立初级中学	9月20日	炸毁办公室、图书馆、教室，损失约8千元	
大田县立均溪小学	9月20日	炸毁办公室、图书馆、教室，损失约1千元	
私立集美职业学校	9月20日	震毁寝室、图书馆、围墙二道，损失735元	被炸地点大田县
诏安县立丹诏中心小学	6月26日	被炸房屋10余间，损失合计6130余元	
漳浦县私立逢源小学	5月	校舍平房全部倒塌，死伤14人，倒塌房屋10余间，估计损失5万元以上	

3. 抗日战争时期全省各类学校的搬迁

抗日战争时期，日军强占厦门、金门，福州两度沦陷，沿海和全省城镇常遭敌机轰炸，大部分学校被迫向农村山区迁移，在农村山区坚持办学，直至日本投降才又迁回城市。

高等教育　抗日战争期间，本省高等学校已有专科以上学校9所，其中公立的有福建省立医学专科学校、福建省立农学院、省立福建音乐专科学校、福建省立师范专科学校等4所，私立的有私立华南女子大学、福建协和大学、厦门大学、私立厦门美术专科学校和私立福建学院等5所；另外，从外省迁来的有苏皖联立临时政治学院、国立暨南大学、私立之江文理学院和国立东南联合大学4所。

这9所高等学校中，有的院校是在抗日战争爆发后，以战时临时省会永安为中心，陆续创办、改建了当时地方建设必需的医、农、师范等科的大专院校。福建省立医学专科学校于1937年迁校沙县；福建省立农学院于1940年在永安创建；省立福建音乐专科学校于1940年在永安创建；福建省立师范专科学校于1941年在永安创建，后迁至南平。在福州、厦门的3所高校先后内迁，私立华南女子大学于抗日战争时期迁校南平；福建协和大学于抗日战争时期迁校邵武；厦门大学于1937年改为国立，抗日战争时期迁校长汀；私立厦门美术专科学校于1938年因抗日战争停办；私立福建学院于1931年迁校闽清，1941年再迁浦城。

抗战前，省高等院校大部分集中在福州、厦门一带，抗战爆发后，这些学校受到了极大的破坏。各大学在躲避战火的迁移中，由于交通和其他原因的影响，不能将所有的书籍、设备带走，因此图书馆损失惨重，如私立福建协和大学，留校未迁的图书、设备及标本，古物已荡然无存。图书馆损失中外文书刊共39071册，其中西文图书5945册，中文旧文学图书4259册，西文杂志7978册，中文期刊15164册，未编目中西文书4200册，寄存书籍1525册，此外沙氏（沙善德教授）考古馆中花费数十年心血所收藏的图书3000册，（包括夏、商、周以来的瓷器、陶器、铜器等在内的文物3600件）均已亡佚①。原校长林景润1943年12月22日报告，自1938年至1942年，该校财产间接损失计法币1919203.65元。而恢复所需费用，依照战后最低估计，也需法币215万元。"而员生流离转徙，不遑居处，而设备欠缺，图书损失，教学与研究之进行，困难孔多，精神上之损失，尤不可以数计。此种学术文化上之浩劫，实为中外空前所未有"②。

中学教育　福建在抗日战争期间，设在沿海的省立中学有20所，县立初级中学56所，私立中学71所。因日机轰炸颇繁，为了师生们的安全起见，各校均分别相继迁移到内地，继续办学。另外，还有一些原来设在内地的公私立中学，所在县城屡次遭到袭击威胁，无法正常上课，也迁入乡间办校。因此，各个学校的校舍、校具经几度搬迁，损失巨大，各地有许多校舍遭日军损毁：如福州的各公私立中学，厦门的中等学校。也有遭日机轰炸无法修复：如省立建瓯、晋江、长汀、龙溪、三都各中学。私立集美学村原有的20余座楼房和数十座平屋——这些从前耗资300多万元兴建的校舍均被破坏，校园满目疮痍，瓦砾成堆。"据不完全统计，被日机轰炸的次数共达40多次，每次日机少则1架，多则8架。

① 许晚成：《全国图书调查录》，龙文书店1935年版，第311—324页。
② 孙本文：《现代中国社会问题》第2册，上海商务印书馆1946年版，第261页。

所投炸弹，每次至少3枚，多则20多枚，总计日机投弹200多枚。至于对岸高崎，敌人的炮位及机关枪阵地，则简直把集美校舍当做练习实弹射击的靶子。根据历次报纸所载的消息，统计起来，集美所受炮弹至少2000发。机关枪的射击更是天天的家常便饭"[1]。还有一些学校虽然未受日军直接破坏，但是，因战争的影响而间接蒙受损失的学校比比皆是。

师范教育　在抗日战争期间，为实施战时民众教育，福鼎、惠安、永定、政和、云霄、建宁、宁化、建瓯、龙溪、浦城、南安、长泰、平和、大田、诏安、宁德、古田、将乐等县先后新办了简易师范学校，另外，教育部在长汀创办国立侨民师范学校。据本省统计，到1947年全省有国立侨师1所，有省立师范学校13所，县立简易师范22所和私立幼师2所[2]。各校因抗日战争而受损失，成为普遍现象。如省内富有历史的福建师范学校（后改名为省立福州师范学校），校舍全部毁坏，夷为平地，省立林森师范学校大湖女子部，因福州沦陷，校舍也都被拆毁，其他省立师范学校多疏散到内地，校舍或被日机轰炸，或因一再搬迁，未加修缮而倒塌，各校教具仪器也大多损失。至以各县简易师范，因地方财力受战争影响而削弱，一切设施均因陋就简。

各学校因搬迁及被战争波及损失更为重大。如省立林森师范学校迁校沙县、省立龙溪师范学校迁校南靖以及由德化师范迁到南安并改称的省立南安师范学校；由连城师范迁到长汀改称并省立长汀师范学校；由永安体育师范迁到福州并改称省立福州体育师范；省立沙县师范学校泰宁分校迁到南平并改办为省立南平女子师范学校；省立南靖师范学校迁到福州改办福州女子师范学校。另有省立沙县师范、建阳师范、仙游师范、永安师范均由县城迁到乡间办校。

职业教育　据本省1947年统计，在抗日战争时期，全省有中等职业学校42所，其中省立10所，县、市立4所，私立28所[3]。全国抗日战争爆发后，沿海各地部分职业学校内迁，而且是多次搬迁，私立职业学校计有：福州私立协和职业学校初迁尤溪，再迁将乐，三迁闽清；私立青年会商业职业学校初迁顺昌，再迁永泰；私立勤工高工初迁尤溪，再迁将乐高滩；莆田的私立东山职校迁到霞溪乡；同安的私立集美高级农业商业及水产职业学校初迁安溪，再迁大田；晋江的私立民生初级农校迁到南安。省立职业学校有：省立福州高工初迁长汀，再迁南平，三迁西芹；福州女子家事职业学校初迁南平峡阳，再迁下道；福州助产学校

---

① 陈村牧：《集美学校战时损失情形及复兴计划》，1945年。
② 福建省地方志编纂委员会编：《福建省志·教育志》，中国社会科学出版社2002年版，第259页。
③ 福建省地方志编纂委员会编：《福建省志·教育志》，中国社会科学出版社2002年版，第259页。

迁到沙县；福州高农职业学校初迁连城，再迁永安，最后迁至附属省立农学院办校。其他职业学校有的被日军侵扰，有的受空袭影响，直接间接损失巨大。受害最大，损失最严重的就是以上多次搬迁的职业学校，原校舍被毁，图书仪器或被劫掠，或遭焚毁。其间由教会设立及华侨办的职业学校，受外汇中断的影响，维持困难，有的直至停办。

国民教育（小学）　在抗日战争期间，本省的国民教育机构，有省立小学13所，国民教育示范区及实验中心国民学校各1所，省立儿童教育馆1所，县、市国民学校5745所，私立小学337所①。被日军摧毁的省立中心小学7所，其他省立国民教育机构，建筑物及设备因战争所受损失的居多，被沦陷及被日军流窜所至的县、市国民教育机构及学校，也大半成为废墟，校产校具荡然无存。而本省私立小学多为华侨及教会办理，因外汇断绝，致使多所学校关闭或停办。另外，沿海县、市被日军流窜所及地区私立小学损失更重。

社会教育　抗日战争期间本省设有省立社会教育机构7所，县立社会教育机构79所，抗日战争爆发后，由福州迁往内地的社会教育机构有：电化教育辅导处、省健康教育委员会、省立体育场、省立图书馆、科学馆；省立福州民众教育馆到福州沦陷才退至南平，该馆馆舍全部被日军焚毁，夷为平地。其他社会教育机构馆舍，也全部被日军焚拆殆尽，仪器用具大多散失。据战后统计，厦门市沦陷期间教育文化损失特别惨重。

厦门市沦陷期间教育文化损失统计②　　　　　　　　　单位：亿元

	合计	建筑物	图书	仪器	其他
总计	114.28	29.245	59.22	22.15	15.735
厦门大学	14.93	—	—	—	—
公立中学	5.5	—	30	1.5	1
私立中学	30	9.3	8.2	6.3	6.2
公立小学	30.5	8.9	9.1	5.3	7.2
私立小学	30.85	10.74	10.1	8.8	1.21
民众教育馆	0.145	50万元	200万元	500万元	700万元
图书馆	2.3553	0.3	1.8	0.2	550万元

---

① 福建省政府编：《复员计划》，1946年1月，福建省档案馆馆藏档案，档案号20—3—762。

② 厦门市政府统计室编：《厦门市抗战损失调查》1946年11月，载福建省档案编：《日本帝国主义在闽罪行录》（1931—1945年），福建人民出版社1995年版，第104页。表中损失金额为法币，按何年币值计算不详。

至于各县、市，民众教育馆馆舍被摧毁的有：福州、连江、林森、长乐、福清、罗源、宁德、霞浦 7 所，其他社会教育机构的建筑物及设备，因抗战蒙受损害，或被日军流窜，或受敌机轰炸，损失也很重。如 1941 年福州第一次沦陷时，乌山图书馆被日军据为兵营，书架被锯为床铺，书报或被用为引火，或散弃满地，损失惨重。1944 年福州第二次沦陷，图书馆又经历一次浩劫，以一套北京晨报社捐赠的自《晨报》创刊迄停刊为止的合订本之遗失为最惨重。

据 1946 年 12 月教育部统计处《全国各级学校及教育机关战时财产数量与价值损失》的统计，福建的中学学校、小学、社会教育机关及教育机关在抗战时总的损失约是 2120682837 元（1937 年法币），折合 1945 年法币为 237802597646元，其中直接损失 1760085640 元，间接损失 360597197 元[①]。

4. 抗日战争时期山区学校的艰难创办

早在 1936 年，省政府实施整理教育方案，扩充省立师范学校，将师范生半膳改为全膳，创办小学教员训练所及农民教育师资训练所，并增加义务教育经费，全年列支 207.4 万元（法币，下同）。1937 年，创办医科专门学校，省立顺昌、连城、仙游各简易师范学校及上杭初级中学，年列预算 254.3 万余元。因抗战爆发，压缩开支，年实列数为 186 万余元。1938 年，又减至 148 万元。1939年度，新建霞蒲简易师范学校，并增加国民教育，各项经费，年列支 176 万余元。1940 年，新设立福建大学，其他经费也分别扩充，年列支 400 万余元。当年创办研究院、音乐专科学校、中等学校师资养成所等，并将永安、三都两所初中改办完全中学，增设南平高级商业职业学校及闽清、德化两所简易师范学校，新办民众教育第一、第二、第三各巡回施教团，并扩充国民教育，经费增加到600 多万元。1942 年度又将莆田、晋江、建瓯、永春、上杭各初中校改办为完全中学，各简易师范学校改办为师范学校，并新建龙岩高级农业职业学校、沙县初级实用工业职业学校、宁化中学、明溪初级中学及福州、长汀两所民众教育馆、教育经费续有增加，年列预算 1019.8 万元。1943 年度，教育经费增至 1236.8 万元，另加中央拨给的国民教育经费 168 万余元，总数达 1404.8 万元[②]。

1938 年 5 月国民党福建省政府内迁永安，随着省会搬迁和厦门失守，不少

---

① 中央党史研究室第一研究部、中国第二历史档案馆编：《国民政府档案中有关抗日战争时期人口伤亡和财产损失资料选编》(2)，中共党史出版社 2014 年版，第 868 页。

② 福建省地方志编纂委员会编：《福建省志·教育志》，中国社会科学出版社 2002 年版，第 260 页。

行政机关、大中专学校、文化团体等各种机构，陆续向永安及其附近的山区疏散。

这一时期，教育事业在极其艰苦的环境中，还是有了很大的发展。仅省会迁至永安后就新办了省立永安中学、音乐专科学校、师范学校、农学院等多所中高等学校。加上从沿海沦陷区内迁的大中专院校，形成了以永安为中心的教育网和知识群。

在福建省高校内迁的过程中，东南沿海沦陷区的一些大专院校，如苏皖临时政治学院、暨南大学、东南联合大学等亦先后迁到福建内地。顿时，官佐幕僚、豪绅政客和公教人员接踵而至；不少教授、学者、专家和文化界爱国人士也相继云集永安。其中有先后从港、沪、粤、苏、皖、浙、赣、湘、桂等地辗转来闽的一些知名人士。一向交通闭塞、文化落后的永安山城，此时不仅成为福建战时的政治中心，而且成为我国东南半壁的文化人士荟萃之地。郭沫若曾经说过："抗战的大后方是中国的文艺复兴时期。"

省政府迁至永安后，还制订了建设"新福建"的计划，准备创办几所高等学校。但申办师范学院，教育部不予批准。省政府主席陈仪决定自办省立福建大学，下设法、医、农三学院和师范专修科，1939年秋，省政府拨开办费和经费只有70余万元法币①。

福建师专创办初期，开办费只有法币7.5万元，仅供修理旧屋、新建宿舍等费用，后来才增拨图书购置费1万元。每年经常费也只有法币87万余。学校各项设备更是简陋缺损。图书主要接收中师养成所和省政府主席陈仪赠送的，加上新购置的，合计不过10000册左右。理化实验仪器1330余件，药品620余种，合计价值63500元。学校多次搬迁，不管是在永安霞岭还是在南平后谷，两处校舍均未装电灯，师生晚间都在昏暗的油灯下工作学习②。

另外，集美学校搬迁安溪、大田等内地，使许多贫苦的子弟获得了读书的机会。学校为了保证教学的需要，调集集美图书馆的藏书10余万册，分运安溪、大田、诗山，供各图书馆藏书，此外还尽力添置、订购了许多新出版的图书杂志及中外报纸。科学馆分置在安溪、大田、诗山三处的仪器、标本、挂图和药品，也应有尽有，供试验之用；医院被分设在安溪、大田、诗山、集美四处，机械、药品也很齐全。水产航海职业学校的海图、航海仪器、气象仪器、制图设备、海具及模型标本等多达1000余件，也很充裕。但集美学校在播迁时期遇到的最大

---

① 汪征鲁：《福建师范大学校史》上编，中国大百科全书出版社2007年版，第27页。
② 汪征鲁：《福建师范大学校史》上编，中国大百科全书出版社2007年版，第37—38页。

困难，还是经费问题。尤其是自太平洋战事发生、新加坡沦陷后，学校的经济来源断绝，为使母校在危机中能坚持下去，各地校友自动组织起来，展开"校友养校"运动。据1945年初的统计，按法币计，各地校友捐献母校资金的有：仰光372万元；重庆500万元；福州1055万元；上海成为沦陷区，许多校友未知此事，仅张辉煌一人独捐500万元；此外，安溪、龙岩、晋江、惠安、大田、东山等地校友均集体捐款，个人直接汇寄母校的也达120万元；总计3440万元（折合约100余万美元）。另外民国中央及省政府多次给予补助，其中行政院三次一共补助了605万元法币，省政府三次借给食米5000市担。集美学校的播迁有效地促进了安溪、大田等地文化教育事业的发展，尤其对安溪而言，作用更为显著，曾有人说，抗战时期是安溪历史上第二个文化教育繁荣时期。

5. 战后全省各类学校的恢复所需经费

从1945年下半年到1946年上半年，各外迁学校陆续返回原址复课，停办学校也大都恢复，但是抗战中各校所受的损失较大，需复员经费巨大（以下所列费用均为法币）。

高等教育　据抗战后各高校所报修建和购置仪器费用数目：如私立福建学院校舍遭破坏所需修建费约50000000元；私立华南女子文理学院、私立福建协和大学校舍遭严重破坏，各需修建费约100000000元；省立研究院、省立医学院、省立农学院、省立师范专科学校须重新选址设校，共需修建费299500000元。另外，私立福建学院需充实仪器设备经费约30000000元；私立华南女子文理学院、私立福建协和大学各需经费约50000000元；省立研究院、省立师范专科学校需经费各1000000元；省立医学院需经费3500000元；省立农学院需经费8000000元。

中学教育　全省省立中学有20所需要修建费及补充设备费，合计405351160元；县立中学有56所，每校需要修建费及补充设备费最少为2500000元，最多为3000000元，合计152000000元；私立中学有71所，需要给予补助的有27所，每校需要修建费及补充设备费最少为4000000元，最多为5000000元，合计118000000元。省立师范中有11所复员所需修建经费及补充设备费，合计351688635元；县立简易师范中有18所复员所需修建经费及补充设备费，合计100000000元。全省公私立职业学校中有39所复员所需修建经费及补充设备费，合计890650000元。

国民教育 省立小学中有 10 所复员所需经费合计 81224340 元；补助全省各私立小学复员经费拟列支 100000000 元，补助沦陷区及被日军流窜县（市）国民教育复兴经费拟列支 1000000000 元。

社会教育 省立社教机关中有 7 个，所需复员经费合计 37949138 元；县立社教机关中有 34 个，所需复员经费合计 407000000 元。

全省战后教育复员经费支出预算总计达 4441257620 元，其中仅旅运费就需要 80531460 元，修建费更达 2726680000 元，补充设备费也高达 1634046160 元①。

总之，整整八年全国抗战期间，在日本侵略者残酷的炮火摧残下，福建教育，特别是沿海地区遭到了毁灭性的打击，学校校舍被炸，教学仪器被毁，教育经费损失巨大，教育事业经受了一次战火的洗礼。但是，福建所有的文化、教育机构不但没有因为日本侵略者残酷的炮火摧残而中断或倒退，反而在短时间内得以恢复，并取得很大发展，同时，随着各类学校的内迁，又进一步推动闽西南、闽西北落后山区文化、教育事业的发展。

（吕东征执笔）

---

① 福建省政府编：《复员计划》，1946 年 1 月，福建省档案馆馆藏档案，档案号 20—3—762。

(八)抗战时期日本在福建的毒化政策

1937年卢沟桥事变后，日军开始全面侵华。由于"向南方海洋发展"是其侵略伊始就制定的基本国策之一①，因此，日本迅速向南扩张。福建由于与外界交通便利，是中国南大门，且与台湾一水相隔，成为了日本蓄谋已久的进攻对象。针对福建的地理位置，日军对福建采取了沿海炮轰、飞机轰炸、登陆袭扰、派兵侵占等多种武力侵略方式。其中，1938年5月13日，厦门失陷；1941年4月21日与1944年9月27日，福州及邻近的闽侯、长乐、福清、连江等四县两度沦陷；东山、平潭、诏安、南日岛等地也都曾一度沦陷。而闽东、闽南沿海各县市则经常遭到日军的窜扰。在占领区，日军推行全面的殖民统治与经济掠夺政策，以实现其"以战养战"的目的。甚至可耻到推行毒化政策，"以毒养战"，把大批鸦片、海洛因等毒品运进厦门、福州等地，谋取暴利，破坏福建的社会经济，使福建人民的身心健康和精神状态遭到摧残。

1. 日本在福建的毒化政策

由于厦门是福建省除了金门以外最早沦陷的城市，更由于厦门的地理位置的重要性，日军在福建的毒化政策的施行主要是以厦门为中心，然后辐射到全省其他地市，尤其是沿海县市，福州沦陷后，即成为了仅次于厦门的日本又一个施行毒化政策的中心。为了施行毒化政策，1938年7月，日军在厦门成立了专门机构：厦门治安维持会公卖局，负责执行盐务与禁烟事务，后因在1943年8月盐务部分划归伪财政局办理，便将公卖局改称为禁烟局，专门办理禁烟行政事务，至日本投降为止。禁烟局下分第一、第二两课及化验室。第一课管办文书及庶务；第二课管理会计、鸦片原料的保管及禁烟行政事务；第二课不设置课长，由日本领事馆（即兴亚院）委派嘱托日本人大岛旭、木佐贯弘担任，办理一切事务；化验室由日本人林田枝年及清野枝年担任②。同时，领事馆内以兴亚院政务部长（海军大佐）及经济部长为委员，下以同院事务官二人为干事，部嘱二人为书记，组成"公卖管理委员会"，管理禁烟及盐务一切事务实权，直接指挥公

---

①　吴廷璆：《日本史》，南开大学出版社1994年版，第745页。

②　福建省档案馆编：《日本帝国主义在闽罪行录》(1931—1945年)，福建人民出版社1995年版，第39、40页。

卖局（即禁烟局）执行，伪市府无权过问。此外，日本海军与领事馆又命令台人江重槐、陈长福、蔡培楚、王起模等于 1939 年 3 月组织筹办福裕公司，承揽公卖局鸦片烟膏的制造与贩卖业务。由最初的资本金 15 万元增至 50 万元，股份全部由日本人和日籍台湾人认股出资，由陈长福任常务董事，但领事馆委派日本人木佐贯弘、片寄等 2 人常驻公司，实际上掌握保管制造以及贩卖等实权①。

福裕公司成立后，由其股本 50 万元之内抽出 10 万元充当保证金，交海军保管，海军利用这笔款项，到日本及蒙古为金门采取烟苗浆，然后委派日本人砥上技师、佐藤技师、上原技手、古贺技手等农业专家到金门②，强迫农民种植烟苗，每农户须种植一亩以上，违即拘送海军部严施体刑③。当时金门 159.2 平方公里的土地，有五分之一被用来种罂粟④。在古湖乡，凡是每户有壮丁的，每季须种植烟苗 800 株以上，除水源缺乏之田地的申请略为减少，期间每年自 11 月起至越年 2 月收成交缴，在日本占领期间，该乡被迫种烟占农地面积约 1250 余亩⑤。在金门，每年收获生膏约 5000 余斤，全部收集缴交兴亚院⑥。在福鼎"敌人为实施其毒化政策，停耕冬作物，迫种鸦片"⑦。除了在本省尤其是在金门迫种鸦片外，日海军与兴亚院还到上海及台湾总督府购买原料，然后由福裕公司制成鸦片。福裕公司"每月生产天字、福字、红狮、特字等牌号鸦片约 2 万两"⑧。而且，"福裕公司的仓库，经常存有现货成品五六万两，日本投降国民党接收时，被封存的……鸦片达五万多两"。福裕公司生产的烟，除供金、厦、福州及福建沿海烟民吸食外，"在上海、南京、广州等地，总计每月销售达 5 万余两，其收入每月有 3000 余万元"（原资料如此记载，币种、币值不详)⑨ 同时，福裕公司还将未制成烟膏的烟土提炼成鸦片精售给由日本人控制的"吗啡公司"，而该公司的吗啡制造量，每月竟达三四万两，主要销往厦门、香港、福建沿海及汕头等地⑩。福裕公司还将鸦片批发给零售商人，"利润最初每两只有 0.3 元，后

---

① 福建省档案馆编：《日本帝国主义在闽罪行录》(1931—1945 年)，福建人民出版社 1995 年版，第 39、40 页。

② 同上。

③ 福州市档案馆馆藏档案，档案号 017—新 4—791。

④ 福建省档案馆编：《日本帝国主义在闽罪行录》(1931—1945 年)，福建人民出版社 1995 年版，第 41 页。

⑤ 福州市档案馆馆藏档案，档案号 017—新 4—791。

⑥ 同上。

⑦ 福建省档案馆编：《日本帝国主义在闽罪行录》(1931—1945 年)，福建人民出版社 1995 年版，第 381 页。

⑧ 姚自强：《略述厦门的鸦片流毒》，载厦门市政协文史资料委员会编：《厦门文史资料》第二十辑，1994 年版，第 133 页。

⑨ 《南方日报》1942 年 3 月 15 日。

⑩ 福建省档案馆编：《日本帝国主义在闽罪行录》(1936—1945 年)，福建省人民出版社 1995 年版，第 64 页。

利润渐增，最后，每两增至 150 元，董监及职员红利，由纯利初抽 8%，后渐增抽 14%，其余盈利概提交敌海军及领事馆所组织之特别会计"①。福裕公司在日本占领期间总共制造了 168 万两鸦片，为日寇创造了近 6000 万元的产值②。此外，日本在厦门还组织了福和、福庆两家公司生产鸦片，1941 年福庆公司改组为"福隆"公司后，月销鸦片约达 15000 两。

　　在销售鸦片的过程中，日人采取了设置专卖店、烟所以及协迫引诱等各种倾销烟膏方法。在厦门，能享有向专卖公司批发鸦片特权的商店称为二盘商，而从二盘商处批发来较大量鸦片零售给烟鬼的商店称为三盘商。三盘商只能向二盘商转买，层层盘剥。"鼓厦两地的鸦片二盘商有 27 家，而三盘商则数达 268 家"③。这些商家分散厦门各地，形成一个庞大而又严密的销售网，并向外地辐射。1942 年日本人自台湾运至厦门大批鸦片、红丸、吗啡等 3000 余两，除设统一公膏毒品行在当地勤销外，另将毒品改装成 1 两、2 两、5 两装，强迫航海船只每艘每次须带百两运销他处，并迫使码头交通船员，须夹带内地销售，"每船每次须带 5 至 10 两，否则货物不准出口，并停止该船航行权"④。在金门，凡为伪公署人员或保主任得特许共请领牌照，设置戒烟所（实即乃烟厕也）一所或两所，为伪保长者三人联系亦得领取牌照，开烟毒机关一所。共设烟所 22 个，每所每家强制配售 150 两。被毒化吸食鸦片约 2000 人左右，并尽量引诱岛民吸食及藏带内地秘密推售⑤。在福州沦陷后，日伪在市里设立"鸦片公卖处"，并在市区设立大小烟馆，由下杭路敌特务机关长河田及日军联络所岁森主持，用商船或舰艇从厦门、南竿塘以及日本等处运来烟土，交特务机关分配各烟馆，每日数量在二百余两以上，受其迫纵而患烟瘾者前后计达千余人。在鼓楼及大根区内设立烟馆八角楼等 12 家，主持人郑仲卿等 12 人，每日售烟 40 余两，价 40 余万元，在小桥及台江区内设立烟馆福安会馆等 40 家，烟馆主孙锦杨等 40 人，每月售烟百余两，价百余万元。（每一烟馆配烟三两至五两，每两自 8000 元至 12000 元）烟馆分五等，每日分别收捐 200 元至 500 百元，烟土亦分为"红土""土浆"、牌号有"福字""特字""斧头标"

① 厦门市档案馆、厦门市档案局：《厦门抗日战争档案资料》，厦门大学出版社 1997 年版，第 429 页。
② 洪玲、叶更新：《厦门沦陷期间的鸦片和赌博》，载厦门市政协文史资料委员会编：《厦门文史资料选辑》第八辑，1985 年版，第 97 页。
③ 《前线日报》1941 年 5 月 10 日。
④ 马模贞：《中国禁毒史资料》，天津人民出版社 1998 年版，第 1556 页。
⑤ 福州市档案馆馆藏档案，档案号 01—1—108。

等类①。敌特务机关情报员台湾人郭佑来每日向其他各烟馆迫取保护费 1 万元。

2. 日本在福建实施毒化政策的特点

1895 年甲午战争后，根据《马关条约》，台湾沦为日本的殖民地。由于财政拮据，台湾总督府实施鸦片渐禁政策，为治台提供财源，获得极大成功。日本由此提出向整个中国大陆贩毒的构想。1916 年 9 月，台湾总督府专卖局局长加来佐贺大郎向日本首相提出《支那鸦片制度意见》，建议把日本在台湾贩卖毒品的经验推广到整个中国，并提出周密的计划。侵华战争爆发后，日军迅速将毒品作为征服中国的一种特殊武器。目睹中国从鸦片战争开始沦为半殖民地的日本深知毒品所起的作用丝毫不亚于军国主义分子手中的飞机和枪炮。日本军方曾断言："中国只要有 40% 的吸毒者，那它将永远是日本的附属国。"②

金、厦沦陷后，日本对其进行了殖民统治，并进行经济统制和掠夺，以实现其"以战养战"。由于毒品所带来的巨大的财源，自然而然便成为了其中一部分即"以毒养战"。

同时，利用闽台历史渊源、传统经贸关系以及日本占据台湾后对厦门、福州一带日籍台人、亲日势力的扶植，在施行毒化政策中，部分日籍台人成为其依靠的一支重要力量和帮凶。如日籍台人林洛川，台湾台中人，日本明治大学商科专门部毕业。厦门沦陷后，即奉日海军凑中佐之命来厦活动，旋被任为伪维持会公卖局局长。1939 年 3 月，由日本海军部授权兼办鸦片公卖。同年，强迫金门民众种植罂粟，种植面积占五分之一农地。1943 年 7 月，出任伪市府简任参事，兼任禁烟局长，并创办福裕公司专门制造鸦片。1947 年 4 月 23 日，作为战犯受到军事法庭惩罚③。

另外，毒化政策作为"一种'软式战争手段'，以与日军在中国各地的屠杀掳掠（南京大屠杀、'三光作战'以及其他各地发生频繁的中、小规模屠杀与零星杀戮）、细菌战、化学战等'硬式战争手段'，互为配合，作为实现日本总国策分割中国与征服中国对日本的反抗意志之下的'分国策'，而且日本已将这种毒化政策发挥至非常全面、深入与恐怖的程度"④。即是说想通过毒化政策来麻痹、弱化中

---

① 福州市档案馆馆藏档案，档案号 017—新 4—4。
② 连心豪：《日据台湾时期对中国的毒品祸害》，载厦门大学台湾研究院《台湾研究集刊》编辑部编：《台湾研究集刊》厦门，1994 年第 4 期。
③ 福建省档案馆编：《日本帝国主义在闽罪行录》（1931—1945 年），福建人民出版社 1995 年版，第 41 页。
④ 李思涵：《战时日本贩毒与"三光作战"研究》，江苏人民出版社 1999 年版。

国人民的抗日斗志，以达到其最终征服中国的目的。在福建，也如此。

3. 日本实施毒化政策对福建经济的破坏

抗战期间，日军在福建的毒化活动，给厦门、福州等地民众造成难以估算的损失。1946年6月25日，福建省政府民政厅对此作过调查，以受日军毒化最为严重的金门、厦门、福州、林森、长乐等县、市统计，共有居民1210115人，被迫吸食烟毒的居民为6353人，经济损失高达3210250000元（法币，下同）。金门县是被迫种植烟苗亩数最多的地区，全县原有农田15125亩，被迫种植烟苗2965亩，按种烟二百亩可以换成种麦可收500担、估值250万元计算，全县所受经济损失高达1520万元。见下表：

福建省各县（市）抗战期间人民被迫吸烟毒及种植烟苗所受损失调查表（11，5，3712）①

县（市）别	吸食烟毒							种植烟苗		
	原有居民人数			被迫吸食烟毒人数			所受经济上之损失	原有农田亩数	被迫种植烟苗亩数	所受经济上之损失
	合计	男	女	合计	男	女				
总计	1210115	624570	485545	6353	4933	1420	3210250000元	15125亩	3165	
福州市	314679	171050	143629	90	68	22	9000000元		无	①
厦门市	124075	59880	64195	5000	3751	1249	3200000000元		无	
林森县	525710	266145	259565	200	190	10	60000000元		无	
长乐县	201212	106311	94901	176	151	25	1000000元		200亩	②
金门县	44439	21184	23255	887	773	114	32500000元	15125亩	2965亩	15200000
备考	① 本市在沦陷期中受敌诱胁而犯烟瘾者数达千余人以上损失当达一万万元。但收复后烟民多先期逃散市外，确数无从考查。业以前市政一一四五一号呈报敌军毒化情形有案本表左列数字系较可考者查填。 ② 种烟二百亩如易以种麦可收500担，估值2500000元，本县于卅三年十月沦陷，卅四年五月始克复彼时适合种烟季候被迫种烟，损失详表。									

---

① 福建省档案馆编：《日本帝国主义在闽罪行录》（1931—1945年），福建人民出版社1995年版，第658页。表中损失金额为法币，按何年币值计算不详。

除此之外，福建沿海其他县市也都因日军的毒化政策而遭到不同的损失。如福鼎"近年敌人为实施其毒化政策，停耕冬作物，迫种鸦片，致粮食生产益形短拙，粮价日昂民不聊生"①。

同时，日本在福建施行的毒化政策，使得国民政府于 1935 年开始实行的"六年禁烟"与"两年禁毒"的成果破坏殆尽。为引诱更多的人吸食，便在厦门等地开设妓院、赌场，不仅损害了国民身体健康，更使得社会风气败坏，这种损失则难以数计。

（王爱菊执笔）

---

① 福建省档案馆编：《日本帝国主义在闽罪行录》（1931—1945 年），福建人民出版社 1995 年版，第 381 页。

三、资　料

（一）档案资料[①]

1. 建瓯遭受敌机轰炸损失统计

（1937 年 7 月至 1945 年 6 月）

总计：

敌机数：381，投弹数：289，被灾区域：中山公园、西郊、西门街、庙下村、北门苗圃、长春巷、青云路、北辛街、西大街、小梨山、黄华山、天主堂、蔡家祠、上西沙等处。被灾户数：2647，户口数：6463，伤亡人口：死亡 410，重伤 130，轻伤 67。损毁建筑物：民房 1136 座，商店 415 间，公共处所 6 处，其他 8 处。损失价值：当时价值：65507900 元，估计现值：1449997800 元。

附注：1. 损失价值包括"建筑物""家具""服装""货物"等计算。

2. 估计现值数字参考各年物价情形平均编列。

建瓯县政府统计

（福建省档案馆馆藏档案，档案号 87—1—1497）

[①]　以下档案资料中，涉及财产损失的货币统计数据，凡未标明币种者均为法币（亦称为国币），凡未标明货币单位者均以"元"为单位。特此说明。

2. 陈仪关于日寇暴行电

（1938 年 5 月 19 日）

委员长蒋。2814 密据报：

（1）厦海关货仓铣戌被敌劫掠。

（2）厦敌拘壮丁 450 余于中山公园，以改编伪保安队为名，删申用机枪扫射，尸抛海中。

（3）鼓岛设难民收容所 23 个，每个五六百或千人不等，未收容者尚二三万人。除分报何部长、余副长官、曲江行营外，谨闻。陈仪。巧缓参甲印。

（中国第二历史档案馆馆藏档案，档案号 787—8448）

3. 厦门敌灾直接损失价值折算表

（1938年5月—1945年9月）

	损失时价值	三十四年度价值（元）
总计	673481313	221635400244
二十七年	192402522	192402522000
二十八年	8137500	6542500000
二十九年	11406229	6957799000
三十年	132456344	14364935904
三十一年	19689408	787576320
三十二年	21567940	215679400
三十三年	76515560	153031120
三十四年	211305810	211305810

注解：34年度价值折算系照龙溪物价指数计算：27年1000倍，28年804倍，29年606倍，30年116倍，31年40倍，32年10倍，33年2倍。

（厦门市政府统计室编：《厦门市抗战损失》，1946年11月，厦门市档案馆馆藏档案，档案号A8—1—227）

4. 厦门敌灾直接损失分类

（1938 年 5 月—1945 年 9 月）

	损失时价值	百分比
总计	221635400224	100.00
房屋	46428400451	20.96
器具	54421033050	24.56
衣服	17948338195	8.10
首饰	4998846654	2.26
图书	1323499600	0.60
现款	3418431276	1.54
粮食	392199438	0.17
牲畜	941886720	0.42
民船	1500000000	0.67
汽船	543000000	0.24
车辆	134000000	0.06
其他	89585764870	40.42

（厦门市政府统计室编：《厦门市抗战损失》，1946 年 11 月，厦门市档案馆馆藏档案，档案号 A8—1—227）

5. 日寇罪行录

(1938 年—1945 年)

（一）肆意杀害、摧残我同胞

（1）民国27年5月11日下午，日军攻至厦门港沙坡尾时，我军奋勇抵抗，但因众寡悬殊，我军13名终抵不住敌数十人，卒被缴械。敌以我军顽抗，用卑劣残酷手段令我军兵自行投海，后以机枪扫射，于是13健儿终死于敌军手下。

（福州市档案馆馆藏档案，档案号015—11—139）

（2）厦市沦陷，禾山死难民众达500余人，兹仅列各社死亡总数如下：

凤头社21人，泥金社30人，浦口社7人，田头社4人，田里社6人，坂美社9人，东宅社24人，黄厝社2人，西头社1人，岭兜社6人，何厝社16人，蔡塘社7人，林边社16人，湖边社37人，洪水头社3人，洪塘社4人，祥坫社7人，刘厝社3人，薛岭社4人，钟宅社32人，乌石浦社1人，仙岳社8人，西郭社4人，塘边社10人，后坑社7人，殿前社3人，寨上社6人，高崎社3人，吕厝社20人，乌林社4人，莲坂社19人，埭头社4人，双涵社19人，梧村社18人，马垅社1人，湖里社2人，高林社6人，西村社3人，穆厝社6人，枋湖社2人，江头街50余人，张厝社1人，陈厝社1人，后莲尾社2人，龚厝社4人，庵兜社4人，江头社1人，浦园社2人，文灶社7人，塔厝社4人，后埔社12人，洪山柄社3人，墩行社2人，官都社7人，前村社3人，前埔社6人，塔埔社9人，店上社3人，南山社2人，皇隅社1人，余厝社1人，后斗社2人，西潘社1人，埔仔社1人，屿边社1人，下保社2人，石村社1人，蔡厝社1人，曾厝23人，港口社7人，塔头社1人，将军祠社1人，东宅社1人，仓田社5人，胡里山社7人，尾头社1人，西张社1人。

（厦门市政协文史资料研究委员会编：《厦门文史资料》第12辑，1987年版）

6. 东山西埔邮局关于日机轰炸东山城厢的呈文

（1939 年 5 月 17 日）

查本日下午 1 时 30 分，尚有敌机 8 架由东山经过西埔迳向诏安方面前进，不及 3 分钟，旋转入西埔复返东山，在东山城厢掷弹 10 数枚，计死伤平民数十人，损失未计，惟西埔情况颇属危险，倘遇必要时拟全局移乡办公，理合将情备文呈请察核备查，谨呈

福建邮政管理局局长

西浦三等邮局长赵可琛

（福建省档案馆馆藏档案，档案号 56—4—1098）

7. 福州闽江口附近敌机敌舰肆扰

（1939 年 5 月 27 日）

南平

重庆，委员长蒋，嵩密。敌以海军一部附以飞机，自上月马日至本月寒日，肆行扰乱。日来仅以飞机一架更番向闽江下游地区轰炸。艳陷两日两度袭闽，四袭长门。艳日低飞淮安江面，用机枪扫射商轮，死乘客卅六人，伤六十余人。敌舰派大小汽艇四艘，驶至闽口封锁线附近，经我炮台射击遁去，谨闻，南陈仪卅戍绥甲印。

（中国第二历史档案馆馆藏档案，档案号787—4231）

8. 漳浦县政府关于文化机关被炸给省教育厅的公函

(1939 年 6 月 28 日)

查本县于 5 月 14 日上午 9 时，敌机 8 架窜入市空滥施轰炸，计投弹 17 枚，死 13 人，伤 4 人，房屋坍倒数 10 间，损失颇巨，尤以摧毁我文化机关，更见敌人之蛮横凶暴，兹将本县此次文化机关被炸情形详述于下：

一、私立逢源小学：该校校址在城区新路尾，附近有礼拜堂、医院、前养正小学等，均系英人基督教会所建，楼屋巍峨，建筑颇伟大。敌机轰炸时，计小学校舍右旁中一弹，前面平房中一弹，墙壁坍倒，玻璃窗户均受震动破碎。右行距校数十武，前为该校幼稚园教室，平房建筑，后为低年级教室，楼房建筑，均遭投弹坍倒，校具悉数损害，统计损失约达万余金。幸是日为礼拜日，低年级及幼稚班学生未到校上课，中高年级学生亦能敏速疏散附近田野，员生均无损害，堪慰！

二、私立纯美中学学生林国泰被炸毙命。该校设办于本县第三区佛昙乡，离城 70 里，该生家住县城，适母病，请假回家省亲，不幸于是日被炸重伤后急延医诊治无效，卒告毙命，殊为可惜！

县 长 吕思义

（福建省档案馆馆藏档案，档案号 2—5—2807）

9. 福州及附近沿海敌情动态

（1939 年 7 月 1 日）

重庆，委员长蒋，嵩密。一、川石敌约二百余构筑炮位，艳向我射击廿发。二、敌便衣队艳午向闽口之福斗岛登陆，经我狙击颇有死伤遁去。同时敌向平潭之观音澳登陆，被我击退。三、敌机飞沿海散传单告人民反对游击与焦土。四、卅日雨大雾重，福州城西南均被水淹，电杆冲坏，闽口海面敌舰尚无异动。谨闻，陈仪，东军绥甲印。

（中国第二历史档案馆馆藏档案，档案号 787—4231）

10. 长汀县政府关于联立小学被炸给省教育厅的呈文

(1939 年 7 月 12 日)

案据本县第一区中山中正联保联立初级小学校长卢佰熊呈称："窃本月（6月）22 日敌机滥炸本邑市区，本校附近被落一弹，以致校舍破坏，同时发生火灾，险遭焚毁，幸经各界同胞奋勇施救始免付之一炬。对于桌椅、文具、挂图等项均略有损失，尤幸大部尚存，惟校舍因工费浩大无法修理，延于 23 日起暂移商业补习学校。并于本月 26 日照常上课。又查是日敌机滥炸时，本校三年级女同学赖莲英 1 人躲避铸锅寮下，被炸弹炸伤。经抬往卫生院医治无效，终于毙命。该生怀六甲，其状至惨，除向该生家长慰问外，理合将此次本校经过情形备文呈报钧核。"等情。据此，除指令外，理合备文呈请察核备查。谨呈

福建省政府教育厅厅长郑

长汀县县长　陈世鸿

（福建省档案馆馆藏档案，档案号 2—5—2807）

11. 诏安县政府关于丹绍中心小学被炸的呈文

（1939 年 7 月 13 日）

案据第一区县立丹诏中心小学校长沈聪慧呈称："窃本 6 月 26 日上午 9 时。敌机到诏肆虐，本校惨遭投弹 2 枚：一落第一校舍（旧丹诏院一小学部），一落第三校舍（黄民祖庙——幼稚园），所有在校员生，均幸闻警匿避，俱免于难。兹查受炸两处，除中弹部分被毁房屋 10 余间外，其他各部门窗屋顶以及设备器物或受震动，或遭摧毁，俱经破碎不堪，数十年惨淡经营，罹此浩劫，壮丽建筑，顿成瓦砾，可痛孰甚。目下倾墙颓瓦，堆积遍地，灾后目睹倍增凄凉……"等情。查该校受炸损失重大，兹将损失数目分列如下：（一）屋宇 10 余间，估价约 5000 余元。（二）校具约 500 余元。（三）教具约 30 余元。（四）图书约 100 余元。（五）其他约 500 余元，合计约 6130 余元。理合据情备文转呈，仰祈钧长察核转报，并指祗遵。谨呈

福建省政府

诏安县县长　宛方舟
（福建省档案馆馆藏档案，档案号 2—5—2807）

12. 福建省中小学校被炸损失一览表

(1939 年 7 月 29 日)

校名	被炸日期	损失情形	备注
省立龙溪中学	5 月 12 日	校舍大礼堂被炸，损失约 2 万元	该校已迁长泰
省立龙溪简师	5 月 13 日	校舍大礼堂、宿舍、办公厅被炸，损失约 2.5 万元	该校已迁南靖
私立尚志女中	5 月 13 日	福州校舍几全部被炸，损失约 2 万元	该校已迁闽侯县乡村上课
私立成益女中	5 月 22 日	寝室、理化室、音乐室、教室均被炸，损失约 3 万元	
省立福州中学	5 月 26 日	福州校舍内生物标本室、图书馆被炸，损失约 1.2 万元	该校已迁沙县
省立师范学校	5 月 30 日	福州校舍内红砖教室全座被炸，损失 1.5 万元。	该校已迁永安
惠安县立简师	5 月 31 日	校舍全部被炸或震坏，损失约 1 万元	
省立晋江初中	6 月 1 日	礼堂、办公室、宿舍均被炸，损失约 2.5 万元	该校已迁德化，系二次被炸
省立上杭初中	6 月 2 日	宿舍部分被炸，损失约 2 千元	
省立建瓯初中	6 月 25 日 7 月 6 日	两次被炸，计毁自修室、教室、宿舍、实验室、器械室等，损失约 3 万元	
私立东山职校	6 月 30 日	校舍全部被毁，损失约 2 万元	
省立三都初中	7 月 4 日	教室 2 座被炸，损失约 6 千元	该校已迁福安
省立建瓯简师	7 月 6 日	图书馆及员生宿舍被炸，损失约 8 千元	
私立进德女中	7 月 10 日	礼堂、教室、物理室被炸，损失约 5 千元	
上杭县第一区私立崇真初级小学	6 月 4 日	寝室、教室被炸，教具、校具被毁，损失约 5 千元	
古田县第四区镇立湾口初级小学	6 月 8 日	炸毁女厕所一座，器具略有损坏，损失约 300 元	

校名	被炸日期	损失情形	备注
浦城县第一区县立西门小学	6月14日	校舍被炸，校具无有毁坏，损失约6千元	
长汀县第一区中山中正联保联立小学	6月22日	校舍被炸，校具略有毁坏，损失约5千元	
连江县第三区县立苔菉初级小学	7月3日	校旁空地被投弹，校舍略毁，校具均被匪抢去，损失约1千元	
长乐县第三区县立三溪中心小学		校舍被炸，校具全毁，损失约1千元	
建瓯县第一区县立梨山小学	7月6日	教室、办公室、储藏室、阅览室、体育器械室等均被炸，校具全毁，损失约6千元	
晋江县第一私立平民小学		被炸三次，礼堂厅室均倾倒，校具毁坏，损失约5千元	
省立师范学校	5月9日	男生宿舍、厨房、教室、办公室等全毁，计损失1万余元	被炸地点系现永安校舍
省立高级职业学校	5月8日	机械电机工场全部被毁，计损失1.5万元以上	被炸地点系现南平校舍
省立南平初级中学	5月8日	礼堂及教室一部分被毁，计损失8千余元	
省立福州女子家事职业学校	5月1日	宿舍、缝纫工场、烹饪室、模范室、厨房等全毁，计损失2万元以上	被炸地点系福州校舍
省立龙岩简易乡村师范学校	5月19日	宿舍全毁，计损失5千元	
省立晋江初级中学	5月10日	教职员女生宿舍一部、理化仪器室等被毁，计损失5千元	被炸地点系晋江校舍
私立福华中学	5月2日	炸在墙外，校舍微损，全部玻璃震碎，损坏约1千余元	被炸地点系福州校舍
连江私立青芝小学	4月8日	被炸三次，全部校舍毁坏，计损失5千余元	

（福建省档案馆馆藏档案，档案号2—5—2807）

13. 福建省被炸详情（节录）

（1939 年 7 月）

（上略）

敌人因几个月的碰壁，满腔孤愤无处发泄，便又引用了残暴的惯技，遍向我不设防城市乱事轰炸，单就本省而言，自五月起至五月底止，对本省各地的轰炸数在百余次之多，兹将本会调查统计所得详列如下：

福州（南台、长门、马尾、琯头等处属之）：来袭敌机计 48 架，被炸 43 次，共投弹 239 枚，死平民 178 人，伤 233 人，房屋被毁 230 余栋，汽车 20 余辆，汽轮民船合计 11 艘，学校被毁 7，教堂 2，政府机关 2。

泉州：39 架，15 次，123 枚，死 63 人，伤 76 人，房屋被毁 170 栋，学校 1。

龙溪：60 架，9 次，146 弹，死 32 人，伤 46 人，毁房屋 70 余栋，学校 1，机关 2。

海沧（海澄县属）：62 架，16 次，74 弹，死 9，伤 7，毁房屋 54，学校 1，教堂 3。

同安（包括集美、高浦、灌口等处）：41 架，21 次，87 弹，死 15，伤 29，毁房屋 64，学校 2，教堂 3。

嵩屿（海澄县属）：40 架，11 次，42 弹，死 9，伤 11，毁房屋 12 栋。

莲河（南安县属）：8 架，3 次，17 弹，伤 3，毁房屋 2。

莆田（江口在内）：14 架，3 次，19 弹，死 2，伤 5，毁房屋 21，学校 3，教堂 1，医院 1。

海澄：32 架，6 次，23 弹，死 37，伤 22，毁房屋 20 余栋，机关 1。

福清：1 架，1 次，2 弹，死 7，伤 9。

石码（龙溪县属）：45 架，6 次，32 弹，死 3，伤 12，毁房屋 10 余栋，教堂 1。

东山：8 架，1 次，25 弹，死 12，伤 17，毁房屋 20 余座。

南靖：8 架，1 次，18 弹，死 32，伤 39，毁房屋 7 栋，机关 2。

宁洋：双洋小学被机关枪扫射。

永安：14 架，2 次，25 弹，死 7，伤 22，毁房屋 126，机关 1。

漳浦：27 架，2 次，11 弹，死 2，伤 25，毁房屋 19，学校 1，教堂 1。

永春：3 架，1 次，7 弹，死 3，伤 7，毁房屋 117，汽车 5 辆，机关 2。

云霄：1 架，1 次，4 弹，死 1，伤 1，毁房屋 6，民船 4。

沙埕（连江县属）：3 架，1 次，15 弹，伤 5。

龙岩：5 架，2 次，9 弹，死 3，伤 26，毁房屋 35 栋，学校 2，汽车 1。

长汀：24 架，9 弹，死 16，伤 23，毁房屋 28。

南平：4 架，1 次，13 弹，死 1，伤 8，毁房屋 14，学校 2，机关 1，汽车 5 辆。

五月份全省计 20 余县市被轰炸，来袭机数共 487 架，轰炸 148 次，投弹 940 枚（内燃烧弹 93 枚），死 435 人，伤 608 人，房屋被毁 900 余栋，学校被毁 20 余所，外国教堂 11 座，汽车 30 余辆，汽船及民用船合计 10 余艘，机关 13 所，医院 1 所。

（下略）

《福建赈救消息》第 6 期，1939 年 7 月

（福建省档案馆馆藏档案，档案号 9—2—123）

14. 敌舰在东山岛海面沉放水雷

（1939 年 8 月 1 日）

南平

渝，委员长蒋，嵩密，据东山楼县长感申电称：敌舰六删晚在县城附近东南海面塔南古雷头等处沉放水雷 13 枚，感未敌舰一由南澳驶泊东门海面，沉放水雷多枚而去，等语。除电闽省航业有关各机关外，谨闻。南陈仪，东西绥甲印。

（中国第二历史档案馆馆藏档案，档案号 787—4232）

15. 平潭县被敌匪侵陷详情

（1939 年 9 月 10 日）

案准中国国民党执行委员会组织部孝渝普字第二八二号公函内开："据福建省党部呈称'查本省平潭县于七月五日被敌匪侵陷业经本会删电报告在案，嗣据福清县党部报告称本县东壁股匪余吓惶（即恒清）部前在福平海面骠劫商旅船只，为害匪浅。省政府曾派保安队到县兜剿，余匪受伤率所部乘船逃窜南竿塘托庇敌舰，勾结敌人，希图进攻福平。迨至六月二十七日，余匪率众在平潭东庠岛登陆，奸淫妇女，掠杀壮丁，备受蹂躏，惨不可言。至三十日，余匪所部又相率落海，至七月五日拂晓，敌舰数十艘封锁平潭，敌机四架掩护日寇三十余人、台氓数人及余匪所部百余人分向平潭之北门头、院尾、竹屿等处登陆。县长罗仲若率队抵抗，死民众数人，伤队兵数人，因众寡不敌，由第三区退出至高山到本县县城。查余匪侵占平潭即以民军总司令名义出示惑众，并派林寿屏为县长，蔡可南为县府秘书，张子芳为维持会长。现平邑民食恐慌，余匪乘机诱惑岛民，现已聚众五六百人，本县东营村无知民众被诱前往者为数亦不少，扬言将进攻连江、长乐、福清各县，若不极早设法消灭，则星星之火，可以燎原，为害将不知伊于胡底也。'等情，据此相应函达，即希查照办理为荷。"

此致

军令部主任　贺耀组

（中国第二历史档案馆馆藏档案，档案号 787—5655）

16. 福安县党部关于敌机轰炸情形致省执行委员会呈文

（1939 年 9 月 24 日）

窃查 9 月 23 日上午 8 时 30 分，敌机 2 架入本县市空盘旋数匝后，即投弹 8 枚，炸毁县城西门跑马弄至湖山间民房 5 座，后巷团管区旧址 1 座，山门下民房后进 1 座，当炸毙壮丁 6 名，平民 12 人，重伤 8 人，敌机于 9 时 30 分向南飞遁。除协同县抗敌后援分会宣传、慰劳两工作团随即出发工作外，理合将经过情形，填具抗敌战事损失调查表 2 份，备文呈请察核，存转。谨呈

福建省执行委员会主任委员陈

福安县执行委员会书记长　刘宗震

（福建省档案馆馆藏档案，档案号 82—8—73）

17. 敌机轰炸福州江滨路

（1939 年 9 月）

窃商民王士元等前在福州江滨路经营海产或杂货为业。当民国 28 年 9 月间江滨路遭受敌机以燃烧弹炸毁店屋，焚烧 30 余家，所受损害货物器具衣服等甚巨，是时，罹难惨死者 10 余人。……

具呈人：王士元等

（福建省档案馆馆藏档案，档案号 11—10—7357）

18. 福州私立三民中学关于日机轰炸情形致省教育厅呈文

（1939 年 10 月 13 日）

窃职校福州鳌峰路 43 号校舍红砖大楼 1 座，于本年 5 月 29 日遭敌机轰炸，投弹两枚，损失綦重。于暑假期中派员调查，据报大楼二层全部被毁，估计损失约近万元，理合具文，呈请钧长察核，准予备案，实公便。谨呈

福建省政府教育厅厅长郑

福州私立三民中学校长宋廷瑜

（福建省档案馆馆藏档案，档案号 2—5—2807）

19. 宁德邮局关于敌机轰炸宁德县城致省邮政局呈文

（1939 年 10 月 25 日）

窃查本 25 日早上 9 时，有敌机 5 架，由浙海、福鼎方面飞至宁德县城上空，环绕数匝后，在城内各处投弹计有八、九枚，焚烧及震塌房屋约有 10 余座，死伤计有 10 余人，而职辖衙前街代办所因房屋被震，后角倒塌，档案散乱，除俟整理后若有损失再行呈报外，而职局局务概各员工均平安，理合呈报。谨呈

福建省邮政局局长克气格

宁德三等邮局长杨康藩
（福建省档案馆馆藏档案，档案号 56—4—1098）

20. 大田县政府关于大田县教育文化机关被炸的呈文

（1939 年 10 月）

查本县于九月二十日上午八时五分，发现敌水上机六架自西向城空侵袭，略事盘旋后，即集中目标轰炸县立初级中学，县立均溪中心小学、私立集美职业学校（均在公共体育场附近），计投五弹，肆虐约一刻钟，乃向东逸去，当经本府派员到地调查，并分别慰问。除公共体育场投一弹，仅死一狗，炸成一窟外，县立初中与县立均溪中心小学校投二弹，炸毁办公室、图书室、礼堂、教室计六间，集美职校投二弹均落空地，震毁寝室三间，图书一小部，围墙二道，至三校员生工役均安全无恙。兹据各该校呈报损失情形前来，理合造具财产直接损失汇报表一份，随文呈请察核。谨呈

福建省政府教育厅厅长郑

大田县县长张文成

大田县教育文化机关财产直接损失汇报表

价值名称 分类	县立均溪 中心小学	县立初 级中学	私立集美 职业学校	合计
建筑物	0	5250.00	500.00	5750.00
器具	156.00	486.95	100.00	742.95
现款	0	0	35.00	35.00
图书	500.00	2000.00	100.00	2600.00
仪器	50.00	0	0	50.00
医药用器	120.00	70.00	0	190.00
其他	250.00	21.00	0	271.00
合计	1076.00	7827.95	735.00	9638.95

附注：1. 县立均溪中心小学与县立初中办在一起，系两县立初级中学借用，所有建筑物损失，由县立初中汇报。

2. 廿八年九月二十日上午八时十分被敌机六架轰炸计投五弹，损失计如上数。

（福建省档案馆馆藏档案，档案号 2—5—2807）

21. 宁德县政府关于敌机轰炸宁德城厢的呈文（节录）

（1939 年 11 月 5 日）

查本县地处海滨，位列国防前线，职以城厢人烟稠密，厉行疏散。未敢稍懈。上月 25、27、28 日先后共被敌机投弹 42 枚，炸毁民房舍百间以上。死伤 15 人，本府被中弹毁屋一部，监狱署被中 2 弹，屋全部被毁。所有人犯因已分别疏散霍童后方临时监狱及城外庙中，得免惨剧。（下略）

附调查表（略）

谨呈

驻闽绥靖主任陈

福建省政府主席陈

福建全省保安司令陈

第一区行政督察专员林

（宁德县档案馆馆藏档案，档案号 46—4—1052）

22. 莆田圣路加医院被炸报告书

(1939 年 11 月 6 日)

民国 28 年 11 月 1 日上午 7 时 58 分，本县县城防空机关发出突袭警报，8 时 25 分，有敌机 6 架分作二队先后侵入县城上空盘旋侦察，以城北公路旁之民房及本院为目标，滥投炸弹 13 颗。1 弹落乌石尾柯姓住屋，倒毁 3 间。1 弹落公路上，路面挖成一洞。4 弹落柯宅对面林姓新建之恤嫠院，院舍右角倒塌 3 间。1 弹落真武坛罗姓住房，倒塌 4 间，炸毙民妇 1 人。4 弹落本院，内一颗投于男病院走廊前厢约 5 尺之花园内，地面炸成一大坑，深约 8 尺，3 颗则投于男院病室，计二层普通病室 2 大间、特别病室 8 间、底层普通病室 2 大间、X 光室、化验室、总药库均坍塌，器具药品粉碎无遗。与男院毗连之女病院及附近办公厅、医师宿舍、男护生宿舍等之基础、屋顶、门窗、玻璃悉被震坏，疮痍满目，零乱不堪，全院精华，尽付一炬！财产损失约计 10 万元。此外，尚有 2 弹则落于本院华实产科院围墙外之小西湖，湖内泥土飞溅四壁。

查本院当日住院男女病人及产妇计 120 余人，分住男病院及华实产院，当空袭警报时，多数男病人皆向院底层掩蔽，因该院建筑比院坚实故也。敌机逞凶后，本院同仁急速抢救伤亡，卒闻活埋于败垣残瓦之下之病人呼喊声音，凄绝人寰，非笔墨所能描写！发掘结果，计轻伤病人 4，本院化验室技术员 1，重伤病人 1（因伤势危重，施行手术后，经 4 小时身故），尸体 6 具，血肉模糊，惨不忍睹！

抗战以还，本院鉴于疯狂残暴之日本军阀嗾使其空军专门对我国不设防城市滥施轰炸，文化慈善机关亦多被其摧毁，特在花园内摆设木制红十字旗一面，十字旗画幅俱 2.5 尺，长各 27 尺，且院中及院旁外侨职员住屋，均高悬英国国旗，各种标识，异常明显，而敌机竟肆无忌惮，任意摧残。此种违反国际公法及不顾人道之行为，盖日本军阀二年来之惯技也。

本院此次遭受浩劫，其损失固属空前无比，惟是敌人飞机炸弹只能破坏吾人之物质，绝不能灭吾人奋励迈进之精神。本院服务地方 40 余载，地方人士如认本院有维护扶植使其发荣滋长之必要者，将来定肯力予赞助，从瓦砾场中重建巍峨壮丽之新院宇，以应地方之需要。素仰先生爱护本院，关垂备至，用将被炸情形，敬陈如上，尚希亮鉴！此致

郑厅长先生

院长　余文光　谨启
（福建省档案馆馆藏档案，档案号 2—5—280）

23. 莆田县执行委员会关于日机轰炸经过情形的呈文

（1939 年）

（一）9 月 22 日呈文：

查本月 19 日午刻，敌机两架袭莆，兴贤小学被炸，略情经 19 日电报有案。兹将详情谨报如下：是日上午 12 时，敌机 2 架由仙游方面袭莆，在城空盘旋三、四匝，先在城西南角扫射机枪，继在兴贤小学及邻近民房各投 2 弹，毁校舍 1 部及民房 2 栋，死 2 人，伤 3 人。本会及社会服务处房屋受震，窗户玻璃板壁均有损坏，人员幸无恙。（下略）谨呈

福建省执行委员会主任委员陈

莆田县执行委员会书记长　林一鹤

（二）11 月 7 日呈文：

查前月 27 日晨南日岛突告沦陷，以真相未明，致未具报，前月 31 日，本会驻南日岛干事林慎修同志脱险归来，据报称：

（上略）南日岛失陷后，莆沿海第五、六区之莆禧、平海、象城一带，敌机于前月 29、30 日两度进袭：先后均有掷弹，颇有死伤。昨日上午 8 时许，敌机 6 架分两批进袭莆城，掷弹 11 枚，计小西湖中掷 2 弹，未爆发，西大马路中掷 1 弹，毁县政府罗文光科员住宅，压毙妇人 1，较场及马路上各掷 1 弹，无死伤，恤嫠院被掷 2 弹，房屋被毁巨半。第二次 3 架进袭时，系新式飞机，同时投掷 3 弹，圣路加医院西北角被毁，内科病房及实验室、药库均被毁，压毙病人 10 余人，连夜在翻救中。旋飞莆禧虐暴，在莆禧港及东门投弹 12 枚，倒屋 7 座，死 1 人，有盐船 1 只被炸中，全部烧毁。敌机逞暴后环绕一匝，结队向东南海面逸去，又飞经笏石时，在汽船码头扫射机枪，幸无伤人。为此理合将连日经过情形，具文报请察备。谨呈

福建省执行委员会主任委员陈

莆田县执行委员会书记长　林一鹤

（福建省档案馆馆藏档案，档案号 83—8—73）

24. 莆田县党部关于敌机轰炸情形的呈文

（1939年）

（一）7月4日呈文：

上月30日上午10时半，有敌机7架，自福清方面侵入莆空，在涵江侦察后，旋侵入城空，先后在北较场职业学校及附近一带滥投13弹，9弹落旧干路及空地上，4弹中校舍，除小部分之新校舍仅存外，所有旧校舍全部毁为平地，当轰炸时，适有该校仙游籍学生林少霞、余庆录2人自该校疏散地返抵原校，惨遭扫射，林生立时毙命，余生受重伤，延至下午亦告毙命，此外轻伤妇人、牧童各1。事后，职亲往被炸地点慰视。理合填具抗敌战事损失调查表1份，备文报请察核备查。谨呈

福建省党部主任委员陈

莆田县党部指导员　林剑华

（二）7月16日呈文：

本月13日下午1时半，敌机8架由福清方面侵莆，其中2架径向壶公山方面侦察，6架侵入城空，盘旋1小时许，在城新北门北较场一带投7弹，毁平屋1栋，附近楼房受微损，幸无死伤。旋飞涵江，在该镇涵中学校及附近投11弹，毁该校校舍一部及店铺1家，伤老妇1人。又本月9日，敌机侵莆，沿五六区沿海一带侦察，在西部地方，投下手榴弹并扫射，死农民5人，伤1人。11日上午，又有敌机3架，由惠安方面侵莆，在秀屿投6弹，闻无死伤，以该屿距县城颇远，损失详情未明，理合填具调查一份，随文报请察核备查。

谨呈

福建省党部主任委员陈

莆田县党务指导员　林剑华
（福建省档案馆馆藏档案，档案号82—8—73）

25. 长汀县党部关于日机轰炸长汀县城经过情形的呈文

（1939年）

（一）4月30日呈文：

查本县于本月27日上午10时许，敌机2架经江西南丰到汀空袭，未闻警报，即已到达本市空际，先在市空盘旋，向城北飞机场附近投弹2枚，均堕空地，复低飞窜入市空投弹2枚，1落厦门大学，塌毁宿舍1座，无死伤，另一弹落专员公署右侧，炸毁民房10数间，轻伤1老妇人。损失数目尚未详实估计，除立即慰问被难民众并协同政府妥商善后外，理合将敌机轰炸经过情形，连同拍影二张，具文呈报钧部察核备查。谨呈

福建省党部特派委员陈

长汀县党务指导员　黄际蛟

（二）5月17日呈文：

查本县10日上午9时40分，敌机2架，经江西石城飞来，未闻警报，已到达本市空际，共投弹4枚，在县府附近之仓下共落3弹，又三元阁下塘湾里落1弹，毙老妇赖胡氏1人，伤5人。机声稍远，职即前往按户慰问被难民众，并分别予以救济。为此，理合将敌机轰炸经过情形填具损失调查表等件具文呈报钧部察核备查。谨呈

福建省党部主任委员陈

长汀县党务指导员　黄际蛟

（三）7月4日呈文：

查本县于6月22日敌机3架由江西石城飞来，于11时30分发出紧急警报，初由边界经河田转新桥至12时许入东郊市空，先在东郊菜园投6弹，铸锅寮下投2弹，社坛前2弹，中正路仙隐观前附近共投4弹，棋湾头落2弹，又龙岩潭沙滩投1弹，县党部左侧投1弹，共投18弹，计毙21人，重伤23人，微伤甚伙，同时中正路（水东街）起火燃烧及炸毁店屋60余间，震塌拆毁及半毁者40余间，此次空袭损失极为惨重。（下略）为此合将空袭轰炸情形填具损失调查表，具文呈报钧部察核备查！谨呈

福建省党部主任委员陈

长汀县党务指导员　黄际蛟

（福建省档案馆馆藏档案，档案号82—8—73）

26. 宁德县遭空袭

（1939 年至 1940 年）

民国 28 年 7 月 4 日，敌机轰炸三都，死亡 2 人，毁三中校舍 1 座。5 月 8 日，敌机扫射蕉城塔山，死 1 人。

民国 29 年 8 月 8 日，敌机扫射三都，死亡 2 人。

宁德县县长张桐膺填报

（福建省档案馆馆藏档案，档案号 6—4—2001）

27. 福鼎县遭敌机轰炸

（1939—1942 年）

民国 28 年 9 月，沙埕镇空袭，伤男女 8 人。民国 29 年 10 月 13 日，沙埕镇空袭，伤 8 人，死 1 人。又 12 月 15 日县城肖家坝受轰炸，伤 4 人。民国 31 年 6 月 5 日并 17 日，沙埕遭轰炸面积 3000 市亩，死 2 人，伤 11 人。

（福建省档案馆馆藏档案，档案号 6—4—2001）

28. 连江邮局关于敌机轰炸连江县城的呈文

（1939 年至 1944 年）

（一）1939 年 4 月 16 日呈：

窃查本 4 月 16 日上午 10 时，泊南竿塘方面敌舰 4 艘向小埕开炮 25 发，并机关枪百余发，旋即沉寂。下午 1 时由舰面飞来敌机 4 架在小埕区署附近投弹 4 枚，炸伤平民 2 人，倒屋 10 余间。入晚又趋沉寂。本 17 早舰上又飞来敌机 1 架由小埕飞往长门，盘旋 20 余分钟后折往马尾方面。至下午敌机 1 架来去无常，连发警报 4 次，惟无轰炸，理合具文密报。谨呈

管理局局长

连江邮局局长梁鸿举
（福建省档案馆馆藏档案，档案号 56—4—1098）

29. 敌机轰炸诏安罪行调查

(1939 年至 1945 年)

（一）民国 28 年 12 月 10 日上午 9 时，有敌机 3 架窜入诏安城轰炸，弹落南市场边，沈叶氏被炸毙命。被害人沈叶氏，女，53 岁，籍贯诏安。

（二）民国 33 年 10 月 16 日，日本飞机进城投掷燃烧弹，方陈氏及其子方永祥、方永育一并被烧死。

（三）民国 32 年 9 月 2 日，敌轰炸机炸通济桥，伤亡罗狗治一名。罗狗治，男，7 岁，籍贯诏安。

（四）民国 31 年 9 月 21 日下午 11 时，日本轰炸机一架由南港方面飞进城里，在中山路通济桥投弹 1 枚，炸死族民罗兰珍、沈春园。被害人罗兰珍，女，46 岁，籍贯诏安；沈春园，男 31 岁，籍贯诏安。

（五）沈氏玉英，年 52 岁，籍贯诏安，于民国 28 年 12 月 10 日上午 9 时，敌机犯境时被轰炸死在中山马路。

（六）民国 58 年古历 10 月 29 日上午 9 时，水上机 1 架投弹 1 枚桂轩，许陈氏重伤右手，经医无效，及至 11 月 18 日逝世。受害人许陈氏，女，职业年龄不详。

（七）民国 31 年 6 月 10 日下午 4 时许，敌机 4 架来袭时，吴哑狗在北关东溪塘钓鱼，被弹片击中耳部，血流如注，即时毙命。被害人吴哑狗，男，46 岁，籍贯诏安，钓鱼为业。

（八）民国 30 年 6 月 23 日上午 9 时许，黄杨氏母挑草行经中山镇圣母街时，适日本飞机轰炸，其左足部被弹片击中，抬抵家不及医治即告毙命。被害人黄杨氏母，女，48 岁，籍贯诏安，职业挑工。

（九）民国 30 年 7 月 14 日，有日本轰炸机 2 架由海口飞窜城市投弹。余父沈周玉，年 67 年，侄女目香年 7 岁，概受弹身亡，尸体全无。

（十）民国 28 年 11 月 28 日上午 10 时，敌机 3 架由南山后飞至市区，掷弹 2 枚，厝屋全间被炸，吴巧云被炸毙命。被害人吴巧云，女，26 岁，籍贯诏安，家庭妇女。

（十一）民国 30 年国历 8 月 10 日上午 8 时，日机 1 架由海口窜往甲洲后飞进城市横行，暴炸弹落南仔园，沈细英，籍贯诏安，年 26 岁，被炸死。

调查者：诏安县警察局行政股长沈桐浦等

（福建省档案馆馆藏档案，档案号 1—5—3113）

30. 平潭县城四度沦陷

（1940 年 5 月 2 日）

窃平海邮线，自四月廿日起，均无船只往来，交通断绝旬日，几无法维持，嗣闻长福两县，已先后沦陷，至为惊骇，而敝处沿海，早为敌舰所封锁，其情势紧张万状，谅为钧长所洞悉，职县竟于四月三十日清晨五时，即有敌机飞来，环绕数匝，掷弹两枚，随后敌军分三路，由东西南三方并进，至上午十二时许，全部入城，幸我军早已退却，尚无发生战事，进攻后，即树起红白各半（系三角形）四方形旗帜，至是可告四度失守，唯此次虽无剧战，而日前纷闻邻近沦陷各县，多被正式敌军残杀，或俘虏妇女及小孩等，并高山天主堂亦全行被劫，种种不良消息传来，几令人悲。（下略）

谨呈

福建邮务长

平潭三等邮局局长陈敏
（福建省档案馆馆藏档案，档案号 56—4—1316）

31. 南靖邮局关于日机轰炸南靖损失情形的呈文

（1940 年 5 月 7 日）

本月 7 日上午 8 时 45 分，敌机 8 架袭靖，投弹 25 枚及机关枪扫射，死人民 24 人，伤 30 余，烧屋 1 座，倒屋 10 余座。职局后距离七步至十五步，共投 3 弹，局屋后墙倒塌，职局长被压受伤背部最重，手足均受微伤，此次被压墙中，幸手提箱（内装票款）顶替头部未受伤，故能镇静获救。信差林维岩亦被压伤头部。……局中弹片遗落颇多。瓦上门窗均为倒坏。（下略）除虞电呈报外，理合具文报请察核。谨呈

福建省邮政管理局局长

南靖三等邮局长　周朝韶
（福建省档案馆馆藏档案，档案号 56—4—1098）

32. 罗源邮局关于敌机轰炸三都的呈文

（1940 年 7 月 21 日）

窃查本日上午 7 时起至下午 3 时，敌舰 5 艘及敌机 5 架向三都侵犯，开炮约百发，投弹约百枚；敌军百余曾一度登三都陆上，全用煤油泼烧毁民房 400 余间，坚固之屋则用手榴弹炸坏……上午 7 时 30 分，敌机 2 架亦有飞至罗源低空盘旋，并散发荒谬报纸。兹谨将该报纸觅到一份，缴请鉴核。谨呈

福建省邮政管理局局长

罗源邮局局长郑先

（福建省档案馆馆藏档案，档案号 56—4—1188）

33. 金门县大、 小嶝岛损失调查表

（1940—1944 年）

县名	地点	时间	被损失情形	损失物质	损失价值	死伤人数	备考
金门县	大小嶝	1940·3·30	是日敌机 18 架狂炸大小嶝 2 处，各小村落共投弹 57 枚，并用机关枪扫射	倒塌民房 99 间，震伤者200 余座，其余微少者尚不计在内	约15000 元	被墙压死者男 3 女 8，在洞内陷死男 3 人，受伤者男 9 人，女 6 人	
福建省金门县	大嶝岛及小嶝岛	1943·5·14	上午敌机 1 架在大嶝岛之阳塘村及田乾村各投炸弹 2 枚。下午敌机 1 架在小嶝岛投弹 3 枚	大嶝毁屋 1 座，损伤 2 间。小嶝共损伤屋舍 4 间，园作物 2 亩	约21 万元	轻伤 2 人	
	小嶝岛	1944·4·20	敌汽艇 1 艘在小嶝之陆角屿登陆，以机关枪向小嶝扫射约 1 时许始逸去	山羊 8 头	约16000 余元	无	

（福建省档案馆馆藏档案，档案号 82—8—37）

34. 敌伪军强行登陆南日岛

（1941 年 2 月 14 日）

南平

渝委座蒋声密；据晋江县长兼保安司令黄珍吾文已从恭电及元辰电话称：文日拂晓敌炮舰一艘，掩护伪军二、三百在南日岛登陆，至已被我击退。午敌舰四、汽艇八、飞机三再掩护伪军五百余强行登陆，内有日本兵五六十人，至晚仍陆续增加。我南日守军计有三个中队，现退守草湖，拟由晋江及莆田石城各集结一部增援，如情况不利，则增援我南日守兵突围，等情。查匪伪穷迫无归，除饬保安纵队督率所部以极大打击，断绝伪军反攻意念，另令七五师由平潭方面出击，策应南日作战，并分报外，请先奉闻，南陈仪寒午总甲印。

（中国第二历史档案馆馆藏档案，档案号 787—8448）

35. 长乐县集仙乡惨遭日伪军烧杀

（1941 年 10 月 30 日）

窃昌定世居长乐集仙乡，全乡一百八十六户，人口七百余人，合族而居，各务正业，素安本分。抗战军兴，长乐既属沿海县份，而集仙乡又迫近梅花海面，随时有被敌登陆侵犯之可能，以故时存戒惧不得不共谋自卫，数年以来，敌人未敢轻犯者末始非人民自卫之戒备有以弭自之。张县长灿莅任全县忙于丁米之供应，防范稍疏，敌遂于本年四月二十日乘虚而入，张县长复先期逃遁，县城不战而失，统率乏人，惟有各取守势，待机而动。乃有洞湖乡林善准、林乌及者前在敌国为理发匠，素通敌语，上年回乡，固未料其甘心通敌也。此次寇陷长乐，准等相率投效，纠集党羽林响响、林唤唤等多人为虎作伥，自鸣得意。古历五月十六夜，以其洞湖乡人在县城所开永昌号货物被人散失事件为名，带领寇军一队及匪伪数十，猛包围到乡堵截去路，处此情景势成瓮鳖，明知卵石非敌，惟有血战，以求生路，合力抵抗，相持数小时，至翌日拂晓，全乡陷于敌手。因此大肆屠杀，凶锋所至，竟及于四龄之稚子。抢劫财物则罄全乡之所有，焚毁房屋、奸淫妇女极尽兽军暴行之能事。为祸之烈，死事之惨，实亘古所未闻，计被焚烧大小房屋二百九十余座，杀死男女老幼三十九人，绑掳男丁一十八人，拒绝强奸蹈火全节而死者 2 人，投水殉难者 5 人，所有金银法币细软财物以及农具牲畜挨户搜索洗劫一空，不留寸草，约计损失不下百余万元，而被掳之难胞，除李元景、李良欢、李碑谭、李阔嘴、李亦山等五人中途脱险外，尚有李希如、李温栋、李元浩、李良仔、李希连、李贼贼、李亨杰、李妹妹、李元爱、李士定、杨学紫、杨学松等则横施非刑之后，于古历六月初二日移送长乐伪治安维持会，诬以抢夺永昌号，大题每人勒罚五百元，铁蹄之下，申诉无门，不得不摒挡赎命。第以浩劫之余，力有不逮，仅集国币四千元又手续费二百元，无如奸伪丧尽天良，仅予释放八人，而李希如、李温栋、李良仔、李妹妹、杨学松五人仍被羁押勒赎迫。惟联合各乡一致自卫组织游击队而与敌伪反抗。幸我大军加紧压迫敌寇节节失利，以致全线溃窜，人民重见天日。而李希如等五人始获生还，而为虎作伥之林善准等依然逍遥法外。兹值政府安抚流亡，肃清奸伪，理合沥陈受害事实并附具一览表，伏乞钧察准予分别严缉，该林善准等依法惩办，一面派员视察灾情从优抚恤，并予褒扬节烈，以励抗敌而顺舆情，实为德便，谨呈闽海善后委员会主席刘

计附被害事实一览表 1 份（略）

具呈人长乐县集仙乡代表李昌定，年七十二岁

受送达批示处长乐县第三区集仙乡李昌定

保呈人成同华洋烛厂，住长乐县金峰镇

保呈人赤松轩杂货店号东陈振英，住城内尚宾路 67 号

亡者计 39 人，伤者计 9 人，房屋焚毁 108 户，计大小 291 座。

以上所列死事最惨者李学熏一家四命，且熏以耄年率其子弟抗敌，而其妻林氏亦因掩护弱媳免遭兽行致受惨祸。次则李士钿亦以暮年率子抵抗，丧其两子而伤其一。次则李好弟之侄即李陈氏之子依木年仅四岁，又李大灼之侄即李许氏之子年亦不过十有二岁，稚子何辜俱遭屠戮。又李正根之妻陈氏、李大海之妻池氏即李大福之弟妇俱因拒绝兽行宁甘蹈火全节，尤为惨烈。至于李元达之母姜氏、李成铨之媳林氏、李希久之叔母林氏、李歇木之伯祖母陈氏、李治治之妻陈氏皆因义愤投水殉难，其气节之高均足以动天地泣鬼神。至于房屋之被毁计大小 291 座，价值约在 30 万元，屋内财物粮食器具每户最少平均三千元，共 107 户，亦在 30 余万元。合并农具牲畜以及其他之损失，总计不下 100 余万元。详细数目仍待精密估计，合并说明。

（福州市档案馆馆藏档案，档案号 017—新 4—679）

36. 建瓯县邮局关于日机轰炸建瓯情形的呈文

（1942 年 7 月 15 日）

查七月十一日八时，突有敌机 17 架侵入市区，大肆投下烧夷弹及爆裂弹 100 余枚。当时炸弹及高射机枪声罩满全市约一点钟之久。敌机见城内四处起火的目的已达，始行飞去。……此次建瓯市区中弹着火燃烧自晨 8 时起，燃烧房屋 2 千余间，并死伤民众千余人，下午四时止始告熄灭。

建瓯一等邮局局长　刘翼谦
（福建省档案馆馆藏档案，档案号 56—4—1467）

37. 建瓯县执行委员会关于敌机轰炸情形致省执行委员会代电

(1942 年至 1943 年)

（一）1942 年 11 月 3 日电：

连城福建省执行委员会主任委员陈钧鉴：本月 30 日下午 1 时半，敌机 7 架侵入市空低飞侦察，用机枪扫射后在本县西郊外大洲投弹 8 枚，计伤 3 人，经我防空部队开炮射击后即逸去。又 31 日上午 8 时许，敌机 6 架侵入本市，在仓长路、钟楼巷、中山路、基督教医院后边豪栋路及鱼塘园地等处投弹 30 余枚，计县政府外栋田赋管理处被毁外，另民房 10 余间，死 14 人，伤 3 人。又敌机 6 架于下午 1 时许侵入市空在城北柴巷临江门溪中、水西车站、黄华山等处投弹 20 余枚，计死 6 人，伤 18 人，炸沉民船 4 艘，省立建瓯中学高中宿舍被毁，另毁民房 5 间，本会礼堂玻璃已震破数块。谨电察核备查。建瓯县执行委员会书记长李大鹏。叩。

（二）1942 年 12 月 12 日代电：

福建省执行委员主任委员陈钧鉴：本（12）月 6 日下午 1 时 35 分，敌机 12 架由赣境进袭本市低飞窥察，并用机枪扫射后，在西北郊外投弹 30 余枚。又 7 日敌机 6 架于上午 10 时侵入市空，仍在西郊外机场投弹 10 余枚，计机场跑道有损坏外，余无死伤；谨电察核备查。建瓯县执行委员会书记长李大鹏。叩。

（三）1943 年 4 月 3 日代电：

福建省执行委员会主任委员陈钧鉴：查敌机昨日分 3 批侵袭本市，第一次 9 架，上午 9 时 30 分在西郊外投弹 18 枚，无死伤。第二次敌机 1 架于 11 时半在市空侦察。第三次 9 架于下午 1 时许在城市陶朱巷、马军营、铭三路、花巷、大甲巷等处投弹 12 枚，死 3 人，伤数人，毁屋 10 余间，并民主大成报联合社印刷机并同时被毁。谨将本市被炸情形电报钧会察核备查。建瓯县执行委员会书记长李大鹏。叩。阳（0402）总。

（四）1943 年 4 月 15 日代电：

福建省执委会主任委员陈钧鉴：本（4）月 13 日上午 11 时，敌机 7 架侵入本市低飞侦察并用机枪扫射后，在西郊外投弹 10 余枚，城市管葡路一带投弹 8 枚，毁屋 6 间，计死 3 人，伤数人。敌机肆虐后并散发荒谬传单。理合检同原传单 1 份电送钧核备查。建瓯县执行委员会书记长李大鹏。叩。阳总（0414）。附传单 1 份。（略）

（五）1943 年 4 月 28 日代电：

福建省执委会主任委员陈钧鉴：本（4）月 24 日下午 2 时半，敌机 8 架侵入本市大肆轰炸，并用机枪低飞扫射，计在西郊外及城市豪栋电灯厂、黄华山、五帝庙巷、铭三路、中正路、磨房等处投弹数 10 枚，毁屋 13 间，死伤 26 人。并在中正路投下燃烧弹数枚，即时起火，计烧去房屋 55 间。本会执行委员叶运景宅中命中燃烧弹 1 枚，损失情形除该页另案呈报外，谨电察核。建瓯县执行委员会书记长李大鹏。叩。阳（0425）总。

（六）1943 年 5 月 8 日代电：

福建省执行委员会主任委员陈钧鉴：本月 5 日下午 2 时，敌重轰炸机 2 架、轻轰炸机及战斗机 8 架侵入本市，在中山路河边留巷县前铁井栏上西河、西大街等处投重磅弹 33 枚，计毁屋数 10 间，死 23 人，伤数 10 人，又在第一监狱投弹 2 枚，地方法院看守所投弹 1 枚，致死数人。当时，囚犯逃出 80 余人，旋经追拿回 40 余人，余在查缉中。西郊外机场投弹 23 枚，除机场跑道损坏外，余无损失。谨电奉闻察核。建瓯县执行委员会书记长李大鹏。叩。（0505）总。

（七）1943 年 5 月 23 日代电：

福建省执行委员会主任委员陈钧鉴：本月 19 日上午 10 时许，敌机 9 架侵入本市在西郊外投下延期性弹多枚，机场稍为损坏。又 20 日上午 9 时，敌机 9 架侵入市空大肆滥炸，并用机枪扫射，计在城区铭三路、通济门、中正路、中山路边、西大街、小龙须巷、县前下西河、北辛街、辛桥头、小梨山等市区投下重磅炸弹、燃烧弹及延性炸弹 50 余枚，当即数处起火，计被毁屋 5 间，又崇仁中心小学私立新赣小学及本县社会服务处内部被毁一部，民房被毁数间，计死 40 余人，伤 20 余人，余无损失。谨电察核备查。建瓯县执行委员会书记长李大鹏。叩。阳（0521）总。

（八）1943 年 8 月 26 日代电：

福建省执行委员会主任委员陈钧鉴：本月 10 日敌机 1 架于上午 10 时许侵入市空，在城内县治前河边打石街、五通巷等处投下地雷弹 10 余枚，计毁去房屋 10 余间，死 4 人，伤 3 人。15 日上午 9 时 20 分，敌机 3 架侵袭，在本市西大街管葡路、席巷大桥等处投弹 10 余枚，计毁去房屋 8 间。19 日 9 时 45 分，敌机 9 架侵入本市低飞窥侦，用机枪扫射后并在机场投弹数 10 枚，除场跑道损坏外，余无损失。谨电察核。建瓯县执行委员会书记长李大鹏。叩。阳（0820）总。

（福建省档案馆馆藏档案，档案号 82—2—73）

38. 永安市区被炸死亡名册

（1943 年 1 月 2 日）

姓名	年龄	籍贯	住址	性别	职业	家庭人数	死亡地点
阙发吉	17	永安	桥尾 38 号	男	店伙计	5	伍师路
聂报寿	13	永安	新街 22 号	男	学生	5	伍师路
邓贻绍	48	永安	大同路 50 号	男	商人	9	府右路
刘依喜	39	福州	小街 21 号	男	工人	4	小街
孙方氏	57	浙江	浙江同乡会	女	无	1	横街
陈仙球	15	永安	城边街 40 号	女	无	3	城边街
陈范氏	44	北平	西营坂 45 号	女	工人	4	西营坂
钟震之	43	江西	龟山	男	台长	/	龟山
刘紫珊	/	江西	/	女	/	/	龟山
钟丽娜	/	江西	/	女	/	/	龟山
魏宗钱	44	永安	复兴路	男	/	/	伤后死在医院
林铭章	/	闽侯	大街 46 号	男	/	3	国民路

（永安市档案馆馆藏档案，档案号 83—7—1549②）

39. 永安市区被炸受伤名册

（1943 年 1 月 2 日）

姓名	籍贯	年龄	性别	受伤部分	住址	被炸地点	家庭人数	备注
聂诗白	永安	20	男	左腿骨折	大同路	/	12	现住永安医院
王瞬樟	闽侯	20	男	右臀部受伤	财政厅	渔潭	1	现住永安医院
陈体元	闽侯	23	男	腰部受伤	经建会	经建会新村	6	现住永安医院
杨淑金	江西	34	女	背部受伤	新街	新街	3	现住永安医院
林珍如	闽侯	29	女	胫部受伤	民权路	民权路	4	现住永安医院
唐河清	闽侯	26	男	右臀部受伤	新街 34 号	新街	1	现住永安医院
严志高	闽侯	26	男	腰部受伤	茅坪电话交换所	/		现住永安医院
王志杭	闽侯	21	男	腰部受伤	财政厅	渔潭	1	现住永安医院
聂桂女	永安	47	女	两手受伤	山边街 60 号	/	2	现住永安医院
杨德山	河南	33	男	右臀部受伤	建国路	北门	2	现住永安医院
陈秀华	闽侯	32	男	右腿部受伤	兽医事务所	龟山	5	现住永安医院
王炳生	闽侯	18	男	右手臂受伤	防疫大队	龟山	1	现住永安医院
范金城	江苏	23	男	左手臂受伤	社会处	社会处	1	现住永安医院
朱邦善	浙江	39	男	右额角	西营坂	/		现住永安医院
章思李	浙江	36	男	右颈部	土木工程局	/	4	现住永安医院
卫鸿熙	上海	76	男	左腿部	建设厅	中正路	1	现住永安医院
陆雅云	浙江	33	女	全身轻伤	西营坂		4	现住永安医院
沈根福	浙江	6	男	右腿及右手受伤	西营坂	西营坂	4	现住永安医院
吴通盛	江苏	39	男	左腿受伤	卫生队	复兴路	1	现住永安医院
陈体强	闽侯	8	男		经建新村	东坡	/	曾前往医院门诊
张往瑜	/	/	/	/	/	/	/	曾前往医院门诊
林金针	/	/	/	/	/	/	/	曾前往医院门诊
方陈	/	/	/	/	/	/	/	曾前往医院门诊
朱佩然	/	/	/	/	/	/	/	曾前往医院门诊
魏宗钱	/	/	/	/	/	/	/	曾前往医院门诊

姓名	籍贯	年龄	性别	受伤部分	住址	被炸地点	家庭人数	备注
钱顺法	/	/	/	/	/	/	/	曾前往医院门诊
陈老婆	/	/	/	/	/	/	/	曾前往医院门诊
方克昌	/	/	/	/	/	伍师路	/	市上诊疗所医治
杨金君	/	/	/	/	/	伍师路	/	市上诊疗所医治
张耀海	/	/	/	/	/	伍师路	/	市上诊疗所医治
陈淑锦	/	/	/	/	/	伍师路	/	市上诊疗所医治
郭标	/	/	/	/	/	伍师路	/	市上诊疗所医治
陈老太太	闽侯	45	女	/	经建新村	东坡	/	市上诊疗所医治
吕振华	/	/	/	/	/	伍师路	/	市上诊疗所医治
王汉章	安徽	28	男	/	第一桥新村	东坡	/	市上诊疗所医治
蔡长斌	/	/	/	/	/	民权路	/	原住永安医院，近日已出院
林依宏	/	/	/	/	/	民权路	/	市上诊疗所医治
沈海	/	/	/	/	/	西营坂	/	市上诊疗所医治
沈鑛	/	/	/	/	/	西营坂	/	市上诊疗所医治
沈氏	/	/	/	/	/	西营坂	/	市上诊疗所医治
宋邦梦	/	/	/	/	/	西营坂	/	市上诊疗所医治
王舜钟	/	/	/	/	/	渔潭	/	市上诊疗所医治
黄少夆	/	/	/	/	渔潭新村	渔潭	/	市上诊疗所医治

（永安市档案馆馆藏档案，档案号 83—7—1549②）

40. 福建防空司令部关于永安遭日机轰炸损失情形的报告

(1943 年 1 月 3 日)

查昨（2）日敌机三十架轰炸永安业经略报有案。兹将调查损害详情补报如下：（1）伍师路大华锯木厂投爆炸弹三枚，死三人，伤一人，倒屋一栋。（2）大同路商店投爆炸弹十余枚，死一人，倒屋五间。（3）公正路投爆炸弹二枚，死一人。（4）参议会对面投爆炸弹一枚。（5）民政厅投爆炸弹一枚，伤二人（勤务），毁屋一间。（6）省政府对面投爆炸弹二枚，无死伤。（7）第一桥投爆炸弹三枚均落河中。（8）张秘书长公馆附近投爆炸弹一枚未爆发。（9）财政厅投爆炸弹十余枚，死一人，伤三人。（10）土木工程局投爆炸弹一枚，死牛一头。（11）医学院投爆炸弹十余枚，倒屋五间。（12）黄竹洋投爆炸弹三枚无损失。（13）黄街棉花店投燃烧弹一枚，死女一人。（14）小街投燃烧弹四枚，烧屋五间。（15）国民路投燃烧弹四枚，又爆炸弹四枚，死一人，烧屋八间。（16）晏公街省立医院投燃烧弹五枚，死一人。（17）新街投燃烧弹十余枚，烧屋十余间。（18）茅平省银行投燃烧弹二十余枚（内一枚尚未爆发），伤一人，烧屋十余间。（19）龟山中央广播电台附近投爆炸弹四枚又燃烧弹一枚，钟台长及妻女被炸。

（福建省档案馆馆藏档案，档案号 1—5—2870）

41. 福建省政府关于敌机袭击永安致行政院电

（1943 年 1 月 4 日）

重庆。委员长蒋、行政院长蒋：密。2 日午前，广东龙川发现机 30 架窜经本省龙岩、连城至永安市区城郊投弹 12 枚，并用机枪扫射。着弹地点 22 处，市区 5 处起火，共计死 10 人，伤 40 余人，毁屋 29 栋，倒房 28 栋。经我高射炮队射击后即向原路窜至武平，又投一弹，向粤境逸去。除赶办善后救济被难民众外，谨闻。职刘建绪。永。省。秘。

（福建省档案馆馆藏档案，档案号 1—5—2870）

42. 宁德渔民被敌伪扰害及生活近况之调查

(1943 年 3 月 13 日)

一、被焚掠情形

本县青山斗帽礁头、金蛇头及三都前各渔场海为三都港,自民二十七至三十年常有敌伪舰艇前来侵犯,渔民渔具时遭掳掠焚烧,或炮弹鱼雷炸死伤者达二十人,损失十余万元,前曾呈报上峰但迄未蒙赈恤,务乞政府速加救济。

二、被索勒情形

敌人施行封锁政策,利用伪匪林义和扰乱闽东沿海,义和乃在东冲设立关卡,抽收百货捐,渔民运渔被征税或惩罚者损失不下百余万元。渔民在敌人包围之下,业渔本极困苦,加以前项无谓损失,当更见衰落或失业。

（下略）

宁德县渔会
（福建省档案馆馆藏档案,档案号 63—1—37）

43. 龙溪县执行委员会关于日机轰炸情形的呈文

（1944 年 1 月 22 日）

查本月 20 日上午 8 时 40 分，敌机 7 架由西北方向飞入市空，即在本市东桥亭、下营、东闸口、大路头、澄观道、航民小学、霞薰里等处以水平方式滥投炸弹 20 余枚，计死军民 39 人，伤男女 43 人，倒屋 49 间。至 8 时 50 分时，该 7 架敌机始由东南方面飞返落海。

（下略）

谨呈

福建省执行委员会主任委员陈

龙溪县执行委员会书记长：卢德明

（福建省档案馆馆藏档案，档案号 82—8—73）

44. 建瓯县执行委员会关于敌机轰炸情形的呈文

（1944 年 1 月 31 日）

查本（1）月 24 日上午 11 时许，敌机 5 架侵入市空在西郊外投弹 30 余枚。又 25 日下午 2 时，敌机 8 架侵袭，仍在西郊投弹 50 余枚，均无损失。理合填具调查表各 1 份随文送请，察核备查。谨呈

福建省执行委员会主任委员陈

福建省建瓯执行委员会书记长　李大鹏
（福建省档案馆馆藏档案，档案号 82—2—73）

45. 国营事业财产直接损失汇报表（表17）

（福建邮政管理局）

（1945 年 1 月 19 日）

事件：地方沦陷、敌机轰炸

日期：自九一八事变起至三十四年六月

地点：福州

填送日期：34 年 1 月 19 日

分类	价值
共计	41388605
房屋	578000
器具	2753113
现款	20000
邮票	185625
邮件	360000
运输工具	11936005
其他	25505862

报告者：福建邮政管理局局长克气格

（福建省档案馆馆藏档案，档案号 36—14—5670〈2〉）

46. 福州市大根区沦陷损失调查

（1945 年 6 月 18 日）

福州市大根区三十四年六月十八日区长谢锡熊填报：

（一）沦陷区域：

1. 沦陷日期？（第一次卅年四月廿二日，第二次卅三年十月四日）曾否克复及克复日期？（第一次卅年九月三日，第二次卅四年五月十八日）沦陷次数及日期？（计两次日期见上）沦陷时敌人伤害破坏之大概情形如何？（拆毁公私建筑物计一百九十余处，残杀妇孺老幼九十余人，中妇女被强奸而死亡者三十余人）克复时敌人有无破坏程度如何？（极意破坏，退却时放火焚毁、洗劫未尽粮食木料布足及其他用品器物）第一次或第二次沦陷时敌人伤害破坏之大概情形如何？（第一次沦陷时东湖及东门、环城、乌山师范学校均被炸毁，东门一带遭受敌机轰炸成一片瓦砾，活埋青年五十余人）遭受敌机或我机轰炸之地方面积及损失概况？（本区辖内东门一带公私建筑物遭受敌机轰炸面积长宽达十方亩，损失约达三万万元）

2. 全区难民估计若干？（本区辖内难民约计一万二千余人）逃出难民约有若干？（五千余人）难民中约有若干胥赖长期救济？（三千七百余人）仅系一时失业？（一万二千余人）难民平均每人之衣物损失价值估计若干？（六万元）

（二）粮食：

1. 敌人占领期内掠取之数量估计若干？（掠取指敌就地食用及外运两者而言，本区辖只有东门一带就地食用三千余斤，被外运者三万余斤）敌伪对于食粮之统制情形如何？（无）有无征实征购数量各若干？（无）敌人有无征派壮丁共约若干？（无征派壮丁，唯每日（本区）应派民工约二百五十名）

（三）交通运输：

3. 战前共有邮局电报及电话局几处？（本区辖中正路邮局一处，其他无）因战事损失情形如何？（无）邮电主要器材损失约计若干？（本区辖内电线损失约一万丈）战前城内公用事业如电灯电话设备完善因战事损失多少？（电话机损失十架电线约一百余丈）

（四）医药卫生：

1. 敌人在境内毒化政策情形如何？（偏僻之地均设立烟所）烟馆设立几处？（本辖区内有二处）运入毒品约有若干？（七八余斤）受毒化之人民约有若干？

（二十余人）

（五）灾情：

1. 沦陷期间境内曾发生灾害若干处？（匪灾十七次，本区东门一带敌人计烧洋屋二座）范围面积？（长宽约一百方尺）火灾、匪灾每次损失约计若干？（每次损失约四千余万元或至五六百万元不等）

（六）衣服：

1. 敌人掠取之情形如何？（敌认为满意不论着在身上或存于家中均行强抢）掠取棉花若干？（一百八十余斤）布匹若干？（一千余疋）

2. 战前县内共有纺织布缫丝染布缝纫之约若干？（纺织六十余家、纺纱四百余家）产量若干？（产纱一千布约一百余疋）因战事停工若干家？（全部停工）战前各厂共有纺织布机缝纫机若干？（纺织布机二百余架，缝纫机二百余架）因战事损失若干？（损失约二百架）

（七）商业：

1. 战前原有手工业若干种？（三十余种）家庭工业若干种？（二十余种）从事于各项手工业家庭工业或副业之人数约有若干？（五万余人）因战事各项手工业等损失若干？（约十余万万元）

3. 战前原有商铺若干家？（约三千余家）商铺主要营业何项业务？（苏广布疋书纸、仪器、中西药房）因战事停开者若干家？（约二千家）损失估计若干？（约六万元）

（福州市档案馆馆藏档案，档案号 01—14—7）

47. 福州市仓山区沦陷损失调查

（1945 年 6 月 18 日）

（一）沦陷区域：

2. 沦陷日期：第一次卅年四月廿一日，至同年九月三日克复，第二次卅三年十月四日至卅四年五月十八日克复。第一次沦陷时敌人在本区中洲地方设立之宪兵队，残杀人民约百人以上，退走时复在本区上渡街放火燃烧民房百余栋，民众损失三千万元以上。第二次残杀较少，约二十余人。唯地方公私房屋，被其破坏甚盛，（以英美产业为多）估计在二亿万元左右。遭受敌机轰炸之地方，计有中洲街、中洲巷、龙潭角等地。被炸面积合计三十方市丈以上，人民死伤五百人以上。（只卅年四月廿日龙潭角被炸已死伤四百七十余人）财产损失一千万元左右。至我机之轰炸，只有万寿桥头一次，震倒房屋三间计十丈，死四人，伤四人，（走路经过者之死伤尚有七、八人）桥面炸毁二丈。

3. 本区难民估计二万五千人，逃出者一万五千人，须长期救济者一万人，一时失业者一万五千人以上，平均每人损失衣服一万元。

（二）粮食：

3. 敌人第一次占领期内尚无掠取，第二次则就地征用，以林森、长乐、连江等县产粮区为甚，本区仅下渡街一带被强征去约三百市担。

两次沦陷尚无征派壮丁情事。

4. 本区田亩无几，耕牛及种子多向邻县租借，故尚无损失，肥料以人粪为主，尚足供应。

（三）交通运输：

5. 码头狭小（仅道头）尚无损坏。

（四）衣服：

2. 对于衣服原料如棉花布疋尚少掠取，且商人多由上海运来供给民用。

3. 本区缝纫商店约五十家在沦陷期中几全部停工。

（五）商业：

1. 家庭工业有纺纱机一种，本区从事该业之人口在万人左右，沦陷期中半数停顿。

（六）医药卫生：

5. 辖内沦陷期内烟馆二家运入毒品及受毒化之人民，不详。

（七）华侨：

1. 战前旅外华侨（包括本市及林森县）计 100000 人，分布南洋群岛如英属马来；荷属爪哇泗水；美属菲律宾小吕宋；英属缅甸；法属暹罗、安南等处，每年汇款回家合计二千万元。在外主要工商业，如苏广什货、土产、旅运、咖啡店、洋服店、理发店、西药房等，本地侨民在外资产约二三亿万元，战事后归国者约万余人，大多数集中南港西区一带，本市亦多侨胞在国外，资产损失仅缅甸归侨统计在千万元以上，因战事本地侨汇损失二千万元以上。

（八）合作事业：

本区合作事业当时尚未成立。

仓山区区长黄振圻

（福州市档案馆馆藏档案，档案号 01—14—7）

48. 福州市小桥区沦陷损失调查

（1945 年 6 月 19 日）

沦陷区域:

克复时敌人有无破坏,程度如何?

本区下杭保九十八号天一心后进,前农民银行旧址全座被毁,价值三千万元。又九十六号福兴泉汽车公司旧址全座被毁,价值三千万元。小桥保金斗山八号至十二号,铺前保刘井前一号,总管保加冠里二十三号至三十一号,铺前顶六十六号,铺前顶五十一号,理工学校总管保加冠里二十六号至二十八号,加冠里四号,总管保银湘浦五号,银湘浦福山十八号,合计十六家,均被敌人破坏或采取木材以作燃料,合计损失约达二千余万元。

第一次或第二次沦陷时,敌人伤害破坏之大概情形如何? 遭受敌机或我机轰炸之地方面积及损失概况?

第一次沦陷时,本区总管保保福山住民陈细细弟,无辜被敌击毙。上杭保住民张秉奎在侯官市无辜被日兵捕往山上残杀,尸体沉没,又刘太平被捕杀害地点不明。洗马保被敌抢劫五金杂货等物,损失约乙百余万元。平和保戚公祠被敌破坏损失数十万元。合计死三人,破坏损失约百余万元。

第二次沦陷时,山边保伙贩街二十七号林金水,总管前二十二号郑乌鼻,五号林新,三中保易英皋,万侯保林仁官,上杭保刘太平弟,纯平保刘国权,总管保鱼钓街四号柯鸿炳等八人,参加十月八日吉祥山战役被敌击毙。小桥路五十一号高大昌,二十号薛贤谋,小桥路市场后七千八号周朱弟,十六号王依朝,造炉埕二十四号朱坤官弟,礼泉保横街巷四十四号林鸿基,小桥路四十号陈孝钦,四十七号罗依八,洋中路李用用嫂,南祥保张文明、王道兴,闽清保谢利源,洋中路陈山东弟、郑依弟等十四人,均受敌无故惨伤。又帮洲保住民数人,当敌人进攻时,躲避不及,敌认为游击,被其击毙。茶亭路公信来罗底纱商店全家十余口遭敌蹂躏,被劫财物乙百五十余万元。茶亭中心校被敌破坏,全部已成废墟,约损失五千万元,另茶亭保内损失财产约十余家,计五十余万元。斗中路鸡□住民陈依清遭敌杀害,全部被劫财物约达五百余万元,斗南保各户被敌抢去猪鸡鸭等,损失十余万元。洗马路六十号宝华行被敌劫取五金杂货乙万五千元,现金二万元。九十六号锦顺五金店被劫脚踏车乙辆,锅洋二十张,约损失卅余万,另现钞十万元。九十八号宝兴杂货店被敌劫去金戒指二枚（约三钱）,花布二疋,羊毛衫乙件，皮鞋五双，约五万元。又福建省立医院全座建筑物破坏净尽，成为废墟，损失约五万万元。大庙保恒心街十号，闽清保三十九号，酒亭道二十七号至二十九号，山边保民屋等计十座被敌破坏，约损失五百余万元。

遭受敌机或我机轰炸之地方面积及损失概况：

第一次沦陷时，下杭保咸康参行后进内库被敌机轰炸货房一间，全部倒塌，货物毁没，损失价值三千万元。

民国二十七年间，冀中巷墙屋三间，冀直路百龄坊木屋十间，夺锦标怡园墙屋三座，新道头林人淡住宅墙屋一角，双洲木厂一座，被敌机轰炸，房屋损失共达五百万元，死五人。

全区难民估计若干？（全区难民约三万二千余人）逃出难民约有若干？（约二万四千余人）难民中约有若干胥赖长期救济？（三千人）若干仅系一时失业？（乙万六千余人）难民平均每人之衣物损失价值若干？（每人约三万元）

粮食

敌人占领期中掠取之数量若干？

本区敌人约驻五千人，每日食米约七千五百斤，菜钱计二十五万元。（米每日一人以斤半计，菜钱以五十元计）沦陷期中约计掠取米乙百七十六万斤，菜钱二百余万元，另向长寿保辖内住户掠夺粮食五十余担，计损失三十余万元。

敌伪对于食粮之统制情形如何？敌伪悉向附城各乡摊派粮或任意掠夺福州粮食，绝对禁止外运。

交通运输

战前共有码头几处？

本区辖内并无码头：如三中保之拿公楼道、尚书庙道、沙埕中，万侯保之三夹道、洪武道等向无停泊轮船，所有上下水均属民船，溪运出口纯属杂货，年约千余万元，入口以米柴为大宗，年约乙万二千万元之谱。

衣服

敌人掠取之情形如何？掠取棉花布疋若干？

本区帮洲保第一次沦陷时，河内杉木被敌掠取，损失价目三万万元。二次沦陷又被掠取，损失达三百余万元。泰山保被敌强用伪币购买杉木运往海外，共损失三千万元。又白马桥铁骨及锅铝被敌掠取，损失五百万元。万侯保王梅惠一家被敌掠取棉花布疋约二百余万元。闽清保江墘头十八工场被敌掠取布疋十二疋。山边保大慎里高维仁被敌掠取棉纱乙百余斤，布十四疋。醴泉保横街巷碧嫂织布厂被敌勒索九万余元。达道路三十一号省赈济会福州碾米厂器具被敌劫取殆尽，损失数达百万元。小桥路七十六号苏晚璧家被敌搬取家私、电话、人力车及现金十万余元。小桥榕记布店店东叶魁容被敌伪以伪币换取国币二万元。又郭佑来被敌野战部队勒索应酬费十余万元。小桥一百六十六号林徽祥家于去年十月间被敌搬取皮箱十二个，铁箱一个，缝衣车二架，脚踏车二架，颜料二十听，棉花三十打，抽水机一架，蒸汽管一条，铜□五条，铁管七条，铜锡器各百余斤，古董三十五件，留声机一架，大衣二十三件，哔叽服装二十五套，男女四季衣服计百余件，布料三十余件，帐七床，毯八床，共计损失国币二百零三万元。又小桥路三十三号张宝椿被敌掠取丝线三百五十七两，车胎底一百零五只，损失三十余万元。

战前区内共有纺纱、织布、缫丝、染布、缝纫工厂若干？及产量若干？因战事停工者若干家？战前各厂共有纺织布机及缝纫机若干？因战事损失若干？

本区战前各种工厂约二百余家，产量约一百万万元，因战事停工者约一百余家，战前各项机器约千余架，因战事损失约一千万万元。

商业

战前原有手工业若干种？家庭工业及副业若干种？从事于各项手工业家庭工业或副业之人数有若干？因战事各项手工业等损失若干？

本区战前手工业计有二十种，如牙刷业五十二家，角梳业一百五十家，牛皮制造业三十二家，车骨业三十余家，铸铜业八十余家，铁线业四十余家，剪刀业十余家，筐梳业二十余家，打铁业五十余家，木器古董业二十余家，锯□业十家，料珠业十家，纸伞业一百六十家，席业三家，造船业一家，打索业二家，锯木业二家，纺织业一百余家，染布业四家，锡错业二十五家等。

从事于各项手工业约乙万六千余人。

因战事损失十九万万一千八百七十余万元。

医药卫生

敌人在境内毒化情形如何？烟馆设立几处？运入毒品数量约有若干？受毒化人民约有若干？

敌人在本区内设立十余处烟馆，运入毒品数量未详，毒化人数待查。

沦陷期中境内曾发生灾害若干处？范围面积如何？水灾、旱灾、蝗灾、火灾、风灾，每次损失计若干？

闽清保江中七号刘天利家被匪抢掠现金、货物等，损失约十五万元。

山边保轮船巷十四号薛松官、邹依浩，白马桥二十号林宝璋，大慎里一号高维仁等四家被匪灾，损失现金货物等损失二百余万。

帮洲保第一次沦陷，受水灾损失达五十万元，第二次匪灾两家，被劫衣服首饰现金损失三十余万元。

长寿保第一次沦陷两次水灾损失五十余万元，第二次沦陷又遭匪劫，三家衣服、首饰、现金约四十余万元。

泰山保第一次沦陷时受水灾两次，损失五十余万元。第二次沦陷辖内遭匪劫十四家，估计损失衣服、首饰、现金等在一千万元之谱。又小桥路王旋轩家被匪灾劫取损失十余万元。

总管保陈玉栋、柯吉彬、兰世霖等被劫，计数十万元。

延平保林雪蕉、陈依春、陈子仁、林德华、林文慈，南禅保王仕金、谢成灿、染木弟、陈兆斌及义记纸栈等被匪劫取现金、货物、衣饰等约计损失五百万元。

小桥区区长　刘铨仁
（福州市档案馆馆藏档案，档案号01—14—7）

49. 福州市鼓楼区沦陷损失调查

（1945 年 6 月 20 日）

（1）沦陷日期，曾否克复及克复日期，沦陷次数及日期，沦陷时敌人伤害破坏之大概情形如何？克复时敌人有无破坏程度如何？第二次或第三次沦陷时敌人伤害破坏之大概情形如何？遭受敌机或我机轰炸之地方面积及损失概况：

查第一次沦陷日期由卅年四月二十一日起至卅年九月五日止，计共一百三十三日，其中敌人暴行最大者，如北门九彩园陈椿家杀害其父陈璇琨并其女二人，子一人，共死四人；又云步山蔡姓杀害五命；被其掠夺钱财器具物件者，有北大路、九彩园、仓角亭、钱塘巷、解藩路、兰荷里、西大路、孙老营、小排营、华林坊、余府巷、后曹、城边曹、西洪路、洪山桥一带，皆敌人驻兵之处，被其抢掠约在现币五千万元以上。

第二次沦陷日期，由卅三年十月四日起，至卅四年五月十八日止，为期计二百二十六日。于沦陷期中杀死瓮城中陈镜秋之子陈鸿清一人，占住北门基督教柴井医院，该院长刘钟福被敌人扣押月余，日后虽开释，无形被其看管，致受刺激神经错乱，不久即告死亡。院内损失药品、器具、机件等物，约在二千万元左右。破坏拆毁房舍，如公共场所，计有鼓楼、西大、西洪、华林各国校、省立家事学校、兰田庙、关帝庙、林森县政府卫生院、市警局、江苏会馆、西门外祭酒岭协和中、小学校等，计损失在一千万元以上。破坏拆毁瓦屋者，计有华林坊十二座公共场所，被火焚烧公共场所，计有林森县政府，省立民教馆，城隍庙，计三所，计损失现币四千万元以上。民房被火烧者，北大路一百三十余家，大口下烧三家，北后街苍尾烧一家，损失总约在三千万元以上。遭受敌机轰炸，第一次沦陷时西洪路炸一次，死伤十五人，第二次沦陷并无轰炸。

（2）全区难民估计若干？逃出难民约有若干？难民中约有若干胥赖长期救济，若干仅系一时失业？难民平均每人之衣物损失价值估计若干？

全区难民约52000人，逃出难民约有20000余人，须长期救济者约600余人，仅系一时失业者五千余人，难民平均每人衣物损失价值估计约30000元左右。

（3）敌人占领期内掠取之数量估计若干？（掠取指敌人就地食用及外运两者而言）敌伪对于食粮之统制情形如何？有无征实征购数量若干？（最近一年数字）敌人有无在境内征派壮丁共约若干？

沦陷时敌人在本区辖内约有二千余人，就地食用估计约109040000元，敌伪对于粮食在本区未有统制情形，北门外稻谷一次被征实十八担，并无征购行为，亦无征派壮丁。

（4）因战事码头损坏程度如何，轮只损失若干？现时入口若干？出口若干？造船厂若干？造船若干？

本区无码头及造船厂，亦无轮只损失。

（5）敌人掠取之情形如何？掠取棉花若干？布疋若干？

沦陷期内敌人并无在本区掠取棉花布匹。

（6）战前区内共有纺织、缫丝、染布、缝纫工厂若干？及量若干？因战事停工者若干家？战前各厂共有纺织布机及缝纫若干？因战事损失若干？

战前本区有小规模纺织工厂五家，每日统计可出土布十五匹，但无缫丝染布缝纫等工厂。因战事停工二家。战前各厂共有木制纺织布机五十余架，因战事损失二十三架，估计约损失六万余元。

（7）战前原有手工业若干种？家庭工业及副业共若干种？从事于各项手工业、家庭工业或副业之人数约有若干？因战事各项手工业等损失若干？

战前本区共有家庭工业手摇纺纱机二千七百余架，弹棉花机八架，从事手工业女工及童工约五千余人，因战事停业约损失二十余万元。

（8）敌人在境内毒化政策情形如何？烟馆设立几处，运入毒品约有若干？受毒化之人民约有若干？……

（9）沦陷期中境内曾发生灾害若干处？范围面积如何？

水灾、旱灾、蝗灾、风灾、匪灾、火灾每次损失若干？

沦陷期中本区境内曾发生火灾之地方，计有北大路、大下、营尾、城隍庙、林森县政府、省立民众教育馆六处，损失约在三千万元以上。其范围则北大路焚烧一百三十余家，大□下焚烧三家，营尾焚烧一家，城隍庙全座，林森县政府全座，民众教育馆全座。

（10）境内原有合作事业若干？社员若干人？营业资金共有若干？境内原有工业合作社若干？社员若干人？全县合作总额若干？因战事合作社解散若干？贷款不能收回若干？合作社资产损失若干？

本区辖内合作事业及各保合作社正在进行组织中，适值福州沦陷社员方面未曾集资，亦无贷款。

中华民国三十四年六月二十日

鼓楼区区长端木

（福州市档案馆馆藏档案，档案号01—14—7）

237

50. 抗战期间三沙渔民遭受敌伪危害情形报告

（1945 年 7 月 15 日）

（1）民国 28 年 9 月 11 日，北澳外洋面渔船九艘，被敌舰牵带乐清串作浮桥。渔民江松清、张金肚、颜发基、林乌契、梁仁清、梁阿落、陈九仔、梁宜弟、郑宜顺、谢阿党、陈番婆、江赊客、辜仁木、万员贞仔、曾文铁、李汽仔、蔡缺嘴、郑阿牌、阮阿钗、黄佬恭、洪阿异、洪阿伍、张阿只、郑昂什、赖阿銮、赖虎狮、连文凤、梁顺发、陈细银、陈阿贞、黄三东、朱阿忙、蔡友丁、张喽啰、游风胎、卢仁星、邱土犬、侯进佺、欧木清、王阿金、彭阿清、何阿炎、林茂仁、连阿钗、梁宝川、彭细荣、董文基、游乌炮、郑宜太被殴伤，计 49 人，叶正岈、曾圆面、邱阿注、王员咩、叶阿贵 5 人被迫跳海毙命，损失约五六十万元。

（2）民国 29 年 6 月 12 日，崳山北霜洋面敌舰海盗横行，牵劫渔船勒赎渔户，惨遭□□，停业者 11 艘，渔民李鸿图、徐春孙、郑阿走、彭应化、江佬姑、陈金相、卢秋佺、卓文弟、陈风□、□卢雪佺、胡阿床、江阿笑、潘臭头咩、杨金春、周阿片土、吴大狮、彭振恭、谢阿栗、余佬三、林□阿、方阿才、高阿居、谢三党、王产巴、梁黄瓜、梁开水、陈阿龙、李小星、辜阿火、蔡友梅、何求赐、郑三凤、王士唐、王细荚、韦咥哞、梁阿永弟、梁天金仔、胡得桂、曾三九、梁细水、梁阿地仔、欧阿蛋、朱土弟、黄威弟、郑细甲、江阿货、胡和金、张桂龙、余金寿弟、郑玉枝、郑大光、郑奶因、许三荣、江阿铜、余阿□□弟、王阿求、郑大得、林安桂、唐宽成、叶红弟、苏阿白、林梦金、李阿见、李□福、林书□、陈琴祥计 66 家，生活同陷绝境，经查劫去李鸿图等渔船并全盘渔具鱼货及停歇损失约七八十万元。

（3）民国 30 年 8 月 25 日，敌伪率汽艇攻陷三沙，占据三日之久，渔船全部停歇，渔民尽皆停炊，生活趋入绝境。又临去时纵火焚烧，除商店住宅被毁四十余家经商会呈报有案外，而谢细党、朱仁隆、林书仁、黄世怀、蒋阿焕、洪咩仔渔船劫去六艘，又万学珠、方阿才渔舍被毁两间，其鱼寮存货被劫更多共计损失约壹百万余元。

（4）民国 30 年 10 月 16 日，南竿塘盗首林义和乘汽艇率带匪众五六百人围攻三沙，由西澳登陆，大肆扰害，时值渔汛旺发，渔民逃难，渔船尽皆停歇，又见遗弃渔具绠钓等件，损失约贰百万余元。

（5）民国31年9月10日，敌舰侵犯三沙，盗匪横行洋面，劫去潘木弟、郑阿法弟、魏长景、朱仁焯渔船四艘并全盘渔具绲钓鱼货，当侵犯时全部渔船停捕损失约八九十万元。

（6）（略）

（7）民国32年10月，嵛山北霜洋面敌舰海盗横行，劫去渔船9艘并全盘渔具鱼货。其□□重渔民金面骨、蔡和顺、林阿孙、蔡阿成、李三岁、陈永辉、陈银顺、王新匏仔、邱土犬、唐安安、林□利、蒋阿凡、刘阿福、江阿寿、陈宜仁、江阿恋、游阿包、游仔包弟、黄佛机、万学机、邱永瑞、李阿咩、谢阿咩、潘木弟、杨阿丕、张阿恙弟、陈庚舜、游蕃茹弟、江阿通、林依炎等31家损失约叁百万余元。

（8）民国33年4月11日，敌舰盗匪横行洋面劫去连斌斌、唐得金、刘海盛渔船三艘，又搬劫朱仁隆、唐银泰、吴昂圭渔绲钓鱼货，又砍劫尤胶胶、温炳增、蔡友钦、刘元寿渔□9张其受害惨重者即此十家，损失约六七十万元。

（9）（略）

（10）民国33年12月22日，敌艇由东壁登陆寻觅白糖，大肆搜索，至西澳崎沙，企图占领西岭碉堡，经张茂和中队长截击，相持竟日，炮火甚烈，影响渔民全部不敢出海，该艇最终被我军击毙两人始退去。时值渔汛旺发，渔船尽皆停捕，并遗弃渔具等件，损失约贰百万余元。

（11）民国34年3月11日迄6月26日，北澳嵛山北霜洋面敌舰盗匪横行，而敌伪分扎北澳，劫去郑员阿、郑昂什渔船两艘并全盘渔具鱼货。又击沉高云屿、黄仁生瓜罾船两艘，毙渔民梁细鼻、吴阿标、沈山东、梁三茶、林阿丕六人。又郑扶智失踪，又间有渔民张文全、蔡友钦、唐得□、辜仁木、温炳增、洪信文、卢臭头、刘元寿、刘成、叶番仔、康员目、林阿宝、杨正福、邱三咩、蔡阿道、林乌契、李阿咩、徐三弟仔、林湾胶、林宝来、林阿荣、万则春、蒋阿凡、邱永才、曾长麟、唐银弟、陈友来等受害惨重者27家以上，综计损失一百四十万余元。

（12）民国34年5月21日，敌寇侵袭霞浦，流窜三沙海面，时值渔汛旺发，渔民等不能出海捕鱼当在洋面遗弃渔具逃命归澳，损失甚巨，又敌踞住霞浦12天，三沙渔业□□影响渔船鱼寮尽皆停顿，受害尤深，损失约四百万余元。

（霞浦县档案馆馆藏档案，档案号G20—1—21）

51. 敌人罪行调查（长乐）

（1945 年 7 月）

罪行人姓名或部队名称：中川队

被害人姓名：郑顺顺，性别：男，年龄：43，籍贯：长乐，被害日期：34年 4 月 25 日，被害时地点：长乐县十八股，被害时职业：农，罪行种类：屠杀

被害详情：民国三十四年四月廿五日，我夫郑顺顺在十八股地方，暴敌强迫挑运机器不遂，被敌兵用长枪射击弹中咽喉致命。

被害人姓名：蒋金木，性别：男，年龄：18，籍贯：长乐，被害日期：34年 3 月 25 日，被害时地点：金山里，被害时职业：农，罪行种类：屠杀

被害详情：民国 34 年旧历三月廿五日，我子蒋金木是日因讨柴回来，在途中被暴敌令其挑物，因物重挑不起，即时被敌擒拿金山里用木杠打死。

被害人姓名：陈兴镞，性别：男，年龄：25，籍贯：长乐，被害日期：33年 10 月 22 日，被害时地点：长乐龙门乡，被害时职业：农，罪行种类：屠杀

被害详情：民国三十三年 10 月 22 日凌晨，氏子陈兴镞突被长乐龙门乡之敌军掳去，敌用刺刀先割去四肢，继割其头，约一时许毙命。

被害人姓名：陈依元，性别：男，年龄：26，籍贯：长乐，被害日期：33年 10 月 22 日，被害时地点：长乐龙门乡，被害时职业：农，罪行种类：屠杀

被害详情：民国 33 年 10 月 22 日清晨，余子陈依元在园耕作突被长乐龙门乡之敌军掳去，敌用刺刀割开腹部，将腹内五脏挖出，毙命。

被害人姓名：陈亦安，性别：男，年龄：26，籍贯：长乐，被害日期：33年 10 月 22 日，被害时地点：长乐洋门乡，被害时职业：农，罪行种类：酷刑

被害详情：民国 33 年 10 月 22 日清晨，氏子陈亦安突被驻长乐龙门之敌军掳去，洋门村敌用热水灌入腹部立时毙命。

被害人姓名：林德德，性别：男，年龄：27，籍贯：长乐，被害日期：33年 10 月 22 日，被害时地点：长乐龙门乡，被害时职业：农，罪行种类：谋杀

被害详情：民国 33 年 10 月 22 日凌晨，余子林德德由乡出门突被驻长乐龙门之敌军掳去，敌人用刺刀刺入心部立时毙命。

被害人姓名：魏连江，性别：男，年龄：26，籍贯：长乐，被害日期：34年 3 月 10 日，被害时地点：长乐牛桶山，被害时职业：农，罪行种类：抢劫、酷刑

被害详情：民国 34 年 3 月 10 日清晨，敌围攻上珍，魏连江家被劫衣服首饰并大猪两只等件，除损失财物国币 10 余万元外，又被掳至牛桶山禁在土坑内几致生命危险，后又被敌兵拷打，于 3 月 30 日始释。

被害人姓名：丁庆铭，性别：男，年龄：36，籍贯：长乐，被害日期：34 年 3 月 10 日，被害时地点：长乐牛桶山，被害时职业：农，罪行种类：抢劫、酷刑。

被害详情：民国 34 年 3 月 10 日清晨，敌围攻上珍，丁庆铭家被劫衣服首饰棉被红毡等件，除损失财物价值国币 8 万余元外，又被掳至牛桶山禁在土坑内几致生命危险，后又被敌兵拷打，于 3 月 30 日始释。

（福建省档案馆馆藏档案，档案号 87—1—1508）

52. 敌人罪行调查（连江）

（1945 年 7 月）

被害人姓名：林从正，性别：男：年龄：30，籍贯：连江县，被害时职业：农，被害时住所：连江东沃镇□沃保

罪行事实：日期：34 年 4 月 18 日，地点：大沃金山

罪行种类：杀害

被害详情：三十四年四月十八日晨，日寇数人于大沃金山附近射击时，林从正在山园耕种不意弹中面部，当场毙命。

调查者：游帆舫

调查日期：三十四年七月十日

(1，5，3113④)

被害人姓名：孙操亨，性别：男，年龄：22，籍贯：连江县，被害时职业：牧牛，被害时住所：百胜村一保。

罪行事实：日期：三十年四月十九日，地点：百胜村大涂洋

罪行种类：谋杀

被害详情：三十年四月十九日晨，孙操亨在百胜村大涂洋地方牧牛，适日寇乘汽船登陆，当时孙操亨走避不及，突被日寇开枪射击，弹中肚尾血流如注登时致命。

调查者：游帆舫

调查日期：三十四年七月十日

(1，5，3113④)

被害人姓名：郑昌同，性别：男，年龄：57，籍贯：连江，被害时职业：农，被害时住所：连江县琯头镇岐山保一甲，现在住所：同上。

罪行事实：日期：30 年 6 月 11 日，地点：岐山保西惠山

罪行种类：被敌刺杀

被害详情：因往西惠山耕种蕃茄，被敌遇见问答语言不通，被刺毙。

调查者：琯头镇公所事务员林星辉

调查日期：34 年 7 月 12 日

（福建省档案馆馆藏档案，档案号 1—9—819）

53. 霞浦县沿海乡镇抗战八年来遭受敌伪损失侵扰请求救济

（1945 年 8 月 11 日）

福建省政府主席刘钧鉴：查本县位处国防前线，溯自抗战八年来，沿海乡镇辄遭敌伪窜犯，尤以三沙、凤城、松鸥、大京、闾峡、下浒、东冲、溪南等处渔区，因敌舰随时骚扰，渔民裹足不前，生机断绝，至陇头一带焚烧净尽，其间接、直接遭受损害，总计不下五万万元。县长亲临各沿海乡保视察，所及不禁悯然。据民众纷纷面报被敌蹂躏灾害惨重，环请迅予救济，并经先后呈转发振有案，前就巡视所得，合再电请察核□赐救济，俾慰灾黎。霞浦县长刘□民乙印。事由：据电请为三沙自抗战以来遭受敌伪窜扰，损失惨重，乞救济指仰□照由府衔指令　民乙字第县

县渔会

卅四年八月十一日

（霞浦县档案馆馆藏档案，档案号 G20—1—21）

54. 福建省战时救济事业概况及战后救济方案（节录）

(1945 年 9 月 20 日)

（上略）

一、战时各项灾害损失及应受救济人数

（1）战时各项灾害损失——抗战以来，本省被敌伪侵扰全部沦陷及曾经沦陷者，有厦门、福州、金门、平潭、林森、长乐、东山等七县市；部分沦陷者，则有连江、福清两县及惠安之崇武与莆田之南日岛。本年夏敌寇流窜闽东闽南遭其蹂躏劫掠者，复有罗源、宁德、霞浦、福安、福鼎及海澄、漳浦、云霄、诏安等九县。至遭敌机轰炸蒙受损失者除上述各县市外计有永安、建瓯、浦城、同安、建阳、龙溪、龙岩、晋江、南安、崇安、水吉、上杭、古田、南平、闽清、龙溪、永泰、沙县、三元、大田、漳平、华安、德化、仙游、永春、安溪、长泰、南靖、连城、长汀、武平、莆田各县，其中尤以建瓯、永安、浦城、长汀、晋江、同安、龙溪、南平、龙岩等县受祸最烈。而同安之莲河及宁德、诏安等县滨海地区曾叠遭敌舰炮火轰击，损失亦难以数计，其余各县市虽未受战事之直接影响，唯在战时因肥料来源断绝，耕牛减少，农具添置不易，农民征服兵役等事故致农村生产力降低，且因物价高涨各方均感受严重之影响。本省战时各项损失及灾情前经组织调查团分赴闽海各地调查并就善后救济总署颁发福建省损失调查所提出各种问题，分别陈述内容，包括全省损失调查及沦陷区损失调查二种，兹各录一份汇订成册附送参考。唯厦门金门两地正在接收尚未实地调查。最近遭敌流窜各县其损失亦正在调查中，俟调查完竣后，再行补报（附福建省损失调查、福建省沦陷区损失调查各一册）。

（2）应受救济人数——本省沦陷区及受战事影响各县市人口据调查估计共2538164 人（详见福建省损失调查）。唯此人口中，其自沦陷区逃出者，本省已订有处理难民办法，难民收容管理规则暨战时救济工作实施办法，分别予以收容救济。且本省沦陷地区如福州、长乐、林森、连江等县市光复较早，难民多已由政府资遣回籍，前列受战事损害地区之人口并非全部应待救济者，其实际急待救济者厥为老弱残废征属侨眷贫苦农户暨失业人民等。兹分列于次：

甲、失业者——本省遭受战事损害较大之地区多为重要城市是以难民中以工商为最多，此等人民，或因生产工具丧失，或因营业资金缺乏，无力复业者，比比皆是。失业之数达全省人口百分之一计十二万四千（全省人口总数见福建省损失调查）。

乙、衰老孤残——战时老弱残废及孤儿人数较战前为多，其原因：（一）受战事之影响，儿童与家庭脱离；（二）遭敌机轰炸等致成残废；（三）疫病流行，药品来源缺乏；（四）逃离逃亡，体力损毁；（五）本省弃婴之风极盛，战时因生活压迫，此风尤炽，此等人数占难民总额千分之八，数约20300人。

丙、盲哑——盲哑需要特殊救济，故另列一类不计入老残人数中，按盲哑数字向乏精确统计，唯我国盲哑者实较他国为多，据战前估计，全国盲者约675000人，哑者415000人（见中央政治学校编印之社会行政），本省人口占全国之百分之二六，依此率推算，则全省盲哑人数不下二万八千人。

丁、游民乞丐——沦陷区域因敌伪施行毒化政策，并设置赌场，因是破家荡产者颇不乏人，在后方区域则因物价高涨，生活困迫，致流离道路沦为游惰者，亦属不少，为战后社会安全计必须予以收容，施行感化，其人数计约六千人。

戊、侨眷及归侨——战事发生后，本省归侨计达80100人（见本省损失调查），此等侨胞海外之财产既遭损失，返籍后又因谋生乏术，生活极形困窘，其中需要救济者据赈济会调查共64080人，至本省侨眷数达1214800人，其平时均赖侨汇维持，迄侨汇断绝生活困难于是卖田产，典衣饰或鬻子女，或没身为奴，惨况有甚于难民，现侨汇虽通，需要救济者仍众，其中小贫者占百分之十五，赤贫者百分之十，应受救济者共303700人。

己、贫苦征属——本省自26年至34年上半年，出征壮丁共532668人，其中农民占百分之九五，约506526人，此种农家向赖一二丁壮耕作以维生活，征调服役后，其家庭生活多生困难，现虽战事结束，开始复员，唯仍须供给农具种子肥料等，其需要救济者达百分之七五，计399501户。

庚、沿海渔民——本省沿海渔民在战时屡遭敌伪劫掠死亡甚众（据调查所得全省渔民在战时减少111196人），渔船渔筏损失9501只，渔产亦形锐减，需要救济至为殷切，按民国33年全省渔会登记，计有渔户35496户，渔民130449人，其中应予救济者计约五万人。

辛、贫苦农户——乡村之佃农自耕农等战时因肥料缺乏收获歉啬，特产如煎糖烟叶等价格甚低销路不畅，加以战时征借及献粮，故生活多濒于困境，施行广泛之救济，亦属必要，据26年统计，全省农民8920192人，约2230000户，需要救济者达1115000户。

壬、其他——此外尚有房产毁于兵灾、生活无法安定者需要济给家庭用具，藉以减轻其战时损失，兹按房屋毁坏之座数计算，其需要家庭救济者约三万户

（房屋毁坏统计见后），按毁坏之房屋中含有医院学校等公共建筑，据此统计，应受救济之户数原未尽适合，唯一屋之中，往往有数家共住者，两种因素，可以互相抵除。（下略）

福建省社会处

（福建省档案馆馆藏档案，档案号 6—2—1491）

55. 厦门市船舶损失

（1945 年 9 月）

	战前估计艘数	目前估计艘数	估计损失价值
总计			400000000
舢舨	1240	100	160000000
驳船	150	30	90000000
汽船	100	/	150000000

来源：根据本府工务局造送资料编制。

（厦门市政府统计室编：《厦门市抗战损失》，1946 年 11 月，厦门
市档案馆馆藏档案，档案号 A8—1—227）

56. 厦门市渔船损失

（1945 年 9 月）

	战前渔船数	现存船数	损失价值（元）
总计	597	234	619284000
大型钓艚	52	2	210000000
二级钓艚	60	35	63250000
三级钓艚	150	80	122500000
四级钓艚	250	100	207240000
虾船	40	5	5251000
网艚	20	4	8784000
小网船	25	8	2295000

来源：根据本府统计室调查资料编选。

（厦门市政府统计室编：《厦门市抗战损失》，1946 年 11 月，

厦门市档案馆馆藏档案，档案号 A8—1—227）

57. 厦门市公私建筑损失

(1945 年 9 月)

	损失数量	损失价值（元）	损失情形
总计		46155000000	
公私房屋	7651（幢）	46000000000	拆毁夷平
公园	3（所）	30000000	二所全毁一所毁坏过半
堤岸	100（公尺）	100000000	崩毁
码头	3（座）	10000000	
仪器工具	全部	5000000	全缺
重要图表	全部	10000000	全缺

来源：本府工务局造送资料编制。

（厦门市政府统计室编：《厦门市抗战损失》，1946 年 11 月，厦门
市档案馆馆藏档案，档案号 A8—1—227）

58. 厦门市农林业损失

(1945 年 9 月)

	面积或长度	估计损失价值（元）
总计		479562280
林木	5700 市亩约 20 万株	4500000
行道树	300 公里约 5 万株	1500000
田园	约 13500 亩	473562280

来源：根据本府工务局造送资料编制。

(厦门市政府统计室编：《厦门市抗战损失》，1946 年 11 月，厦门
市档案馆馆藏档案，档案号 A8—1—227)

59. 厦门市道路损失

（1945 年 9 月）

	损坏里程（公里）	价值（元）	损失情形
总计	63	94500000	
市区道路	18	90000000	均已沉陷露骨
禾山公路	35	3500000	均已沉陷露骨
鼓浪屿道路	10	1000000	均已沉陷露骨

来源：根据本府工务局造送资料编制。

（厦门市政府统计室编：《厦门市抗战损失》，1946 年 11 月，厦门
市档案馆馆藏档案，档案号 A8—1—227）

60. 敌机轰炸海澄县罪行调查

(1945 年 11 月)

（一）民国二十八年古历八月初二日下午 2 时许，敌机 3 架由厦门起飞空袭本县。向市区投弹，继向城区中心学校投弹后转向本保辖内楼村投掷 1 弹，炸毁民屋 7 间，死亡 1 人，及家私什物计损失约国币 7780 元。

具结人：黄志铭，男，36 岁，籍贯：海澄。

（二）民国二十八年古历三月二十三日下午，陈大弟往西门担水，遇敌机轰炸，遂被炸毙。受害人陈大弟。男，53 岁，籍贯闽侯，职业不详。

（三）民国二十八年农历三月二十三日下午，敌机到澄投弹轰炸，江依顺在西门营开裁缝店，店屋中弹炸倒，江被炸死，店中器具、衣服一概损失无遗，计约 3 万余元。受害人：江依顺，男，年龄不详，籍贯福州。

（四）民国二十八年农历六月二十五日，敌机到澄投弹轰炸并扫射机枪，黄金象在南门公路边工作中弹登时死亡。受害人：黄金象，男，年龄不详，籍贯海澄。

（五）民国二十八年古历四月二日。敌机 2 架由厦起飞空袭本县，在市郊华瑶美社投弹炸死余妻 1 人，又女 1 人，殡葬费计损失 3000 元。受害人：李煌，男，52 岁，籍贯海澄，职业工人。

（六）民国二十八年古历八月二日，敌机 3 架空袭本县市空投弹 10 余枚，炸毁洋楼 2 座 20 余间及家私什物大约计 31800 元。受害人：林炳盐，男，38 岁，籍贯海澄，职业商人。

（七）民国二十八年八月二日，兽机 2 架由厦起飞空袭，炸弹落于民家，民父母妹并同居老伯母同时被炸死，四名殡葬费 6000 元，平屋财物损失 9500 元。受害人：刘俊明，男，16 岁，籍贯海澄，职业小贩。

调查者：海澄县城区镇镇长方建章

（福建省档案馆馆藏档案，档案号 1—9—816）

61. 厦门市政府关于调查敌人罪行布告

（1945 年 11 月）

查抗战期中敌人所有超出国际公法之罪行，本府业经奉令办理调查，兹恐实行调查罪行有不明了，特将敌人罪行种类开列于后，仰尽 12 月 5 日前向该管区公所或警察分局（径向本府统计室或警察局亦可）填具报告，以俾转呈，藉作审判罪犯之证据，事关惩处凶暴敌犯，务各据实详报为要！

此布（附敌人罪行种类）

兼市长　黄天爵

敌人罪行种类：

一、谋杀、屠杀及有组织、有计划之恐怖行为；

二、对平民施以酷刑；

三、强奸；

四、拐劫妇女（强）迫为娼；

五、拘留人民予以不人道之待遇；

六、施行集体刑罚；

七、发布尽杀无赦命令；

八、虐待俘虏与病伤人员；

九、使用毒气、散播其他（毒）物；

十、未曾警告且不顾乘客与水手之安全而击毁商船与客船；

十一、击毁渔船与救济船；

十二、故意轰炸医（疗设施）；

十三、肆意毁坏宗教、慈善、教育、历史、建筑物及纪念物；

十四、制造贩卖运输毒品，强迫栽种罂粟，开设烟馆供人吸食及其他毒化行为；

十五、对占领区居民强迫征募兵役；

十六、贬抑货币与发行伪钞；

十七、抢劫；

十八、没收财产；

十九、勒索（非）法或过度捐款及征发；

二十、肆意破坏财产；

廿一、故意轰炸不设防地区；

廿二、（破）坏××××红十字会（的）规划；

廿三、其他罪行。

（福建省档案馆馆藏档案，档案号 87—1—1496）

62. 福州义序乡竹榄保房屋田园被敌辟为飞机场损失惨重要求救济

（1945 年 12 月）

窃去年县土二度陷敌，本乡划作军事要区，房屋田园果地毁辟飞机场，蹂躏之惨，损失之大，不可纪极。收复后乡民或无家可归，或无田可耕，悲惨境遇达于顶点。所有财产损失情形，曾经各户详填财产损失报告单，送由乡公所层转省抗战损失调查团察核在案。而本乡灾民先后虽蒙俞县长与闽海急赈办事处施济计贰拾余万元，然杯水车薪，受惠不特只为少数赤贫者，且所得数字甚微，莫沾普泽。本保为义序乡之一环，亦为遭敌蹂躏最惨者，兹际岁暮天寒，处境穷□，受损失灾民纷纷请求转呈乞准救济，前来具呈人等或受损害者或负言责或承保寄理合填列损失财产项目统计表，叩恳察核迅赐拨发高额赈款物资分别救济，俾维损失以示仁施！

谨呈

福建省赈济会

呈送损失财产项目统计表壹份（略）

具呈人义序乡竹榄保民：黄金皋、黄春山、黄泽进、黄子丹、黄春濂、黄燕弟、黄毓满、黄毓萱、黄霁岩、黄仁炽、黄锦发、黄德霖、黄永雪、黄朱官、黄毓利

本保乡民代表：黄永春

本保保长：黄景中

中华民国三十四年十二月

（福建省档案馆馆藏档案，档案号 11—10—7357①）

63. 罗源县历年抗战损失财产损失部分汇报（元）

（1945 年 12 月）

年别	总计	直接损失						间接损失					
		合计	人民	民营事业	人民团体	机关	学校	合计	民营事业	人民团体	机关	学校
总计	142566277	142321448	137998274	—	—	2400774	1922400	244829	9350	—	235479	—
34 年	142566277	142321448	137998274	—	—	2400774	1922400	244829	9350	—	235479	—

（福建省档案馆馆藏档案，档案号 3—7—33）

64. 福建邮政管理局财产间接损失报告表

（1946 年 1 月 19 日）

（项目：其他）

行处名称	金　额
分类	数额（单位：国币元）
共计	22115129
返移费	15988953
防空设备费	
疏散费	
救济费	6092013
抚恤费	34163

（福建省档案馆馆藏档案，档案号 56—5—2182）

65. 厦门市、金门县沦陷损失调查

（1946 年 1 月）

（一）厦门市面积 110.8 方公里，人口 26 万多人。民国 27 年 5 月 11 日沦陷，34 年 9 月 3 日克复，计 2654 日。沦陷时人民死伤经调查为死 1000 人（其他大规模秘密杀害当不在内，如血魂团案件国人一次被害 39 人），伤 125 人，毁房屋 7651 间，汽船 100 艘，民船 1260 艘，车 67 辆，公路 60 公里。克复时敌人毁公私房屋及大建筑物房屋达 58 处，遭受敌机轰炸 20 处，占面积 400 方丈，损失惨重。

全市难民估计 2.95 万人，逃出难民约有 1.1 万人，约有 1.45 万人赖长期救济，一时失业者 1.5 万人，难民平均每人衣物损失价值估计 100 元。

金门县面积 206.68 方公里，人口 5 万人。民国 26 年 10 月 26 日沦陷，34 年 10 月 3 日克复，沦陷 2900 日。沦陷时人民死 104 人，伤 103 人，毁房屋 496 座，汽船 1 艘，民船 138 艘，公路 10 公里，码头 3 座，克复时敌人毁汽船 1 艘。

沦陷后全县人民沦为难民，逃出者约有 1 万人，其中约有 7000 人胥赖长期救济，3000 人系一时失业，难民平均每人衣物损失约值 5 元。

（二）敌人占领厦门期内掠取米 120 万市担，杂粮 10 万市担。敌伪对粮食之统制甚严，日人每人每月配给 24 斤，台人 17 斤，国人 2 斤。农户除自食外，概由敌人征购，付款极微，不及百分之一，在境内征派壮丁约有 1.5 万人。

战前厦市共有耕牛 2750 头，沦陷后耕牛被宰或运走约 5 千头。现在种籽不敷用，敌人掠夺约值 1 万元。沦陷后敌人掠取耕具约 5 万具，值 750 万元。

敌人占领金门期内掠取花生 16 万市担，敌伪组织兴农组合对粮食进行统制，敌在境内征派驴夫 3000 名……

（三）战前厦门市全境共有厦禾公路 1 条，里程 190 公里，因战事破坏 60 公里。原有货车 22 辆，客车 45 辆，因战事全部损失，汽车附件全部及汽车行材料损失 2000 万元。因战事损失民船 1260 艘，汽船 100 艘。战前境内有海军造船厂一处，因战事全部损坏。战前本市有飞机场，面积约 2 方公里，可容飞机 3 至 5 架，因战事全毁。

战前共有邮局 4 处、电报局 3 处、电话局 2 处，因战事损失邮局 2 处，电报局 1 处，电话局 1 处停办，损失电话机、电报机及房屋、器具、电线等约值 150 万元。因战事电灯设备全部损失，值 200 万元，电话设备全部损失，值 32 万元，自来水设备损失、房屋装水设备及其他值 60 万元。

金门县因战事损失民船 25 只，汽船 1 只。公用事业损失约 4 万元。

（四）厦门市战前共织布工厂 2 家，产布 2.1 万匹，值 19.2 万元，因战事织布厂停工 2 家，战前各厂共有织布机 202 架，因战事全部损失。

（五）战前厦门市房屋数目计 17246 座，因战事市内房屋损失 35% 左右。

金门县战前房屋数目约计 1500 座，因战事县城内房屋损失约 2 成，房屋被破坏之乡镇有后浦、古湖、沧湖、沙尾等处，平均破坏 1/10。

（六）厦门市战前从事各项手工业、家庭工业或副业人数约 4 万人，因战事工人减少 3.5 万人，出产品估计减少 5 千万元。

战前有制肥皂、修船等工厂 21 家，现时尚有工厂 3 家，已有 5 家工厂被敌收买或强占或改为制造军需品，因战事机器材料估计损失 5 百多万元。战前原有商铺 5202 家，因战事停闭 1500 家，损失估计 60 万元。

金门县战前从事于各业者约有 4500 人，原有商铺 300 家，因战事停闭者有 140 家。

（七）厦门市境内原有渔户 260 户，渔民 4500 人，因战事渔民减少 4090 人，渔船及渔具损失估计达 10 亿多元。渔产目前减少仅为战前 15%，仅 3.7 万多市担。外销原有 9.3 万多市担，减少 65%。

战前每年糖产 1.5 万市担，制糖厂 4 家，因战事糖房及新式制糖厂损失约计 12 万元，糖类减产 6400 担。

金门县境内原有渔户 522 户，渔民 3334 人，渔船 288 艘，因战事渔民减少 45%，渔船损失 138 艘，值 8.35 万元，渔户损失财产约 3 万多元，渔产仅及战前 75%。

（八）战前厦门市原有医院 4 处，诊所 37 所，病床 95 架，中医 324 人，西医 45 人，护士 18 人。因战事影响医院及其设备损失约 10 亿元，外迁中医 45 人，西医 34 人。

金门县原有医院 3 处，中医 35 人，西医 4 人。因战事影响外迁中医 14 人，西医 2 人。

（九）战前厦门旅外华侨约有 1.9 万人，分布新加坡、吕宋、仰光、槟榔屿、爪哇等，每年汇款回家每人约 700 元，计 1330 万元。在外资产约每人 2000 元，计约 3800 万元。战事起后本地华侨归国约有 1000 人，大多数集中市区，国外及本地资产因战事损失约 1 千万元，本地侨汇损失约 4 千万元。

金门县战前旅外华侨约有 1.5 万人，分布马来半岛、菲律宾等处，每年汇款回家每人约 683 万。战事起后本地华侨归国者约有 442 人，多集中于沙美、珠浦等乡。

（十）厦门市原有学校 107 处，私塾 15 处，教师 985 人，学生 21560 人，设备完全者有 3/10。因战事学校建筑物损失 35 座，值 290 万元，仪器及图书损失 540 多万元。

金门县境内原有学校 33 处，教师 350 人，学生 5000 人，图书仪器设备不甚完备，因战事损失建筑物 4 座，值 1.7 万多元，仪器及图书损失约 7334 元。

（编者注：本文系根据福建省政府 1945 年 12 月编印的《厦门等七市县沦陷损失调查》综合整理而成；另福建省档案馆所藏 11—10—7355 卷档案与上文内容基本一致）

66. 福州市沦陷损失调查（节录）

（1946 年 1 月）

一、沦陷区域

1. 沦陷县份为哪几处？

福州市。

面积若干？

一六·八九方公里（本市区域尚未划定，暂以目前省会警局辖区为界）

人口若干？

第一次沦陷时 376606 人，第二次沦陷时 258127 人。

全区域有村镇若干？

划分五区。

沦陷村镇几处约占全市面积几分之几？

全部沦陷

2. 沦陷日期

第一次三十年四月廿二日，第二次三十三年十月四日。

曾否克复及克复日期：

第一次三十年九月三日，第二次三十四年五月十八日（约曾克复）。

沦陷次数及日期：

二次。第一次一三四日，第二次二三六日。

沦陷时敌人伤害破坏之大概情形如何？

第一次残杀市民 252 人，强奸妇女致死者：大根区达 30 人，台江、仓山、鼓楼各区僻静门巷被敌兵行奸，蒙垢忍辱，秘不人知者尚难求其确数。破坏建筑物 2223 座。第二次：（一）残杀市民 68 人（尚有过往人民被指为游击队，肆行捕杀淫者，因无户籍可考难以探悉确实数字）；（二）破坏公私房屋 522 座；（三）勒收捐款一千零八十万元，照福州物价指数折算约值二十六年币值一六八七五元，套取国币四百五十万元（每日三万元计），折合二十六年币值 7031 元；（四）开设赌场，张挂花会，无知愚民被颠倒者十居其四，敌伪坐收赌捐，被掠国币折值廿六年币值约一百五十万元。

克复时敌人有无破坏程度如何：两次克复时皆将市内防御工事，防空壕，电线等尽量破坏，并放火焚烧洗劫未尽物资，第二次退却时，并强捕市民三十余人，饰以敌兵军服，绑缚妙峰山阵地，伪装敌兵，死于炮火者大半。

遭受敌机或我机轰炸之地方面积及损失概况：

历年敌机轰炸，第一次沦陷止，被炸建筑物三十余处，面积约七十方市丈，王庄机场、第六码头等皆遭毁坏，损失四十二万元，死伤三百八十人，第二次沦陷中，盟机轰炸万寿桥一段，死伤十二人，震毁房屋三座。

3. 全县难民估计：

第一次九万三千人，第二次八万零五百人。

逃出难民：

第一次五万七千人，第二次四万八千七百人。

难民中约有若干胥赖长期救济？

第一次三万九千二百人，第二次九千八百人（第一次经由政府加以救济业已安定）。

难民平均每人之衣物损失价值估计：

第一次九百元，第二次一千一百元。

仅系一时失业人数：

第一次六万八千二百人，第二次二万七千三百人。

二、粮食

（上略）

3. 敌人占领期内掠取粮食之数量估计？第一次无，第二次白米二四〇六七市担，糙米二一七〇市担，干谷五四〇〇市担，小麦一四〇市担，面粉 108 市担，黄豆 26 市担，麦皮 56 市担，估值廿六年价值 332700 元。敌伪对于粮食之统制情形如何？

第一次无，第二次禁止市民粮食外运。

有无征实征购数量若干？

第一次无，第二次卅四年敌人征实预算定 40000 市担，结果仅征得 3000 市担，于撤退时拨付伪市县政府 150 市担，其余悉数他运，损失估值 23400 元。

敌人有无在境内征派壮丁共约若干？

第一次无，第二次尚无征派壮丁，但征派民工 800000 工，损失达 200000 元。

三、交通运输

船只损失：

据闽江，福州、平水，闽江下游三轮船公司报告，三公司自抗战以来，迭经被炸被劫被毁及因担任军公运输损坏者，计一百零二艘达一万五千吨。

因战事码头损失程度：

台江汛及罗星塔码头损失四座，一部分浮船纲链等均被掠夺，货舱候船室堆栈办公厅等均被破坏，损失达 256933 元（廿四年购置时价值）。

因战事城内公用事业如电灯电话、自来水设备因战事损失多少？

电灯公司第一次沦陷损失 165340 元，第二次沦陷设备损失 22520 元，历次受敌机轰炸损失 21200 元，因沦陷而停止营业损失 22820 元，电话经两次沦陷后，电话机损失 537 架，市街材料及库存材料被劫甚多，以上直接损失达 58100 元，营业损失估计约 10300 元，自来水于第一次沦陷时尽被破坏，损失 181104 元。

四、衣服

1. 敌掠取衣服之情形

第一次估值 120000 元，第二次 23000 件，估值 92000 元。

棉花

第一次不明，第二次 204000 市斤，估值 122400 元。

布疋

第一次不明，第二次 24000 疋，估值 720000 元。

五、房屋

1. 战前城内房屋数目约计若干？

35700 座

因战事市内房屋损失约有几成？

经缜密调查为 7.69%。

六、工商业

因战事各项手工业等损失若干？

第一次各业全部停顿，损失价值达 47500 元，工人不能生存因以饿毙或自杀者为数甚多，第二次各业停顿家数在三分之二以上，间有棉纱布及机件被敌直接掠劫者，计损失 991000 元。

因战事机器材料损失估计：

第一次福建造纸厂损失达 35000 元，第二次损失 36600 元，历年轰炸损失 223000 元。

因战事商铺停闭者若干家？

第二次沦陷期中完全停闭者 4500 家，收复后目前商铺据调查仅 6100 家。

损失估计：

抗战开始海口即告封锁，对外贸易停顿，其损失数字无从估计。

七、物产及贸易

1. 全市森林因战事焚烧砍伐约损失若干？

本市无森林区，但第一次沦陷各木行被掠杉木约值廿六年币值 312500 元，第二次被掠约值廿六年币值 3125 元，又强用币伪币购运约值廿六年 31250 元，合计损失值廿六年币值 346875 元。

2. 因战事渔民减少若干？

改业及死亡者 1225 人。

渔船损失若干？

停业及被劫焚毁者 102 艘。

渔产减少若干？

250000 市担。

外销减少若干？

战后完全停顿，抗战以来损失估值 4030000 元。

八、医药卫生

因战事影响医院及其设备损失若干？外迁之医生约有若干？

第一次沦陷时，本市除公立医院卫生院撤退外，外国教会设立之医院多所仍能继续开业，不受若何影响，私立医院诊所则多外迁，计医师迁回闽江上游等处开业者有二十八人，全市医院及师蒙受停业疏散等间接损失约计国币七万元，第二次沦陷时除福建产生事务所所务损失尚未查出外，以外人设立之柴井医院损失为最巨，协和医院次之，受损失医院诊所计五十三单位，包括被敌劫夺药品、医疗器具、房屋破坏等值国币 235900 元，外迁医生计 32 人。

5. 敌人在境内毒化政策如何？

两次沦陷敌伪均在城台开设烟馆，毒化民众。

烟馆设立几处？

第一次廿三家，第二次十五家。

输入毒品：

第一次不明，第二次输入毒品约有一千万元（多转运沦陷其他之县份）。

受毒化之人民：

第一次 126 人，第二次 259 人（烟馆虽多，并无强迫吃烟，故被毒人民有限）。

九、华侨

战事起后本地华侨归本国者约有若干？

一万人

大多数集中何处？

除一部居住本市外，余皆散处林森县南港等乡。国外及本地资产因战事损失若干？仅知缅甸一部已在一千万元。

本地侨汇损失若干？

所有侨汇完全断绝，损失估值在八千万元左右。

十、学校

因战事学校建筑及图书仪器等损失：学校建筑物毁坏四十处，损失 243000 元，图书损失四千本，共 2000 元，课椅桌 6500 副，共 32500 元，仪器共 2000 元，合计 291500 元。

十一、灾情

沦陷期中发生灾害：……

第一次匪灾范围不明，水灾面积五十市亩，小桥区发生火灾，第二次鼓楼、大根两区火灾，面积二百方市丈，匪灾范围遍全市。

水灾旱灾……风灾匪灾每次损失：第一次匪灾损失 2150000 元，折合二十六年币值 150308 元，火灾损失 30000000 元，折合廿六年币值 103900 元，第二次火灾损失 1200000 元，匪灾损失 1610000 元。

十二、合作事业

因战事合作社解散若干？七八社。

合作社资产损失若干？

织布合作社工场五十四单位，未及撤退被敌伪用伪币强购布疋损失 10800 元，又苍霞茶亭两社被掠货物共 200 元，总计损失 11000 元。

《福州等十二市县沦陷损失调查》

中华民国三十五年一月
（福建省档案馆馆藏档案，档案号 3—7—27）

67. 林森县沦陷区损失调查（节录）

（1946 年 1 月）

一、沦陷区域

1. 沦陷县份：

林森县。面积：全面积计 269284 方公里。人口：第一次沦陷时全县人口计 651727 人，第二次沦陷人口计 558241 人。全县有村镇几处？目前分为二十九乡镇。沦陷村镇几处？第一次沦陷十七乡镇，流窜八乡镇，第二次沦陷十四乡镇，流窜八乡镇。约占全县面积几分之几？第一次 47%，第二次占全县面积 39.2%。

2. 沦陷日期：第一次三十年四月二十日，第二次三十三年十月四日，克服日期：第一次三十年九月三日，第二次三十四年月十八日，沦陷次数及日期：两次，第一次计 137 天，第二次 227 天。

沦陷时敌人伤坏之大概情形：第一次伤害八十五人，房屋破坏者 150 座，价值约 30 万元，第二次伤害 214 人，公共场所坏者 9 处，价值约 45 万元，民屋破坏最惨者为义屿村，被敌指定开辟为飞机场，田园房屋受其拆毁达数千余家。

克复时敌人有无破坏程度如何？两次克复时敌人除破坏交通，掠取通讯器材并破坏军事工程外，多将劫掠之物资遗留部分予以焚毁。

遭受敌机或我机轰炸之地方面积及损失概况？

县境遭受敌机轰炸者以马江之造船厂及三座码头，又义序之新墩洋下被炸房屋廿六座，价值约十八万元，合其面积 0.84 方公里。

3. 全县难民估计若干？第一次 45000 人，第二次 51250 人。逃出难民约有若干？第一次 17000 人，第二次 19100 人。难民中约有若干胥赖长期救济？17580 人。若干仅系一时失业？41970 人。难民平均每人之衣物损失价值估计若干？200 元。

二、粮食

3. 敌人占领期中掠取数量估计若干？第一次 6215 石，第二次 30312 石。敌伪对于粮食之统制情形如何？第一次采自由流通办法，第二次除尚干扈屿两乡严禁出口外，余均自由流通。有无征实征购各若干？第一次仅征实 5518 石，第二次征实 29845 石，征购 17125 石。战前各乡共有耕牛若干？7802 只。沦陷后耕牛宰杀食用或被人运走者有若干？第一次被宰杀者 224 只，第二次被宰食用 516 只，运走 59 只。

陷后敌人掠取耕具约计若干？如蓑衣、锄租、小锄、箕篷等，第二次被掠取2353件（第一次不明）。

三、交通运输

公路

战前全境公路全部里程若干？205公里。因战事破坏若干里程？205公里。已修复若干？无。

水运

因战事船只损坏程度如何？民船469艘，轮船2艘。战前境内有造船厂一处，因战事损坏若干？被敌破坏全毁。

6. 战前有无飞机场面积若干？

王庄飞机场一所，面积六百市亩，第二次沦陷时，敌征用田地筑义序飞机场，面积约计三千市亩，损失田亩地价约七十万元，拆毁田园房屋损失六十座，值六十万元，征用园地损失柑桔桃荔枝枇杷芭蕉等树，约值86500元，又生产在田之稻谷、柑果、桔果、荔枝果、荸荠、蔗等损失计值七万元，征用民工五万名，征用材料估计二百万元。

7. 因战事公用事业损失若干？第二次沦陷损失电话机卅一架，计值三千二百元，电话线损失二十万公斤，约值四万元，电话杆损失五千株，约值一万二千五百元，合计55700元。

四、衣服

1. 敌人掠取之情形如何？

第一次掠取八千件，约值26000元，第二次掠取一万一千三百四十二件，约值56710元。

掠取棉花若干？

第一次无掠取，第二次掠取7266斤，约值4359元。

掠取布疋若干？

第一次掠取420市丈，约值2000元，第二次掠取813丈，约4065元。

2. 战前县内共有纺纱、织布、缫丝、染、缝纫工厂若干？

纺纱机48架，每日约出纱1467市斤，缫丝38家，每日出产7600两，织布800家，织布机7500架，每日出产1068疋，染布16家，每日约染160疋，缝纫32家。

因战争损失若干？

本次沦陷后纺织业约损失70%，缫丝业90%，织布业35%，染布业90%以上，缝纫无影响。

五、房屋

因战事被坏之乡镇共有几处？

计有鼓山、莲峰、豹屏、马江、闽亭、鳌头、白湖、扈屿、四维、永胪、嘉登、尚干、双南、金岗、竹岐、南港、南屿十七乡。

损坏程度约占全乡房屋之几成？

损坏程度平均各占该乡镇2%。

六、工商业

因战事各项手工业损失若干？

第一次6000000元，第二次12320000元。

工厂因战事机器材料损失估计若干？有碾米厂七家，计损失机件皮带等估计约八万元。

3. 战前原有商铺若干家？1547家。因战事停闭若干家？第一次350家，第二次700家。损失估计若干？第一次2188000元，第二次6000000元。

因战事渔民减少若干？1020人。渔船及渔户损失若干？渔船主因战事至第二次沦陷克复后，损失72艘，网5张，钩48015个，暨渔户损失共约548400元。渔产减少若干？自廿八年至卅四年六月，计鱼产减少15943市担，估价144850元。

八、医药卫生

1. 因战事影响医院及其设备损失若干？卫生院及分院因战事损失达78349元。外迁之医生约有若干？25人。

5. 敌人在境内毒化政策如何？

两次沦陷均利用台民及流氓开设烟馆，运入毒品以麻醉人民。

烟馆设立几处？第一次18处，第二次20处。

运入毒品约有若干？秘密运内，无从调查。受毒化之人民约有若干？第一次45人，第二次106人。

十、学校

因战事学校建筑及图书仪器等损失若干？

第一次沦陷，学校建筑被拆毁者130处，计损失3400000元。屋内图书仪器及器具约共损失400000元。第二次沦陷，学校建筑被毁220处（第一次被拆毁，克复后加以修整，此次又被毁者亦在内），器具亦多散失，计损失6530000元，图书仪器损失约90万元。

十一、灾情

1. 沦陷期间境内曾发生灾害若干处？

第一次境内之鼓山、嘉登、马江、莲峰、鳌头、白湖、四维、永脬、尚干、金岗、扈屿、侯官、凤山、南屿、南港、竹岐、甘白等十七乡多受匪徒扰，第二次沦陷后，受匪灾者计有鼓山、嘉登、马江、莲峰、鳌头、白湖、四维、永脬、尚干、金岗、扈屿、侯官、凤山、南屿、南港、竹岐、甘白等十七乡多受匪徒扰□，第二次沦陷后，受匪灾者计有鼓山、嘉登、马江、莲峰、鳌头、白湖、四维、永脬、尚干、金岗、扈屿、侯官、南屿、南港等十四乡镇。

2. 范围面积如何？

第一次匪灾面积 17811 平方公里，第二次 9962 平方公里。

水灾旱灾蝗灾风灾匪灾每次损失约计若干？

第一次匪灾损失 6803918 元，第二次 3401950 元。

十二、合作事业

因战事合作社解散若干？均未解散。

贷款不能收回者约计若干？七十余万元。（内糖贷五十万元可收回一部）

（福建省政府编：《福州等十二市县沦陷损失调查》，1946 年 1 月，福建省档案馆馆藏档案，档案号民资 3—7—27）

269

68. 海澄县损失调查 *

一、沦陷区域：

民国34年6月29日沦陷，34年7月6日克复，共9日。沦陷一乡镇，约占全部面积8%。毁房18间。

二、粮食：

敌人占领期内掠取米2790市担，麦466市担，耕具锄头等值1.5万元。在境内征派壮丁约挑夫14人。

三、交通运输：

公路全部破坏，约22公里。

四、衣服：未统计。

五、房屋：

因战事房屋损失约有0.06成，其中白水营、港尾、镇海、海沧、青浦等五处破坏程度占0.05成。

六、工商业：

因战事工人减少200人，出产品减少约1.2万元，商铺停闲58家。

七、物产及贸易：

糖房损失60万元，制糖厂损失156万元，糖类减产850市担。

八、医药卫生：

医院损失有病房、药品、器械计值2万元，外迁中医6人，西医4人。

九、华侨：本地侨汇损失4400万元。

十、学校：

图书仪器设备不完善，建筑物损失2座，值3万元，仪器、图书值2000元。

1946年1月福建省政府编《厦门等七市县沦陷损失调查》

（福建省档案馆馆藏档案，档案号3—7—35）

---

* 原件未署时间。

69. 漳浦县损失调查[*]

一、沦陷区域：

沦陷七乡镇，约占全部面积30%。民国34年7月1日沦陷，34年7月12日克复。人民死22人，伤1人，全县难民估计5万人，一时失业者为1万人，难民平均每人之衣物损失价值估计5元。

二、粮食：（缺）

三、交通运输：

因战事公路全部破坏，150公里。民船损坏60只。

四、衣服：（缺）

五、房屋：（缺）

六、工商业：（缺）

七、物产贸易：

渔船损失113艘，值5万元。渔民损失财产100万元，鱼产减少50%，外销减少4000市担。

八、医药卫生：（缺）

九、华侨：

因战事国外及本地资产损失约共50万元。

十、学校：

图书仪器设备极简陋，损失约值5万元。

1946年1月福建省政府编《厦门等七市县沦陷损失调查》

（福建省档案馆馆藏档案，档案号3—7—35）

---

[*] 原件未署时间。

70. 云霄县损失调查[*]

一、沦陷区域：

沦陷五乡镇，约占全部面积70%。民国34年7月14日沦陷，7月17日克复。敌人伤害破坏之大概情形：死8人，伤16人，船自动破坏阻敌57艘。全县难民估计1.51万人。难民平均每人之衣物损失价值估计12元。

二、粮食：

沦陷后耕牛被杀食用或被敌人运去约有13头。敌人占领期间掠夺食米2000市担。

三、交通运输：

公路全部破坏，约42公里。原有卡车5辆，内货车1辆、客车4辆全部损失。损失民船57只，电船4只。电话损失云浦线、云诏线、云东线等共值50万元。

四、衣服：（缺）

五、房屋：（缺）

六、工商业：

战前原有商铺426家，主要业务为粮食、百货、海产、屠宰、烟叶等，因战事全部停闲，但敌人去后即恢复。间接损失估计为16598元。

七、物产及贸易：

渔商167家，战事渔民减少500人，渔船损失67艘，值53.6万元，渔民损失财产184.2万元，渔产仅有964市担，外销减少6125市担。饲料因粮食价昂，饲料品质降低。糖类减产5000市担，烟叶量减产2000市担。

八、医药卫生：

损失医疗器械病床一切用品等约值8.5万元。

九、华侨：

国外及本地资产因战事损失约5万元，因战事本地侨汇损失174.4万元。

十、学校：

图书及仪器设备尚完备，因战事损失建筑物一座，值968元，仪器等值118元。

1946年1月福建省政府编《厦门等七市县沦陷损失调查》

（福建省档案馆馆藏档案，档案号3—7—35）

---

71. 诏安县损失调查*

一、沦陷区域：

沦陷乡镇6处，约占全部面积20%。民国34年7月17日沦陷，20日克复。人民死48人，伤28人，毁房屋22间。全县难民估计5500人，难民平均每人之衣物损失价值约12元。

二、粮食：

敌人占领期内掠取米约500市担，甘薯、豆等约120市担，耕牛被宰杀食用或被敌人运去19头。耕具有水车、锄、犁、耙等约值12.5万元。

三、交通运输：

因战事公路全部破坏，605公里。原有卡车6辆（内货车2辆、客车2辆）全部损失；其他设备及器材损失约60万元（车房、胶轮、修理器械等）。民船损失82艘，电船6只。损失电线、电杆等器材共值50万元，全县电话线、电磁珠、电杆等损失约值20万元。

四、衣服：（缺）

五、房屋：

因战事县城内房屋损失有5%，被破坏之乡镇计约有8乡，破坏程度占全乡0.2%。

六、工商业：

因战事停闲商铺500家，间接损失为10322元。

七、物产及贸易：

渔商27家，因战事渔民减少40%，渔船损失57艘，值85.5万元，渔民损失财产20万元，渔产仅及战前60%。

八、医药卫生：

损失药品器械约值30万元。

九、华侨：

华侨集中城区及附近乡村等处，资产损失计185万元。因战事本地侨汇损失400万元。

十、学校：

因战事损失建筑物 2 座，值 3.4 万元，图书仪器值 5 万元。

1946 年 1 月福建省政府编《厦门等七市县沦陷损失调查》

注：以上所列损失数目概经折合 1937 年币值。

（福建省档案馆馆藏档案，档案号 3—7—35）

72. 福建省沦陷区及日军流窜县市抗战损失人口伤亡部分汇报总表 （1946 年 1 月）

| | 伤亡人口 | | | | | | | | | 费（单位：国币元）用 | | |
| | 总计 | | | 伤 | | | 亡 | | | | | |
	合计	男	女	合计	男	女	合计	男	女	合计	医药费	埋葬费
总计	4863	3542	1321	977	690	287	3886	2852	1034	26069722	7133655	18936067
福州	333	227	106	102	71	31	231	156	75	2170421	912280	1258141
福鼎	150	126	24	70	57	13	80	69	11	474753	239340	235413
霞浦	90	77	13	25	23	2	65	54	11	639660	203900	435760
福安	98	73	25	32	21	11	66	52	14	636400	133600	502800
宁德	133	116	17	24	22	2	109	94	15	1024900	218500	806400
罗源	51	42	9	17	15	2	34	27	7	384100	49900	334200
连江	639	469	170	96	68	28	543	401	142	5587760	1285990	4301770
林森	334	233	101	88	75	13	246	158	88	2943602	735551	2208051
长乐	276	227	49	58	39	19	218	188	30	2141744	357500	1784244
福清	540	364	176	81	52	29	459	312	147	1291174	275037	1016137
平潭	335	282	53	47	25	22	288	257	31	874619	215514	659105
厦门	1071	777	294	118	66	52	953	711	242	1283499	658284	625215
金门	207	155	52	103	86	17	104	69	35	1649620	1139359	510261
海澄	177	91	86	35	19	16	142	72	70	471200	41300	429900
漳浦	91	82	9	4	4	—	87	78	9	895000	11000	884000
云霄	63	48	15	25	17	8	38	31	7	924580	351510	573070
东山	275	153	122	52	30	22	223	123	100	2676690	305090	2371600

附注：诏安人口伤亡未据报告故未收入　来源：根据各县人口伤亡表编制

（福建省档案馆馆藏档案，档案号 3—7—33）

73. 福建省沦陷区及日军流窜各县市抗战损失财产损失部分汇报总表（1946年1月）

县别	总计	二十六年	二十七年	二十八年	二十九年	三十年	三十一年	三十二年	三十三年	三十四年
总计	17640769659	123637620	216497509	343637651	167519075	874548600	144008229	296914939	1195456232	14278549804
福州	9918285884	115940000	16945	87490		285483563			170946536	9345811350
福鼎	227828563			36240		5775	116371	113403	64230245	163326529
霞浦	300560342									300560342
福安	113849072			2500						113846572
宁德	229146612			511	4304655					224841446
罗源	142566277									142566277
连江	404786969		6133728	15041500	37603000	103606660	4435000	416000	97908735	139642346
林森	1584999122									1584999122 注1
长乐	532752996					32412315				500340681 注2
福清	238621196			2178520		187598662	166000		44536357	4141657
平潭	143863763	1650	1168605	17760022	2859877	37850838	4402129	9749944	24400342	45670356
厦门	2302871898	8585	163961833	14515923	43945302	202183797	125430372	273965172	749221455	729639459
金门	158996202	760655	1414040	433955	1629280	121010	48000	1845070	19004520	133739672
海澄	216584053	444940	40846050	49577720	54407226	10392700	2422004	3166100	15033000	39294313
漳浦	258097852	119600	1077200	21949201	13174160	881100	1365000	1315000	2958800	215257791
云霄	341670289		901740	148962873		8703100	1230000	678500	37000	189860176
诏安	50843761			4612590						37528071
东山	474444808	6362190	977368	68478606	8595575	5309080	4393353	5665750	7179242	367483644

注1：系二十八年至三十四年数字暂并入本年。

注2：系三十三年至三十四年又二十七年至三十四年数字暂并入本年。

福建省政府编印民国三十五年一月

（福建省档案馆藏档案，档案号 3—7—33）

74. 厦门市人口伤亡 *

年别	事件	伤			亡			医药费	埋葬费
		计	男	女	计	男	女		
总计		118	66	52	953	711	242	658284	625215
27 年	日军攻占	34	16	18	680	514	166	98164	14465
28 年	日军攻占	4	2	2	13	11	2	9500	8000
29 年	日军攻占	7	6	1	20	18	2	30250	14000
30 年	日军攻占	3	3	—	30	30	—	135550	17900
31 年	日军攻占	2	2	—	33	33	—	5000	2500
32 年	日军攻占	1	1	—	18	9	9	10950	34900
33 年	日军攻占	44	22	72	119	67	52	279620	400450
34 年	日军攻占	23	14	9	40	29	11	89250	133000

（厦门市政府统计室编：《厦门市抗战损失》，1946 年 11 月，厦门市档案馆馆藏档案，档案号 A8—1—227）

---

* 原件未署时间。

75. 金门县人口伤亡*

事件：日军攻占

年别	事件	伤			亡			医药费	埋葬费
		计	男	女	计	男	女		
总计		103	86	17	104	69	35	1139359	510261
26 年	日军攻占	1	1	—	3	2	1	1359	1477
27 年	日军攻占	—		—	5	1	4	—	1314
28 年	日军攻占	5	5	—	7	6	1	4700	12500
29 年	日军攻占	5	4	1	22	10	12	35300	98570
30 年	日军攻占	—	—	—	—	—	—	—	—
31 年	日军攻占	2	1	1	4	1	3	7400	62000
32 年	日军攻占	72	65	7	29	28	1	957100	42500
33 年	日军攻占	14	7	7	21	10	11	89000	111000
34 年	日军攻占	4	3	1	13	11	2	44500	180900

（厦门市政府统计室编：《厦门市抗战损失》，1946 年 11 月，厦门
市档案馆馆藏档案，档案号 A8—1—227）

---

* 原件未署时间。

76. 海澄县人口伤亡

（1946 年 1 月）

事件：日机轰炸及攻日军流窜

年别	事件	伤			亡			医药费	埋葬费
		计	男	女	计	男	女		
总计		35	19	16	142	72	70	41300	429900
27 年	日军轰炸	7	2	5	21	8	13	5500	21000
28 年	日军轰炸	24	14	10	61	27	34	17800	147000
29 年	日军轰炸	4	3	1	17	9	8	13000	101000
30 年	日军轰炸	—	—	—	7	5	2	—	33000
31 年	日军轰炸	—	—	—	4	3	1		4900
32 年	日军轰炸	—	—	—	—	—	—	—	—
33 年	日军轰炸	—	—	—	6	1	5	5000	54000
34 年	日军轰炸	—	—	—	26	19	7	—	69000

（福建省档案馆馆藏档案，档案号 3—7—33）

77. 漳浦县人口伤亡

（1946 年 1 月）

年别	事件	伤			亡			医药费	埋葬费
		计	男	女	计	男	女		
总计	—	4	4	—	87	78	9	11000	884000
27 年	敌机轰炸	—	—	—	—	—	—	—	—
28 年	敌机轰炸	3	3	—	33	26	7	7000	78000
29 年	敌机轰炸	—	—	—	3	3	—	—	9000
30 年	敌机轰炸	—	—	—	10	10	—	—	100000
31 年	敌机轰炸	—	—	—	5	5	—	—	50000
32 年	—	—	—	—	—	—	—	—	—
33 年	敌机轰炸	—	—	—	13	13	—	—	456000
34 年	流窜	1	1	—	23	21	2	4000	191000

（福建省档案馆馆藏档案，档案号 3—7—33）

78. 云霄县人口伤亡

（1946 年 1 月）

年别	事件	伤			亡			医药费	埋葬费
		计	男	女	计	男	女		
总计		25	17	8	38	31	7	351510	573070
27 年	—	—	—	—	—	—	—	—	—
28 年	轰炸	8	6	2	26	22	4	103830	344800
29 年	—	—	—	—	—	—	—	—	—
30 年	—	—	—	—	—	—	—	—	—
31 年	—	—	—	—	—	—	—	—	—
32 年	—	—	—	—	—	—	—	—	—
33 年	—	—	—	—	—	—	—	—	—
34 年	轰炸	4	4	—	1	1	—	20680	18270
	流审	13	7	6	11	8	3	227000	210000

（福建省档案馆馆藏档案，档案号 3—7—33）

79. 东山县人口伤亡

(1946 年 1 月)

年别	事件	伤			亡			医药费	埋葬费
		计	男	女	计	男	女		
总计		52	30	22	225	124	101	305090	2371600
27 年	—	—	—	—	—	—	—	—	—
28 年	日军进攻	7	6	1	11	9	2	66900	129500
	日机轰炸	35	22	13	182	89	93	209400	2016100
29 年	日军进攻	4	—	4	14	14	—	2050	121250
	日机轰炸	4	1	3	8	5	3	15740	24800
30 年	日军进攻	2	1	1	8	6	2	11000	59950
31 年	—	—	—	—	—	—	—	—	—
32 年	—	—	—	—	—	—	—	—	—
33 年	—	—	—	—	—	—	—	—	—
34 年	日机扫射	—	—	—	2	1	1	—	20000

(福建省档案馆馆藏档案，档案号 3—7—33)

80. 厦门市历年抗战损失公私财产损失部分汇报（元）

（1946年1月）

年别	总计	直接损失						间接损失				
		合计	人民	民营事业	人民团体	机关	学校	合计	民营事业	人民团体	机关	学校
总计	2302871898	660756356	439711812	205043117	1836551	11758906	2405970	1642115542	1641585042	—	264600	265900
26年	8585	8585	—	8585	—	—	—	—	—	—	—	—
27年	163961833	158701649	127232933	24021849	150550	6868906	427410	5260184	4957284	—	264600	38300
28年	14515923	7922768	7856268（注1）	21500	—	—	450000	6593155	6580555	—	—	12600
29年	43945302	11926529	10788229	1033900	—	—	104400	32018778	32018778	—	—	—
30年	202183797	140539764	132533114	6804490	—	—	1202160	61644033	61644038	—	—	—
31年	125430372	26099346	15266168	5943178	—	4890000	—	99331026	999331026	—	—	—
32年	273965172	33159565	21737940	11265625	156000	—	—	240805607	240790607	—	—	15000
33年	749221455	117734460	52184370	64923090	—	—	627000	631486995	631486995	—	—	—
34年	729639459	164663690	72112790	91020900	1530000	—	—	564975769	564775769	—	—	200000

附注：（1）教会寺庙损失二八，二五五元附入

（福建省档案馆馆藏档案，档案号 3—7—33）

81. 金门县历年抗战损失公私财产损失部分汇报（元）

（1946 年 1 月）

年别	总计	直接损失						间接损失				
		合计	人民	民营事业	人民团体	机关	学校	合计	民营事业	人民团体	机关	学校
总计	158996020	57805692	54533482	—	—	216390	3055820	101190510	101166910	—	23600	—
26 年	760655	737055	516445	—	—	216390	4220	23600	—	—	23600	—
27 年	1414040	1414040	1414040	—	—	—	—	—	—	—	—	—
28 年	433955	433955	433255	—	—	—	700	—	—	—	—	—
29 年	1620280	1629380	1629280	—	—	—	—	—	—	—	—	—
30 年	121010	121010	121010	—	—	—	—	—	—	—	—	—
31 年	48000	48000	48000	—	—	—	—	—	—	—	—	—
32 年	1845070	1845070	1845070	—	—	—	—	—	—	—	—	—
33 年	19004520	19004520	19004520	—	—	—	—	—	—	—	—	—
34 年	133739672	32572762	29521862	—	—	—	350900	101166910	101166910	—	—	—

（福建省档案馆馆藏档案，档案号 3—7—33）

82. 福州市历年抗战损失财产损失部分汇报（元）

（1946 年 1 月）

年别	总计	直接损失						间接损失				
		合计	人民	民营事业	人民团体	机关	学校	合计	民营事业	人民团体	机关	学校
总计	9918285884	9068297930	533147917	7602984281	63922978	233073939	635169815	849987954	706076787	2064970	16583067	125263130
26 年	115940000	115940000	—	115940000	—	—	—	—	—	—	—	—
27 年	16945	16945	—	16945	—	—	—	—	—	—	—	—
28 年	87490	87490	—	87490	—	—	—	—	—	—	—	—
29 年	—	—	—	—	—	—	—	—	—	—	—	—
30 年	285483563	285483563	140671115	119239916	—	25572532	—	—	—	—	—	—
31 年	—	—	—	—	—	—	—	—	—	—	—	—
32 年	—	—	—	—	—	—	—	—	—	—	—	—
33 年	170946536	170946536	106040736	4905800	—	—	—	—	—	—	—	—
34 年	9345811350	8495823396	226436066	7362794130	63922978	207501407	635169815	849987954	706076787	2064970	16583067	125263130

（福建省档案馆馆藏档案，档案号 3—7—33）

83. 长乐县历年抗战损失财产损失部分汇报（元）

（1946 年 1 月）

年别	总计	直接损失						间接损失			
		合计	人民	民营事业	人民团体	机关	学校	合计	机关	学校	人民团体
总计	532752996	521853397	457361458	33173056	486890	20428373	10403620	10899599	6587495	4103604	208500
30 年	32412315	32412315	18983400	13230260	—	—	198600	—	—	—	—
33 至 34 年	381396074	370496475 注1	319433451 注2	19942796	486890	20428373	10204965	10899599	6587495	4103604	208500
27 至 34 年（日机轰炸）	118944607	118944607	118944607	—	—	—	—	—	—	—	—

附注：注1：天主堂财产损失 433680.00 元（附入）。
注2：圣教医院财产损失 964000.00 元（附入）。

（福建省档案馆馆藏档案，档案号 3—7—33）

84. 连江县历年抗战损失财产损失部分汇报（元）

（1946 年 1 月）

年别	总计	直接损失						间接损失				
		合计	人民	民营事业	人民团体	机关	学校	合计	民营事业	人民团体	机关	学校
总计	404786969	394338266	345558863	31347481	1969010	2513480	12949435	10448700	10116100		332600	
27 年	6133728	6133728	1759858	4373870	—	—	—	—	—	—	—	
28 年	15041500	15041500	13895000	1146500	—	—	—	—	—	—	—	
29 年	37603000	37603000	37398000	205000	—	—	—	—	—	—	—	
30 年	103606660	102341760	100630575	440000	—	373780	897405	1264900	1264900	—	—	
31 年	4435000	4435000	4435000	—	—	—	—	—	—	—	—	
32 年	416000	416000	—	416000	—	—	—	—	—	—	—	
33 年	979908735	93512435	56394884	23108111	1969010	2139700	9900730	4396300	4063700	—	332600	
34 年	139642346	134854846	131045546	1658000	—	—	2151300	4787500	4787500	—	—	

（福建省档案馆馆藏档案，档案号 3—7—33）

85. 林森县历年抗战损失财产损失部分汇报（元）

（1946 年 1 月）

年别	总计	直接损失						间接损失						
		合计	人民	民营事业	人民团体	机关	学校	合计	民营事业	人民团体	机关	学校		
总计	1584999122	1579035222	716252083	576299914	—	199184985	87298240	5963900	—	—	5963900	—		
28年至34年	1584999122	1579035222	716252083	576299914	—	199184985	87298240	5963900	—	—	5963900	—		

（福建省档案馆馆藏档案，档案号 3—7—33）

86. 福清县历年抗战损失财产损失部分汇报（元）

（1946 年 1 月）

年别	总计	直接损失						间接损失				
		合计	人民	民营事业	人民团体	机关	学校	合计	民营事业	人民团体	机关	学校
总计	238621196	235074559	216683622	9011275	138100	3316562	5925000	3546637	—	—	392637	3154000
26 年	—	—	—	—	—	—	—	—	—	—	—	—
27 年	—	—	—	—	—	—	—	—	—	—	—	—
28 年	2178520	2178520	1120700	1057820	—	—	—	—	—	—	—	—
29 年	—	—	—	—	—	—	—	—	—	—	—	—
30 年	187598662	187598662	180115097	7345465	138100	—	—	—	—	—	—	—
31 年	166000	166000	166000	—	—	—	—	—	—	—	—	—
32 年	—	—	—	—	—	—	—	—	—	—	—	—
33 年	44536357	44536357	34958555	336240	—	3316562	5925000	—	—	—	—	—
34 年	4141657	595020	323270	271750	—	—	—	3546637	—	—	392637	3154000

（福建省档案馆馆藏档案，档案号 3—7—33）

87. 平潭县历年抗战损失财产损失部分汇报（元）

（1946 年 1 月）

年别	总计	直接损失						间接损失				
		合计	人民	民营事业	人民团体	机关	学校	合计	民营事业	人民团体	机关	学校
总计	143863763	109419308	89547442	—	—	14806490	5065376	34444455	33463055	—	981400	—
26 年	1650	1650	1650	—	—	—	—	—	—	—	—	—
27 年	1168605	705307	705307	—	—	—	—	463298	463298	—	—	—
28 年	17760022	16678149	16678149	—	—	—	—	1081873	1081873	—	—	—
29 年	2859877	1975158	1975153	—	—	—	—	884724	884721	—	—	—
30 年	37850838	37540558	22734068	—	—	14806490	—	310280	310280	—	—	—
31 年	4402129	3533509	3533509	—	—	—	—	868620	868620	—	—	—
32 年	9749944	8209334	8209334	—	—	—	—	1540610	1540614①	—	—	—
33 年	24400342	22349872	22349872	—	—	—	—	2050470	2050470	—	—	—
34 年	45670356	18425776	13360400	—	—	—	5065376	27244580	26263180	—	981400	—

（福建省档案馆馆藏档案，档案号 3—7—33）

① 原文如此，数据有误。

88. 福鼎县历年抗战损失财产损失部分汇报（元）

（1946 年 1 月）

年别	总计	直接损失							间接损失						
		合计	人民	民营事业	人民团体	机关	学校	合计	民营事业	人民团体	机关	学校
总计	227828563	163418200	159658938	—	—	1062227	2697035	64410363	64227000	—	154083	29280
28 年	36240	—	—	—	—	—	—	36240	—	—	36240	—
30 年	5775	5775	—	—	—	5775	—	—	—	—	—	—
31 年	116371	116371	—	—	—	3425	112946	—	—	—	—	—
32 年	116403	—	—	—	—	—	—	113403	—	—	111353	2050
33 年	64230245	—	—	—	—	—	—	64230245	64227000	—	3245	—
34 年	163326529	163296054	159658938	—	—	1053027	2584089	30475	—	—	3245	27230

（福建省档案馆馆藏档案，档案号 3—7—33）

89. 福安县历年抗战损失财产损失部分汇报（元）

（1946 年 1 月）

年别	总计	直接损失							间接损失					
		合计	人民	民营事业	人民团体	机关	学校		合计	民营事业	人民团体	机关	学校
总计	113849072	68670812	56966749	11390906	—	284747	28410		45178260	43815000	—	1312030	51230
28 年	2500	2500	2500	—	—	—	—		—	—	—	—	—
34 年	113846572	68668312	56964249	11390906	—	284747	28410		45178260	43815000	—	1312030	51230

（福建省档案馆馆藏档案，档案号 3—7—33）

90. 霞浦县历年抗战损失财产损失部分汇报（元）

（1946 年 1 月）

年别	总计	直接损失							间接损失						
		合计	人民	民营事业	人民团体	机关	学校	合计	民营事业	人民团体	机关	学校
总计	300560342	142755276	140294768	—	—	1199606	1260905	157805066	57249486	—	555580	—
34 年	300560342	142755276	140294768	—	—	1199606	1260905	157805066	57249486	—	555580	—

（福建省档案馆馆藏档案，档案号 3—7—33）

91. 宁德县历年抗战损失财产损失部分汇报（元）

（1946 年 1 月）

年别	总计	直接损失						间接损失				
		合计	人民	民营事业	人民团体	机关	学校	合计	民营事业	人民团体	机关	学校
总计	229146612	203909062	202815610	—	—	486858	576594	25237550	21978000	190550	3004000	65000
28 年	511	—	—	—	—	—	—	511	—	511	—	—
29 年	4304655	4304655	4304655	—	—	—	—	—	—	—	—	—
34 年	224841446	199604407	198540955	—	—	486858	576594	25237039	21978000	190039	3004000	65000

（福建省档案馆馆藏档案，档案号 3—7—33）

92. 海澄县历年抗战损失财产损失部分略报（元）

（1946 年 1 月）

年别	总计	直接损失						间接损失				
		合计	人民	民营事业	人民团体	机关	学校	合计	民营事业	人民团体	机关	学校
总计	216584053	180001613	178816598	—	—	173420	1011595	36582440	36127340	—	33000	422100
26 年	444940	130000	13000	—	—	—	—	314940	314940	—	—	—
27 年	40846050	40803050	40803050	—	—	—	—	43000	43000	—	—	—
28 年	49577720	49061820	48864955	—	—	146320	50545	515900	204800	—	—	311100
29 年	55407226	45431726	45409926	—	—	—	21800	9975500	9966500	—	—	9000
30 年	103392700	4638700	4498700	—	—	—	140000	5754000	5754000	—	—	—
31 年	2422004	1059004	1059004	—	—	—	—	1363000	1383000	—	—	—
32 年	3166100	230000	230000	—	—	—	—	2936100	2921100	—	15000	—
33 年	15033000	4911000	4251000	—	—	—	660000	10122000	10020000	—	—	102000
34 年	39294313	33736313	33569963	—	—	27100	139250	5558000	5540000	—	18000	—

（福建省档案馆馆藏档案，档案号 3—7—33）

93. 漳浦县历年抗战损失财产损失部分略报 (元)

（1946 年 1 月）

年别	总计	直接损失						间接损失				
		合计	人民	民营事业	人民团体	机关	学校	合计	民营事业	人民团体	机关	学校
总计	258097852	239623910	227327994	—	—	831496	11464420	18473942	16505900	—	737800	1230242
26 年	119600	119200	119200	—	—	—	—	400	400	—	—	—
27 年	1077200	683200	683200	—	—	—	—	394000	394000	—	—	—
28 年	21949201	21035401	21034577	—	—	824	—	913800	593000	—	—	320800
29 年	13174160	12369160	12369160	—	—	—	—	805000	805000	—	—	—
30 年	881100	—	—	—	—	—	—	881100	855000	—	—	26100
31 年	1365000	285000	285000	—	—	—	—	1080000	1080000	—	—	—
32 年	1315000	—	—	—	—	—	—	1315000	1315000	—	—	—
33 年	2958800	—	—	—	—	—	—	2958800	2870000	—	—	88800
34 年	215257791	205131949	192836857	—	—	830672	—	10125842	8593500	—	737800	794542

（福建省档案馆馆藏档案，档案号 3—7—33）

94. 云霄县历年抗战损失财产损失部分略报（元）

（1946 年 1 月）

年别	总计	直接损失						间接损失				
		合计	人民	民营事业	人民团体	县级机关	县级学校	合计	民营事业	人民团体	县级机关	县级学校
总计	341670289	330407549	329389174	—	—	808150	210225	11262740	8293795	244000	2397119	327826
26 年	—	—	—	—	—	—	—	—	—	—	—	—
27 年	901740	901740	901740	—	—	—	—	—	—	—	—	—
28 年	148962873	148962873	148962873	—	—	—	—	—	—	—	—	—
29 年	—	—	—	—	—	—	—	—	—	—	—	—
30 年	—	—	—	—	—	—	—	—	—	—	—	—
31 年	1230000	1230000	1230000	—	—	—	—	—	—	—	—	—
32 年	678500	678500	678500	—	—	—	—	—	—	—	—	—
33 年	37000	73000(注)	37000	—	—	—	—	—	—	—	—	—
34 年	189860176	178597436	177579061	—	—	808150	210225	11262740	8293790	244000	2397119	327826

附注：原档案数字如此。经过甄别，应是"37000"之误。

（福建省档案馆馆藏档案，档案号 3—7—33）

95. 诏安县历年抗战损失财产损失部分略报（元）

（1946年1月）

年别	总计	直接损失						间接损失				
		合计	人民	民营事业	人民团体	县级机关	县级学校	合计	民营事业	人民团体	县级机关	县级学校
总计	50843761	27170571	26074894	—	970000	125677	—	23673190	23486190	—	—	187000
26年	—	—	—	—	—	—	—	—	—	—	—	—
27年	—	—	—	—	—	—	—	—	—	—	—	—
28年	4612590	—	—	—	—	—	—	4612590	4612590	—	—	—
29年	—	—	—	—	—	—	—	—	—	—	—	—
30年	8703100	—	—	—	—	—	—	8703100	8703100	—	—	—
31年	—	—	—	—	—	—	—	—	—	—	—	—
32年	—	—	—	—	—	—	—	—	—	—	—	—
33年	—	—	—	—	—	—	—	—	—	—	—	—
34年	37528071	27170571	26074894	—	970000	125677	—	10357500	10170500	—	—	187000

（福建省档案馆馆藏档案，档案号 3—7—33）

96. 东山县历年抗战损失财产损失部分略报（元）

（1946 年 1 月）

年别	总计	直接损失						间接损失				
		合计	人民	民营事业（渔业）①	人民团体	机关	学校	合计	民营事业	人民团体	县级机关	县级学校
总计	474444808	84766034	74714642	9327950	—	631711	91731	389678774	388248952	294320	862802	272700
26 年	6362190	6362190	3445100	2917090	—	—	—					
27 年	977368	949020	455000	494020	—	—	—	28348	28348	—	—	—
28 年	68478606	65896215	63463385	2375090	—	—	57740	2582391	2348993	94000	100397	39000
29 年	8595575	5011859	4286657	210000	—	481211	33991	3583716	3439516	89500	16000	38700
30 年	5309080	2302500	2302500	—	—	—	—	3006580	2959760	10820	—	36000
31 年	4393353	1729750	688000	1041750	—	—	—	2663603	2631103	—	—	32500
32 年	5665750	1164000	74000	1090000	—	—	—	4501750	4434250	—	32000	35500
33 年	7179242	1200000	—	1200000	—	—	—	5979242	5811242	100000	37000	31000
34 年	367483644	150500	—	—	—	150500	—	367333144	366595740	—	677404	60000

（福建省档案馆馆藏档案，档案号 3—7—33）

① 本项民营事业仅指渔业，其余各业系并入人民损失部分整理。

97. 厦门沦陷期间吴姓损失代电

（1946 年 2 月 27 日）

据厦门延陵修复祠委员会主任吴主策等 34 年 12 月 29 日代电略称：厦门吴姓宗祠及学校店屋于敌寇浩劫之余，悉付一炬，遭捕杀惨死与失踪者计有吴天助等 12 人，民船 300 余艘被毁，并封锁吴姓码头 7 处，因而饿毙 230 余人，总计损失国币 1 亿 2 千多万元。

（厦门市档案馆馆藏档案）

98. 永安一等局各员工遭受空袭损失详情表

（1946 年 2 月）

填送时间：三十五年二月

姓名	等级	实支薪额	有无眷属在任所	被炸情况	此次系第几次被炸	私物损失价值	附
姜锡璋	二等一级乙等邮务员	一百三十元	有	被炸过半	第一次	9450	
沐焱	二等六级乙等邮务员	七十元	有	被炸过半	第一次	31410	
魏子森	二等六级乙等邮务员	七十元	有	全部焚毁	第一次	33840	
林淑琛	三等三级乙等邮务员	四十元	有	被毁过半	第一次	14800	
邱湛	四等三级邮务佐	四十元	有	被毁过半	第一次	11300	
孟钟藩	四等三级邮务佐	四十元	有	全部焚毁	第一次	11450	
杨士筠	四等三级邮务佐	四十元	无	全部焚毁	第一次	25000	
曾菁花	四等四级邮务佐	三十五元	无	直接中弹	第一次	35400	该佐未将私物损失详情列报表，损失总数无法稽核已令补报
陈毓柽	四等四级邮务佐	三十五元	无	直接中弹	第一次	50300	该佐未将私物损失详情列报表，损失总数无法稽核已令补报

姓名	等级	实支薪额	有无眷属在任所	被炸情况	此次系第几次被炸	私物损失价值	附
林宜容	试用邮务佐	三十元	无	被毁过半	第一次	23700	
郑伯钦	信差	三十七元	有	被毁过半	第一次	11800	
高信魁	信差	二十二元	无	被毁过半	第一次	12980	
危庆祺	听差	二十元五角	有	震塌一部	第一次	3100	该差证明水据呈，缴已令补呈核
郑清茂	力夫	十六元五角	有	被毁过半	第一次	22460	该力夫将房屋修理费列入私物，内不合已令纠正补报候核

（福建省档案馆馆藏档案，档案号 57—1—600）

99. 福建省农业改进处财产损失报告表

（1946 年 3 月）

填送日期：三十五年三月

损失年月日	事件	地点	损失项目	购置年月	单位	数量	价值（元）		证书
							购置时价值	损失时价值	
二十八年四月二十一日	日机轰炸	福州海关第四仓库	仪器	二十八年四月	箱	2		16000	
二十八年四月二十一日	日机轰炸	福州海关第四仓库	药品	二十八年四月	箱	1		5000	
二十八年六月十九日	日军进攻	汕头	石油引擎压机动力转移装置电单车	二十八年间	件	2		10000	
二十八年六月十九日	日军进攻	福州	仪器	二十九年间	箱	12		30000	
二十八年六月十九日	日军进攻	福州	药品	二十九年间	箱	28		15000	
二十八年六月十九日	日军进攻	福州	图书	二十九年间	箱	35		10000	
二十八年六月十九日	日军进攻	福清一带	家具	二十九年间	件	29		30000	
二十八年六月十九日	日军进攻	福清一带	仪器	二十九年间	箱	10		65000	
三十年四月十九日	日军进攻	连江琯头一带	海蛤肥料	三十年四月	担	127		11000	
三十年八月	日军进攻	上海	仪器	二十九年间	箱	5		150000	
三十年八月	日军进攻	上海	药品	二十九年间	箱	5		35000	
三十二年一月二日	日机轰炸	永安	仪器	成立时	箱	3		20000	
三十二年一月二日	日机轰炸	永安	房屋	成立时	幢	1		20000	
三十二年一月二日	日机轰炸	永安	家具	成立时	件	110		15000	

直接机关：福建省政府　受损失者：农业改进处

（福建省档案馆馆藏档案，档案号 57—1—600）

100. 福建省建设厅财产损失报告单

（1946 年 6 月 8 日）

填送日期：三十五年六月八日

损失年月	事件	地点	损失项目	购置年月	单位	数量	价值（元）	
							购置时价值	损失时价值
二十九年八月	日机轰炸	宁波溪口	电话机花线等	二十九年八月			6804	6804
三十三年十月	福州二度沦陷	福州	挖泥驳船壳	民国初年	艘	1		100000000
三十三年十月	福州二度沦陷	福州	自来水管		根	69		4190640
三十五年	迁移材料	南平至顺昌永安	材料迁移费					28629595
三十五年	抢运费	啡昌至福州	材料迁移费					601220
三十年	抢运材料	涵江至福州	洋火抢运费		袋	2900		38115
三十年	料车避空袭	宁波至南平	抢运材料旅运费					6916.12
三十年十月至三十一年三月	抢运自来水管		汽油		加仑	28		280.00
二十七年	建防空洞	由榕至延	抢运费					83252.17
三十二年	建防空洞	永安东坡	防空洞					83500
三十二年	移存自来水管	永安第一桥	防空洞		座	2		49830
三十四年	湘桂役沦陷	福州	迁移费					300000
三十三年		桂林	手摇发电机	二十一年	架	5	9279.98	139199.30

填报者：福建省政府建设厅厅长朱代杰

（福建省档案馆馆藏档案，档案号36—14—5670〈1〉）

101. 福建省各县（市）抗战期间人民被迫吸烟毒

（1946 年 6 月 25 日）

县（市）别	原有居民人数			吸食烟毒 被迫吸食烟毒人数			所受经济上之损失	种植烟苗 原有农田苗数	被迫种植烟苗亩数	所受经济上之损失
	合计	男	女	合计	男	女				
总计	1210115	624570	485545	6353	4933	1420	3210250000 元	15125 亩	3165	
福州市	314679	171050	143629	90	68	22	9000000 元		无	①
厦门市	124075	59880	64195	5000	3751	1249	3200000000 元		无	
林森县	525710	266145	259565	200	190	10	60000000 元		无	
长乐县	201212	106311	94901	176	151	25	1000000 元		200 苗	②
金门县	44439	21184	23255	887	773	114	32500000 元	15125 亩	2965 苗	15200000
备考	①本市在沦陷期中受敌诱胁而犯烟瘾者数达千余人以上损失当达一万万元。但收复后烟民多先期逃散市外，确数无从考查。业以前市政——四五——号呈报敌军毒化情形有案本表左列数字系较可考者查填。 ②种烟二百亩如易以种麦可收 500 担，估值 2500000 元，本县于卅三年十月沦陷，卅四年五月始兑复彼时适合种烟季候被迫种烟，损失详表。										

（福建省档案馆馆藏档案，档案号 11—5—3712）

102. 厦门市渔民损失概况表

（1946 年 10 月 18 日）

类别名称	损失数量	损失日期	损失地点	财产所有者	遭灾原因	死亡人数	价值	备考
大型渔船	1 艘	1940·8	东淀海面	张马来	触水雷炸沉没	32	4000.00	以上价值照1937年估计
大型渔船	1 艘	1938·5	本市厦港	阮连生	奉水警令征为查验船，被敌军登陆烧毁	/	4000.00	以上价值照1937年估计
大型渔船	29 艘	1938·7	浯屿	阮注福等廿九艘	出海捕鱼被敌军烧毁	/	116000.00	以上价值照1937年估计
二级渔船	35 艘	1938·7	浯屿	郑扁等卅五艘	出海捕鱼被敌军烧毁	/	75000.00	以上价值照1937年估计
大型渔船	1 艘	1942·3	东淀海面	陈自来	触水雷炸沉	/	4000.00	以上价值照1937年估计
二级渔船	1 艘	1944·7	东淀海面	欧炎	触水雷炸沉	10	3000.00	以上价值照1937年估计
大型渔船	1 艘	1945·8	东淀海面	钟朝根	触水雷炸沉	/	4000.00	以上价值照1937年估计
渔材	105 栋	1938·5	沙坡尾		敌军上陆时被烧毁	/	600000.00	以上价值照1937年估计
渔具	全部	1940·8	东淀海面	张马来	触雷炸沉	/	4000.00	以上价值照1937年估计
渔具	全部	1949·7	东淀海面	欧炎	触雷炸沉	/	4000.00	以上价值照1937年估计
渔具	全部	1945·8	东淀海面	钟朝根	触雷炸沉	/	4000.00	以上价值照1937年估计
医具	全部	1938·5	本市大学路	渔民医院	敌军上陆时全部被敌人抢用	/	10000.00	以上价值照1937年估计

类别 名称	损失 数量	损失 日期	损失 地点	财产 所有者	遭灾 原因	死亡 人数	价值	备考
校教具	全部	1938·5	本市民生路	渔民学校	敌军上陆时全部被敌人抢用	/	5000.00	以上价值照1937年估计
校舍	半座	1942·2	本市民生路	渔民学校	被敌人拆毁取材料建造防御工具	/	1000.00	以上价值照1937年估计
校舍	1座	1942·2	本市蜂巢山	渔民学校	新建筑校舍在敌人高射炮阵地故被拆毁	/	10000.00	以上价值照1937年估计
国术器具	全部	1938·5	本市沙坡尾	渔民国术馆	敌人上陆时被其烧毁	/	1000.00	以上价值照1937年估计
娱乐器具	全部	1938·5	本市沙坡尾	渔民娱乐馆	敌人上陆时被其烧毁	/	1000.00	以上价值照1937年估计
会舍	全座	1938·5	本市沙坡尾	本会	地处海口敌军上陆时被烧毁	/	10000.00	以上价值照1937年估计
海运团体应用器具	全座	1938·5	本市沙坡尾	本会	地处海中敌军上陆时被烧毁	/	5000.00	以上价值照1937年估计

（厦门市档案馆馆藏档案，档案号63—1—69）

103. 厦门中心区公所农具损失调查表

（1946 年 11 月 20 日）

1. 农田面积约 500 亩，因战事而荒芜者 430 亩。

2. 农户约 650 户，因战事而失耕者 500 户。

3. 田地荒芜之原因如何？因农民失耕。

4. 农民失耕之原因如何？因避乱。

5. 农具损失估计如何？（以 100% 估计）

（1）农具完全损失者占农户 80% 。

（2）农具损失一半者占农户 10% 。

（3）农具未受损失者占农户 10% 。

6. 当地普通农具名称及其用途列举如下：（略）

调查人：郭雄飞

（厦门市档案局、厦门市档案馆编：《厦门市抗日战争档案资料》，厦门大学出版社 1997 年版，第 584 页）

104. 平潭县商会抗战期间商业损失商民请求救济

(1946 年 12 月 21 日)

福建省社会处处长钧鉴：平潭自民二十八年夏迄抗战胜利日，被敌伪滥炸掳劫，惨难言状。其最惨重者厥唯商业团体，城厢与苏澳两处炸毁商店二十余间，失业无归者七十五家，商民颠沛流离，奔走邻村，客死于道路者有之，被难而失业债台高筑鬻及妻子者有之，既沦陷逃外航商遇舰歼杀而葬身鱼腹者有之。会所受两弹炸毁前段半部，炸毙会丁林诸祥一名，职员四散逃避，会内财产全部尽被敌伪散抢，附设商品陈列所、商业图书室、商民夜习班亦散抢无遗。会内一部损失在二千万元以上，商店损失更不堪估计也。迄至今日犹有断瓦颓垣，无力修葺者，生计断绝，莫治生产，游手于街衢者不可胜数。日向本会申请救济及请转呈钧处急予救济者络绎不绝。现届胜利，全国均沾救济之惠，钧处所发本县救济物品虽源源不断，然对本会商民尚未沾及斯泽，虽有麦舟不闻人唤嗟来。本拟派员恭赴钧处请济，深恐未能邀准，徒劳跋涉，用先电请察核，乞念本会历次遭巨大损失，商业凋零市厘不振，赐急筹济实物一部以苏商困，可否专员赶辕面请之处并乞即日电示，不胜迫切俟命之至。平潭县商会理事长张庆矩　常务理事陈逢年、林日新叩（马）

（福建省档案馆馆藏档案，档案号 11—10—7357③）

105. 调查敌在金门毒化行为查询笔录

(1946 年 12 月)

问：当时敌人在县（金门）计设烟所若干？

答：全岛共设 22 所。

问：每月销售鸦片若干两？

答：每所每家强制配售 150 两。

问：金岛被毒化吸食鸦片及间接施用其他毒品人数若干？

答：被毒化吸食鸦片约 2000 人左右，至间接施用其他毒品，因鸦片充斥故未闻有施用者。

问：敌人在金门营种鸦片面积计有若干，以何处所为多？

答：全岛普遍种植，面积约 6000 亩左右。

问：每年收获烟膏若干？如何处置？

答：每年收获生膏约 5000 余斤，由敌人收集缴交兴亚院。

问：怎样施行毒化手段？

答：强迫耕种，每农户须种植一亩以上，违即拘送海军部严施体刑，并尽量引诱岛民吸食及藏带内地秘密推售。

问：你如何知道？

答：事实显明，各保民无不知道。

被查询人：周永安

调查人：金门县珠浦镇公所

（福州市档案馆馆藏档案，档案号 017—新 4—791）

106. 金门县古湖乡日本占领期间毒化情形报告

(1946 年 12 月)

一、强迫种烟情形：凡户有壮丁者，每季须种植烟苗 800 株以上，除水源缺乏之田地得申请略为减少，期间每年自 11 月起至越年 2 月收成交缴。历年种烟占农地面积约 1250 余亩。

二、设置烟厕供民吸食：在古湖乡范围内设置烟厕多所，供人民吸食，当时吸食成瘾甚深数达百余人，吸食未成深瘾者即不计其数。

三、倾销烟膏方法：凡为伪公署人员或联保主任得特许共请领牌照，设置戒烟所（实即乃烟厕也）一所或两所，为伪保长者三人联系亦得领取牌照，开烟毒机关一所。

四、烟毒之来源：烟膏之来源系向厦门兴亚院领取。

五、主持毒化人物：系为农林股长施沛然。

调查报告者：古湖乡乡长王观鱼
（福州市档案馆馆藏档案，档案号 017—新 4—791）

107. 金门沦陷期间渔业调查报告（节录）

（1946 年）

（上略）

（九）渔民负担捐税（沦陷期中）

金门岛于民国 26 年 10 月 24 日沦入敌手，同年 11 月 2 日及 4 日后埔、沙尾各治安维持会成立。民国 29 年 11 月 16 日两维持会合并为金门岛治安维持会。翌年 7 月 1 日，厦门伪特别市政府成立，该会即归其管辖。同年 9 月 1 日，金门伪行政署成立，对于水产除颁布征收渔税外，无渔业政策可言，其征税项目如下：

1. 鱼类税——凡鱼类在岛内销售及行商贩卖，对卖价每百元课税 5 元。鱼类搬入市场，先调查其种类、数量及价格，然后照其卖价最高课税，并另抽手续费每件 5 元。又鱼类运出岛外者，亦每百元课税 5 元。

2. 海味税——凡蚵干、煮鱼、干鱼等海产物运出者，从价每百元课税 5 元，惟赤菜每百元则课税 10 元。

以上二种税收约占全岛各税 10%，以一半为金门岛治安维持会经费，余数归入敌人。

福建省渔业管理局
（福建省档案馆馆藏档案，档案号 63—1—60）

108. 福建省抗战损失疾病诊疗人数、生活费物价指数[*]

县市	抗战损失		县市	抗战损失	
	人口部分	财产部分（损失时价值）		人口部分	财产部分（损失时价值）
总计	9157	19046856430	龙溪	456	4131913
福州市	333	9918285884	漳浦	91	258097852
厦门市	1071	2302871898	诏安	—	50843761
林森	334	1584999122	海澄	177	216584053
福清	540	238621196	云霄	63	341670289
古田	337	1851086	长泰	—	13074180
永泰	40	1057374	东山	275	474444808
长乐	276	532752996	南靖	39	1629810
连江	639	404786969	龙岩	34	1247290
闽清	—	—	永定	—	46234207
罗源	51	142566277	平和	2	5255993
平潭	335	143863763	漳平	35	7026600
南平	92	12348148	华安	4	59547
沙县	38	908679	长汀	297	44354294
顺昌	—	69109	上杭	47	253212
尤溪	—	2203440	宁化	—	1456
将乐	—	—	武平		127658851
建宁	—	21156	连城	39	3470939
泰宁	—	11148	永安	512	55592302
建瓯	282	27095325	大田	—	25681155
浦城	141	6992684	德化	150	131126393
邵武	—	12527000	宁洋		11917
建阳	123	4353360	清流	—	4254240
崇安	297	8220769	明溪	—	496519060

---

* 原件未署时间。

县市	抗战损失		县市	抗战损失	
	人口部分	财产部分（损失时价值）		人口部分	财产部分（损失时价值）
松溪	—	3164771	三元	24	57964
政和	—	3691688	福安	98	113849072
水吉	8	33295147	霞浦	90	300560342
晋江	515	21115755	福鼎	150	227828563
莆田	123	7279761	宁德	133	229146612
仙游	22	13691751	寿宁	—	—
南安	43	9911308	屏南	—	593540
同安	1	6353000	周宁	81	191255247
永春	34	1448464	柘荣	—	400000
惠安	478	65585738	金门	207	158996202
安溪	—	—			

——摘自《各县市最近简要统计》福建省政府统计室，1946 年 11 月

（福建省档案馆馆藏档案，档案号民资 6—7—121）

109. 抗战期间福建省财产损失情况表（1）（1946年）

	合计	直接损失	间接损失
总计	19869848443.75	14489340299.27	5380508143.48
省政府及其所属各省级机关	53025712.93	15784943.00	37240769.93
省立各学校	5819985.36	2944606.00	2875379.36
省立中学学校	21454610.00	5173055.00	16281555.00
省营事业	742711707.79 占全数4%弱	34493508.89	708218198.90
沦陷及日军流窜县份之县级机关、学校、住户、民营事业	17640769659.00 占全数89%弱	14209625208.00	3431144451.00
非沦陷	1406066768.67 7%强	221318978.38	1184747789.21

张直：《统计室工作报告》第40页，1946年
（福建省档案馆馆藏档案，档案号民资9—1—20）

110. 抗战期间福建省财产损失统计表（2） *

	合计	直接损失价值	间接损失价值
总计	19869848435.25	14489340300.27	5380508134.98
非沦陷地区	1406066769.17	221318979.38	1184747789.79
住户	98249817.00	98249817.00	
民营事业	1175475534.50	77202615.00	1098272913.50
人民团体	4916720	4894020.00	22700.00
县属机关	64648651.13	4119047.00	60529604.13
县属学校	62776046.54	36853480.38	25922566.16
沦陷区及日军流窜地区	17640769659.00	14209625208.00	3431144451.00
住户及民营事业	12865461297.00	12865461297.00	
民营事业	3252348907.00		3252348907.00
人民团体	72325869.00	69323529.00	3002340.00
县属机关	533724983.00	493303791.00	40421192.00
县属学校	916908603.00	781536591.00	135372012.00
省府所属各机关	53025712.93	15784943.00	37240769.93
省营事业	742711698.79	34493508.89	708218189.90
省立学校	5819985.36	2944606.00	2875379.36
私立中等学校	21454610.00	5173055.00	16281555.00
财产损失系各年损失价值之总和，未经折算。			

福建省统计室：二十六年至卅四年底止收到之材料编制

（福建省政府统计室编：《福建统计》，1947 年 10 月 15 日，第 27 期，福建省档案馆馆藏档案，档案号民资 9—1—20）

---

* 原件未署时间。

111. 林森县鼓山乡抗战期间农具损失情形调查表

(1947 年 3 月 2 日)

福建省林森县鼓山乡

调查年月三十六年三月二日

调查人

1. 该乡镇农田面积约二万二千亩

因战事而失荒芜者五千亩

2. 该乡镇农户约八千三百八十三户

因战事而失耕者一千五百户

3. 田地荒芜之原因如何？因该乡沦陷受敌伪蹂躏不能实地工作而致荒芜。

4. 农民失耕之原因如何？因敌伪在乡乱杀农民故农民不敢外出工作而致失耕。

5. 农具损失估计如下（以百分数估计）

（1）农具完全损失者占总农户约百分之几？农具完全损失者占总农户约百分之一十。

（2）农具损失一半者占总农户约百分之几？农具损失一半者占总农户约百分之二十。

（3）农具未受损失者占总农户百分之几？农具未受损失者占总农户百分之七十。

6. 当地普通农具名称及其用途列举如下：

（1）锄头：用于开垦

（2）土箕：用于运土

（3）竹挑：用于挑运

（4）双斧：用于开垦砍伐等用途

（福建省档案馆馆藏档案，档案号 57—1—626）

112. 厦门市禾山区农具损失调查表

（1947 年 3 月）

1. 该乡镇农田面积约 23396 亩，因战事而荒芜者约 3160 亩。

2. 该乡镇农户约 5849 户，因战事而失耕者 790 户。

3. 田地荒芜之原因如何？在抗战期间，因战事影响农户大半逃入内地以致废弃荒芜。

4. 农民失耕之原因如何？因战事影响，农户损失巨大致而失耕。

5. 农具损失估计如下（以百分数估计）

（1）农具完全损失者占总农户约 20%。

（2）农具损失一半者占总农户约 30%。

（3）农具未受损失者占总农户约 50%。

6. 当地普通农具名称及其用途列举如下：（略）

（厦门市档案局、厦门市档案馆编：《厦门市抗日战争档案资料》，
厦门大学出版社 1997 年版，第 584—585 页）

113. 长乐第二次沦陷日军情形

（1947 年 5 月）

盘踞榕长之敌为陆军独立混成第六二旅团，旅团长为长岭喜一少将，参谋长为伊藤中佐，计辖独立步兵第四一○至四一四等五个大队及炮工辎通讯各一队，附独立野战重炮大队、飞机场大队各一队，独立高射炮、速射炮、机关炮、高射机关枪各一中队，另有海军陆战队四百余，合共兵力约万人，其番号代字为气附操，又名中支派遣军登部队乙支队（隶属第十三军甲支队驻厦，即"38QS"两支队驻温州）。该旅团兵力配备系以独立步兵第四一○及四一一两大队暨炮工辎重各一部分驻长乐、尚干；四一二守福州；四一三守连江及马尾；四一四守南台及义序。长乐之敌计约四千余人，以主力配置于梅花、长乐亘尚干主阵地带，一部配置于古县，牛桶山，东渡及大义；各据点均筑有坚强防御工事，凭藉据守。另以机动部队常由南台义序进犯乌龙江南岸威胁永泰县城，并以少数海军陆战队配合伪军屡犯我福长边境及沿海防地。（下略）《福建抗战史》1947 年 5 月福建省保安司令部编。（编者注：《福建抗战史》系底稿原件）

（福建省档案馆馆藏档案，档案号 89—8—173）

114. 日军侵略福建沿海概况

（1947 年 5 月）

（上略）

神圣之抗倭战争开始后，本省沿海各冲要地区亦相继告警。自二十七年五月起厦门、金门、东山等地首先陷敌，三十年四月以后福州、连江、长乐、福清、平潭等地又被敌侵占，其中金厦之敌盘踞最久，侵犯东山之敌被我击退者三次，福州、连江、长乐、福清、平潭均曾二度失守，嗣后海澄、漳浦云霄、诏安、罗源、宁德、霞浦、福安、福鼎等九县于距金厦及榕连之敌分路溃逃时，尽遭蹂躏损失惨重。（下略）

摘自 1947 年 5 月福建省保安司令部编《福建省抗战史》

（福建省档案馆馆藏档案，档案号 89—8—173）

115. 日军侵犯袭扰福建沿海各地

（1947 年 5 月）

本省踞处东南海疆，海岸线绵长，与敌南进基地台湾仅一衣带水之隔，占全面战略上极重要之一环，抗战军兴，敌寇随时有登陆侵犯之可能，以言守备，非有大量之兵力，优良之海岸设备，不足以抵御强敌，唯此次抗战为吾民族未来存亡之措举，虽然疆防未固，装备窳劣，亦决与敌抵抗到底，吾国父所昭示吾人者："精神胜于物质"之真理是也。

当战事全面开始后，本省沿海迭遭敌机舰不断袭扰，使此毫无设防可言之绵长海岸线，无时不处于威胁状态之中，终于民二十七年五月十日晨三时，敌舰炮击本省厦门五通，六时许敌机十八架掩护敌兵百余名在该处登陆，午刻敌增至三百余人，迫近江头莲板，离厦市区仅十余里，该敌经我守军八十师钱旅之一部及厦市警察队与一部保安团队迎头痛击，终以装备悬殊，激战至同月十五日，该市即被敌侵陷，从此东南半壁，战幕揭开，惟该敌侵入厦市后，迭受我军不断反攻袭击，终无进展。复于三十年四月中旬起在连江、长乐、福清一带强行登陆，侵犯福州，展开激烈战斗，沿海及后方各县市，莫不积极整备，策动民众武力，配合军警，固我疆宇，尤以沿海各县市对组织抗敌自卫团，实施游击袭敌，亟获成效。此次抗战期中，东山、福州、福清、长乐等县市得而复失者凡几次，至三十四年五月初旬，盘踞厦市及榕城之敌，因其华南军事日趋崩溃，我方压力日益加重，海上交通运输又为盟国机舰之严密封锁，不得不分向粤浙溃逃，以企图保其残旅，除金厦仍留一部海军陆战队踞守外，一路约三千余人，由海澄登陆，经漳浦、云霄、诏安窜逃粤境黄岗，福州连江方面之敌，约四千余人，全部溃逃，由宁德、霞浦、福安、福鼎等地窜逃入浙温州，该各路溃逃之敌，凶锋所至，闾里为墟，奸淫掠杀，惨不忍闻，所幸我各路追击截击之军民，奋勇当先，拼死阻击，予敌以严重之损失，而本省失土一部亦告重光，同年八月，敌寇投降，全面战事胜利，普海同庆，爰将抗战期中本省保安部队及各县市队警协力作战，艰苦奋斗，壮烈牺牲之光荣事迹，就其实际经过，搜编于斯，以彰史乘。

1947 年 5 月福建省保安司令部编《福建省抗战史》绪言

（福建省档案馆馆藏档案，档案号 89—8—173）

116. 日寇侵犯福鼎各次战役概况（节录）

（1947 年 5 月）

一、嵛山岛战役

民二十九年五月二十日八时，有敌伪军林义和部约三百余人，分乘汽船与帆船三十余艘由嵛山岛之马祖登陆。（下略）

二、沙埕战役

民三十一年二月五日，敌海军战斗舰、巡洋舰各三艘及大小汽艇十余只由东北海面驶入沙埕港，向沙埕登陆。

二月五日四时，由东北海面驶入沙埕港之敌舰向沙埕南镇猛烈发炮射击，另一艘敌舰则驶至莲花屿，炮击流江岙腰约二小时后，该舰仍退回沙埕海面。八时，敌以汽艇八艘分载敌伪军，在敌舰炮火掩护下，向沙埕强行登陆。（中略）沙埕房屋全部被其焚毁，同时敌舰复向南镇炮击二十余发，掩护敌伪军百余登陆。

（下略）

1947 年 5 月福建省保安司令部编《福建省抗战史》

（福建省档案馆馆藏档案，档案号 89—8—173）

117. 福鼎县沦陷区损失调查（节录）

一、沦陷区域

1. 嵛山乡面积 30.5 万公里（包括嵛山本岛及南关、台山两小岛），人口 3000 人，该乡共辖东角、鱼岛、芦竹、灶吞、台山、南关六保全部沦陷，其面积约占全县面积百分之 1.35。

2. 民国 29 年 5 月沦陷，迄未克复。陷后民间茅屋有 150 间被敌占据拆盖民屋为营房，余无。

二、粮食

1. 主要粮食以甘薯为大宗，麦次之。陷前年产干薯丝 6000 市担，小麦 500 市担，稻谷 500 市担，豌豆大豆各 200 市担，约供该乡半年粮食之需，其不敷之数，多由本县秦屿、硖门及霞浦之牙城输入，近年敌人为实施其毒化政策，停耕冬作物，迫种鸦片，致粮食生产益形短拙，粮价日昂民不聊生。

（下略）

福鼎县政府

（中国第二历史档案馆馆藏档案，档案号廿一——2096）

---

* 原件未署时间。

118. 日寇侵略霞浦各次战役概况（节录）

（1947 年 5 月）

战役经过

二十六年十月十二日敌舰三艘向东行驶，经南乡东浒镇外海下浒村向岸上炮轰二十余发，并放下小艇向沿岸测量水位。（中略）此役，被敌舰轰毁国民学校一所，民房多座，损失颇重。

三十年八月二十五日，崳山敌伪林义和部分头进攻三沙镇，由汽艇掩护至各澳口开炮示威，炮火猛烈，并迂回后山包围进攻。（中略）被陷三沙，住留三天，敌伪沿户搜劫，被洗一空，击毙民众三人，重伤十五人。

三十年十月十六日，伪匪林义和部又率领汽艇七艘攻围三沙，炮声如雷，掩护登陆。民众纷纷逃逊，家庭物件一时不能携带，均被劫运汽艇听其所欲。（中略）此次，公私财产损失颇重，其状惨不忍言，被伤民众杨新楼等三十余人。

三十一年六月九日，敌舰四艘由炮火掩护下向三沙、西澳登陆，敌兵两百余名到处搜索，民众纷纷逃难，一切产物听其搜劫，经十小时之久，全镇货物均被洗劫一空，其状实惨不忍言，并被伤士兵一名，死民众吴阿根一名，伤民众唐阿礼等五人。

三十一年六月十一日，登陆三沙后二天，敌复以兵舰七艘向福宁湾进发，三驶至陇头海面，以小艇企图登陆，经东乡联防队予以截击后，该小艇遁回原舰，即向陆岸轰击二十余响，掩护敌兵登陆，全村均被烧毁一尽，两驶游弋三沙海面后，两驶进大小目岛附近，向后港及县城开炮十八响示威，见岸上我方已有准备，敌不得逞，始分批他驶。此役除陇头全村民房被毁外，三沙镇复损民房四十八座，伤平民林兆祥等三十余人，损失惨重。

三十四年三月五日，敌伪十一号帆船两艘驶至三沙镇之古镇，以猛烈机枪掩护登陆，将保长陈清茶房屋烧毁，必图窜三沙市，经我自卫队截击，激战八小时，始行溃退，被伤保长家属老幼三人。（下略）

《福建省抗战史》

1947 年 5 月福建省保安司令部编
（福建省档案馆馆藏档案，档案号 89—8—173）

119. 霞浦县战时损失统计（节录）

（1947 年 8 月）

（上略）（丙）战时损失统计：（1）本县被敌沦陷区域：计长溪、松鸥、风平、盐田、中南、五乡镇，计 29 保，被敌伪长期占领为根据者，计南北霜、崳山、西洋、浮鹰等五岛屿；被敌伪侵扰村落，计有三沙、古镇、风城、陇头、松山、渔洋、大金、闾峡、下浒、石湖、东冲、北壁、洪江、竹江、厚首、台江、淡南霞塘等村。（2）民众被杀者 99 人，被掳者 93 人，受伤者 55 人房屋被焚者 178 座，房屋被毁者 960 扇，物资损失者三万万五万元，衣服损失三万八千四百余件，布疋损失一百五十余疋，粮食损失一万六千七百余担，耕牛损失七十余只，耕具一千一百余件，田秧损失五千担，公路损失 20 里，汽船损失四艘，商户在战后停闭一百余间，渔船 23 艘，渔产每年损失三万担，茶叶损失三千五百担，破坏公路损失 4254 工，拆城损失 81.846 工，建筑防范御工事 4550 工，疏散食盐二千工，贡献捐款五百四十八万元。

（下略）

霞浦县政府

（霞浦县档案馆馆藏档案，档案号 B3—5—26）

120. 厦门市被敌劫掠儿童人数调查

（民国 36 年 9 月填报）

劫掠年月	劫掠地点	劫掠部队机关及主管姓名	运往地点	儿童人数	
				男	女
民国 29 年 9 月	厦门	未详	上海	34	2
民国 29 年 9 月	厦门港	未详	台湾	12	1
民国 29 年 9 月	禾山区	未详	台湾	26	4
民国 29 年 9 月	鼓浪屿	未详	台湾	14	2
总计				86	9

（厦门市政府统计室编：《厦门市抗战损失》，1946 年 11 月，厦门市档案馆馆藏档案，档案号 A8—1—227）

121. 抗战期间被敌征用民工暨强征民力伤亡数目调查

（民国36年9月填报）

征用数	伤数	亡数	强征数	伤数	亡数	备注
34258	162	7	27509	212	44	

注：死伤数目自抗战时起至胜利日止。

（厦门市档案局、厦门市档案馆编：《厦门抗日战争档案资料》，厦门大学出版社1997年版，第586页）

122. 厦门市人民被敌征服劳役调查

（民国 36 年 9 月填报）

征集时间	征集地点	征集部队番号及主管姓名	服役种类	服役地点	服役时间	征集人工及工数		逃回人数	送回人数	死亡人数	失踪人数	因被征服劳役损失工资数（元）
						人数	工数					
28年1月至31年4月	厦门	未详	挖战壕辟机场	厦港禾山	28年至31年	27509	170000	未详	未详	44	212	204567

（厦门市政府统计室编：《厦门市抗战损失》，1946 年 11 月，厦门市档案馆馆藏档案，档案号 A8—1—227）

123. 厦门市流亡人力损失调查

（民国36年9月填报）

时期 年	月	日	男	女	幼童	合计	县市库及慈善团体支出救济总数（元）	流亡人力工资损失总数（元）
27	5	13	47500	33467	35321	116288		
28			18374	15293	14329	47996		
29			2156	1443	1824	5423		
30			204	1230	1125	2559		
31			1175	1980	1875	5036		
32			785	650	213	1648		
33			150	240	150	540		
总计			70344	54803	54837	179984	7842500	2459600

注：流亡时间除沦陷时蜂拥逃亡外，余各年均系经常逃亡无法查悉。

（厦门市政府统计室编：《厦门市抗战损失》，1946年11月，厦门

市档案馆馆藏档案，档案号 A8—1—227）

124. 省营事业财产间接损失报告表

（银行部分）

（1948 年 10 月 30 日）

（单位：国币元）

填送日期：37 年 10 月 30 日

分类		183842026.08
可能生产额减少		50300000.00
可获纯利额减少		89322156.78
费用之增加	折迁费	13635132.72
	防空费	3186348.32
	救济费	24157531.70
	抚恤费	3240856.56

报告者：福建省银行

（福建省档案馆馆藏档案，档案号 11—7—5266）

125. 省营事业财产损失汇报表

（银行部分）

（1948 年 10 月 30 日）

二十六年七月——三十四年八月

填送日期：三十七年十月三十日

分类	价格（国币：元）
共计	103961636. 35
房屋	1244712. 05
器具	501056. 07
现款（1）	7691446. 05
生金银	—
保管品	200000. 00
抵押品	93085728. 00
有价证券	50. 00
运输工具	100000. 00
其他	1138644. 18

备注：（1）"现款"项内尚有港币（634036.55）元及美金（8613.94）元，损失未计在内。

报告者：福建省银行

（福建省档案馆馆藏档案，档案号 11—7—5266）

126. 福建省银行总行本行抗战财产直间接损失有关资料比较表

（1948 年 10 月）

（单位：国币元）填表时间：37 年 10 月

	事务课历年备报本行抗损数字	本行复员计划内所列历年抗损数字	
		省内行处	省外行处
直接损失			
共计	208951896.91	3866733.65	100094902.70
房屋	1207570.37	1244712.05	—
器具	482879.19	501056.07	—
现金	195607786.35	682271.35	7009174.70
生金银	—	—	—
保管品	200000.00	200000.00	93085728.00
抵押品	—	—	—
有价证券	50.00	50.00	—
运输工具	100000.00	100000.00	—
其他	11353611.00	1138644.18	—
间接损失			
共计	189192792.81	183842026.06	
可能生产额减少	53057300.00	50300000.00	—
可获纯利额减少	89550519.99	89322156.78	—
费用增加 折迁费	16046803.42	13635132.72	—
费用增加 防空费	3176303.85	3186348.32	—
费用增加 救济费	24144139.55	24157531.70	—
费用增加 抚恤费	3217726.00	3240856.56	—

说明：（1）省外行处直接损失内"现金"一项，尚有港币（634036.55）元，美金（8613.94）元未列在内。

（2）港行现金损失一项，因日后已有大部收回（如存放同业放款）且依规定应依损失时折合国币折合率填报，故表列事务课汇款资料内"现金"数字有误。

（福建省档案馆馆藏档案，档案号 24—3—95）

127. 福建省银行抗战财产损失清单

（项目：可能生产额减少）

（1948 年 10 月）

填送时间：37 年 10 月

行处名称	金　额
罗源办事处	300000. 00
厦门分行	50000000. 00
合计	50300000. 00

（福建省档案馆馆藏档案，档案号 11—7—5266）

128. 福建省银行抗战财产损失清单

（项目：可获纯利额减少）

（1948 年 10 月）

填送时间：37 年 10 月

行处名称	金　额
霞浦办事处	511200.00
福鼎办事处	200000.00
连江办事处	792927.17
长乐办事处	400000.00
罗源办事处	288828.71
赛岐办事处	35368.00
柘洋办事处	15000.00
南平分行	620000.00
清流办事处	10000.00
云霄办事处	200000.00
福安分行	1148832.90
三元办事处	100000.00
厦门分行	85000000.00
合计	89322156.78

（福建省档案馆馆藏档案，档案号 11—7—5266）

129. 福建省银行抗战财产损失清单

（项目：折迁费）

（1948 年 10 月）

填送时间：37 年 10 月

行处名称	金　额
厦门分行	10000000.00
赣州分行	649044.00
柘洋办事处	83249.00
永安分行	300000.00
德化办事处	40.00
邵武支行	134.80
连城办事处	40.00
三元办事处	6.00
上杭办事处	14526.75
福安分行	53600.00
平潭办事处	400.00
赛岐办事处	101150.00
宁德办事处	622512.60
沙县办事处	920.00
闽清办事处	5553.10
永泰办事处	262.00
水口汇兑所	1500.00
涵江办事处	1500.40
洪濑办事处	714.40
惠安办事处	3000.00
漳州分行	3333.60
石码办事处	364.23
漳浦办事处	1500.00

行处名称	金　　额
诏安办事处	1201.80
长泰办事处	9080.50
云霄办事处	309453.10
重庆分行	3640.80
石狮办事处	1103.16
罗源办事处	203082.00
福州分行	56347.63
长乐办事处	169126.37
东山办事处	4522.75
同安办事处	2300.00
莆田办事处	75475.60
建瓯办事处	105551.09
驻盐办事处	3500.00
连江办事处	150704.25
漳平办事处	25.50
泉州分行	6427.79
福清办事处	11277.00
霞浦办事处	505742.60
浦城支行	8000.00
福鼎办事处	248828.90
合计	13635132.72

（福建省档案馆馆藏档案，档案号 11—7—5266）

130. 福建省银行抗战财产损失清单

（项目：救济费）

（1948 年 10 月）

填送时间：37 年 10 月

行处名称	金　额
厦门分行	22500000.00
福安分行	258419.00
三元办事处	5000.00
福鼎办事处	150000.00
罗湖办事处	144000.00
赛岐办事处	52000.00
本行总行	675909.24
永安分行	75300.00
建宁支行	45.00
长汀分行	22.00
漳州分行	30.00
福清办事处	800.00
宁德办事处	15.00
东山办事处	89.90
平潭办事处	700.00
霞浦办事处	204946.95
涵江办事处	150.00
长泰办事处	23.80
重庆分行	408.00
连江办事处	51654.00
长乐办事处	4500.00
同安办事处	500.00
建瓯支行	18814.50
驻盐办事处	110.00
穆阳办事处	14094.31
合计	24157531.70

（福建省档案馆馆藏档案，档案号 11—7—5266）

131. 福建省银行抗战财产损失清单

（项目：防空费）

（1948 年 10 月）

填送时间：37 年 10 月

行处名称	金　额
厦门分行	1000000.00
本行总行	2087331.47
南平分行	3776.00
重庆分行	6576.00
建宁支行	9206.48
水口汇兑所	20.00
邵武支行	448.61
连城办事处	165.70
三元办事处	10076.00
长泰办事处	50.00
宁洋办事处	35.85
平和办事处	16.80
上杭办事处	116.40
长汀分行	376.85
福安分行	1013.00
石码办事处	54.00
宁德办事处	35.00
永泰办事处	14.32
沙县办事处	840.00
漳州分行	1033.45
东山办事处	311.43
大田办事处	34.00
诏安办事处	23.00

行处名称	金　额
漳平办事处	156. 55
赣州分行	490. 00
福清办事处	700. 00
连江办事处	2046. 00
建阳办事处	125. 00
同安办事处	5500. 00
建瓯支行	52666. 97
松溪办事处	2000. 00
浦城支行	709. 44
合计	3186348. 32

（福建省档案馆馆藏档案，档案号 11—7—5266）

132. 福建省银行抗战财产损失清单

（项目：抚恤费）

（1948 年 10 月）

填送时间：37 年 10 月

行处名称	金　额
厦门分行	3000000.00
本行总行	93027.00
永安分行	113427.00
福清办事处	100.00
三都办事处	430.56
平潭办事处	100.00
连江办事处	2000.00
福州分行	20000.00
同安办事处	10000.00
福鼎办事处	500.00
浦城支行	1272.00
合计	3240856.56

（福建省档案馆馆藏档案，档案号 11—7—5266）

133. 福建省银行抗战财产损失清单

（项目：房屋）

（1948 年 10 月）

填送时间：37 年 10 月

行处名称	金　　额
赣州分行	73950.50
永安分行	800000.00
连江办事处	45000.00
德化办事处	964.08
安溪办事处	41.60
沙县办事处	850.00
南平分行	236.00
同安办事处	50.00
本行总行	195000.00
长乐办事处	51320.37
福清办事处	7300.00
建瓯支行	5000.00
浦城支行	20000.00
合计	1244712.05

（福建省档案馆馆藏档案，档案号 11—7—5266）

134. 福建省银行抗战财产损失清单

（项目：器具）

（1948 年 10 月）

填送时间：37 年 10 月

行处名称	金　额
赣州分行	15293.03
永安分行	40939.49
霞浦办事处	200000.00
福鼎办事处	50630.00
罗源办事处	4260.00
宁德办事处	4400.00
德化办事处	163.85
平潭办事处	250.00
安溪办事处	3.50
沙县办事处	81.50
本行总行	2040.00
东山办事处	46.22
三都办事处	280.00
重庆分行	8310.81
福州分行	4201.04
长乐办事处	141435.65
福清办事处	4000.00
连江办事处	14055.96
竹岐办事处	364.34
同安办事处	28.00
建瓯支行	3281.68
浦城支行	6991.00
合计	501056.07

（福建省档案馆馆藏档案，档案号 11—7—5266）

135. 福建省银行抗战财产损失清单

（项目：现金）

（1948 年 10 月）

填送时间：37 年 10 月

行处名称	金　　额
平潭办事处	297.00
同安办事处	15000.00
重庆分行	420.00
福州分行	2000.00
长乐办事处	566904.35
连江办事处	650.00
建瓯支行	97000.00
合计	682271.35

（福建省档案馆馆藏档案，档案号 11—7—5266）

136. 福建省银行抗战财产损失清单

（项目：其他）

（1948 年 10 月）

填送时间：37 年 10 月

行处名称	金 额
霞浦办事处	1000000.00
连江办事处	14227.29
长乐办事处	85000.00
德化办事处	149.80
沙县办事处	931.50
南平分行	448.56
本行总行	1753.22
福州分行	629.81
福清办事处	9902.00
建瓯支行	25602.00
合计	1138644.18

（福建省档案馆馆藏档案，档案号 11—7—5266）

137. 福建省公路管理局抗战财产损失报告单

（1948 年 12 月 20 日）

填送时间：36 年 12 月 20 日

损失年月	事件	地点	损失项目	购置年月	单位	数量	价值（元）	
							购置时价值	损失时价值
27 年 4 月	被炸	同安	场屋楼房	25 年 3 月	座	楼房壹座	约 20000 元	
27 年 4 月	被炸	同安	站屋平房	25 年 3 月	座	楼房壹座	约 10000 元	
28 年 9 月	被炸	永安	站屋楼房	25 年 3 月	座	楼房半座	约 10000 元	
28 年 6 月	被炸	闽清	汽油	28 年	桶	150 桶	约 64000 元	
30 年 4 月	被炸	福州	厂屋工场，及办公场所	23 年 7 月	座	楼房贰座平屋壹座	约 140000 元	
30 年 4 月	被拆	白沙	厂屋工场，及办公场所	27 年 8 月	座	楼房贰座	约 60000 元	
30 年 4 月	被拆	峡南	场屋楼房	23 年 7 月	座	楼房壹座	约 20000 元	
30 年 4 月	被拆	峡南	站屋平房	23 年 7 月	座	平屋壹座	约 10000 元	
30 年 4 月	被拆	宏路	站屋平房	23 年 7 月	座	平屋壹座	约 10000 元	
30 年 4 月	被拆	宏路	场屋楼房	23 年 7 月	座	平屋壹座	约 10000 元	

填报者：福建省公路管理局局长杨迁玉

（福建省档案馆馆藏档案，档案号 36—14—5670〈2〉）

138. 厦门抗战损失调查之一[*]

蔡乌星，男，52 岁。1938 年 5 月 11 日，日军登陆时被刺死。

翁木，男 61 岁。1938 年 5 月 11 日，日军登陆时被刺死。

孙谦益，男，30 岁，特工。1938 年 8 月，被捕受刑而死。

张阿元，男，49 岁，渔民。1938 年 5 月 13 日，拘禁致死。

纪如，男，33 岁，工人。1944 年 11 月 28 日，中弹致死。

纪锭，男，34 岁，工人。1938 年 6 月 12 日，被日军枪杀。

苏仁敏，男，34 岁，商人。1938 年 6 月 12 日，被日军枪杀。

张马来，男，34 岁，渔民。1944 年 11 月 8 日，因水雷爆炸致死。

黄天助，男 36 岁，工人。1944 年 11 月 8 日，因防空壕崩塌致死。

阮阿炎，男，27 岁，渔民。1944 年 11 月 8 日，因水雷爆炸致死。

王天送，男，44 岁，工人。1944 年 12 月 3 日，拘禁致死。

（厦门市档案馆馆藏档案，档案号 A8—1—113）

施天来，男，30 岁，工人；许金鸾，女，24 岁，工人。1945 年 10 月 4 日，被飞机轰炸致毙。

李宝国，男，20 岁；李玛丽，女，7 岁。1944 年 3 月～1945 年 7 月，因遭受日伪酷刑及断减食粮致死。

张氏劝，女，63 岁，工人。1944 年 10 月 15 日，因飞机轰炸被压死。

吴素英，女，18 岁，工人。1944 年 8 月 29 日，因飞机轰炸受重伤。

陈聪明，男，42 岁，商人；陈昆瑞，男，13 岁，学生；陈叶氏黄更，女，65 岁，工人；陈徐氏速，女，50 岁，工人；陈江氏淑添，女，32 岁，工人；陈腊梅，女，28 岁，工人；陈昆慧，女，15 岁，学生；陈昆萱，女，11 岁，学生；陈昆秀，女，8 岁，学生。1944 年 10 月 15 日，日机轰炸，陈聪明受重伤，陈昆瑞受轻伤，陈叶氏黄更等其余 7 人死亡。

傅玉赏，男，16 岁，商人。1941 年 7 月 1 日，在中山公园被炸身亡。

林思温，男，55 岁，特工人员。1940 年 7 月，被日军杀害。

张金城，男，26 岁，工人。1940 年 3 月，因黄莲舫事件被杀害。

---

[*] 本调查系根据福建省抗战损失调查团于 1945 年 11 月 25 日前所做之"日敌在厦门市的罪行调查"等资料整理而成，文字有删节和调整，农历皆换算为公历。

陈耀枢，男，47岁，商人。1939年7月17日，被日军杀害。

陈振华，男，34岁，工程师。1938年5月12日，被日机轰炸身亡。

周远，男，27岁，商人；周荣，男，21岁，商人。1938年10月，被日军捕杀。

黄猪屎，男，小贩。1938年5月11日，被日军杀害。

阿仁嫂，女，工人。1938年5月11日，被日军杀害。

叶城，男35岁，小贩。1938年5月15日，被日军杀害。

陈绿德，男，36岁，小贩。1938年5月15日，被日军杀害。

吴文厚，男，60岁，工人。因日军侵略受伤。

（厦门市档案馆馆藏档案，档案号A8—1—116）

白锦发，男，14岁，安溪人。1944年仲春，白家位于草仔垵北市仔巷1号的二层楼屋，被伪甲长以极端手段抢夺并私自拆卖。

程奎森，男，66岁，商人，林森人。1938年8月，当地台籍浪人引导日人进入程之嘉宾旅社，将家私资产抢劫一空，嗣后将其据为日人经营之厦门荷役仓库第五码头出张所，并将屋内四楼拆除。

蔡陈氏惠，女，66岁，安溪人。1944年8月29日，蔡位于思明东路43号及45号的2座楼房被炸，所遗材料及铁骨被抢夺。

李火炉，男，华侨，安溪人。1944年8月29日，李火炉、苏作瑶、陈同等4人之楼房各一座被炸，所遗材料及铁骨被抢夺。

财姑，女，75岁，厦门人。1943年，两座房屋被敌强行拆去。

宋博，男，44岁，店员，同安人。1938年5月13日，在禾祥街豆干店被日军杀害。

陈玉梅，女，46岁，厦门人。1943年5月22日，陈及家人由鼓浪屿雇船欲逃回龙海，在鼓浪屿海面被日军拘捕，遭拘禁一天一夜，随身所带财产约值当时价格40余万元，均被抢掠一空。

王天成，男，60岁，农民，惠安人。王天成等13人为洪山柄农场之佃户，1945年7月，该农场之日人忽将王等所有地上农作物尽行没收，并将其无理扣留施行酷打，王之幼子年仅2岁，因受惊吓致死。

（厦门市档案馆馆藏档案，档案号A8—1—120）

苏却，女，17岁，同安人。1938年5月11日晨，日军进攻厦门时，全家8

人搭船往同安避难，不幸被日机扫射，4人中弹身亡。

苏碰狮，男，3岁，同安人。1938年5月11日晨5时，日军进攻厦门，苏与家人搭船逃往同安，不幸于半途海中被日机扫射，中弹身亡。

苏爱治，女，3岁，同安人。1938年5月11日晨5时，日军进攻厦门，苏与家人搭船逃往同安，不幸于半途海中被日机扫射，中弹身亡。

陈赐，男，30岁，同安人。1938年5月11日晨5时，日军进攻厦门时，陈搭船逃往同安，在半途海中被日机扫射，中弹身亡。

陈锡昌，男，31岁，酱料店记账，南安人。1940年4月，在鼓浪屿内厝澳兆和酱料店被捕，毒刑毙命，身尸无踪。

林良彬，男，22岁，船务行员，厦门人。1939年10月，因敌人加诬为中央情报员，被厦门日军司令部派兵拘捕，施以酷刑，以致遍体伤痕。于11月被释回，因伤势极重，无治身死于隔年11月26日。

陈曾氏花，女，79岁，南安人。1940年4月，在鼓浪屿内厝澳兆和酱料店被殴打，越几日释放，一二星期后毙命。

蔡其，男，33岁，工人，同安人。1942年9月3日，在鼓浪屿内厝澳被拘入伪警察厅，苛刑而死。

谢玉麟，男，36岁，店员，同安人。1938年5月11日，防守海口被日军枪杀。

郑振福，男，42岁，商人，永定人。厦岛失陷，郑奉国军75师副师长韩文英之命令，在鼓组织暗杀团，迨1939年3月此处时间疑有误。厦门市伪商会会长洪立勋应为1939年5月11日被刺杀。敌伪商会长洪立勋被暗杀后，遭人密报于1939年3月23日被捕，监禁于虎头山敌军部，1940年2月23日被害。

胡珍，男，50岁，木工，惠安人。1938年5月11日，在本市角尾路住所门外被日军枪杀。

刘牵治，女，22岁，渔民，厦门人。1938年5月11日日军登陆时，刘驶船往海中谋生，被日军至前用刺刀屠杀，死于海中。

童庆安，男，24岁，工人，厦门人。1938年5月11日，日军至后江埭放火焚烧冰糖厂，童往外逃生，遭日军开枪射击，霎时毙命。

李阳，男，24岁，小贩，厦门人。1938年5月11日日军登陆，向海中船只胡乱扫射，李乘船欲往鼓浪屿，中途受弹毙命。

蔡阿皮，男，19岁，海关职员，厦门人。在为海关服务途中，由禾泰街经过，被登陆厦岛的日军杀死。

李游民，男，25岁，公务，厦门人。1940年2月11日，被日方侦探拘捕，解送日本陆军部，滥施酷刑后被毒杀灭尸。

施炳煌，男，32岁，安溪人。施曾任公安局及司令部侦缉队组员，厦市沦陷后，逃避香港，旋香港沦陷，施不得已返归鼓浪屿，岂料竟被日领事馆警察拘捕，后解送伪水警处，嗣后不知再解往何处，谅已被其酷刑处死。

林培栋，男，29岁，记者，厦门人。林曾热情宣传抗日，遭人密报被伪警察本部捉往毒刑，后遭枪杀。

天财，男，36岁，工人，厦门人。1938年5月11日，在禾泰街口被日军杀害。

张××等7人，男，25~40岁，人力车夫，厦门3人，福州2人，湖南2人。1938年5月11日，在禾泰街口被日军枪杀。

陈瑞裕，男，30余岁，商人，厦门人。1938年5月12日，被日军无故枪杀。

周倍祥，男，40岁，车店东，湖南人。1938年5月11日，在禾泰街139号被日军枪刀所杀，死时身上15伤。

刘安然，男，32岁，工人，厦门人。1938年5月11日，在溪岸街大巷口被日军冲锋队枪击，经年余医治无效而死。

联登，男，30余岁，车夫，厦门人。1938年5月11日，被日军以机枪扫射，死时血肉横飞。

友仔，男，38岁，厦门人。1938年5月11日，在厦禾交界处被日军用机枪射死。

杨结，男，26岁，工人，厦门人。1938年5月11日，因参加壮丁队拒日被日军杀死。

郑氏永，女，20岁，店员，厦门人。1938年5月12日，郑被日兵所见，招往不赴，被枪杀。

陈氏永阿，女，32岁，厦门人。1938年5月11日，在斗涵巷口被日军用枪击毙。

（厦门市档案馆馆藏档案，档案号 A8—1—123）

陈仁裕，男，40岁，商人，厦门人。1938年5月11日，被日军杀死。

林清光，男，42岁，面线商，厦门人。1938年5月11日，被日军机枪扫射致死。

杨再生，男，45岁，厦门人。1938年5月11日，被日军枪杀。

王鼎坤，男，62岁，船务公司经理，南安人。1944年1～12月，日本总领事馆将王之公司位于鼓浪屿兴德隆炭栈的176.5吨石炭强行配给日台人，仅以时价的十分之一给付伪储券。

林鸿段，男，37岁，船夫，南安人。1940年，因黄仲康案被捕并遭拷打。

陈重川，男，商人，厦门人。1940年，因黄仲康案被捕遭酷打，之后生死不明。

黄世义，男，商人，厦门人。1940年，因黄仲康案被捕并遭酷打。

林金抱，男，40岁，汽船驾驶员，晋江人。林为英美烟公司汽船驾驶员，1941年太平洋战事发生该公司被敌没收，强欲林改任敌之驾驶员，林誓死不屈，于1942年2月被敌领事馆拘捕，此后踪迹不明，谅已被残杀灭尸。

吴志士，男，62岁，杂货商。鼓浪屿兆和酱油厂事件发生后，日本兴亚院及日在厦海军部借题将所有寄存该厂机房之各商户货物尽行没收，吴（商号云山）等计有白桃唛、车轮唛等火柴804件寄存该厂，亦被没收。

杨成灶，男，34岁，棺木业，惠安人。1944年6月，杨购到一批木材，日伪警察所长霸占未果，诬告杨私相收买房屋木材，召杨到分驻所内，私自施以酷刑。杨以善良平民，无力反抗，致遍体鳞伤，已成痼疾。

张添全，男，34岁，工人，安溪人。1944年10月5日，张载粗肥往禾山，不意为日军所捕擒，以其偷运粪肥为罪名，加以灌水酷打，不数日即病死于狱中。

陈素，女，48岁，安海人。1942年，陈之邻台人叶某附奸作恶，意欲霸占陈之房屋，对陈百般设计构陷，陈屡被恐吓、毒打，因受刑过重，身负重伤，吐血数次，经多时医疗方愈，耗费数千元。

林文蔡，男，点心业，同安人。林因被同业林某所恨，走报日人诬称为抗日分子，于1938年9月19日午夜睡梦中被捕入狱，遭毒刑后被处死，尸体无从寻觅。

孙金标，男，23岁，福州人。1941年9月间，孙由浯屿潜入厦门，意欲从事敌后工作，讵知事漏，于同年11月6日夜10时被捕入日本领事馆，5日后，敌报上刊出新捕抗日青年照片一张，孙金标亦其中之一，此后消息全无，谅早死于日军魔掌中。

王朝坤，男，26岁，店员，同安人。王为壮丁队员，1938年5月15日为日军所侦知，被擒去酷刑惨打，后以电刑致死。

叶靖渊（轩），男，34 岁，银行行员，同安人。叶本为通俗教育社干事，后任华侨银行行员，1942 年，因拒绝参加奸人所组之新声剧社，被诬以抗日分子之名，拘捕入日海军部，从此杳无音讯，料必为敌害死矣。

郑沧海，男，40 岁，五谷商，厦门人。1941 年 9 月 26 日，忽被日伪警察数人拘捕，是年 10 月 14 日，因酷刑而死。

苏老泉，男，28 岁，同安人。苏因泽重信事件，于 1941 年间被捕，后不知去向。

施商生，男，21 岁，泥匠，安溪人。施因衣着褴褛，被指为流氓，于 1945 年 4 月在路上被捕，后不知去向。

曾礁石，女，33 岁，商人，同安人；陈水池，男，9 岁，同安人；陈和鸣，男，35 岁，商人，同安人；洪染，女，23 岁，商人，同安人。陈月云，女，7 岁，同安人。1944 年 12 月，日军空袭，全家 5 人被炸身亡。

吴连板，男，46 岁，工人，同安人。1944 年 8 月 30 日，在第八菜市被炸身亡。

陈盛裕，男，3 岁，同安人；陈张氏玉珍，女，34 岁，同安人。1938 年 8 月 29 日，因日军威吓，受惊致死。

刘玉华，女，29 岁，南安人。1944 年 8 月，刘于途中遇空袭，被炸身亡。

吕淑珍，女，26 岁，同安人。1944 年 12 月，日军空袭时被炸，右眼受伤致盲，右手残废，右足伤。

曾柑，女，18 岁，工人，惠安人。1944 年 10 月，日军空袭时被炸死。

陈步，男，55 岁，商人。1944 年 12 月，日军空袭时被炸死。

（厦门市档案馆馆藏档案，档案号 A8—1—124）

陈允恭，男，53 岁，邮政，厦门人。全闽报社社长泽重信于 1939 年 8 月间此处时间疑有误。日本兴亚院厦门特派员兼《全闽新日报》社社长泽重信应为 1941 年 10 月 26 日被刺杀。被我热血志士击毙后，日军大肆搜捕，陈于 8 月 6 日被无辜指认为嫌疑犯，遭严刑吊打，身受重伤，耗费巨额医药费始得转危为安。

陈水源，男，42 岁，邮政，惠安人。1939 年 5 月 8 日，陈被日海军司令部扣押，遭严刑吊打，身受重伤。

黄泉福，男，23 岁，商人，厦门人。1938 年 5 月 12 日，日军进攻厦岛时派飞机疯狂轰炸，黄因逃避不及，被炸死于合群路。

林现，男，46 岁，工人，厦门人。1938 年 5 月 12 日，日军进攻厦岛时派飞机疯狂轰炸，林因逃避不及遭扫射致死。

郑秀清（注深），男，55 岁，南泰成百货商场经理，龙岩人。鼓浪屿兆和酱园事件发生后，日领事馆大肆搜捕，郑于 1941 年 11 月 9 日被捕，受种种酷刑，后杳无踪迹，谅已遭惨杀。

黄林氏玉娘，女，54 岁，工人，厦门人。1940 年 12 月 15 日（一说 1939 年 8 月 6 日），被敌指为间谍，受扣押，严刑吊打十余次，伤重毙命于日海军司令部。

张天泉，男，35 岁，商人，厦门人。1944 年 10 月 20 日，被日海军司令部扣押，遭严刑拷打，身中要害，以致毙命。

郑红毛，男，33 岁（一说 23 岁），邮差，厦门人。1938 年 5 月 11 日（一说 1938 年 5 月 12 日），日军登陆时，郑因身穿邮政制服，被疑为军人，即遭日军用刀刺死。

杨火传，男，23 岁，警士，安溪人。1938 年 5 月 11 日，日军登陆厦门时，被惨杀。

林凸，女，24 岁，工人，厦门人；廖炎，男，36 岁，工人，厦门人。1944 年 3 月 15 日，林被日军拘至海军部轮奸致毙。廖炎深夜行动，被敌用机枪扫射致毙。

刘月招，女，50 岁，人事服务，同安人。日军占领厦门后肆意破坏民房，刘的住屋在本市瓮王街，1939 年亦被毁为平地。

杨陈氏来好，女，49 岁，人事服务，金门人。日军占领厦门后，任意破坏民房，来好之住屋在本市打铁街，1939 年也遭拆毁。

施淇修，男，78 岁，商人，晋江人。施在海后路开设义昌客栈兼汇兑信局，厦门沦陷之后日军侵占其物产家私，至生意停业，忧虑生病而死。

国军官兵 13 名，男。1938 年 5 月 11 日下午，日军攻至厦门港沙坡尾时，国军 13 名士兵因众寡悬殊被缴械，被令自行投海，后遭机枪扫射，全部死在日军手下。

许洽锥，男，34 岁，烟草商，同安人。1942 年 1 月，被日伪强迫献金 1000 元作为购飞机之用，1945 年又被强迫献金 5000 元，作建筑国防工事之用。

卢渊泉，男，50 岁，什货商，同安人。卢于鼓浪屿开永裕号什货店，被敌情报员诬告，店内所有东西均被洗劫，并被拘禁 7 天，罚款 3200 元，方获释放。

叶毓麟，男，38 岁，商人，厦门人。1945 年 5 月 31 日，被日领事馆以间谍名义逮捕，施以各种最野蛮酷刑。同时被捕者 30 多人。

王清益，男，51 岁，商人，厦门人。1945 年 5 月 30 日，被日领事馆拘捕，遭毒刑十余日，强迫承认间谍之罪。

林四海，男，37 岁，商人，龙溪人。1945 年 5 月 16 日，无故被捕到日领事馆，被施以各种酷刑。

石筱年，男。1942 年 1 月 8 日夜，国军袭击鼓浪屿，十数日后，石被指为袭鼓内应，先被捕往日领事馆严刑酷打，再由领事馆移送虎头山日军部，后生死不知。

孙谦生，男，43 岁，商人，同安人；孙进益，男，商人，同安人。1939 年 9 月 15 日，因日陆军官田村芳（丰）藏被暗杀事，孙谦生及孙进益同时遭日军逮捕，指谦生为帮凶，进益为正凶，惨刑酷打，强迫承认。孙进益不堪重打惨死。

陈少怀，男，38 岁，海军上尉，福州人。1941 年，陈奉令到厦做秘密工作，5 月间，因兆和事件被日领事馆便衣拘捕入凤屿监狱，遭酷打身受重伤，1945 年 2 月间被人担保释出，经多方医治无效，至 3 月间病故。

沈明添，男，30 岁，商人。1939 年 10 月 21 日，被敌督察科拘禁，被指为血魂团员，加以酷刑后，被日军部判 5 年徒刑，至 1945 年 5 月 21 日方期满释放。

孙国栋，男，53 岁，商人，同安人。1939 年 9 月 16 日，忽被敌督察科拘捕，指为暗杀敌酋田村芳（丰）藏之主谋，任加酷刑毒打，至是月 22 日，方被无罪释放。

林明焘，男，小贩。1939 年 10 月 21 日，被日军部指为血魂团员施以酷刑，后遭惨杀。

林炎山，男。1939 年 10 月 21 日，日军部以其为血魂团员、抗日分子判处死刑。

王清池，男。1939 年 10 月 21 日，被日军部指为血魂团之领导者，被判处死刑。

张辛英，男，26 岁。1939 年 11 月初，张被敌督察科所捕，加以酷刑，先囚于敌海军部，后移凤屿监狱。1941 年 12 月 8 日美日战争发生后不数日，被敌海军部提赴禾山处以死刑。

陈松柏，男，24 岁。1939 年 10 月 21 日，被敌督察科所捕，先送伪警察局，受拷打灌水等重刑多次，指其为血魂团主脑。至 1940 年 4 月初旬，与李建成同被日军部判刑处死。

张世义，男，30岁。1938年12月，被敌以间谍行为拘捕，施以酷刑，至1940年，被日军部提出用刀杀死。

陈文来，男，22岁，小贩，安溪人。1939年5月11日，被日军枪杀，同时死者约百名。

吴连传，男，42岁，银庄业店东，晋江人。1938年10月10日，被敌警察本部拘捕至厦南女子中学，遭严刑拷打。

吴昭忠，男，32岁，记者，厦门人。1940年被敌指为抗日锄奸团重要分子，惨遭酷打，后被处以极刑。

沈敬仁，男，41岁，商人，厦门人。1944年12月18日，被敌拘往伪司法股，施以酷刑而亡。

陈标，男，48岁，钟表店商，福州人。1941年8月30日，无故被日领事馆拘去，酷刑20余日，遍体鳞伤。

陈深，男，62岁，钟表店商，福清人。1941年8月初，陈于惠通街购买一钟表，被日领事馆诬为贼货，陈及卖表人皆被酷打昏倒数次，卖表人竟被刑死。

杨水龙，男，40岁，香烛业，厦门人。被人诬报有间谍嫌疑，于1943年10月20日下午被捕，被敌判处死刑。

陈桂，男，39岁，厦门人。1944年3月16日晨，陈为生活所迫，往东排山割草，自此一去不回。三日后，其同伴来告其母，谓陈已被日兵捕杀矣。

许文良，男，36岁，船夫，同安人。许本为厦鼓水道舢舨船夫，1944年6月14日夜间，因载厦岛难胞往内地，为敌发觉，被捕至敌警察本部，指为与国军通情报，肆意毒刑至死。

吴横中，男，52岁，法院通译官，福州人。1938年6月28日，忽为日军所拘捕，以其为政府人员，遭严刑，吴年老孱弱，不胜毒打，死于医院。

陈志杰，男，40岁，商人，海澄人。1939年7月29日，此处时间疑有误。日本驻厦陆军机关机关长田村丰藏应为1939年9月12日被暗杀。陈因日人田村被杀案遭敌警察本部扣留，以抗日分子办罪毒刑4次，后送市府扣留4天。1940年7月12日，又将陈及其岳父郑乌定一同带去督察科扣留25天，以接济内地人办罪，毒刑5次。后陈到禾山耕农，因兴亚院发生爆炸案，又于1942年5月16日被扣留于日本领事馆23天，以抗日分子办罪，受毒刑3次，并受看守私刑10余次。

吴寿全，男，45岁，四兴行，同安人。1945年7月14日，被日总领事馆警察署逮捕，惨遭各种酷刑。

陈少卿，男，37岁，小贩，厦门人。1939年3月15日，陈在水仙宫被捕，以其为中央暗杀团送往警察局，惨遭酷刑，以致身亡。

洪成源，男，29岁，商人，同安人。1943年10月15日，洪在厦门靖山路住家被日军指为间谍扣押，受严刑吊打10余次，以致身亡。

黄泉福，男，23岁，商人，厦门人。1938年5月12日，日军进攻厦门，派飞机滥施轰炸，黄被炸死于合群路。

吴金发，男，40岁，农民，厦门人。1938年5月30日，日军疯狂屠杀，吴走避不及，被日军机枪扫射而死。

陈炭，男，28岁，农民，安溪人；陈喜，男，19岁，农民，安溪人。1938年5月13日，日军侵入厦岛，陈炭、陈喜二人逃避不及，被日军机枪扫射致毙。

林忠正，男，57岁，商人，同安人。1938年5月12日夜，林留守龙船礁晋成栈，日军冲入该栈，对林殴打不息，又命其退出，林抗拒之，因惹敌怒，被刺刀刺死，又将尸体毁灭。

陈百寨，男，29岁，工人，厦门人。1938年5月11日，陈被雇在曾厝垵工作，被日军枪杀。

林金波，男，42岁，烟草公司技师，崇武人。1941年12月1日，因受诬告被抓往警察本部，遭严刑酷打，昏倒数次，后被敌处以极刑。

刘朝坤，男，51岁，商人，厦门人。1938年5月12日，日机疯狂轰炸，刘因逃避不及，被机枪扫射致死。

王子程，男，59岁，绣业，龙溪人。1943年3月，王在棉袜巷的楼屋13座，无故被日军拆毁，所有木材尽被没收。

詹陈氏，女，52岁，工人，厦门人；詹沈氏，女，48岁，工人，厦门人。1938年5月12日，日军侵入厦岛，派飞机狂炸，二人走避不及，被炸致毙。

洪再生，男，58岁，商人，厦门人；洪许氏市娘，女，51岁，厦门人。1938年5月12日，日军猛攻厦岛，派机狂炸，二人逃走不及，致遭炸毙。

萧拾，男，63岁，安溪人。1942年5月，萧因生活关系，往禾山金鸡亭拾草，被日军杀害。

林亚抱，男，9岁，厦门人。1938年5月，林在厦港沙坡尾亚细亚油池附近，被日机扫射致死。

王发，女，17岁，停学学生，厦门人。1938年5月11日，在中府巷20号被日军侮辱杀害。

林象，男，44岁，商人，安溪人。1938年5月11日，在厦门禾山桥头被日军以刺刀直刺心脏而死。

陈福林，男，40岁，邮差，泉州人。陈因爱国行为被敌侦知，于1939年7月1日被捕入狱，12月31日被害身死。

谢阿志，男，18岁，齿科，福州人。1938年5月11日，在江头社被炸身亡。

王维德，男，30岁，小贩，南安人。1943年3月11日，被敌捕至伪东区警察局监狱，后不知生死去向。

曾彩祝，女，16岁，泉州人。1938年5月16日，因日机狂炸受惊过度，在鼓浪屿救世医院医治无效而死。

（厦门市档案馆馆藏档案，档案号 A8—1—125）

郭乌豆、杨碧等31人，男。1938年5月11日，日军登陆时，无辜平民郭乌豆、杨碧、刘秀枝、陈倏等31人意图逃脱，被日军发现，以机枪扫射，全部毙命。死者尸首蒙木水收埋，不幸事泄，木水亦遭毒死。

胡偏，女，68岁，龙溪人。1938年7月10日，厦门港巡司顶巷31号被日机投弹，陈受弹力震动，肝胆破裂，延医治疗无效致死。

陈招媳，女，43岁，厦门人。1938年12月1日（一说1938年12月5日），巡司顶巷门牌13号被日机投弹，陈被震，口吐鲜血，当场毙命。

李雷氏信，女，30岁，厦门人。1945年7月17日，李被强迫抽为苦工，中途稍加休息，即遭鞭打及侮辱。

任浴沂，男，40岁，煤炭商，惠安人；骆天送，男，20岁，煤炭商，惠安人；何好吓，女，42岁，煤炭商，惠安人。1942年8月17日，以盗卖日本海军部煤炭嫌疑，无辜被拘于虎头山海军部内，遭受酷刑，并被勒去金耳坠1副、金戒指1只、金表1架、煤炭84担。

苏清海，男，52岁，米商，海澄人。1938年5月12日，日军登陆时，苏途经亚西亚蒙泉小学，适与相遇，因被俘，迫跪道左，拳踢频加，继以枪柄撞身，备受荼毒。

张李氏晏，女，53岁，惠安人。1945年6月6日，张被迫做苦工，因年老无能，劳动时被殴辱致重伤。

王国美，男，20岁，石匠，惠安人。1941年9月14日，王被诬有暗杀嫌疑，遭日伪闯入住宅横加殴打，继又被捕，后无音信，定遭毒手矣。

郑云山，男，53 岁，工人，晋江人。1945 年 6 月 29 日，郑于外出途中遇日军部队，被拘捕，后郑之妻尽力探查，知已被日军暗杀，尸体无踪。

吴明煌，男，25 岁，小商人，厦门人。1945 年 5 月 14 日，吴往鼓浪屿，路遇日本警察，当场被捕，后被酷刑毙命，尸体无踪。

柳秋，男，28 岁，铁匠，惠安人。1944 年 11 月 20 日，柳被诬从事特种抗日工作，被日本领事馆拘捕，处刑致死。

曾拾伍，男，48 岁，木匠，惠安人。1940 年 8 月，日海军于沙坡尾放火烧毁房屋，曾之房屋 9 间，俱被焚尽，家物成灰。

纪添财，男，26 岁，渔业，同安人。1938 年 5 月，日军于碧山路毁坏房屋，并在海岸码头烧毁渔船，纪有渔船 3 艘，皆被日军烧毁，全部用物，尽为灰炭。

纪旦，男，60 岁，厦门人。1938 年 5 月 12 日，日军登陆时燃火烧屋，纪亦被焚木屋 3 座，内部一切器具，全部被焚。

陈继，男，40 岁，土工，海澄人。1938 年 5 月 12 日，日军登陆时燃火烧屋，陈亦被焚木屋 1 座，全屋器具衣服 3 箱，尽付一炬。

郑扁，男，71 岁，渔业，厦门人。1938 年 7 月 18 日，日军于厦岛海口放火烧毁渔船，当时郑有渔船一艘亦被焚尽，舱内各物，付之一炬。

张辛英，男，20 岁（一说 21 岁），香店伙计，厦门人。1939 年 10 月 23 日，在厦港南义和街 64 号被敌以抗日人员拘捕入狱，1943 年被执行死刑。

苏仁敏，男，26 岁，米商，厦门人。1938 年 5 月 12 日，日军登陆时，苏及其老母欲逃往鼓浪屿，途经厦港亚细亚汽油坞，突被日军开枪射杀，老母幸免。

郭良水，男，26 岁，渔贩，惠安人。1942 年 8 月 10 日，郭在厦门第五码头，突遭台人暗探拘捕至伪厦门市警察局，被施以非人酷刑，并被诬以"兴亚院投弹凶手"之罪名执行死刑。

纪疆，男，32 岁，小贩及苦力，同安人。1944 年 11 月 28 日，为人所诬被日本海军捉往水警处，加以酷刑，昏死多次，后由军部判决，送监执行，因伤重，死于凤屿狱中。

林振生，男，21 岁，渔行店东，厦门人。1944 年 12 月 3 日，被日军部强迫征募往金门飞机场做工，身死该处。

苏阿疆，男，23 岁，渔业，厦门人。1944 年 9 月 23 日，苏因往海外钓鱼归来，将欲上岸时被日军所拘，强迫做工，因墙屋倒塌，被压死于田头妈街工场。

曾焕煮，男，厦门人。1938 年 5 月 12 日，日军登陆厦岛，以机关枪扫射，又纵火焚烧房屋，曾被杀死，房屋亦被烧毁。

张招治，女，11 岁，厦门人。1941 年 11 月 23 日，张撑船回厦港港口，将近胡里山炮台时，被日军无故射死。

丙申，28 岁，商人，惠安人；丙福，19 岁，商人，惠安人。1938 年 5 月 13 日，二人被日军福岛部队士兵以刺刀刺死。

林万，男，51 岁，糖油商，厦门人。1944 年 9 月 24 日，林被炸死，财产被没收。

曾国芬，男，31 岁，农民，厦门人。1938 年 1 月 25 日，日机肆意轰炸曾厝垵，曾损失房屋及家私什物牲畜计值 1 万元。

福海宫、拥湖宫。1937 年 9 月，日军开炮轰击，将曾厝垵社福海宫、拥湖宫全部轰毁。

曾足，男，50 岁，农民，厦门人。1945 年 3 月，日军为防卫建设，将曾之园地围在警戒线内，致曾遭受很大损失。

曾文兴，男，59 岁，侨商，厦门人。1938 年 5 月 15 日，日军福岛部队肆意放火焚毁房屋，曾之洋楼全座及财产均遭烧毁。

蔡水宝，男，30 岁，农民，厦门人。1938 年 5 月 12 日，日军登陆之时，肆意烧毁民屋，蔡被烧毁房屋 1 座，家私什物甚多，计损失价值 2 万元。

曾笼，女，38 岁，农民，厦门人。1945 年 9 月 14 日，在曾厝保被日军士兵 2 名强行抢去耕牛并屠杀之。

曾国仁等 40 余人，厦门人。1938 年 5 月 13 日，日福岛部队在曾厝保将曾国仁等 40 余人全部屠杀，并烧毁房屋，抢劫财物无数。

王远治，女，21 岁，农民，厦门人。1945 年 3 月，日军织田部队将王即将收获的农作物非法淹没。

王清池，男，42 岁，农民，厦门人。1945 年 4 月，日海军东松部队与织田部队开掘战壕，将王之田园及农作物全部淹没无遗。

欧阿治，男，33 岁，渔民，厦门人。1938 年 5 月 11 日，日海军部队长指挥日海军携枪械督众军兵烧毁船只，欧等不敢抵抗，唯远观，后又被喝令跪地欲以机关枪扫射，经苦苦哀求始罢。

苏树枝，男，40 岁，渔民，厦门人。1939 年 7 月 15 日，苏有自置渔船一艘，在鼓屿康大坡停泊，被日军强迫驶往厦港沙坡尾烧毁。

纪清，男，34 岁，农民，厦门人。1945 年 4 月，纪置有田园 5 丘，栽种大麦，将近收获时，日军部队因开掘战壕，肆意掩没 4 丘，其余 1 丘亦被围于警戒线内，不得耕种。

吴瑞镇，农民，厦门人。1938 年 5 月 11 日，日军登陆厦岛时肆意纵火焚烧，吴之住屋及全部家具均被烧毁无遗。1945 年，日军又将吴所有之平屋 1 座强行占用，内部扇户均被破坏净尽。

蒋淑华，女，26 岁，侨眷，厦门人。1938 年 5 月，日军登陆时，在西滨社肆意烧毁民房，蒋之住屋及家具衣服等物均被烧毁净尽。

蒋万生，男，华侨，厦门人。日军织田部队因欲建防空壕，肆意破坏民居，于 1945 年 7 月间将郑家祠堂及蒋万生楼房肆意拆毁。

王天乞等十余人，农民，厦门人。1938 年 5 月 13 日，日军福岛部队侵占厦门，放纵士兵屠杀胡里保村民王天乞等十余人，并肆意烧毁民房，洗劫财物无数。

吴练等十余人，农民，厦门人。日军福岛部队于 1938 年 5 月 13 日侵占厦门时，放纵士兵数十人以机关枪扫射前宅保村民吴练等十余人，并肆意烧毁民房，洗劫财物无数。

曾振山，男，35 岁，农民，厦门人。台人林某藉日寇势力，于 1941 年 3 月强占曾之房屋及屋内一切家具。

梁亚兴，男，30 岁，农民，惠安人。1938 年 5 月 12 日，日军将梁在胡里保 31 号的家私什物烧毁，并将牲畜抢劫一空。

黄有谦，男，73 岁，五金业，泉州人。1938 年 5 月 13 日，黄与家中大小逃往鼓屿，所有财产贵重器具留于厦门，尽被搜劫一空。

郑曾氏便，女，46 岁，农民，厦门人。1945 年 5 月 4 日，伪警察意图侵用郑之田园，被拒绝，将郑曾氏用铁枝毒打，以致遍体是伤。

林绍衣，男，48 岁，农民，厦门人。1945 年 8 月 3 日，伪警察强迫平民服役，林因身体染病，雇人代替，被施以酷刑。

陈自来，男，56 岁，渔业，厦门人。1942 年 4 月 8 日，陈之第三号巨型渔船在金门海面被日军施放水雷击毁。

郑氏莲，女，85 岁，厦门人。1938 年 5 月 12 日日军登陆时，曾因年纪已老，双目失明，被烧死于西边社。

郑曾氏勤，女，61 岁，厦门人。1938 年 5 月 12 日，日军福岛部队至西边社时，郑被日军威吓，投井自杀。

郑永团，男，32 岁，农民，厦门人。1938 年 5 月 14 日，因遭恐怖行为而自杀。

顶澳社 7 户住民。1938 年 5 月 13 日，日军以燃烧弹向顶澳社投放，连烧 4

座房屋7户住民，许济松之侄女逃亡途中被枪杀。

刘四枝，男，29岁，铁匠，安溪人。1938年5月12日，被日军枪毙。

郑阿咪，男，20岁，农民，厦门人。1939年1月8日，郑卖菜途中被日军用刺刀恐吓，回家后丧胆而死。

陈马生等5人，男，皆壮年。1938年5月12日日军进攻时，陈等逃避不及，被枪杀。

（厦门市档案馆馆藏档案，档案号A8—1—127）

杨石林，男，25岁，传道，同安人。1943年12月4日，杨无故被捉，被诬以间谍抗日及亲英美禁于狱中1年，遭受无人道之待遇，至1945年2月15日方得释出。

叶寒玉，男，39岁，中学教师，晋江人。1941年12月10日上午6时，敌厦门海军警察本部，会同鼓浪屿区警察署及日本领事馆警察到叶住所围捕，诬以通英美间谍之罪，监禁4个月，因狱中饮食不足及屡遭恐吓，叶出狱后患浮肿病，几有丧命之危。

林秋霖，男，20岁，农民，惠安人。1938年5月10日，日军抵禾山区后坑村时，林惧极欲逃，被日军不分青红皂白用枪刀屠杀。

蔡赏赐，男，31岁，自来水船水手，同安人。1941年11月28日夜，载国军登陆鼓浪屿时，被日军所杀。

蔡加致，男，30岁，自来水船水手，同安人。1941年11月28日，载国军登陆鼓浪屿时，被日军所杀。

翁添寿，男，32岁，小贩，惠安人。1941年12月1日（一说1940年1月），被以抗日分子逮捕，从此毫无消息，谅早死于敌手。

林皆再，男，52岁，洗炭工，安溪人。1945年5月17日，被日本警察署侦探捕往日本警察署，遭受严刑酷打，遍体鳞伤，因不堪体刑，于同年7月13日伤重而死。

陈干，男，52岁，船夫，同安人。1943年6月3日，在三丘田码头因搭船索资触怒敌人，被打得遍体鳞伤，昏厥于地，抬回家中医治无效而死。

陈群英，男，29岁，挑夫，惠安人。1941年10月20日，陈被敌所捕，后不知生死。

吴东庆，男，76岁，侨商，厦门人。1938年5月11日，日军进攻厦门，吴位于禾山梧村202号之房屋被烧毁。

· 360 ·

黄玉丁，男，45岁，船夫，厦门人。1942年1月25日下午被捕，此后生死未知。

黄添，男，37岁（一说32岁），航海，同安人。1942年1月17日上午9时许被捕，后生死不明。

吴栋良，男，29岁（一说25岁），泥水工，同安人。1940年5月3日，被捕禁于敌水警处，后解押伪市政府，其后生死不明。

吴水木，男，22岁，船夫，同安人。1942年1月17日，在鼓浪屿三丘田无故被捕，后不知下落，断必死矣。

陈显今，男，26岁，舢舨业，安溪人。1942年1月15日，因国军突击内厝澳一带及进攻工部局，陈被敌指为与国军互通声气，偷运国军入岛，被敌厦门海军根据地队警察队本部逮捕，遭毒打，1943年后生死不明。

陈碰，男，33岁，前工部局侦探，惠安人。1942年1月7日，国军登陆鼓屿，次日敌军大肆搜索，陈当时任职工部局，对日寇滥捕加以阻止，因而为敌所忌，遂指鹿为马，将陈捕往警察队本部，自此杳无音信。

吴妈钳，男，38岁，舢舨业，同安人。1942年1月16日，因国军突击内厝澳一带及进攻工部局，吴被敌称为与国军相通声气，偷运国军入岛，被敌厦门海军根据地队警察队本部逮捕，惨遭拷打，其后生死未知。

林碰球，男，34岁，小贩，安溪人。1944年农历冬节后3日，日军强传林往金门做苦工，陈去后数月，日军乃向其家属报陈已故，仅以伪钞500元为恤金。

王淑禧，女，38岁，基督教传道，惠安人。1941年12月10日，王无故被敌捕去，诬有抗日行为，被禁100余日，越年4月8日始得释出。

吴廖桐琴，女，35岁，厦门人。1945年4月18日以其夫妹在内地有抗敌行为，被拘禁于厦门海后路敌警察本部暗房，每日只给两小碗稀饭，全日不给滴水，因致体弱而病，是年6月7日移往禾山梧村凤屿监狱，禁至7月始释回家。

洪子辉，男，55岁，商人，同安人。1942年1月8日，无故被敌所捕，以游击队嫌疑拘禁17日，加以虐待，于1月25日释放。1942年2月4日，又无故被敌所捕，诬为情报员，加以虐待，至2月21日释放。

陈添水，男，44岁，店东，惠安人。1942年12月21日起，被敌警察本部诬其店房为内地情报机关，惨遭火烤、灌肥皂水、吊打等酷刑，死而复生7次。

郭国顶，男，45岁，商人。1945年6月16日，被日伪督察科无故扣留，被灌水并毒打七八次，监禁20天，险丧生命。

陈金榜，男，60岁，商人，厦门人。1945年5月30日，被日本总领事馆警察署捕去，强刑毒打，迫其承认间谍之罪。

蔡加猷，男，36岁，商人，厦门人。1945年7月14日，被日本总领事馆以间谍罪名捕去，审问时遭受各种酷刑。

王清辉，男，45岁，商人，晋江人。1945年5月30日，被日本总领事馆以间谍罪名逮捕，审问时遭受各种酷刑。

骆细森，男，34岁，商人，惠安人。1945年5月30日，被日本总领事馆以间谍罪名逮捕，审问时遭受各种惨刑。

林维祥，男，35岁，商人，龙溪人。1945年5月30日，被日本总领事馆无故捕去，施以灌水等非法酷刑，诬告犯间谍罪。

钱查理，男，41岁，广东人。1945年5月30日，被日本总领事馆无故捕去，施以灌水等惨无人道之酷刑及监禁虐待，诬告犯间谍罪。

吴德成，男，39岁，商人。1945年5月30日，无故被敌捕捉，送厦日军部施以鞭笞、枪击、棍打等非法酷刑，诬告犯间谍罪。

李荣宾，男，44岁，前工部局华探，惠安人。1942年1月13日，被敌诬为国军袭击之向导，施以各种酷刑，强迫招认，后被屠杀。

李荣忠，男，38岁，前工部局华探，惠安人。1942年1月18日，被敌以引导国军袭击之向导施以酷刑，后被逐入内地。

王金贵，男，55岁，商人，惠安人。1944年5月18日，因家属生活日感困难，遂倾集家产欲返回故里，偷渡至大屿时不幸被日海军艇追回，行李全部被没收，还被无理施以酷刑。

叶延寿，男，38岁，厦门人。1945年7月14日至8月18日，被日领事馆拘押狱中，诬为间谍，遭受非常酷刑。

黄植夫，男，38岁，商人，龙溪人。1945年5月30日，被捕入凤屿监狱、日本总领事馆及军部监狱，以抗日为由，被拘禁78日，惨受鞭笞、剑击、枪戳、拳打等酷刑，致遍身青肿，晕厥数次，至8月16日始得释放。

吴冷泉，男，30岁，同安人。1945年5月30日，被拘于虎头山日军司令部，日领事馆福本主使其爪牙当庭诬证，施以各种酷刑，强迫承认间谍罪名。

黄赞江，男，40岁，商人，厦门人。1945年5月30日，被拘于虎头山日军司令部，备受酷刑，强迫承认间谍罪名。

何伯绵，男，52岁，商人，广东人。1945年5月30日，被日本总领事馆警察署军法会逮捕，被毒刑约六七小时之久，昏迷3次。

王培业，男，33岁，商人，闽侯人。1945年5月30日，被日领事馆军法会以间谍罪逮捕，审问时遭受各种酷刑。

章茂林，男，46岁，医师，厦门人。1945年7月14日，被日本总领事馆无故捕去，施以拷打等各种酷刑。

黄世杰，男，29岁，商人，同安人。1945年7月14日，被日本总领事馆无故捕去，施以各种酷刑。

周得念，男，39岁，侨商，安溪人。1945年5月30日，被日本海军军法处无故捕捉监禁，并施以各种酷刑。

王天赏，男，32岁（一说30岁），前工部局华探，惠安人。1942年1月8日王导国军进攻，1月18日被日警察本部拘捕，遭酷刑拷打及残杀，尸体不知所踪。

傅福生，男，28岁，前工部局华探，安溪人。1942年1月8日，傅导国军进攻，1月18日被日警察本部捕捉，遭拷打及其他种种酷刑，因伤致死或受屠杀，尸首不知所踪。

陈东玉，男，48岁，前工部局华探长，同安人。1942年1月8日，陈导国军反攻，1月18日被日警察本部捕捉，遭受各种酷刑，并被押上街游行示众，加以侮辱。

黄天赐，男，27岁，土匠，鼓浪屿人。黄因导国军进攻，于1942年1月13日被敌所知，乃派人来捉，黄逃藏，乃捉其妻，威迫其说出其夫逃避之处，强迫招供，因不堪酷刑而死。

（厦门市档案馆馆藏档案，档案号A8—1—129）

翁深渊，男，31岁（一说26岁），前工部局华探，晋江人。1942年1月11日，翁因导国军袭鼓被日警察本部逮捕，被以铝绳捆扎手足，上下倒悬，然后用铁器毒打。翁口吐鲜血不止，当场晕厥，后被押往禾山杀害。

戴世森，男，27岁，前工部局华探，南安人。1942年1月13日（一说1942年1月11日），日警察本部以国军袭鼓向导将戴拘捕，以铝绳将戴手足捆扎，上下倒悬，以铁器拷打。戴体无完肤，口吐鲜血，当场晕厥，后被押往禾山屠杀。

黄建中，男，30岁，前工部局华探，厦门人。1942年1月8日，被日警察本部捕往领事馆，又送警察本部，控以与国军联络并引导国军，遭严刑拷打。

黄碰狮，男，23岁，小贩，厦门人。1944年7月5日，被伪警察所捕，诬告为贼，屡加酷刑，于9月4日因不堪重刑致死。

陈兴次，男，24岁，打石工，惠安人。1942年1月13日，日警察本部以陈与国军联络将陈逮捕，受酷刑后被杀。

蔡亚狮，男，34岁，农民，惠安人。1942年1月13日，被诬与国军联络，被日警察本部逮捕，备受酷刑，后被杀。

周启恩，男，19岁，小工，厦门人；周启仁，男，17岁，清道夫，厦门人。1942年1月13日，二兄弟因与蔡亚狮为邻受牵连被捕，受严刑酷打，后被杀。

廖永旭，男，27岁，商人，厦门人。1945年5月18日，被拘禁于厦门海后路警察本部暗房，日夜不见天日，每日只给两小碗粥，全日不给滴水，至7月16日被诬有抗敌行为，被拘禁于厦门日本领事馆监狱，施以各种酷刑，7月28日被转往虎头山军法处监狱。

程金兴，男，工人，惠安人。因其友金贵被捕，程受连累，于1944年5月18日被捕，遭拷打等酷刑。

唐伯钧，男，21岁，学生，江苏人。1941年6月26日，因爱国言论被汉奸故意设电流谋杀。

黄寿全，男，23岁，前工部局华探，南安人。1942年1月19日，在工部局被捕，3月2日后踪迹不知。

白格外，男，48岁，厦门人。被日本总领事馆监禁36天，遭灌水、木棍皮条毒打等各种酷刑。

高金春，男，46岁，商人，江西人。1945年7月3日，被日本领事馆无故擒去，诬为抗日分子，严刑拷打，以致伤痕累累。

陈前、吕世全、黄显宗，男，惠安人。陈等3人因暗杀黄莲舫案被日警察本部拘捕，并遭受酷刑。

黄德昌（黄昌），男，40岁，海关职员，厦门人。1939年6月28日，被日警4人捕到日领事馆审问，指为抗日分子，遍受酷刑，10月28日再送日海军部，于1940年3月4日与陈仲宗等6人同时越狱逃走，至草仔垵又被捕，送日海军部，于1940年7月1日伪市府纪念日被释放。

廖超勋，男，34岁，教员，龙溪人。被诬曾与国民政府联络，于1945年5月31日被捕，囚禁于日本领事馆警察署狱内达45天。

曾世模，男，31岁，同文中学小学部主任、经纪人，厦门人。1941年12月10日～1942年3月、1945年3月～1945年4月、1945年4月～1945年6月三次无故被捕，受尽其苦，损失4万元。

黄西锦，男，25 岁，船员，同安人。1941 年 11 月 30 日，被日警察本部所捕，遭拷打，后身尸亦失。

吕成水，男，23 岁，惠安人。因暗杀黄莲舫案，于 1940 年 3 月 12 日在鼓浪屿住所被捕，后被判处死刑。

黄金庆，男，31 岁，船工，厦门人。1940 年 1 月 20 日上午 9 时，在鼓浪屿龙头尾 1 号，被捕往日警察本部审问，一去便无下落。后据传言，黄已被酷刑而死。

刘应求，男，30 岁（一说 36 岁），菜贩，厦门人。1939 年 3 月 28 日晚 9 时许，刘于鼓浪屿电灯巷茶座中突被敌探逮捕，无从探悉被捕缘故，谅早已身死狱中。

陈水信，男，26 岁（一说 31 岁），商人，同安人。1942 年 1 月 29 日被以抗日分子之名逮捕，后被解往日海军司令部，从此不闻音信。

黄阿明，男，23 岁，惠安人。因从事抗日工作，于 1940 年 3 月 12 日被日警察本部逮捕入狱，不久，被杀害。

刘应成，男，22 岁（一说 28 岁），菜贩，厦门人。1939 年 3 月 28 日上午，于日本领事馆门口突被逮捕，自此一去不返。

黄臭贱，男，44 岁，职员，同安人。1942 年 1 月某日清晨，突被台探数名闯入鹿耳礁住宅，捕往伪市警察局，后被诬为间谍，遭处死。

陈永裕，男，23 岁，惠安人。因从事抗日工作，遭人密报于 1940 年 3 月 12 日晨被捕，屡经酷刑，后被杀死于日军部。

黄天生，男，19 岁，厦门人。1940 年，被以间谍罪捕送日领事馆，后转送日海军部，从此杳无音信，据闻早已遇害。

林宝栋，男，50 岁，工人，福州人。1944 年 11 月，林被迫往厦门飞机场开荒做工，因出于非愿，工作间略现懈怠，致遭日寇打杀。

陈坤英，男，24 岁，苦力，惠安人。1940 年 10 月 24 日下午三四时，于鼓浪屿福州路住宅中突被日人拘捕而去，此后毫无消息，谅早被敌杀害。

叶福，男，22 岁，船员，厦门人。1939 年 3 月此处时间疑有误。厦门市伪商会会长洪立勋应为 1939 年 5 月 11 日被刺杀。洪立勋被刺杀后，敌大举搜捕，工部局侦探突与日警数人抵叶家，拘押叶至厦敌海军部。嗣后其母往见叶氏，但已无踪迹，亦无宣布罪状，据闻已被杀害。

黄汉生，男，24 岁，船员，厦门人（一说龙溪人）。1942 年 2 月，突被日警察本部以抗日分子名义拘捕，并施以酷刑，嗣后放逐荒岛，谅已死于敌手。

苏源发，男，48岁，石匠，惠安人。1942年1月，被敌以抗日嫌疑犯逮捕入狱，罹病而死。

朱石头，男，56岁，机师，厦门人。1944年4月28日，被日军没收铁屑10吨。

李建成，男，22岁，店员，安溪人。1938年8月，被敌指为抗日分子逮捕入狱，后被害死。

曾振隆，男，56岁，面线商，惠安人。1944年8月，曾之田园被借口公用充公。

黄士洪，男，25岁，报务员，厦门人。黄任中央银行厦门分行电台报务员，驻鼓浪屿汇丰银行内，1941年12月8日，被敌拘禁，后放出，但仍受暗中监视，动辄受召问。1942年1月13日夜间，再被鼓浪屿伪工部局拘捕，越一星期，解押厦门虎头山敌海军司令部，从此踪迹杳然，日本投降后，始查闻已被敌杀害。

陈警来，男，47岁，工人，惠安人。1941年6月1日，被敌指为奸细，捕拘于鼓浪屿领事馆，毒刑数十次，扣留10天，始释放。

杨老才，男，19岁，农民，厦门人。1938年5月11日，日军登陆时，被枪杀。

陈成，男，26岁，惠安人。陈系交通船上人员，1941年4月15日，船刚到厦门时，有两名日兵上船，将陈当作间谍拘捕，定罪7年徒刑，至日本投降始释放，但身上伤痕累累。

叶伟中，男，33岁，侦探，惠安人。1942年3月1日，被敌指为奸细，遭扣捕灭踪。

江新来，女，46岁，牛奶业，厦门人。1938年8月3日，被日本领事馆诬以偷牛之罪名拘捕，遭囚禁7天，受尽恐吓，致出狱后一息奄奄而逝。

黄得福，男，21岁，小贩，厦门人。1942年1月9日，因国军袭鼓被敌指为间谍逮捕而去，不知生死。

王云玉，男，50岁，华侨，惠安人。1942年2月7日，王在被日军拘禁期间，家财被人洗劫一空。

苏连成，男，31岁，商人，惠安人。1941年4月1日，苏在鼓浪屿黄家渡被敌警察本部侦探拘捕，指为间谍，毒刑4次，拘禁41天，后察非事实，始得释出，但已重伤，不久吐血而死。

魏燕山，男，32 岁，船夫，泉州人。1942 年 1 月 12 日，因一八事件被捕灭踪。

（厦门市档案馆馆藏档案，档案号 A8—1—130）

薛何氏拖，女，36 岁，厦门人。1938 年 5 月 11 日，日军登陆时，因不及逃避，在禾山安兜社被日军强奸。

薛来治，女，17 岁，厦门人。1938 年 5 月在安兜社被日军强奸。

叶根添，男，52 岁，商人、仰光归侨，厦门人。1938 年 5 月 10 日，在禾山区莲坂社住所门前，被日军机枪扫射毙命。

叶黄氏签，女，47 岁，厦门人。1938 年 5 月 11 日，日军登陆时，黄在途中将欲至西郭社口被敌机射死。

叶天良，男，26 岁，厦门人。1938 年 5 月 11 日，日军到达时，叶在家里未躲避，日军怀疑他参加过壮丁队，即把他擒到门口灰埕，先用刺刀连刺 2 刀，再用枪击毙。

叶珠礼，男，42 岁，农民，厦门人。1938 年 5 月 11 日，日军到达仙岳社时，叶身着草绿色军服，日军认为他必是壮丁队员，即时遭枪杀毙命。

叶根旺，男，22 岁，农民，厦门人。1938 年 5 月 11 日，日军到达仙岳社时，叶一时惊骇急欲奔回家里，被日军误为别有用意，即时用刺刀在叶家大门口将其刺死。

叶先用，男，17 岁，厦门人。1938 年 5 月 11 日，日军到达西郭社时，叶因刚从船上回来两足粘有海泥，被认为是内地渡海来搞情报工作的人员，当即被枪杀。

陈进源，男，22 岁，厦门人。1938 年 5 月 11 日，日军抵其家，将他擒出门口灰埕，一枪杀死，而后抢掠而去。

叶金良，男，38 岁，厦门人。1944 年 11 月 20 日，叶被调作苦工，因身负重病未能操作，被绑至伪禾山区署，后转送吕厝社日军军部，遭百般酷刑，当场毙命。

叶妈荫，男，27 岁，厦门人。1938 年 5 月 11 日，日军欲通过西郭社社边之埭仔路时，叶因患有神经病向前阻止去路，被当场击毙。

萧有义，男，21 岁，厦门人。1938 年 5 月 15 日，日军到达庵兜社时，萧因曾受国军 157 师军训，遂逃往薛芳卿家，后被奸人侦悉，即带日军前往抓捕，将萧绑出门口以大刀割裂双腿。

叶李氏于，女，63岁，厦门人。1938年5月11日，日军到达西郭社时四处搜劫，叶李氏急欲往取锁匙开门，日军认为她逃避不前，即被枪杀。

叶聪敏，男，25岁，厦门人。1938年5月11日，日军侵入时，叶手抱幼孩，因十分恐惧急欲规避，被日军先用刺刀刺伤，继以枪击毙。

叶仁和，男，45岁，农民，厦门人。1938年5月11日，日军到达仙岳社时，叶正在家门口灰埕执斧破柴，日军认为他手执利器，恐有意抵御，先下手为强，即时用刺刀将叶刺死。

练针，男，45岁，农民，厦门人。1938年5月12日，日军侵入该社时，练针避在房屋内，被敌搜出，在屋外用枪击毙。

钟马荐，男，25岁，农民，厦门人。1938年5月12日，日军入侵钟宅社时，钟举武器反抗，被日军用枪击中，未断气，又被日军用大石头压死。

孙陈氏干，女，64岁，厦门人；孙自在，男，8岁，厦门人。1938年5月10日，当日军欲攻抵祥店社时，二人欲逃往外地暂避，在门口遭敌机扫射而死。

钟清能，男，28岁，农民，厦门人。1938年5月13日，日军入侵钟宅社时，钟避在房内，被敌人拖出，用枪刀刺死。

钟水碰，男，19岁，农民，厦门人。1938年5月13日，日军侵入钟宅社时，钟避在屋中，被敌人放火烧屋，钟跑出后，被敌人发现用刺刀刺死。

钟佑晋，男，36岁，农民，厦门人。1938年5月12日，日军侵入钟宅社时，钟避在房内，被日军捉到屋外，用枪击毙。

钟晋发，男，36岁，农民，厦门人。1938年5月12日，日军侵入钟宅社时，钟在房中，被敌人搜出，用枪击毙。

钟聪明，男，52岁，农民，厦门人。1938年5月13日，日军侵入时，钟恰巧由枋湖社返钟宅社途中，被日军碰到，即被用枪击死。

钟如，男，31岁，农民，厦门人。1938年5月12日，日军入侵钟宅社，钟路遇敌人，被击毙。

钟撬仔，男，51岁，农民，厦门人。1938年5月13日，日军侵入钟宅社时，钟避在房屋内，被敌人搜出，用枪刀刺死，然后放火烧毁其房屋。

钟氏菊，女，71岁，农民，厦门人。1938年5月13日，日军侵入钟宅社，将其孙钟马荐枪杀，钟哀号不止，敌大怒，杀之。

钟妈订，男，50岁，农民，厦门人。1938年5月12日，日军侵入钟宅社时，钟欲离家躲避，至屋外遇上敌人，被敌用刺刀刺死。

钟九使，男，44岁，农民，厦门人。1938年5月13日，日军侵入钟宅社，钟避在房屋内，被日军搜出屋外用枪刀刺死，然后将其房屋放火烧毁。

（厦门市档案馆馆藏档案，档案号 A8—1—131）

吴查某，男，46 岁，农民，厦门人。1938 年 5 月 14 日，日军侵入时，吴在山上劳作，被日军用枪击死。

钟石头，男，50 岁，农民，厦门人。1938 年 5 月 13 日，日军侵入钟宅社时，钟避在房屋内，被日军搜出屋外，用枪刀刺死，又将其房屋放火烧毁。

钟同，男，55 岁，农民，厦门人。1938 年 5 月 13 日，日军侵入钟宅社时，钟在山上耕种，被日军用枪打死。

钟加令，男，54 岁，农民，厦门人。1938 年 5 月 13 日，日军侵入钟宅社时，钟逃至车头，被日军用枪击死。

钟分仔，男，32 岁，农民，厦门人。1938 年 5 月 12 日，日军侵入钟宅社时，钟刚欲躲即遇日军，被枪击死于海坪上。

洪豆，男，60 岁，农民，厦门人。1938 年 5 月 10 日，日军侵入时，洪在田中劳作，遭敌机扫射而死。

钟天生，男，56 岁，农民，厦门人。1938 年 5 月 12 日上午，日军侵入时，钟避在屋内，被拖出空地，用枪打死。

钟再法，男，56 岁，农民，厦门人。1938 年 5 月 13 日，日军侵入时，钟避在房中，被日军搜出，用枪刀刺死。

黄兴隆，男，38 岁，农民，厦门人。1938 年 5 月 11 日，日军欲强拉黄为挑夫，黄抗拒，被日军以步枪击中头部，当场毙命。

钟薛氏蔥，女，74 岁，农民，厦门人。1938 年 5 月 13 日，日军侵入钟宅时，钟逃至车头，被日军用枪击死。

钟得利，男，52 岁，农民，厦门人。1938 年 5 月 12 日，日军侵入时，钟避在屋中，被日军搜出，拖到屋外枪毙。

钟庆万，男，58 岁，农民，厦门人。1938 年 5 月 12 日上午，日军侵入钟宅社时，钟避在屋内，被拖出屋外用枪打死。

黄扶西，男，36 岁，农民，厦门人。1938 年 5 月 11 日，日军攻进禾山祥店社时，欲强行拉夫，黄不愿意，被用步枪击中腹部，当场毙命。

陈振元，男，21 岁，农民，厦门人。1938 年 5 月 13 日，日军侵入新落社时，陈避在屋内，被搜出，拖到天井中，用刺刀刺死。

钟天宜，男，46 岁，农民，厦门人。1938 年 5 月 12 日，日军侵入钟宅社

· 369 ·

时，钟避在房屋内，被日军攻入，拖出屋外，用枪击死。

钟太仔，男，19岁，农民，厦门人。1938年5月13日，日军侵入时，钟避在山上，被日军发现，用枪击毙。

秧姊仔，女，44岁，厦门人。1938年5月18日，日军侵入钟宅社时，向秧姊仔家中寻其媳妇，寻不到，即将秧姊仔拖至山顶，用刺刀刺死。

钟庆生，男，21岁，农民，厦门人。1938年5月13日，日军侵入钟宅社时，钟逃避于山上，被日军发现，用枪击死。

陈派生，男，53岁，农民，厦门人。1938年5月10日晚，日军侵入禾山祥店社，欲拉陈为挑夫，陈不愿往，被日军剥去外衣，然后用步枪击毙。

天成姊，女，51岁，农民，厦门人。1938年5月13日，日军侵入钟宅社时，天成姊避在房屋内，被敌搜出屋外，用刺刀刺死。

钟兴才，男，2岁，厦门人。1938年5月12日，日军侵入钟宅社时，其兄钟马荐与日军相抗，被日军用枪击毙，兴才亦被刺刀刺死。

黄晋情，男，50岁，农民，厦门人。1938年5月10日晚，当日军侵入禾山祥店社时，黄惊恐避入自家楼上，日军入宅搜查，欲押黄至外面枪决，途至祥店社园顶井边时，黄投井自杀。

宋尚远，男，30岁，农民，厦门人；宋陈氏姑，女，65岁，农民，厦门人。1938年5月10日，日军攻至禾山祥店社时，放火烧其住宅，宋欲将火扑灭，被日军开枪击毙。其母宋陈氏姑见状，俯首痛哭，亦被开枪当场击毙。

黄东海，男，38岁，归侨，厦门人。1938年5月10日，日军进攻禾山祥店社时，闯入黄宅内，藉口欲检查，迫令黄离宅，黄不肯，被用枪当场击毙。

钟文雅，男，28岁，农民，厦门人。1938年5月12日，日军侵入时，钟逃走，于途中遇敌，被击死于湖边社。

钟庆添，男，45岁，农民，厦门人。1938年5月12日上午，日军侵入钟宅社时，钟欲搭船躲入内地，至海沙坡时遇上日军，被用枪击毙。

刘昌，男，51岁，农民，厦门人；刘陈氏春，女，38岁，农民，厦门人；刘匏，女，3岁，厦门人。1938年5月11日，日军侵入刘厝社时，攻刘家宅门欲入，刘昌不肯开门，被日军攻入，用刺刀向他乱刺，全身中5伤。妻刘陈氏春睹状阻劝，被开枪当场击毙。女儿啼哭不止，亦被刺毙。日军继则放火将全座房烧毁。

钟万国，男，20岁，农民，厦门人。1938年5月13日，日军侵入钟宅社时，钟逃走，被日军追赶至井边，用枪尾刀刺死，然后将其尸体丢入井中。

林贡，男，33 岁，农民，晋江人。1938 年 5 月厦门失陷后，有国军数名逃匿在塔头社附近山顶，林接济粮食，被人密报于 5 月 15 日被日军捕往海军部枪决。

王勃然，男，62 岁，农民，厦门人。1938 年 5 月 10 日，日军登陆时，放火焚烧民房，王不及逃走，被日军刺死。

（厦门市档案馆馆藏档案，档案号 A8—1—132）

吴粒，男，40 岁，农民，厦门人。1938 年 5 月 12 日，在禾山被枪弹所伤致命。

张年，男，42 岁，雇工，厦门人。1938 年 5 月 12 日，在禾山被日军击毙。

吴红虾，男，38 岁，农民，厦门人。1938 年 5 月 12 日，在禾山被日军击毙。

吴猛姆，女，70 岁，厦门人。1938 年 5 月 12 日，在禾山被日军击毙。

吴转来，男，65 岁，农民，厦门人。1938 年 5 月 12 日，在禾山被日军击毙。

吴双龙，男，40 岁，农民，厦门人。1938 年 5 月 12 日，在禾山被日军击毙。

何简，男，20 岁，农民，厦门人。1938 年 5 月 12 日，在禾山被日军击毙。

陈溪，男，49 岁，农民，厦门人。1938 年 5 月 12 日，在禾山被日军开枪击毙。

陈王氏队，女，45 岁，工人，惠安人。1938 年 5 月 12 日，在禾山被日军击毙。

陈查生，男，30 岁，农民，惠安人。1938 年 5 月 12 日，在禾山被日军开枪击毙。

叶镇镐，男，74 岁，归侨，厦门人。1938 年 5 月 12 日，在禾山被步枪击中，伤重毙命。

林氏士，女，62 岁，商人，同安人。1938 年 5 月 12 日，在禾山死于弹雨中。

叶透，男，60 岁，农民，同安人。1938 年 5 月 12 日，在禾山被日军击毙。

洪林氏返，女，60 岁，工人，厦门人。1938 年 5 月 12 日，在禾山被日军击毙。

蔡江水，男，34 岁，农民，惠安人。1938 年 5 月 12 日，在禾山被日军击毙。

陈秀英，女，12 岁，学生，厦门人。1938 年 5 月 12 日，在禾山被日军击毙。

陈其仁，男，8 岁，厦门人。1938 年 5 月 12 日，在禾山被日军击毙。

陈颜氏晓，女，38 岁，侨眷，厦门人。1938 年 5 月 12 日，在禾山被日军击毙。

陈芳藤，女，22 岁，学生，厦门人。1938 年 5 月 12 日，在禾山被日军击毙。

叶水罐，男，36 岁，工人，厦门人。1938 年 5 月 12 日，在禾山被流弹所伤。

陈萧氏英娇，女，40 岁，侨眷，厦门人。1938 年 5 月 12 日，在禾山被流弹所伤。

叶石嘹，男，45 岁，工人，厦门人。1938 年 5 月 12 日，在禾山被日军击毙。

罗宗海，男，50 岁，农民，汕头人。1938 年 5 月 12 日，在禾山被日军击毙。

林燕，女，38 岁，厦门人。1938 年 5 月 12 日，林与幼儿在禾山被流弹所伤，幼儿伤重身亡，林燕伤右手足并耳部。

陈留，女，32 岁，厦门人。1938 年 5 月 12 日，日军登陆时，陈等 3 人被流弹击中要害丧命。

叶换，女，35 岁，厦门人。1938 年 5 月 12 日，在禾山被日机炸死。

叶秋千，男，50 岁，农民，厦门人。1938 年 5 月 12 日，日军进攻禾山时，叶及李粪扫等被日兵击毙。

吴实，女，59 岁，厦门人。1938 年 5 月 12 日，日军登陆禾山时，被其用机关枪扫射而死。

郑江成，男，34 岁，农民，惠安人。1945 年 2 月，被日军强迫征工建筑防御工事，在云顶岩被大石压死。

施世，女，34 岁，安溪人。1938 年 5 月 12 日，在禾山被日机扫射身亡。

许金英，女，48 岁，厦门人。1938 年 5 月 12 日，日军登陆禾山时，在逃难中死于非命。

吴建象，男，62 岁，商人，厦门人。1938 年 5 月 12 日，在禾山被日军开枪击毙，吴敏治被流弹伤及左手。

叶俊英，男，23岁，厦门人。1938年5月12日，在禾山被日军开枪击毙。

陈何氏进，女，50岁，厦门人。1938年5月12日，日军在禾山登陆时，被步枪击伤左右两足，致成残废。

叶雨，男，52岁，农民，厦门人；叶景，男，27岁，农民，厦门人。1938年5月12日，在禾山被日兵刺死。

叶乌皮，男，32岁，农民，厦门人。1938年5月12日，叶乌皮夫妇二人被日兵用刺刀刺死在山中。

叶清福，男，48岁，商人，厦门人。1938年5月12日，在禾山被日兵开枪击毙，并用火油烧尸。

（厦门市档案馆馆藏档案，档案号A8—1—133）

林氏青，女，68岁，厦门人。1938年5月30日，一日军突入林住房，剥尽林衣著，对其进行侮辱。

林阿珠，女，22岁，厦门人。1938年6月间，一日军裸浴于泥金社，强剥林之衣服，命林为其擦背，林氏无奈受辱。

黄美霞，女，17岁，厦门人。1943年6月3日，于禾山安兜社被日军持枪恐吓，强迫轮奸致死。

孙千，男，63岁，农民，厦门人。1938年5月11日，日军先锋部队登陆后，不问情由，将孙枪杀于龚厝社。

洪永福，男，28岁，佃户，厦门人。1940年11月15日，被日军诬为情报员，捕往钟宅部队惨杀。

孙见福，男，37岁，农民，厦门人。1940年8月6日，孙被诬告是情报员，遭拘捕拷打，伤痕累累。

陈水泉，男，48岁，小贩，厦门人。1941年10月1日，在禾山马垅无端被拘，刑死狱中。

林薛氏，女，55岁。1938年7月15日，在高崎被敌强奸，羞愤投井自杀。

薛丽寿，男，21岁，农民，厦门人；薛珍，男，23岁，农民，厦门人。1938年5月11日，日军登陆，二人逃避不及，被日军枪杀，遗尸路上。

陈豆粒，男，28岁，农民，厦门人。于路上被日军逮捕，押往吕厝日军中队部杀害。

黄坤涂，男，35岁，土匠，厦门人。1938年5月，黄在吕厝乌林池岸被日军军车辗死。

陈九屎，男，32 岁，侨民，厦门人。1939 年 5 月 14 日，被日军高崎部队无故打死。

王瑞娘，女，67 岁，厦门人。1938 年 5 月 11 日，在殿前社被日军打死。

陈小发，男，31 岁，农民，厦门人。1938 年 5 月 11 日，日军侵入时，陈逃避不及，被杀死。

王赐福，男，24 岁，农民，厦门人。1938 年 5 月 11 日，在禾山被日军无故杀害。

陈瑞枝，男，农民，厦门人。1940 年 8 月，被日伪警察局诬为杀人嫌疑，遭惨刑拷打，不得口供，后扭送法院，出狱不到半天便死去。

洪晋祥等，男，农民，厦门人。1940 年 10 月 3 日，洪等 23 人被强迫做工，稍有不从，便遭拷打，23 人皆受重伤。

龚文道，男，34 岁，农民，厦门人。1938 年 5 月 11 日，在潘厝社被日军先锋部队枪杀。

庄氏拈，女，88 岁，厦门人。1941 年在斗黄社被日军无故打死。

洪再生，男，38 岁，农民，厦门人。1940 年 11 月 15 日，在禾山斗黄社被日军无故毒打，吐血身死。

林西河等，男，农民，厦门人。1945 年 8 月 10 日，林等因筹备欢迎国军入厦，被日海军部闻知，在高崎社遭殴伤。

林德祥。1938 年 5 月 11 日，日军攻入禾山时，被日军以刺刀刺死。

林水，男，34 岁，学生，厦门人。1940 年，因拒绝接受日人教育，被拘禁 3 次。

陈锦芳，男，15 岁，学生，厦门人。1941 年 8 月，无故被日军捕往美头社后生死不明。

陈本，男，65 岁，农民，厦门人。1944 年 8 月，无故被日伪警察惨打，身无完肤。

吴菊花，女，37 岁，厦门人。1938 年 5 月 20 日，在禾山因不从日军兽行而被刺死。

黄长成，男，19 岁，工人，厦门人。1938 年 5 月 12 日，日军登陆禾山时被开枪击毙。

吴金狮，男，58 岁，商人，厦门人。1938 年 5 月 12 日，日军进攻禾山时，被机关枪扫射而死。

吴贵，男，47岁，商人，厦门人。1938年5月12日，日军登陆禾山时，被其开枪伤左足二处。

吴火，男，25岁，农民，厦门人。1938年5月12日，日军登陆禾山时，被其开枪杀死。

吴青，男，20岁，小贩，厦门人。1938年5月12日，被日兵用机关枪扫射死于非命。

吴猫牙，男，45岁，小贩，厦门人。1938年5月12日，在梧村被日兵用机关枪扫射死亡。

叶氏，女，60岁，厦门人。1938年5月12日，日军登陆禾山时被刺杀身亡。

陈启，男，49岁，工人，厦门人。1938年5月12日，日军登陆禾山时被刺死。

吴微，男，40岁，农民，厦门人。1938年5月12日，被日军刺死于禾山。

陈查生，男，29岁，农民，惠安人。1938年5月12日，日军登陆禾山时被刺死。

八婶，女，110岁，厦门人。1938年5月12日，日军登陆禾山梧村时，放火烧毁房屋，八婶因年老，未能脱危致死。

何金来，男，20岁，农民，厦门人。1938年5月12日，日军登陆禾山时，被日军扫射身亡。

蔡仁赛，男，40岁，农民，厦门人。1938年5月12日，日军进攻禾山时，被日军扫射致死。

张连，男，44岁，工人，厦门人。1938年5月12日，日军登陆禾山时被击毙。

苏聪明，男，19岁，学生，厦门人。1938年5月12日，在禾山被日军用刺刀刺死。

（厦门市档案馆馆藏档案，档案号 A8—1—134）

叶陈氏谢榴，女，54岁，厦门人。1938年5月12日，在禾山被流弹所伤。

叶景仲，男，20岁，商人，厦门人。1938年5月12日，在禾山被日军用步枪击毙。

吴亚赛，男，23岁，渔民，厦门人。1938年5月12日，在禾山被日军开枪击毙。

叶文寿，男，32岁，农民，厦门人。1938年5月12日，在禾山被日军开枪击毙。

叶振泰，男，农民，厦门人。1938年5月12日，在禾山被日军机关枪击毙。

叶林氏真，女，57岁，厦门人。1938年5月12日，在禾山被日军开枪击毙。

林返，女，74岁，侨眷，厦门人。1938年5月12日，在禾山被日军开枪击毙。

叶文能，男，60岁，农民，厦门人。1938年5月12日，在禾山被日军用刺刀刺死。

叶祥，女，55岁，侨眷，厦门人。1938年5月12日，在禾山被流弹击中要害，致丧失生命。

叶德川，男，40岁，农民，厦门人。1938年5月12日，在禾山被流弹击中要害，致丧失生命。

陈思惠，男，25岁，厦门人。1943年，国军袭击禾山寨上后被捕，被拘禁在虎头山，此后生死不明。

吴振辉，男，28岁，学生，厦门人。1942年，以抗日分子之名被捕，拘禁在虎头山，惨受酷刑，此后生死不明。

钟国忠，男，27岁，农民，厦门人。1943年，国军袭击禾山钟宅，日伪警察机关在社内乱捕良民，钟亦被捕，此后生死不明。

陈庆金，男，25岁，农民，惠安人。1938年5月13日，日军在曾厝垵一带横行无忌乱捕良民，陈是日正在田中耕耘，即同耕友避逃，之后被日军拘捕，被迫令集合一处，再用机关枪扫射致死。

陈氏花，女，35岁，农民，厦门人。1941年，在禾山因不从日军的侮辱而被刺死。

陈存天，男，45岁，商人，厦门人。1940年2月10日，在墩上社因买东西语言不通，受敌殴打，延医调治无效，至3月24日死亡。

薛顺太等6人，男，厦门人。1943年4月中旬，国军夜渡袭击禾山，薛等6人为此被日伪警察所捕，监禁在伪警察厅督察处惨受酷刑。

叶李渊，男，36岁，商人，厦门人。1942年12月间，因国军反攻鼓浪屿，被日军以抗日分子之名，拘禁在虎头山，此后生死不明。

郑水根，男，34岁，农民，厦门人。郑为救护队员，厦门沦陷时，将枪械

52支埋于地中，1939年10月15日被敌查出，被指为抗日分子，遭百般拷打，强迫交出枪械。

林春成，男，56岁，农民，厦门人。1942年2月，林春成等人被捕入五通日军军部，被强迫互相痛打，然后又禁于暗窖内，不给饮食，几经折磨，最后均成难治之废人。

钟宅村民31人。1938年5月11日，日军攻入钟宅时，将村民31人全部加以屠杀。

李清凯，男，38岁，小贩，厦门人。1944年12月，在美仁宫界被伪警捕入该地分驻所，诬为强盗，施以酷刑，嗣后转送凤屿监禁，因伤重不治而死。

李成章，男，47岁，侨商，厦门人。1938年5月10日，日军登陆时，将李拉到门外用利刀刺死。

陈永泰，男，60岁，商人，厦门人。1944年6月14日，日伪警察局将陈之花生仁数百斤强行收买，又以囤积罪名将陈拘捕，后经百般贿赂，始被释放。

钟宅保民。1938年5月11日，日军攻进钟宅时，在村中放火，共烧毁民房107座。

（厦门市档案馆馆藏档案，档案号 A8—1—135）

廖董，男，48岁，安溪人。1941年9月24日被捕送日军部，被诬刺杀伪商会会长洪立勋遭惨杀。

（厦门市档案馆馆藏档案，档案号 A8—1—567）

139. 福州市抗战忠烈殉难阵亡军民事绩调查表[*]

序号	姓名	年龄	籍贯	原工作单位及职务	牺牲时间、地点、原因
1	翁西民	44	福州	藤山救火会	33 年 10 月 8 日，仓前山抗敌身亡
2	魏水棠	27	福州	藤山救火会	33 年 10 月 8 日，仓前山抗敌身亡
3	易英皋	31	福州	福州市竹林救火会	33 年 10 月 8 日，仓前山抗敌身亡
4	林仁官	21	福州	福州市竹林救火会	33 年 10 月 8 日，仓前山抗敌身亡
5	傅虎臣	32	浙江	福州市警察局	30 年 4 月 21 日，敌军入闽奉令在东门口抗战身亡
6	郑万青	22	林森	福州市警察局	30 年 4 月 21 日，敌军入闽奉令在东门口抗战身亡
7	陈家驹	19	林森	福州市警察局	30 年 4 月 21 日，敌军入闽奉令在东门口抗战身亡
8	陈永贵	30	福州	福州市警察局大根分局	30 年 4 月 21 日，在东门口抗战身亡
9	薛逸明	33	林森	福州市警察局大根分局	30 年 4 月 21 日，在东门口抗战身亡
10	黄鸿官	24	林森	福州市警察局	30 年 4 月 21 日，在东门外抗战身亡
11	游文宽	22	福州	福州市警察局	30 年 5 月 13 日，在妙峰山抗战身亡
12	李耀仁	24	福州	福州市警察局	30 年 5 月 13 日，在妙峰山抗战身亡
13	何明飞	22	福州	福州市警察局	30 年 5 月 13 日，在妙峰山抗战身亡
14	张 弓	46	林森	福州市警察局	33 年 10 月 8 日，在侯官市抗战阵亡
15	郑荣官	18	林森	福州市警察局	33 年 10 月 28 日，派在侯官市防线工作阵亡
16	黄理正	20	林森		33 年 10 月 8 日，对湖井坑弄，因同胞无辜遭害激于义愤反抗被击亡。
17	陈依鹤	52	长乐		33 年 10 月 8 日，上渡领里 24 号，因同胞无辜遭害激于义愤反抗被击亡

---

[*] 原件未署时间。

序号	姓名	年龄	籍贯	原工作单位及职务	牺牲时间、地点、原因
18	游莲英	42	福州		33 年 10 月 8 日，上渡北台路 4 号，因同胞无辜遭害激于义愤反抗被击亡。
19	刘春宝	23	福州		33 年 10 月 8 日，仓前山土地庙，抗敌阵亡
20	魏子郎	24	福州		33 年 10 月 8 日，仓前山警报台，抗敌阵亡
21	陈庄根	40	福州	冯泛高救火会	33 年 10 月 8 日，仓前山石厝前，抗敌阵亡
22	林耀恺	19	福州	青年团消防队队员	33 年 10 月 8 日，仓前山烟台山前，抗敌阵亡
23	李克忠	36	安徽	保警队警士	30 年 4 月 21 日，东门口战役阵亡
24	郭迁瑜	22	福州	战地消防大队	33 年 10 月 8 日，仓前山抗敌阵亡
25	郑依福	23	福州	战地消防大队	33 年 10 月 8 日，石厝抗敌阵亡
26	魏水党	20	福州	战地消防大队	33 年 10 月 8 日，仓前山抗敌阵亡
27	潘依俤	39	福州	战地消防大队	33 年 10 月 8 日，龙潭角抗敌阵亡
28	易英哥	30	福州	战地消防大队	33 年 10 月 8 日，华南路抗敌阵亡
29	林英官	21	福州	战地消防大队	33 年 10 月 8 日，华南路抗敌阵亡
30	唐德务	28	福州	战地消防大队	33 年 10 月 8 日，仓前山抗敌阵亡
31	陈逸民	22	福州	战地消防大队	33 年 10 月 8 日，仓前山抗敌阵亡
32	程水春	29	福州	战地消防大队	33 年 10 月 8 日，仓前山抗敌阵亡
33	刘太平	32	福州	民众	33 年 10 月 8 日，仓前山抗敌阵亡
34	柯云炳	14	福州	战地消防大队	33 年 10 月 8 日，吉祥山前抗敌阵亡
35	余重威	19	林森	福州救火联合会	33 年 10 月 8 日，天祥彩风门抗敌阵亡
36	唐金波	29	永泰	福州救火联合会	33 年 10 月 8 日，烟台山抗敌阵亡
37	林 新	22	福州	何专员随员	33 年 10 月 8 日，仓前山抗敌阵亡
38	张依奎	34	福州	民众	33 年 10 月 8 日，仓前山抗敌阵亡
39	潘荣煊	23	林森	福州救火联合会	33 年 10 月 8 日，大岭顶抗敌阵亡
40	林依灼		福州	民众	33 年 10 月 8 日，鹤龄路抗敌阵亡
41	吴利进	20	林森	民众	33 年 10 月 8 日，对湖抗敌阵亡

序号	姓名	年龄	籍贯	原工作单位及职务	牺牲时间、地点、原因
42	潘碧文	39	林森	福州救火联合会	33 年 10 月 8 日，上渡抗敌阵亡
43	金仁惠	18	林森	福州救火联合会	33 年 10 月 8 日，对湖抗敌阵亡
44	柯鸿炳	15	福州	鱼钩街 4 号	34 年 11 月 29 日，鱼沟街 4 号参加横山路杀敌身亡
45	王依潮	16	福州	小桥路 109 号	34 年 11 月 29 日，小桥路 109 号参加横山路杀敌身亡
46	高大昌	51	福州	小桥路 247 号	34 年 11 月 29 日，小桥路 247 号参加横山路杀敌身亡
47	薛贤谋	22	福州	小桥路 233 号	34 年 11 月 29 日，小桥路 233 号参加横山路杀敌身亡
48	周朱俤	27	福州	横街市场后	34 年 11 月 29 日，横街市场后潜伏南巷击敌被获身亡
49	章依俤	53	福州	小桥路 165 号	34 年 11 月 29 日，小桥路 165 号潜伏南巷击敌被获身亡
50	罗意柏	50	福州	茶亭洞 8 号	34 年 11 月 29 日，茶亭洞 8 号参加小桥路杀敌身亡
51	吴鹏飞	37	福州	高街二号	34 年 11 月 29 日，参加小桥路杀敌身亡
52	陈依清	41	福州	福州市斗中路圭街 5 号	34 年 11 月 29 日，抗敌身亡
53	林 新	33	福州	福州市总管保前 10 号	34 年 11 月 29 日，参加令岳杀敌身亡
54	林依经	22	福州	80 师 477 团士兵	34 年 11 月，无音信 5 年
55	刘依水	29	福州	第五军连输大队第三中队士兵	34 年 11 月，无音信 3 年
56	游伯宜	28	闽侯	海军炮队中尉教练官	31 年 1 月 24 日，湖北辰谷阵亡
57	周得辛	33	闽侯	海军水雷制造所，尉电信官	28 年 8 月 24 日，常德负伤亡故

序号	姓名	年龄	籍贯	原工作单位及职务	牺牲时间、地点、原因
58	郑芸煊	26	闽侯	海军水雷制造所士兵	29 年 9 月 4 日，湖南长裕被炸身亡
59	陈懋节	52	福州	海军第二艇队司令部少校军需	31 年 12 月 25 日，湖北省宜昌县太平溪塔洞滩被炸身亡
60	陈章钦	32	林森	福州警备司令部士兵	30 年 3 月 25 日，西洪路凤凰池阵亡
61	周菊安	36	福州	80 师军乐队助教	32 年 10 月初七，永安县小溪中山堂被炸身亡
62	林 凯	38	福州	陆国第 70 军第 80 师第 7 搜索队少尉队员	34 年 5 月 18 日，旧米仓阵亡
63	陈启清	38	林森	46 补训处 2 团 6 连士兵	32 年 8 月，大田县阵亡
64	简长标	30	福州	80 师士兵	34 年 11 月，无音信 4 年
65	孙 威	51	福州	海军陆战队 1 团 1 连连长	29 年 11 月，广东阵亡
66	曾钟官	28	福州	第三战区斗勇队特务长	30 年 10 月，厦门阵亡
67	郑文俊	35	福州	海军陆战队 1 团 6 连连副	江西阵亡
68	陈国泰	27	福州	保安团分队长	29 年 10 月 7 日，浙江金华阵亡
69	郑金官	26	福州	80 师士兵	34 年 3 月 28 日，大北领阵亡
70	吴 钊	32	福州	80 师 239 团士兵	34 年 4 月 7 日，福州北库巷阵亡
71	方旺官	30	福州	海军盘查队士兵	27 年 2 月 3 日，湖南阵亡
72	叶镜秦	24	林森	教导队第 1 团军医官	36 年 11 月 10 日，南京阵亡
73	郭兆宇	25	福州	宪兵 1 团 1 营 1 连宪兵	26 年 7 月 5 日，建瓯阵亡
74	林阿祚	36	福州	陆军 103 师军医官	26 年 11 月 9 日，南京阵亡
75	方家禾	30	福州	80 师搜索队队员	34 年 2 月 11 日，北库阵亡

序号	姓名	年龄	籍贯	原工作单位及职务	牺牲时间、地点、原因
76	林光楚	32	福州	80 师第 7 搜索队队员	36 年 9 月 16 日，仓前后巷阵亡
77	蓝 文	23	福州	80 师搜索队队员	34 年 4 月 11 日，北门兜阵亡
78	陈淑金	22	林森	陆军 100 军 3 营 2 连士兵	34 年 4 月 21 日，福州南校场于山前阵亡
79	唐大荣	25	福州	第 5 战区长官部通信团少尉排长	32 年 3 月 4 日，湖北老河口平民医院负伤牺牲
80	郭步强	28	福州	陆军通信兵 5 团补充连中尉排长	33 年 11 月 15 日，湖北老河口平民医院负伤牺牲
81	陈树美	33	福州	陆军 80 师第 7 挺进队	33 年 10 月 8 日，北门外新店阵亡
82	连鸿波	34	福州	陆军 87 师 21 团上尉连长	26 年 8 月，上海大场阵亡
83	谢兆梁	34	福州	福建省保安四团 2 大队 5 中队上尉中队长	30 年 8 月 26 日，福清县城阵亡
84	唐文坤	27	福州	上海税警团 4 团 3 营 9 连长	27 年 10 月 15 日，上海北利桥阵亡
85	郑仲豪	34	福州	陆军 194 师 582 团 3 营少校营长	32 年 6 月 4 日，湖北宝都阵亡
86	刘礼营	23	福州	陆军 33 师迫击炮连 2 营 1 连士兵	32 年 9 月 23 日，浙江水嘉松阳医疗所负伤牺牲
87	翁金官	22	福州	陆军第 26 师 78 团少尉连副	33 年 8 月 24 日，浙江阵亡
88	陈依清	41	福州	榕南救亡会	33 年 8 月 27 日，十一洋路新店不服日军检查抵抗被杀
89	王 凯	24	福州	福建省保安 2 团分队长	30 年，福清玉屏上阵亡
90	林逸资	36	福州	海军第 1 舰队中山军舰士兵	27 年 10 月 20 日，金口上游阵亡

序号	姓名	年龄	籍贯	原工作单位及职务	牺牲时间、地点、原因
91	陈留勇	20	福州	海军练习舰队士兵	26 年 10 月 23 日，采石阵亡
92	黄长清	55	福州	海军水雷队上士	27 年 3 月，江西湖口阵亡
93	潘庆官	19	福州	51 师士兵	31 年 7 月，湖南常德阵亡
94	郑洛俤	22	福州	陆军第五预备师补充第 3 营第 8 连士兵	33 年 6 月 3 日，江西阵亡
95	游文赛	21	福州	保安警察大队警士	33 年 5 月 13 日，妙峰山阵亡
96	曹守樵	26	林森	海军江贞军舰司书	27 年 7 月 23 日，湖南岳阳阵亡
97	孙绍谋	34	连江	抗敌除奸团队员	33 年 10 月 5 日，台海澳埕阵亡
98	陈树英	33	林森	80 师第 7 挺进队队员	33 年 10 月 8 日，北门新店阵亡
99	林妹犬		林森	国军	33 年 5 月 17 日，运物阵亡
100	郑乌吴				33 年 10 月 8 日，参加抗敌阵亡
101	林英寂		林森	竹林救火会	33 年 10 月 6 日，反攻福州阵亡
102	谢森春		林森	竹林救火会	33 年 10 月 6 日，反攻福州阵亡
103	郭连瑜		林森	江处长卫士	33 年 10 月 6 日，反攻福州阵亡
104	郑善钟		林森	青年团团员	33 年 10 月 6 日，反攻福州阵亡
105	刘臬俤		林森	青年团团员	33 年 10 月 6 日，反攻福州阵亡
106	萧良籓		林森	青年团团员	33 年 10 月 6 日，反攻福州阵亡
107	林学钟			保安大队警士	33 年 10 月 27 日，侯官市阵亡
108	方忠雨		林森	保安大队警士	33 年 10 月 27 日，侯官市阵亡
109	郑 文		林森	保安大队警士	33 年 10 月 27 日，侯官市阵亡
110	翁福官		林森	保安大队警士	33 年 10 月 27 日，侯官市阵亡
111	金 鼎		林森	80 师	33 年 4 月 5 日，阵亡
112	郭树荣		林森	80 师	33 年 5 月 23 日，阵亡
113	王发进		林森		33 年 5 月 14 日，阵亡
114	郑 监		林森		33 年 3 月 18 日，阵亡
115	洪正坤		林森		33 年 10 月 27 日，阵亡
116	董行逸		林森		34 年 1 月 15 日，阵亡
117	房孝志		林森	80 师挑夫	8 月 17 日，被敌击毙

序号	姓名	年龄	籍贯	原工作单位及职务	牺牲时间、地点、原因
118	陈依金		林森	80 师	33 年 11 月 22 日，阵亡
119	郭依货		林森	莲峰第四区党部执委	33 年 5 月 14 日，阵亡
120	吴高雄		林森	罗峰服务员	33 年 5 月 18 日，阵亡

（福州市档案馆馆藏档案，档案号 901—3—414—415）

140. 福州市抗战军民受伤情况调查表[*]

序号	姓　名	年龄	籍贯	单位	受伤时间、地点、原因
1	赵文桂		福州	福州救火联合会	33 年 10 月 8 日，盐仓前
2	孟秋惠	48	福州	福州救火联合会	33 年 10 月 8 日，鹤龄路
3	林依磨		福州	福州救火联合会	33 年 10 月 8 日，鹤龄路
4	谢乌圭	34	福州	福州救火联合会	33 年 10 月 8 日，石厝
5	郑学芬	42	福州	福州救火联合会	33 年 10 月 8 日，石厝
6	董利商		福州	福州救火联合会	33 年 10 月 8 日，石厝
7	陈松俤	24	福州	福州救火联合会	33 年 10 月 8 日，鹤龄路
8	蔡逸松		福州	福州救火联合会	33 年 10 月 8 日，梦园路
9	陈岩福		福州	福州救火联合会	33 年 10 月 8 日，梦园路
10	郑家华		福州	福州救火联合会	33 年 10 月 8 日，华南路
11	郑天德	43	福州	福州救火联合会	33 年 10 月 8 日，石厝
12	王俤俤	20	福州	福州救火联合会	33 年 10 月 8 日，石厝
13	翁和尚		福州	福州救火联合会	
14	李万利	48	福州	福州救火联合会	33 年 10 月 8 日，鹤龄路
15	林培宦		林森	福州救火联合会	
16	郑同如		福州	福州救火联合会	
17	郑祖芸	19	福州	福州救火联合会	33 年 10 月 8 日，仓前山
18	黄福鹏	19	福州	福州救火联合会	33 年 10 月 8 日，仓前山
19	陈依㭏		福州	福州救火联合会	33 年 10 月 8 日，仓前山
20	林西货		福州	福州救火联合会	33 年 10 月 8 日，吉祥山
21	陈依池	23	福州	福州救火联合会	33 年 10 月 8 日，石厝
22	赵　明	20	福州	福州市救火联合会	33 年 10 月 8 日，岭后路
23	李陈氏	28	福州	福州救火联合会	33 年 10 月 8 日，洋中路
24	郑有豪		福州	福州救火联合会	33 年 10 月 8 日，吉祥山
25	李祥官	18	福州	福州救火联合会	

---

* 原件未署时间。

序号	姓 名	年龄	籍贯	单位	受伤时间、地点、原因
26	李宝明		福州	福州救火联合会	
27	张梓黑		福州	福州救火联合会	
28	张挺霄		福州	福州救火联合会	
29	陈彬俤	19	福州	福州救火联合会	33 年 10 月 8 日，秋唐巷
30	王美官		福州	福州救火联合会	
31	王逸年	19	福州		33 年 10 月 8 日，吉祥山
32	许连官	49	福州		33 年 10 月 8 日，仓前山
33	曾依标	39	福州		33 年 10 月 8 日，吉祥山
34	陈志仁		福州	福州救火联合会	33 年 10 月 8 日，吉祥山
35	陈东俤	37	福州	福州救火联合会	
36	郑永惠		福州	福州救火联合会	
37	王道兴	23	福州	福州救火联合会	33 年 10 月 8 日，吉祥山
38	林福官	49	福州	福州救火联合会	33 年 10 月 8 日，秋唐巷
39	宋建霖	14	福州	福州救火联合会	33 年 10 月 8 日，秋唐巷
40	张英杰		福州	福州救火联合会	33 年 10 月 8 日，仓前山
41	宋忠镜		福州	福州救火联合会	33 年 10 月 8 日，民泉
42	王鹏程	42	林森	侦缉队探员	33 年 10 月 28 日，侯官市战役被击伤
43	郑祖挺	37	林森	侦缉队探警	33 年 10 月 28 日，侯官市战役被击伤
44	陈金汤	36	林森	侦缉队探警	33 年 10 月 28 日，侯官市战役被击伤
45	沈富钟	30	林森	鼓楼分局警士	33 年 10 月 28 日，大梦山战役被击伤
46	林春森	21	林森	保警队警士	34 年 5 月 13 日，妙峰山战役被击伤
47	吴 忠	28	林森	仓山分局警士	30 年 4 月 21 日，仓山分局传递公文被炸致伤
48	林守坤	28	林森	保警队警士	30 年 4 月 21 日，东门口战役受伤
49	谢利源	49	福州	福州市古田街 29 号	34 年 11 月 29 日，参加吉祥山杀敌负伤
50	王道兴	25	福州	福州市南禅保	34 年 11 月 29 日，参加吉祥山杀敌负伤

序号	姓名	年龄	籍贯	单位	受伤时间、地点、原因
51	张文朋	16	福州	福州市南禅保	34 年 11 月 29 日，参加仓前山杀敌负伤
52	郑年如	42	福州	福州市平和保	34 年 11 月 29 日，参加吉祥山杀敌负伤
53	王逸平	36	福州	福州市平和保	34 年 11 月 29 日，参加吉祥山杀敌负伤
54	陈连俤	17	福州	福州市万侯保	34 年 11 月 29 日，参加石厝抗敌负伤
55	程水官	29	福州	福州市平和保	34 年 11 月 29 日，参加仓前山杀敌负伤
56	林荣官	21	福州	福州市万侯保	34 年 11 月 29 日，参加石厝抗敌负伤
57	张秉奎	48	福州	福州市上杭保	34 年 11 月 29 日，参加石厝抗敌负伤
58	刘大平俤	34	福州	福州市上杭保	34 年 11 月 29 日，参加石厝抗敌负伤
59	刘大平	36	福州	福州市上杭保	34 年 11 月 29 日，参加石厝抗敌负伤
60	刘国椎	42	福州	福州市纯平保	34 年 11 月 29 日，参加吉祥山杀敌负伤
61	曾哲	44	福州	福州市纯平保	34 年 11 月 29 日，参加吉祥山杀敌负伤
62	郑家华	18	福州	福州市纯平保	34 年 11 月 29 日，参加吉祥山杀敌负伤
63	林依磨	29	福州	福州市纯平保	34 年 11 月 29 日，参加吉祥山杀敌负伤

（福州市档案馆馆藏档案，档案号 901—3—415）

141. 福州市被敌杀害群众一览表 *

序号	姓名	年龄	籍贯	原工作单位及职务	牺牲时间、地点、原因
1	章俤文	46	福州		33 年 11 月 17 日，中平路伪宪兵队被杀害
2	陈能旺		林森		34 年 1 月 17 日，阵亡
3	洪可盛		林森		被敌捕杀
4	朱金朋		林森		被敌杀害
5	朱卓氏		林森		被敌杀害
6	林依水		林森		在白石桥被敌杀
7	郑依俤		林森		被敌杀害
8	林细妹		林森		被敌枪杀
9	叶宝暄		林森		被敌刺杀
10	陈鼎蕃		林森		33 年 10 月 26 日，被敌殴毙
11	陈依德		林森		被敌枪杀
12	胡四俤		林森		被敌枪杀
13	胡依香		林森		被敌枪杀
14	潘香铨		林森		33 年 5 月 31 日，兰圃乡被杀
15	赵复祥		林森		33 年 10 月 20 日，被敌杀害
16	曾学承		林森		33 年 10 月 25 日，被敌杀害
17	蔡文秀		林森		34 年 1 月 6 日，被敌杀害
18	郑土狮		林森		34 年 5 月 18 日，被敌杀害
19	阮文忠		林森		33 年 12 月 13 日，被敌杀害
20	黄张氏		林森		34 年 5 月 18 日，被敌杀害
21	赵大安		林森		被敌捕杀
22	杨李氏				被敌杀害
23	严细孙		林森		被敌枪杀
24	连粒犬		林森		被敌枪杀

---

* 原件未署时间。

序号	姓名	年龄	籍贯	原工作单位及职务	牺牲时间、地点、原因
25	李利发		林森	风山古山保保长	被敌枪杀
26	林水莲		林森	风山古山保保长	被敌枪杀
27	张王氏		林森	风林区分部书记	被敌枪杀
28	叶海寿		林森	风林区党部书记	被敌枪杀
29	李洪喜		林森	林森县参议员	被敌枪杀
30	江坤官		林森	林森县参议员	33年12月12日，被敌枪杀
31	林友章书氏		林森		33年10月8日，被敌枪杀
32	林祥官		林森		33年8月22日，被敌枪杀
33	陈火仙		林森		在连江枪杀
34	林黄氏		林森		被敌枪杀
35	高三三		林森		被敌枪杀
36	唐依金		林森		洪塘乡被敌杀
37	陈依寿		林森		被敌刺杀
38	杨昌增		林森		被敌刺杀
39	吴王氏		林森		34年5月18日，中弹亡
40	陈张氏		林森		34年5月18日，中弹亡
41	潘秀荃		林森		34年5月21日，被敌杀害

（福州市档案馆馆藏档案，档案号901—3—414—415）

142. 福清市人口伤亡调查表（已知名单）

姓名	性别	职业	年龄	最高学历	伤或亡	费用（元）		证件
						医药	葬埋	
郑永坡	男	国民党游击队	28		亡			
李绪函	男	农业	39		亡			
林德汪	男	农业	41		亡			
郑敬燦	男	农业	18		亡			
林双喜	男	农业	52		亡			
张颢仔	男	农业	39		亡			
林啟祥	男	农业	60		亡			
林光春	男	农业	21		伤			
林贵国	男	国民党游击队	30		亡			
林德玉	男	国民党游击队	30		亡			
张曲妹	男	国民党游击队	36		亡			
林细昌	男	农业	50		亡			
林陈氏	女	农业	50		伤			
林依美	男	国民党游击队	21		亡			
林吓花	男	国民党游击队	25		亡			
林水顺	男	国民党游击队	25		亡			
林肥猪	男	国民党游击队	38		亡			
林啓香	男	国民党游击队	36		亡			
林吓燦栂	男	农业	32		亡			
林华堂	男	农业	31		亡			
林华由	男	农业	67		亡			
林俞亿	女	农业	42		伤			
林吓妹	男	国民党游击队	58		亡			
林光矮	男	国民党游击队	55		亡			
陈明来	男	农业	67		亡			
林吓治	男	农业	30		亡			

姓名	性别	职业	年龄	最高学历	伤或亡	费用（元）		证件
						医药	葬埋	
林德龙	男	看门	65		亡			
林查姆	男	看门	56		亡			
张益邦	男	农业	21		亡			
林细仔	男	农业	57		亡			
林德华	男	农业	49		亡			
李绪奕	男	农业	27		亡			
林杨氏	女	农业	72		亡			
林吓颉	男	农业	53		亡			

（档案、文献、资料出处或来源：福清市司法局报送的《敌人罪行调查表》；填报人：郑仁元；调查单位：中共福清市委党史研究室；调查日期：2014.6.10）

（二）文献资料

1. 敌机炸漳损失 17 万

上月 24 日，敌机三次袭漳，滥炸市内居民，除死伤百余人由救济会设法优恤外，全市损失状况如何，亦经各联保调查核实，呈报县府。计钟南镇炸毁民房 140 间，估量损失 165640 元。崇威镇炸毁民房 18 间，估量损失 1500 余元。总损失不下 17 万元。

（《江声报》1938 年 3 月 27 日）

2. 海澄县被敌机轰炸概况

海澄与厦门一衣带水，隔海峡遥对，本是唇齿相依的关系，自从 1938 年 5 月厦门沦陷后，海澄形势突兀，成为前沿地带，是漳州的门户，在八年抗战期间，它与龙溪县的石码镇先后共遭受日机轰炸过六七十次，海澄县城关的海沧、白水等地均遭受轰炸。计日机 23 架次，投弹 49 枚，人民群众伤亡达 177 人，被摧毁的民房 40 多座，炸死的牲畜，毁灭财产的损失，难以计算。

下面仅举 1939 年数月间，日机在海澄造下的罪行，足可见其一斑了。

1939 年 5 月 12 日，海澄西门被炸，居民大知、警察允添等人被炸死，炸毁民房数十间。同年 5 月 25 日，华瑶村遭殃，一个石码人"走飞机"躲在村边大树下，被机枪扫射死。同一天，内、外两楼村庄也遭轰炸。风水先生永法夫妇躲在床底，双双被炸死；一户做豆干的老头永吉，也被炸死。

5 月 31 日，连远离县城 10 余里、傍山的村庄台水营圩，向来都认为是较为安全的地带，不料也遭敌机的轰炸。当日下午敌机 3 架次对鸡市、中街、五爷庙、竹仔脚俯冲三、四次，投弹 8 枚，扫射一次，炸死 5 人，炸伤 4 人，摧毁民房数十间。这是蓄意以平民百姓为轰炸对象，专以杀人为其乐事。

8 月 10 日，县城西门佛祖庙被炸成一个大窟窿，居民水盛血肉横飞。

9 月初旬，10 天之间县城本厅何一带 3 次遭炸，伤亡及损失不详。由此可见，敌机狂轰滥炸，肆意屠杀平民，欠下海澄人民多少血债！

（漳州市政协文史资料委员会编：《漳州文史资料》第 9 辑，1987 年 7 月，刘琼瑶供稿）

3. 兽军焚劫崇武的暴行（节录）

（上略）

当本月十六日寻晨的沿海时闻炮声机声远播，居民已司空见惯，初尚不以为异，当正午时分，炮火突告猛烈，局势陷入紧部状态，（中略）斯时战事激烈，战况未明，在沉闷的气氛中暂时后退，至十九日晨，重赴崇武峤港一带慰问，并实地考查，兹将归来所得印象，简略报导如下：

1. 敌我军事战斗形势：敌此次动员三百余众之海军陆战队、敌伪军及卫兵等，以一小型航空母舰，六艘战斗舰，载机七架（水上机三架，重轰炸机二架，侦察机一架），大小汽艇数十艘分泊后海与前坡港湾，在十六日破晓时，六架敌机出动崇峤港一带领空低飞侦察，未丢弹时，曾无耻的放下青石、巨石数十块，继以二十五磅至五十磅之炸弹滥施横炸，并施行低空扫射，在敌舰左右翼密集炮火掩护之下分兵由后海登陆，一路进攻港墘大峤红子山，直迫崇武东城，一路由最高文昌阁穿通急下，斯时我驻军保安队与敌接触，自卫分队亦与敌相持混战，因自卫分队只有一班弟兄，与敌英勇抗战，其余二班，有的开到獭窟抗战，一班另有任务，时在众寡悬殊对峙中，由刘分队长文波之机敏指挥，在峰前店对敌迎头痛击，我方虽伤一人，失踪一人，但仍坚持到底，浴血苦斗，其伟壮精神，实堪敬佩。

2. 兽军肆行焚劫：当兽军登陆后，挑选一部强有力部队配合敌伪军窜入崇城示威劫杀，撤贴荒谬标语，另一部弱兵即分头出动在前后海，港关，港墘大峤一带抢劫商船货物，及押运汽油，焚毁大小渔船四百多艘之冬海船，大排，钓艚，纲仔，商船……在敌人罪恶血手之下以剧烈的火光，化为灰烬，那时，浓厚的黑烟，笼罩在黄色的沙滩，怪臭的煤气，猛扑在渔民呼吸的鼻孔，在此空前绝无的浩劫，多数渔民的生命线被敌切断，各自奋不顾身，奔赴前敌抗争，可惜赤手空拳，都在惨无人道的兽军的屠刀上牺牲了。

3.（略）

4. 埋着一颗愤恨的炸弹：兽机从破晓飞旋，一直狂炸到黄昏黑夜，在崇峤港一带领空撒布血雨腥风，使千万的居民，在狂烈的震爆中失了知觉，但他们悲愤的心怀，却难一时遣散这绝惨的日子，记者此次与当地人士共同调查结果，统计男女老幼的居民，被炸亡的七八十个，其余轻重伤的有三十余人，被毁民房三十余座，大小渔船及商船四百余艘，尽遭灰烬，与被抢货物价格，合共估价约有二百多万，其中不少居民，家破人亡，极人生之悲惨，最可恨的，船只被烧，数千万的渔民生机，在绝望中打断，此为敌人最无人道的兽行举动，崇武无辜的千万渔民，胸怀中永远是埋着一颗愤恨的炸弹。

5. 不堪回首的血债：抗战三年以还，福建沿海渔民，惨遭兽军焚劫，在报章杂志上，时常披露，特别是崇武处在闽南海防要冲，又是产鱼区域的中心，沿港渔民之经济需给，也以崇武为根源，故敌人早已处心积虑，虎视眈眈，而有此次的大焚杀，其重要意义不但予我军事威胁，牵制一部武力的转移，而且是以大规模破坏手段，作经济上的进攻，崇武却不是"沃野千里，肥田万顷"，在居民"靠山吃饭"的观念，老早已丢放脑后，他们唯一的生路，便是漂洋过海，在洪波巨浪中献出生命的威力，驾出渔船儿到台湾江浙舟山群岛及渺茫东海中去打拼，他们有幸的不被惊涛骇浪所吞没，便有"满载荣归"的希望，来养活老家，今日暴敌下此毒手，竟焚劫居民经济命脉的渔船儿，此仇此恨，当在复仇的烽火线上来清算这笔不堪回首的血债！

末了记者希望当局及各界人士，能在最短期间内讨论个具体计划，迅速进行善后的办法，不然，崇武灾民，又在财破人亡的绝望中，多增一重痛苦的担忧！

［福建省档案馆编：《日本帝国主义在闽罪行录》(1931—1945 年)，

福建人民出版社 1995 年版，第 428—430 页］

4. 敌机六次狂炸融同惠澄

昨（14）日泊厦海敌航空舰上兽机，自晨 7 时许迄午后 4 时止，先后 6 次起飞，大肆猖狂袭扰闽南各地，尤以福清惨遭三度滥炸，投弹 21 枚，死伤最烈；同安、澳头及惠属之崇武、蜂尾亦同被侵袭，四处计投 15 弹。本市晨 7 时 50 分第一次警报，至 10 时 30 分解除，12 时 50 分二次警报，至 3 时解除。兹查各情如次：昨晨 7 时 40 分，敌机 3 架起飞，循沿海经惠安、莆田至福清，投 8 弹，9 时返厦。8 时 15 分，敌机仍 3 架向漳浦飞去，9 时敌机第三次起飞 7 架，3 架飞漳浦，1 架飞海澄侦察，余 3 架飞澳头投 3 弹，旋复转经本县第三区及惠安、莆田，至福清再投 4 弹，然后向福州方面而去。追 11 时 20 分，该 3 敌机掉返原路飞厦；12 时 5 分敌机起飞 1 架，向东遁去。12 时 30 分敌机第五次起飞 10 架，1 架在厦门上空盘旋数匝后下海，1 架飞本市散发伪报，2 架飞惠安之蜂尾，投弹 3 枚，死伤各 1 人，毁屋两座，又飞崇武亦投 3 弹，死 13 人，伤 15 人，毁民屋数十幢，敌投弹后，再转往福清，又滥投 9 弹，其中 4 弹为烧夷弹。福清三次计投 21 弹，死 20 人，伤 2 人，倒屋数十幢。午后 4 时零 8 分，敌机 9 架起飞，5 架在厦海上空飞绕一周，即仍下海，4 架飞同安，投弹 6 枚，倒屋 10 余幢，伤 4 人，始行遁返。该载机敌舰迄晚仍泊大担屿海面云。

（海沧电话）敌航空舰一艘，载机 18 架，窜泊厦港后，连日起飞敌机，肆虐闽南沿海，今（14）日敌机仍分批起飞，狂炸滨海各地，12 时 45 分，敌机 1 架经海沧，旋飞角尾，在街上及山间各投 1 弹。迄发电时，该载机敌舰尚泊未去云。

（《福建日报》1941 年 1 月 15 日）

5. "三·三"血债写泉州（节录）

"三·三"，这个血的日子，仇恨的日子，从今，将永远为晋江人所谨记。我们并不悲哀痛哭，为着三十位死难的同胞，我们唯有增加了血的仇恨与誓死复仇的决心。亲爱的读者们，当你们开始看这篇报告时，请如我着笔之前一样吧：且默念少刻，为我们的死者志哀！

天太晴朗了，在连日的春雨滂沱之后，这突然转晴的天气，没有人想到顷刻间将有腥血染红了晋江城。

是的，昨天（3月2日）敌机72架，曾狂炸沿海各地，而如今，仇恨却交织着血染在我们美丽的泉州！

上午八时三十分，在同安汉口方面发现敌机1架，经同安、南安一直向晋江袭来，警报戛然长嘶了，街上秩序一如过去警报时一样，行人们毫不紊乱地走上了人行道。八时四十五分，一架单翼的陆上新型机，由晋南飞入市空，盘旋二十五分钟之久，在市空上绕飞数匝，到了九时十分，才突地向中山南路、万寿支路、水巷及聚宝街等处投下七弹，除了中山南路捷利报关行屋后一弹因为坠水，不曾爆炸以外，其余六弹全部爆发。这独自一架寇机的恣肆暴虐，不期竟成为晋江市区的空前浩劫！

七颗炸弹的分布地点，计南薰镇富美保三弹（死伤最重的地方便在这里），五保后街一弹，浯渡保二弹，又云梯镇文冒保辖的聚宝街一弹，除了浯渡保捷利报关行后一弹未曾爆发以外，五保后街一弹亦未伤损人屋，仅只五弹之虐，竟成惨祸！

死伤的人们是谁呢？是老弱妇孺，是怀孕妇女，是无辜民众。这一笔血债太重了，让我们列表于下：（表略）

当敌机满足了这场屠杀以后即飞向第三区出海窜去。那时正九时三十分，警报解除。在被炸地区，那一片罹难民众，呼天抢地，哭声推着人们的心……

这一次血的洗礼，是抗战以来晋江史最惨重的一页，据调查，除死伤人数已知52人以外，计倒屋14座，损失达×××元以上，其中受害最为惨烈的是富美保和兴甫"鱼旁"行，当炸弹坠地时，"訇"的一声，血肉横飞，断头、折臂，触目伤心，死伤十余人，事后掘得现钞一万零九百八十六元，金首饰二十三件，重计五两，还有银锁银链各一双。其次是水巷尾一弹，震动了附近防空洞的顶盖，上面沙土木石一齐下陷，窒死 10 人，这些死者掘出时，本来多有体温，然因为时已久，且急救工具缺乏，终于不治。（下略）

（亚彤撰稿　1941 年 3 月 6 日，厦门大学图书馆剪报资料）

6. 敌机分批狂炸榕融（节录）

……两日来敌机为掩护敌伪军作战，均竟起飞各县侦察肆虐。昨（20）日，福州、福清两地遭炸最烈。本市□□午后 12 时 40 分发出警报，至 1 时 30 分解除，敌机两度掠过沿海，兹略志各情如下：查晨 7 时 18 分，闽江口起飞 1 架，福州洪山等投弹 6 枚。8 时 20 分，海澄发现敌机 2 架，经龙溪、同安，至永春，窜永安，迄 10 时循原路折返。9 时 20 分，敌机 7 架飞榕市南郊某地，投数弹。10 时 38 分，敌机 4 架再飞福州，投 8 弹。12 时 12 分，敌机又 4 架飞南台投 4 弹。12 时 20 分，敌机 3 架窜经宁化，至永安，复转大田、德化、仙游、莆田等县，始出海而去。12 时 26 分，敌机 9 架飞福清，猛炸海口等处。

（《福建日报》1941 年 4 月 21 日）

7. 福州兽军搜捕闽女千余载往台湾琼岛，
掠我幼童五百运回敌国

（水口四日电），暴敌入寇福州，作恶万端，令人发指，前昨数日，搜捕市内良家女子一千余人，以汽车押至南台，分载五船，开往口外，转登敌舰，系驶往台湾及海南岛，供兽军蹂躏，又捕我幼童四五百名，分载两船，掳回日本，我市民痛遭大祸，哀儿哭女，惨不忍闻。日来敌于西北门外，布设电网，入夜即通以电流，防我反攻，兽军则麇集于南台及仓前山各饭店酒楼内，酗酒取乐，各娼寮妓女及良家女子，遭其污辱者，不计其数。

（战地通讯社）综合南平莆田各处来电叠报福州方面逃出难民称，旬日以来敌伪在福州城区及南台各处挨户搜查财物，尤以五金材料及米盐为甚，刻福州米价每百市斤已达五百元，又敌伪入城后均占住民房，未及逃出之民众多被驱供苦役，稍不如意即遭鞭杀，四月廿七至廿九日，敌将所搜掠物资及青年妇女千余人，用大小驳船自台江汛开至闽江口敌舰，中途跃水自杀之妇女甚多，可知此次敌伪流窜闽江沿岸，纯为抢夺物资供其最后挣扎云。

（《福建日报》泉州版1941年5月5日）

8. 敌寇暴露强盗行径， 掠取物资运厦变卖

（厦门特讯）据此间伪报载，寇陷福州之役，无辜华民，男妇老幼，计被惨杀者，约达五千余名，物资方面，计被掠去绿茶一万五千箱，圆材五万七千五百支，角杉一万一千五百支，及各种木材甚多，财帛物品及蔬菜、猪、牛、鸡、鸭、柴炭等，不计其数，已运厦门贩卖，敌之强盗行为，于此已暴露无遗矣。

（《福建日报》泉州版 1941 年 5 月 11 日）

9. 福州敌寇暴行

(水口中央社十九日电)沦陷后之福州,在奸淫洗劫饥饿之恐怖下,恶寇兽性暴露无遗,于昨日始自该城逃出者称:敌以市内食物奇缺,遂乃发卖通行证,每张勒索法币数元,驱逐民众离市,意图减轻粮食恐慌。最近又向商家勒索五百万,日官兵大发横财。四星期来惨遭蹂躏劫掳之妇女不下二三千,城内南街利亚药店东某二女,年方及笄,敌捕入其司令部三日后释出,皆因摧残而致颠痫。黄巷口某女店主被围九日,轮奸数十次,该妇自尽未遂,率日胀膈而死。此外被奸致死抛弃江中之无名女尸,不计其数,市民十九皆遭亡妻失儿之痛,诸如此类不堪尽述。敌三五成群,挨家搜劫,迄今未已。甚至一家数次,民间法币金银首饰,自来水笔,檀楠家具,钢铁器皿,米粮、食物悉遭掠夺,每日以卡车数十辆搬运登舰而去,见家宅祖庙神像,辄倒身下拜,见神案供设金属香炉,则仍不忘劫取。敌复强迫使用军用票以低价换取我法币。又运来大批红丸白面,低价贩售,施行毒化,其残酷毒辣,直欲陷福州于万劫不复。谈者痛言:同胞欲免亡国灭种之祸,唯有跟他拼个死活。

(《中央日报》永安版 1941 年 5 月 20 日)

10. 诏安县城遭滥炸

昨晨拂晓，诏安发现敌机 1 架在城郊投弹 1 枚，死 6 人，伤 3 人，六时三十五分二次来犯，投弹 2 枚，伤 4 人，八时十分又投弹 4 枚，死 5 人，伤 1 人，该敌机 1 架巡回三次，均投弹我平民区，残杀无辜同胞，可见敌人凶残暴戾，备极无聊。

（《中央日报》福建版 1941 年 7 月 5 日）

11. 日寇侵略永宁 "七·一六" 纪念碑碑文

(1941 年 7 月 16 日)

呜呼！日寇之仇不共戴天矣！其侵略我国也，所到州县，悉逞暴戾淫威，真世界上最无人道者也！民国廿九年七·一六侵晓，金厦寇以楼船飞艇掩护台之伪军，偷越海滩，焚毁劫杀，一时烽火薰天，肝脑涂地。吾守土军民，悬强弱拒不支，而各乡扶老携幼之难民，哀震数里，惨不堪闻。当寇之攻入我镇公所也，警卫士或殉职或受伤，终以枪弹不继，而假座鳌城王氏宗祠之公所亦因是殉焉。午后吾军冲出而寇遁矣。呜呼，数小时间遭蹂躏者，十有三乡，军民死者八十余人，市屋数拾座、渔舟悉灰烬，财物货品为劫者，则更什什难数矣。痛乎不痛？回忆明季吾卫城罹倭祸之惨，所谓城郭丘墟者，出今犹有痛沉。旧仇未复，新仇增创，此日寇之仇，真不共戴天矣！愿我人励尝胆漆身之志，以歼此木屐儿也！今春已半周年，吾人痛定思痛之余，追念我守土军民为国殉难，壮烈凛然，开大会追悼，以起吾民族精神，坚节操，乘时而雪此重耻，完抗建之巨功。泐立斯碑，示不忘也！

本镇七·一六惨遭倭祸纪略
民国三十年七·一六永宁镇各界泐石

（编者注：永宁各界人士于 1941 年 "七·一六" 周年纪念时，在永宁西门外 "孝女姑" 庙前泐石建立一座四棱台形的、高一点九公尺的纪念碑。

碑座正面蔡秉禄题词：誓灭仇雠。

碑座背面庄澄波题词：雪耻复仇。

碑座左侧吕尘心题词：新仇旧恨。

碑座右侧李振贯题词：血泪鳌城。）

（晋江县地方志编纂委员会：《晋江方志通讯》1988 年第 2 期）

12. 暴敌经济剥夺方案

（1941 年 7 月 18 日）

金厦潮汕沦陷后，敌人于军事政治进攻之外，最毒手段莫如经济之剥夺。除将各沦陷区市内所有五金，尤其是铁，均极尽可能搜罗运往敌国外，并拟定四项毒辣政策，以冀破坏我经济，兹据志如次，藉供国人知所警惕。

一、破坏金融：①由台湾假造国币 500 万元，代销者以 7 折计；②以高价收买我金银；③发行军用票以吸收我国币。

二、吸收资源：不准货物入我内地，惟内地有将口锡偷运至沦陷区者，即甚欢迎，并准以货易货。

三、争取侨汇：国人在南洋经商工作者，为数甚多，每年汇款数达万万，敌人垂涎此侨汇已久，因在南洋各埠台湾银行低价收买侨汇，不收汇费，幸华侨深明大义，不为所动，敌乃变更手段，在沦陷区如厦鼓潮汕等处，严密检查南洋邮件，从中搜刮，往往连银带信被敌扣留。

四、破坏生产：例如潮州柑为全国有名之果品，每月运往南洋各埠者数在 300 万元以上，敌常欲购买柑苗，因我禁运出口，难得佳者，敌近竟将所有柑树斩毁，改种鸦片，其毒辣手段，实足令人切齿寒心云。

（《福建日报》泉州版 1941 年 7 月 18 日）

13. 厦敌掠夺侨汇七百余万

（1941 年 8 月 1 日）

近来此间一般不明大义之商人，发觉由香港邮寄国币到厦鼓，利益较票汇稳捷，闻其办法，每国币 5000 裹成一包，自港付邮，挂号寄发，邮费只需港币 6 元余（约合国币 30 元左右），倘有遗失，港邮局照章应赔偿港币 1200 元，而每家一次可寄 10 包至百包之额，如是者每 5000 国币不汇而邮，一发一接之间例可省却汇费约国币 400 余元，所谓"省"即"盈"之谓，其利头诚不可谓不厚也。职是之故，贪利之徒，借口资源内移，遂相率冒大险而屡为之，初不虞螳螂捕蝉，雀伺其后，盖厦门敌伪馋涎滴沥，虎视眈眈，自从垄断厦门邮局海关以后，处心积虑，无时无刻不图掠夺我侨汇，剥取我资源，其税利之贪目，比 X 光线尤为深刻，所以犹装痴作聋，佯为视若无睹者，以事尚未普遍，数字不多，特诱之使熟，而准备一网打尽耳。果也，7 月 22 日，厦海关忽以扣留大批邮寄国币包裹闻矣，数额之多，竟达 700 万元以上，而敌伪仅一举手之劳耳。无论此批被没之国币属于铤而走险之贪商，抑为争取所谓稳捷之侨汇，一言以蔽之，经济损失可谓惨重之极，寄语有血气有心肝之国内外同胞，物资内移，固当争取，但慎勿妄委肥肉于饿虎之蹊，致不幸借寇之兵，齐盗以粮也可。

（《福建日报》泉州版 1941 年 8 月 1 日）

14. 龙溪、海澄遭轰炸

昨日敌机在闽南龙溪、海澄各地肆虐，并有意炸毁我文化机关及外人财产、教堂、医院等。午前 6 时 15 分，敌机两架由厦海起飞，惟无若何动作，且旋即飞返。至 6 时 50 分，厦海复起飞敌机 4 架，旋入龙溪市空，当投下爆炸弹 8 枚，闽南医院及龙溪中学、进德女中处略被炸毁。此批敌机投弹后于 8 点 05 分自行飞返厦海，至 8 点 45 分，厦海再起飞敌机 4 架，又到龙溪投弹 7 枚，计炸毁陆安东路之教堂及协和医院两处，我死伤约 10 余人，此第二批炸龙溪之敌机于 9 时 40 分始向东飞返。至 11 时 12 分左右，厦海又陆续起飞敌机 5 架，旋在海澄第三区所属地名南炮台地方投弹 10 枚，我无损失，敌机于 12 时 05 分飞返厦海。

（《中央日报》福建版 1941 年 8 月 19 日）

15. 三都沦陷了（节录）

三都沦陷经过

八月二十五日上午十时，突有敌舰四艘，窜泊三都口外，至十一时又驶来敌舰十艘，分泊于东冲附近一带，是日下午敌炮舰及巡洋舰六艘，驶进三都澳内，并插二竹竿于三都码头对面之礁石上，三都局势，因之顿形紧张。

第二天早晨八时左右，敌舰五艘，向橄榄屿方面，开足马力前进，我碗窑驻军，当即向其开炮迎击，敌舰亦向三都方面开炮三十多发，一时炮声隆隆，枪声拍拍，敌我战端，遂告开幕。

敌舰于枪炮声中，将悬吊舰上之小汽艇与橡皮艇，悉数放入海中，于猛烈炮火掩护下，装运敌兵分三路向三都亚细亚码头、后山及洋口与新塘交界处之港口，强行登陆，当经我守军——宁德县自卫队，分兵驰赴三处抵抗，以四分队少数之兵力，与千余顽敌，作殊死战。是时弹如雨下，通讯工具及防御工事概遭破坏，当日十一时许，三都消息遂完全与外界隔绝。（下略）

敌人在三都

敌人占据了三都之后，不外乎又玩他们那"蝗军"的老把戏。首先当然是奸淫我同胞了，来不及退出的妇女，不管是五六十岁的老太婆，或是十一二岁的小姑娘，都免不了要被蹂躏，人口不满一万人的小小三都岛，在敌人占据后的第二天，被奸淫者就有一百多人，这就可以想见敌人的残忍与惨毒了。同时敌人又来个甚么"调查户口"、"再编保甲"，把他们认为形迹可疑的拿来杀了，而调查户口，就可查出了更多的女人，供他们来泄欲。

敌人的胆，真小得可以，他们由前三都中学校舍那儿起，至新塘止，沿岸密密重重的布下了好几重电网，并架设了不少的大炮和机枪，来防备我军的进袭。他们更在山上的天主教堂，设了个"海军司令部"，在前福海关税务司公署里，设了个"海军陆战队司令部"，来做他们南进的据点，大做其美妙的荒唐梦。

三都是沦陷了，三都变成魔鬼的集中营了。

（《闽东日报》宁德版记者阿宇，1941 年 9 月 3 日）

16. 建阳、建瓯被炸

（建瓯中央社十四日电）敌机 6 架，今日午后 1 时许由浙分两批侵入闽北。一批 3 架飞袭建阳，向城区投弹 10 余枚，死伤 30 余人，毁屋 70 余栋；另一批 3 架飞炸建瓯，在西郊投弹 12 枚，悉落空地。敌机肆虐后，于 2 时许先后逸回浙皖。

（《中央日报》福建版 1942 年 7 月 15 日）

17. 敌机狂炸晋江

敌机 1 架，昨由厦门 5 次飞袭闽南沿海各县，其间两次曾飞晋江轰炸，投弹 4 枚，死小孩 1 人，毁屋 3 间，第二次投弹 3 枚，无损失。

11 时 10 分，厦门起飞敌机 1 架，在晋江投弹 4 枚，死小孩 1 人，伤 2 人，房间被毁 3 间，12 时 10 分，厦门复有敌机 1 架起飞，经晋江后折向海外。至下午 2 时半，厦门敌机 1 架又飞抵晋江，投 2 弹，弹落空地，我无损失。

（《中央日报》福建版 1942 年 9 月 11 日）

18. 敌机再炸建瓯

（本报讯）本市昨日上午 7 时 34 分，发第 1 次空袭警报，至 8 时 34 分解除，9 时 25 分发第 2 次空袭警报，至 10 时 57 分解除。据防空机关消息，系敌机 1 架从江西窜入本省，经建瓯、水吉、浦城向浙江飞去。第二批敌机 6 架由江西起飞至建瓯窥察后窜抵水吉，旋复折返建瓯，在西北郊空地投弹 40 枚，仅爆发 3 枚，该批寇机肆虐后，又窜至建阳，用机枪向市区扫射，我均无损失，继由崇安向江西逸去。

（《中央日报》福建版 1942 年 12 月 8 日）

19. 敌机轰炸建瓯

　　敌机廿余架今晨九时许，结队飞至建瓯投弹，半小时后向赣境回窜，午后二时许闽江口发现敌机一架，川石仍泊敌艇二只，运输舰一艘。

　　今晨由赣境南窜之敌机分两批飞扰闽北，一架于八时许飞经泰宁、南平，旋即回窜，过光泽投弹五枚，死伤廿余人，毁屋若干栋。一小时后，第二批廿架相继窜来，在建瓯投弹五十余枚，死伤卅余人，又在浦城投弹六枚，始向浙境飞去。

　　此间今晨九时许，复遭敌机廿架滥施轰炸，弹落市区，各地残余市房又多炸毁，市民死伤颇众。

　　廿三日晨敌机七架，由赣东窜闽北，在建瓯飞机场投弹多落河中，另一架袭赣东贵溪投弹，内有延期炸弹。

（《中央日报》1943 年 7 月 27 日）

20. 抗战期间建瓯被炸纪实

距 1937 年 "七·七" 卢沟桥事变发生仅月余，建瓯即于 8 月 30 日遭日机轰炸。其后侵袭、轰炸次数之多，岁月之久，人民物质、精神以及生产上所损失之巨，后方山城，首屈一指。兹逢胜利之日，回忆既往，曷胜感慨！爰将所记八年来被炸实况，整理成绪，聊供研究东日侵华史料之参考。若因此激起世人尊重人道、维护和平、反对侵略、伸张正义之热忱，尤以厚望，岂仅留作雪泥鸿爪耶。

1937 年 8 月 20 日上午 9 时，日机 1 架，首次侵袭瓯空，投下重磅炸弹 2 枚，落中山公园，死伤 11 人。

卢沟桥事变发生，建瓯飞机场即开始修葺，其后虽有极少数运输机栖息其间，仍属小机场规模，并非空军基地；而人民亦以建瓯为未设防之偏僻山城，因对敌机空袭，毫无戒心。8 月 20 日上午 9 时，正当驻军人员指导苦力在中山公园挖掘防空壕时，遽尔机声隆隆，居民不但不知躲避，反而仰首瞭望，忽见两枚炸弹相继坠下，始知敌机投弹，但逃避已来不及。霹雳一声，10 余人死于非命，血肉横飞，肝脑涂地，惨不忍睹。公园路居民曹志三正在用早餐，闻机声震空，放下饭碗，急趋公园观望，手中尚握竹筷一双，亦遭粉身碎骨之祸，剩一手臂，犹高挂柳树枝上。公园原为芝山，居城中高地，两枚重弹一炸，附近房屋均被震撼。至此乃知敌机空袭厉害。敌机逸后，贼去关门，尚有大批居民扶老携幼奔向空地逃避。建瓯经此次 "处女炸" 后，入乡者络绎于途，城居者亦自动建筑防空洞，"防空工作" 始为人民所注意，但官方仍未重视。

本年共计日机 1 架，侵袭 1 次，投下重磅炸弹 2 枚，死伤 11 人。

1938 年 2 月 9 日下午 1 时，日机 1 架，投弹 10 枚于飞机场。2 月 25 日上午 10 时，日机 12 架，投弹 30 枚于飞机场，场中汽油被焚。4 月 12 日上午 11 时，日机 6 架，投弹 15 枚于西北郊。5 月 10 日上午 12 时，日机 5 架，投弹 11 枚于西郊。5 月 16 日上午 10 时，日机 3 架，投弹 28 枚于西郊。5 月 30 日上午 11 时，日机 3 架，投弹 20 枚于西郊。城内长春巷落 1 枚，伤 2 人。6 月 2 日上午 11 时，日机 3 架，除向西郊投弹 20 枚外，并放下荒谬传单；同时水吉亦发现同样传单。6 月 9 日上午 9 时，日机 3 架，投弹 10 枚于西郊。6 月 13 日上午 10 时，日机 3 架，投弹 10 枚于飞机场。7 月 6 日上午 9 时，日机 3 架，投弹 30 枚于飞机场。

是年日机多数投弹飞机场，企图扰乱我后方空防，炸毁我防空设备。实则我飞机场有名无实，未曾有飞机降落，更无防空设备，唯有挨打而已。

本年共计日机 45 架，侵袭 11 次，投弹 194 枚：死伤 2 人。

1939 年 4 月 22 日下午 3 时，日机 3 架，投弹 6 枚于水西桥、管葡街、席巷、柴巷、北辛街一带。死 4 人：伤 13 人，毁屋 3 座。4 月 23 日上午 10 时，日机 3 架，投弹 6 枚于西郊。6 月 25 日下午 4 时，日机 3 架，投弹 6 枚，青云路、磨房后（天主堂坪）、小梨山（县党部、师管区）、西大路（防疫所、中学）等处均遭炸，死 2 人，毁屋 5 座。7 月 6 日上午 9 时，日机 9 架，投弹 26 枚，东门外、水西（盐仓）、黄华山（简师学校、师管区司令部）、西大路（中学、杨祠）、都御坪（何立纲宅）、小梨山（梨山小学、朱禹芳宅）等处均被炸，死伤 5 人，毁屋 8 座。10 月 31 日下午 4 时半，日机 7 架，投弹 12 枚于西郊。

是年日机轰炸，已由破坏飞机场衍及机关、学校、民房等处，人民生命死亡、财产损失较大。从此防空洞之建筑，更引起大众努力。是时城内北辛街周佩玮宅有"古地室"一所，年代久远，未经消毒。玮入室不起，妻进亦死，子女三人下，均接踵死。是亦大众自动开辟"防空洞"中之一幕惨剧，谓为间接被炸故宜。

本年共计日机 25 架，侵袭 5 次，投弹 56 枚，死伤 30 人，毁屋 16 座。

1940 年 2 月 16 日上午 10 时，日机 3 架，侦察良久后，投弹 8 枚于西郊。3 月 30 日上午 9 时，日机 9 架，西门外落弹 12 枚；旋又来 6 架，盘旋良久而去。

是年日机侵袭次数较少，当局即趁此时机，充实防空工作，划分全城为五个"疏散区"。东区设东安，西、北区设马坟，南区设沙门，中区设鼓楼洞。并于商店热闹地带，设置水柜、沙桶，以防燃烧。抗战三年，被炸三年，当局始布置人民疏散地区。

本年共计日机 18 架，侵袭 3 次，投弹 20 枚。

1941 年 8 月 15 日上午 10 时，日机 3 架，投弹 4 枚，弹落府学前（孔庙）、磨房后（天主堂坪）一带，毁屋一座。8 月 16 日上午 10 时，日机 3 架，低飞侦察。8 月 25 日上午 8 时，日机 1 架，低飞侦察。11 月 1 日上午 6 时，日机 1 架，低飞侦察；同日上午 11 时，又 3 架侦察。

是年德苏正式宣战，当局设置"警报机"（汽笛）于古楼月亭。

本年共计日机 11 架，侵袭 5 次，投弹 4 枚，毁屋 1 座。

1942 年 3 月 19 日上午 10 时，日机 1 架，低飞侦察。4 月 21 日下午 2 时，日机 1 架侦察。4 月 22 日下午 1 时，日机 8 架，投弹 16 枚于都御坪（师管区、宪兵管）、盐仓巷等处，死伤 30 人（何合弟全家被炸死），毁屋 19 座。5 月 6 日下午1时，日机4架，低飞侦察。5月7日上午8时，日机4架，投弹7枚，北门城垣、朝天门（王家庄、谢家庄、彭玉州宅）皆被炸，死伤15人，毁屋7座；同日下午2时，日机2架，投弹3枚于大洲，死伤14人，毁屋3座。5月8日上午9时，日机8架，投弹7枚于北城外，死伤7人；旋又1架，投弹3枚于水西车站、七里街一带，死伤8人。5月9日上午7时，日机1架，投弹2枚于七里街。5月20日上午9时，日机3架，低飞侦察。5月21日上午10时，日机5架，投弹31枚于飞机场，汽油被焚，火焰、沙泥、冲飞高空。6月6日、11日、23日下午2时，皆来机1架低飞侦察。7月7日下午1时，日机8架，大扫射后，投弹13枚于飞机场。大洲一带，死伤13人。是日由浙东移瓯之高射炮队，开始射击。7月8日上午8时，日机9架，投弹西郊28枚，北郊3枚，并大施扫射；我高射炮亦发弹射击。7月10日下午2时，日机1架，投弹2枚于都御坪（师管区）、小梨山（招待所）等处后，仍翱翔高空，侦察及扫射约30分钟。我高射炮队虽曾射击，但日机盘旋自如，等闲视之。7月11日上午8时，日机17架，投弹68枚，内多燃烧弹，自河梗庙、南门河、陶米巷、马军巷、五帝庙巷、三仙桥（县党部），经金鸡岭（闽芝药房、章贡医院、闽北旅社、集新旅社）、南库前（中央银行、农民银行、大同旅社等）及中山路（长和号、省银行、立华号、新铭印刷所、华记号、毛福余药行、文化服务社、贸易公司、瑞茂号、天裕堂、芝新印刷所、天元布庄、兴元祺号、闽北书店、宝兴号、瑞源号、立裕号等），至南门街（店屋等）、北辛街（黄达昌宅前栋防空洞）、五通巷、花巷、城门坡、陶朱巷、丁家巷、紫芝街（心光学校）一带，同时中弹。有遭烧者，有被炸者，死伤285人，毁屋354座，为空前所未有之滥炸，损失至巨。高射炮队虽亦大施威力，但毫无成效，甚至日机滥炸时，未闻炮声，日机炸后，则炮声隆隆。7月14日下午3时，日机3架，投弹3枚于飞机场，我高射炮发弹射击。7月15日上午9时，日机1架侦察。7月20日上午6时，日机1架，投弹3枚于城外程宜乡徐墩仔村，死伤3人。7月30日上午7时，日机1架，投弹2枚于中山公园。我高射炮发弹射击。8月3日上午6时，日机1架，侦察东屯乡。8月6日上午7时，日机1架，投燃烧弹1枚于老佛阁二巷粪坑内，未爆发。8月10日、17日上午，每天日机1架侦察。8月18日上午7时，日机2架，侦察4次，我高射炮发弹射击。8月20日、21日、22日、24日、28日、9月1日、2日，7天内每天来1架，计有7架次前来侦察。我高射炮队曾发炮射击，但无命中。9月3日上午8时，日机1架，投弹4枚于大洲，死伤4人。9月4日上午9时，日机1架，投弹大洲1枚、中山路东段3枚，死伤25人。9月6日、10日、

11 日、20 日又连日来机 1 架侦察，4 天内计 4 架次。9 月 24 日上午 8 时，侦察机 1 架曾被我高射炮击伤。9 月 28 日、10 月 18 日、27 日，3 天内每天来机 1 架，计 3 架次侦察。10 月 30 日上午 7 时半，日机 1 架前来侦察。下午 1 时半来机 7 架，投弹西郊 8 枚，死伤 8 人。10 月 31 日上午 8 时，日机 9 架，投弹 36 枚，东中山路、仓长路、钟楼巷、豪栋街（基督教医院等）一带均遭炸，死伤 19 人，毁屋 9 座；正午复来机 6 架，投弹 24 枚于柴巷、临江门、水西、黄华山（省立瓯中宿舍等），死伤 24 人，毁屋 7 座。我高炮射击。11 月 18 日上午 10 时，日机 1 架侦察。11 月 21 日上午 9 时，日机 16 架，投弹西郊 24 枚。我高炮射击。

是年元旦中英美苏法等同盟国于华府白宫发表"攻守局盟"宣言，中日战争成为"第二次世界大战"之一部分。敌人认为我瓯机场有助盟军进攻、有济前方物资之作用，竟以大量燃烧弹掷市区，爆炸弹投机场。

本年共计日机 170 架，侵袭 60 次，投弹 353 枚，其中燃烧弹 1/2，死伤 455 人，毁屋 399 座，物资（少量汽油在内）损失至巨。

1943 年 1 月 9 日、16 日、17 日、2 月 7 日、21 日、3 月 9 日，每天来机 1 架，计 6 天来 6 架次侦察。4 月 1 日上午 9 时，来机 9 架，投弹 18 枚于西郊；复 11 时来机 1 架侦察；又下午 1 时来机 9 架，投弹 12 枚，陶朱巷、马军营、金鸡岭、花巷、大甲巷一带遭炸，死伤 7 人，毁屋 7 座。我高炮射击。4 月 9 日上午 10 时，来机 1 架侦察。4 月：13 日上午 11 时，来机 7 架，投弹 15 枚及空油桶 3 个于西大路、管葡路、中山路一带，传单亦多，死伤 15 人，毁屋 3 座。4 月 24 日下午 3 时，来机 8 架；投弹 32 枚，其中多燃烧弹，并有硫黄包 12 包，鼓楼后、鼓楼前（叶云亭宅、葵店面宅）、前街、五帝庙巷、磨房前、豪栋；黄华山、玉皇阁一带，均中弹起火，毁屋 45 座，死伤 16 人，抛下传单亦多。5 月 5 日下午 2 时，来机 10 架，投弹 40 枚，中山路、河边、留巷、县前（第一监狱）、铁井栏、小梨山、上西河、西大路一带均被炸，死伤 35 人，毁屋 41 座。5 月 8 日下午 2 时，来机 6 架，投弹 8 枚于飞机场。5 月 19 日上午 10 时，来机 9 架，投弹 36 枚西郊：下午 1 时又来机 1 架侦察。5 月 20 日上午 10 时，日机 9 架，投燃烧弹及延性爆炸弹共 42 枚，中山路（崇仁中心学校等）、丁家巷、朱家巷、老佛阁（老幼旭宅等）辛桥头、下西河（救主堂等）、西大路（万和号等）、北辛街（黄达昌宅等）、管葡路、通济门、县前（中孚中心学校等）、小龙须巷、铁井栏一带均遭炸被烧，死伤 46 人（救主堂防空壕内 23 人及陈德发之女 3 口均被炸死），毁屋 37 座。6 月 9 日上午 8 时，曰机 15 架，旋来 10 架，投弹 120 枚于飞机场，多为延性爆炸弹。6 月 14 日上午 9 时，来机 1 架侦察。7 月 23 日上午 9 时来机 7 架，投弹 12 枚于西郊。7 月 26 日上午 10 时，来机 15 架，旋来 10 架，投弹 82 枚。县前、紫芝街、磨房后（天主堂坪等）、铁井栏（管克丞宅及葵祖宅等）、小龙须巷（叶南灼、金季光、黄绍义宅等）、留巷（陈镛宅）、南库前（罗冠英宅等）、中山路一带均中弹，死伤 37 人（叶宅地洞内，金季光之媳妇及孙女等均被炸死），毁屋 32 座。7 月 27 日上午 9 时，日机 14 架，旋又 8 架，投弹 48 枚，西大路、豪栋、玉皇阁（培汉中学操场等）、朝天门一带均遭炸，死伤 17 人，毁屋 5 座。7 月 28 日上午 7 时起至下午 3 时止，日机 12 架穿梭轰炸，投弹 120 枚。城内中山路、上西河、西大路一带；城外吉阳、东游、溪口村庄等处均落弹，死伤 15 人，毁屋 25 座。7 月 29 日上午 8 时起至下午 3 时止，分批来炸：第一批 1 架侦察，第二批 12 架，第三批 9 架，共投弹有 126 枚，除大量炸落飞机场外，东门、横街、水西、水南一带均遭炸，死伤 14 人，毁屋 4 座。7 月 30 日上午 6 时，来机 1 架。8 月 10 日上午 11 时，日机 3 架，投弹 8 枚，留巷、河边（季铭之宅地洞等）、中山路（饶陶赛宅西爿）一带遭炸，炸死 31 人，毁屋 2 座。8 月 15 日上午 9 时，来机 3 架，投弹 12 枚于西大路、管葡路、席巷一带，死伤 5 人。8 月 19 日上午 10 时，来机 9 架，投弹 36 枚，除多数落西郊外，紫芝街（心光学校）、青云路、西大路一带亦有波及。我发高炮射击。9 月 1 日上午 8 时，来机 16 架，旋来 11 架。投弹 95 枚于飞机场。9 月 3 日上午 10 时，日机 1 架侦察；下午，1 时 1 架，3 时 9 架，共投弹 56 枚于机场。9 月 10 日上午 8 时，来机 9 架，投弹 20 枚于西郊。9 月 12 日上午 9 时，来机 9 架，投弹 18 枚（内有燃烧弹），马军营、金鸡岭、北辛街、西大路一带均遭炸烧，死伤 6 人，毁屋 11 座。9 月 15 日下午 2 时，日机 9 架，投弹 18 枚于机场。9 月 19 日下午 2 时，来机 9 架，投弹 32 枚于临江门、大洲一带。9 月 24 日 9 时，来机 9 架，投弹 36 枚于飞机场，炸死修场工人 4 名。10 月 2 日上午 9 时，来机 6 架，投弹 36 枚，禄马巷（公用地洞）、老佛阁、西大路、北辛街一带遭炸，死伤 87 人（葬身地洞内），毁屋 9 座；下午 4 时又来 6 架，投弹 52 枚于飞机场。10 月 28 日下午 1 时，来机 9 架，投弹 30 枚于西郊。11 月 2 日上午 9 时，日机 6 架，投弹 20 枚于西郊。11 月 4 日下午 2 时，日机 18 架，投弹 120 枚于飞机场一带。11 月 12 日上午 10 时，来机 9 架，投弹 52 枚于飞机场。12 月 1 日 11 时来机 9 架，投弹 20 枚于西郊。12 月 5 日 11 时来机 9 架，投弹 50 枚于飞机场。12 月 11 日下午 2 时，来机 7 架，飞机场落弹 52 枚，临江门、南营巷、小梨山各落一弹，死伤 3 人，毁屋 5 座。12 月 19 日下午 3 时，来机 7 架，投弹 54 枚于飞机场。12 月

27日上午9时，日机7架，投弹34枚于西郊，府学前亦落一弹。我发高炮射击。

是年被炸中，有禄马巷宝金氏其妇者，每晨逃炸东郊，大半年如一日，未曾间断。10月2日义女出嫁，遵佛诏示：吉期喜庆盈门，杀魔降伏，可平安无事。氏乃不趋东郊，设宴招待贺客，客亦群来道喜冀仰仗佛力，得安饭喜酌。讵料新人艳装出阁，适发空袭警报，氏以附近公用地洞甚佳，即引贺客30余人，仓卒入洞；新娘则以装饰累赘，未随众进洞。一刹那间，机群投弹，正中洞身。洞里群众，概成肉浆，计死87人。

本年共计日机400架，侵袭63次，投弹1473枚（延性爆弹在内），死伤350人，毁屋2317座。

1944年1月24日上午11时，日机5架，投弹35枚于西郊。25日下午2时，来机8架，投弹58枚于西郊。2月11日上午9时，来机1架侦察。2月18日下午2时，来机6架，投弹32枚于西郊。2月28日下午3时，来机7架，投弹42枚于西郊。3月3日下午2时，来机5架，投弹32枚于飞机场。3月9日上午11时，日机6架，投弹52枚于飞机场，并丢下荒谬传单。3月20日上午9时，日机1架过境。3月24日上午10时，3月27日下午3时，各来机3架，各投弹24枚于西郊。4月15日上午10时，来机3架，投弹20枚于飞机场。4月28日下午1时，日机4架，投弹20枚于飞机场。5月14日上午9时，日机6架，投弹36枚于飞机场。6月13日上午8时，日机1架侦察；下午1时，日机15架，投弹84枚，西郊及溪口（义民工厂等）均遭炸，死伤21人，毁屋3座。6月26日上午11时，日机1架侦察。8月17日上午10时，来机5架，投弹20枚于飞机场。本年共计日机90架，侵袭27次，投弹479枚，死伤21人，毁屋3座。

1945年3月29日下午2时，最后来日机1架作最后一次侦察。总之，自1937年8月30日起至1945年3月29日止，侵袭176次，共计日机761架次，投弹2581枚，死伤869人，毁屋650座。此生命之死亡，财产之损失也。若夫居民晨逸晚归，妨碍生产以及意志沮丧，精神惶悚，尤为难以数计之损失。惜当局未遑计及于此。际兹抗战胜利日，目触各处断垣颓壁，荆棘纵横，死亡亲属，孤苦无依，殊深唏嘘！爰披露记实，以贻世人。

原编者注：抗日战争时，建瓯被炸频仍，作者逐次记录，翔尽遗无，完稿于1945年9月3日，为提供当时史实，照原文刊登。

（建瓯市政协文史资料委员会编：《建瓯文史资料》1987年第1辑，
撰稿人黄葵）

21. 敌机轰炸长泰县概况

日机轰炸长泰，据有关资料记载，一共有 4 次来我县轰炸与扫射。

1939 年 9 月 18 日，敌机 1 架入侵，于长仑（现陈巷乡美彭、书林交界处）投弹 3 枚，没造成死伤。

同年 9 月 19 日，日机 2 架飞临县城上空侦察，时间达 45 分钟之久，临去时低飞以机枪扫射，但居民早已逃避，也没造成伤亡。

以后直到 1944 年 10 月，侵占厦门的日海军飞机在武安镇兰坂社口及待诏亭等地投弹 3 枚，均落在荒地上，亦无损失。

最后一次是 1945 年 2 月，敌机在岩溪乡祖察社（湖珠村）投 1 弹，可能是过境的，故未伤人。

（漳州市政协文史资料委员会编：《漳州文史资料》第 9 辑，1987 年 7 月，蔡维祺供稿）

22. 日本飞机轰炸诏安概况

地处中国南方最遥远的小县——诏安，日本侵略者于 1939 年 6 月 25 日开始入侵领空，进行轰炸、扫射、骚扰。同年 11 月 30 日，千余名日伪军侵占我县县城，掳掠挑夫，洗劫财物，抢宰牲畜，开挖战壕；到 12 月 6 日，诏安县城方告光复。而日机更疯狂地不断地入侵轰炸，日伪军入侵抢杀淫，直到日本侵略者宣布无条件投降（1945 年 8 月 14 日）之前，据一些老人的回忆和我所采访的资料，在这 7 年中，单日机轰炸一项，入侵达 153 次，投下炸弹 217 枚，轰炸地点 87 处，炸死炸伤百姓 109 名，炸死耕牛 5 头，毛猪 10 头，炸毁房屋 266 间，毁渔船 6 艘。

（诏安县政协文史资料委员会编：《诏安文史资料》第 4 辑，1983 年 6 月，沈顺添供稿）

23. 云霄被日机轰炸概况

在旧中国的普通地图上是找不到云霄这一个地名的，可是，即使是这样个小地方，日机也不肯轻易放过。从 1938 年 5 月 5 日至 1940 年 7 月 14 日止，在这两年间，日机共 31 架对云霄肆意轰炸，前后投弹 70 多枚，炸死无辜平民 37 人，毁屋无数。

1938 年 5 月 2 日这一天，上午 7 时许，一架日机飞临漳江出海口的东坑村上空，却一反常态，竟盘旋不去。原来它在港口里发现一艘查缉私盐的"光宁"号汽艇停泊着。

5 月 5 日清晨，日机 2 架闯入东坑村上空，绕一圈后，为首的一架对"光宁"号盐艇俯冲投下一弹，没有命中。另一架再次俯冲投弹，又没有命中，只炸断岸边两只木制驳船。翌日清晨，日机 2 架又来轰炸汽艇，投 4 弹，仍然没有命中目标。直至 7 月 12 日上午，日机 3 架再度对准"光宁"号盐艇，轮番轰炸，终于把这一小艇炸沉了。

1939 年 8 月 20 日，日机一架从东山海面飞越八尺门，进入陈岱上空盘旋侦察，当地驻军向飞机打了一梭子机关枪和几发步枪，日机仓皇遁去。又隔 3 天，即 8 月 23 日，日机 3 架气势汹汹地向陈岱扑来，对准圩边一座圆形的土堡——"聚星楼"轮番轰炸，投弹十余枚，毁房 45 间，炸死 3 人。同时又轰炸扫射滨海的岱山一带。一颗炸弹落在一株石榴树旁，无辜平民陈乌毛父子孙三人毙命。还有陈古章父子两人在田里耕作，也被炸身亡。从这一天起，日机几乎天天不放过陈岱。每次来不是轰炸就是扫射，持续约 10 天之久。

同年 12 月 7 日，日机一架飞临城关上空撒传单，警告居民，在飞机来时要在屋顶铺日本旗帜，才可免遭轰炸云云。在传单上署名的竟是驻汕头伪军头目、汉奸黄大伟。第二天清晨 7 时许，日机 3 架果然飞临城关上空，并不绕圈子，劈头就狂轰滥炸起来了。这一天共投弹 50 多枚，炸死无辜平民 29 人。有的被炸得肚破肠流，有的脑浆进出，有的有上截没下截……真是惨不忍睹。这一次大轰炸中，有三枚炸弹没有引爆：一枚落在后河街的阴沟里，另一枚掉在后街李鸿昌棺材店后门，还有一颗不偏不倚正好坠在通灵茶店老板张思问住家卧室内的一个吊篮里，炸弹有如五磅热水瓶那么大。当时。他的妻子刚生下一个女儿尚未满月，所以没有躲避，事后，这女孩便命名为"张荫"。

最后一次轰炸云霄是在 1940 年 7 月 14 日，距离上次大轰炸已有八个月了，疏散的人们多已回城，生活逐渐恢复正常，防空警报系统也麻痹放松了。飞机来时，市面照常交易，学校也照常上课。忽闻轰隆一声巨响，有如晴天霹雳，才知道日机又来轰炸，全市一阵慌乱，原来是火烧街关帝庙后吴宅被炸毁，但无伤亡。

（漳州市政协文史资料委员会编：《漳州文史资料》第 9 辑，1987 年 7 月，林文涛供稿）

24. 东山县被敌机轰炸概况

抗战进入第三个年头时，东山遭受敌伪军事骚扰，损失极为惨重。单以飞机轰炸情况略举几条如下：

1939年5月27日下午一时许，日机8架由厦门飞来，掠过城关上空，旋又折回，连续投弹24枚，历时二十分钟乃去。炸毁民房83间，祠宇一所，炸死居民39人，伤45人。

同年7月12日上午8时许，日机3架飞入市空，投弹6枚，县政府、司法处、监狱被毁；后门迫、后铺山被炸毁民房10余间。10时许，又来投弹3枚，西门内、后铺山被炸毁民房9间。

翌日上午8时许，敌机3架又来投弹。县政府附近被炸倒民房多处，伤亡不少。7月14日，敌机三五成群，轮番轰炸扫射城关镇，一日之间投弹四五十枚，县政府全部化为焦土，民房被毁甚多，军民均有伤亡。

7月15日，自晨至暮，日舰日机不断炮击、轰炸海关、水警及城垣、民房、商店，军民均有伤亡。同时日机还到铜钵、康美、港口、岐下、陈城等村庄狂炸。

这次敌人从海空两方面进攻东山，激战四昼夜，共计发炮42发，投弹83枚，炸毁房屋86间，公共场所7处，县政府、海关全部被炸毁。平民被炸死5人，被惨杀者3人，伤5人，民船被炸毁15艘。

1939年8月23日，敌机1架沿海岸低飞侦察，散发传单，妄图动摇我军心民心。不久，敌机8架飞向城关、亲营、白埕、林边等处扫射、投弹。城关民众以关帝庙为避难所，遭受日机轰炸，炸死数十人，血肉横飞，惨不忍睹。

从8月28日至31日，日机连日进行狂轰滥炸，以配合日、伪军强行登陆。除城关外，亲营、过冬、白埕、探石、陈城、顶西、南埔、马鞍、樟塘、东沈、岐下、沃角、林边、梧龙、宫路尾、古雷庄、黄山母、东陂、赤山、大路口、宫前、湖塘、新山后、石坛、康美、前何等处，亦备受日机轰炸，计被炸死167人，伤186人，房屋被炸倒826间，公共场所18处，毁民船120只，损失惨重。

1939年9月12日上午9时，日机3架，在沃仔头投弹2枚：毁民船3只，炸死平民1人，伤2人。又在港口村投弹，毁民房数间，伤平民2人。（下略）

据统计，自1938年至1944年间，日机飞临东山上空356架次，投弹1361枚，炸死军民892人，炸伤250人，炸毁民房2456间，炸毁民船237只。

（东山县政协文史资料委员会编：《东山文史资料》第4辑）

25. 龙海被敌机轰炸概况

据不完全统计，石码一地自 1939 年 2 月 12 日竟日三番空袭开始，至 1943 年 7 月 7 日（"七·七"六周年）止，敌机共空袭 18 次，全镇受祸 36 处，投弹 66 枚（其中有燃烧弹 3 枚，重磅炸弹 6 枚），炸毁房屋（包含居民住房、机关、学校、戏院、庙宇等）约 160 多座（600 多间），盐艇 3 艘，帆船 6 只，死难同胞 87 人，轻重伤员 210 人，物资及居民财产损失巨大。

具体情况，略举几例如下：

1938 年 12 月 24 日，日机 3 批 12 架次飞抵石码上空，投弹 11 枚，炸死平民 12 人，伤 17 人，盐局巡艇及木帆船 6 只被炸毁。

1939 年 3 月 23 日，日机 4 架入侵石码，西湖路中弹 4 枚，伤 13 人，死 1 人。

1939 年 4 月 14 日，日机 3 架飞临上码武庙、打银巷、直扶街，投弹 8 枚，炸死 7 人，伤 15 人，毁坏房屋 30 多间。

1939 年 6 月 15 日，敌机 1 架，投弹 5 枚，下仔尾通易公司，紫云岩寺一带，炸毁房屋 10 多座，炸伤 14 人，死 6 人。8 月 2 日—8 日。日机 10 架次，分 3 批投弹 12 枚。罗锦村、蔡厝巷、打石街一带毁房 40 多座，炸伤 60 多人，炸死 38 人。

1940 年 11 月 20 日，敌机 3 架侵袭石码、直扶街、铸鼎巷、礼拜堂、苑南亭、新行街、天主堂等被炸 8 处，伤 38 人，死 8 人，毁房 10 多座。翌日又来日机 3 架，投弹 3 枚，六味街、福寿街、下码庙、打索街等地房屋毁坏 30 多座，炸伤平民 34 人，死 5 人。

（漳州市政协文史资料委员会编：《漳州文史资料》第 9 辑，1987 年 7 月，可人、郑调麟供稿）

26. 漳州被敌机轰炸概况

1937 年 8 月 26 日至日本无条件投降，日机入侵漳州狂轰滥炸 181 架次，投弹 348 枚，炸死平民 189 人，炸伤 217 人，炸毁民房 397 座。

1937 年 8 月 26 日至 8 月 30 日。连日狂轰滥炸漳州飞机场达 40 架次，投弹 60 多枚，机场附近的后田、诗墩、上街等社亦中弹，诗墩被炸死 7 人，伤 23 人，上街毁房 12 间，后田是个仅 30 户的小社，竟全被炸毁。

1938 年 2 月 24 日（农历正月二十五日）。日机 3 架，从旧桥向北低飞，连续投弹 30 多枚，炸中烧灰巷、南市场、龙眼营，及上板中山公园一带，炸毁民房 114 间，伤亡 100 多人，这是漳州遭轰炸最惨的一次。先在博爱道卖肉仲仔家投一弹，炸死 3 人，伤数人，倒屋 3 间。又在邻近的杨协成酱园里投一硫磺弹，该店着火燃烧，烧死店员 1 人，伤数人。再在龙眼营开春烛店门前投一弹，炸死过路的 1 人，伤多人，并引起该店着火，烧死工友 2 人，毁屋 3 间。又在新府路尾与上坂、府学（即修文路）交叉处投一弹，弹片四射，府学内小学生惊慌四逃，被炸死 8 人，又炸死卖牛肉的 1 人，卖米的 1 人和行人 7 人，伤多人，毁屋数间，公园内有一人被炸削去半片身躯，公园边一个小学生被炸掉头颅。南市场有一户人家，正在围桌吃饭，被炸屋倒，全家死亡，只见手指头、肉块贴满墙壁上，真是血肉横飞，肝脑涂地，惨不忍睹。

2 月 26 日，日机 15 架在汀观道附近投弹三枚，有 3 间民房倒塌，无伤亡。3 月 17 日，日机又炸漳州城，19 日又轰炸 1 次，均无伤亡。同年五六月间，日机又来侵袭，也是一连串地投弹数枚。先在大路头四叉路口投一弹，炸死买尿农民和该处居民 5 人，伤数人。再在义方（现羽毛球厂）门前，投一硫磺弹，幸没酿成严重的火灾。还在丁方桥蔡绵美布店住家落一弹，炸倒这家和比邻房屋 4 间，压死 3 人，炸死 5 人，伤数人。在东闸口（厦门路）大榕树旁边落一弹，炸死磨剪刀的 1 人，伤数人。在下营街（现在北京路）投一弹，损失情况未详。在霞薰涵洞口落一弹，炸死躲在涵洞内名叫马辜的一人。

过不久，又在文川庙仔前投一弹，炸死居民和路人 7 人，伤多人。巷口端竹居药店也在某月被投一弹，倒屋 3 间，伤数人。龙文塔前原"五校"旧址，也被敌机炸倒。公园里的仰文楼，当时为图书馆。也被炸毁。中山桥烧灰巷灰窑后面靠溪边亦中一弹，大榕树枝条被削去一半．幸无伤人。东闸口溪边落一弹，幸没爆炸。

1939年的清明节，这天是日机来袭最多的一天，一共11组33架，似群鸟成阵在空中盘翔，机声隆隆。震撼人心，历时近一小时之久，居民惊恐万状，以为末日来到，结果幸没投弹，仅以机枪扫射而已。

同年6月间，日机在北廊顶山顶巷太阳公庙投一弹，摧毁墙垣，庙内1人惊吓而亡。9月18日，敌机轰炸南山寺，大石佛堂也落一弹，佛堂倒塌，石佛无恙，仅莲花座被毁数瓣。旧桥尾洲仔顶怡发酱园中一弹，店屋倒塌，压死1人，伤1人。同年冬，当人们正在清浚壕沟时，敌机突然来侵袭，在原道衙旁边投一弹，炸死清壕工1人，伤数人。

1941年4月×日，日机3架在东门接官亭附近投弹，炸毁民房2间，无伤亡。

1942年2月16日（农历正月初二），正当人们团聚度春节之际，敌机又来肆虐，一连串地俯冲投弹。先在旧桥头振山酒店落一弹，左右邻屋倒4间，炸死10人，伤7人。又在陈公巷荣美布店落一弹，倒屋3间，炸死5人，伤数人。再在龙眼营泰来当店旧址落一弹，死伤不明。再在黄仁鲳蕉园内落1弹，无损伤。另一次日机数架，轰炸八卦楼一带民房，霞薰里（新康乐道，现五中里面）及下沙礼拜堂附近，炸毁民房百余间，伤亡惨重。

再一次是农历十二月二十四日，日机3架，轰炸东闸口一带，吴正利打铁店房毁人亡，店外大树下，有1个运草民工（九湖乡田墘人）被炸得头断身死。

1944年5月间，日机2架肆虐，滥炸漳州城，当时在东桥亭一带，投弹数枚。有清浚壕沟民工百余人，被炸伤亡。澄观道附近的船民小学中弹，有1位女教师死亡。

（漳州市政协文史资料委员会编：《漳州文史资料》第9辑，1987年7月，蔡庆麟、郑调麟等供稿）

27. 福建省部分县（区）遭受日机
轰炸损失报告表

（1937 年至 1944 年）

县（区）别	被炸情形	损失概况	备考
闽清县	民国 29 年 8 月 7 日城区被炸，震坏民房 15 间，盐仓道护岸被轰炸长约 15 公尺。 民国 30 年 4 月 20 日城区河被炸。	损失民房 15 间，约值 5 万元。炸毙 9 人，伤 5 人，炸毁民船 34 艘。 炸毁民船 17 艘，炸毙船夫 23 人，伤 15 人。	
罗源县	民国 27 年 7 月 13 日，小西门被炸。 民国 30 年 4 月 20 日，管柄村被毁。 民国 30 年 5 月 31 日，凤坂村被炸。	毁房屋 7 间，以当时估值约损失 16.5 万元。 毁民房 1 间，以当时估值约损失 7000 元。 毁民房 5 间，以当时估值约损失 3 万元。	
古田县	民国 27 年 5 月 10 日上午 10 时，敌机 5 架轰炸城外机场。 民国 27 年 5 月 16 日上午 9 时，敌机 3 架，轰炸城内五保大街。 民国 28 年 6 月 8 日下午 11 时，敌机 1 架，轰炸湾口。 民国 28 年 9 月 22 日上午 7 时，敌机 7 架轰炸城内三保双坝河及附城东门头后门坪等。 民国 28 年 9 月 24 日上午 11 时，敌机 3 架轰炸附城东门头村及北门外汽车站。	死 2 人，伤 3 人，住户财产损失估值 240 元。 死 1 人，伤 4 人，住户财产损失估值 3970 元，商店财产损失 1300 元。 无损失。 死 8 人，4 人，住户财产损失 71664 元。 伤 3 人，住户财产损失 9765 元，商店财产损失 4753 元。	表列损失除湾口外，均系城区，人口死亡共 68 人，伤 98 人。

县（区）别	被炸情形	损失概况	备考
	民国 30 年 4 月 20 日上午，敌机 1 架轰炸湾口。	死 2 人，伤 12 人，住户财产损失 4800 元，宗教团体损失 400 元。	
	民国 30 年 5 月 29 日上午 8 时，敌机 3 架轰炸城内。	死 1 人，伤 12 人，超毓联中损失 6180 元；私立怀礼医院损失 6700 元；住户财产损失 3120 元。	
	民国 30 年 8 月 24 日上午 12 时，敌机 6 架轰炸城内。	死 31 人，伤 48 人，机关团体损失 1700 元，商业部分损失 57157 元，宗教团体部分损失 52000 元。住户财产损失 178183 元。	
	民国 30 年 8 月 31 日上午 9 时，敌机 5 架轰炸城内。	死 20 人，伤 11 人，私立毓青小学财产损失 5000 元，文化团体损失 700 元，商业部分损失 15955 元，住户财产损失 270294 元。	
	民国 30 年 8 月 31 日下午 1 时，敌机 3 架轰炸城内。	死 3 人，伤 1 人，文化团体损失 900 元，公益团体损失 1540 元，玉屏中心小学损失 7500 元，住户财产损失 268342 元。	
浦城县	民国 30 年 4 月 15 日公共场所被炸 6 所。	损失价值 115000 元。	
	民国 30 年 4 月 15 日，被炸商店 50 间，住宅 67 间。	损失价值 287612 元。	
	民国 31 年 6 月 9 日，被炸商店 72 间，住宅 48 间。	共计价值 1179013 元。	
	民国 31 年 6 月 11 日，被炸商店 13 间，住宅 17 间。	共计价值 313200 元。	
	民国 31 年 6 月 19 日，被炸商店 77 间，住宅 66 间。	共计价值 320500 元。	
	民国 31 年 8 月 22 日，被炸商店 7 间，住宅 37 间。	共计价值 142000 元。	

县（区）别	被炸情形	损失概况	备考
崇安县	民国 30 年 4 月 15 日及 31 年 8 月 8 日，遭受日机轰炸计 4 次，商店及住宅被燃烧计 28 间，被炸毁 46 间，其他损失亦重。 民国 31 年 7 月 9 日，日机 91 架轰炸本县清献中心小学，教室被炸毁 3 间，其他零星受震数处。 同年 7 月 × 日，日机 1 架侵入市空投弹 3 枚，本县基督医院被炸毁。	损失 94000000 元。 损失 25000000 元。 损失 3000000 元。	
南平县	民国 28 年被炸 4 次，计有县府专署、商工学校工场、南中图书馆、十三补训处、七七兵站等被炸毁。南平汽车站被命中燃烧弹，焚毁公用汽车 5 辆，茶叶千余包。毁民房 20 余间。 民国 30 年，省企业公司制造部机工场及员工宿舍被施滥炸，工场局经建新村被炸毁 1 座，民房 10 余亦被炸毁。	建筑损害约值 200 万元，动产损害约值 100 万元。 企业公司工场受损约值 100 万元，其他损害约值 40 万元以上。两次民房损失约值 50 万元。	
福安县	民国 28 年 7 月 4 日，县城东门吴厝及龙岗街房屋被炸住宅 7 所，公共场所 1 所。 民国 28 年 7 月 13 日，县城东门吴厝坪被炸 1 所。 民国 29 年 8 月 8 日，赛岐大道头被炸商船 3 艘，小渔船 3 艘。	损失当时价格 6000 元，死伤 16 人。 损失约当时价格 2000 元。 损失当时价值 3800 元，死伤 6 人。	

县（区）别	被炸情形	损失概况	备考
	民国29年9月23日，县城临水宫炸毁 同日，城西小学、基督教堂、王家祠各炸一部分，民房被炸塌5座	损失约值当时价万余元。 损失约值当时价格万余元，伤亡人数（连临水宫内）壮丁共23人。	
福鼎县	民国29年10月13日，敌机6架向沙埕镇投弹3枚，毁民房4间。 民国29年12月15日，敌机5架向本县城南肖家暗投弹12枚，毁民房6间。	本县29年份被敌机轰炸2次，计毁民房10间，共损失法币10万元。	
霞浦县	民国28年7月，长溪镇集贤保陈维年房屋被轰炸1座。 民国31年6月，陇水乡民房全部被敌炸毁焚烧。	损失约计5万元。 损失总数约在500万元。	
连城县	民国28年6月23日10时10分，敌机3架由西南方来，在本县城区李坊保投弹12枚，房屋被炸全毁者75间，损坏者200间以上。	约值法币150万元。	
上杭县	民国28年6月4日上午10时30分，敌机4架轰炸县城西大街一带，计落弹9枚，机枪扫射15次。同年6月21日下午零时30分，敌机3架轰炸县城东大街一带，计落弹16枚，机枪扫射12次。	第一次计震毁公共场所2间，建筑损害约值1500元；震毁住宅29所，商店5间。第二次震毁住宅30所，商店60间，建筑损害总值78500元。	
长汀县	民国27年，机场附近遭炸，建筑损失总值1700元；厦大学生宿舍被炸，建筑损失总值4800元；民房被炸毁15座，建筑损失价值17000元。	公私建筑被炸损失总值计：民国27年损失23500元，民国28年损失140220元。	

县（区）别	被炸情形	损失概况	备考
	民国 28 年新县府被炸，建筑损害总值 3500 元，动产损害总值 3500 元；厦大宿舍被炸一部，损失约 1000 元；县党部及商会被炸一部，损失总值共计 7 万元。炸毁民房 165 座，估计建筑损失价值 18890 元，又炸毁商店 119 间，估计建筑损失总值 43330 元。		
	民国 29 年，遭敌机炸毁民房计有 307 座，估计建筑损失总值 67480 元；又被炸毁商店 415 间，估计建筑损失总值 109710 元。		
	民国 31 年，遭敌机轰炸民房计 360 余座，估计建筑损失总值 2335959 元。	29 年损失 177190 元。	
	民国 32 年厦大生物系教室遭炸，建筑及财产损害总值 25 万元；中正公园内遭炸，损失 3000 元；专员公署宿舍被炸一部，建筑损害总值 2 万元；县府大门口被炸，损失 5000 元；省立长汀中学被炸住宅 1 所，建筑损失总值 5000 元；厦大第 14 教室被炸，死亡人数男性 2 人，伤男 1 人，建筑及财产损失总值 25 万元；本县名胜仓五洞及寺庙 1 所被炸，死伤人数共计 60 人，男性死 29 人，伤 21 人，女性死 3 人，伤 7 人，	31 年损失 2335959 元。 32 年损失 5867500 元。	损失总计 8494374 元。

县（区）别	被炸情形	损失概况	备考
	建筑损失总值 4500 元；本县总工会遭炸，建筑损失总值 2000 元。遭敌机炸毁民房及商店共 51 间，建筑及财产损害总值约 5280000 元。		
龙岩县	民国 27 年 2 月 26 日至 6 月 20 日，日机多次投弹飞行场及其附近。 民国 27 年 5 月 16 日，日机轰炸大同乡。 6 月 9 日，日机轰炸平铁乡。	2 月 26 日，震坏油库 2 座，机场场面 7 处，炸毁民房 3 间。4 月 11 日落弹场面及空地，无损失。4 月 28 日，毁场面 33 处，空地 8 处，炸死男 1 人，伤 1 人。5 月 10 日炸毁伪装机 2 架，约值 60 余元，场面 14 处。5 月 13 日，震坏伪装机及场面 12 处，炸毁木桥 1 座，场面 17 处。5 月 26 日，炸毁场面 10 处。附近山地 3 处。6 月 3 日，炸毁场面 5 处。6 月 9 日炸毁场面 10 处。6 月 20 日无损失。 炸毁民房 5 间，震塌 7 间，稻田 3 处。 炸毁平铁乡苏家祠房半间。	
沙县	同年 28 年 7 月 3 日下午 1 时 15 分，敌机 9 架投弹西郊外计 18 枚，机枪扫射 10 多次。 同年 9 月 22 日 12 时 50 分，敌机 7 架投弹城内府南路、府西路、府东路达 14 枚，又燃烧弹 3 枚。	炸毁房屋 42 间，损失按当时价值约 4200 元。 炸毁房屋 32 间，燃烧 85 间，震毁 3 间，损失按当时价值约 154850 元。	

县（区）别	被炸情形	损失概况	备考
龙溪县	民国 28 年 4 月间，敌机肆漳，在新春保辖内新行街投弹 1 枚，巷内街投弹 2 枚。 民国 28 年间，浦保内新行下街门牌十二、十四、十六等号被炸毁。 民国 28 年，敌机来袭下营街霞薰里，被炸约 40 余弹。	新行街被炸倒平屋 1 座，估值 2 万余元，毁家用器具及震动左右唐屋，损失约在 10 万余元。巷下头被炸倒楼屋 1 座，损失约在 2 万余元。巷口街被炸倒洋楼 1 座，损失约在 2 万余元。巷口街被炸倒洋楼 2 座，价值约 20 余万元，药坊全部器具及药材概被毁，估计损失巷内等路均在 30 余万元。 损失住房财产 11 万元，伤 1 人。 倒屋 70 余间，连家私器具损失计为 80 余万元。	丹霞镇威镇保厦门路、芳华北路、芳华横路、漳南道巷、公共公园内、龙眼营巷内等路均被炸。
	民国 27 年起至 30 年，内街华保辖始兴南路被炸。 民国 29 年，龙溪县党部被炸倒塌。 民国 33 年 1 月 20 日上午 9 时许，敌机 7 架向漳市及丹霞镇桥上保船户投弹 4 枚。 同日，澄观道私立舰民小学中 2 弹，威镇保鹤沙街中硫磺弹 1 枚。 威镇保被炸。	厝屋器具损失计百余万元。 厝屋及器具损失百余万元。 死 2 人，伤 3 人，损失现款 3330 元，船 3 艘，计值 123000 元，用器 113 件，值 7500 元，衣服值 12000 元，合计 145730 元。 毁教室 4 间，寝室 4 间，办公所 1 间，图书馆 1 间，学生椅 12 件，计值 40 余万元。一教员及其女被炸死。鹤沙街房屋、家私全毁，约损失 5000 余元。 炸倒房屋 10 余间，死伤人数约计 25 人，财产损失百余万元。	

县（区）别	被炸情形	损失概况	备考
仙游县	民国 28 年 9 月 18 日至 20 日，29 年 8 月 12 日，共被敌机轰炸 6 次，投弹 20 枚。西门天地坛、茅亭街、枫亭镇、古霞桥陡门等处被炸。	共伤 10 人，死 5 人，震毁住宅 30 间，建筑估计损失 65800 元。	
惠安县	县立初中被炸毁教室 2 间，礼堂 1 座；监狱 1 座；县府收发室 2 间被炸。城区忠烈保被炸毁民房 3 座；城区青山保被炸民房 2 座；莲溪保被毁民房 4 座；崇武镇被炸屋 193 座，渔船等亦被毁。	损失估值分别为：县立初中 15 万元；监狱 150 万元；县府收发室 10 万元。忠烈保损失估值 28 万元；崇武镇损失估价约 1.7 亿元。	价值按民国 33 年价格估算。
晋江县	民国 27 年 7 月 27 日至 30 年 1 月 8 日，城乡公有建筑被炸 5 次，震毁房屋 18 所。民国 27 年 5 月 13 日至 33 年 5 月 1 日，计被炸 5 次，投弹 253 枚，震毁私有建筑 610 座。	据当时估价损失在 62800 元。据当时调查计损失不动产 23701517 元，动产 1781203 元。	注 1
华安县	民国 27 年 6 月本县归德乡被炸 1 次。民国 28 年秋间，被炸 1 次。	伤 3 人，经医愈，房舍无损失。投弹 1 枚于空地，无损失。	除此二次被炸外，迄今尚无其他被炸损失。
漳浦县	民国 28 年 5 月，敌机 8 架投弹 17 枚于私立逢源小学，学舍右旁及前平房全部坍倒，其他附带建筑物均被震碎。9 月 12 日，敌机 3 架投弹 8 枚，毁城内驿内街、旧镇前街、中山公园边。	死伤 14 人，倒房屋 10 余间，（该楼为英人所建）在当时估计损失在 5 万元以上。毁坏多属民房，民众被压死达 20 余人，道路损失达 20 公丈，估计损失 25000 元。	

县（区）别	被炸情形	损失概况	备考
	9 月 18 日，敌机 2 架袭城区，投 4 弹。	毁民房 5 间，倒房屋 10 余间，死伤 4 人，估计损失 1 万元。	
	9 月 19 日，敌机 2 架投弹 4 枚于县府礼堂边及厨房、浴室、职员宿舍、经征处、孔子庙。	弹落空地，仅一部分受毁坏，唯震动颇烈，一切建筑附属物，如瓦、窗之类均被毁坏，损失估计在 28 年约值 6000 元以上。	
云霄县	民国 28 年 10 月，敌机 3 架飞袭县城，市内飞龙社民屋被炸毁 7 间。	损失约 10 万元左右，已经先后修复。	
东山县	县政府司法处、监狱、海关、警部、乡镇公所、保办公处、学校、祠堂、庙宇计 25 处被炸。	县府司法处等全毁，其他亦大部损坏不堪，维修估价损失在民国 29 年价目约在 250 万元。	
	城区民房、商店被毁者约在 620 间，乡区民房、商店被毁者约在 400 间。	损失价值约在 2000 万元。	
	靠船码头 1 座、避风港 1 座被炸。	损失修理费约在 5 万元。	
	民船、渔船、商船损失 292 只。	损失约 500 万元。	

注 1：公有建筑：27 年被炸 1 次，震毁 1 座；28 年被炸 2 次，震毁 14 座；29 年被炸 1 次，震毁 2 座；30 年被炸 1 次，震毁 1 座。私有建筑：27 年被炸 2 次，震毁住宅 4 所；28 年被炸 24 次，震毁 294 所；29 年被炸 12 次，震毁 113 所；30 年被炸 2 次，震毁 70 所；31 年被炸 3 次，震毁 86 所；32 年被炸 6 次，震毁 14 所；33 年被炸 1 次，震毁 29 所。

［福建省档案馆编：《日本帝国主义在闽罪行录》(1931—1945 年)，福建人民出版社 1995 年版，第 452—466 页］

28. 福建省沦陷暨遭受战事损害地区及人口估计表（节录）

类别	市县别	人数	备考
（甲）全部沦陷	厦门	178656	
	金门	49351	
	福州	261137	
	平潭	106107	
	林森	554196	
	长乐	109137	
	东山	86970	
（乙）部分沦陷（以百分之六十估计）	连江	134405	该县人口224008人
	福清	22538	该县人口352564人
	惠安	118001	该县人口393337人按百分之三十估计
	莆田（南日岛）	14000	上列南日岛人数系照统计年鉴数目
	罗源	41314	该县人口105784人按百分之四十估计
	宁德	76360	该县人口190876人按百分之四十估计
	霞浦	78416	该县人口196041人按百分之四十估计
	福安	51137	该县人口255685人按百分之二十估计
	福鼎	68872	该县人口219572人按百分之三十估计
	诏安	21018	该县人口210183人按百分之十估计

类别	市县别	人数	备考
	海澄	13147	该县人口131468人按百分之十估计。
	漳浦	21479	该县人口214292人按百分之十估计。
	云霄	11950	该县人口119504人按百分之十估计
（丙）沿海及接近沦陷区曾受战事直接影响（以百分之十估计）	永泰	15013	该县人口150130人
	闽清	13443	该县人口134425人
	古田	18388	该县人口□83880人
	莆田	67498	该县人口674983人
	龙溪	25515	该县人口285□48人
	晋江	57270	该县人口572704人
	同安	22746	该县人口227455人
（丁）外省退闽难民（必须救济者）	粤赣浙湘各省退闽义民	30000	各省退闽义民随时资遣散居民各县，调查不易，估计人口未能精确。
（戊）受敌机轰炸损失惨重者	建瓯、长汀、浦城、永安（龙溪已增列丙项）	80000	上列各县迭被敌机轰炸，损失最重。如房屋焚毁、财产损失以及身体被伤必为残废者，虽未据各县精确列报，估计此种被灾人口总在八万之谱。
总计		2538164	

（下略）

（福建省政府编：《福建省损失调查》，1945年11月，福建省档案
馆馆藏档案，档案号民资9—1—19）

29. 福建省损失调查（节录）

（上略）

一、战事影响范围

1. 除沦陷区域外受战事影响最重要者有哪几县？

永泰、闽清、古田、莆田、龙溪、晋江、同安、浦城、水吉、建阳、建瓯、永安、长汀、南平、邵武、崇安等十六县。

较轻者有哪几县？

仙游、南安、永春、南靖、龙岩等五县。

未受影响者有哪几县？

沙县、三元、顺昌、将乐、建宁、泰宁、尤溪、松溪、政和、屏南、安溪、德化、长泰、平和、永定、漳平、华安、大田、宁洋、连城、宁化、武平、上杭、清流、明溪、寿宁、柘荣、周宁等县。惟以上各县，因战事而致加重人民负担，物价高涨，自亦遭受频为严重之间接影响。

除沦陷区外省境内遭敌轰炸者若干处？

永安、建瓯、浦城、建阳、同安、龙溪、龙岩、晋江、南安、崇安、水吉、上杭、古田、南平、闽清、尤溪、永泰、沙县、三元、大田、漳平、华安、德化、仙游、永春、安溪、长泰、南靖、连城、长汀、武平共三十一处。

轰炸次数最多者有几县？

建瓯 58 次，晋江、同安各 27 次，龙溪 25 次，浦城 21 次，南平 17 次，龙岩、长汀各 12 次，南安 11 次，云霄 10 次。永安被炸 7 次，惟损失颇重。

省境内遭敌舰炮火轰击者有若干处？除沦陷区外有同安一处。

2. 战事发生以来全省难民共有若干？

战事发生以来，全省沦陷区及受战事影响各县市人口估计约 250 余万人，其中需要救济者，占百分之五十以上，约为 130 余万人（侨眷归侨及侨生除外），详见福建省沦陷暨遭受战事损害地区及人口估计表。

逃往外省者约有若干？

本省毗邻之浙粤赣各省多系战区，故本省难民逃往外省极少。

省当局对于难民曾否施以收容救济？

本省订有处理难民办法及防范难民实施办法，难民收容管理规则暨战时救济工作实施办法各单行法规，对于战区退出难民，均按规章予以收容救济。

经收容救济者占全部难民之几成?

战区退出经收容救济之难民，计有二十五万三千九百余人，约占难民人数五分之一。

难民以哪几县为最多?

难民以福州、厦门、林森、金门、长乐、连江等六县市为最多。

难民中原来有职业者约占若干?

约占百分之七十。

（福建省政府编：《福建省损失调查》，1945 年 11 月，福建省档案
馆馆藏档案，档案号民资 9—1—19）

30. 漳浦受日军轰炸、流窜的损失

日本帝国主义自光绪"甲午"（1894 年）以后步步侵华，尤其自 1937 年"七·七"发动全面侵华战争至 1945 年 9 月投降的 8 年间，罪行罄竹难书。漳浦与别地比较，算是受祸较轻的地方、然而所遭受的性命、财产损失还是严重的；据战后当时县政府统计，全县因日机轰炸及日军流窜滥杀，共死亡 91 人（男 82 人，女 9 人），经济损失（包括房屋、器具、衣服、首饰、图书、现款、粮食、牲畜、船只等）计 215257791 元。其中直接损失 205131949 元，间接损失 10125842 元。还有因海口封锁，通商受阻，造成产品销路吊滞，农村破产的经济损失，以及赴外地抗战牺牲的生命，无从统计。这里单说县境受日机轰炸和日军流窜的损失。

日机轰炸

民国二十九年（1938 年）日军占领厦门后，时常出动飞机轰炸福建各地。5 月 24 日（农历四月二十五日）上午，日机 8 架空袭漳浦县城新路尾一带，在"番仔楼"附近投弹 10 枚，炸坏基督教会所办的逢源小学、姑娘楼及邻近民宅，炸死教会执事蔡发祥与源梁医院职员许振声及附近居民蔡恢一家 5 人（全家只一个小女孩因不在家而幸存）。据目睹者称：蔡恢家人全部倒在血泊中，门前树上悬挂肠肚，墙壁上多处贴有血、肉。

同年 8 月 24 日（农历七月二十九日），日机 3 架又窜入县城轰炸，并在繁华商业区的县前街投掷燃烧弹，焚毁县前街店铺四间和驿内庙附近民房四座。炸死炸伤居民 13 人。

同年 10 月 28 日（农历九月初六日），日本飞机 2 架空袭县城，先后在住宅区打锡巷与万年春巷投弹各 2 枚，炸毁打锡巷李家楼房及祠堂共 3 座，炸毁万年春巷王家住房 4 座，炸死 1 人。

同月 10 月 29 日（农历七月初七日），日机 2 架又窜入县城空袭，在商住区的北街投弹，炸毁黄家住房 6 间。

民国二十八年（1939 年）5 月 14 日，日机 2 架空袭漳浦，在县城东门外防空洞外投弹多枚，并以机枪扫射，幸防空洞坚固，无伤亡。

同年 9 月间（日子失记）日机 2 架空袭漳浦县城，在县政府及孔子庙投弹多枚，人员早已疏散，无伤亡。

同年 10 月 11 日，日机 2 架空袭旧镇，在渡船头投弹多枚，美孚、宝咸、南记等商行被炸，倒屋一座，死 3 人。

同年 8 月 6 日，日机 2 架空袭佛昙镇，炸毁民房 3 间，伤 1 人。

同年 11 月间（日子失记）日机一架空袭赤湖前张村，用机枪射死母猪一头。

又马坑村附近一座建于明嘉靖年间的古楼（只存上墙，屋顶已坍）也被日本飞机轰炸，坍楼墙一角。

统计日本飞机共在漳浦炸死炸伤平民 25 人炸毁房屋等财产，造成直接损失 68.32 万元，间接损失 107.72 万元（据当时县政府呈报数字）。

日军流窜过境

抗日战争后期，亦即第二次世界大战后期，占据厦门的日军受封锁，补给困难。其中陆军德本光信联队系自华北调防广东，在台湾海峡受盟国空袭沉舰馀生的残部，约 900 多人，退到金门、厦门，与原驻厦日海军不和，为免饿毙而作困兽之斗，从闽南沿海陆地流窜潮汕日占区汇合。

这批日军在港尾乡白坑登陆后，于 7 月 4 日进入本县境，沿前亭、佛昙、浯江、旧镇、县城、大南坂、盘陀等地，于 13 日窜入云霄县境，在漳浦境内历时 10 天，沿途抢劫粮米；大豆（用于喂马）；用具、耕牛（用以驮物），掳人当挑夫，滥杀无辜，强奸妇女，罪恶滔天。据抗战结束时的漳浦县政府统计呈报，全县在这次浩劫中共被日军打死十多人，损失财产 78103950 元，其中学校损失 11464420 元。

（漳浦县政协文史资料委员会编：《漳浦文史资料》第 14 辑，1995 年版，张草牧、蔡大兴文）

31. 回忆抗日时期二三事

1937 年 7 月 7 日发生卢沟桥事变,抗日战争全面爆发。1945 年 8 月 15 日,日本无条件投降,抗日战争经历 8 周年,胜利结束。其时,我刚 8 周岁,在海乌中心小学(即后来的浯江小学)读三年级。抗战时期海乌中心小学师生积极进行抗日宣传活动,唱抗日歌曲,演抗日潮剧、话剧,献金支援抗日等等。特别是临近抗日胜利的前个月,日军流窜漳浦,道经我的家乡乌石,且在深水坑的倒亭隙遇到"华安班"的阻击,印象尤深。适逢今年是抗日战争胜利 60 周年之际,我特地回家乡进行采访,结合自己的回忆,将抗日时期在乌石、在海乌中心小学发生的几件事记述如下。

海乌中心小学师生抗日活动

海乌中心小学自 1941 年上半年有了首届毕业班,已成为有一定规模的完全小学,教师配备较完整,学生数也较多,周围十多里的学生都到此读书。其时,抗日活动如火如荼,全体师生除学习功课外,还积极参加抗日宣传活动,如写抗日标语,画抗日宣传画,唱抗日歌曲,演抗日短剧、抗日潮剧等等。其中,印象较深的是演抗日潮剧,且社会影响也较大。

抗日潮剧共演两幕,一幕是《潮汕沦陷》,另一幕是《血泪湔仇》。内容都是叙述广东潮州、汕头一带沦陷区人民受日寇的残杀、掳掠,起来反抗的可歌可泣的故事,控诉日寇的罪行。剧本由潮剧艺人林汉光编写,导演是原"三正芳"潮剧戏班的演员孙文昕,演员都是海乌中心小学学生。

《潮汕沦陷》于 1944 年初排练,7 月 7 日为纪念抗日战争七周年演出,演员绝大部分是第四届(1944 年 7 月毕业)学生。剧中人物有:沈时达、沈妻张氏、儿子沈杰、女儿沈秀英、沈秀花、渡伯江福、日本皇军、会长、日本兵等,参加演出的学生有:林汝江、林满池、林祥兴、林素贞、赵锦霞、林俊侠、林庚全、黄凤金、林达才等。

《血泪湔仇》于 1945 年初排练,于 8 月 15 日后为庆祝抗日战争胜利的文娱晚会上演出。剧中人物有:李国华、李妻蔡氏、女儿李云英(A、B 角同时上台)、儿子李怀烈(A、B 角同时上台)、日本小队长、日本兵等,参加演出学生有:林汝江、林古金、林素月、林风台、林祥瑞、林何如、赵贻谋、郑文英等。演出的学生分属第五届至第八届。此次为庆祝抗日胜利,两幕潮剧一齐演出,已毕业的学生也部分回来参加。同时还演出抗日短剧、三簧和一些破除迷信的短剧。

这两幕抗日潮剧的演出，收到很好的效果，观众对日本兵残杀潮汕百姓万分愤怒，同仇敌忾。一些从潮汕逃至乌石的难民也积极参与这两幕潮剧的司鼓、司锣的工作。

关于"功侔卜式"匾

约于1943年，福建省政府发动地方献金支援抗日，乌石乡亲和海乌中心小学师生热烈响应，踊跃献金，获得省政府授匾表彰。大木匾红底黑字，题"功侔卜式"四大字，悬挂于乌石祖祠——乌石大厅（即海乌中心小学校舍）的左大门内横梁上。挂匾之日，海乌中心小学师生列队举行挂匾仪式，鸣放鞭炮，气氛十分热烈。卜式是西汉人，家有许多羊群，他屡次以家财捐助朝廷，反对外侮。这里用"卜式"来表彰乌石乡亲和海乌中心小学师生献金抗日的行动。一学校在动员学生献金时说，献金是要购买飞机打日本，不久就可看到我们买的飞机从天上飞过，学生们个个兴高采烈。然而，当时只有看到日本飞机从头顶上飞过，后来是美国飞机飞过，一直到抗日战争胜利，从没有见过一架中国飞机的影子。

"日寇流窜"见闻

1945年7月10日（农历六月初二日）上午，日军德本光信联队的残部从赤湖、示埔沿公路自东向西流窜。至示埔与寨内间的小境溪，发现寨内村外有一片树林，疑有伏兵，即在溪坎下发射三发迫击炮轰炸树林，进行火力侦察，见没有动静，即经寨内过浯江（亦称大溪），进入乌石。

日军原是要走公路，经乌石至旧镇，过旧镇港后再沿公路到云霄、诏安，进入潮汕地区。后来，因尖兵到旧镇后，发现旧镇港中无船只可供过渡，报知指挥官，原已走到倒榕的日军接命令改道走小路，由芹山村后小山北侧经邱厝、山兜、大厝、深水坑等村而至倒亭隙，然后经漳浦县城，越过盘陀岭而至云霄。

日军刚到深水坑村，即受到驻守在倒亭隙的"华安班"的阻击。大约从中午一直打到初夜。据说日军兵分三路，左翼登上南面山，右翼沿海云山脚，中路在深水坑村西的糖铺安下机关枪。等两翼包抄已定，然后开枪射击；"华安班"也兵分三路，但火力较弱，只有短射程的卡宾枪，一开始即处于被动。日本兵中有不少是金门人或闽南人，会讲闽南话，当时称为伪军，这些伪军作为先头部队，为日本人开路。

当时，我们后埔边村的民众都跑到深水坑村避难，因深水坑村靠近海云山（乌石岩山），山间有很多石洞可藏身。我们躲藏的大石洞就住了13户人家，男人都跑到山上去，洞中只有妇女和儿童。这个洞洞中有洞，又有泉水流经洞里，是一个适宜于暂时避难的石洞。但有一点很糟糕，当时无人预知日军会从倒亭隙流窜，而这个洞正好在倒亭隙的北边山脚下，下面就是战场，我们全洞人都处在虎口上，处境万分危险。

战斗一打响，全洞人都吓得不敢出声，有一个婴儿哭了几声，大家都轻喊："快喂奶"！有人警戒说："孩子一啼哭，引来日本兵，全洞人就都没命了"。枪声一直响到入夜，各种枪都有不同的声音，有人能辨明什么响声是什么枪，如"笛笛笛"是华安军（班）的卡宾枪，"达达达"是机关机，"咔咣、咔咣"是坎狗枪（日本三八大盖），"砰、砰"是迫击炮，大家心情都十分紧张，静听着阵阵的枪炮声。

据说日军当夜在倒亭边上的紫仔埔野营，到倒亭隙东边的深水坑村，西边的北叶村、南叶村抢粮食和猪、鸡作晚餐，7月11日（农历六月初三日）早晨，日军向西往漳浦县城方向流窜。下午，在确定日军全部撤走后，我们才从山洞中回到深水坑村。当时，我父亲是海乌乡农会主席，在打扫战场时，发现有两具华安军尸体，从其佩戴符号得知，一个是排长陈日晖，一个是列兵蔡水湖，及时上报，并出资备棺就近荔枝园收埋。后来，陈日晖的亲属镌刻一道墓碑放置于其墓前，两墓址今尚存。当时并没有发现日本兵尸体或伤兵，其伤亡情况不得而知。

日军进入乌石，乌石民众都跑到山上避难，日军见近处有人就抓去当挑夫，远处有人露出目标，即当活靶打。桥头墟村70岁老人林悠远躲在村外园地间，被日军发现，开枪打死。芹山村林枝站在马头山观望，身穿白衣，目标明显，也被从山下经过的日本兵开枪打死。新厝村林知和站在紫薇山间观望，被日本兵开枪打中头上笠顶，笠子飞掉，人幸无事，急躲起来。据说旧镇西示村陈权送信件到倒榕处遇日军，也被打死。

日军到处抓民夫、抢牛。山郑村林广东被抓去带路，后埔边村林仁道躲在深水坑村外也被抓去当挑夫。到盘陀墟吃午餐时，日本兵戒备较松懈，林仁道乘机溜进路旁棺材店，躲在空棺中而脱险；在盘陀岭上，林广东乘美国飞机轰炸日军时逃脱。山兜村林合茂家被抢去黄牛一只，深水坑村林打铁家也被抢去一只黄牛。抢去的牛先是负载辎重，后被宰杀。

日寇流窜漳浦距无条件投降仅一个多月，已处穷途末路。然而，困兽犹斗，在乌石倒亭隙遭遇"华安班"阻击，作垂死的挣扎，倒亭隙之战是抗日战争中发生在漳浦县境内唯有的一次战斗，乌石父老至今尚能叙述"走日本"的情形和痛诉日寇的罪行。

（漳浦县政协文史资料委员会编：《漳浦文史资料》第 24 辑，2006 年版，林祥瑞文）

32. 侵华日机轰炸长汀的罪行

一九三七年七月七日，日本帝国主义侵略军制造了卢沟桥事件，发动了全面侵略我国的罪恶战争，铁蹄所至，施行惨无人道的"三光"政策，疯狂蹂躏我大好河山，野蛮残杀我国人民，造成千百万人民家破人亡，妻离子散，流离失所。同时还派出大批飞机，滥炸我和平城镇，使我国人民的生命财产受到极其严重的残害和破坏。像我们长汀，只是一个地处偏僻山区、远离前线的小城，但自一九三八年四月至一九四四年四月的六年间，竟遭到几十架日机十余次的骚扰和轰炸，其中特别残酷的轰炸有三次，城内城外到处落过侵略者的罪恶炸弹，使我县人民的生命财产遭受惨重的损失。对日本帝国主义的侵略罪行，长汀人民迄今仍然未曾忘怀。

一九三九年六月二十二日（农历五月初六），天气晴朗，很多农村群众，络绎来城作客，街上行人熙来攘往，热闹非常。约十时许，突然空袭警报长鸣，全城顷刻陷入一片混乱之中，人们纷纷奔向四郊疏散。少顷，随着紧急警报声，六架日机侵入市空，略一盘旋，便进行俯冲轰炸，投弹二十余枚。报恩寺前、仙隐观前、社坛前、鸡毛洞、铸锅寮下等处的二十余所民房被炸毁。大关庙和衢弯头一带也落弹多枚，顿时起火燃烧，火势迅速向左右蔓延开去，烈焰腾空，浓烟蔽日，八十余间店房，在烈火中化为灰烬。被炸死男女老幼四十余人，炸伤数十人。鸡毛洞的赖炳炳及其来城探亲已怀孕数月的姐姐同时被炸死，造成两尸三命。社坛前有一不知姓名的人，被炸得粉身碎骨，只剩下一只完整的手掌，肠子挂在树梢上，周围未倒塌的墙壁上，溅满了鲜血和碎肉，厥状至惨。衢弯头求仁堂中医范良弼，被炸塌的店房压得屈成一团，又被烈火烧得似黑炭一般。数天后，婆太庙检修屋顶时，在瓦沟里还发现一只炸断的老太婆的小脚。受伤的群众，被抬到卫生院抢救。当时卫生院设在五通庙内，地方狭小，没有病房，只有几个医护人员。几十个待医的伤员，躺满在小小天井内和走廊下，有的断手缺腿，有的头破面烂，有的肠肚流出，有的浑身血污，有的昏迷不醒，有的奄奄一息。呻吟声、哀号声、啼哭声、叫喊声不绝于耳。真是"惨不忍睹，悲不堪闻"。

对日机滥施轰炸的暴行，人民无不咬牙切齿。

一九四二年一月十五日（农历十一月二十九日）午前，九架日机又来空袭，飞机一侵入市空，就对准水东街进行低空轰炸，几十颗炸弹、燃烧弹像雨点一样，沿着半片街、水东街倾泻下来。霎时间，飞机俯冲的怪啸声、炸弹爆炸的爆裂声、房屋倒塌的轰响声、人民惊恐的呼叫声，各种声音汇成一片，使人惊心动魄，摧裂肺腑。随着，只见司背街、司前街、半片街、棋盘街、水东街到处起火，红焰冲天，浓烟滚滚，整条大街，成了一片火海。没半天时间，二百多间商店、房屋，被烧成一片焦土。泊在水东桥下的十余艘民船也被炸沉。人民的财产损失，根本无法统计。致使几年之后，市容面貌、经济状况，都没有恢复原状。

在这次大轰炸中，人民生命损失也最为严重。有百余人被炸死，几十人被炸伤。（有些受重伤的人，虽然抢救治好，但也成了终身残废）。龙岩巷口泉兴海米行被炸塌时，有个姓詹名叫"肉鱼哩"的商人，被倒下的店槽和墙土压住了下肢，大声呼唤救命。但这时大火已经迫近，日机的轰鸣声又隐约传来，一些返回救火的人，只好拔腿跑开。詹某便在绝望的呼叫声中被活活烧死。小关庙前翠丰馆旅店有十几个来自江西的旅客，因疏散不及，滞留店内，不料一枚炸弹恰恰炸中该店，六个旅客被炸死。半片街罗源盛酒店内有几个进城买卖的农民，也因没有疏散出去被炸死在店内。有的地方后来重建房屋时，还在墙土底下挖出了被炸死者的尸体。由于这次大轰炸使长汀人民遭到空前惨重的灾难，直到今天，上了年纪的老人一谈起"一·一五"，都还痛恨不已。苍玉洞原是长汀八景之一。洞址内外树木浓茂，怪石林立。其中有两座岩石对峙而立，中间夹着一条上窄下宽的石峡，名曰"一线天"，能容纳数十人。苍玉洞由于地处郊外，在八年抗战期间，成为一处人们防空疏散的地点。

一九四三年十一月十五日（农历十月初八），由于闻知前一天（十四日）日机轰炸了永安，引起了人们的警惕，所以一吃过早饭，就有人陆续来到苍玉洞防空。约在半上午时分，正当成群的农民，挑着一担担的米粉路过苍玉洞一带时，果然响起了空袭警报，过路的农民把米粉担子丢放在路边，四散奔跑，找地方隐蔽，有些城内群众也沿着大路向苍玉洞飞奔而来。就在此时，二十余架日机从东南方向市空袭来。这群日机一进入市空便分成两队，一队由西向东俯冲投弹，龙颈背、中山公园、永走公所、张恒兆家、横岗岭都中了炸弹。厦大的水力实验室、自来水滤水池和数所民房被炸毁。另一队则由南向北，沿着东塔岭、狐狸坑、红朱坑、马盘蛛、苍玉洞一带上空俯冲投弹十余枚。其中一枚炸弹，正落在"一线天"岩顶上，随着一声震天巨响，弹片与碎石齐飞，躲在峡内的群众，当即被炸死、震死二十余人，伤十数人。商会的工作人员黄和初，一家七口躲在"一线天"内，竟被炸死四人（黄夫妇及两个男孩）。一个名叫卢锡凯的青年，头颅被炸得不见踪影，只剩下一截身子。一个姓林名叫照哩麻的女子，胸腹被炸烂，肚肠都流出体外。一个姓张的老人，抱着小孩坐在"大士阁"的围栏凳上，小孩被震掉地上，他自己胸口中了弹片，当即倒地身亡。有个农民，上身已钻进社公庙神龛内，双足还在龛外，不料一块弹片飞来，一条腿被炸断，惨死在石神龛上。商人曾念勋在山头靠树坐，也中弹片死亡。整个苍玉洞内外，死伤枕藉，血流遍地。亲眼看到这惨绝人寰情景的人，莫不掩面悲泣，无不愤火中烧，切齿痛恨日本帝国主义侵略我国的滔天罪恶，更加激发人民抗战到底，打败日本帝国主义的决心。

"前事不忘，后事之师"。日本帝国主义无条件投降已经三十七年了。三十多年来，伟大的中国共产党领导下的中国人民，为维护中日两国人民友好关系，抱着向前看的态度，没有过多计较日本军国主义侵略我国的血海深仇，这是中国人民的宽宏大量，并不是中国人民健忘，更不是中国人民软弱好欺。今天，日本文部省新编教科书，把"侵略"改成"进入"，妄图篡改侵华历史，为军国主义分子开脱罪责，替军国主义招魂，广大的日本人民是不会允许的，饱受过侵略苦难的中国人民，更不会容忍，决不能允许篡改这血写的历史，这是理所当然的。

（长汀县政协文史资料委员会编：《长汀文史资料》第 3 辑，文兵文，1982 年 12 月 1 日）

33. 话说长汀机场

长汀飞机场在汀城东北边，南接东关营，距东门城墙仅二华里左右，北连草坪哩，东临龙陂河与东街相望，西靠接官亭、黄田背、印塘上。机场长约1500余米，宽约400米，总面积近1000亩。北边600亩原是良田，南边主要原为倒地马荒墩坟地和部分东关营田地和菜园。

一九三四年冬，原国民党东路军第三纵队指挥李延年奉准建筑长汀飞机场，主要是为了对付红军长征后活动在闽、赣两省的红军游击队。一九三六年冬，当时的长汀县政府，奉国民党中央政府命令，征收寅塘上民田600亩改建飞机场，于年底建成，占地二万平方米左右，约是后来机场的四分之一。机场建成后，国民党的小型双翼飞机曾在机场降落过。一九三七年七月七日卢沟桥事变发生后，全国燃烧起抗日战争的烽火。长汀本是闽西和赣东南的政治、经济、交通等方面的要地，又建有飞机场，战略地位显得更为重要。特别是在厦门、南昌、福州相继失守之后，日本帝国主义更把长汀机场视为心腹大患。仅自一九三八年四月三十日至一九三九年四月二十七日的一年中，就派出九批四十架（次）飞机轰炸长汀机场，共投弹一百四十余枚，使机场设施及附近农民的房屋、财产、田园、庄稼遭受了严重损失。

为适应抗日战争形势的需要，一九三八年四月，国民党政府派徐贻来长汀任机场场长。一九三九年九月，将长汀机场改为空军第九十九站，并先后将长汀机场进行过两次扩建。

一九三九年九月至次年5月，长汀飞机场第一次扩建，再征用了民田三百一十亩，民房十六栋，坟墓三百五十座。扩建后的机场，跑道延长，面积扩大了近一倍。同年还在我县成立防空情报联络站。

一九四三年七月，长汀机场又进行了第二次扩建，由当时的长汀县政府奉令承办。这次扩建，规模浩大，总工程量超过前两次工程的总和。原机场地面全部重新翻建，填以石块，碾平加固。主跑道扩宽延长，总长度为一千五百米。整条跑道基础，深挖二至三米，然后用坚硬的花岗岩石块分层填塞，每铺一层石块，要用特大的滚筒反复碾牢压实。滚筒外层是用厚钢板制成，内层实以混凝土，中间是一条活动的大铁轴，高有二米，长五米，总重量约三十吨。滚筒轴上拴有六条长几十米的大绳索，滚动时每条绳索由一百二十多人牵拉，六条绳索共七百多人，工人呼着整齐的号子，一齐用力，才能拉动滚筒。

参加修建机场的民工，来自全县三十一个乡镇，每名民工每日发给两角钱伙食费，由各乡镇统一领取，发给各组集体办伙食。城关及附城民工回家居住，远处乡镇来的住在附近农舍或临时工棚内。民工生活极为艰苦，而劳动强度却很大，不少人因劳累过度而生病甚至死亡，民工一般十天左右一轮换，每天上场民工最多时达五、六千人。

两次扩建机场的经费，都由国民党中央政府拨给。由于当时负责的官员与包头相互勾结，贪污舞弊，层层克扣，民工所得不足温饱，真是喂肥了豺狼，瘦死了百姓。

机场跑道南端为飞机起降点。原建在霹雳岩山顶的万魁塔（建于 1602 年），塔高十一级；由于正面对着机场跑道，被认为会妨碍飞机起落，在第二次机场扩建后期（44 年 6 月），将塔拆毁，这座近四百年历史的古塔，就此消失了。

一九四三年间，国际国内形势发生急剧变化。同盟国（主要是美国）军队在太平洋发动强大的反攻，驻华的美国空军也加强了活动，不断轰炸被日本侵略军占领的台湾和我国沿海的重要城市，给日寇沉重的打击，威胁着日寇伸往南洋各地的海上交通线。（一天，有一架去轰炸台湾新竹机场被击伤的美国巨型轰炸机，飞来长汀机场降落。后机上十一名机务人员，在长汀机场乘机飞回昆明。）为了挽救败局，作垂死挣扎，一九四四年春，日本帝国主义沿粤汉铁路、湘桂铁路，发动了疯狂的进攻，企图打通所谓"大陆交通线"。自一九四四年六月十八日至一九四五年一月二十八日，长沙、衡阳、柳州、桂林、南宁、赣州、遂川等地相继陷落，国民党统治区共损失了七个空军基地三十六个机场。这样，自平汉、粤汉，湘桂铁路以东、浙赣铁路以南，就只剩下唯一可用的长汀机场了。一九四五年一月，国民党南昌空军十二总站、军事委员会东南运输队，十九工程处均迁来长汀。二月二日美国空军十四航空队某支队的地勤、航空人员一百余人也移驻本县城内和机场，长汀就成了我国东南各省和西南、西北大后方联系的战略要地，经常有战斗、侦察机和运送人员，物资，邮件的运输机在长汀机场起降。一九四五年七月一日，国民党中华邮政总局和航委会还决定开辟渝（重庆）、汀航空邮运专线，于是东南各地与西南、西北各地的邮件和电报，都由长汀转寄转发，此时长汀成为航空邮运的枢纽。

为了配合美军在冲绳岛登陆作战，一九四五年清明前后的一天，美国空军第十四航空队的大批机群——战斗机四十余架及载运汽油弹药的运输机二十余架飞抵汀城上空，从午后至下午四时左右，除一架战斗机因机件发生故障坠毁在西门外火炉心哩外，其余飞机全部安全在机场降落，整齐地停放在滑行跑道上。长汀城关的群众，有的登上北极楼，有的涌向机场边，观看一架架飞机降落机场。直到傍晚，街头巷尾的人群，还在眉飞色舞笑谈着这振奋人心的空前盛况，更加增强抗战必胜的信心。

大批飞机移驻本县机场，犹如一把尖刀扎在日本侵略军的心腹上，当晚就有一架日机飞临机场上空捣乱，向机场投掷了两枚炸弹。当日机俯冲投弹时，布设在机场周围山头上的高射炮火，在探照灯的指引下，朝着日机一齐开火，一串串火红的炮弹，交织成密集的火网，射向日机。那光景比节日的焰火更为壮丽。饱受日机轰炸之苦的长汀人民，眼看着这动人心弦的对空战斗，无不欢呼雀跃，拍手称快。这架偷袭的日机，带着浑身的伤痕，狼狈逃窜，终于在邻县境内坠毁。

次日清晨，四十余架战斗轰炸机，由机场起飞，在高空中编成整齐的队形后，迎着朝阳向远空飞去，去轰炸被日寇占领的浙江沿海军事基地。下午部分飞机返回机场。其中一架负伤的飞机，匆忙直接降落到跑道外的空场上，一名负伤的年轻飞行员，被成群的地勤人员抬出机舱，送往医院治疗。不甘心失败的日本侵略者，这天晚上又派出一架飞机前来骚扰，但尚未进入机场上空，便遭到地面高射炮火的迎头痛击，吓得它胡乱地把十几颗小炸弹，投落在北山背后的田野里，就慌忙逃走了。这批盟国空军机群，虽然不久之后，分别撤离了长汀机场，飞回西南大后方去了，但地面的强大防空设备，也足于使敌人胆战心惊，因此日本帝国主义的飞机从此再也不敢飞临长汀上空肆虐了。

一九四五年八月十五日，日本帝国主义宣布无条件投降：驻汀的盟国空军、人员和长汀人民一道共同热烈庆祝抗日战争的伟大胜利，长汀飞机场完成了它的伟大的历史任务。不久，美国空军驻汀的机构和人员也全部撤离，长汀机场只剩下了国民党的一支守卫部队了。一九四九年春，国民党中央民航公司及电台由上海迁来长汀，不久又迁往云南昆明。在汀期间有不定期的班机来往厦门，广州等地，兼办载客业务。同年秋天，基督教牧师张伦，租来一架四座位小型游览飞机，停放机场，售票载运乘客，飞往福州、厦门等地。长汀解放前夕，国民党驻机场部队逃离时，曾将机场破坏。

一九五〇年秋，长汀县人民政府奉令调集大批各县民工重修机场，至十二月底全部竣工。机场设有航空站和雷达站，驻有空军守卫机场部队，一九五三年十二月空军司令员刘亚楼将军回闽西视察时，曾前往机场视察，解放后长汀机场因跑道较短，喷气式飞机不能起落，故只作为后备机场，仅降落过安（2）型飞机和直升飞机。

（长汀县政协文史资料委员会编：《长汀文史资料》第13辑，曾培基文，1987年12月）

34.《东南日报》与"永安浩劫"（节录）

何扬鸣 胡锐颖

（一）

1943 年 11 月 4 日中午，日本飞机对福建战时省会所在地永安狂轰滥炸，造成了当地人民生命财产的巨大损失，史称"永安浩劫"。

1938 年 4 月 18 日，国民政府批准福建省政府由福州内迁永安。永安地处闽西地区，群山连绵，交通闭塞。自此以后，永安成为福建省的政治经济中心。1938 年 6 月 3 日，日机首次空袭永安，炸毁民房数间，民众死伤数人。自此，战火的血腥与残酷开始在宁谧的山城和静淌的燕江边蔓延开来。抗战 8 年中，日军从台湾新竹机场和东南沿海的航空母舰上，多次出动海、陆远程轰炸机，对永安不足一平方公里的城区以及省府重要机关驻地吉山等乡镇，进行狂轰滥炸，而且日军竟置国际公约而不顾，多次在永安城乡投掷"石井式粘土制细菌炸弹"，致使炸后鼠疫流行。1943 年 11 月 4 日的轰炸是其中最为残酷的，自然引起国内外新闻媒体的广泛关注。

1943 年 11 月 6 日，《东南日报》南平版刊载了一篇消息《永安浩劫，死伤惨重灾民愈万，公私损失近四亿元，昔日闹市尽成灰烬》，详细地报道了"永安浩劫"：

突袭情景

（中央五日永安电）四日午此间突遭损害最重之空袭。据悉敌机十六架，似系飞越台湾海峡而来，自莆田侵入大陆上空。下午一时飞越永安市空，旋复折返，排列队形，向全城及东南市郊密集投下大小轰炸烧夷弹约一百数十枚，或尚不止此数。全部炸弹于数秒钟内一倾而下，显无所谓目标，有之即欲毁灭地面一切而已。敌机迅速肆虐毕，并未消停，即向东北飞去。其时黑烟蔽空，落弹面积广约三方里，其间几每隔二三十步即落一弹，内有三处民房着火燃烧，因人力工具缺乏，未能迅速戳止，乃成燎原之势，巨焰冲天，迄晚八时始经阻遏。惟城区东至山脚，西至沿河马路，南至新街小巷，北至中正路西门街，广约二方里之繁盛区，荡然无存，全成灰烬。

估计损失

其间共毁房屋七百余栋，约一万余间，五日火场尚有余烬未熄，而被压死或烧死者为数更众。大同路有一民家，正在分桌聚餐，内有一席妇女十余人，全部被难烧焦。省银行分行职员七人殉难。此外自余烬堆中掘出死者已达一百二十余人，未掘出者二十八人，而全家死难或未来报告者尚不在内。全部死难人数或在两百以上，重伤轻伤者倍之。至公私建筑财产之损失，目前无从准确调查，据大约估计，恐三四万万元。损失之重，为本省向所未有，其惨痛之血债，我军民于切齿愤怒之下，誓以十倍百倍向暴敌索债也。

善后办法

党政振济社会、县府，及其他社团，四日下午开始紧急救济，五日已联合组织紧急救济办事处，被难民众约一万五千人。除自投食宿者外，余在中山堂、临参会、社会处、永安戏院四处供给食宿，收容救济。驿运处、交通特别党部等机关，纷纷组队入火场慰问调查，合供处则以大量食物供应难胞。刘主席四日召各机关讨论紧急救济办法，闻将先由省赈济会拨一百万元，暂充临时救济之用，死难者分别发给棺木及救济金五百元，自备棺木者发给一千，至代为埋葬及被灾居户临时办法等，五日晚尚在讨论中。

1943 年 11 月 12 日，《东南日报》南平版载了《炸后永安》的通讯，对"永安浩劫"进行了追踪报道。其中写道：

"十一月四日永安的大轰炸，有三点可以说打破过去永安被炸的记录，第一是过去永安被炸平均是一年一次，但此次距离一月一日的大轰炸，只有十个月另两天，在时间上是打破过去记录。第二是过去侵袭永安的敌机，多是从厦门或广州飞来的，而此次来袭的敌机却由海外飞经莆田、福州而来，在敌机行动上也是打破过去的记录。第三是过去虽然敌机投弹甚多，因为大多数是炸弹，又未能命中故损失较少，这次投下无数的燃烧弹，又不幸落在商业区，故损失相当惊人。

......

此次大轰炸的损失若干，到现在尚无正确的统计，死亡人数大概在二百人左右，连日不断有新尸首发现，重伤人数大概有一百人，机关团体被毁者计有省府秘书处及其编译室、统计室、法制室，企业公司制药厂，卫生材料厂，第七救济区办事处，省农会，省教育会，青年团永安分团，永安师范办事处，体育师范办事处，食糖专卖局永安分局，永安县国民兵团，永安县看守所，永安县图书馆，合供处第一供应所，银行被毁者有中央银行，福建省银行分行，书店被毁者有商务印书馆，正中书局，中华书局和改进出版社。"

"永安浩劫"后，各种媒介报道很多，影响很大。但是，《东南日报》的这两篇文章比较及时、比较详细地记叙了"永安浩劫"，有相当的史料作用，它们比其他的类似文本要有更大的权威性。

（二）

"永安浩劫"中，日机对永安不足一平方公里的城区投了100多枚各种炸弹，其中有一枚500镑重的炸弹落在一个院子天井附近，在地上炸出了一米多宽的坑，院子里有两户全家全部炸死。另一户人家，即《福建动员》主编、永安改进出版社印刷厂厂长高文达家也遭不幸。日机来轰炸时，高妻邵铸华和3个小孩正在吃午饭，当警报响起的时候，已经来不及走避，只能匿身于饭桌之下。炸弹的巨大冲击波掀走了孩子们覆盖在餐桌上的棉被，四射的弹片，夺去了邵铸华和6（虚）岁的儿子的右臂。一时间，鲜血如注，直溅到天花板再滴回地面。两个人都昏死过去。邻居赶来抢救，忙乱之中只找到邵铸华一截血肉模糊仅连着一层皮的断臂，而小孩的断手已经不知去向。众人对高家母子进行了简易的包扎，即刻将他们送至急救站，后又转到已经迁到乡下的福建省立医院住院部。经过3个多小时的锯骨、缝合和包扎等手术，才把两位濒临死亡的母子救活过来。邵铸华醒来发现自己及儿子都断了一臂，大受打击，晕厥了4次。

空袭中，《东南日报》驻永安特派员兼驻永安办事处主任蔡力行进行了现场采访。当他闻讯来到高文达家时，看到的只有燃着烈焰的残墙断垣、四处飞溅的血肉和坐在地上嚎啕大哭的两个小女孩。他即刻将两位小孩送至福建省卫生厅所属卫生缚料厂工作的粤人姜先生家中，之后又匆忙赶赴医院。次日，蔡力行将寄养在姜家的两个小孩抱到医院，让高氏夫妇心安。

值得一提的是《东南日报》记者王遂今的报告文学《长路短书》，这是王遂今在赴重庆《中央日报》任职途中写的，在《东南日报》的副刊《笔垒》上连载。"永安浩劫"期间，王遂今恰好在永安停留借道。在蔡力行的陪同下，王遂今也去医院看望高文达一家。因此，王遂今在1943年11月22日的《长路短书》之一中对"永安浩劫"也有所描述：

……

永安炸得并不厉害，烧得却太厉害了，站在市中心，东南西北几乎都可直望到底。起火之处，只有三个，却能延烧十数条街。防护团只尽了一项责任，就是不让住民跑回家去抢救财物，以免危险。但财物除烧去外，被人抢出的倒也不少。

……

"永安浩劫"发生后，《东南日报》的工作人员积极采访，表现出敬业的工作态度，同时他们又对有关受害者积极求助，表现出极大的同情心。他们是富于正义感的新闻工作者。

（三）

永安虽然作为福建的战时省会，但却和中国绝大多数城市一样，都是属于不设防城市。抗战8年之中，日本对永安实施类似"永安浩劫"的"无差别轰炸"共有24次之多，给当地的人民的生命和财产造成了巨大的损失。对日本犯下的战争罪行必须予以申讨。

对日本战争罪行予以申讨的不是别人，正是在"永安浩劫"中失去右臂的高家那位6岁的小男孩。小男孩名叫高熊飞，退休前是浙江教育学院的副教授。从1976年开始，高熊飞开始了向日本政府控诉"永安浩劫"的活动。

要打这场不寻常的官司，首先得证明今天的高熊飞就是当年"永安浩劫"中的被炸断右臂的小男孩。1943年，高妻邵铸华出院后，得知许多亲友在浩劫中遭难，其中包括与高家多有交往的郑侃。郑侃是《大公报》记者杨刚的前夫，毕业于北京大学经济系，曾任北平《大众知识》编辑，当时在永安的福建省中央银行任职。为了纪念遇难的好友，邵铸华用左手艰难地写下了祭文《悼郑侃先生》，发表在1943年11月22日《东南日报》副刊《笔垒》上。这篇文章能有效地证明高熊飞就是"永安浩劫"中受害者：

在本月四日敌机狂炸永安的时候，我和我那六岁的大孩子，都给炸掉了右手。经过锯臂的手术之后，第二天我们的神态都清醒了，从到医院来望我们的友人口里，我得知郑侃先生也给炸中了，而且已经不及医治就死去了。

……

现在，他不幸遭了难，我自己已经残废了，但是失去这样的一份友情，比失去我自己的膀子更使我痛心。因为在这世上真正的友情是异常难得的，我们在颠沛流离中才获得了，不久马上又失去了。此后使我们在荒凉的人生旅途中，将要愈加感到寂寞了。

要打这场不寻常的官司，还必须要有充分的证据，也即必须要有人证和物

· 455 ·

证。物证就是在当时的媒体上寻找有关的记载，战时中国东南地区的第一大报《东南日报》自然成了人们首选目标。人证就是经历"永安浩劫"的证人。在诸多周折之下，高熊飞终于找到了福建省立医院院长车启霖的女儿车东媛教授、《东南日报》的王遂今和蔡力行等人，请他们为"永安浩劫"及高家的遭遇作证明。由于王遂今和蔡力行两人不仅经历了"永安浩劫"、走访过高文达一家，而且又由于他俩当时的职业和身份，并有《东南日报》等有关媒体上的报道为证，他们两人成了高熊飞等人向日本政府控诉"永安浩劫"的有力证人。

历经20年的艰辛取证，在"永安浩劫"的53年后，高熊飞把日本政府推上了被告席。1995年8月7日，高熊飞根据海牙陆战法规条约附录《关于陆战法规惯例的规则》，对侵华日军对不设防城市实施"无差别轰炸"向日本法院提出诉讼。诉讼中，高熊飞出示了《王遂今关于"永安浩劫"的证明》、《蔡力行关于"永安浩劫"证明》，以及《东南日报》有关"永安浩劫"的相关文章：《永安浩劫，死伤惨重灾民愈万，公私损失近四亿元，昔日闹市尽成灰烬》、《悼郑侃先生——一个失去了右臂的人写的》、《长路短书》之一。高熊飞依据这些无可辩驳的事实，要求日本政府赔礼道歉并赔偿2000万日元的损失。高熊飞成为中国民间对日索赔第一人，这是世界上战争受害人起诉日本政府的第一个案例，而且审理的地点不是在第三国，就在日本本土。

经过前后18次的法庭辩论，1998年8月12日，高熊飞首次和日本政府代表对薄东京地方法院民事103庭，法庭审理了125分钟。1999年9月22日上午，东京地方法院法官伊藤刚对索赔案作出判决，"驳回原告各项诉讼请求，一切费用由原告承担：理由请看书面。"在他留下了长达250页纸的判决书后，匆匆宣布退庭。当日下午，高熊飞等受害者在东京地方法院二楼司法会见厅召开新闻发布会就此不公平判决提出抗议，律师团则向全球媒体发表声明，并宣布向日本东京高等法院提起上诉。

对于此次日本地方法院的判决虽然原告败诉，但是由于原告向法院提交了270多份的证据，使得法官在判决书中承认日本国对中国的各种军事行动是侵略行为，南京大屠杀是存在的，"731部队"的人体细菌实验是不容置疑的，也承认了"永安浩劫"的事实，特别是"永安浩劫"后《东南日报》上发表的有关文章，如《永安浩劫》、《悼郑侃先生——一个失去了右臂的人写的》、《长路短书》之一等，都是令法官无法回避的确凿证据。这3篇文章的影印件，连同《王遂今关于"永安浩劫"的证明》和《蔡力行关于"永安浩劫"证明》的原件现在都存于日本东京地方法院民事第24部，同属第15636号案件。

抗战时期，《东南日报》遭受了重大的损失，也为抗战宣传作出重大贡献。战后的半个世纪后，《东南日报》对起诉日本政府再次发挥了重大的作用。这在中国新闻史上可以留不下朽的一笔。

（浙江省档案局、浙江省档案学会主办：《浙江档案》2008 年第 9 期）

35. 泉州泉港区"宝泰号"历史惨案

1941年6月22日（农历5月12日），载重量1600担的大木帆船宝泰号，满载桂元干、药材等土特产，及船员和少量旅客50多人，航行至浙江中部石塘海域（台州海面），被日军舰拦劫。日军杀害船员刘华龙、刘华风等46人，其中船员刘盘菜看见他的儿子刘旺子被敌刺杀，悲痛难堪，跳下海里，又被敌连击数枪而死。日军还把几个老残者赶下舢板，在海上漂流，抢走船上贵重物资，放火烧船。

幸存者及证人：刘细黎（诚平村刘白贼的父亲）、刘尼九叔（其后人为诚平村刘宗鑫、刘宗山）、刘阿石（现诚平村刘阿模姑、刘宗真、刘宗兴、刘宗雄、刘宗龙、刘宗添等兄弟的父亲）、刘秋九（其后人诚峰村刘德森）、刘阿鼻（其后人为诚峰村刘企嘴）、莆田东沙西厝的一位船工。

知情人：宝泰号船主的孙子刘其群，船主刘开荣的儿子刘华勋，幸存者、遇难者的后人刘德森、刘阿模、刘宗岩。

附"宝泰号"惨案死亡名录

姓名	性别	年龄	职业	伤或亡	原住址	户主及亲属姓名
刘华友	男	23	交通运输	死亡	峰尾	
刘维星	男	—				刘锡龄
刘阿桂	男	—				刘锡龄
刘华龙	男	20				刘阿钢
刘华风	男	20				刘阿钢
刘湄洲	男	16				刘盘菜
刘盘菜	男	—				
刘扣生	男	—				—
刘凤舞儿子	男	—				刘凤舞
刘聪明儿子	男	—				刘聪明
刘讨草	男	—				
刘细阳三兄弟	男	—				—
刘根骨儿子	男	—				刘根骨
刘毫嘴儿子	男	—				刘毫嘴
刘连奎	男	—				
刘龙贵	男	—				—

（档案、文献、资料出处或来源：2004年11月，泉州泉港区政协文史资料委员会编《泉港文史资料》第三辑刊载《宝泰号惨案》一文；刘宗训据"宝泰号惨案"幸存者后人提供的资料整理）

36. 日寇铁蹄下的双杭

1941年和1944年福州两次沦陷，双杭的商民备受日寇铁蹄蹂躏，生活在水深火热之中，双杭一带变成了死街。商家的深宅大院被日军占据，十字街头岗哨林立，日军据点周围布满铁丝网，白天行人稀少，晚上更是一片死寂。马路上成天响彻日军警车声、马蹄声、皮靴声。小桥和中亭街还有日军建筑的碉堡，里面架有机枪，非常恐怖，双杭霎时间成了人间地狱。有人写诗道："夜闻啼哭声，昼见水血红。江里浮尸体，路上人断魂。"老百姓在巷弄口建木竹栅栏，轮流值班，以防火、防盗、保安全。夜间，个别人家要请医治病或接生的，出门需要提灯笼，以保安全。

兴化商帮的"聚源发"纸行老板林时霖在东北营口的货物被日军洗劫一空。"蔡大生"鞭炮行损失达3000两黄金。"何元记"老板何元育，抗战前财产有60多万银元，福州沦陷后，为了将资金避险保值，结果看正凿歪，随着伪币不断贬值，几十年积攒的资产付之东流。台江资本家王增祺在双杭和仓山的大批货物被日军洗劫一空。日军经常小股出动，以查户口为名入室抢劫，双杭大户人家的金银首饰、古字画、古董珍玩、贵重衣料、粮食被抢掠无数。上下杭富有的商家有的举家逃难，他们沿闽江西上南平、邵武，大部分被日军检查劫获。双杭中平路福建汽车公司经理郑劈山为避免车辆被日军占用，下令将部分车辆自行破坏，小部分撤往内地山区，结果被日军杀害。中亭街鱼市的鱼牙栈有67家，内外销每年5000多万元，在日军占领期间，营业萎缩至1000多万元，许多店员改为拉人力车，常常有日本兵白坐车不给钱。有的沦落街头卖饼卖油条，常被日本兵抢去吃，不给钱。苍霞洲第四警署、闽江轮船公司机械工场、交通银行、省银行的财产、器材被日军洗劫一空。苍霞万胜有罐头厂及附近民房十余座全被日军摧毁，损失达千余万元。闽江轮船公司囤仓浮船、平水轮船公司杉木码头、恒昌埕码头全部被日军破坏。同安保米厂被日军抢去大米5400斤，恒昌埕36个仓库被日军抢去糙米57000斤。日军每见米店摆出大米销售，就用信用极差的日伪币强行抢购，百姓苦不堪言。

为了摧毁沦陷区人民的抗战意志，日军飞机经常轰炸。日军有时色厉内荏，福州第二次沦陷时日军飞机每天来中亭街轰炸，日机飞得很低，他们往往扔下一块大石头就盘旋飞去，天天如此。当时，万寿桥过往行人，无辜被投入闽江淹死的将近百人。双杭掏粪工书明，当年被日军拉去修义序机场，工钱由富人代付，每天三斤米。当时修机场的劳工每天有微薄的报酬,是汉奸维持会发的伪币,仅够吃一碗粉干。有人编了打油诗:"做人真无味,只怕拈本币。本币不相干,北园吃粉干。"书明说:"日本监工极其残暴,有个外号叫'猴龙王'的,经常欺负中国人,甚至将中国人翻过头顶摔在地上几次,有的人被摔一次就不省人事。如有人迟到,日本兵上来就是一顿猛揍,临了还要让他往畚箕里铲满土,膝盖跪地,把畚箕顶在头上,耍猴似的一顶就是几个小时。"说到这里,书明的眼圈发红。市民杨光宇说:"福州第一次沦陷,我在上杭路江西商行做工。老板逃难去了南平,我在商行看店。有一天,日本兵来砸门,我硬着头皮开门。门刚开了一道小缝,日本兵就揣门跳进来,给了我一个大耳光,嘴里直骂'八嘎'!我那时小,不知道什么叫怕。疼痛了一会,看到日本兵嘴唇上留着的小胡子,再看他龇牙咧嘴的样子,忍不住笑了。师兄们吓坏了,以为我必死无疑。没想到日本兵颇奇怪,你笑了他就不打了,你要是哭,他就往死里打,打到你笑为止。"

双杭工商史家林祥彩,大家叫他"彩伯",原是茶厂老板的账房先生,也做过掌盘使,每次说到福州沦陷时受到的生死劫难时,总是声泪俱下。他被汉奸勾结日本宪兵队关押在韩园宪兵队临时监狱,受尽酷刑。日本宪兵队须藤军佐命手下拿一木梯靠在灯柱上,叫他爬上去,双手抓住灯柱的铁环,突然把木梯拿开,他随着铁环摇摆,不断轮番交替,据说这叫"猴律柱",接着又施以"抱石柱珠"、"掌嘴巴"、"灌水"、棍刑等,差点被处以死刑。放出来时,林祥彩已奄奄一息。

茶厂的茶叶被日军清水部队抢去大部分,茶厂一女工也遭奸污。为避祸,老板带他去凤岗里养伤,再一起去天津。那天,他们帮林祥彩妻子化妆。当时林祥彩的妻才27岁,他将妻子的头发搞乱,然后用菜叶汁抹在脸上,两额角贴两帖黑膏药,再用大帖黑膏药贴住半个脸部,换穿长袖旧蓝布衫,状似乞丐婆。他们一行由达道加冠里出发,经小桥头入下杭街,路过咸康药店隆平路十字路口,那里有日军岗哨。当他们向日军行礼时,突然听到坐在公座椅上的日本兵说:"男人的走,女人的留下!"林祥彩和老板只得行至公和板行门口墙角观察那边的动静,看到林祥彩的妻子在扫地。这时,来了一个渔妇,提着一筐鲜虾路过,日军全部围过去。路边摆摊的老太婆悄悄对林祥彩妻子说:"依妹,快逃呀。"并且指点她迅速向自己家里逃,她家后门通潭尾街。他们赶紧从广慧庵摆渡去了凤岗里,可以说是蛇入竹筒节节难,铁蹄下的双杭人真是苦不堪言啊!

日军规定每周二、周五为行乐日。双杭田垱庆青弄附近有国际歌舞场,成了日军的慰安所。当时,隆平路、下杭街、中亭街有四家日军慰安所。一家在裕兴颜料商行，一家在张家琪商行大宅，另一家在下杭街荣华棉布商行，中亭街这一家地址不详。门口分别挂牌"梅月"、"花莎"和"高莎"。日军除在慰安所里行乐，还四处寻找"花姑娘"，在吉祥山为日军修工事的七个妙龄少女，被一伙日本兵轮奸惨死。

沦陷时期的双杭人也是血性之人。福州第一次沦陷时，小桥头"万福昌"糕点店青年伙计周珠俤听说师娘被日本人奸污，怒不可遏，率领一百多人冲向日军在吉祥山（今台三小）据点。战斗中，周珠俤大腿中弹，牺牲的人中年龄最小的是卖麦芽糖的11岁的男孩，死时手里还捏着一把剪刀。福州第二次沦陷时，日军已是强弩之末，福州人民自发组织大反攻。1944年10月18日上午10点，台江武术家黄性贤率游击队与福州救火会会员在仓山和台江双杭一带同日军激战，战斗持续到下午3点，小学生柯云炳高举国旗冲入敌阵壮烈牺牲。毕业于中央军校的救火会苍霞临警主任唐德务也在此役中牺牲。另一路台江救火会会员从双杭仓霞洲出发，在吉祥山与日军交战，结果林金水等八人牺牲。战斗中，福州商会会长蔡友兰将"蔡大生"鞭炮仓库打开，把库存鞭炮发给市民，装在美国洋油桶里燃放，以迷惑日军。1945年5月18日闽海重光，福州各界人民举行追悼大会，会上花圈挽幛如山如海，其中杨亮功写的是："以铁血争生存，即令歼敌扫氛，伫看国威扬八表。为乡闾谋捍卫，不惜洞胸绝腔，长留浩气壮三山。"会后，送葬队伍从双杭苍霞洲出发，绕文虎路进入市区。牺牲烈士的遗体合葬于西门外原救火会员死难墓群，春秋永远祭奠。人们还将双杭原文虎路改名正义路，以纪念唐德务等抗日烈士。双杭人民在福州反抗外来侵略史上，写下了光辉一页。

管柏华

（《福州晚报》2005年8月17日）

37. 福建省各县各期忠烈将士人数一览表

县名	死亡期别及人数			县名	死亡期别及人数		
	第一期	第二期	第三期		第一期	第二期	第三期
林森	24	741	1	云霄		88	
东山	2	84		龙溪	1	233	
晋江		315	1	泰宁		31	
长乐		107		宁化		47	
同安	5	72		漳平		16	
德化		48		清流	1	24	
闽清	1	39		惠安	2	150	1
政和	1	26		连城		85	1
南安	2	194		平和		67	
福清	3	99		崇安		25	
邵武		41		顺昌		15	
罗源		37	1	华安		15	
松溪	1	36	1	富洋		6	
永定	3	87		厦门市		401	
武平	1	95		大田		68	
上杭	3	153	1	龙岩		67	
漳浦	1	147	4	尤溪		87	
沙县	2	31·		霞浦	2	96	1
浦城	1	134		永泰		80	1
南平	2	71		建阳		52	
连江	3	86		建宁	1	33	
长汀	9	144		仙游	1	99	1
宁德		107		古田	1	112	1
莆田	2	225		诏安		123	
海澄		69		安溪		84	2
建瓯	81	1		永安	1	49	

县名	死亡期别及人数			县名	死亡期别及人数		
	第一期	第二期	第三期		第一期	第二期	第三期
福鼎		59		福安	2	84	
南靖		43		屏南		28	
三元		5		永春		71	
明溪		12		永吉		6	
平潭	1	13		将乐		26	
长泰	1	17		寿宁		24	
金门		8					

（中共福建省委党史研究室存）

38. 平潭县抗日烈士英名录

（中共领导的抗日武装）

资料一： 黄跃平 整理

姓名	出生年月	籍贯	单位及职务	牺牲时间、地点、原因
陈作雄	1919. 10	平潭东库	新四军三支队参谋处参谋	1940年在安徽繁昌一带与日军作战，拼刺刀牺牲
林歇相	1915. 12	平潭屿头	新四军三支队六团班长	1940年1月在江苏茶园与日军作战中牺牲
林阿仔	1916	平潭屿头	新四军三支队六团给养员	1940年在江苏盐田与日军作战中牺牲
王圣德	1915	平潭屿头	新四军三支队六团排长	1942年在安徽丰塔济与日军作战中牺牲
陈索远	1906	平潭北厝	闽中沿海突击队队员	1944年9月在福清目屿海域执行任务遭日机轰炸牺牲
王珠弟	1921. 6	平潭敖东	闽中沿海突击队队员	1944年9月在福清目屿海域执行任务遭日机轰炸牺牲
王金铨	1903	平潭中楼	闽中沿海突击队队员	1944年1月在福州鼓山与日军作战牺牲
姚益姆	1920	平潭中楼	闽中沿海突击队队员	1944年1月在福州鼓山与日军作战中被捕，后遭杀害
郑金城	1895	平潭岚城	闽中沿海突击队队员	1944年1月在福州鼓山与日军作战中被捕，后遭杀害
杨乃银	1904. 8	平潭中原	闽中沿海突击队队员	1944年1月在福州鼓山与日军作战中被捕，后遭杀害
陈孝能	1911	平潭北厝	闽中沿海突击队队员	1944年1月在福州鼓山与日军作战中被捕，后遭杀害

注：本表根据县民政局复退办《烈士名录》整理。陈作雄，一说在皖南事变中失踪。

（平潭综合实验区办公室存）

39. 福建省罗源县抗日烈士英名录

序号	姓名	性别	出生年月	籍贯	入伍时间	原工作单位及职务	牺牲时间地点及原因
1	林命同	男	1916	罗源县中房公社下富大队	1933.3	新四军三支队六团战士	1938年12月在北上抗日中失踪，1958年6月26日追认为烈士
2	郭细弟	男	1918	罗源县中房公社寨头大队	1936.5	新四军第三支队第六团战士	1938年随军北上抗日中阵亡
3	郭兆信	男	1915	罗源县中房公社寨头大队	1934.8	新四军第三支队第六团战士	1938年随军北上抗日中阵亡
4	郭嫩妹	男	1905	罗源县中房公社寨头大队	1934.7	新四军第三支队第六团战士	1941年12月在南京抗日作战中牺牲
5	郭招岭	男	1916.8	罗源县中房公社寨头大队	1934.6	新四军第三支队第六团战士	1938年随军北上抗日中阵亡
6	卓和娇	男	1903	罗源县中房公社松洋大队	1936.8	新四军第三支队第六团副班长	1938年11月北上抗日时在苏南作战中牺牲
7	林庆樱	男	1901	罗源县中房公社松洋大队	1936.8	新四军第三支队第六团连长	1938年11月北上抗日时在苏南作战中牺牲
8	林庆铿	男	1912	罗源县中房公社松洋大队	1936.8	新四军第三支队第六团炊事员	1939年北上抗日时在苏北作战牺牲
9	黄乃福	男	1910	罗源县飞竹公社西禄大队	1934	新四军第三支队六团战士	1938年北上抗日时在苏南战斗中牺牲
10	谢明钗	男	1915	罗源县西兰公社下际大队	1934.7	新四军三支队六团战士	1938年随军北上抗日中途失踪，1958年6月26日追认为烈士

序号	姓名	性别	出生年月	籍贯	入伍时间	原工作单位及职务	牺牲时间地点及原因
11	陈其銮	男	1893	罗源县霍口公社香岭大队	1934	新四军第三支队六团战士	1939年北上抗日在苏南战斗中牺牲
12	陈以云	男	1889	罗源县霍口公社香岭大队	1935	新四军第三支队六团三营战士	1939年北上抗日在苏南战斗中牺牲
13	周太淼	男	1912	罗源县霍口公社船头大队	1936.4	新四军第三支队六团战士	1938年7月北上抗日在苏南战斗中牺牲
14	朱敬锐	男	1901	罗源县霍口公社徐坪大队	1934	新四军第三支队六团战士	1938年随军北上抗日中途失踪，1958年7月4日追认为烈士
15	黄朝生	男	1917	罗源县霍口公社徐坪大队	1934	新四军第三支队六团战士	1938年10月北上抗日在安徽省战斗中牺牲
16	黄则钟	男	1898	罗源县霍口公社徐坪大队	1934	新四军第三支队六团战士	1938年随军北上抗日在安徽省战斗中牺牲
17	万普金	男	1916	罗源县霍口公社徐坪大队	1937.11	新四军第三支队六团警卫连战士	1938年北上抗日中失踪，1958年7月4日追认为烈士
18	万思银	男	1916	罗源县霍口公社西峰大队	1937.11	新四军第三支队六团警卫连战士	1938年北上抗日中失踪，1958年7月4日追认为烈士
19	叶妹弟	男	1915	罗源县松山公社北山大队	1935	新四军第三支队六团战士	1938年随军北上抗日中失踪，1958年6月25日追认为烈士

（中共罗源县委党史研究室存）

40. 平潭县国民党抗日阵亡将士名录

姓名	所在部队	级别	阵亡地点
卢祖恭	陆军 79 师骑兵连	少校副团长 （追赠中校团长）	浙江诸暨
郭文惠	财政部税警总团 5 团 8 连	少尉排长	上海
张得才	14 师 80 团 4 连	一等兵	瑞昌
陈启官	67 师 200 团 8 连	一等兵	长阳
周经堂	67 师 200 团机 3 连	二等兵	长阳
陈立明	75 师 450 团 3 连	二等兵	福建东山
林诚玖	平潭县抗战自卫团第六自卫队	中士	平潭
周金木	60 师 356 团 4 连	一等兵	湖南湘临
何德清	105 师 315 团 1 连	一等兵	浙江金华
伍火标	19 师 56 团 1 连	一等兵	衡阳
王子有	57 师 339 团输送连	上等兵	江西吉安

（根据现有资料整理而成，平潭综合实验区办公室存）

41. 清流县国民党军队参加抗日阵亡将士名录

姓名	性别	原所在部队及职务	牺牲时间地点及原因
汤立元	男	一九二师————九团八连一等兵	在浙江海盐与日作战牺牲
上官世钧	男	新十一师三十一团机一连一等兵	在丰城牺牲
张炳生	男	四十师一二〇团机三连一等兵	安徽绩溪牺牲
官佛祥	男	一四六师四三七团七连一等兵	在宁国牺牲
范花子	男	预备六师二十二团机三连二等兵	在永修牺牲
童毛头	男	预备六师二十二团机三连二等兵	在永修牺牲
周樟荣	男	四十师一二〇团机三连二等兵	在郎溪牺牲
李日暄	男	五十一师一五一团二连中士	在湖南长沙牺牲
吴见长	男	新二十一师六十一团机连二等兵	在武义牺牲
巫光行	男	新二十一师六十一团机三连一等兵	在浙江乐清牺牲
黄日明	男	六十一师三十四团八连下士	在湖北阳新牺牲
陈炎生	男	一三三师三九九团九连下士	在临湘牺牲
邹金标	男	六师三十四团六连一等兵	在山东峄县牺牲
王有功	男	三十四师二〇二团九连上等兵	在湖北京山牺牲
叶昌顺	男	二十六师七十七团二连一等兵	在浙江龙游牺牲
邓 武	男	二十六师七十八团输送连上等兵	在？县牺牲
赖才兴	男	四十六师二七一团二连二等兵	在无锡牺牲
罗德胜	男	七十七师特务营三连二等兵	在宝山阵亡
赵德琼	男	二十六师七十七团通讯连二等兵	在江山阵亡
李咸德	男		
李则文	男		
李德生	男		
李义郎	男		
李用光			
李胜昌			
李太隆			
李其华			

姓名	性别	原所在部队及职务	牺牲时间地点及原因
李延辉			
李西生			
李山秋			
钟林福			
黄功铨			
邓子顺			
邓德标			
邹黄苟			
江逸文			
黄昌洪			
马登云			
吕翁水			
欧阳辉			
张玉根			
江必献			
赖学三			

（清流县县志委主编：《清流县志》，中华书局 1994 年版）

42. 福建省尤溪县国民党将士参加抗日阵亡将士名录

姓名	级职	部队番号机关名称	年龄	死亡类别	死亡日期	死亡地点	备注
杨作源	上校	五二师三二团	四一	二	二六、二	江苏	
余坠岗	中尉	八七师五二二团一连	三〇	二	二六、九	江苏	
罗春标	中尉	五二师三一二团机连	三〇	二	二六、一一	江苏	
苏明清	少尉	五一师三一二团九连	三二	二	二六、一一	江苏	
林志贤	中尉	五二师三一二团五连	四〇	二	二六、一一	江苏	
王永献	准尉	五二师三一二团机连	三七	二	二六、一一	江苏	
林立根	一等兵	六师一八团九连	三〇	二	二九、五	江苏	
林　清	一等兵	七十师四五九团八连	二〇	二	二六、九	江苏	
江克元	一等兵	六师三六团六连	二二	二	二六、一〇	江苏	
郑掌邦	上尉	六师三六团六连	三六	二	二六、一一	江苏	
曾周知	少尉	五二师三一二团五连	三二	二	二六、一一	江苏	
林景泉	少校	五二师三一二团二营	四一	二	二六、一一	江苏	
黄为贵	一等兵	六师三四团三连	二三	二	二七、四	山东	
陈鹤年	下士	六师三四团攻连	二一	二	二七、四	山东	
钟文标	上等兵	六师三四团三连	三九	二	二七、四	山东	
林锡远	上等兵	航委会特务旅一团六连	三一	二	三三、一二	贵州	

续表

姓名	级职	部队番号 机关名称	年龄	死亡 类别	死亡 日期	死亡 地点	备注
李世俊	一等兵	七五师四四六团机二连	三一	二	二七、五	福建	
陈新朋	一等兵	五七师一七〇团二连	二二	二	二八、一〇	江西	
柯建清	中士	一五五师九二五团四连	三三	二	二八、四	湖北	
池朱川	中尉	一三师七四团一营	三一	二	二七、四	山东	
蔡庚俊	中士	一一六师三四六团七连	三〇	二	三三、六	云南	
张绪	上等兵	三师八团输送连	二四	二	三二、一二	胡家桥	
陈启斌	上尉	八〇师二二九团本部	三五	二	三四、五	福建	
陈细有	上等兵	四〇师一一八团四连	二六	二	三〇、一二	安徽	
林建	一等兵	一九师五五团三连	三〇	二	三三、七	湖南	
甘宗高	上等兵	七九师二三五团五连	三一	二	三三、九	大塔山	
黄建举	二等兵	暂三五师三团一连		二	三〇、九	浙江	
傅明清	二等兵	一〇五师三一四团九连	二八	二	三〇、一〇	浙江	
黄肇秋	二等兵	暂三五师一团九连		二	三〇、五	浙江	
纪燕燦	一等兵	暂三五师一团八连		二	三〇、九	浙江	
黄彦纯	二等兵	暂三五师三团九连		二	三〇、一一	浙江	
郭宏源	二等兵	暂三五三团一连		二	三〇、九	浙江	
余孔壮	二等兵	暂三五师三团六连		二	三〇、九	浙江	
郑美功	二等兵	一六师四七团三连	三一	二	三〇、四	浙江	
卓朝昂	一等兵	一六师四七团三连	二六	二	三〇、四	浙江	

姓名	级职	部队番号 机关名称	年龄	死亡 类别	死亡 日期	死亡 地点	备注
罗大奈	一等兵	突击一纵队一突击队四营三连	三三	二	三四、六	浙江	
林永三	二等兵	突击一纵队一突击队二营机连	三〇	二	三四、六	浙江	
石广元	中士	六师三六团三连	三一	二	二七、一〇	湖北	
许新忠	二等兵	一六师四六团九连	二二	二	三一、六	浙江	
卓炳杞	上等兵	突击一纵队一突击队工兵连	二八	二	三四、六	浙江	
蒋起樟	一等兵	突击一纵队一突击队工兵连	三二	二	三四、六	浙江	
张绍树	上等兵	突击一纵队一突击队工兵连	二二	二	三四、六	浙江	
洪白金	二等兵	突击一纵队一突击队工兵连	二七	二	三四、六	浙江	
陈有能	二等兵	突击一纵队一突击队工兵连	二一	二	三四、六	浙江	
黄平宏	二等兵	突击一纵队一突击队卫生队	二九	二	三四、六	浙江	
张河煌	二等兵	一九师五七团八连	二八	二	三〇、三	江西	
刘肇雨	二等兵	突击一纵队一突击队兵生队	二三	二	三四、六	浙江	
产同浙	上士	一五四师四六一团团部	二六	二	三一、八	清远	
姜开妮	中士	一六师四六团输送连	二六	二	三一、六	浙江	
黄维旺	一等兵	二六师七七团五连	四九	二	三三、六	浙江	
李爱保	上等兵	一六师四七团六连	二八	二	三一、六	浙江	
陈武厚	一等兵	六七师二二团	二九	二	三一、六	浙江	

姓名	级职	部队番号机关名称	年龄	死亡类别	死亡日期	死亡地点	备注
黄华远	二等兵	七九师一三九团六连	二五	二	二九、二	浙江	
张成康	二等兵	六二师三七二团一连	三三	二	二九、六	浙江	
陈照团	上等兵	五一师一五三团输运		二	三○、九	永安市长沙	
林新卒	上等兵	六○师野补团九连		二	三一、一	湖南	
陈道昌	下士	五一师一五一团二连		二	三○、九	湖南长沙	
林　平	上等兵	五八师一七三团机二连	二八	二	三二、一一	湖南	
刘正气	中士	五八师一十三团机三连	二五	二	三三、六	湖南	
纪志训	中士	五一师一五一团二连	二八	二	三四、四	湖南	
蔡文明	下士	一一师补团六连	二二	二	二九、六	湖北	
林得久	上等兵	一一师三一团五连	三○	二	二九、六	湖北	
萧当植	一等兵	六师三四团八连	二二	二	二七、一○	湖北	
萧子安	一等兵	六师三四团八连	二二	二	二七、一○	湖北	
郭照华	下士	一三师三六一团迫炮连	三一	二	二九、六	湖北	
纪再扬	上等兵	一二五师三七五团三连	三四	二	三○、一	湖北	
陈得标	二等兵	暂三四师二团三连	三三	二	三二、五	湖北	
杨兴锦	二等兵	一一师六一团八连	三五	二	二七、五	安徽	
罗进明	上等兵	一一师六二团七连	二七	二	二七、五	安徽	
吴胜财	一等兵	六师三六团六连	二四	二	二六、一二	安徽	
盖绍锦	二等兵	六师三六团六连	三○	二	二六、一二	安徽	

姓名	级职	部队番号 机关名称	年龄	死亡 类别	死亡 日期	死亡 地点	备注
刘广有	二等兵	四〇师野补团四连	二八	二	二八、一二	安徽	
洪正树	二等兵	四〇师野补团一连	一八	二	二八、一二	安徽	
吴树仟	一等兵	一四六师四三七团六连	二四	二	三〇、五	安徽	
曾绍纯	下士	六师三六团六连	三六	二	二六、一二	安徽	
张士光	上等兵	六师三六团六连	二九	二	二六、一二	安徽	
陈起照	上等兵	六师三六团六连	三一	二	二六、一二	安徽	
纪国书	一等兵	一四六师四三七团八连	二八	二	三四、七	安徽	
詹国标	一等兵	一一师六五团七连	三〇	二	二七、九	江西	
陈明枝	中尉	一一师六五团一连	三二	二	二七、九	江西	
詹文明	上等兵	一一师六五团四连	二三	二	二七、七	江西	
陈辉河	一等兵	五一师一五一团七连	二二	二	二八、一〇	江西	
钟树常	一等兵	五一师一五二团九连	三〇	二	二八、一〇	江西	
陈祖粧	二等兵	五七师三四二团七连	二四	二	二八、五	江西	
李振鲁	一等兵	一〇八师三二三团七连	二九	二	三四、四	江西	
潘友松	上等兵	暂五八师三二团五连	二五	二	三四、七	江西	

（中共尤溪县委党史研究室存）

43. 日军在罗源的罪行及制造的惨案纪实

罗源是二战时期革命老根据地。地处我国东南海防前线，和省会福州近邻，与连江、宁德等沿海县份毗连。福州、连江等地有事，罗源自被牵动。抗战时期，日军为了实施对华南沿海地区军事、经济的封锁，先后于1941年4月、1944年9月两次攻占福州、连江，两地沦陷无不危及罗源。与此同时，日本海军舰艇，也驶进了和罗源只一山之隔的三都澳港口，控制着罗源湾，侵略者的魔爪不断地伸向了罗源。罗源便成为抗日前线阵地。

1941年至1944年，日机先后七次轰炸扫射了罗源的城关西门、新亭、皇万、港头、凤坂等地，炸死炸伤无辜群众31人，其中妇女12人，城关的吴软软父子及皇万的陈善善、陈黄氏等被日机炸得手脚分离，肚皮破裂肠流满地，惨状目不忍睹。炸毁桥梁一座、民房两座。1944年10月初，福州第二次沦陷，国民党守军第一百军主力七十五师退守罗源。同年11月，我闽海抗日游击队配合七十五师一部，在连江山岗伏击日寇，打死日军指挥官原田大佐等官兵多人，挫败了日军进袭罗源的企图。

1945年，日寇在太平洋各地受挫，敌人为了缩短战线，驻守福州的日军二十三混成旅团，由旅团长长岭喜一率领，于1945年5月18日撤出福州，沿闽东陆路向浙江转移，途经连江、罗源等县，日本侵略军所到之处，烧杀抢掠无恶不作。罗源人民深受其害。5月20日，日寇到达罗源，在罗驻足虽仅一周多，但残暴肆虐，制造惨案，对罗源人民犯下了滔天的罪行，其具体暴行有：

一、大举烧杀，制造惨案，他们把群众当活靶子打，应德、桂林等村就有曾承成等五人被当活靶子打死。松山歧前、歧后等村群众郑永淦、倪育段等十多人，为躲敌人追捕乘船向海上逃走，被日军开枪打死在船中。吕洞、泥田等村民董贱弟、郑波波等人，闻讯日寇入村，便往山上躲，被日军发现后，被开枪打成重伤。日军不但见人就开枪，把人当靶子打，而且肆意放火烧房。所到之处，火光冲天，鸡犬绝声。起步村的柯木桂被关在屋里活活烧死。起步、兰田、长治、护国、朝格、坑里、中房迭石等村先后被烧房屋四十余座，五百多间。仅迭石一个村就被烧二十多座房屋，整条热闹街道变为一片废墟。

二、大发兽性，到处奸淫蹂躏妇女。仅城关及附近村庄被轮奸摧残致死的就有十余人。南郊保妇女李钗金在逃往山中躲避时，被日寇抓去轮奸致死，躯体发肿一丝不挂。凤山镇宅前里妇女陈林氏因强奸不从遭日寇杀害。另外在南门烧灰作坊墙边、城内米行下及起步后里山等处均有发现被害女尸。被强奸的人更多，老至五六十岁的老太婆，少至十五六岁少女。迭石村妇女黄永梅 5 月 25 日被日寇掳至半天观，敌欲行强奸，挣扎不从，与之搏斗，臂部被刺一刀。

三、大肆抢掠财物，宰杀禽畜，捣毁生产、生活器具。糟蹋物资。日军一入境，即三五成群，到处破门撬户，搜抢金银首饰，现钞古玩。衣服细囊。捕杀家禽家畜，捣毁群众锅灶、橱柜，糟蹋食品粮食。铁蹄所至十室九空。如城关居民陈承乾、陈承群等几户人家，不但房子、橱柜桌椅被打砸，首饰细软被抢，连多年珍藏的玉杯等玉器、檀香炉以及古玩也被洗劫一空。劫后他们家里一片狼藉。有从商店抢来吃剩和被糟蹋的糕饼、京杂食品；有从群众家里掠来的猪牛鸡鸭宰杀后的皮毛头颅脚翅、内脏等杂物，四处丢抛。甚至把家畜内脏藏在群众被窝和衣橱里。疏散回城时这些内脏等杂物已腐烂发臭，臭气袭人，使人恶心。又闻城关酒店老板廖宝裕的酒库，日军进城后就把整个酒库砸得稀烂，把盛装米酒的坛坛罐罐的上半截打掉，一群群日寇围坐在一起，把米酒当洗脚水洗脚。有的甚至把大小便拉在群众的米缸、粮食里和盛食物的罐桶中，其糟蹋食物的所作所为达到丧心病狂的地步。

四、强拉民夫充苦役，胁迫青少年随队，为其壮胆掩护，避免我军追击。日寇在罗期间，先后被抓去充当民夫服苦役的有一百多人，大部分在途中被折磨拖累至死，有的被活活打死、刺死，不少人还暴尸荒野路旁，无人收埋，有的失踪。只有几十个人冒着生命危险逃脱虎口，带着累累伤痕乞逃。如凤山镇城关小学学生郑恩中，年仅 15 岁，在日寇窜犯罗源时，其父子两疏散到郊外桂林村亲戚家躲避，不幸被日军抓捕充作挑夫，其父因年老体弱经不起长途跋涉与饥寒劳累，行至福安下白石时实在走不动了，便被日寇用刺刀活活刺死在途中。他眼见其父惨遭杀害而不敢哭叫一声，忍痛前行。后来好不容易乘敌不意才逃出虎口，留下了他这个独苗。

5 月 24 日，日军侵犯长治村，进行烧杀抢掠。村民郑灿成的房子被日寇放火焚烧起来，为回来灭火被日本兵掳去充当夫役，途中因忍受不了日军的鞭挞折磨，逃跑时被发现，当场被日寇开枪打死在路旁，暴尸荒野无人收埋。乾元小学校长郑鸿熙，五十多岁，被无辜地作为"抗日教员盟军间谍"的嫌疑犯而拘禁，基督教会牧师倪鼎新也不幸被日军抓去。他们俩一起抬扛一担食物。连夜冒雨随队行军。他们平时轻装行走都感困难，何况此时扛着重担急行。一路上时遭鞭挞，跌倒时日寇用枪托砸打拳脚交加，他们被打得遍体鳞伤。夜晚宿营睡在地上，饥寒交迫，倍受摧残。一天，行至霞浦时遇国民党八十师军队的追击，才乘机逃脱。一路行乞回罗。7月4日到家时，已成为伤痕累累的伤残之人。

凤山镇成德保少女叶细妹，年仅15岁。被日寇抓获后先遭奸污，复又充夫役，一直被带到浙江平阳才脱险。逃回时，她已遍体鳞伤，神志失常。

罗源陷敌时间虽短，而损失不亚于长期沦陷区。日寇残暴肆虐，惨绝人寰的杀光、烧光、抢光的三光政策，制造了许多骇人听闻的惨案。从1945年5月20日至月底止，全县被侵占骚扰地区达三十多个，被杀害73人，重伤30多人，失踪20人。受损失户数7951户，商店98家，政府机关团体45个，被毁渔船70艘、货船15艘，被烧、被炸房子47座五百多间。被宰杀牲畜、幼畜几百头，以及各种物品金银财宝、文物器皿等，共损失金额达22486622元（单位国币）。罗源被洗劫情况，正如1945年《罗源青年》三日刊145期刊载的《劫后的罗源》报道中所写的："此次闽海溃退，流窜过境，虽只六、七天，而敌人所有的暴行，都一一实演过。因此损失之巨，不少于敌人（日寇）久占的地方。这是因为敌人在占领区中，为缓和当地民众抗敌的空气，求自身的安全不能不装出假仁假义的假面具。到他溃窜之时，根本无所顾忌，安得不暴露兽性，为所欲为。所以此次损失，成为各县空前的浩劫。就私人损失者，自房屋被焚，被掳充夫役而死途中，被奸被杀，挨家挨户洗劫，毁坏财物，使整个罗源的经济陷于窘境……"日军过境之后，罗源又鼠疫流行，日寇罪行，罄竹难书。

日寇在罗制造的种种暴行，激起了我军民的反抗。20日上午，当日军从城西白塔村向罗源进犯时，即遭到我军民的猛烈阻击，打死打伤部分日军，接着我闽海抗日游击队可门大队，在飞銮岭、泥田、松山等地阻击、伏击了日寇，掩护了群众安全撤离，打死打伤日寇十多人，缴获一批枪支弹药和二艘敌船及一批军用物资。另在日军途经起步、沈厝和中房迭石等地，进村烧杀搜抢、奸淫妇女时，被怒不可遏的群众，打死了七八人。这些都表现了我军民同仇敌忾的斗争精神。

资料来源：

1. 国民党政府关于《日军在罗罪行调查》档案文件45件，存罗源县档案馆（1945年5月—1946年9月）。

2. 罗源县编纂委员会：《罗源县志·百年大事记》，方志出版社1998年11月版。

3. 郑鸿禧、郑锡祯、叶聿琨、陈秀恒、陈承群等二十多位受害者，目击者座谈回忆材料。中共罗源县委党史研究室存。

（中共罗源县委党史研究室抗战损失课题组整理）

44. 福清海口沦陷后敌人的暴行（节录）

（上略）

本年四月之十九日，敌寇侵融，初入海口之敌是骄气冲天的，三五成群，毫无顾忌，到处劫掠奸淫：六十老妪，十龄幼女，均难免遭其兽污；破布烂被，悉皆席掠而去，种种暴行，实非我们往常戏剧宣传所能表现于万一。

各地民众因猝不及防，只得逃避山中。尚妄冀过了三日五日或七日，敌人便会布告"安民"，因此而获得自由；哪知一星期过了，半个月接着要来，而敌人却愈肆凶暴，丝毫没有像什么"安民"的来势。

（中略）

敌人的潜伏期

自五龙之役后，敌人知民气不可侮，而民众深悟忍辱屈服，是走向坟墓的。于是闻风兴起，纷纷组织游击队，从事杀敌锄奸工作。这时敌人四面楚歌，非重兵大炮，不敢越出海口范围二里以外，又以游击队神出鬼没，曾深入敌巢，活擒汉奸林细妹、谢固本、敌侦缉组组长林学焰、敌通译员薛某等数十人，并且挠敌伪编组保甲，绑杀各乡伪代表，敌寝食不安，于是疑神见鬼，跟着便残杀或侮辱出入海口居民以泄愤，终使海口成一死市。

（福清《融报》1941 年 10 月 7 日）

45. 日寇蹂躏海口桥北各村记

—陈仰辰遗作　陈宜坚整理—

整理者按："七七"变起，日寇长驱直入，全国人民同仇敌忾，咸欲灭此朝食。而国民党政府却抱着"消极抗日，积极反共"的态度。不但不发动群众、组织群众、保卫祖国的神圣的领土，而且还顶着抗战的招牌，作威作福，鱼肉人民。敌来则闻风逃窜，弃祖国的大好山河如敝屣，置人民的生命财产于不顾。任凭敌人蹂躏我国土，屠杀我同胞。一九四一年春，日寇的侵略矛头指向福清。国民党军队临逃时把消息封锁得密不透风，全县人民事前毫无所知，直至日兵登堂入室，犹在梦中，因此损失至为惨重。在那腥风血雨的恐怖日子里，被遗弃的五龙村民，为了捍卫民族的尊严，自发地，英勇地奋起杀敌，给予趾高气扬的敌人以万想不到的沉重打击。但由于没有组织，没有领导，他们在击杀四个日兵之后，曾遭到疯狂的报复，付出了巨大的代价。他们被迫逃散四方，在山林沼泽间过着穴居野处的生活，忍受着风雨的侵袭，疾病的折磨，饥寒的威胁。田园变荒芜了，财产被洗劫了，房屋被焚烧炸毁了，他们没有怨言；兄弟被屠杀了，姐妹被凌辱了，他们没有后悔。严刑拷打，没有使他们屈服；甜言蜜语，没有使他们上当；威胁利诱，没有使他们变节。他们都以能手刃兽兵自豪，都把不畏强暴，不作顺民，不出卖乡邻，引为无上光荣，至今津津乐道。我当时身临其境，预其事，同其祸，窃以能快国仇于万一而感到无比的骄傲。故虽事隔四十年，而记忆犹新。当年我的父亲陈仰辰曾写有一本日记，记述海口沦敌后桥北各村所发生的重大事件。对五龙、七社等村发生的事件记述尤详。一九六二年至一九六五年间，我曾对这本日记进行过整理，并就当年见闻所及，作了一些补充。在整理过程中，曾访问了当年参加杀敌的郑敬炉（即老仆），陈宜耿、王三妹、陈常滚诸乡邻，及曾被日寇拘捕迫害过的陈有才、陈三耳、陈宜泉（以上五龙村人），陈坤地（星桥村人）林吓细（前村村人）等人，对一些事实细节作了一番核对，写出整理初稿。一九六七年，我的宿舍被抄，父亲的日记被拿去，无从查究，幸整理的初稿仅被撕作两半，尚可拼合阅读。此次重新进行整理，又访问了当年幸免于难的陈有才、陈孝斌（中共星桥大队病休的支部书记），陈世同（城底村人）及死难者家属林吓灿娉妻（前村村人），陈宝顺儿媳（城底村人）和前村大队干部林光接，七十岁以上的老人林妹仔、林华祥、林吓扁，星桥村七十岁以上的老人陈吓梅、陈珠兰等人，再一次对事实细节进行核对，以求翔实。父亲的日记用的是农历月日，今仍其旧，阳历月日和括弧内的文字是我整理时加的。

辛巳年三月二十三日（一九四一年四月十九日）

有日机两架整日在福清上空低飞侦察，并散发一种画有广东省政府主席把买飞机的捐款饱入私囊的传单。

中午远方有炸弹的爆炸声，外传松下口外海匪有登陆模样。午前国民党驻军七十五师驻海口部队曾派一士兵前来五龙村催收军柴，已集中数担，堆积在埠头（在村西圣帝庙前，为木船停靠地方）待运。下午该士兵突奉命归队，所集中的军柴并列未派船来运。当时这些情况都是司空见惯，未曾引起村民注意。

傍晚，寓居福州"福清会馆"的后俸村人张福康自榕返乡，路过我村，息足于瑞彩药铺。据云，闽江口外发现敌舰，闽海形势紧张，福州已下令疏散。此君平日甚是关心时事，而且健谈。瑞彩主人陈啸山医师以战争发展形势相询，他打开话盒，直谈至深夜十一时始休。据他说，报载日军有增兵华北模样，战争中心可能仍在北方，闽海未必有战事。

午夜三时许，邻人王三妹突来敲门，大喊"日本仔来了，日本仔来了"。我仓皇起身，南望星桥村，火光烛天，知非谣言。开门出视，见星桥村民扶老携幼，或沿河堤，或循田间小道，踉踉跄跄，纷纷向我村逃来。他们有的跌得头破血流，身上沾满污泥；有的只着单衣，全身发抖；有的惊魂未定，继续向北逃去，状极可悯。据云日军在夜半十一时就到达星桥村，诡称是前往松下打海匪的中央军，要保长给他们派夫。时村民均在睡中，保长亦不辨真伪。及至鬼子到各家奸淫、枪杀时，大家始从梦中惊醒，夺路出走。有名猪仔使（即陈道铿）的，因与企图强奸儿媳的鬼子搏斗，夫妻同时遭害。其弟吓妹见状，敲响煤油箱，大喊"土匪杀人"，亦被杀害。同时遭害的村民还有其邻居陈王右翁婿二人。道铿的儿媳则在道铿与鬼子搏斗时走脱。至于我开门时所见的火光，乃鬼子烤猪肉吃时把各家的门窗拆下烧起的。这时五龙的村民都已闻警起来，向七社一带逃去。我也趁着下弦月色，同全家人一起到七社梨洞村姊家避难。抵达梨洞村后，坚儿又折回探听消息。

三月二十四日（四月二十日）

上午十时许，鬼子鸣枪示威后列队向县城方向进发，人数约五六百名。中午抵达里美东面，曾遭到驻防该村的七十五师某连的抗击。但鬼子在飞机的配合下，不及两小时即攻占里美村（七十五师遗尸数十具，后来被收葬于城内凤凰山上的抗日烈士墓）。

日军进占里美村时，开枪射杀奔逃的民众二十多人；福清县立初级中学学生俞锦屏躲在后山的战壕里，遣婢女菊香下山探听消息。婢女返工战壕附近为两日兵捉住，眼看就要遭到污辱，乃大呼"锦屏救我"，锦屏闻声伸出头来，鬼子见其身着黄色童子军制服，当即用刺刀将其刺死。原来当日七十五师动员村民疏散时谎说是演习，所以刚从县城疏散回来的锦屏身上还穿制服。在这同时，老农民俞歇畜在山上为日兵用枪击伤，子弹从臀部射入，从小腹连肠带出。他忍痛把肠子塞进创口，爬回家中，终因无药救治，惨呼三日而死。又鬼子进入里美村时，见华侨俞蚖妹住屋的围墙上写有抗日的标语，这座房屋当场被炸平。

下午，进占里美的鬼子与续到的百余骑马队，继续推进至东门兜；部分由小北门入城，未遇抵抗。时小桥街大火，起火原因众说不一。

当晚五时许从长乐牛头湾登陆的鬼子三四十名，带马六七十匹，运粮路过五龙村，捕去村民陈世桂等四人。后来他们在塘头村前面的马路边用睡袋宿营，被捕村民才乘机相继溜回。

三月二十五日（四月二十一）

上午，集结在东门兜及塘头前的日军七八百名，陆续进城。

三月二十六日（四月二十二日）

下午，日军二百多名从县城开赴海口，未遇抵抗。

三月二十七日（四月二十三日）

日军在海口镇大肆奸淫抢掠。

三月二十八日（四月二十四日）

日军三五成群在海口附近各村搜索猪、鸡，鸡蛋、羊毛衣、羊毛毡等物，并奸淫妇女。是夜三时许，县城方面炮声、枪声大作，延至次日上午八时始息。传闻是中央军反攻不克，是否如此，无法加以证实。

三月二十九日（四月二十五日）

从上午九时开始，县城方面炮声、枪声终日不绝，情况不明。傍晚，陈亨源来到七社梨洞村，在陈仁清家过夜。

四月初一日（四月二十六日）

上午，从长乐南阳村开来陈亨源部三十余人（这是我地下党组织的游击队）拘捕陈贤镜（五龙人）等几个不务正业的人，把他们捆绑起来，警告他们要老老实实，不许乱说乱动，否则即以汉奸论处。在他们作出保证后，即行释放。队伍随即撤回长乐。

四月初四日（四月二十九日）

上午同恩弟、坚儿、俊侄等从梨洞村返回，准备插秧。这几天，不少外逃村民看到驻海口镇的日军很少出来，就相继搬回。大约九时许。有四个鬼子到岩兜村骚扰；旋却转向五龙走来。其时陈常晃等几个青年农民，望见鬼子只有四个，鼓动大家将其全部打杀。群情激昂，同声应和。于是妇孺老弱迅速后撤，壮丁拿起锄头、扁担，二三十人为伍，分别结集在村口、街头和街道两旁，伪装瞧新鲜，相机动手。

　　这四个鬼子只带一把日制的大盖步枪和四颗子弹。离开岩兜后先后在路上鸣枪三响示威。进入五龙村后鬼子只剩下一颗子弹。他们留带枪的一个守在村口，其他三个分做两路；两个向西大王庙后面华侨陈喜顺的新屋走去；一个矮胖的鬼子，手持一柄镌有"蒋中正赠"的短剑（可能是得于国民党军官的），朝聚集在庙前门的人群走来。他在夺取村民陈宜耿皮肚（一种带有钱包的皮裤带）里的钱后，即招守在村口那个鬼子也进来，自己则向华侨王红佛的屋子走去。那个带枪的鬼子走到街头和珍京果店前面，用上了刺刀的枪指着站在店门口的该店老板郑敬炉的小肚，示意把皮肚解下给他。郑出其不意地把枪向上一托，啪的一声，枪随着朝天响了。郑敬炉紧握枪杆不放，大家也围上去帮他夺枪，鬼子见不是势头即弃枪向凤屿村逃跑。结果被农民王三妹等追杀于西丹山。与此同时，矮胖的鬼子闻声从小巷中冲出，立被群众用店门板、锄头、石块等打死在和珍号隔壁的王家大门边。另两个鬼子听到喊打声即从来路逸去。村民陈常滚等得悉，立即集合数十人，取道埠头，奔往截击。鬼子逃到岩兜村附近的鲎山前面，先后被追上的村民用木棒、锄头击杀在水稻田中。至此，四个鬼子全被消灭，打鬼子的群众也一哄而散。为防海口方面的鬼子前来报复，五龙、岩兜、凤屿三村民众都走避一空。遗下敌尸四具，开头无人过问，到了晚上，凤屿、岩兜一些人怕自己的村庄受连累，把丢弃在他们地界的敌尸就地掩埋；丢弃在五龙街头的敌尸由郑敬炉雇陈福宋俤帮同抬到旗杆埔地方，丢进成片的龙舌兰中去，并挑水洗清街上和墙上的血迹。

　　本日另有四个鬼子，携带步枪一把，到星桥村骚扰。

　　四月初六日（五月一日）

　　上午有鬼子百余人到员垱、吉岚等村寻讨失踪的鬼子。下午该队转到五龙、凤屿两村，捕去走避不及的五龙村民陈有才一名。在返回海口的路上，又于凤屿村前面的海堤边捕去凤屿村民卢嫩嫩仔一名，于星桥村杉木行前面的海堤边捕去星桥村民陈牛宅歇一名。到达海口后，鬼子用木棒打他们的头部，要他们供出失踪鬼子的下落。

　　卢嫩嫩仔和陈牛宅歇两人虽然平时呆头呆脑，但他们都知道日兵是侵略我们中国的，是敌人，因此被打之时都破口大骂。特别是卢嫩嫩仔，骂得更凶。入夜，鬼子兽性大发，把他吊起来轮番用枪托、木棍、石头毒打。打到下半夜，终于把他活活打死。嫩嫩仔在断气前还含含糊糊地骂不绝口，至死都没说半句求饶的话。

又本日上午，另有鬼子一二十人进扰星桥村，开枪射击正在奔逃的陈吓妹仔颠、陈孝协等三人。吓妹仔颠在村口下埔田地方被击中，子弹从背后射入，从下腹部穿出，连肠子都被带出来。陈爬起以手捧肠，到小桥边用水冲洗，然后将肠塞入腹腔，回到合家厅前，倒地死去。

四月初七日（五月二日）

鬼子叫来几个农民，命令他们把卢嫩嫩仔的尸体用草席卷起抬去掩埋；在这同时，把不肯求饶的陈牛宅歇拉到塔山去活埋。

上午，鬼子前后换了七个地方审问陈有才。陈有才福州话讲得非常好，他诡称是流落五龙附近岭头顶村的福州人。鬼子抓不到马脚，于当日下午把他释放，嘱他回到五龙村后要为其探查失踪鬼子的下落，并发给他一条红白相间的布条，作为出入海口的联络标志。有才返至首溪村前，就把布条包在石头上，丢进溪水中去。然后举家搬到七社上垄村，匿居不出。

四月初八日（五月三日）

鬼子百余名到五龙村捕去村民陈嘻宋、陈孝训、陈三耳、林玉珊、林来来、林吓玉、陈常清、陈茂浦及十二三岁小孩王福妹、陈茂坤等共四十多人（其中小孩约占一半）。是日，走匿山中的妇女遭到奸淫的有二十多人（多系被轮奸），各家细软被掠一空，家具、门窗多遭破坏，晚上月郑敬炉等又把已移埋在垄仔前的那个矮胖鬼子的尸体移往深山。凤屿村民也把就地掩埋的一具敌尸移埋在过港洋水稻田中（陈常喜的一蚯大有三四亩的水稻田里）。

四月十一日（五月六日立夏）

鬼子一百八十三名，配有轻机枪四十八挺，于午前三时左右包围五龙村，捕去夜间回村准备插秧的村民林细益俤、陈经积、陈经周、陈亚狮、陈依宋、陈玉俤、陈孝灶、陈宜华、陈细宋、陈依东、陈迈昌、郑天顺（莆田人）、陈妹钰、林爱钰、陈大正、陈妹梓、陈世莲、李亚妹、王丸仔汤、李佬拇仔、陈吓六、陈宜泉、卢春花、陈宝云等四十多人。另有四五十个来帮亲戚插秧的七社农民也同时被捕，后来鬼子查明他们确实不是五龙人，即加释放。是日鬼子还追杀高永熙（湖美村人）、林祥钿、李基照等三人，枪伤李绪清一人。妇女亦有三数人遭到奸淫。下午四时左右，日军收队，押着被捕村民，撤离五龙。行至塔桥地方，石匠卢春花以为既然被捕，万无生理，不如自杀，免遭凌辱。乃乘鬼子不备，纵身投入塔桥井（桥下水最深的地方）。时大雨倾盆，溪洪暴涨，鬼子朝桥下开了数枪，见水中冒出血来，即行离去（卢春花在水中被击穿胸部，幸得挣扎上岸，冒雨爬行到八九里外的峰前村王依拐家，由依拐以草药医治多时始愈）。陈宝云被押至海口时，趁天色昏黑，窜入小巷逃回。

是日中午，被捕村民均被集中在陈喜顺屋前的灰沙埕上，未加捆绑。午饭时，数十名日兵都把枪架在埕上，进屋用饭，只留人站岗。当时贫农陈亚狮曾主张夺枪逃跑，为较富裕者所阻，遂致坐失良机。

至此，五龙村民被捕的计共八十多人。先关在海口李厝底民房，后移押于舍人庙（现为海口中心小学校舍）。头三天吃喝全无，一个个渴得眼冒金星。直到第四天，方准用破花盆舀池塘（舍人庙旁水质苦咸的池）的污水喝。第四天晚上，每人才获得一小碗半杂芒谷的番薯丝吃。他们在被押期间，遭受百般凌虐。鬼子用竹片夹着红糖块，强迫陈经周等趴在地上，用嘴去唧，并要学做狗吠声；还要被捕者两个两个相对，用杂木棒互击头顶，谁击得不响，即毒打谁。但同是乡邻，谁忍用力敲击对方？因此一个个都被打得死去活来。农民陈迈昌连鼻梁骨都被打碎。陈细宋被倒吊起来毒打后又用燃烧着的烟屁股倒插在鼻孔中。被捕的人不但于审讯时被打，任何时候，任一鬼子都可以毒打他们作为消遣。甚至半夜三更鬼子起来小便时，走过他们身边，也要踢打他们。刑讯时除使用木棒和电刑装置外，并无别的专用刑具。但只要手边有什么可以打人的器物，他们就都可以用来打人。

尽管如此，被捕诸人还是始终没有吐露半点真情，连十二三岁的小孩也都不受威胁利诱，守口如瓶，使鬼子毫无所得。

四月十四日（五月九日）

鬼子释放陈三耳。

四月十五日（五月十日）

除林玉珊、陈经周、林来来、林吓钰、陈亚细妹、陈茂浦、陈常清、李良仔等十九人外，其余被捕诸乡亲都被放回。临释放时，鬼子捧出一簸箕国币作为诱饵，说："你们回去后，如能查得真情，第一个来报者，赏国币三百元，第二个二百元，第三个一百元。"随即给每人发红白相间的布条一条，作为进出海口的联络标志。

四月十六日（五月十一日）

鬼子百余人，带同未释放的林玉珊等十九人，于晨五时左右到村搜尸。进村后，鬼子一面将林玉珊等人释放，一面在附近山上到处翻掘，并到西丹山边的河道里去摸索。继又遍掘河堤两畔，终无所得。中午，日军到岭头顶地方，放火焚烧农民柴困。有一个日军官在五龙后山坠崖毙命，尸首于下午五时左右抬回海口火化。

四月十七至十八日（五月十二至十三日）

这两天鬼子未来骚扰，晚间有部分农民潜回家乡，利用月光，下田插秧。然秧苗都已长过三节，虽能成活，却难望有收成。

前日被放回的陈常清、陈茂浦、陈嘻宋、林细益俤、陈孝训等数人，曾互选两人前往海口向日军汇报，不知所报何事（据陈茂浦等对乡邻说，这只不过是敷衍日军。大家也不以为意，因为这时打杀鬼子的事已成为公开的秘密。鬼子所要搜求的是被打杀者的尸体，然而，尸体的掩埋和转移都在夜间进行，而且主持其事的只郑敬炉等一两个人。这个秘密，陈茂浦等人是绝对无法知晓的）。

四月十九日（五月十四日）

鬼子百余人又到五龙的东山等处搜尸，遇有新坟，即行发掘，至日将西坠始去。有游建基者，本患黄胆病，由于家极贫苦，日食不给，病后专赖邻居接济照顾。自村民离散后，无人供他饮食，终至饿死，葬于东山。是日被鬼子掘出，尸体将腐未腐，臭不可闻，又无人为其掩埋，为状至惨。

四月二十一日（五月十六日）

上午与坚儿、俊侄同到大厝村亲戚家。下午在城头街晤及陈啸山、陈子平、陈常晃诸乡亲，乃于四时左右结伴同回。行王堑柄村，发现有鬼子七、八十名，经五龙大坝店开赴七社。于是我们就改道从东山后的山路走。夜间迷路，除陈常晃一人越涧而去外，我等文弱，只得在荒山中过夜。夜有小阵雨，五人共用一伞，仅使头部免遭雨淋。

四月二十二日（五月十七日）

微明，寻路王梨洞村口，遇一乡亲，始知鬼子在上垄村杀猪宰鸡，饱食一餐后，于午夜十二时经梨洞村，越东霞岭，开赴长乐。听说日军进入七社时，陈亨源部一面将鬼子的来路封锁，一面发动民众，布置夜袭。但由于不明敌军动向，东霞岭一路未曾布置伏击，遂使日军得以顺利通过。按东霞岭是个相当险要的去处，左有峭壁，右有深涧，山陡路窄，只容单人行进，鬼子进入七社时，海口区公所的区队付王克（湖南省人）、联队付林清和（平潭县人），西溪保长薛联康、五龙人李思靖等人，带有长短枪枝，躲在岭上路边一小屋内。半夜，他们发现鬼子向岭上开来，竟龟缩到床下去，不敢进行截击。此辈平日在小民前耀武扬威，及至遇敌，则丢魂落魄，恨不能钻进阴沟里去，真是无耻之尤。

五月初二日（五月二十七日）

陈亨源部三十余名应梨洞村民众的请求，于下午一时左右开抵梨洞村。先是，王克、林清和、李思靖等人于东霞岭"受惊"后，到福州勾引汉奸乔龄（又叫乔鹤龄，上海人，是个矮胖的大麻子）来到七社西溪村。纠合西溪、大山等村的保长、地霸、流氓等，组织"和平救国军"。扬言明充汉奸，暗保乡邻。要梨洞村把几座华侨新屋腾出作为"队部"，如不同意，应助给"军粮"若干千斤。他们的要求遭到拒绝后，遂于今天上午从长乐引来武装三十余名，驻扎大山村，准备进攻梨洞村。梨洞村的陈仁清等人（当时的地下工作者）立即派人向南阳（离梨洞八华里，属长乐县，是陈亨源的家乡）求援。因此陈即派队赶到。时李思靖住在梨洞村其谊亲陈依桂家，事态发展至此，李遂成为众矢之的，在避居梨洞村的五龙众乡邻严词指斥下，他颇有悔过之心，表示愿意立即前往大山村劝阻。他刚走过一蚯水稻田，乔等即开始向梨洞村发起攻击，但立即遭到陈部的猛烈还击。激战约一小时，乔等不支，仓皇摔出四颗手榴弹，撤回大山村。时为下午六时左右。

五月初三日（五月二十八日）

汉奸乔龄、王克、林清和等人率领那些乌合之众，掳去南冲人（属东七社）陈吓春、西溪人陈其增，陈祥和等人。逃往长乐感恩村。后乔龄在长乐县三溪村与陈亨源部作战时被俘，次日陈部在岭寺召开群众大会，把他枪毙。这支"和平救国军"随之覆灭。

五月初九日（六月三日）

清晨同坚儿，俊侄一起回到垄仔山锄花生。上午九时许，发现首溪洋方面有鬼子百余人正向五龙开来，当即走避于离村约六七里的巴巴寨。傍午，日军纵火焚烧五龙西街的店屋和民房。下午四时许，鬼子撤离五龙，我即和众乡邻一起下山。到村时火犹未灭。被焚毁店屋计有瑞彩号药铺及咸鲑店、佬佛染坊、进益、和珍两京果店，潘述成寿板木器店，陈亦来碾米厂、邮政代办所、理发店、修桶店、客栈、油炸店等十余家店号和陈金妹等好几家民房，共六七十间。全村精华，尽付一炬。

五月初十日（六月四日）

今日举家从梨洞村迁来大厝村。经过五龙街时，见街道两旁已长出青草，大街小巷，无一行人，偶遇一二条丧家之狗，也饿得骨立形销，行走迟缓。倾耳细听，周围绝无声响。如许一个大村落，昼行其间，竟如暮走荒丘。回忆往日繁华景象，恍如隔世。

六月初九日（七月三日）

日军自纵火烧屋后，有一个月之久未曾来过五龙，因此五龙村民才稍稍有搬回居住者。本日又有数十日兵从海口开来，村民闻警，奔避殆尽。日军进村后，拘集走避不及的男妇数十人到陈常喜家中，诱劝搬回居住。下午撤离五龙时，在村口张贴通告一张，上书："通告。兹五龙乡民快快回家，各安生业，我日本皇军，最后不致陷害良民……"听说这张不通的通告是海口汉奸林良玉的手笔。

六月十二日（七月六日）

日军二三百人自海口开赴城头、大厝、善友等村。路经院后村时，开枪射击奔逃至东贵村前面的星桥归侨陈爱莲。爱莲腿伤倒地，把身上的一个票包摔出去。日兵看不清摔出的是什么东西，在周围找了半天也没找到。于是就到东园村抓一个叫林来底的农民，命他把爱莲背至东园的一个墓埕底，由日兵用刺刀刺上六七刀致死。

鬼子到达目的地后，即大肆奸淫抢掠，三个村遭受奸污的妇女共有数十人。大厝村陈某之妻年约二十许，躲藏在城头街一小店的柴草间内，为几个日兵搜出。他们正想当街进行轮奸，但当剥下衣服后，发现陈妻遍身长满疥疮脓疱，乃灭绝人性地用竹竿乱捣陈妻阴户。陈妻极痛惨呼，随即昏迷不省人事。日军撤走后，其夫用门板将其拾回，沿路血滴如注，行人掩目（日军去后，国民党的所谓抗日游击第四支队林兼予部，即接踵而来，在大厝村一带搜捕我地下工作同志陈贤港（即陈寅）等人。陈在群众帮助下，坐一只舢板离开，未遭毒手）。

六月二十三日（七月十七日）

海口开出鬼子七十二名，驮炮的马七匹，企图取道骑岭亭，驰援正在东张作战的鬼子。游击第四支队（国民党组织的）发动各村民众约共八百人，手持木棒枪刀，到塘头后去截击。西亭方面开出一队游击队（也是国民党组织的）埋伏在骑岭的山顶上。日军遭到截击后，即用机枪、大炮进行还击，打死我西亭游击队员陈金浩等六人。后因不明山上情况，且所处的位置又极不利，只盲目地向山上打了一阵枪炮，就收队撤退。他们在退至下郑村附近时，先抢占一处高阜，架起机枪，朝下郑村扫射。时我的岳父郑徽灯正患疟疾，听到枪声，以为是日军进村，顾不得发高烧，踉踉跄跄向村外跑去，竟为日军所射杀。

六月二十五日（七月十九日）

日军百余名，拂晓由星桥村汉奸陈妹吓带领，到星桥村捕去村民陈坤地、陈和成、陈世相、陈光惠、陈来曲、陈铁生、陈吓香、陈依佛、陈华灿、陈春莲、陈孝斌、林怀孙、陈吓富、陈依鲁、陈大诸娘、陈炎目、陈嫩妹仔、陈吓美、陈九九、陈山底哥、陈吓节、陈细细、及陈品官的妻弟（松下人）等二十三人，说他们都是游击队员，都曾参加骑岭截击战，其实多系妹吓挟嫌诬指。其中大诸娘、嫩妹仔都曾因赌博与妹吓口角过，陈依佛曾拒绝借给薯米，陈坤地、陈吓玉曾逼他退还抢劫的薯米款。吓玉抓不到，他就抓吓玉的同胞兄弟吓富、依鲁两人来顶替；真正的游击队员陈明远、陈笑笑抓不到，他就抓明远的侄儿九九、笑笑的父亲炎目来顶替。这些人被捕之后，妹吓冲着每一个仇家问，某次某次你如何对待我，想不到也有今天！并要求先把陈坤地、陈光惠、陈大诸娘三人就地枪决。一个姓翁的翻译（瑟江人）听不进去，当场指责妹吓"不要作愆"。在麒麟山吃午饭时，妹吓还对翻译说："饭后再到城头村去抓人好不好？"翻译没好气，说："要去你自己去，我只在这里等。"

原来妹吓是星桥村的一个流氓。日军来后，他的老婆就到县城去当汉奸。六月廿五日（农历六月初一日），有两个长乐人前来我县籴薯米，在五龙湖美村后面马后地方被妹吓等抢去国币二百二十五元。他们认得妹吓是星桥人，就到星桥村向村人哭诉经过。村民陈坤地、陈吓玉等听了，激于义愤，就把妹吓呷到三爷馆（村民议事的地方），逼其于六月初二日退出分得的赃款国币一百零五元，还给长乐客人。妹吓因此心怀不满，即到县城由其妻介绍投敌，企图利用日军替他报仇。

傍晚，日军把被捕诸人带回海口。陈光惠当即为伪海口警察所所长陈健民保出（陈健民曾旅居日本，"七七"事变后回国任过明义初中体育教员，是陈光惠的老师），其他诸人被拘禁于禹铺当店附近双双花支店内。被捕者亲属陈志光（即妹妹，系坤地胞叔）、陈灯佛、陈应水（系陈春莲、陈华灿同一房下人）及妹吓堂叔陈昌连（即古古。这四个人都是日军指定的所谓星桥村代表）等随即邀同妹吓堂兄陈吓名同到海口营救。

六月二十六日（七月二十日）

清晨，妹吓向陈志光等索贿一千元。诸人无法，只好答应，并派陈吓名回村筹措款项，约定下午二时交款放人。但由于数额过大，一时未能凑足，在约定时间之前，只能先付给妹吓数百元。妹吓得款后，仍一口咬定陈坤地、陈吓富、陈依鲁、陈大诸娘、陈炎冒、陈嫩妹仔、陈吓美、陈九九、陈山底哥、陈品官妻弟等十个人确系抗日游击队员。众人大怒，当场揭发陈妹吓挟嫌诬告和进行讹诈勒索的种种无赖行径；妹吓亲人陈古古、陈吓名也证明各人所揭发的全是事实。日酋高以来问妹吓为什么要向犯人家属要钱？妹吓答："为怕皇军初到此地钱不够用，所以想替皇军搞一些钱。"日酋想不到妹吓会作这样"有辱皇军"的回答，不由大怒，即命把妹吓和陈坤地等十个人一起绑赴塔山战壕东段刺杀。

诸人被解出之后，日酋把"代表"们留下，说明被处死的人都是坏人。并以处死陈妹吓一事来说明日军"公正"。其时村民"代表"陈志光因自己兄弟四人，只坤地的爸爸生下坤地一人，坤地的生死，关系到他家四房的嗣续问题，故不顾一切大声痛哭。日酋问清情况，装作通情达理，叫一个日兵赶往塔山，把坤地提回。在此之前，日兵把十一个人押到战壕边一字排开后，即拿出黑色布条把各人的眼睛蒙住。他们先把坤地左边的陈妹吓刺死，然后改从右边起一个一个进行刺杀。每人至少被刺三刀，多的六七刀。当提坤地的日兵赶到时，只剩下陈大诸娘、陈吓美、陈坤地三人未死。日兵继续将陈大诸娘、陈吓美刺死，暴尸战壕边，不准尸亲运回尸体，也不准就地掩埋。

陈坤地被带回后，仍与众人关押在一起。下午三时，日军释放陈依佾。

六月二十八日（七月二十二日）

日军准许被刺杀的星桥人亲属领回尸体。当尸体运回星桥村时，各被害者亲属上前认尸，嚎哭之声，震天动地，摧人心肺。一时日星为之隐曜，风云为之变色。行路之人睹此惨状，无不坠泪。汉奸陈妹吓尸体也同时运回，愤怒的民众当即将其头颅砸碎，尸身打烂。

六月二十九日（七月二十三日）

陈坤地等十二人本日由"代表"陈志光等保回。

闰六月初一日（七月二十四日）

今天按照旧俗偕内子郑爱宋到岳家为遇害的岳父诵经拜忏。

闰六月二十五日（八月十七日）

自本日起，驻七社的抗日游击第四支队每夜都派出队伍到海口环近袭击鬼子，以配合中央军的反攻。当时民气甚高，每天一到傍晚，五龙村民都准备饭菜在西大王庙迎接来自七社的游击队员，让他们饱食上阵。将发，更助以光饼、火把等食品充作干粮。游击队员饱餐之后，即趁昏暮，开赴离海口五华里的首溪岭一带。待至下半夜三时左右，他们就在各山头燃点火堆，便虚张声势地朝海口方面打一阵步枪，随即隐蔽起来等待中央军的到来。驻守海口西北东岳山顶的日军，不知虚实，彻夜不停地以机枪、钢炮朝四面盲目射击，借以壮胆。到了天明，那些游击队员们盼不到中央军，只得抱着疲惫的身躯，三三两两撤回七社。尽管夜夜都是如此，但各村群众对他们的寄望不但没有减弱，期待之情，反而更加殷切。

七月初一日（八月二十三日）

下午三时许，驻海口东岳山日军炮击五龙，发炮二十余发，击毙侨生陈道捷一名（年仅八、九岁），击毁民房屋角一处。

七月初三日（八月二十五日）

日军又炮击五龙村，此次弹落后山，无伤亡。

七月初五日（八月二十七日）

下午二时许，日机一架在五龙一带低飞盘旋，先用机枪扫射，继即俯冲投弹。计在岩兜村投弹两枚，五龙、凤屿、湖美等村各投弹一枚，毁民房数榈，人畜无伤亡。村民预感到一场可怕的灾难即将来临，因此自这一天起，一到半夜，全村男女老幼就都携带做好的饭盒，上山躲避。

七月初六日（八月二十八日）

自本日起，每天从上午八、九时至下午四、五时，都不断有日机在七社至龙田间作低空飞行侦察，并疯狂地滥炸五龙村。每天最少投弹一次，每次投弹五、七枚至十余枚不等，都是三架一队，在高空作平行投弹。作低空飞行的一架日机，则经常穿行在五龙村后面的山谷间，并不时朝山谷中发射机枪。在这同时，五龙村周围的七社西溪及城头、大厝飞星桥等村也遭到轰炸。不过投弹数量远不及五龙村之多。大约每村少则一两枚，多则十余枚。自本日起，东岳山的日军还不时发炮轰击五龙村。每发一炮之后，山上日军都从战壕里站起来，挥手欢呼。

七月初七日（八月二十九日）

日机继续轰炸并炮击五龙村。

海口日军进扰前村村。杀死村民张乞妹、郑金灿、林细昌母子、林双喜、张歇仔颠等六、七人。纵火焚烧林兼予两进六榻厝一座。

驻城底村附近之日军抓捕城底村村民陈宝顺，叫他去凿沉斗垣村的舢板。陈半路溜走，躲在村后厕所边，为日兵找到，用马刀乱砍臂部、颈部、并戳刺胸部致死。同时日军还在该村射杀村民陈双顺、陈炎妹及南厝村人剃头仔（理发师，姓名不详），又把到斗垣村去买盐的城底村村民陈红红射杀在斗垣村前的大路上。村民陈世同被日兵碰上，身上新结的羊毛衣被剥去。

七月初八日（八月三十日）

日机继续轰炸五龙村。并空投画有我游击队员逃匿山中遭受蚊叮虫咬和日寇在城市电灯下饮酒作乐情况的宣传画。

七月初九日（八月三十一日）

日机继续轰炸并炮击五龙村。

上午八、九时，日军四十多人（其中有一半是便衣）进扰前村村，刺死村民林亦载，并抓捕亦载的儿子林吓细，胞弟林夷宋，亲侄林吓来及村民林吓花，外村人林马细妹等共四十余人，驱至海滩用机枪射杀。当场射死林夷来、林吓来、林肥猪（即吓妹）、林水顺、林启心、林吓歇、林吓颉、林吓努、林牡丹、林查拇、林启香、林宝长、林痢仔、林亚美、林吓闰、林矮嘌、林细仔、林三佛、林花由、林吓灿拇（花由之子）等二十六七人。另有林吓地受伤后爬进海松柏中被找到刺死；林国栋受伤未死，其祖父林细命把他背到海口去医治，半路为日兵撞见刺死；林吓花刚结婚，这天"请头行"才回来，被集中射伤后爬进海松柏丛中，痛极呼出声来，为日兵听见找到刺死；林喜顺受重伤延至次日才死。同日村民林吓馒被射杀于江塅，林启心妻在门口被射伤，三天后死去。

在这次大屠杀中，受伤未死和枪响前偷偷爬进海松柏中幸免于难的有林于于，林炎炎俤、林贵地、林甲甲（即天全）、林灶马、林薄党、林马细妹（官下尾人）、陈乞食俤（官下尾人）、林启惠、张欺头（海口人）、林红俤、林南架钱、林吓细、林睑睑目等十余人。其中林红俤是躲进海松柏中被找到刺伤喉咙未死的；林睑睑目于机枪响前即倒下去，被发现后，日兵叫他向前走一百步，然后用枪瞄准射击，但又被躲过，如此三次，已到水边，终被逃走；林贵地也是跑到海边逃走的。

这一天日军还在前村村纵火焚烧林河仔、林细昌、林梅宋、林亚俤的四座四扇房屋，又纵火焚烧斗垣村、南门村的厝屋各二座、官下尾村的厝屋三座。

下午日军撤离后，海上日舰还发炮轰击前村村。

总计初七、初九这两天，日军共在前村村屠杀村民三十九人，在城底村屠杀村民五人。（一说两村共被屠杀四十七人）。其中林亦载一家死三人（弟、侄及本身）、林花由父子、林细昌母子，林启心夫妻也都是同日遇难的。

先是，海口仓驳代理处货栈堆存有大量的土特产品，如香菰、笋干、漆器、木雕工艺品等。日军进占海口后，保管人员各自逃生，这些物资遂被散抢一空。当时日军翻译郑宝顺（西地人）也抢占很多，由其同乡俞炎顺用船运回脱售。后俞炎顺在前村附近为林兼予（前村人）部捕杀。郑宝顺就利用日军于初九日到前村村进行大屠杀。

七月初十日（九月一日）

日机继续轰炸并炮击五龙村。

七月十一日（九月二日）

盘踞我县的日军，清晨全部集中海口，从海上撤走。本日，日机整日空袭五龙村，投弹十余枚，中有一枚重磅硫磺弹，落在陈有金厨房檐下的石廊上，砸去石臼一角，弹身有一人高，四分之一插入廊石裂缝中，溅出硫磺很多，但未引起燃烧。

统计自七月初五至七月十一的七天中，日机共在五龙村投弹一百二十八枚，着弹点尤集中于西部。有些民房第一天已被炸成废墟，第二天第三天仍继续遭到轰炸。有的炸弹甚至就落在旧弹坑上。此外，自初六至初十的五天中，驻海口东岳山顶的日军还向五龙村发射了一百发左右的炮弹。所幸村民绝大部分都先期躲避到山上去，未曾造成伤亡。

此次日军盘踞海口的时间，从侵入星桥村算起，计共一百三十七天。在这一百三十七天中，日军所造下的罪孽是罄竹难书的。仅就五龙一村而言，被其焚毁、炸毁的民房店屋就达一百三十余间，这还不包括被炸弹、炮弹震坏的房屋。各家未及运走的细软、粮食悉被洗劫。门窗户樘、家什器具普遍遭到破坏。尤其严重的是，全村千余亩水稻田普遍推迟十余天才插秧。秧苗既已过老，又不能很好进行施肥和管理，等于全部荒芜。部分田地连过老的秧苗也未插下。其他如白豆、花生、早薯等作物，也没有及时进行中耕锄草，许多田地里，野草长得比庄稼还高。估计减产粮食当在五十万斤左右。全村被奸淫的妇女有二三十人，这还是因为打杀日兵后村民疏散得比较彻底，遭蹂躏的只是少数还乡帮助插秧的妇女。被枪炮击毙的有三个成年男人（其中高永熙是浙美村人），一个男孩。被捕去活活打死的有凤屿村卢嫩嫩仔一人。其他被捕的八十多个村民普遍遭到毒打。其中陈迈昌等二十余人放回后都在两三年内死去。日军撤退前连续七天的疯狂轰炸，使全村过半数的房屋遭到不同程度的破坏。日军撤退后，村里到处是枪孔弹坑；到处是颓垣断壁；到处可以捡到炸弹、炮弹的碎片；到处可以闻到火药、硫磺的气味。这时，逃散的人们先后回村，他们徘徊在故园的废墟周围，踯躅在祖屋的遗址前后，没有流泪，没有叹息。他们仇恨日本帝国主义者，但他们能向谁申诉？他们只好把仇恨埋在心里，深深地埋在心里！那几十户无家可归的人，或默默地在断垣残壁下搭起草棚以蔽风雨；或好几家挤在一间小小的破庙里，苦度时光；或忍痛舍弃世代代赖以生存的土地，出祖离乡，转徙他处。虽然县侨协也曾派俞兆复、陈亚泉、俞宏俊等人携款前来放账，但款项半为少数有权势者所攫取，真正受灾的劳动人民，每家所能分到的不过是十元、五元。杯水车薪，何济于事。这个被誉为"金五龙"的古老村庄，遭此浩劫，遂一蹶而不复振。如果不是来了共产党，则必每况愈下，难堪设想。

（福清市政协文史资料委员会编：《福清文史资料》1983 年 8 月新
2 期）

46. 日军侵犯东张纪实

　　一九四一年四月日本帝国主义侵略军侵占福州，周围各县相继沦陷。当时驻防我县的国民党中央军七十五师不战而逃，福清城厢也于四月廿一日沦入敌手。福清行政机关后撤，东张成了后方策动反攻的基地。四月底福建省保安纵队成立，司令黄珍吾亲自督师在闽江右岸与敌周旋。五月，纵队司令部由永泰迁至东张黄坑，保安一团、二团驻守东张。黄珍吾召集各县县长、国民兵团团长开军事会议，研讨对敌作战计划，准备反攻福清县城。会议决定在香山村设指挥部，由保安二团团长古田才兼指挥官，保安一团团长韩奋配合作战。保一团担负攻打玉屏山、凤凰山、取北门，保二团攻打五马山（即过溪山）取南门，保一团少校中队长韩郁文担任中央突击队，由地方国民兵团配合，正面攻打西门。

　　五月十三日黄昏，反攻福清的战斗打响了，保二团一举攻占五马山。是夜大雨滂沱。韩郁文率队冒着敌人猛烈炮火越过护城河，冲进六门桥、西门，和左右两翼部队会合，与敌人展开激战。军情传来，东张各界欢声雷动，振奋异常。十四、十五两日，地方人士开展募捐活动，募集了大量鸡、鲜蛋等慰劳品，写了慰问信，准备翌日到黄坑战地医院慰问伤员，并犒劳参战的官兵。（韩郁文在激战中负伤）

　　盘踞县城的敌人向福州侵略军告急求援。五月十五日，日军分兵两路，一出峡南，一在永泰大樟溪入闽江的汇合口塘前登陆，迂回袭击黄坑野战医院。驻守东张的保安队，突闻敌警，不向人民通报，慌张地向溪南、灵石、大洋后撤。敌人袭击黄坑战地医院，杀害不及撤离的伤员后，经三十六弯，抵水井，夜驻东张。我募集的慰劳品，悉被洗劫。十六日拂晓，敌军困乏，不敢久留，顺石铺大道过尚理村，到野猫衕，歇脚早餐，架设无线电与福清、福州驻敌联络，然后出甘厝顺福厦公路线，直奔峡南。

　　至此，反攻福清县城遂告结束。

　　（第一回合的战斗给我们带来了经验和教训，也给敌人带来轻"敌"的骄傲。这就是给第二回合——塔山之战取得辉煌胜利的重要因素之一。）塔山，也叫鲤尾山。它处于横卧东张水库南岸的龙臂岭东段。东望，可监视福清县城至宏路一带开阔地；西连灵石，与莆仙的高山，峻岭接壤；俯瞰，可扼守东北隔溪的石竹山麓进入东张的狭道虎头石、真武殿；东南山坡边即今之大斜村。从地势结构看，塔山确是进可攻退可守的要地。反攻战斗之后，我们地方游击队多在夜间活动，在县城周围鸣枪袭敌。敌人担惊受怕，龟缩城内，白天才敢出城骚扰。日军好几次到宏路附近试探我军军情，双方也有小接触。五月下旬日军一支攻大斜，驻守真武殿的金（或说姓刘）队长牺牲；六月中旬，敌人攻虎头石、真武殿，驻守塔山的肖队长带领八名战士，在真武殿隔溪对面的红轿石扫击敌人毙伤敌十多人。

敌人鉴于塔山高地是构成他不得横行的据点，千方百计想拔掉它。六月三十日敌酋秋元率其部众一个联队出南门，迂回观音埔绕道大埔，进酒店（周尧），夜宿纪吓斛家里。是夜大雨。七月一日敌兵分两路，主力一支越过公路绕道沃底王大斜，侧翼一支进攻虎头石、真武殿。

凌晨，塔山前沿壕沟的战士发现大斜山坡有二、三披蓑戴笠状若牧牛人，朝我壕沟攀登而来。驻守塔山富有战斗经验的保二团第一大队大队长肖仲光，分析敌我情形，作了戒备。敌武器精良，必须仰攻；我军装备陈旧，阵地上两挺轻机枪，一挺报哑，可供使用的只有一挺和汉阳造步枪，武器远逊敌人，但我军居高临下，有壕堑掩蔽，利于近战挫敌。他告诫战士要沉着应战，不要妄发枪弹，暴露目标，要统一指挥，加强纪律，倾听号令。战士们静心屏气而待，各自寻找目标瞄准着。敌人见我阵地沉寂，以为我军怯于战斗放弃了阵地。主力纷纷向我前沿壕沟扑来。当敌人进入我圈套时，我一声令下，机、步枪齐发，弹如雨下，击毙敌指挥官及敌军数十人。其余抱头鼠窜。我军迎击任务完成了也自动后撤。入夜，塔山枪声停止了，一片沉寂。攻打真武殿日兵只好焚烧上帝宫泄愤，退回宏路街与主力汇合，清点"战果"。据目击者言，此一战日军死伤108人，当场毙命87人，其中有联队长秋元一员。下半夜月光惨淡，残敌以麻袋裹尸，马匹驮运，送福清县城火化。塔山之战，给福建抗战史写下了光辉的一页。后人称之为塔山战役。

塔山之战日军原以为胜券必操，谁知以伤亡惨重结束。他们不甘失败，又酝酿来个残酷的报复，经过半个月的策划，于七月十六日再次进攻东张。

这次，日军进犯东张，改变了原来直取塔山的策略，虽然兵马仍分两路，一路攻塔山，而另一路则是主力，配备马匹重炮，由海口出发，经标头绕道瑁口，遥趋太城溪北山腰的九龙庵，掩护步兵，进攻桥头山。塔山与桥头山互为掎角，控制着两条进入东张的孔道。我军把守这两个要口，监视敌人的行动。上午七时左右，塔山枪声大作，桥头山高地也发现太城进口处的敌踪，我军鸣枪射击。九龙庵敌人立即跟踪开炮。我军以火力悬殊，为避免更大牺牲，立即转移，经由墩头西北梨洋、院口，退向南湖。桥头山被敌占领，敌炮又利用桥头山高地，轰击塔山。我军放弃塔山,退往莆田丈洋。中午,敌军占据塔山后发射信号弹,与桥头山联络,塔山也沦入敌手,敌人占领了这两个高地后,整个东张就暴露于敌人火力之下。午后,敌人结队侵入尚理乡,直趋并占据了矮山仔高地,驻扎于陈氏宗祠。然后分兵取道东刘、洋中厝,从街头进驻东张。东张遂告沦陷。

敌人侵占东张,大肆报复,采取"三光"政策,四出掳掠,奸淫烧杀,无恶不作。各乡人民纷纷避入山地和寺庙。逃避不及的妇女,遭敌轮奸,几于殆毙。十七日,敌兵几十人,出过洋,取道石排,过下礼寺,至马坝、东林,砸门破户洗劫黄豆、禽畜,连农家家藏红糖、豆酱,也被抢劫无遗。十九日一支敌人到里坪(今叫玉林,当时福清县府迁此)放火焚烧房屋数座。房主陈钦流双目失明,闻火声噼啪,出来扑救,也为暴敌刺杀。华阳倪朝阳(逸桐)家,也遭焚毁。东张周围多山,敌人不敢久留,决定撤离。日军用煤油浇泼店屋,举火燃点,浓烟弥漫,火光烛天,直冲霄汉。大火从上午烧到下午,整个东张镇数百家店屋、住房,化为灰烬。敌寇撤离东张,四处乡民返回家室。途经后埔,但见遍地禽畜脏腑骨骼,臭气熏天,惨不忍睹。

四十五年过去了,笔者生长东张,参加过当年救亡活动,目睹耳闻,至今记忆犹新。爰将这些材料组织成文,以示不忘,以供后人探讨分析敌我战斗得失之资料。

(福清市政协文史资料委员会编:《福清文史资料》1998 年 8 月新 5 期,陈份常、倪秉宜文)

47. 日寇在福安犯下的罪行

抗战期间，日本军队为尽快结束在中国战场的战斗，不断向中国施加军事压力，把封锁东海作为一个主要的攻击手段。日军鼓吹"发扬武威，慑服中国"，施行残酷的军事镇压，所到之处烧、杀、淫、掠为所欲为，在福建沿海制造了许多骇人听闻的罪行，给闽东人民带来了巨大的痛苦。

1938年5月间，日军轰炸机两次侵入福安县城上空，进行轰炸，造成人员伤亡和经济损失。18日，两架日军轰炸机在福安上空俯冲投弹3枚，炸毁吴祠一幢，龙江街房3间，炸死平民3人。数日后，3架日军轰炸机又来侵犯，投弹3枚于吴祠操场（1枚未响），被炸死伤平民2人。

1939年4月某日上午，3架日军轰炸机又侵入福安县城上空，投弹2枚，1枚炸毁后巷茶业会，1枚炸毁小西门民房3座，炸死平民30多人，造成巨大的损失。

同年5月，日军轰炸机在赛岐江面上空投弹9枚，并用机枪扫射沿江两岸，射死渔民2人。

1945年5月，盘踞福州的日军沿闽东陆路撤往浙江。日军在溃逃中，所到之处烧、杀、淫、掠无恶不作，充分表露出法西斯军队的本性。据福安县统计，白马河两岸大获、黄岐、湾坞、山溪4乡群众被杀42人，伤25人，被掳144人。财产损失更难计数，日军在逃窜途中，沿途乡村受劫、掠、毁。每户门板、木料全被抢光铺在江面渡江，不及逃避的妇女受蹂躏。据湾坞乡乡公所1945年6月4日的报告称：湾坞住民被杀的有：码头保2人，上与保3人，湾坞保4人，湾前保2人，半岭保1人。湾前保被迫挑担者数十人。乡公所房间器具均被拆坏焚毁。湾前保住民赵绍华等房屋18座被焚为平地，住户达15户，灾民80余人。码头保、湾前保、湾后保住民房屋器具、衣服等均被破坏堆积焚烧。马头、湾坞两村住民粮食均被抢走，民众流离失所，哀鸿遍野，难民无着。湾前、湾后两保住民鼎锅尽被搜去，猪、狗、鸡、鸭尽被宰杀而空。

浮溪保1945年6月23日报告：该保于5月27日因日军窜境，国军全面向敌进攻，几十名海匪乘机侵入该保，抢掠几十万元。其中陈成水家被抢去布数十丈，茹米1000多斤，棉夹被3床，猪、鸡计几十万元。公店（保民联合筹资开设）被抢去麦粉、米粉等存货计十余万元，其余保民损失达千余元或几千元之户很多。

黄岐乡（下白石）岐后保六甲张佩蓝 1945 年 7 月 8 日报告：日军流窜期间，该户损失棉被 3 条，夹被 3 床，蓝济蚊帐 2 床，银器镯等 3 盘，足重银番 30 元，棉衣长袍 5 件，软缎衣裙 10 件，棉布衣被 30 件，洋料衣裤 30 件，齐布 40 丈，乳底鞋 7 双，皮背心 1 件，羊毛衣裤 3 件，洋纱袜 5 打，夹衣裤 4 件，金戒指 1 粒，齐布袋 6 条，秋谷 500 斤，茹米 200 斤，小孩衣裤数件，术谷 100 斤，橱箱桌椅等均被打碎。

山溪乡报告：这次该乡被敌窜扰损失甚巨，大以溪尾、临江、上村、梅下、溪邱等保受灾最惨，其他保均被波及，敌竭其暴行咨意焚杀，奸淫掳掠，无恶不作。大获、行洋两保民众受害很惨，尤其以房屋遭烧者更为惨痛。

日军在流窜期间手段极其残酷，仅 5 月 7 日在湾后保停留一天，湾后保损失就达：谷物 4310 斤，价值 65960 元，鼎 87 个，值 34800 元，猪 42 头，值 126500 元，术谷 3757 斤，值 74200 元，茹米 6915 斤，食粮 1490 斤，茶、菜油 111 斤，大门被抢 40 面，房屋被破坏 13 幢，麦 1655 斤，各类衣裤、布、被不计其数，受灾达 70 多户。据统计日军流窜期间，福安财产损失达 33609010 元。

（朱树根等编著：《抗日救亡运动的一面旗帜》，海峡文艺出版社 1995 年版，郑向红文）

（三）口述资料

1. 杭州市退休教授高熊飞证言

高熊飞：1939 年 2 月 4 日出生，身份证号码：（略），家住杭州市文一路翠苑新村四区 3 幢一单元 405 室。

1938 年福建省政府从福州迁到永安，刘建绪到福建省政府任主席时，1939 年 11 月将我父亲等十几人从浙江调到永安。我的父亲高文达系山东大学的高材生，通晓英、法、俄、日、德等国语言。我父亲在永安主要从事文化活动，先后任《动员》杂志的主编。《改进》杂志的助编、《现代文艺》的助编。

父亲去了永安后，我和母亲及妹妹仍留在浙江，母亲邵铸华是浙江龙泉卫生院的副院长。因日军采用惨无人道的细菌战，浙江的鼠疫十分严重，母亲一直在进行防鼠疫的工作。1942 年日军先后加强在浙江的攻势，衢州、金华先后沦陷。已是身怀六甲的母亲带着我和妹妹向外逃难，在途中母亲在衢州南边 20 公里的石屏乡的一个牛栏中生下了第二个妹妹。8 月底，日军从衢州撤走，母亲带我们兄妹回到衢州。此时衢州已是满目疮痍，虽人未亡但家已破。同时，日军也有可能随时走而复还。为此，母亲决定带我们去永安投靠父亲。

于是，母亲雇了一个挑夫，挑着两个小孩和一个箱子，沿着浙江江山到福建浦城的公路又开始逃难。日军飞机对于逃难中的难民也是不放过的，时常派飞机进行轰炸，一路上看到不少无辜的难民被炸死。我们为了躲避日机的轰炸，每天早晨天未亮开始行走，天大亮后就停下来。这样我们用了三个月时间，走了 300 多公里的路，至 1943 年 1 月才到达永安。

到永安后我们家先安顿在永安东门街 77 号，3 月后又搬入东门街 39 号（见当时邻居证明）。本想来到永安见到父亲便可过上安生的日子。不料永安作为福建省战时省会，也不时遭到日机的轰炸。当时在东门南边山上就有防空的警报设施，有警报时升起一个灯笼，紧急警报时升起三个灯笼。附近的居民还有时常用敲脸盆示警的。永安虽地处内陆山区，但在日机的袭扰下也是常无宁日。

1943 年 11 月 4 日，日机约 20 架，狂轰滥炸永安城，投弹 135 枚（多为 500 磅炸药）。敌机由东向来，旋往西北方向窜去，约过 5 分钟，再次返回投弹。先在桥尾一带投弹，炸死 10 多人，后经西门桥、中山路、中华路、新街、大同路、东门街、新桥头、大帝宫约 5 华里长地段掷下百余枚燃烧弹。顿时，房屋倒塌，大火吞没一座商店和民房，火势蔓延整个永安城。许多人头破血流、断手折足、在火海中惨叫，有的头颅手足高悬在电杆线上，街旁路边尸体焦臭难闻，其中有 16 条街被炸，918 栋房屋被烧毁，死亡群众 500 多人。有一所学校也遭轰炸，掀掉房顶，幸好恰逢学生回家吃饭不在校中，否则会酿成更大的惨剧。这次轰炸是日寇轰炸永安最残酷的一次。经过此次大轰炸，永安几乎成为一座死城，粮食也只能供应三天的口粮。

当时，我一家租住在东门街 39 号的一处民房，听到警报声后，母亲急忙紧抱我和两个妹妹藏于棉被覆盖的桌下。两个妹妹年纪尚小藏在中间，我和母亲为防棉被被掀掉，各用右手拉住棉被的一角。结果一颗炸弹落在房子的天井爆炸，弹片横飞，削掉我和母亲的右臂。

敌机飞走以后，邻居发现受伤后已经昏迷的我和母亲，急忙送到急救站打了强心针，并做了简易的包扎。随后，一些好心人又抬我们母子越过浮桥，送往下渡的省立医院。由院长车启霖亲自主刀进行手术。手术进行了三个小时，从 5 时 30 分到 8 时 30 分。由于手术成功，我们母子的生命才得以保全（见时任省立医院医生并担任车启霖助手的童国琼证明）。在轰炸中得以幸免的两个妹妹无人照料，由时任《东南日报》永安特派员，福建联合新闻社联合周报社社长蔡力行抱回家中抚养。（见蔡力行证明）。

我是在省立医院动手术中年纪最小的一个，苏醒也比较早。当时省政府组织了慰问团前来慰问，一同前来的一位改进出版社的法律专家愤怒地说：日机如此狂轰乱炸民用设施和无辜民众，是违反《日内瓦公约》的，违反国际法的，将来一定要起诉日本军阀主义者。

（2009 年 6 月 19 日钟健英采访于高熊飞家中）

（中共福建省委党史研究室存）

2. 福建省福州市赵家欣(曾任民盟福建省委副主委、福州市委主委、名誉主委)证言

我叫赵家欣,身份证号为（略）,今年已经93岁。

1942年夏,我挈妻带雏,随着逃难人流,离开赣东,疏散至闽北。一路上目睹了日军侵华所制造的一幅幅悲惨的流亡图。公路两侧,杂乱散置箱笼、被服、用具以至食物。天气炎热,敌机跟踪,为了轻装行进,逃难者不得不沿途抛弃随身携带的行李。一位伤兵艰难地在地上爬行,说要回闽南老家;一个婴儿被万般无奈的父母绑在树上啼哭,希望有好心人收养。

餐风露宿,终于到达武夷山下崇安城。未及安顿憩息,即遭敌机狂轰滥炸,伤亡无数。小小崇安城,弹雨腥风,血肉横飞,尸体无人收敛,顿成一座死城。《前线日报》一对男女青年,一为校对,一为出纳,婚期在即,双双殉难,躯体残缺,令人惨不忍睹。一位记者的妻子,被炸去一腿,倒卧在血泊中,幸而死里逃生,却造成终生残疾。

我和妻子谢怀丹,听到警报响后,各抱一个幼儿,迅速逃出城外,隐蔽在河边,得以幸免。

作为福建战时省会的永安,更是多次遭受日机的轰炸。我亲历过几次。1942年秋,我初到永安,在改进出版社工作,有次日机临空,黎烈文夫妇和我一家相偕避进防空洞,炸弹在周围爆炸,防空洞微有震感。幸而没有直接命中。1943年1月2日,日机30多架空袭永安,投弹百余枚,市民死伤惨重。我又一次死里逃生。同年11月4日,日机16架次再次轰炸永安市区,焚毁房屋700余座,死伤数百人。当时我家住在一个庙宇改成的宿舍,日机临空时,已来不及走出大门,遂躲避于屋高墙厚的庙门内,耳听外面轰隆之声不绝,弹雨纷飞中,有颗燃烧弹命中宿舍,大火燃烧,我的腿部被炸飞的瓦片擦伤,幸无大碍,而衣物书籍均抢救不及,大部毁于火中。日机飞走后,出门一看,屋前路旁的菜园空地上,到处都是血肉模糊的尸体。大轰炸后,漫画木刻家萨一佛进入灾区写生,创作了百余幅木刻画,成为控诉日军暴行的有力罪证。

抗战期间,我出入前线后方,遭遇敌机无数次的轰炸。一幕幕血火弹雨,历历在目。我的妹夫柯××也在厦门沦陷时被日军杀害。日寇侵华的野蛮行径,至今记忆犹新,难以忘怀。

证明人:赵家欣

(王盛泽调研整理,2008年11月7日)

(中共福建省委党史研究室存)

3. 福建省政法委干部陈友荣证言

我叫陈友荣，男，身份证号为（略），今年75岁。我家住在福州鳌山村（今属仓山区螺洲镇）。1941、1944年福州两次沦陷。日寇实行"三光政策"，烧杀奸掠，灭绝人性，罪恶滔天。可爱的故乡田园荒芜，遍地饿殍，民不聊生，我村30%的家庭卖儿卖女，妻离子散，家破人亡。我家也在短短数月间，10口之家破害得剩下孤儿寡妇二人，国仇家恨深深地烙印在我幼小心灵上，永世难忘！

抗战前，我家有祖母、父母亲、两个姐姐、一个妹妹、叔叔、婶婶、弟弟和我共10口。当时我父亲在厦门海关、福州市泛船浦报关行当小职员，三叔在福州中亭街咏兰堂文具店当伙计。靠他俩的微薄工资，和祖上留下的一亩多"祭田"维持全家生活，虽穷但尚能平平安安地过。九一八抗战开始。父亲和叔叔先后失业，在福州打些零工，并靠典当，还勉强度日。但到1941年4月日寇第一次侵占福州时，叔叔完全无工可做，父亲与朋友参加抗日民主活动去了，家庭经济来源断绝，一个大家庭担子全部压在我母亲肩上。当时福州及郊县生产破坏，经济萧条，日寇勾结奸商囤积居奇，粮食副食品奇缺，物价暴涨，民不聊生。我家挣扎在死亡线上。当时我才7岁，记得经常有上餐没有下餐。有时母亲姐姐到田里拾些小小马铃薯，用盐水煮后充饥，因没放油，马铃薯进肚子，不但填不饱，反而割得胃痛；有时采些空心菜，或田里野生的"鸭舌草"、墙头的野草等拌麦麸、米糠、番薯渣煮成糊糊，每人也摊不上一碗。家里的人都饿得皮包骨，小孩哇哇哭。在这样情况下，母亲忍痛地将5岁妹妹卖给福清县一个开酒库的人当童养媳，换来百斤番薯米，给家人充饥。我叔叔和婶婶、弟弟在福州，也无法活下去，就把3岁儿子名叫陈温玉卖掉了，婶婶也改嫁莆田，从此两人杳无音讯。最后叔叔连自己也养不活，有一天跑回家乡，跪在饿得奄奄一息的80岁老母床前哭着说：不孝儿无能奉侍您老终身，也无力养活自己和妻儿，我再也无脸见你了，今天向您告别，请母亲原谅我这个不孝的逆子。说后磕了几个响头就走了。那天我和母亲去亲戚家找食，姐姐在家，见此惨状也拉不住叔叔。过几天叔叔的朋友从福州捎信告诉我们：我叔叔那天也向朋友告别后，跳下福州大桥自尽了！我家连饭都吃不上，哪有钱雇人去找尸体。那时福州大桥和仓前桥，经常有人从桥上跳水自杀，有的全家自杀，把小孩先扔下去，然后自己跳下去。有一次我和母亲到福州求食，经过大桥就亲眼看见一个壮年，跳下闽江自杀，桥上的人大喊："有人跳水了！"大家眼睁睁地看着他几次浮沉就不见了，谁也无能为力。

一个灾难过去，又一个灾难临头。我叔叔生前因避壮丁，由我母亲作担保，向甲长借了一担谷子的高利贷，买个人顶替。现在叔叔自尽了，可债免不了。甲长如虎似狼地向我母亲逼债，母亲被逼得走投无路，最后狠下心来，把当时才12岁的二姐通过人贩子卖到福州仓前路一个资本家家里当丫头，当时二姐已经懂事，听说要卖她，就跪着求母亲不要卖她。我母亲哭着告诉她：没有路可走了，高利贷不还无法过活，你在家里也是要饿死的，不如到人家里去好好做事，还有饭吃，救你一条命，妈妈以后来看你。就这样，我二姐哭着被人贩子带走，换回两担谷子的钱，还给甲长高利贷。过了3天，我二姐跑回来了，告诉我妈：因为她想家，在给老板娘送茶水时，摔破了一个茶杯，老板娘就抓起鸡毛掸的藤把子毒打她，还用头钗刺她，打得她满身青一块、紫一块、一条条血痕。二姐受不了，天未亮就偷跑回来，跪在母亲面前哭诉，说如果钱没有用，退还给他们，我宁愿和家人一起饿死。可是，卖她的钱已经还给甲长了。在这时，买主和人贩子随着追到我家，抓住二姐又骂又打，拖着她走，我二姐哭着叫："我不去，我不去！"母亲毫无办法，哭着劝她走，眼睁睁地看着女儿被强拖走，从此杳无音讯。二姐是母亲最疼爱的女儿，此后几十年母亲经常想她流泪，自我念叨："我的舜玉，是个很聪明懂事的孩子，她如果还活着，到天边海角都一定会回来的，她个性刚强肯定被打死了……"直到1971年2月母亲逝世前还经常想她，死也不瞑目！

不久，我80多岁的祖母，因见家破人亡，经常啼哭，加上饥寒交迫，被活活饿死。我大姐18岁，为了活下去，避开日寇欺凌，远嫁闽清山区。1941年日寇撤退后不久，父亲回家来了，见家破人亡，气得生病。一次去福州谋生，因参加反蒋抗日民主活动，被国民党反动派抓走，1943年2月关在永安吉山监狱被迫害致死。

至此，我一家10口，只剩下50多岁的老母和10岁的我，孤儿寡母相依为命，直到福州解放。而福州两度沦陷期间，被日寇害得卖儿卖女、妻离子散、家破人亡，何止我这一家！在我的家乡就有好几家，有的比我家更惨，有的绝户了！

时过60多年，日寇侵华迫害我同胞的种种罪行，其惨景仍历历在目。我经常把这悲惨的情况，告诉给子孙，让他们知道日本鬼子的滔天罪行，教育他们国仇家恨永远不可忘。

证明人：陈友荣

（王盛泽调研整理，2008年11月7日）

（中共福建省委党史研究室存）

4. 福建省福州市闽侯县大湖乡大湖村村民陈文辉、陈达晨证言

我叫陈文辉，男，身份证号为（略），今年 87 岁；我叫陈达晨，男，身份证号为（略），今年 85 岁。我们俩是亲兄弟，亲身经历了日军在大湖的暴行。

那是 1941 年 5 月 22 日，日军最先侵略大湖乡，是从秦洋方向来的。日军 32 个骑兵，骑着高头大马，配备的不是步枪，而是机关枪。有一队日军经箸洋岭时，遇见从田间回来的陈焕焕夫妇，日寇拦住他们，将他们的衣服扒光，将陈焕焕捆起来用刀架在一旁，将其妻按倒在地轮奸，最后还残忍地用刺刀割掉其乳房，再用刺刀刺死。陈焕焕也被刺死。

24 日，日军受到国民党军队打击后进行报复，对大湖实行"三光"政策。那时是早上，村里的大人都跑了，一些老人、妇女和小孩跑不动，留在村里。日军将来不及转移的老、幼、病、残群众 70 多人抓起来，赶到水松行路下，有的当活靶用步枪点射，有的用马刀乱劈，有的活埋。我们叔父陈道林一家 10 口人，仅长子、长女逃出，叔父因病没跑。叔父夫妇、三个小孩、一个童养媳，还有婆母都死于非命。最惨的是怀孕的陈道林媳妇，日寇叫她把一个小孩抱在胸前，然后用枪对准其子射杀，制造了一枪三命的惨剧。母亲和婆婆都是小脚，跑不快，被三个日本兵追上，用铁锹打她们的头和身，使得她们浑身是血。我们回村时，只见到处都是尸体，还没有埋，情景十分悲惨。日军犯下的滔天罪行永远不能忘记。

证明人：陈文辉　陈达晨

（巩玉闽、钟健英、王盛泽、吕东征、曾忠平等参与调研，王盛泽整理，2008 年 10 月 22 日）

（中共福建省委党史研究室存）

5. 福建省福州市闽侯县大湖乡大湖村村民杨娇娇的证言

我叫杨娇娇，女，1937年出生，身份证号为（略），今年72岁。

1941年5月底，日军对大湖村进行疯狂的扫荡。大人们都跑了，我当时才4岁，祖父和祖母因年纪大跑不动，叔父杨道鉴抱着我。日军连老人和幼儿也不放过，将我们赶到水松路下，进行屠杀。我祖父杨依弟和祖母都被日本兵杀害。我害怕得哇哇大哭。于是日军将我抓出来，残忍地用刀砍我，我头上中了两刀，胸前中了一刀。其中脸颊上一刀砍得最深，后来伤口化脓，没法吃东西，一直流出来，只能用些草药敷，过了很长时间才稍好，至今这些伤疤还清晰可见。叔父也在其后被日本兵杀死。

受害人：杨娇娇

（巩玉闽、钟健英、王盛泽、吕东征、曾忠平等参与调研，王盛泽整理，2008年10月22日）

（中共福建省委党史研究室存）

6. 福建省福清市音西镇松潭村周宏超、周吓曲、周继秋等的证言

证人：周宏超、周吓曲、周继秋

在日本侵战家乡时，同一天之内，于 1941 年 9 月 2 日（农历七月十一日）本村的村民被日军枪杀 11 人（其中大埕自然村死亡 4 人，重伤 1 人，还有耕牛被枪杀死一头，东段自然村死亡 6 人）

附：伤亡人员登记表：

死者姓名	性别	年龄	职业	被害时间	被害地点、主要情节	原住址	亲属姓名	备注
周发毓	男		农	1941.9.2	松潭村大埕、园尾厝	大埕、园尾厝	周宠超	父子关系
周发苍	男		农	1941.9.2	松潭村大埕、园尾厝	大埕、园尾厝	周宠清	父子关系
周得利	男		农	1941.9.2	松潭村大埕、园尾厝	大埕、园尾厝	周尾金	父子关系
周枝木	男		农	1941.9.2	松潭村大埕、园尾厝	大埕、园尾厝	周其章	父子关系
周可碑	男		农	1941.9.2	松潭村大埕、园尾厝	大埕、园尾厝	周宏平	父子关系
吴佑宋	女	64	农	1941.9.2	松潭村东段	东段、老爹厝	周继秋	祖孙关系
周贤湘	男	23	农	1941.9.2	松潭村东段	东段、老爹厝	周继秋	叔孙关系
林金米	女	21	农	1941.9.2	松潭村东段	东段、老爹厝	周继秋	姆孙关系
周贤铨	男	43	农	1941.9.2	松潭村东段	东段、老爹厝	周继秋	叔孙关系
周继炎	男	19	农	1941.9.2	松潭村东段	东段、老爹厝	周继秋	兄弟关系
周春兰	男		农	1941.9.2	松潭村东段	东段、龙眼围	周吓曲	叔孙关系

证人：周宏超、周吓曲、周继秋

（调查人：福建省福州福清市音西镇松潭村支部周伟英，2006 年 6 月 2 日）

（中共福清市委党史研究室存）

7. 福建省石狮市永宁村幸存者的证言

（1）高雄山的证言

住址：石狮市永宁三合境13号，身份证号码：（略）。

1940年7月16日，当年我11岁。那天天刚蒙蒙亮，我尚未起床，突然听得有同学等高声叫我："快看战舰去"。我立时起床与同学赶往城隍庙前，站在马坡石上观看。当时能清晰地看到外高村海面上停留着无数的舰艇，正远远观望中，战舰上电光一闪，猛烈的炮弹不断向永宁方向轰来，我们都吓坏了，慌忙奔向家中。接着，永宁天空东面两架日机、西面上空两架日机开始无休止的盘旋、投弹、扫射，多人死伤。我家北面的王氏宗祠（镇公所所在地）被炸毁时，大厅内一颗水雷同时爆炸，我家离祠堂不远，房屋强烈震动，家中小孩都吓得大哭不已。约七时半，永宁制高点宁东楼被日军占据作为指挥部，楼顶竖起了药膏旗。还看得见日机向地面投下物品。日军的队伍多次从我家门口经过，贴标语来来往往。……下午，宁东楼上的药膏旗降下了，听说军舰走了。只听到不绝的哀伤悲之声，谁家死人的消息不断。我还听说大街头有一木匠被吊在隘门上，被砍了头，我被吓得一夜不敢入睡，噩梦连连。当时，惟恐鬼子再来骚扰，翌日清晨，我家扶老携幼加入逃难队伍，离开了家乡。

证人：高雄山

（调查人：福建省泉州市委党史研究室侯小莹、黄种生，2008年12月9日）

（中共泉州市委党史研究室存）

（2）虎口余生家国恨

口述：高云鹏，男，1927年2月14日生，家住石狮市永宁镇下营石必水73号，身份证号码（略）

"七·一六"时，我14岁。那天清晨，我被一阵爆裂声惊醒。起床跑到门外一看，只见许多日本飞机在天空上盘旋。机枪扫射的声音响个不停。我家住在永宁"大埔陈"，过去每早总有许多上街的人来来往往，这一早却出奇的寂静。母亲感觉情况有些不对劲，就叫我去找叔父（当时我叔父在下街"三板桥"开店）。我马上跑到店铺后，叫开叔父的后门。进店铺不多久，就听见店外大街上一阵格噔格噔的脚步声。我同叔父和从弟三人，从门缝里向外张望，只见一队日本兵，脚穿长筒靴，从"顶街"而来，走在前头的日军，手执一面"膏药旗"，其余的都拿着上有刺刀的长枪，这时我们才晓得日本鬼子已经登陆永宁。正当我们商量要如何脱离险境时，突然闻到一阵焦烟气味。叔父说，大约是鬼子在哪里放火了！即从楼上小门向四周窥望，原来是下街石埕头"大粒快"的菜馆正在发火（后来才知道是菜馆的大门贴有抗日的对联，敌军就放火给烧了）。石埕头起火，事态马上就显得非常严重了。因为永宁旧街都是土木建筑，又是一间连着一间，隔二十多间才留一条小巷。若无及时救火，整条街都会烧成废墟，而我们如果没有马上逃出去，可能都会葬身火海（后来获知日军放火后又到别处，附近群众看到鬼子走了，才出来灭火，所以未曾再烧到其它店铺）。为逃离险境，叔父决定把店中现金分成三份，装在布褡兜子里，每人一份绑在腰间，以防逃生路上失散或出事。收拾停当，三人即从后门转场口经水关街，准备先退到西厝村。当时，西厝在鸡母山下比较偏僻，只有几座低陋的房子，想必比较安全。

想不到一爬上小山坡，但见西厝路口已竖起一面"膏药旗"，村里还有一股浓烟冲天而起，估计鬼子已进西厝村。如果我们再去西厝，那只会自寻死路。叔父改变主意，便带我们沿着菅草浓密的田岸，朝孝女姑的方向走，想转去沙美村。岂料一队鬼子兵正朝着我们这边而来。我们只好屏住气，藏在菅草丛生的田岸里。好在鬼子只拣山路走，并未发觉我们在菅草丛中藏着。瞪着鬼子从旁边走过，我们紧张得直冒冷汗，加上头上热日曝晒，三人几乎都瘫倒在地。鬼子走后，我们有如捡到一条性命，马上又登上逃生之路。一路上有菅草的地方，就猫着腰走。没有什么可掩蔽的，就连滚带爬。好不容易到了沙美村口，又见村里一座洋楼在冒火，心里想，鬼子已经进村烧杀了。估计鬼子可能沿着永石公路西进，如果我们也顺着这条路逃生，无疑会撞上敌人的枪口。于是我们就沿羊肠小道准备转向后杆柄。路过郭宅村，我们先在叔父的一位姓洪的朋友家歇脚。进门时，我们衣服全都沾满荆棘，手脚皮肤被擦伤。惊魂甫定，主人捧出三杯开水，我们才觉得又饥又渴，真是杯水如甘霖。但开水尚未入口，只听见轰隆一声巨响，像炸弹从头上炸下来。震得三杯开水同时落地，只觉得全身瘫成一团。过了一会儿，才缓过气来。稍后，有人来说是鬼子的飞机在轰炸后杆柄的大洋楼。

到了晚上，我们三人先到院东亲戚家里，不久家里的人也一同来避难（只有老祖母不走，留在家里）。第二天，有消息说鬼子已经退去，我们才回家。这段虎口余生的经历，虽然已过去六十多年，但当时"七·一六"永宁被烧杀掠劫的苦难，至今仍深印在脑海里，日本鬼子的罪行实在是罄竹难书。把它记下来，留给后代子孙，永世不忘！

（《石狮日报》2006 年 7 月 10 日）

（3）日寇入侵港边村罪行

整理：李德生

口述：佘明福，男，1929 年 8 月 19 日生，家住石狮市永宁镇港边中区 69 号，身份证号码（略）

"7·16"前一年的古历九月初九日上午，有日本鬼子的三个烟筒的军舰驶入梅林妈祖宫前海域，目标对准港边陶青小学钟楼开炮。炮弹在校舍东南教室大窗下爆炸，大窗铁栏被炸飞到教室的黑板上，墙壁被炸开一个大窟窿，约 10 多平方米，教室内硝烟弥漫，看不清人影，幸好全校师生没人伤亡，只有佘文亭同学分配在教室外操场负责防空哨，身受弹片损伤数处。

当时，我读中年级，倒塌的教室正是我就读的班级，有五册、七册 2 个班，学生共 50 多人。在一片黑雾中，我们爬出校门。校门四周地面，全是一片黑烟色。

陶青小学在一片平屋中较为显眼，过后日寇经常来炮击骚扰。教室屋顶、围墙、操场，到处伤痕累累，学校被迫停课。有一次，炮弹打到大太保宫前，在池里炸开。又有炮弹打到佘七洋灰楼上爆炸，造成门窗破坏，"五脚架"部份倒塌。1940 年正月初一，又连续多次炮击陶青小学。学校遭日本鬼子的过山炮袭击计数百发。

1940 年 7 月 16 日（农历六月十二日）清晨，刚起床时，就有数架日机在永宁一带上空盘旋，飞机离地面非常近，红色的"消膏旗"标志看得极为分明。飞机不时扫射轰炸，老百姓困守家中，又怕炊烟引来日机，三餐尽饿肚子硬撑着。

日本鬼子登陆，到处掳掠烧杀，港边村东南新街仔三幢两层楼、店面四十多间，尽被日寇放火焚烧，好在后来部分被抢救，才幸免于难。西堡份灰窑脚街仔，有十多间店面，以及一些栈房均被烧成废墟，货物被抢劫一空。同时还有佘厝佘居洋楼被焚烧。日寇所到之处，杀人放火，极为凶残，港边村李圣沐、李圣本兄弟就被杀于店中，李祥督被日机扫射身亡，还有泉州船头行商人多人在港边遇难。在外高战壕中的自卫队员全部遭鬼子杀害。梅港澳口渔船五十多艘被烧成一片火海。火熄后，到处都是火炭、废铁钉，一片凄凉。

老百姓四处逃亡，路边见到的是死于日机轰炸下的同胞尸体，血肉淋漓，惨不忍睹。

日寇多次摧残我们的家园，渔业、商业、生产经营蒙受空前浩劫。抗战期间，侨汇断绝，生活非常艰难。衣服破烂自不用说，"黑薯渣"果腹则是经常的事。学生时代，我们满腔热血，发誓把东洋强盗驱出国门。我们经常走出校门，宣传抗日，教群众唱抗日歌曲。在学校里，我们出黑板报，墙报，还公演话剧"厦门难吟"，纪念"湘北大捷"，我们的口号"生活即教育"，社会即学校，我们要做群众的小向导。现在纪念抗战胜利六十周年，每听到抗战歌曲，就仿佛回到当年那热血沸腾的年代。

（中共石狮市委党史研究室编：《福建省石狮市抗日战争时期人口伤亡和财产损失调查》，中共党史出版社 2011 年版，第 186—187 页）

（4）国恨家仇血泪史

口述：郑伯芳，男，1936 年 6 月 3 日生，家住石狮市永宁镇南门西路 1 号，身份证号码（略）

"7·16"那年，我刚 8 岁。那天，天蒙蒙亮，深沪湾来了好多日军战舰，在敌机的掩护下，敌舰上放出许多小艇，载着一批批敌军，从高厝垵登陆。其中一队鬼子，气势汹汹杀入我永宁城。

当时，我家住在永宁南门"下王"。我祖父在南门街相公宫隔壁开一酿酒坊。一大早，年少的我，哪里晓得事态的严重，仍然兴高采烈溜去酒坊里玩了起来。不多时，敌机扔炸弹的声音一声比一声暴响，机枪扫射就像炒蚕豆似的，祖父见情况不对头，恐怕酒坊目标大，便一把抱起我，将我送到对面陈炉家中。那里较偏僻，想必会安全一些。

谁料祖父回到酒坊，即有一伙鬼子兵从酒坊门前经过。其中几个日军闯入酒坊，硬要我祖父祖母为他们带路、贴传单。祖父祖母不跟他们走。酒坊隔壁有间棺材铺，木工师傅高泉就躲在门后，从门缝里紧张地偷看着。鬼子又是恫吓、又是哄骗，胁迫着两位老人。后来迫于无奈，我祖父祖母只好假装要为他们带路。刚出门走近街对面的大砌深沟，老俩口趁鬼子不提防，一纵身便跃下大深沟。鬼子一眨眼间，发觉两人都跑掉了，气得干瞪眼，这时有个鬼子回转头突然发现酒坊门口贴着抗日的春联，更是暴跳如雷。叽里咕噜一阵，两个鬼子挥起雪亮的军刀，追下大深沟，一人一刀向我祖父祖母的腹部劈了过去。

鬼子走后，高泉赶紧向我家报信，（当时我父亲在南洋）我母亲、叔叔、阿姑赶到大深沟时，两位老人已经浸在血泊之中，没有一丝气息了。

那是一个天昏地暗的日子，永宁不知多少人为丧失亲人而哀声恸哭，我们草草收埋了祖父祖母，便又趁着夜色加入了逃难的人群。

（中共石狮市委党史研究室编：《福建省石狮市抗日战争时期人口伤亡和财产损失调查》，中共党史出版社 2011 年版，第 192—193 页）

（5）血泪往事　岂堪回首

整理：高武铺

口述：李玉钧

1940 年 7 月 16 日天刚破晓，日寇战舰猛烈轰炮，敌机投弹扫射，马达声、枪炮声震耳欲聋。当日军入侵港边村，我和四叔李俜汉在这生死攸关时刻，原打算各自背一男孩逃出虎口，无奈敌人炮火封锁，寸步难行。四叔非常焦急，起初总是低头默默地从房里踱出踱入。一会儿竟抑制不住走出门外窥视动静。只听他回到屋里痛惜地说："新街仔和旧街仔的行店栈房，都给鬼子兵放火烧了。"我猜测他担心一百包寄在商行招售的大米被烧掉。他就象热锅上的蚂蚁坐立不安，多次走出想看个究竟，却又慢步返回。

这时一个鬼子兵手里平端着挂上刺刀的冲锋枪，从东邻巷里东张西望窜过来。我们都惊异误认是港边盐兵，怎么在这鏖尘弥漫中，出现在村头？霍然，在他枪下露出一面"膏药旗"，我们才恍然明白是日本兵。可是已来不及回避了。敌人闯进屋来，双眼直瞪着四叔。四叔才 28 岁，是梅林学校的教师，身着西装，脚穿皮鞋，头戴绒帽。敌人可能认为他是公务人员，便挥动刺刀。四叔忙闪出屋外，此时，庭前又迎面来了五六个鬼子兵。在这千钧一发之际，四叔机灵地把绑在腰带里的国民党法币和金首饰递给敌人，以求逃离。凶神恶煞的敌人不理，鸣枪击中四叔右上胸膛。只听他惨叫一声倒在血泊中；残暴的敌人又举起刺刀戳进他的腹部。他不断发出惨痛的呻吟，敌人才得意地把撒在地上的金首饰捡起，气势汹汹地从西邻走去。

事后，我把四叔背回屋里，他已气息奄奄。那时，我不知哪来的一股勇气，拔腿跑出家门，一心想到永宁请医师抢救。但见四处烟火凌空，只得又跑回家里。四叔已经僵卧不动了！我不由得发出哀号。熬到黄昏，在这死亡恐怖的阴惨气氛中，我拖男挈女逃出村外，一家人无目的地望着远方偏僻的村庄移步。血泪的往事岂堪回首？

（中共石狮市委党史研究室编：《福建省石狮市抗日战争时期人口伤亡和财产损失调查》，中共党史出版社2011年版，第194—195页）

（6）民族血债怎能忘？

口述：蔡奕对，1921年5月生，家住梅林村，大专文凭，退休教师，当年20岁，采访时75岁。

1940年7月16日（农历六月十二日），日寇登陆永宁实行烧杀抢"三光"政策，惨景令人触目惊心，其罪行罄竹难书。当时我读培元高中，学校内迁德化，因水土不服，染上疟疾，病倒在家。黎明前，我被敌机吼声、枪炮声惊醒，从梅林家中逃出，沿永宁西门大沟北上，在敌机低空盘旋扫射下，我边逃边躲，挨到十时许至西厝村后鸡母山腰，被山上日兵喝住监视，山高望远，可俯视全镇及海湾。日寇对村中进行血腥的烧杀情景，历历可望。村前的枪炮声，孩子妇女的哭喊声、鸡叫、狗吠和屋毁墙倒的巨响交织在一起，令人惊心动魄。虽然岁月已过去65年了，但民族的血债怎能忘？现将身历其境的惨况，追忆于下，作为历史的见证。

日寇侵占福州厦门之后，对泉州大肆骚扰，军事上派飞机疯狂轰炸、扫射。据报载：日寇仅在1938年农历5月间向泉州轰炸达15次，来袭飞机39架次，投弹123枚，炸死平民63人，伤76人，房屋被毁170栋，学校被毁1所。经济上实行海上禁运，封锁泉州港湾，而当时泉州市场货源大多依靠上海供应，有些商人为了发财，一面雇用外轮在上海装货南运，一方面勾结当时泉州军政机关，在高厝设立船舶稽查处，强迫梅林渔船停止捕鱼，为其驳运货物来岸，外轮白天在公海游弋，傍晚驶入深沪湾由梅林渔船连夜运送货物靠岸。物资中有面粉、豆类、鸡蛋、百货、烟、酒、糖、油……等，租用港边商行十多间及整条新街仔作货仓，然后陆运去泉州。日寇先是进行经常性骚扰，炮舰驶入梅林港，炮击各村洋楼。港边的陶青小学、高厝及永宁东门的洋楼均遭炮击。遭飞机轰炸的还有后杆柄大楼、下宅及郭坑的大厝等。登陆前夕，日舰进出梅林港更加频繁，或一个月一至两次，或三至五天进出一次，但不开炮，故意麻痹我方。当时民众因司空见惯，不以为意。7月16日凌晨，东方始白，已有二艘日寇航空母舰停泊在外海，6艘军舰驶入梅林港，把整个深沪湾海域布控围住。继而有快艇4艘，橡皮登陆艇十多艘向岸边驶来。航空母舰上即时飞起3〔4〕架飞机，凌空盘旋，吼声如雷，沿壕沟扫射、俯冲差点擦到一屋角。军舰上同时向岸上发炮。日兵从梅林、外高、沙堤分兵三路登陆，包抄最后控制永宁镇区，飞机则控制通往石狮公路。在梅林海滩登陆的日寇，相继向渔船上喷洒汽油，引火燃烧。当时渔商船正趁潮夜间驳货靠岸，随潮依次一字形停泊，火势蔓延很快，顿时熊熊大火直冲上空，海滩成为火海。梅林渔船45对（只李连登一对远离幸免）、商船63只，几小时后皆化为灰烬，凄惨万状。

另一路日寇闯入梅林、港边村中烧、杀、抢。梅林小学、李连登大厝被烧毁。村民察觉硝烟弥漫枪炮轰响，无不惊慌失措夺命外逃，多人被日寇扫射死于单桥下及路上，未能逃出的老弱残疾亦被用刺刀刺杀，血流满地，惨不忍睹。

港边村被抢劫焚毁的商行有：崇隆号、协美号、佘辉岸、佘文锹、李逢义、李兹安、李逢钳、张怡和等商行及陈贞的大厝，还有新街仔20余间洋楼店屋。上海货全部被抢劫，抢不去的就放火烧毁，无一幸存。协美号李本、李木兄弟二人，逃至蔡厝祠堂口时被杀，还有李俾汉等人，也同样死于鬼子的枪刀下。

（中共石狮市委党史研究室编：《福建省石狮市抗日战争时期人口伤亡和财产损失调查》，中共党史出版社2011年版，第196—197页）

（7）残暴日寇摧毁我的美丽家园（节录）

口述：林圣雪，女，永宁人，早年参加革命，1986年从厦门市计划生育委员会离休。

我是永宁外高村旅菲爱国华侨高祖希的侄媳，伯父在菲律宾怡朗经营藏成铁店，秉承诚信宗旨，艰苦创业，生意十分兴旺。后创办怡朗华商中学，培养一批批华侨子女茁长成才，也培育不少爱国华侨子弟回延安参加革命工作，如高铭轩、高武碰、高武思……等。伯父热爱祖国热爱桑梓，在外高村建置一幢钢筋混凝土结构、气势雄伟、宽敞美丽的三层洋房——贻庆楼。抗战期间伯父全家赴菲，请我们从旧厝搬到贻庆楼居住。小叔、两个小姑和婆婆住楼下，我住二楼左边的房间，临窗远眺就是深沪湾。那时，经常看到日寇军舰在海上游弋炮击，敌机在永宁上空盘旋侦察，扫射轰炸，骚扰得外高村民不聊生，人心惶惶。村中青壮年男子大多出外谋生，家中剩下老弱妇孺，遇到炮击，便扶老携幼、三五成群，四处逃难。我小时候，因厦门沦陷，经受过难民之苦，遇此情况，日夜十分警觉。一天中午，我看见敌舰驶入深沪湾，然后把舰尾转朝着我们村子这个方向，我赶快下楼通知小叔、小姑和婆婆离家逃避。果然，不到两刻钟，敌人便开始炮击，第一炮击中我的房间，第二炮落在大厅口没有爆炸。当天敌舰一共对我家炮击两次，还先后从敌舰中飞出战机四架，在我家上空轰炸。我婆婆在楼房后搭建了两座鸡舍，敌机疑为防空洞，也狂轰滥炸一番，把鸡舍炸成漏斗状的小池塘。1940 年 7 月 16 日凌晨，在日寇轰炸炮击中，我家楼房的第三层被炸得只剩下前面一小部分，二楼天花板有的坍塌，窗户只剩下窗台，墙壁布满坑坑洼洼的小洞，弹痕累累。一幢气派宏伟好端端的美丽家园变成了满目疮痍的危房。那天早上，我养母的女婿，一个忠厚、勇敢的民兵林乌番在梅林港站岗放哨与敌人血拼，被敌人活活刺死，遗下婆媳俩相依为命。国难家仇永世难忘，日寇的烧、杀、抢、炮击、轰炸，欠下永宁人民的血债罄竹难书。

在家破人散、无家可归的凄惨日子里，我们全家流散到永宁投亲靠友避难，我到霞泽小学当教员，每月工资只有几十斤地瓜干，生活十分困难，用两块石头一个土钵子做饭，学生帮捡柴禾给我烧火。我天天教孩子唱抗日歌曲，与农民、侨属关系十分融洽，生活虽苦犹甜。有一天连璧校长回惠安，我的粮食吃完了就回永宁娘家要，没想到娘家粮缸也已见底，自己又爱面子，不敢向人借，怕人讥笑，于是再折回学校。那天又刮大风下大雨，撑不了伞，淋得满身湿透。过霞泽溪石板桥时，洪水已涨过桥面好高，看不到石板，在走投无路的情况下，我只好冒险过桥去，万一踩个空，就可能被洪水冲走。晌午回到学校，侨属林设见我没吃午饭，端了一碗地瓜干汤给我充饥。午饭解决了，晚饭哪里吃？刚好谢老师回校来，就和他一起到当地教师王人标家，王老师说："如不弃嫌我家脏，就在我家吃吧！"。地瓜干汤佐以江鱼脯，真是香甜可口。在潦倒落魄、饥肠辘辘的时候，好心人的恩情，永世难忘。

1940 年秋季，为逃避抓壮丁，我带小叔到南安四都京山小学教书，让小叔就读于民生农校。那年寒假学校分了三斤猪肉，当时我才十九岁，血气方刚胆子大，徒步登上九百九十九个石阶、有土匪、老虎出没的九峰岭、双乳山，走了两天半才回到永宁外高村与婆婆、小姑团圆过年。

抗战期间，日寇入侵东南亚，侨汇断绝，家乡亲人生活贫困，全村连一根火柴都没有。每天早上，先由一户人家以铁片击石取火的原始办法，点燃粗纸卷条，然后把火种传到各家各户，全村才有炊烟袅袅而起。一次婆婆吩咐，明天晚点起床，十点早餐，每人喝两碗地瓜汤佐自家腌制的酱瓜。小姑高彩凤趁潮落时到滩涂岩石缝隙拾海螺或劈海蛎回家煮豆豉，一直挨到下午四时再喝两碗地瓜干汤果腹，就这样开始了一天只吃两餐的生活。为了活命，家家户户、老老少少除了外出卖故衣外，就是挑海水，利用自家庭院里的石头、石板，四周以水泥砌高，围成四方盘或用大水缸盖盛上海水，让风吹日烤晒成盐，每日晒一点，积少成多，积上十斤八斤，等退潮时沿海滩小路拎到衙口中山街去卖，一天只可赚九毛钱。如遇盐兵，被抓到镇公所，就要"关禁闭"罚款。为逃避盐兵抓捕，侨属妇女姐妹把盐绑在怀里，假装大腹便便的孕妇，蹒跚过市。盐兵感到稀奇，哪有这么多怀孕的番客婶？于是都带到镇公所，一检查，怀里绑的都是盐，就要每人罚款五元，众侨眷争辩说："即使过关，把盐卖了也只有几毛钱！"说得他理短，才把盐扣下，姑息了事。

（下略）

（中共石狮市委党史研究室编：《福建省石狮市抗日战争时期人口伤亡和财产损失调查》，中共党史出版社 2011 年版，第 200—202 页）

（8）民间歌谣诉说着血泪史

——六月十二打永宁

整理：李显扬

口述：陈焕悯

一更更鼓月初升，六月十二打永宁。百姓拼命搬家庭，飞机轰炸无时停。

二更更鼓月照山，战船开来高厝埯。大炮机枪轰轰吼，掩护敌军来起山（即登陆之意）。

三更更鼓月照窗，日本鬼子真野蛮。登陆兵分三四路，放火抢劫共杀人。

四更更鼓月照门，想着起来心头酸。国民政府无打算，才会给他到厝门。

五更更鼓天渐光，百姓逃难真凄荒。有的撞着日本鬼，半路被杀在田园。

六更更鼓日初升，日军放火烧上宫（即永宁城隍庙）。放来放去烧未成，尽说城隍咧显灵。

七更更鼓日照市，日军践踏咱乡里。沿街用枪贡店门，狗勿吠来鸡勿啼。

八更更鼓日中昼，日军抓人到山头。山顶机枪啪啪吼，某子（指妻儿）听见抱咧哭。

九更更鼓日昼后，想着起来目屎（指眼泪）流。战斗队守在壕沟，惨受杀害血那流。

十更更鼓日西降，日军港边烧米行。货栈烧了烧仓库，街仔变成火烧埔。

十一更更鼓日黄昏，日军梅林烧渔船。海口大火连天起，渔民兄弟乱纷纷。

十二更更鼓敌舰开，才见国民党军队。入乡声势真英威，亲象贼去狗才吠。

（中共石狮市委党史研究室编：《福建省石狮市抗日战争时期人口伤亡和财产损失调查》，中共党史出版社2011年版，第203—204页）

（9）日寇罪行　世代难忘

口述：高积华，男，1932年12月25日生，家住石狮市永宁镇金埭村292号，身份证号码（略）

1940年"7·16"事件，是"血"铸造的，是惨不忍睹、惊心动魄、骇人听闻的惨案。一旦回忆，惨景犹映眉簾。斯时，敌机轰炸隆隆的怪声，仿佛飞机就在厝檐上，机枪火炮轰轰、砰砰好似吃人地怪叫，耳边只听见畏缩成团的老者，轻微地乞求神明保佑，也有小孩的泣哭和远远的惨叫声，却听不到鸡鸣、犬吠声。是日本鬼子登陆，敌机掩护下肆虐猖狂。机枪火力的哮声，有加无减，整个空间笼罩着一派恐怖。想逃也逃不了，只好全家钻入床底，畏缩发抖听天由命，任其主宰罢了。连续十小时，从凌晨至下午，灶无烟火，我们滴水不沾，而不觉得饥饿，只是呆呆等着死神的到来。

下午敌人退去，才知道鬼子是从坑尾垵登陆的。日寇残踏我永宁镇十三个村落，所到之处，奸淫烧杀，无恶不作。奸淫是一种对我女性同胞的糟蹋侮辱，不便引证。烧杀罪行，铁证累累，血迹斑斑。永宁行实小学、王厝宗祠、梅林、港边港口的渔船、运输船泊，港边整条新街仔等等全部被烧毁，烟火冲天，火海连片。被杀的，不分男、女、老、少都死在鬼子的残忍刀枪下，横尸遍野。有的尸体竟至十日后才发现，令人惨不忍睹。鬼子的阴影，叠印在脑海中，虽然鬼子退了，我们在行走的转弯处，尚需先探头察看，惊魂难安！

"7·16"惨案，是漫漫八年血战中，仅仅的"一天"。我国的沦陷区历以数年受残踏，南京大屠杀，数十万同胞死于无辜。我们在八年抗战中，侨汇断绝，生活无着，吃的是糟粕薯糊，衣服、单衣叠补成裳，寒天也只能穿布袋衣过冬。学校停办，我们也失学了，疫症时常发生，过的是垂死挣扎的魔鬼日子。千家万户家破人亡，妻离子散。我母亲每当回忆起当时那虽生犹死、有子不能养的惨况，泪水总油然倾注，颤抖的双唇再也无法说下去。

鬼子欠下的血债，不只是"7·16"一天，而是漫长"八年"的魔鬼生活，受践踏的不仅仅是永宁镇的十三个村落，而是全中国、全世界受到日寇侵略的人民，惨象涟涟，血债斑斑，罄竹难书，我们世世代代也不能忘记！

（中共石狮市委党史研究室编：《福建省石狮市抗日战争时期人口伤亡和财产损失调查》，中共党史出版社 2011 年版，第 198—199 页）

8.《泉州晚报》抗战损失调查

(1) 终生难忘"七·一六"

李少园

永宁外婆家是我的出生地。那里有碧蓝的海湾，有柔软的沙滩和沙滩上美丽的贝壳，还有妈妈（即闽南女子教育先驱者林朝素）到菲律宾向华侨募捐来建成的"竞新"女学宽敞的校舍楼。自我懂事起，到外婆家便是我最快活的事。那年，我5岁。我们一家人又到外婆家度暑假。我依稀记得，那一天，平静的渔村，怎么与往常大不一样。只见满街大人们扶老携幼，恐慌地往西门外跑去。正当我疑惑不解之际，妈妈背起我，带着姐姐、哥哥（编者按：即台湾泉州籍著名学者李亦园）随外婆一家人，也加入逃难的人流。一出西门，在妈妈背上，我看到番薯地里，三五成群，都是逃出永宁的乡亲。下午逃到了后宅村二姆婆娘家，还来不及安顿下来，翅膀画有"红消膏"的鬼子飞机就从屋顶尖掠过，我吓得扑进妈妈怀里。稍后，永宁方向便传来阵阵的轰炸声。3天后，我们回到永宁，看到很多人在哭，还有我玩耍的天堂、女学的校舍，已成了一片断墙瓦砾。这，就是深深印在幼小心灵中的"7·16"。至于那惨绝人寰的烧杀抢掠，是在长大以后，听妈妈、听外婆、听永宁乡亲诉说才知道的。

对于日寇的暴行，永宁人民，当时曾进行过英勇的反抗；过后，又自发地以各种形式，把国仇家恨，口口相传，教育后代，毋忘国耻。去年，永宁镇的有识之士，自发组织了一次有意义的"7·16"惨案纪念活动。应朋友们的邀请，我赶去参加。庄严肃穆的会场上，受害者或家属控诉时泣不成声。目睹暴行的幸存者忆述时眦眦欲裂。一位年过古稀的业余女艺人，用闽南话，自编自演和着涕泪，详细描述惨案的过程。这不是演唱，这是良知的呼唤，这是地火的喷发，激起会场上一片饮泣之声。易于激动的我，发言说到动情处，也是断断续续、屡被哽咽所打断。永宁人有志节、有远见，他们让众多青少年都来倾听、来感受、来铭心。他们高举着"勿忘历史，爱我古卫，振兴永宁"的标语旗帜，列队游行，来到阵亡蒙难纪念碑前，向英勇抗敌的军民致敬，向被害的亲人们致哀。这一天，我受到一场深刻的爱国主义教育。

今天，又到了难忘的"7·16"。58年过去了，可日本还有人否认侵略历史，美化杀人如麻的甲级战犯。忧愤难抑，重录前年旧作，予以驳斥。

忆史抒怀

海隅喋血黯神州，故垒萧森带恨游。

父老腐心怀旧痛，生民冷眼郁新忧。

难瞒青史千秋证，不废黄河万古流。

车鉴无情当记取，禹封中夜看吴钩。

（《泉州晚报》海外版 1998 年 7 月 15 日）

（2）用歌声控诉日军罪行

讲述者：吴蝶英（女，家住永宁社区居委会。永宁"7·16"惨案见证者，当年 16 岁）

"一更更鼓月初升，六月十二打永宁。百姓拼命搬家庭，飞机轰炸无时停。

二更更鼓月照山，战船开来高厝坟。大炮飞机轰轰吼，掩护敌军来起山。

三更更鼓月照窗，日本鬼子真野蛮。登陆兵分三四路，放火抢劫又杀人。

四更更鼓……"

永宁"7·16"蒙难纪录片中，一位拄着拐杖的老阿婆含泪唱歌的神情令人动容。这位老阿婆就是吴蝶英。

得知记者要采访永宁惨案，吴阿婆说，自己想说的都在这首描写日本鬼子施暴永宁的《六月十二打永宁》中。讲完，她又唱了起来。从一更更鼓唱到十二更鼓，81 岁的吴阿婆含着眼泪一口气唱完，没有任何停顿，可见当时情景在她心里的印记！

"那时候苦啊！"吴阿婆用手拭着眼角说，"日本鬼子见人就杀，用刺刀刺死，再高高挑起来，一点人性也没有！"

那时，吴阿婆家有 12 个孩子，她排行第九。日本鬼子登陆后，他们一家人躲到田垄沟里，用堆在田里的花生藤盖在身上，以免被日本鬼子发现。当时，她透过花生藤的缝隙，看见日本鬼子的飞机在天上来回盘旋，一个俯冲，就放下两三个炸弹，紧接着就是一阵巨响，"吓人呦！"

吴阿婆的家人在田垄沟里躲了整整一天，才小心翼翼地出来。虽然她的家人都幸运地躲过那场惨案，但出来后看到永宁城的惨状，让他们惊悚不已。

（《泉州晚报》2005 年 7 月 18 日）

（3）大喜之日却成大悲之时

讲述者：董群堆（男，家住永宁北门三块厝。永宁"7·16"惨案见证者，当年6岁）

"1940年7月16日，那天本来是我叔叔的大喜之日。"董群堆告诉记者，那时，他叔叔特地从菲律宾赶回来，准备当天下午到隔壁镇的一个村去迎娶婶婶。没想到，那天早上日本人在永宁登陆，还有飞机来轰炸。一时间，操办喜事的欢喜心情都被轰炸冲得一干二净，喜事办不成了，大家都赶着逃命。"当时，家里为叔叔的婚礼准备了很多食品，为了怕发馊变质，家里人准备把食物煮熟。可是，这时日本鬼子的飞机又来轰炸。由于担心被鬼子发现烟火，家里人只好把炉火都熄灭。"

听到轰炸声，董群堆家人和邻居怕鬼子会炸房屋，只好躲到一棵大树底下。等轰炸过了，大家才惊魂未定地回到房子里。

"没想到，刚回到家里，鬼子的飞机竟掉过头来扫射。而扫射的地方正是刚才家里人躲过的那棵大树周围。"董群堆说，一见那情景，家人都吓呆了。

不久，日本鬼子又窜到村子里，烧杀抢劫。董群堆全家人赶紧躲在家中的一张床底下。日本鬼子闯进民房后，到处乱翻，随意拿东西。幸运的是，鬼子没有进入董群堆所住的大厝。

7天后，董群堆的叔叔才把婶婶娶了回来。

（《泉州晚报》2005年7月18日）

9.《海峡都市报》抗战损失调查

（1）母亲挡着我　一动不动被捅死

讲述者：吕秀华（女，73岁，家住永宁居委会。永宁"7·16"惨案见证者。当年8岁。父亲刚刚病逝，和母亲相依为命。）

日寇进村时，我和母亲来不及逃生，躲在床底下避难，没想到杀人成性的日寇没有放过我俩孤儿寡母，就听到门被踢开，然后是几名日本兵冲进屋里的跑步声，我吓得差一点哭起来，母亲用手轻轻捂住我的耳朵和嘴，紧紧倚着我，示意我不要出声。

日本兵开始翻箱倒柜，家里没什么值钱的东西，他们很快发现床底的异常，就叽里呱啦地叫母亲出来。母亲生怕他们发现我，用身体挡住了敌人的视线，蜷曲着身体，一动也不动地侧卧着，严严实实地把我藏在床角。这下可惹恼了日本兵，不由分说地拔出刺刀，朝着床底乱捅了一番，只听见母亲低声地呜咽，滚烫的血溅得我满身都是。我被吓得昏死过去，依稀记得母亲好像回头看了我一眼，最后一眼。（说到这里，吕秀华哽咽得说不出话来。）

我醒过来的时候，发现自己被草席裹着，原来亲人看到我浑身是血，以为我肯定死了，就把母亲的尸体和我放在一起。我看到了母亲，被捅了几十刀，早已是血肉模糊得不成人样。我完全可以想象得到，母亲在被刺刀乱捅的时候，一动不动，用生命死死地保护着我。在这样的呵护下，我只是背部挨了一刀，终于活了下来，但我再也看不到母亲了，这辈子也报答不了这份大恩大德。

（《海峡都市报》2005年6月24日）

（2）"我要母亲和我一起活下去！"

讲述者：高标枫（男，88岁，家住永宁外高村。永宁"7·16"惨案见证者。当年23岁。家中只有他和母亲相依为命。）

那年"7·16"，日军进犯永宁时，母亲逼着我带上干粮逃生，她自己却留守家里。

我跟着村民逃到村外的野冢堆，钻进一个明朝古墓，直到傍晚听不到枪声，才匆匆赶回村里。

我在回家的路上发现母亲时，她已是个血人，腰部有一道长长的伤痕，不省人事。原来日本兵企图侮辱她，但母亲誓死不从，被刺刀从背后砍伤。我撕下衣服给母亲包扎伤口，然后背着母亲四处寻医，结果找不到一个医生，只好把母亲抱回家，用盐水消毒、缝合伤口，缝了80多针。血止了，母亲缓过神来，但却说不想活了。我哭着要母亲和我一起活下去！

　　后来，我每天一大早上山采草药，给母亲敷伤，又把仅有的一床新棉绩拆成棉球，给母亲的伤口清洗消毒。听说昂贵的石斑鱼能促进伤口愈合。我赶紧把家里唯一值钱的一头耕牛卖掉，到处找人买鱼，炖汤给母亲喝。这样照料了6个多月，母亲不再有轻生的念头，终于能下床走路，最后活到90多岁才去世。

（《海峡都市报》2005年6月24日）

10. 《厦门晚报》抗战损失调查①

一天之内残杀 50 多人，烧毁近半房子

（1）日本鬼子欠曾厝垵一笔血债

口述：曾银凤　黄勤生

整理：查本恩

1938 年农历四月十三（5 月 12 日）早上，从五通登陆的日军冲进曾厝垵村，见人就杀。村里顿时鸡飞狗跳，火光冲天。日军在那里杀了整整一天，50 多人没有一点反抗就被杀害，躲近（进）村后山洞里的亲人们哭作一团。

67 年过去，村民们无法忘记那一天日军的暴行。80 岁的曾银凤更不会忘记，她的父母双双被杀。

昨天，她带记者去看村边的那口井。日本鬼子残杀她母亲后，将其扔到那口井里。离这口井 50 米的地方有棵大树，当年父亲被鬼子抓到树下，被机枪扫射而死。

"现在这口井比以前小，旁边没有搭盖木棚。大树下原来是一片空地，现在则盖了许多楼房。"曾银凤说，很多都变了，变得太快了。没变的是井边那条狭窄的小路，芳草萋萋，延伸到她记忆深处——

1937 年农历七月，听到日军要打到厦门的消息后，父亲将她送到龙海的亲戚家里。次年农历四月，正是捕鱼季节，他回到曾厝垵捕鱼，一切看上去风平浪静。初九到龙海看她时，还说两天后带她回厦门。但初十早上父亲离开她后，就再也没有回来。他在回厦门的第三天，被日军杀害。那时，12 岁的她在龙海。半年后回到曾厝垵，村民和外婆流着眼泪讲述她父母被杀害的经过。

农历四月十三早上，日本人冲进曾厝垵村，但大部分村民已经躲进村子后面的山洞里。日本人怕山上有埋伏，不敢上去，便叫一个名叫开朝的人去山洞喊话：只要下山在自己家门口插日本旗（村民可以在白布中间缝一块红布当日本

---

① 2005 年 5—10 月，《厦门晚报》面向厦门及周边地区开展了"沦陷岁月的记忆"有奖征文及"寻找日寇侵略厦门死难者"活动，得到广大市民的积极响应，本调查即根据当时刊载在《厦门晚报》上的相关调查资料汇编而成。为方便编排，个别非口述资料亦收录其中。《厦门日报》2008 年 5 月 11 日刊载的《曾厝垵近日做"日本忌"》这篇文章，反映的是厦门沿海许多村庄为纪念当年被日本侵略者残杀的亲人而同日做忌的一种民俗活动，这是沦陷岁月留给厦门人的历史印记，故一并收录。

旗），房子就不会被烧掉。

五六个妇女信以为真，走出了山洞，曾银凤的母亲郑珠走在最前面。刚到山脚下，日军飞机朝她们扫射，郑珠腿部中弹，身后的妇女立即跑回山洞。父亲得知妻子中弹后冲到山下，抱着受伤的妻子躲进了一间草棚里。很不幸，妻子痛苦的叫声被日本鬼子听见，他被冲进草棚的鬼子带走。父亲被带到一棵大树下，并和其他几个人跪成一排，被日军机关枪打死。一个叫世昌的人也在其中，但他逃过一劫。据他回忆，10个人被打死，他和另外两个人佯装被射中而死里逃生。

"日本人惨无人道，把一家兄弟三个全杀了。"老人黄勤生说，只要被日本鬼子看到，离得近的被刺死，远的则被枪打死。

黄勤生曾做过生产队长，1962年，他花了半个月时间，对日军在该村犯下的罪行进行了调查。因时隔多年，那份调查报告已无处可找。但他仍记得当事人给他讲述的一幕幕。目睹那场日军暴行的老人告诉他，鬼子把村里的祠堂烧着后，将两个老人推进火海。有一位母亲，看见儿子被抓走了，跑上去抱着儿子不放，结果母子俩被鬼子活活刺死。一位村民不让鬼子搜身，被刺死后扔到沟里……直到傍晚，屠杀才停止。杀了一整天人的鬼子不敢待在村里，怕遭反击，撤出村子，杀向厦大。

第二天，曾银凤的外婆听说女儿和女婿出事后，一边哭喊着他们的名字，一边寻找他们的尸体。女儿的尸体被鬼子扔到村口的井里，腿上和肚子上各中了一枪。她和村里人一起将女儿打捞上来，并请人用木板钉成棺材，准备将女儿女婿装在一起。但是，那天没有找到女婿的尸体，只好先将女儿下葬。

"四月十五，外婆不死心，再次来到曾厝垵寻找我父亲，她在一堆腐烂的尸体中发现了我父亲，但尸体腐烂了，无法抬起来……只好用草席先把他的身子裹起来，然后用麻袋将露在外面的头和腿绑住，一个人吃力地拖着我父亲的尸体……葬在母亲坟边。"说到此，曾银凤几次哽咽，老泪纵横。12岁之后的67年，孤苦伶仃的她只能在记忆中和父母待在一起。

当时，全村哭声一遍，悲气冲天，到处是披麻戴孝的村民。一个妇女带着两个年幼的儿子找到被杀的丈夫后，没有挖坑，而是将其拖到空地上，把土直接堆到他身上，做成一个坟。

此后的每年农历四月十三，成为1938年惨死在日军枪下的曾厝垵村民的祭（忌）日。每到这天，50多个无辜死难者的后人都要家祭，既是对他们的怀念，更是对日本侵略者残暴行径的铭记。

（《厦门晚报》2005年5月13日）

（2）日本警察逼我们用木棍互打（节录）

何明延

我住在何厝，这里盛产鱼虾海蛎。我们村的东南面是蓝蓝的大海，金门岛就在村的东面，依稀可见。

四处逃难

60多年前的一天深夜，金门方向不停传来隆隆炮声，人们被惊醒了。只见金门上空红云滚滚，大家纷纷议论：金门沦陷了，日本鬼子来了。

日本鬼子侵占金门后，白天派飞机轰炸厦门港电厂等设施，夜间出动军舰到小金门海面，探照灯直射何厝、前埔一带，如同白昼。村民不敢出海捕鱼，不少人尤其是老人小孩纷纷离开家乡。我只好停学，跟随妈妈避难，流浪他乡。

1938年5月中旬，日军从五通、何厝一带登陆。登陆前夕，我紧张地跟着妈妈等亲人匆匆由湖里区围里村乘木船逃往同安潘涂村。一艘大木船拥挤着百来个难民，多数是老人、妇女和小孩。船抵达潘涂海边正逢退潮，年轻人争先恐后跳进水里，踩着滩涂烂泥，直往岸上跑去。缠着小脚的老婆婆从没有走过烂泥路，似爬像走，踉踉跄跄。偏偏这时传来飞机轰鸣声，人人紧张万分。还好，敌机绕船一圈扬长而去，逃难的人们才松了一口气。

到了同安潘涂，举目无亲。潘涂又在海边，说不定敌人会来进犯。后来妈妈说同安莲河有个妹妹，想去投亲。厦门至莲河，交通便捷，公交汽车只要几十分钟。可是在1938年，公路不少路段被切断（以防敌人汽车通行），道路崎岖，要绕道而行。我们一行数人，老的老，少的少，边走边歇边问，竟走了三四天才到达莲河村。莲河的阿姨家里拥挤不堪，我们只好租民房。妈妈天天脸上挂着阴云，我又没有地方念书。在那里只住数月，却度日如年。后来听人们说鼓浪屿最安全，不属日本鬼子管辖。我妈妈决心逃到鼓浪屿。经好几天的奔忙，经新店、马巷、同安城、潘涂、杏林，最后到了海沧某渔村。选一个漆黑的夜晚，偷偷登上了小木船，向鼓浪屿飘去。人人屏住呼吸，不敢发出丝毫声响，万一被敌人发觉，必遭机关枪扫射。

失学一年

登上鼓浪屿，顿生安全感，这里不见耀武扬威的日本士兵。但是小小鼓浪屿，一时涌进数万难民，吃住成为棘手问题，不少难民露宿街头。我妈妈四处寻问，最后才在内厝沃（澳）牛皮厂后面租到一间租金较低的破旧瓦房。

屈指一数，我已经失学一年了。我妈妈先送我到福音堂补习班，补习几个月后进入正规的福民小学（现为人民小学）。我大概过了两年多的平静生活。然而好景不长。正当我和同学们兴奋地迎接圣诞节时，一觉醒来，街头已经出现日本士兵和太阳旗。自从日军进驻鼓浪屿，我又失学了。

我爸爸原在菲律宾谋生，为避战乱，逃难进入山区密林，结果患病无医，不幸死于山区。汇款断了，我们母子的生活成了问题。由于无法再付房租，1942年春天，我含泪离开学校，和妈妈回到何厝乡下。

艰难度日

当时粮食十分紧张。我们家在农村，山上却没有一寸土地。妈妈日夜替人家缝补衣服，换来一点粮食，我上山砍柴禾（火），捡红薯根。

那时，老百姓吃不饱，经常传出因饥饿死人的消息。当时厦门按照户口，居民每人一个月供给碎米12斤。何谓碎米？谷子加工后有的米是完整的，有的米被碾碎，伪政府即把破碎的米供应沦陷区百姓。我家在农村还算幸运的。夏天是收花生的季节，我们便拾捡花生果。花生超过成熟期，花生果在收成时容易断于地里，我们就用锄头挖翻。有一回，我和堂哥在公路旁已收成的花生地里拾捡花生，后来看见田头那边还有几株绿豆，便顺手摘了十几个成熟的绿豆荚。不巧被路过的日本警察看见，便说我们偷庄稼，不由分说，把我们带到何厝分驻所（相当派出所）。警察没有审问，拿来一把1米长的木棍，要求我们俩互打。开头我们应付打几下，当然没通过。最后我们感到反正跑不掉，就彼此重重地打了五六棍，警察才满意地点头，我们兄弟俩含泪离开何厝分驻所。

（下略）

（《厦门晚报》2005年5月21日）

（3）堂哥被杀 伯父跳海 伯母郁闷而死

口述：黄彩勤

整理：查本恩

昨天，70多岁的黄彩勤老人来到本报，痛斥1938年5月10日日本鬼子杀害她堂兄的暴行。那天早上，他们一家人逃往香港，后逃到印尼。

日本鬼子侵略厦门的前一天晚上，也就是5月9日晚上，黄彩勤的母亲和曾厝垵的村民连夜赶到厦门港。次日凌晨，逃难的人分别登上了往鼓浪屿的船。

"那时鼓浪屿是万国公馆，日本鬼子不敢打。我当时六七岁，还记得是童子军抱我上船。可是当我们后面两艘船靠岸时，还未来得及靠岸的后面那艘船被炸了，整船的人被炸死。大家都惊呆了。后来有人喊'疏散，赶快跑，不然，这边人多日本鬼子又要来炸了！'"

大家四散跑开，找地方先躲起来。但是，因为逃到鼓浪屿的人太多，逃难者必须立即转移到其他地方。

第二天上午，黄彩勤和母亲一起跟着逃难队伍上了前往香港的船。因为人太多，有人挤不上船，想不开就跳海了。

黄彩勤说，大家自己带被子和草席睡在甲板上。可是，船上没水喝，没菜吃，只好用海水煮糖饭，一天吃两顿。"用海水煮的糖饭又咸又甜，太难吃！"

逃到香港后，他们进了难民营，大家学唱《打回老家去》、《打倒日本》等歌曲。很多人自己逃到香港，亲人还在厦门，每次唱歌都有人泪流满面，甚至放声大哭。说到这里，黄彩勤老人情不自禁地唱起了这两首歌。

在香港待了72天后，母亲带着黄彩勤和弟弟搭船去印尼，因为她父亲和哥哥在那里。当年母亲带着她和弟弟妹妹回到厦门时，父亲和哥哥仍留在印尼开店。

到印尼后，他们以为安全了，没想到日本鬼子又快打到印尼。母亲和哥哥商量后，还是决定让他们回到厦门，哥哥留在印尼。

就这样，逃了3年又回到厦门。可是，留在印尼的哥哥被日本鬼子打死，亲戚朋友始终没有找到哥哥的尸体。

回到厦门黄彩勤才得知，堂哥那天上午逃到厦门港时，被日本鬼子杀死，伯父气得跳海自尽。

嫂子告诉她，伯父和堂哥得知日本鬼子打到岛上了，就往厦门港逃，想再坐船去鼓浪屿。走到厦门港太平桥时，遇上了一路杀人的日本兵。因为堂哥年轻力壮，鬼子一见到他就开枪。伯父已经70多岁，逃过一劫。但是，亲眼目睹儿子被杀的全过程，他痛苦得跑到沙坡尾跳海自尽。

那天，整条街上很多人都被日本鬼子残杀。得知丈夫和儿子死去的消息后，伯母的心情非常苦闷，吃不下饭。年底，郁闷而死。

（《厦门晚报》2005年5月26日）

（4）父亲死不瞑目：日本鬼子骗他吃人肝

口述：黄灿芳

整理：张　华　华方方

尽管父亲黄家莫已经去世 28 年了，但退休老干部黄灿芳仍然清楚地记得，父亲如何一次次老泪纵横地给后辈们讲述日本鬼子的残暴和灭绝人性：日寇强奸了黄家莫的前妻，之后把黄家莫抓去吊起来毒打，还骗他吃下人肝等内脏。

日本鬼子入侵厦门时，黄家莫在厦门港一带做小贩，当时他还不到 40 岁，正是年富力强的时候，和妻子小蔡勤俭持家，奉养老母亲，抚养两个年幼的女儿，一家人过着平淡而温馨的日子。然而，日本鬼子来了之后，一切都变了样。

一天，黄家莫外出做生意归来，发现家里乱成一团糟，妻子趴在床上嚎哭。原来在他外出时，驻扎在厦门港的日本鬼子闯到家里来，将妻子强奸了，妻子受辱后时时想自尽。黄家莫对日本鬼子恨得咬牙切齿，为了避免再次发生类似悲剧，他减少了外出时间，时时在家看护妻子。

得知了黄家莫的怨恨、不满，日本鬼子采取行动了。他们以黄家莫不是"良民"为借口，将他抓走，关进了监狱里。一连几天，黄家莫都被日本鬼子捆得严严实实，吊起来用皮鞭抽打，再往伤口上灌盐水。黄家莫被折磨得死去活来。

几天之后，黄家莫已经奄奄一息了，日本鬼子却突然换了一副面孔，说要马上放他出去，同时，还要让他吃一顿饱饭。日本鬼子端上来一大碗内脏汤，告诉黄家莫说是猪肝。一连饿了几天的黄家莫顾不得多想，三下五除二就将这碗汤吃了下去。等他吃完，日本鬼子一脸奸笑地说："你刚才吃的，是人心、人肝，是你们中国人的心、肝，我们刚刚挖出来的，新鲜吧?"

黄家莫立时肠胃翻滚，把肚子里所有的东西全都吐了出来。一连几天，黄家莫都吃不下任何东西。在他后来几十年的人生岁月，每当想起这一幕，他就条件反射性地反胃。

由于遭遇一连串的不幸，黄家莫的妻子小蔡在厦门待不下去了，带着两个幼小的女儿回台湾老家了。黄家莫则搬到鼓浪屿居住，后又再婚，生下一男一女。

1947 年，黄家莫背着家人偷偷去了一趟台湾，看望他在台南的前妻和女儿。两个已经十几岁的女儿抱着他放声大哭。然而，形势所迫，不可能在台湾久留，黄家莫只待了两天就回到厦门。从此，他和前妻以及这两个女儿就没有再见面。

1977 年，78 岁的黄家莫带着对日本鬼子的无限愤恨，和对亲人的无限思念，离开了人世。

黄灿芳说，父亲生前，时常念叨着台湾的两个女儿。提起 1939 年那一段让他妻离子散、家破人亡的悲惨经历，他总是义愤填膺，不停地诅咒罪孽深重的日本鬼子。

（《厦门晚报》2005 年 6 月 4 日）

（5）身中数刀的继父和鬼子搏斗

口述：康阿荣

整理：彭建文

"1938 年农历四月十一，一个日本兵端着枪冲进我家，残忍地杀害了我的 3 个亲人，还往我身上连刺数刀。"72 岁的康阿荣老人强烈控诉了当年日本鬼子的滔天罪行。

康阿荣出生于 1934 年，是厦门林边社人。他出生时，父母喜出望外，还给他认了一个可爱的童养媳，也就是从别人家带过来的"妹妹"。康阿荣两岁多时，父亲去世。后来母亲又结婚。那时虽然家境贫寒，但是一家人住在"四房看厅、四伸脚、双护厝"的老房子里，日子也过得其乐融融。

1938 年农历四月十一上午，日军入侵厦门。那时，康阿荣才 4 岁。村里有些人得知日军攻上岸，就往附近的村社跑了。由于不了解情况，他们一家人没有走。日寇进村见人就杀，康阿荣的舅舅就是在村里的路上被日本兵用刺刀扎死的。全家人哀痛不久，一个日本兵闯进他家院子，踢开房门，将一家人往大门外赶，然后放火烧了房子，躲在护厝的"妹妹"被活活烧死。

继父跑回房间，日本兵追进房间扎了他几刀，没刺中要害，两人便在旧式眠床前搏斗。继父抓住锋利的枪刺，受了伤，最后退到遮风屏后倒下，鬼子冲着遮风屏再猛刺几刀，以为继父死了。由于大床背后光线很暗，日本兵也不敢进去。"母亲紧紧地抱着我，护着我，在厅里与鬼子怒目对视。鬼子当即大怒，一刀猛刺进母亲的心脏。母亲立即放开我，叫我赶快跑，而后含泪倒地身亡。"

康阿荣哭着逃生，没走几步就被日本兵追上。"日本兵用刀刺我的脸、肩部、后颈、胳肢窝，一共 7 刀，尤其是左脸被刺刀划开，颧骨被削去一片。"他昏了过去，醒来后，就想去梧村的外婆家。可是，年幼的他只记得外婆住在一栋红砖楼里，最终还是走错了地方。幸好他被好心人收留，好心人用偏方即生锈铁钉熬汤给他喝，使他的伤口逐渐愈合。

后来，继父找到了他。由于伤势严重，继父两年后就含恨去世。

（《厦门晚报》2005 年 6 月 22 日）

因陈嘉庚在海外积极抗日

（6）日寇疯狂炮轰集美学村

资料：陈少斌

整理：汪　权

"回首往事，历历在目，心中燃起无比愤慨之火！"近日，集美陈嘉庚研究会副会长、今年 78 岁的陈少斌老人投书本报，以大量翔实的史料，揭露了日寇炮轰集美的罪恶行径。陈少斌说，1938 年 5 月 10 日，日寇从厦门岛登陆，虽然集美没有被占领，但是，侵略者长期以密集的弹炮袭击集美学村，造成了集美开族史上的空前浩劫。

2000 村民四处逃难

陈少斌依然清晰地记得日寇登陆厦门岛的情景。那时他才 11 岁，正在集美小学 5 年级读书。1938 年 5 月 9 日晚上，学校组织了"五九国耻纪念日"游行，大家到很晚都没有睡觉，第二天凌晨 2 点多，刚刚躺下的师生被一阵枪炮声惊醒，出来一看，厦门岛东部一片红光。

第二天下午，日寇占领厦门岛后，立即派飞机轰炸集美。第一次轰炸就发生在现在的鳌园附近，坐在家里能清晰地听到爆炸声。全村 2000 多村民惊恐地撤离村庄，散居在后溪一带。5 月 12 日，集美小学紧急搬迁到后溪乡的石兜社上课。很多孩子被迫辍学，跟随家人浪迹异乡。

陈少斌也跟随家人外出避难，先后到过凤林、英村、苏营、潘涂、孙厝等地方，很长一段时间是在难民救济站度过的。

天天对着集美扫射

陈少斌说，日寇自侵占厦门之日起，就将集美学村列为实弹主要靶场。据不完全统计：从 1938 年 5 月 10 日到 1942 年 2 月的 3 年时间里，日寇派出飞机前来轰炸 40 次以上，每次少则一架，多则 14 架，投弹最多达 20 多枚。炮轰集美更是不可胜数，发弹最多的一次达到四五百发。日军几乎天天都向集美机枪扫射。

由于逃难的村民没有职业，时间一长，很多人的生活窘迫，不得不冒死返回集美。1939 年间，开始有人搬回来。1940 年 5 月，陈少斌也跟随家人迁回集美。村民就在日寇的飞机、大炮、机关枪威胁下劳动。最危险的就是在高崎门口海港从事捕捞对虾的渔民。高崎海口的"狮球屿"全天停泊着一艘日寇武装的小快艇，窥视集美渔船，一经发觉立即开足马力追捕射击。渔民不是被打死打伤，就是连人带船被捕。

只因陈嘉庚海外抗日

为什么日寇对集美的轰炸如此凶狠呢？陈少斌说，可能是陈嘉庚先生在海外组织侨胞抗日，日寇就对他创办的集美学校进行打击报复，甚至连内迁到安溪、大田等地的集美学校也遭到日寇的袭击。

陈嘉庚从 1928 年日寇制造"济南惨案"开始，一再率领海外侨胞反对日本帝国主义的侵略，拯救中华民族。"七七事变"后，陈嘉庚先生以最大的热忱继续在南洋动员广大侨胞，投身抗日救国行列，先后成立了"新加坡筹赈会"、"南侨总会"，第一次把千百万海外侨胞组织起来。这些行动让日寇咬牙切齿。

1939 年 4 月 23 日，日寇 4 架飞机向集美投弹 20 多枚，焚毁了陈嘉庚故居。陈嘉庚兄弟 20 余年耗资 300 余万元银元，呕心沥血建筑的楼堂馆室、校舍 40 余幢，都被日寇炮弹轰击得几成废墟。

（《厦门晚报》2005 年 7 月 13 日）

（7）当锄奸队员的大姐夫被鬼子杀害

范寿春

1941 年 12 月 8 日，爆发了太平洋战争。日本鬼子兵占领鼓浪屿公共租界，所有学校都被封闭了。

我和几个小同学背着书包准备到学校上课，没到大门口，就看见铁门拉成一条缝，两个狰狞可恶的日本兵，握着挂刺刀的长枪，横拦在门口。

老师站在门内招手说："进去把笔墨砚和铅笔小刀收拾回家，不上课了。"大家哭不成声。鬼子兵在门口狂叫着。我们只好拖着千斤重的脚步，一再回头看看老师看看母校。从这一天起，我永远失学了，再也没有踏进正规校门一步。是日本帝国主义剥夺了我求学的权利。

太平洋战争爆发前，有锄奸奋勇队 64 人潜入当时的鼓浪屿公共租界，分散居住在百姓家，伺机行动。我的大姐夫陈银乞是其中一员。日军占领鼓浪屿后，全面搜捕爱国抗日志士。由于汉奸泄密，日本鬼子3天内把64人全部抓去。鬼子兵跟着带路的汉奸来到我家，把我的大姐夫抓走，关押在日本领事馆的地牢里。第三天押送到厦门严刑拷打。

大姐夫住在我家，结婚不到1个月。自从被捕后，音信全无，全家人悲痛万分。大姐哭得死去活来，叫天不应，叫地不灵。寒冷的冬天，连一件寒衣也无法送去。1个多月以后，有人说，这60多名抗日志士全部被日本鬼子杀害，鬼子兵把奋勇队员8个人捆绑在一起，用机枪一阵阵扫射后填埋。我的大姐夫和60多位爱国抗日志士牺牲了。解放后，政府追认他们为烈士。

那年我才13岁，生离死别的悲惨情景深深刻印在我心中。

（《厦门晚报》2005年7月14日）

（8）日寇铁蹄下，我家破产了

林家彬

日寇占领厦门时，我只有6岁。他们把中国人当"亡国奴"对待，暴虐残酷，在我幼小的心灵中留下无法磨灭的烙印。

我的祖父是农民，带着几个侄儿到厦门打工，后来承包拆船。经过大伙多年辛苦努力，总算事业有成，在鹭江道经营一家钢铁工场，规模不小，几千平方米的工场堆满钢材铁件，工场口外好长的马路旁堆放着许多厚重的钢板和锅炉大件。厦门沦陷前夜，我祖父带着大部分房族眷属回同安老家避难，只留下他的场子，也就是我的父亲看守产业。母亲和我随父亲留在厦门。

沦陷后一年多的一个星期日上午，我正在工场门口玩耍。突然，一辆大卡车开到店门口停下，车上跳下10多个全副武装的日本兵，端着上了刺刀的步枪，快步冲进工场，叽里咕噜，把里面的人驱赶一处。面对着这群突如其来的凶神恶煞，我们不明就里，十分惊讶。这时，家里的一条大黄狗冲着日本鬼子狂吠不已，可恶的日本兵当场端起步枪把那忠于主人的黄狗刺死在地，惨不忍睹！

尔后，有一个汉奸说，因为"大日本战争需要"，责令我家的钢铁全部"充公"，随即扬长而去。后来，因为这件事，日寇还把我父亲抓去关了好几天。我家就这样在日寇的刺刀威迫下破产了。这一幕像电影一样的惨痛情景，至今犹历历在目。这不就是民族资本遭受日本帝国主义掠夺的典型一例吗?!

（《厦门晚报》2005年7月25日）

（9）我祖父被日寇打死在大学路（节录）

谢国伟

据我父亲在世时回忆，我的祖父是在厦门沦陷那一天被日寇杀害的，地点就在大学路一带。

我祖父姓谢名庆惠，1890 年生，龙岩人，上世纪 20 年代到厦门谋生，在厦门原镇南关一带的一家果蔬行当会计。一家三口人，全靠祖父一人的收入维持生活。当时，我父亲年仅 7 岁，祖母郑春莲生病在家。

日寇攻陷厦门即大肆杀戮手无寸铁的百姓。据我父亲回忆，他和他母亲待在家里好几天都不敢出去。局势稍微平静后，我祖母带着父亲到镇南关菜行找祖父时，才知道他已经出事了。菜行伙计说，那天祖父不放心家人，出了菜行就直奔家里。经推测，祖父在路上就遇到了日本兵。据说当天在大学路那一带死了不少人。我祖母带着父亲找了好久，连祖父的尸首都没找到。听说，当时遇害的人都被集中处理了，不知是不是那种"万人坑"。

祖父死后，家庭陷入绝境。由于日寇的占领，百业凋敝，整个社会形势极度动荡，粮食极度匮乏。第二年春，我祖母好不容易在厦门的裕泰服装店找到了一份打杂的工作。可是没过两个月，她就病倒了。她自知将不久于人世，就将父亲托付给了这家店的老板，安顿好唯一的儿子之后，她就在家中结束了生命。

我父亲在数天后回到家中，才知道他唯一的亲人已经离开人世。年仅 8 岁的他从一个原本拥有幸福家庭的孩子，变成了一个举目无亲的孤儿。这样的人间惨剧，在日寇侵略中国期间何止千万！

（下略）

（《厦门晚报》2005 年 7 月 25 日）

（10）我被日本警察逼成终身残疾（节录）

吴亚平

1938 年我 11 岁，就读于厦门港一所小学，经常与小伙伴们上街宣传抗日活动。

那时候我家是侨眷，我父亲在新加坡工作，我家全靠侨汇生活。太平洋战争爆发后，侨汇断绝。不好的消息又不断传来：先是我 20 岁的三叔参加抗日部队，在福州前线战死；接着是我父亲在新加坡参加抗日活动，被日寇杀害。我祖母悲痛过度一病不起，过早去世。

更凄惨的是我 19 岁的大哥，因无工可做，只好上山拾些枯枝枯草贩卖，换回一点米维持全家人的生活。当时上山拾柴草的人太多，只好到较远的郊区拾，每天早上三四点起床，带上两小块熟地瓜，步行到郊区塔头、茂后村山上，来回要花七八个小时，晚上 6 时多才能回到家。一天晚上 8 时多，还不见大哥回来，母亲非常担心，整晚站在公路上眺望。将近 10 时，才见大哥满头满脸血淋淋，跌跌撞撞地回来。一问才知道他饥饿难行，坐在曾厝垵路边休息，碰上日本巡逻兵。他被怀疑是小偷，日本鬼子把他毒打一顿。大哥回家后双鼻孔不断流血，没过几天就死了。

我家生活更加艰难，母亲忍痛把 10 岁的小弟弟送到禾山乌石浦给一户农民当养子。可怜小弟从小身体瘦弱，却要上山放牛，拾柴草，饥饿难当就喝溪水充饥。长年累月，营养不良，不久就患上鼓胀病，不治夭折，年仅 13 岁。

我 13 岁就辍学当童工。1944 年，我在大同路一家日籍台湾人开设的洋行当杂工。1945 年 5 月间，洋行仓库少了一桶 5 公斤的油漆，老板怀疑是我偷的（因我睡在洋行内看管仓库），把我抓到思明西路日本警察派出所。日本警察凶神恶煞地把我反绑双手推倒在地，脸上蒙上毛巾，把混有煤油的水往我脸上直灌，把我灌昏，苏醒后问我招不招。经不住酷刑，我屈打成招，却又交不出赃物。只好瞎编故事，带着日本警察上赌场、旅社，满街瞎撞，当然一无所获。日本警察哇哇大骂，连推带打又把我押回洋行，老板把我关在仓库地下防空洞，威胁说：不交出赃物会有更好的滋味让我"享受"。

我被关了 3 天，非常害怕，就设法逃跑。找了一条绳子，趁看管人员不注意，迅速爬上 3 楼阳台把绳子绑在栏杆往下坠。不料刚坠下 1 米多，绳子突然断掉，整个身体重重掉在水沟中，下半身完全失去知觉。被抬回家后，哪有能力求医，从此再也无法站起来。

（下略）

（《厦门晚报》2005 年 7 月 26 日）

（11）父亲被日本鬼子扫射在"万人坑"

口述：叶莉华
整理：张　华　高金环
"我父亲被汉奸出卖，我爷爷倾家荡产都没能救他出来，含恨去世；听说我父亲最终被日本鬼子扫射在五通'万人坑'……"无线电厂退休职工叶莉华女士说，她的父亲名叫叶靖轩，还有个化名叫叶怡南，父亲被害时年仅30多岁。

叶女士说，父亲是清华大学毕业生，活泼开朗，喜欢读书写字，擅长宣传工作。大学毕业后去香港工作，在香港华侨银行当出纳主任，参加了抗日活动。

叶女士说，她出生在香港，当时一家人住在香港跑马场一带。香港被日本占领后，父亲带着一家人来到厦门避难，住在鼓浪屿内厝。来厦后，父亲在厦门通书（俗）教育社从事天气预报工作，继续参加抗日组织。

叶女士说，当时鼓浪屿有个汉奸林某，长期为日本人做事，很早就知道父亲是抗日人士，于是向日本人告密，出卖了父亲。有一天，林某带着两个日本鬼子来鼓浪屿内厝找父亲，当时父亲正好不在家中，而在厦门城区。年迈的祖母上前拦住他们说："我儿子不在，你们要干什么？"林某和两个日本鬼子拿枪指着五叔，要五叔带他们去找父亲。五叔无奈，只好带他们去找人，乘船刚上岸，林某眼尖，在轮渡口发现了父亲。父亲想躲，已经来不及了，就被他们带走了。

叶女士说，后来爷爷奶奶想方设法打听消息，只打听到父亲已经被日本鬼子关押起来了，但到底关在哪里，不得而知。后来，有人找上门来，说知道父亲的下落，要我们全家拿烟和衣服去给父亲。爷爷奶奶就买了好多吃的、穿的东西找过去，但连父亲的影子都没有看到。

父亲被关了半年多之后，又有一个熟人上门说，看到我父亲被关在牢里，被日本人严刑拷打，还灌肥皂水，要我们拿钱去换人。爷爷急了，卖了家里的房子、店面等所有产业，想把父亲换出来，但还是没有成功。爷爷悲愤交加，带着对父亲的牵挂离开了人世，我们叶家也彻底败落。伯父托人把母亲介绍到戏院当售票员，母亲以此艰难养活一家人。

抗日战争胜利后，父亲依旧下落不明。后来，父亲一个同事来到我家说，他和父亲被日本鬼子带到五通"万人坑"扫射。而我父亲的这个同事假死侥幸逃脱，奶奶、妈妈和我听了，抱头痛哭，我们也曾经抱着一线希望，希望父亲有朝一日能活着回家，但这个希望最终还是破灭了。我那时才几岁，已经记不清父亲长什么模样了。

（《厦门晚报》2005 年 7 月 27 日）

（12）34 年前我们调查了五通屠杀（节录）

龚 洁

（上略）

1971 年 6 月，市革委会宣传组一行 14 人，在五通社调查日寇杀人的经过，记录如下：

1938 年 5 月 10 日，日寇海军山冈、志贺、福岛、三支部队，分乘 13 艘舰艇，在飞机掩护下，在五通社登陆。日寇见人就杀，见房就烧，1000 多人的五通社就被杀死 116 人，烧毁房屋 100 多座，几百间。其中，东宅 70 多人中被杀死 24 人、伤 10 人；凤头 100 人中被杀死 19 人，泥金被杀死 40 多人。东宅 21 座房屋被烧毁 9 座，凤头被烧 42 座，耕牛、粮食、鸡鸭、地瓜干、芋头等无所不抢！

东宅林乌目一家 6 口，3 个儿子、女儿和他 5 口人被杀死，乌目妻子被砍伤头部，未死。林水浸一家 3 口全被鬼子杀死。坂美石练子一家 3 人 4 命（媳妇怀孕）被活活烧死。泥金孙美仔祖孙三代全被杀死，林马达下海抓鱼被鬼子发现，被枪把打死。

最惨绝人寰的是把孩子从母亲的怀里夺走，用刺刀捅进孩子的肚子，扛在肩上作乐后，把孩子扔进水塘，再把母亲砍死。5 月 12 日一天就残杀 40 多人。

张金钗老母亲把一家 8 人藏在家里。鬼子砸门未开，就浇汽油烧房子，张金钗老母亲冲出去就被鬼子砍倒。怀孕的黄招治背着刚满 2 岁的女儿往外跑，鬼子用刺刀刺死了招治，背上的女儿吓得大哭，鬼子一脚踢去，当场踢死了她。张金钗老母亲惊醒，挣扎着站起来，对着鬼子怒骂"夭寿兵"，鬼子朝她连开两枪。8 个人中 6 人被杀害，2 人受伤！

黄水龙的叔叔牵着牛上山锄花生，被鬼子发现，水龙的叔叔准备与鬼子拼死，鬼子立即开枪把他打死！

每年这个悲惨的日子，五通社都要祭祀被日寇杀害的村民，称之为"日本祭（忌）"，五通人民永远记住这血仇深似海的日子。

（《厦门晚报》2005 年 7 月 28 日）

脑门中了一枪　还被砍胳膊剖肚子

（13）幸存者回忆蔡德发被残杀惨况

口述：林　允

整理：查本恩　陈若希

"她只好把他流在外面的肠子塞回去，再用线把他的肚子缝起来，太可怜了！日本鬼子太残忍了！"85岁的林允阿婆讲起这段往事，眼里噙着泪水，不住地摇着记者的手。

40多人跪在田里被机关枪扫射

林阿婆住在曾厝垵，她的丈夫有个哥哥名叫蔡德发，惨死于日本兵的刀枪之下。她回忆说，1938年5月12日，日军登陆的时候，天空飞着许多飞机，不停地投掷炸弹，房子一片一片地烧开，村民十分惊恐，只能纷纷躲到山上去。后来日军叫了一个村民上山传话，说是让大家下山，只要肯在村里插上日本军旗，就不杀人。只有40多个村民敢下山来，其中就有28岁的蔡德发。没想到下山后，日本兵就把他们全部抓了起来。40多人跪在田里，一阵机关枪扫射。有些人没死想要挣扎起来，日本兵又喊他们跪下第二次乱枪开火。蔡德发当时脑门中了一枪，但还能挣扎，日本兵就用刀剖开他的肚子。"我们发现他的时候，肚子开了大口，肠子都流出来了。他的两只手臂也被砍断，眼珠脱落在外面。"

她抱着丈夫的尸体整整4天

蔡德发的妻子当时还大着肚子，带着一男一女两个小孩，下山发现丈夫被杀后，几欲崩溃。她抱着丈夫的尸体整整4天，晚上去睡，早上起来继续抱着不肯放手。后来她依照风俗，把丈夫破开的肚子缝好，收拾得当，才装在用门板和床板钉成的棺材里入了葬。林阿婆说自己当时才18岁，也大着肚子，和蔡妻两个人抬棺材，实在抬不动了，只好跪在地上。蔡妻是惠安人，悲痛地不住磕头，磕了一额的血。丈夫死后，因为伤心过度又缺粮，家里一个星期没有开伙，孩子们都饿得哭喊。

林阿婆还记得当年无数惨相：有个小孩才4岁，好好地在家里睡觉，就被空投的炸弹炸死了。有个幸存者很小，是被父母推到厕坑里才侥幸逃生。有个老婆婆的3个儿子都被打死了。"一个日本鬼子打死8个人，只要看到是男的就杀，年轻的女孩就抓去'玩'，关在一个房间里，没有人敢进去。"当时还年轻的林阿婆每次下山，都得把自己化装得老一些，才能躲过日本兵。

蔡德发的孙子蔡钦聪虽然没有经历那场劫难，但是从小听长辈们讲述了很多事情。他至今还保留着祖父唯一的一张照片。他说，听了那些凄惨的史实，下一代人都很愤怒，是绝对忘不了的。只是，"现在知道这些的人已经不多了，再过几年，老人们都走了，知道的人就更少了。"

（《厦门晚报》2005 年 7 月 30 日）

（14）姐夫不肯当汉奸　在囚禁地跳楼自杀

口述：王尚宝　姐　妹

整理：张　华　高金环

"日寇要我父亲当汉奸，严刑拷打威逼利诱，父亲没有屈服，最后在囚禁之所跳楼自杀；母亲化悲痛为力量，当了地下交通员，历尽艰辛抚养我们 8 个子女成人。"昨日，家住斗西路的钟守容女士带记者前往鼓浪屿，拜访了她 3 位亲历沦陷岁月的姨妈，一家人忆及往事，悲愤不已。

姐夫被抓时最小的孩子刚出生几天

钟守容的四姨王尚宝今年 88 岁，五姨王上禧 80 岁，七姨王美恋 76 岁。提起日寇当年在中国的血腥屠杀，3 位老姐妹义愤填膺："我姐夫钟招明 1945 年 6 月 13 日被逼死，年仅 41 岁。姐姐王文瑞当年才 33 岁，一个人要拉扯家中 8 个孩子，最大的孩子 12 岁，最小的出生才几天！"

年已 6 旬的钟百裕流着眼泪说，父亲钟招明被日本鬼子抓走时，他出生才几天。父亲去世两个月后，抗日战争就胜利了，可惜父亲没有等到那一天！钟招明一家当年住在鼓浪屿晃岩路，他很早参加了地下党，开了一家文具店作掩护。

最后一句话：一个孩子也不要送人。

钟守容当年 12 岁的姐姐清楚地记得：一天大清早，几名身着便装的台湾人找上门来，刚开始还挺客气："我们有事情要找你，请你跟我们走一趟！"父亲起床后正要上卫生间，那几人以为父亲想逃跑，其中两人就掏出手枪逼住父亲。父亲临走前，回头看了看躺在摇篮里最小的儿子，含泪嘱咐母亲："这几个孩子，一个也不要送人，再困难也要自己养……"

钟守容说，后来，母亲花钱多方打点，找到凤屿监狱看望父亲。她回来后伤心地哭起来，说父亲被日本鬼子整得很凄惨，经常被吊着打，还被日本鬼子用香烟烧灼身体。父亲没有头发，日本鬼子就将铁条烤得通红，烙在父亲的头上……

日本鬼子想要父亲当汉奸，父亲死活不肯，被虐待得有些精神失常了。日本鬼子就骗说要放父亲回家，其实他们不是真的要放人，而只是为了试探一下父亲是不是真的疯了。结果父亲正在穿鞋，日本鬼子立即又将他绑起来，换了一个更为秘密的地方看守。父亲始终没有屈服，最后趁看守的日本鬼子疏忽，跳楼自杀了。

父亲去世当晚，一位看坟人找到钟家，通知了这个噩耗，并告知钟家人，他将钟招明的尸体用草席卷起来，埋在文灶一带的荒山上。钟家人年年前去扫墓，再后来，坟场也消失了。

（《厦门晚报》2005 年 8 月 3 日）

（15）哥哥与 43 名年轻人同遭活埋

口述：王宝珠

整理：彭建文

农历 1940 年十一月底，潜入鼓浪屿的游击队员杀死一个日本军官，日军大为震惊。为查清楚来龙去脉，日军挨家挨户地抓走年轻男子。经过数次审问后，日军用卡车载着 44 位无辜的年轻人活埋在五通。时年 28 岁的王天赏就是受害者之一。

王天赏的妹妹王宝珠说，她家当时住在鼓浪屿内厝澳一带，二哥王天赏在鼓浪屿负责查户口。日本军官被杀的第二天清早，日军将内厝澳一带的老人、妇女、小孩赶出来，集中在街口，机关枪放在旁边。日本人警告说，若有人逃跑，他们会用机关枪将他们全部扫射死。那时，王宝珠才 10 岁。从天亮站到天黑，乡亲们都没吃上饭，小孩子饿得哭起来了。家在附近的人，偷偷地去家里盛饭，分给孩子们吃。一个年轻女子盛饭被发现后，被日军狠狠地用木棍打了一顿。

日军怀疑游击队员潜入鼓浪屿，肯定有人指路，就把男青年抓到另一个地方去了，被抓的大多数是船员。他们被关在升平路集友银行，轮流抬尿桶，将尿倒进海口。家属只能趁此机会与亲人见面。等待了十几天，王宝珠只看见哥哥一次。哥哥让她转告一个朋友，若自己遇难，叫他以后多多照顾自己的家属。哥哥还用铅笔在草纸上写了几个字，叫舅舅多多关照他的妻儿。后来，哥哥和其他人一起被转移到另外一个地方接受审问了。

农历 1941 年一月十五日，在集友银行门口，一个台湾人出来说，今天你们可以拿衣服给他们换了，拿吃的也可以。王宝珠的姐姐就煮了一碗面，煎了一包麦皮，煮了一罐花生，挑了一套像样的衣服。她和姐姐送到集友银行时，有人说哥哥已被关在市图书馆一带。见哥哥换出来的衣服沾满了血迹，王女士放声痛哭。一位幸存者说，当时一罐花生掉在地上，她哥哥从窗户里看见她们捡花生，眼睛都哭红了。

第二天中午，王宝珠在舅舅家的阳台上看见下面戒严，整条路都不能走。她于是下楼，一间一间店面地转。在升平路一个店面门口，她看到日军警察本部门口有一辆用布包起来的大卡车，44 个年轻人陆续上了卡车，包括她哥哥。不久，卡车朝中山路开，然后逆上五通方向。"我一直追，可是我没办法追啊。后来有知情人说，车子里 44 个年轻人都被运往五通活埋了。"到现在，王宝珠还不知道哥哥被活埋的具体位置。

死不见尸，王宝珠就把哥哥唯一的半身照给了侄女王彩凤。王彩凤将父亲的遗像挂在客厅里，常常久跪不起。

（《厦门晚报》2005 年 8 月 4 日）

（16） 乐善好施的父亲被日寇诱捕杀害

口述：钟明秀　钟明贤

整理：高金环　张　华

"我们的父亲非常有善心，是日本人毁了他啊！"昨日，中山路石壁街 95 岁的钟明秀、93 岁的钟明贤两位姐妹深情地追忆她们的父亲。她们的父亲钟广文出生于 1880 年，于 1939 年被日本人诱捕后杀害，遇难时不满 60 岁。

两位 9 旬老人说，父亲钟广文生前是个生意人，当时就住在局口街，开了一家"丰美参行"，在厦门乃至东南亚一带小有名气。父亲生意做得不错，经常救济穷人。他非常爱国，常和一些爱国志士谈论国事，不幸被日本人盯上了。

"我父亲的名气较大，日本人不敢来店里直接抓他，就先抓走了参行里的一名店员，引诱父亲前去救人。"钟氏姐妹说，父亲准备去救人时，许多人都劝阻，说日本人太狠毒了，还是不去为妙。但父亲是非常讲义气的人，毅然前去找日本人要人，果然就连自己也身陷牢笼。街面上 99 家店铺的老板联名起来担保，想救他出来，但日本人铁了心要害他，根本就不理会，一年后就将父亲杀害了，至今尸骨无存。钟氏姐妹闻知噩耗后，历尽艰辛寻找父亲尸骨，但尸积如山，根本就找不到。

钟氏姐妹说，父亲的死，在《厦门市志》里面有详细记载。她们向记者提供了一段从《厦门市志》抄来的文字："钟广文，住局口，营丰美参行。富国家观念，卢沟肇畔，颇事抗战宣传。厦门陷敌，行迁鼓屿，聚铺中谈国事者尤多。敌忌之，先捕其铺中书记陈福增，陈毕业中学，具有抗日思想。越日，敌票喻广文带铺印保释，或劝勿往，广文以伙被系，义不应置之。既赴，亦被拘，时（民国）28 年 8 月 15 日，因縈经年，传均被枪决，尸不知所在……"

钟氏姐妹说，父亲去世后，母亲因为伤心过度，病情恶化，后来又患了脑溢血，13 年卧床不起，一直靠小女儿钟明贤照顾。

（《厦门晚报》2005 年 8 月 9 日）

（17）父兄被日军的机关枪射杀

口述：张草藤

整理：陈进容　占昭昭

"我的父亲、大哥和其他村民一起被关在一间养羊的大房子里，日本鬼子用机关枪扫射，除了那个后来侥幸逃生的人外，其他人都死了。"78 岁的张草藤老人回忆此事时无比愤懑："我教育子女，现在国家正在发展，一定要牢记耻辱，把国家建设强大。"

张草藤说："我们家现在每年都做'日本祭（忌）'，祭祀的是我父亲和大哥，他们在 1938 年农历四月十二这天被日本兵枪杀在现在西边社一间养羊的大房间里。那年我父亲 49 岁，大哥 19 岁，我才 11 岁。农村很多人没有读书，父亲和大哥也不知道自己的名字怎么写。我只知道父亲叫张贲（音），大哥叫张陶（音）。"

张草藤说，1938 年 5 月间，日本人刚占领厦门岛，很多人逃到鼓浪屿。他和姐姐及两个弟弟乘船到鼓浪屿避难，而父亲和大哥在躲避日本兵时被抓住，和其他人一起被关在那间大房间里。房间里有 13 个人，都是村民，其中有个花白胡子老头，日本鬼子可能觉得打死他浪费子弹，就把他放了。剩下的 12 个人遭到日军机关枪扫射，除了 1 个人被打中屁股侥幸逃过一劫外，其他人都被打死了。

张草藤说，他是从这个侥幸逃脱的人口中，得知父亲和大哥的死讯的，也听他讲述了这段悲惨的历史。这个人当时被子弹打中屁股，假装死去，倒在死人堆和血泊中。日本鬼子扬长而去后，他逃离房间，先躲到庙里。当时又饥又渴，庙旁有个尿缸，他喝尿解渴后，又逃到别的地方，直到抗战胜利。据说，解放后，此人还当过搬运工，跟别人讲起被关在养羊的房间的那段经历，他还非常恐惧。直到七八年前他去世前，还有不少人听说了这段骇人听闻的经历。

他说，父亲和大哥一直在西边社土生土长，以种田为生。父亲很本分，但绝对不是贪生怕死之辈，经常跟他们几个兄弟说，做人要堂堂正正，不要屈服于日本鬼子，当时听说日本人打进来时，父亲让孩子们赶紧逃走，而他自己因为要照顾还抱小孩的妻子及看家，就没有来得及逃离。父亲留下的东西就是一些简单的家具和农具，后来也七零八落，不知去向了。从抗战胜利到新中国成立，经历土改、"文革"，张草藤也成家立业，一直没有离开西边社。不过，原先他们家住的房子已经不在了。

（《厦门晚报》2005 年 8 月 10 日）

（18）七旬老人查证被日寇砍头的九老乡

口述：李永昌

整理：查本恩　陈若希

有位叫李永昌的老人71 岁了，看到本报"寻找日军侵略死难者"的报道之后，自发回到老家龙海走访死难者家属，搜寻资料。陈永昌家住厦禾路825 号，祖籍龙海市海门岛。厦门沦陷后，家乡渔场被日军限制无法出海，1938 年全村20 多艘渔船载满家属逃往鼓浪屿。据李永昌调查，当年他们全村不到1000 人租住在鼓浪屿内厝澳，惨遭日军屠杀的有十几人。此次回老家，他落实确证了其中被砍头的九人，他们是：李永昌的三叔父李东洋，谢拉希、谢家长、谢呆鹅三兄弟，以及谢天助、谢大镰、谢大舌、高老溧、高田螺。另外，他的伯父李恩和表姐张宝珠也不幸遇难。

喉咙没被砍断　哀叫三天才死去

鼓浪屿当时为万国公地，日军不能上岛统治，但是渔民出海仍受日军控制。李永昌说，日本鬼子高兴时就让渔民在该海域捕鱼，不高兴就不让出海。有时遇到刮风下雨渔船不能按时回来，渔民就要遭受毒打。有些青年渔民偶尔会与日军起些争执，加上常有日军被暗杀，日军便怀疑许多青年渔民给国民党输送情报和参与暗杀活动。

1941 年农历正月初三上午，渔民们在家团圆过春节，大批日本宪兵便衣和日本大汉奸陈民龙的部下，突然出现在渔民家里，十多个青壮年渔民都被逮捕。

"整个内厝澳一片凄惨的啼哭声。连很多周边的居民觉得我们太可怜了，也和我们一起哭。"李永昌回忆。

这些青年渔民被关押在厦门港虎头山监狱。李永昌记得他和祖母去探监的情景。"太惨了，现在想起来还非常难过。"说到这里，他情绪激动起来，眼眶红了。他们去看望三叔李东洋时，因为他还小，不让进监狱，只能在门口等待祖母。当时里面正在严刑拷打，可怕的哀号声一阵一阵地传出来。"当时我那么小，这件事让我永远无法忘记日本的残暴。看守的日本兵拿着刺刀，穿着翻皮的皮鞋，动不动就给人一脚，我吓得在门口发抖。"

日军后来放出了一些人，但有9个"骨干分子"再也没有回来。当年农历二月二十八日，日军用船将他们拉到日军占领下的大担岛，一一砍头。其中有一个喉咙没有砍断，渔船经过时，听见他哀叫了三天才死去。"当时没有人敢上去救人，上去就被日军杀害了。"

随着调查越深入，了解的事情和细节越多，李永昌越发气愤。

李永昌的三叔父李东洋就在这9个人当中。他还记得三叔父当时才二十二三岁，年轻气盛，脾气比较鲁莽暴躁，心地却很好。"比我父亲还疼我呢！"李永昌说，每次渔船一回来，三叔就买了许多糖果回来给孩子们，还常带他们去玩。

表姐被强奸　伯父被狼狗咬死

李永昌的伯父李恩，长得粗壮高大，是个忠厚老实的人，个性内向，寡言少语。

他本来在码头做搬运工，抗战胜利前一年，日军统治更加严酷，内地商人不敢向厦鼓提供粮食和生活用品，人民几乎断炊，连柴火都没有。瘦得只剩下皮包骨的他渡船到厦门山上挖草根当柴火，经过岗亭时，没有听到日军的叫喊，被日军放出的狼狗咬死。死时44岁。

李永昌的表姐张宝珠，当时在鼓浪屿当佣人，也是来厦门挖草根的时候，被日本兵抓去强奸，从此再没有回家，连尸体也找不到，死时年仅16岁。

许多见证者都走了

李永昌回龙海调查时，刚开始，一家一户地寻访年岁大的长者。后来，他来调查死难者的事在不大的村里传开了，许多知情人自动找上门来，还带来了相片和资料。为了落实情况，他还往返几次龙海和厦门，花费了不少精力。遗憾的是，见证日本暴行的许多老人都走了。

但他还是找到了一些老人。80 多岁的堂兄回忆了事情的经过。死难者谢天助的弟媳，90 岁了，对当年的惨况记得清清楚楚，帮助李永昌补全了 9 名青年渔民的遇难时间和细节。李永昌说，回去之前只依稀记得有 3 个死难者，去了后则整理出了详细的名单。

李永昌还找到了一些死难者的照片和画像。所有照片都是从村里人家中的神牌龛里取出的。至今，村里人每年还会祭拜这些死难者。

他用两个指尖小心翼翼地拿着他三叔父仅存的一张两寸照片。引起记者注意的，是照片背景上的那面砖墙。"那是监狱的砖墙！"李永昌说，这张相片是三叔父李东洋在监狱里照的，当时家人不知他何时会被处决，苦求日军至少留下一张照片以做追忆。

李永昌说："每当想起亲人们的惨死，总是又悲愤，又难过。中国人永远不应该忘记啊！"

（《厦门晚报》2005 年 8 月 15 日）

（19）被汉奸指为抗日组织　71 东山人在厦被拷打致死

口述：黄紫薇

整理：彭建文

1938 年除夕，由于汉奸邱永秋出卖，在厦门做生意的 76 个东山青壮年被日军逮捕。1939 年上半年，其中 71 人先后遭日军拷打致死，剩下抬尸体的 5 个人幸免于难。黄女士说，时年 27 岁的姨夫江乌乾就是死者之一。

据了解，由于受战争时期灾害的影响，好些住在东山岛的人拖家带口地纷纷来厦门做蜜饯生意。当时，江乌乾就在大同路开了一家小店铺，一家 5 口人过着安宁的日子。作为东山同乡心目中的老大哥，江乌乾常常组织在厦门的同乡一起活动，相互扶持。

1938 年底，一位东山老乡在横竹路邱永秋处赊欠了 20 支蜡烛。见对方久拖不还，邱永秋就污蔑他是抗日分子，还说如果不还钱，就把他通报给日军。东山老乡辩解说，自己只是一个平民老百姓，如果不相信，可以问问江乌乾，东山人常跟他在一起。东山老乡没想到话一落，邱永秋已暗自决定揭发他们是抗日组织，且认为江乌乾是该组织的头目。

除夕那天，日军开始搜捕东山人，已得到密报的劝江乌乾等人赶快逃回东山岛。但是，跑到海口时，一枚铁钉扎进了江乌乾的脚。江乌乾于是返回大同路涂药消毒，准备当晚再次出逃。但不久日军就上门把他抓走了。

黄女士说，后来听几个幸存者讲，日军怀疑江乌乾是抗日组织的头目，就用烧红的烙铁逼迫他说出其他的组织成员。可是，他们根本就不是抗日组织，他也不是什么组织的头目。那时在厦门的东山人，都是手无寸铁的平民百姓。日军却不这么认为，在大庭广众之下，只想通过酷刑拷打从他口中得到更多的线索。但江乌乾坚持说他什么都不知道。

1939 年正月初三，天下着大雨，江乌乾和其他东山人被关在一间暗黑的屋子里。被烫烧的胸口一直发热，江乌乾就把手伸出窗户，接点雨水擦洗胸口。这样做反而使胸口热得厉害。由于伤势严重，江乌乾当晚就死去了。

对于丈夫的死，江乌乾的妻子颜美娘还一直蒙在鼓里。几个月后，5 个幸存者告诉颜美娘，江乌乾在死后的第二天，日军就叫他们把他的尸体埋在江头。在幸存者的指引下，颜美娘找到了丈夫的尸首，但是尸体已经腐烂了，惨不忍睹。颜美娘只好在尸体上面盖了一层木板。

黄女士说，后来据幸存者透露，当时被抓的东山人一共76 个，其中71 人都是遭日军拷打致死的。

（《厦门晚报》2005 年 8 月 16 日）

（20）终于有人记起叔叔英勇抗日（节录）

口述：吴筠治
整理：林小红
（上略）

这位女子名叫吴筠治。她已近 60 岁，退休多年了。这是她第一次看到叔叔以爱国志士及死难者的名义出现在书面材料上，万分感慨。她说："小时候，我常常听妈妈讲起叔叔的故事。知道他本来只是个小贩，为了抗日，被斩首在炮台。他是我们家最壮烈的人物，比我爸爸勇敢多了。我初中的时候，想摹写一篇《谁是最可爱的人》的文章，就写我叔叔。"可惜，另外一位亲戚说："没人说过他是烈士，没人说他光荣，他也不是党员，有什么可写的？"她只好把这个念头埋在心里。

吴女士告诉记者，母亲有生之年，经常讲叔叔的故事，说他是血魂团成员。这个组织被日本人破获之后，他一度藏到万石植物园的西山那儿，曾经还托一个洗衣工给家里报过信。他跑了之后，汉奸抓他哥，哥哥逃到租界地鼓浪屿。嫂嫂就被抓去关了 20 多天，身上的几个银元也被搜走了。

嫂嫂被放回来之后，吴得水以为风声快要过去了，就偷偷溜回家来。没想到正在吃饭时，就被汉奸带走了。不久就斩首在白石炮台。

（下略）

（《厦门晚报》2005 年 8 月 17 日）

（21）父亲的血衣我曾保存了 60 年

口述：林秀珍

整理：查本恩　陈若希

"我父亲也是血魂团的！"看到晚报于 16 日刊登的《厦门血魂团：被遗忘的惨烈历史》后，读者林秀珍女士打来电话说，父亲和文中血魂团成仁志士周碗金是同一批加入的。她讲述了祖父和父亲二人被日军残害的经过。

林女士的父亲叫林金生，1939 年住在美仁宫附近。他在二市开了间小店卖肉和米面，生意不错。当时日军在厦门为非作歹，对百姓极为残暴。遇到日本人，百姓就必须向他们行礼，说恭维的话，如果没有行礼，日军便常常动粗。林金生和几个青年看不惯，就志愿参加了民间抗日组织血魂团。当时他们常晚上约好了一起出去，偷偷地把日军的房子和军粮放火烧掉。

后来，因为米店经营有方，生意很好，附近有个店家眼红了，便跑去告诉日军林金生是血魂团的成员。1939 年的一天，几个日本兵来到林家说是要查户口，林金生上楼拿户口下来，没想到日军马上就将他抓走。

林女士说，父亲被日军抓走的时候才 22 岁，自己也还不满两个月。林金生被抓走后，家里变卖了所有的家产筹了一笔钱想把他赎回来，然而交了钱之后也没有回音，后来经过探听，一个在监狱里煮饭的人告诉他们，林金生在正月初六的时候死在监狱里了。他还拿了一件林金生的衣服给他们，上面有林金生用血写的血书，意思是他可能没有办法回来了。

祖父林沙被日军踢成重伤，没过多久也离开了人世。林家一下失去了两个最重要的劳力，家中老小只好靠捡柴、挖地瓜维持生活。

父亲去世的时候，林女士还在襁褓中，所以她只有通过照片知道父亲的样子。"壮壮的，我的脸型像他。"她说到这里，忍不住地抽泣。"我总是问，爸爸为什么不在了？"当时像她这样因为日本侵略而没了父亲的孩子很多。她十一二岁的时候，家里穷得孩子都没有衣服穿，母亲和祖母就说，要是父亲还在的话，家里就不至于这么困难了。林女士的母亲虽然后来改嫁了，却一直没有忘记父亲，总是挂念着常对孩子唠叨。祖母临死前还特地交代说，一定要记得日本鬼子这笔账！

父亲从狱中捎来的血衣，林女士保存了60年，直到前几年才不慎遗失。不过想起那血衣的样子，她就又是难过又是愤怒。

（《厦门晚报》2005年8月20日）

（22）6岁的我目睹日军刺刀捅进大哥胸膛

口述：黄亚礼

整理：张　华　高金环

"6岁那年，我目睹日本鬼子将刺刀捅进大哥胸膛！60多年来，每当想起被日本鬼子残杀的亲人，我的内心就无比痛苦！"家住湖里后埔71岁的退休教师黄亚礼说，重述这段往事，不是为了记住仇恨，而是为了不忘历史。

黄亚礼说，大哥名叫黄福海，被害时年仅28岁，因为患有癫痫病，脑子有些不清楚，大哥没有结婚。

1938年5月11日清晨，日军入侵禾山祥店社，全村百姓大约有500多人被逐户驱赶到黄氏宗祠前面大埕集合。黄亚礼当年还不满6岁，3个姐姐分别为8岁、10岁、12岁。母亲急忙吩咐3个姐姐先跑，并一手牵着黄亚礼往外跑，一边招呼大哥黄福海也赶紧逃跑。这时，日本兵已经冲到家门口，神志不清的大哥根本就不知道危险，听到大厅门外有动静，便跨过大厅门槛，笑着向日本鬼子招手。日军见大哥没有向他们立正行礼，大叫一声"八格牙鲁"，冲过去将枪上的刺刀捅入大哥的胸膛，大哥立即倒在门槛上，鲜血涌了出来。

母亲见此惨景，怕日本鬼子回头会对小亚礼行凶，都不敢回头扶大哥一把，扯着小亚礼拼命往宗祠大埕奔跑，一边跑一边掉眼泪。全村群众被日本鬼子押在大埕庙集合训话，不久，就各自分散逃亡。

黄亚礼回忆说，当他们一家人逃到祥店路口（原五里亭）、后埔路口和浦园社路段时，看见公路两边有10多名被日军杀害的中国军人的尸体，惨不忍睹。

黄亚礼说，大哥脑子不清，性格较孤僻，不爱和亲朋好友交往，常常独自一人在家，生活由母亲和一位保姆照顾。但大哥为人非常善良，除了癫痫病发作会表现出狂躁，一般情况下都很安静，总是一个人静静地在大厅、房间里坐着。小时候，黄亚礼和其他小朋友一道玩耍，总是绕着大哥和其他小朋友捉迷藏。大哥有时静静地看，有时看哪个小孩跑得飞快，还懂得伸手拉一把。可惜，这么善良的人，没招谁惹谁，就这样硬生生被日本鬼子捅死了！

黄亚礼的大哥被害时，二哥黄福全在菲律宾经商。当时日本已经控制了东南亚，二哥直到 1940 年才获悉大哥被日寇杀害的消息。二哥现在 93 岁了，至今想起这件事还是悲痛不已。

每年大哥的祭（忌）日，全家人都会涕泪怀思。当时的惨景深刻在黄亚礼的脑海里，小时候他经常做噩梦重见这一幕，经常被吓醒。88 岁的母亲 1976 年去世前，还念叨着说大哥死得好惨！

（《厦门晚报》2005 年 8 月 29 日）

（23）日本特务头子遇刺　26 名青年无辜被杀（节录）

口述：傅奇英

整理：彭建文

日本驻厦特务头子泽重信的遇刺现场及随后日军对 26 位年轻人的屠戮，在傅奇英老人的心中留下了深刻的记忆。

家住鼓浪屿笔山路的傅奇英说，泽重信会讲闽南话，是个厦门通。1938 年 5 月 13 日厦门沦陷后，泽重信强占了《星光日报》社社址，在厦门复办了《全闽新日报》，还支持汉奸办《华南新日报》。当时 14 岁的傅奇英就在该报社当印刷学徒，还分发报纸。由于年龄小，不谙世事，他只知道泽重信喜欢用闽南话讲笑话。其实，泽重信还兼任华南情报部部长，插足厦门的军政。

1941 年 10 月 26 日，傅奇英看见当时的蝴蝶舞厅大摆宴席，还挂有日本天皇的画像，以为日本人在庆祝什么节日，实际上是泽重信庆贺自己就任"地方理事官"。那一天，在《全闽新日报》、《华南新日报》工作的员工都领了一张饭票，傅奇英也不例外。

下午 3 时，傅奇英经过大中路口喜乐咖啡馆时，看见泽重信从咖啡馆出来，路边站着几个日本兵。当泽重信打开车门准备上车时，一名神枪手从水泥柱旁直奔过来，朝泽重信连开两枪，泽重信当场倒地身亡。神枪手火速离开现场，没反应过来的几个日本兵没有追上。

泽重信的死震惊了驻厦日军，日军立即断绝厦门水陆交通，实行戒严。100多名日本兵荷枪实弹沿街挨户搜查。当时在喜乐咖啡馆对面，有一家福州人开的修锁店，店主姓陈。日军问他认识不认识刺客，陈老板说认识，还说刺客身穿白色衬衣、黄色咔叽裤，几天前就在周围活动，而且身上带了家伙（枪）。日军于是押着他去搜捕刺客，抓了30多个穿白色衬衣、黄色咔叽裤的年轻人（包括傅奇英），叫他一一辨认。陈老板支支吾吾，说这个好像是，那个好像也是，日军当场将陈老板击毙。

日军将被抓的30多个人一一审问，不时毒刑拷打。20多天后，一个日本翻译见傅奇英是报社的学徒，而且是小毛孩，就叫他站到一边。随后日军用绳子将其中的26位年轻人捆绑，押到现在的植物园一带。傅奇英说，没过几分钟，他就听到一阵枪声，26位年轻人被惨杀了。"其实，那时候好多中学生都穿白色衬衫、咔叽裤。"

（下略）

（《厦门晚报》2005年8月30日）

（24）7个鲜活的面孔刹那间成为冤魂（节录）

口述：黄春木

整理：吴　笛

"1938年农历四月十二，我永远不会忘记那一天。西边社的6男1女被日本鬼子用机枪扫射惨死的那一幕，仿佛就发生在昨天。"这是记者遇到77岁的黄春木时，他说的第一句话。

遇难的7个人中，有黄春木的岳父、叔公和街坊邻居，一个个鲜活的面孔伴随着机枪的狂叫，刹那间凝固成一张张发黄的照片，永远留在那个梦魇的年代。每年农历四月十二，是西边社人集体的祭（忌）日，死难者的家属不约而同地烧上一炷香，洒上一杯酒，祭拜死不瞑目的亡灵。

黄春木说，位于厦门城乡交界处的西边社是日本鬼子必到的地方。那天，人们听到炮火轰鸣，纷纷向轴承厂方向跑去，结果遇到一队日本鬼子。鬼子用机关枪向逃难的群众扫射，一共杀害了7个人。当时应声倒地的一共有8个人，幸存者是一个朱姓男子，因为中枪的人倒在他前面。他顺势倒地装死，才逃过这一劫。

黄春木随着逃难的人们顺着一条水渠逃到轮渡，路上，他看到一个日本鬼子背着刺刀横行在路上，刺刀上竟然挑着一个约10个月大的婴儿血淋淋的尸体。只有10岁的他吓坏了，不禁想大喊。这时，一只大手从后面紧紧捂住他的嘴："孩子，不能叫啊，叫了就没命了！"正是那只手，救了黄春木一命。话到此处，黄春木已经泪流满面："太惨了！连那么小的婴儿都不放过，日本鬼子简直太残忍了！"

在日本鬼子的狂轰乱炸中，流离失所的黄春木一家人走了七八天，终于在南安的东田落户。之后父母因为长期吃地瓜叶患上严重水肿，不久相继去世。堂兄卖掉妹妹安葬父亲，两个姐姐远嫁他乡，哥哥当兵去了台湾，直到1988年才有音信。黄春木当过长工、放过牛，一度乞讨为生，直到1951年参军，才慢慢过上好日子。

（下略）

（《厦门晚报》2005年8月31日）

（25）65年后才知父亲早被日寇枪杀

口述：黄建明

整理：张　华　高金环

"我的父亲傅福生，65年前因参与杀死日本军官的'兆和事件'，被日本鬼子抓走了，下落不明，那时我才出生3个月……这些年我们一直抱着一线希望，希望父亲还活着；看了你们晚报8月17日刊登出来的死难者名单，才知道父亲确实已经被日本鬼子枪杀了！"65岁的黄建明向记者讲述了一段伤心家史。

黄建明说，他本该姓傅，因为亲生父亲姓傅，但后来收养他的养父姓黄，所以他改姓黄。父亲的事情是母亲告诉他的。

1940年12月，26岁的傅福生住在鼓浪屿市场路，在国民党（鼓浪屿）工部局任华探。在鼓浪屿发生的一次抗日武装事件中，傅福生参与杀死了一名日本军官。日本人很震惊，进行了大扫荡，先被抓然后又被活埋的有几十个人。

黄建明说，父亲被抓之前很清楚自己可能会遇难，就事先偷偷把刚刚出生3个月的他交给一个姓黄的渔民收养。黄建明的母亲阮叶卧病在床，并不知道这件事情。在他被送走的第二天，父亲就被抓走了。

他的养父黄亚仙一共收养了5个孩子，黄建明排行第二。家里的生活实在艰难，孩子们连衣服都没得穿，幼小的黄建明每天不得不和养父一样，出海打渔。黄建明说，实际上，他是由姐姐拉扯大的。姐姐名叫黄阿莲，大他16岁，和他的生母年龄差不多，对他格外关照。

黄建明16岁时，姐姐说了他的身世，黄建明开始艰难地寻找自己的母亲。熬过8年后，在大同路的鞋帽厂里，他终于找到了正在做工的母亲，此时母子已经分离24年！母子俩抱头痛哭。

母亲阮叶流着泪水，向黄建明讲述了父亲被抓后的情形。原来，傅福生当时身居要职，平时腰里总是别着两把枪。那次武装抗日事件发生后，他已经想到了后果。但是爱人阮叶刚满16岁，体弱多病，无法照顾刚刚出生的孩子，就忍痛把孩子交给渔民黄亚仙收养。但他还没来得及把家人安顿好，就被抓走了。日本人相当狠毒，当地人一旦被他们抓去，就会音信全无。后来有传言说，被抓去的大多数人被活埋了，只有两三个人逃了出来，而傅福生就是其中一个。

黄建明和母亲苦苦等待，始终没有等来父亲的消息，也没有人再见到过傅福生。母亲阮叶的生活也很艰辛，一直靠捡菜市场的烂菜叶维持生活。改嫁后，她的生活才有了一点改善。后来，黄建明把母亲接回家中一起生活。他说，母亲始终坚信父亲还活着，全家人也一直在努力寻找父亲。1996年，母亲去世了，她还是抱着父亲还活着的希望离开的，临终前嘱咐黄建明一定要想办法找到父亲。

《厦门晚报》8月17日刊登了第三批抗日死难者名单，明确记载了有关傅福生遇难的消息："傅福生，男，籍贯安溪，工部局华探，1942年1月18日被日军枪杀……"至此，65年前的悬念总算有了最后的答案，尽管是不幸的消息，但总算确知了父亲是抗日勇士，也确知了父亲的忌日。

（《厦门晚报》2005年9月1日）

（26）又查证了两个冤魂

口述：李永昌

整理：查本恩

前天来参加座谈会的李永昌老人说，《厦门晚报》报道他自发查证被日本鬼子砍头的9个渔民真相后，一些死者家属又给他提供线索，经查证被日本鬼子砍头的同胞增至11人。

李永昌自发查证死难者的报道在漳州龙海老家传开了，一位老人给他打电话说，他大哥也是那次被鬼子砍了头，他要让更多的人知道这件事。过几天，他会把照片和名字送到厦门。

谢和明的厦门亲戚看到报道后，打电话告诉他，《厦门晚报》正在举行寻找死难者活动。谢和明立即从龙海坐船来到厦门，找到李永昌的家，说他父亲谢老之也在那时被砍头了。"他说不为什么，就是要让大家知道，鬼子杀了他父亲，他要控诉。"

李永昌说，受害家属对日本人的仇恨抹都抹不掉，我的亲人也被鬼子杀了，要是现在我碰上凶手，打不死他也要上去咬他一口。

（《厦门晚报》2005 年 9 月 3 日）

（27）26 岁的父亲死于"兆和惨案"

口述：柯赏赐

整理：高金环　张　华

家住定安社区的柯赏赐说，他的父亲被告密者出卖，1942 年被日本鬼子杀害，年仅 26 岁。当年，柯赏赐本人 6 岁多，妹妹仅出生 57 天！

69 岁的柯赏赐说，1941 年底，抗日志士在鼓浪屿打死了一名日本军官，并把人头割走。日军十分震惊，作为报复，先后杀害了 40 多名中国人。经我市文史专家洪卜仁老先生证实，这起事件被称为"兆和事件"或"兆和惨案"。

柯赏赐说，父亲是一名柴草商贩。"兆和事件"发生后，日本人宣称：每说出一名抗日分子，奖励 50 元。当时一个台湾人给日本人做暗探，说出了很多无辜居民的名字，其中就有我父亲柯成家。

柯赏赐回忆说，1941 年 12 月 10 日，父亲跟家人说要出去办事，并把呢子大衣和一些生意上的单据交到母亲手里。门口的台湾暗探对父亲说："工部局的人叫你。"父亲对母亲说："我去去就回来。"柯赏赐说，他当时就在家门口，没想到，那次是与父亲的最后一面。

柯赏赐说，后来祖母打听到父亲被关在厦门中央银行（解放后的总工会办公大楼），便送衣服和食物给父亲，还是由看守转交的。祖母后来听说，1942 年正月初九，日军把这些人拉到五通，全部杀害了。他们当中，有教师、学生、商人、商店店员和码头工人等，一共 49 人。

1957 年，柯赏赐所在的鱼肝油厂请了五通的老农民，老农民说，他曾经看到 3 辆日本军车运了好多中国人，这些中国人被杀害在万人坑。后经文史专家洪卜仁先生证实，"兆和事件"或"兆和惨案"中，确实有不少无辜老百姓遇害，但日本鬼子究竟抓了多少人、杀害了多少人、杀害的是谁，已经无档案可查。因为日本投降前，销毁了大量的罪证。

（《厦门晚报》2005 年 9 月 6 日）

（28）为保护儿女，他被日本鬼子枪杀

口述：吴淑意

整理：张　华

"1938 年 5 月，日本鬼子进入五通村，也来到何厝村，逢人就抓，乱开枪乱杀人。当时我们姐妹 3 人分别只有 7 岁、5 岁、3 岁，妹妹站在门外哭。我父亲黄芋头本来已经躲了起来，为了保护我们，又跑出来想把妹妹抱进屋去，结果就被日本鬼子抓走了。日本鬼子见父亲的身材看起来有些像当兵的，当天就把父亲杀了……"

74 岁的吴淑意老人回忆起 67 年前的那一幕，非常沉痛。她说，日本鬼子进何厝村是 1938 年 5 月 10 日。父亲黄芋头当年只有 28 岁，是做小生意的；母亲张贺只有 24 岁。日本鬼子进村时，好多青壮年男子走在路上，被日本鬼子撞见，就被杀了。村子里乱成一团，人们都东躲西藏的。父亲和母亲招呼我们赶紧躲起来。父亲躲在床顶上（当时的老式木板床很坚固），母亲躲到床底下。妹妹由于年纪太小，没躲好，站在门外哭了起来。父亲又从床顶上跳下来，冲到门外想把妹妹抱进去，结果日本鬼子已经来了，用枪指着父亲，"叽哩哇啦"一通乱叫，父亲就这样被抓走了，父亲身材比较高大，国字脸，方面大耳，相貌堂堂，日本鬼子怀疑他是当兵的，当天就把他枪杀了……

吴淑意说，母亲张贺是台湾商人的女儿，在此之前家境挺不错的，一直没怎么吃过苦。父亲的死对她打击特别大，一家子就这样垮下来。后来母亲为了养活 3 个孩子，又招赘了另外一个吴姓男人，她们姐妹 3 人就随继父姓吴了。继父老实巴交，勤恳务农，但一家人的日子还是过得很艰难，继父 30 多年前也去世了，母亲又是孑然一身。母亲这辈子吃了太多的苦，继父去世没多久，最小的三妹也去世了……母亲接二连三受到打击，性情变得比较孤僻。早些年我们儿孙的生活都好起来了，想接她老人家一起过，她一直不肯，坚持一个人过。母亲总是情不自禁地想回避现实世界的苦，慢慢地就沉浸到她一个人的世界中去了，再加上年老，90 多岁了，患上了老年痴呆症。不过这样也好，如果清醒的话，她感受到的痛苦肯定会更多……

（《厦门晚报》2005 年 9 月 8 日）

（29）日寇一支毒针，二哥不到两小时就死了

口述：凌有谷

整理：张　华　陈　鹏

"我父亲凌文山在战乱中下落不明；二哥凌永钦被鬼子抓去，打了一支毒针，回家不到两小时就死了；小弟6岁就送了人，小妹刚出生也送了人，至今一直没有消息……"近日，家住湖滨南路的74岁退休老干部凌有谷向记者讲述了60多年前的家庭悲剧。

凌有谷说，当时他家住在百家村一带，父亲凌文山在大洋轮上做总务，待过的几条船都是特大洋轮——"万福事"、"洪祥"、"洪庆"等等。日本鬼子入侵那一年，父母都40岁出头，大哥17岁左右，二哥16岁左右，他7岁，弟弟不到3岁。

父亲特别有善心，特别爱国。有穷苦人家日子过不下去了，他尽全力资助。有人想到南洋打工、谋生，父亲尽一切力量帮助他们，有时分文不取将他们送到南洋，还帮他们找工作。国民党军队跟日本鬼子打仗，父亲前去帮忙开挖工事，并带大哥在阵地上做勤杂事务。国民党抵抗没多久就败退了，父亲和大哥偷偷回家。

日本鬼子占领厦门后，厦门时常有爱国志士掀起抗日行动，打死日本鬼子、汉奸，然后再通过父亲安排，坐洋轮逃到南洋，新加坡、马来西亚、印尼、菲律宾都有。父亲让爱国志士化装成小菜贩挑着担子上洋轮，然后把他们安排到厨房切菜、煮饭什么的，即使日伪军查起来，也查不到什么名堂。

凌有谷说，后来父亲被日本领事馆盯上，不得不想方设法隐藏自己的行动，停止了工作。但由于汉奸告密，父亲还是于1938年8月被日本鬼子抓走了。日本鬼子中的专业人员仔细查看父亲的手指和肩膀，以了解父亲是否扣过扳机、用过枪，最后认定父亲不是用过枪的人。二哥虽然年纪不大，但接触事情比较多，他到处求人帮忙营救父亲，父亲很快被放了出来。

日本鬼子没有查到父亲的证据，就把目标对准二哥凌永钦。进入厦门前，日本鬼子的内应查到，二哥与地下党有过亲密接触，还教唱过大量抗日救国歌，在抵制日货、宣传抗日、组织游行示威等方面表现很积极。日本鬼子把二哥抓走，当天放回来，二哥已经躺倒不能动了，说是被日本鬼子打了一针。二哥的脸色死灰一般，气都喘不过来，不到两个小时，就死在了床上。二哥的忌日是1939年农历七月廿九（公历9月12日），死时年仅17岁。

二哥的死对父亲打击特别大，因为二哥特别聪明。1939 年农历九月十二（公历 10 月 24 日），父亲离家外出，此后就再也没有回来。有人说，父亲的事还是被日本鬼子查出来了，日本鬼子抓走了他；有的说，父亲已被日本鬼子悄悄杀死了。如果父亲能侥幸活着，至今已经是 100 多岁的老人了。当然，这个可能性几乎不存在。

凌有谷说，抗战胜利、新中国成立后，母亲曾经带着哥哥和他四处寻找父亲，寻找弟弟妹妹，却一直没有办法找到。母亲 78 岁时去世前，还念叨着两个失散的孩子。

（《厦门晚报》2005 年 9 月 10 日）

（30）捡芒果充饥　父亲遭日寇杀害（节录）

口述：郑金喜

整理：张　华　陈　鹏

"1938 年，我父亲因捡拾芒果充饥而被日本鬼子抓捕杀害；母亲悲伤过度，贫病交加而死；叔祖父（堂爷爷）和一个姐姐、一个妹妹相继饿死。6 年间，我一家 7 口人就死了 5 个……" 79 岁的退休老干部郑金喜说起家庭悲剧，切齿痛恨。

郑金喜当时家住民国路（如今的新华路）。1938 年日本鬼子入侵厦门时，年仅 12 岁的他正在上师塾。年约 35 岁的父亲郑赐福在一家面粉店当店员，靠微薄的薪水养活一家 7 口人，母亲无业。郑金喜一个姐姐两个妹妹，分别为 14 岁、10 岁、8 岁，还有一个 60 多岁的叔祖父（堂爷爷）和他们生活在一起。

郑金喜说，日本鬼子入侵不久，父亲所在的面粉店倒闭，一家 7 口人靠为数不多的积蓄艰难度日，常常饿肚子。1938 年 7 月 3 日一大早，父亲见一家人都在挨饿，想起前一天晚上刮台风，便跑到十三中学（现厦门五中）操场上，捡拾被台风刮下来的芒果，谁知就被日本鬼子抓去了。日本鬼子硬说父亲偷摘芒果，父亲就顶撞了一句："芒果树那么高，我怎么爬得上去？"日本鬼子不由分说，将父亲关了起来。

邻居赶来报信，郑金喜赶紧跑过去，在操场外面见到了围墙里的父亲。他想钻进操场和父亲在一起，却被日本鬼子挡住了。

"那是我跟父亲见的最后一面，从此以后再也没有父亲的消息了……日子长了，我就知道，父亲肯定被日本鬼子杀害了。父亲的脾气很犟，他是不会向日本人屈服的。"郑金喜说着说着，眼里泛起了泪花。他说，全家人只能以父亲被抓走的那一天作为父亲的忌日。

郑金喜回忆说，父亲被抓走后，原本身体就不太好的母亲悲痛万分，第二年就在贫病交加中去世了。

母亲死后，姨妈把幼小的郑金喜和两个妹妹带到自己在打铁街的家中抚养。之后郑金喜在小茶馆当小工，大妹妹在姨妈家帮忙做家务，小妹妹送给别人抚养。

1941年，15岁的郑金喜又失业了，叔祖父便送他到玻璃店当学徒工。叔祖父做一点小生意，根本不能维持生活。1942年初，叔祖父饿死了。大约一年以后，姐姐也饿死了。

郑金喜的姨丈在洋行做职员，太平洋战争爆发后，姨丈也失业，家里经济更困难，郑金喜的大妹妹也饿死了，年仅16岁。

郑金喜说，没有经历过的人，恐怕永远也想象不到饥饿的可怕。当时，他在中山路上亲眼见到，许多人走在路上，走着走着就突然一头栽倒在地下，就这样死去。一次，他看到路边一个人飞快地朝垃圾堆爬过去，垃圾堆里有一只死老鼠，皮肉都腐烂了，但这个人毫不在乎，撕开死老鼠的皮肉就狼吞虎咽！

（下略）

（《厦门晚报》2005年9月13日）

（31）遭小偷陷害　父亲被鬼子活活打死（节录）

口述：付素华

整理：张　华　陈　鹏

"他们向我父亲的嘴里灌辣椒水，用皮鞋踢打。在我父亲还剩下一口气时，才把他放回家，3天后父亲去世。父亲临终前让母亲把我送给别人，再找个人嫁了。但是母亲一直把我们3个孩子抚养长大，很艰难啊！"

家住湖滨南路的付素华今年61岁，非常健谈。她说，父亲被日本鬼子迫害致死时，她才1岁。当年的情况，是听母亲和姐姐讲的。

付素华的父亲付书生和母亲余淑美自由恋爱而结婚，感情非常好。付书生当时在一家报社做排字工人，身体强壮，不善言谈。母亲在家做家务。他们的大儿子（小名"地瓜"）死于1939年一场瘟疫。付素华说，我大哥"地瓜"抗战歌曲唱得特别好，当时很出名的。

1940 年和 1944 年，付素华的小哥哥付亚平和她本人相继出生。1945 年，一个小偷偷了日本鬼子一台缝纫机，被日本鬼子抓到。小偷已经把缝纫机卖给别人，但不敢说出真正的买主，谎称卖给了付书生。日本鬼子就把付书生抓到局口街对面，向他索要缝纫机。付书生无法交出，日本鬼子便对他严刑拷打。

日本鬼子把付书生绑在长凳上，向他的嘴里灌辣椒水，并用皮鞋踢打他。有时付书生被打得昏过去，日本鬼子就用凉水泼到他身上，泼醒了再打，打昏了再泼……直到付书生被打得快要死了，日本鬼子也发现他确实没有钱买缝纫机，才把他放回家。

1938（1945）年 6 月 18 日，付书生含恨而死，年仅 32 岁。"父亲死后，我们没有一件好衣服给他换上。"付素华难过地说。

付素华说，母亲余淑美是文盲，父亲死后她做过很多工作。她不但要解决 4 个人的吃饭问题，还让她的 3 个孩子都上学。大女儿一直读到初中，儿子上到大学，付素华也读到高中毕业，还读过夜大。

（下略）

（《厦门晚报》2005 年 9 月 16 日）

（32）为了保全儿子，她被鬼子吊死

口述：黄伯忠三兄妹

整理：张 华 陈 鹏

"我爷爷是血魂团的成员，几十年了，我们都不知道他是怎么死的。直到 8 月 15 日才在你们的报纸上看到他是当兵病死的。我阿祖（曾祖母），就是你们报道的《抗日（战）时期厦门死难者名单（一）》中的黄林氏玉娘，因为不交代爷爷的去向，被日本鬼子吊死了。"

黄伯忠三兄妹说，爷爷叫黄永，当船员，也是"血魂团"的成员，而阿祖黄林氏玉娘则是专门给小孩看病的土医生。他们家原先住在鼓浪屿内厝澳335 号。

日本鬼子进入鼓浪屿后，"血魂团"进行了一系列抗日活动。后来由于出了叛徒，很多成员被日本鬼子杀害。黄永听到消息后，把妻儿载到海沧，自己马上掉头回鼓浪屿，这一走就再也没有消息。

日本鬼子逼问黄林氏玉娘黄永的去向，她说不知道。日本鬼子就打她，并用绳子绑在她的腰上，把她拉到龙头路一带。黄林氏玉娘裹脚，走路很不方便。

"他们就像拉狗一样把阿祖拉到了路口，残忍啊！"

日本鬼子对她施用酷刑，用绳子把她吊起来。有资料显示，她"受扣押刑吊等十余次以致身遭毙"（本报 8 月 15 日报道过）。更残忍的是，日本鬼子在她死后把石头绑在她身上，扔到大海。那一天是 1940 年 12 月 15 日，黄林氏玉娘 54 岁。

（《厦门晚报》2005 年 9 月 21 日）

（33）躲藏山中，被日本鬼子刺死

口述：李金寿

整理：张 华 陈 鹏

"日本鬼子攻进厦门的时候，我父亲和村里几个人躲在山上。被日本鬼子搜到，用刺刀捅死了！"家住文灶的 72 岁老人李金寿说，他父亲被日本鬼子杀害时，他仅 5 岁，姐姐 7 岁，妹妹才 1 岁。第二年，爷爷也悲痛、忧愤而死，因为父亲是爷爷唯一的儿子。

李金寿说，当时他们家住在后埔村，父亲李文源当时在村里开食杂店。1938 年农历四月十二，日本鬼子杀进后埔村，村里人心惶惶。父亲和另外四五个年轻人一起，逃到了忠仑山与后坑交界处的山上藏了起来，但很快就被日本鬼子搜到了，日本鬼子用刺刀在每个人身上捅。其中一人身中 7 刀，日本人将他抛进池塘，他竟然活过来了，活到 80 多岁；而其他几个人，包括父亲李文源在内，全被刺死了。

忠仑一位村民上山时发现几个人惨死，当即到村里报告消息。母亲陈余闻讯，和亲属们一道痛哭着上山，寻找到了父亲的尸体。因为当时条件简陋，也因为日本人仍然盘踞在厦门，亲属们只好将这几名死难者的尸体悄悄就地掩埋，连棺材都没有，只能草草用棉被、草席裹着。

李金寿说，父亲去世时只有 40 岁左右，爷爷已经 70 多岁了，白发人送黑发人，爷爷悲痛万分，不到 1 年就去世了。母亲当年只有 36 岁，拖着 3 个小孩，过着艰难的日子。母亲陈余是城里人，不会干农活，家里又没有劳动力，只有将祖上留下的几亩地出租，靠租金生活。1953 年，16 岁的妹妹因病夭折。母亲守寡了大半辈子，80 岁时病逝。

李金寿说，他们姐弟对父亲的印象已经相当模糊。而母亲由于过度悲伤，也很少提起父亲的情况，所以他们对父亲实在了解不多，只听母亲和村里人说，父亲比较有文化，经常给村里人念念报纸，讲讲时事，有时还会宣传抗日。

日前，李金寿带着自己的家人，专程赶到报社，他们说，晚报发动的"寻找厦门抗日死难者"这个活动非常好，他希望，在纪念厦门抗战纪念碑上，也有父亲李文源的名字。

（《厦门晚报》2005 年 9 月 24 日）

（34）鬼子侵厦第一天，爷爷采药再没回家

口述：洪国强

整理：张 华 陈 鹏

"我爷爷是药农，在日本鬼子侵入厦门的第一天就被杀害了。但是我们不知道他是怎么被杀害的，也没有找到尸体。"家住洪莲西里的洪国强，代替他的父亲讲述了一段悲惨的经历。

洪国强的爷爷叫洪围合，住在当时的洪山柄社。他做农活之余，经常到殿前一带采药卖给药店，足够养家糊口了。

1938 年 5 月 10 日，洪围合像往常一样到殿前采药。当时，日军飞机到处轰炸，回家时，洪围合路过马垅村一个朋友家，朋友劝他："你在这里避一避，外面太危险了！"洪围合说，他对那段路很熟悉，没关系。朋友不放心，目送洪围合到了村边的山上，直到看不见洪围合了才回家。没想到，这竟成了他们的最后一次见面。

洪围合并不知道，日本鬼子正在他回家的必经之地——江头和后埔的交界处大肆屠杀中国军民。那一天，他没有回到家中。

洪围合的妻子陈变治听到消息后，极度伤心。她带了几个乡亲到江头的一个山上，也就是日本鬼子掩埋被害中国军民尸体的地方，寻找洪围合的尸体。尸体太多，已经有了很重的腐臭味。几个乞丐说，不用再找了，这么多尸体，找也找不到的。

洪围合死时，年仅 32 岁，4 个儿子最大的才 11 岁，最小的不到 2 岁，妻子陈变治还不到 30 岁。

洪国强说，奶奶和爷爷的感情非常好，没有改嫁。奶奶是小时候随家人从南洋回来的，不会做农活。为了过日子，奶奶忍痛把最小的儿子送给别人，自己打短工。曾祖母由于裹脚，行走很不方便，还要带着 3 个孙子在别人家打小工。灌溉水稻时要从井中吊水，奶奶经常在晚上吊水，由于非常疲惫，有时趴在井口就

睡着了。

解放后，陈变治的 3 个儿子先后成家立业，送人的小儿子也在上世纪 70 年代和一家人相认。

洪国强的父亲 70 多岁了，体弱多病，他让儿子代他向抗战死难者纪念碑建筑捐了 200 元，以了却心愿。

（《厦门晚报》2005 年 10 月 14 日）

（35）死在"日本仔"手里的亲友太惨了

"知青志愿者"，在曾厝垵、前埔及西边社等地

采访调查，幸存者的哭诉令人心酸

笔录者：庄南燕　蒋彩伟　蔡丽英　洪维乐　陈宝英　吴丽珍

提供者：康丽云，女，80 岁，出生于鼓浪屿，1941 年太平洋战争爆发后迁居厦门岛谋生，现住厦门岳阳西里

采访时间：2005 年 8 月 9 日

庄再生 18 岁遇难

我堂舅庄再生，遇难时仅 18 岁。遇难时间在厦门沦陷后，太平洋战争前（1938—1941 年之间）。他家世代为厦鼓海峡划双桨摆渡船工，日本宪兵怀疑他运送抗日分子来往于厦鼓之间，遂将其逮捕严刑拷打。因无证据未予杀害，但不准他继续摆渡，也不准再回到世代居住的鼓岛生活。他被驱逐至嵩屿寻亲。不日，伤痛发作而死。

明山被杀于"万人坑"

明山（姓氏不详）是我的表舅。死的时候只有 20 多岁，做的是泥水工的工作。遇难时间在太平洋战争爆发后，鼓浪屿被占领的 1942 年。同日被日本宪兵逮捕的还有一些鼓浪屿陶化酱油厂的工人。明山当天傍晚在回家路上与工友一同于鼓浪屿被捕。不久，同时被捕者全部被杀害于"万人坑"。

康赶水满门绝命

康赶水是我的堂兄。遇难时 28 岁，做的工作是店员，1942 年农历五月十四遇难。日军至其当记账员的鼓浪屿内盾沃（厝澳）水果店搜捕抗日分子，因害

怕他从后门逃跑，被枪击中，弹从后脑进脸开花。

康盛是康赶水的侄子，我的表侄。当年17岁，同在当天被抓因刑而死。康赶水、康盛叔侄遇害后，其母其妻及一男一女幼儿无谋生能力，遂变卖家产换一小船全家逃离鼓浪屿，渡海投奔海沧亲戚。不幸小船破旧，在海上连同逃难的船工共两家人沉船而死。仅船工之妻抓得一片船板漂回鼓浪屿，人们方知详情。康赶水之妻尸体漂回鼓岛，一子一女尸体漂至海沧，其母尸体终不知去向。满门绝命。

疑为日军细菌战的瘟疫

康国忠是我的四弟，病死于1942年农历四月初二，年仅12岁。时值厦门疟疾大瘟疫（疑为日军细菌战）。

曾再明是我前姐夫，28岁时被抓去修建日军机场，病倒被用板车拖回市内，死在司令部口（今工人文化宫广场）。

庄术米是我婆家的二姐，28岁的时候死于瘟疫。二姐夫陈仁发死的时候也是28岁。夫妻在一个月内先后死于鼠疫，留下一老母一小女。

（抗战胜利后1945年深秋的同安后溪，同时同因死去的乡人众多，这场大瘟疫是否因日军投降前投放的细菌弹引发，有待调查确定。）

提供者：张草藤，男，78岁，现住西边社（今厦禾路工程厂附近）

采访时间：2005年8月9日

张赍是我的父亲，死时49岁，大哥张头只有19岁，1938年农历四月十二，与同村村民共11人被日军抓住，关在西边社羊栏中用机枪扫射死亡。之后，68岁的祖父张水和13岁的大姐张爱死于饥饿。小弟张石蛋则死于疟疾大瘟疫。大舅子陈世明失踪，只有13岁。

我的邻居陈大碰今年78岁，1938年农历四月十二，陈大碰的父亲被日军射杀，手臂中一弹，头部中一弹，眼球挂在脸上。

提供者：吕维安，83岁，禾山吕厝村人

采访时间：2005年8月10日

1938年农历四月十一日军打到吕厝在屿后海滩架机枪大肆扫射，母亲叶命（40余岁）中弹身亡，弟吕维芳双脚中弹鲜血如注。此后大哥流亡海外谋生，我本人失学务农养家。

农历四月十一和十三两日吕厝村民伤亡约四五十人。村民阿端她祖母头部中弹，一家死了3人；邻居"打鼓蔡"30多岁，连同怀抱中1周岁多的女儿同中一弹而死，其妻受伤。此后大儿子流亡海外谋生。

提供者：吕贤治，91 岁

1938 年农历四月十一母亲陈真与我大哥 6 岁的女儿（小名番椒）被日军枪杀在海沙坡。同时被扫射死的有村民 10 多人。此后为照顾小弟，我一生未嫁。

提供者：曾银凤，80 岁，现住曾厝垵

采访时间：2005 年 8 月 10 日

全家人避难于山上，母亲郑珠（33 岁）想回家看看即被日军击中，父亲曾维琪（35 岁）将其背回草寮，日军发现草寮里有人群遂用机枪扫射，11 人仅 3 人幸存，8 个无辜者中有李慈家 3 兄弟、铁嫂的两个孩子。

村民曾锤的叔公当时身背一只戽桶，被日军用刺刀从背后刺进再踢进水沟里。

村民蔡德发被刺死于榕树下，其女被炮弹炸死于床上。

做豆腐卖豆干的陈福生因其儿子写"打倒日本帝国主义"，日军将他刺死于豆腐作坊。

村民曾青豆被推进曾家祖厝放火烧死。

村民李仔、叶运、多赢等人被刺死于村路上。

村民曾国波被杀死后尸体在井中发现。

村民碰狮嫂不肯让儿子曾石头被日军抓走，母子同时被刺死。

村民莲蒲在家里被日军刺死。

村民曾换主在龙眼树下被刺死。

村民曾尚武在番仔墓口被刺死。

日军闯进村头卖粥店抓住 3 个中国士兵，砍了人头挑在路上游行示众。

以上杀戮均发生于 1938 年农历四月十三。

提供者：陈妹，93 岁

采访时间：2005 年 8 月 11 日

采访地点：上湖社

1938 年农历四月十一日军撞门而入，我丈夫苏春江 35 岁肚子中弹，我小叔苏马小后背中弹同时死。当年我 26 岁，儿子 9 岁，女儿 7 岁，腹中又有 4 个月身孕，生活极为凄惨。

提供者：陈金治，76 岁（岭兜村死者陈天清之妹）

采访地点：洪塘村　岭兜村

采访时间：2005 年 8 月 10 日

（岭兜村 1938 年农历四月十一日共死 7 人）

1938 年农历四月十一日军上山头开枪打炮，村民害怕结队逃到浦园躲避，因狗吠叫被日军机枪射杀，全部死亡。我和二哥陈天清同时被炮弹击中，二哥当场死，我双脚双手双眼均被炸伤，3 天不能动。当年我 8 岁，至 15 岁眼睛全瞎。60 多年来生活困难，全靠政府救济，村委会提供住房。

陈万孔，70 多岁，菲律宾归侨，被炮击死；陈天清，11 岁，死于枪弹。

陈荣辉，22 岁，因脚被炮击受伤，日军进屋认定是中国伤兵连射两枪而死。

陈勇军，30 多岁，在山上碰上日军被刺死。

黄玉仔，女，60 多岁被飞机扫射中弹死。

郑院，30 多岁，被日军抓去扛东西，只穿内裤要回家拿衣服，日军以为他逃跑用刺刀刺死。

天由嫂（黄某）被炮击死。

提供者：林素艳，女，前埔人，现住鹭腾花园

采访时间：2005 年 8 月 11 日

林灵稳（叔公），村联保主任。1938 年农历四月十二夜携全家十余人从自家防空洞逃到古楼，天亮后来到曾厝垵仓里村，安顿后外出打听情况被杀死于村外路边。

提供者：叶丽珍，53 岁，前埔前村人

陈奇连（舅），莲坂人，1938 年农历四月十一被日军枪杀。

提供者：骆秀月，90 岁，前埔前村人

王姓木棺材店主"查某师"，1938 年农历四月十一，被日军杀后装进棺材，家人无处寻找待尸体恶臭才发现。

提供者：孙玉庆，77 岁，前埔前村人（原田头村人）

1938 年农历四月十一，外祖母（姓氏不详）、孙琴珠（堂妹）及其他 3 名同村村民被闯入家中的日军用刺刀刺死。

另有王姓村民提供：其祖父（已故）亲眼目睹，1938 年农历四月十一，日军在前村大榕树下活埋四五个被俘中国士兵。

何厝村委会座谈会

时间：2005 年 8 月 10 日

发言者　郑乃成（80 岁）：父亲出门不久我们听见枪声，约半个钟头后他爬到家后门已不能说话。当晚七八点左右死去。

发言者　何水船：我叔何水返被日军追杀从房后跌下沟里，日军对他又打枪

又刺杀。

何厝村当时有 16 人被日军杀害，其中记住姓名的有：

何钟祥（30 岁左右）、何成根 30 多岁（菲律宾归侨）、黄芋头 20 多岁、何成（年纪不详）、来何明辉家做客的舅母、何联节（年纪不详）、何美（约 70 岁小脚女人）、何清潭（25 岁左右）、何新发（50 多岁）。

发言人　何允宇（83 岁）：1938 年农历四月十一清晨，日军很多军舰从金门开来，村里被大炮和飞机轰炸，村民多人死伤。良婶祖孙 2 人同被炸死，最近村里建设迁墓时发现他们的骨头里还有弹片。

以上村民均死于 1938 年农历四月十一。

村里有个勇敢的抗日志士叫何堵能，20 多岁的渔民，经常开船往返同安厦门进行抗日活动。日本人在中山公园庆祝占领厦门一周年（应为伪厦门特别市政府成立 3 周年）时他向会场扔炸弹。日军来抓人时为了不连累其他亲属他一人承担，后被杀害。其妻改嫁，子女不知去向。

（《厦门晚报》2005 年 9 月 3 日）

（36）曾厝垵近日做"日本忌"

——纪念七十年前被日寇残杀的无辜村民

卢志明　颜艺芬　赵英

"日本忌"缘于日军对无辜村民的残杀

曾厝垵坐山临海，风光旖旎，地理位置优越。现在人们的生活好过了，但老一辈的曾厝垵人仍对 70 年前日本侵略者对无辜村民残杀的沉痛历史记忆犹新。每年的农历四月十三（今年是公历 5 月 17 日），是曾厝垵民众做"日本忌"的日子，今年仍有 60 多户人家将在各自的家里为先人做"日本忌"。年逾八旬的曾华荣老人用闽南话说了一句："同日好做祭（忌）"，这绝不是一句轻松的玩笑话，它饱含着一段沉痛的回忆。

"日本忌"是曾厝垵一个流传已久的习俗，是民间为纪念当年被日本侵略者残杀的亲人所举行的民俗活动。因为 1938 年的农历四月十三，一大批无辜的村民被日本侵略者残杀了。之后的每年农历这一天，村民们都会为这些亲人做"忌日"，因为他们是被日军残杀的，所以民间称之为"日本忌"。

家住曾厝垵今年已 83 岁的曾老先生告诉我们，曾厝垵人对"日本忌"十分重视。他曾当过船老大,在改革开放前,生活物资紧张的年代,曾厝垵的渔业生产也纳入了统销统购。农历四月,曾厝垵到屿仔尾一带的海域盛产方言称为黄瓜鱼、力鱼的海产,农历四月十三这一天,渔业部门会破例把海产优先供应给有做"日本忌"的人家。每年的"日本忌"人们都尽力把祭品办得丰盛一点,因为还有许多人家在日军屠村中全家都被杀害了,已经没有直系的后人能为死者"做忌",所以人们在做"日本忌"时,除了呼请先人享用,也会请那些本村被日军杀害后无依无靠的冤魂来一起享用。

我们在村中采访时,遇上了做茶叶小生意的曾先生。他说,他的先辈是历史的见证者,他从小就参与了家中每年的"日本忌"。现在,先辈也已经过往了,尽管自己没有经历过那段历史,但他还是依照民俗做"日本忌"。这不仅表达了人们对先人的怀念,也是对后代子孙进行历史教育的好时机,老一辈都会在这时讲述一些当年发生的事情,这也是提醒后人要对历史铭记,珍惜和维护神圣的和平。

我们还了解到,"日本忌"不仅仅是曾厝垵独有的民俗,还包括厦门岛其他沿海村庄,如五通、黄厝等同样被日本蹂躏的村落,他们也都会举行"日本忌"来缅怀先人。

血淋淋的屠杀场面,成了挥之不去的记忆

曾厝垵曾华荣老人现已年逾八旬,在日军入侵之时,他目击了"鬼子进村",他告诉我们,曾厝垵在历史上是一个地理位置特殊的村落,在它的两侧罗列着胡里山炮台、白石炮台、磐石炮台等军事设施,它们守卫着厦门的海上门户。1938年5月10日,日本侵略者从五通登陆攻入厦门,几天之内又相继攻陷了胡里山、磐石等炮台。眼见河山沦陷,曾厝垵的民众纷纷逃往离村庄不远的曾山躲避,以此暂避战火,没想到还是躲不过一场全村性的灾难。

老人回忆说,当时他还只是一个十几岁的小孩,日军登陆厦门岛后,进而一路烧杀抢掠步步向市区逼近,日军经过的村庄都难逃厄运。曾厝垵是一道重要关卡,日军进入曾厝垵之前遇到了中国守军的顽强抵抗,守军战斗到了最后一人。因此,日军进村时,疯狂地进行屠村,日本士兵坐在三轮摩托车上,从村口的大道一路用机枪扫射。村民们纷纷扶老携幼往村子后面的一座名叫曾山的山上躲避逃命。当时山上有一块像巨大屋顶的石头,人们称之为"大厝内",可以隐蔽数百人,这块石头就成为村民们的护命石。日军进村后,虽然知道村民躲在山上,可是因为不熟悉地形,不敢贸然上山。后来村里有一个"十一叔"(闽南话,

"二流子"之意）向山上的村民散布谣言，说如果回村庄在自己的房顶上插上日本旗，日本人就不烧他们的房子。村民已在曾山上看到日军放火烧房子，再加上对家园的牵挂，因此，焦急万分，没多加考虑就下山了。日军拦截住回村的民众，大肆屠杀，许多善良的村民非但没保住自己的房子，反而招来杀身之祸。当时下山的所有青壮年几乎无一幸免。曾老先生说，住在他家附近的三个兄弟，一起下山，全部被日军杀害了。当时有一位也躲在山上的老人，德高望重，人们称他为"锤叔公"，平常村里有什么纠纷都会请他出来调解。这次，眼见惨状，长须飘胸的锤叔公挺身而出，和乡亲们商议，代表乡亲们去谴责那些强盗。他拄着拐杖，迈着蹒跚的步子准备与侵入村庄的日军理论。但是，日本强盗是不讲理的，在回村的半路上，日本兵拦住了他，并抢夺他藏在腰带上的银元，老人怒斥强盗，竟被强盗用刺刀活活刺死，强盗还把他的尸体推进了路旁的一条水沟内。说到这里，曾华荣老人声音有点哽咽，并不住地摇头叹息，少时亲眼目睹的血淋淋的屠杀场面，在他的记忆里永远挥之不去。

追踪遗存史迹，牢记历史不是要延续仇恨

为了对历史有更真切的了解，曾华荣老人带着我们追踪了一些史迹。老人带我们来到村口，他指着曾厝垵社的 43 号说，这是当年日军放火烧过的房子。这房子表面看起来还比较完整，但经曾老一指点，我们发现，房子的后半落是经过翻建的。

我们经过曾厝垵社 45 号的一座闽南式的四合院时，看见一位老人坐在院子门口的石墩上沉思。我们的到来把他从沉思中拉回了现实，原来他也是这场血腥惨案的见证人之一。他是华侨的后代，由于祖上利用曾厝垵独特的地理环境，下南洋创业，后来发家致富又返回家乡来盖房子。日军侵略厦门时，家族中大部分人都逃往国外，由于闽南人家乡的观念很强，不管走到哪里，家乡的根是不能断的，所以家族中就留下一个人来看守家园，现已 83 岁的曾姓老人就是当时留下来的华侨后代。他说在日军登陆厦门前的清明节那天，就已经出动了三十几架飞机对曾厝垵进行狂轰乱炸。老人说当时日军的飞机飞得很低，往他家厢房投下了一颗炸弹，炸弹在房子里滚了一圈，爆炸之后留下了好大一个坑，连用三合土夯筑起来的墙壁也被炸毁了。说着老人带我们去看当年被炸弹炸过的地方，我们看到的是已经修复好了的房子，虽已看不见被炸的痕迹，但在他们的记忆里，这是永远留于心中的梦魇。他告诉我们，到了日军侵入岛内，进入曾厝垵村，见到没被炸毁的房子就烧，老人不住地摇头说，那情景和电影上演的一模一样的。

曾华荣老人又带着我们来到村外的一棵大榕树下，这棵大榕树也见证了一场血光之灾。日军与中国守军鏖战时，一个老奶奶被日军的炮弹炸伤了，倒在路边呻吟着不能走路，有两个中国军人看见了，不顾自己的安危，把奶奶抬到附近村民家里止血。这时，传来消息，说日军进村了，奶奶怕他们被敌人发现，就赶忙叫他们换上自己儿子的便装，装扮成普通民众赶快离开村庄。当两个军人换好衣服要走出房子时，敌军的摩托到了，他们把两个军人和那个奶奶一起拖到榕树下，当场把他们三个人的头砍了下来，这棵榕树至今仍在，见证了这段惨绝人寰的历史。

　　我们来到村外的曾山脚下，曾老用手指着山上的一个位置说，当时村民躲避的"大厝内"就在那个位置。"大厝内"是一块巨大的岩石，岩石下面有石洞，可容数百人，当时他曾躲藏到洞里面。改革开放前，乱采山石，这块石头被毁掉了。老人指着山下的一片地块告诉我们，这一地带近日就要进行拆迁改造，地块上一座残破的李氏宗祠，当年也被日军放火焚烧过，老人略带沉思地说，我们要记住历史。时代总是在前进的，"日本忌"已经成为一种民俗文化现象，它告诉人们，中日要友好，人类要和平。

（《厦门日报》2008 年 5 月 11 日）

11. 厦门市思明区抗战损失调查①

证　人：钟守容，女，1939年7月4日生，现住斗西路171号403室，身份证号码（略）　钟妙竹，女，1940年5月28日生，现住万寿路135号601室

调查人：叶碧虹

调查单位：溪岸社区居委会

调查日期：2006年3月31日

1944年冬天日寇把我父亲钟招明抓走后，强迫他当汉奸，因其不愿意即用酷刑迫死，年仅41岁。

证　人：陈美妹，女，1944年11月25日生，现住大学路85号501室，身份证号码（略）

调查单位：万寿北社区居委会

调查日期：2006年4月4日

日军占领厦门前，对厦门进行野蛮轰炸，当时我家在厦大演武池（现厦大邮电局）有一座二层五个店面的楼房，被日本侵略者炸为平地。

证　人：蔡秀珍，女，1931年4月27日生，现住小学路138号C201室，身份证号码（略）

调查人：陈全福

调查单位：小学社区居委会

调查日期：2006年4月26日

抗战时期，父亲蔡振东在曾厝垵开诊所，日军上岸后整条街被泼汽油烧毁，我家家产全部被烧，无法估计价值。

证　人：林碧华，女，1923年8月21日生，现住禾祥西路505号407室，身份证号码（略）

调查人：林延前

调查单位：希望社区居委会

调查日期：2006年4月29日

抗日战争期间，我家住在厦门港沙坡头，房子共有13个房间，被日本人放火烧个精光。

---

① 本文系根据中共厦门市思明区委办公室2006年进行的抗战损失入户调查材料整理而成，文字有删节和调整。中共厦门市思明区委办公室存。

第七阿姑（1911年左右出生）林七宝，在日本人侵犯厦门时，坐船逃往香港，在船上被机关枪射死。

证　　人：高秀琴，女，1919年8月19日生，现住希望大厦南804室，身份证号码（略）

调 查 人：林延前

调查单位：希望社区居委会

调查日期：2006年4月29日

日军占领厦门后，我全家去鼓浪屿避难，原住禾山吕厝社500平方米的房子全部被烧光。

大伯王福成（男，25岁）因战乱失踪，亲妹高进治（女，16岁）自小送人，后来又回家，不久不知去向。

证　　人：李珊湖，女，1916年1月8日生，现住湖中路19号101室，身份证号码（略）

调 查 人：韩小莉

调查单位：湖滨社区居委会

调查日期：2006年4月30日

1941年1月，我丈夫陈水信（男，26岁）在鼓浪屿被日军抓去询问是否参加反日组织，第一个星期还有去当时的鼓浪屿工部局送饭，第8天起就下落不明，不知是死是活。

证　　人：苏庆寿，男，1930年12月16日生，现住湖中路75号502室，身份证号码（略）

调 查 人：韩小莉

调查单位：湖滨社区居委会

调查日期：2006年4月30日

我们全家靠父亲打鱼维持生活，生活不富裕，但一家四口生活还算平静，哥哥有10多岁了，也能够帮助父母做些事情，可是，日军侵略厦门后，全家的生活陷入困境。1942年的一天，哥哥苏庆福无故被日军抓走，父亲苏迎宗和母亲林快四处打听寻找，均没有下落，估计遇害了。父母亲悲急交加，一病不起。一年中，三个亲人都不在了，仅留下还很年少的我，靠打小工有一顿没一顿地勉强生存。我本人也曾被日军打过。

苏庆福，男，约15岁，1942年在美仁宫附近被日军抓走，之后不知下落。

苏迎宗，男，50多岁，渔民；林快，女，50多岁，1942年因长子被抓无处寻找，悲急交加病倒，无钱医治致死。

证　人：杨立华，女，1929年3月生，现住湖滨南路96号1603室

调查人：林延前

调查单位：希望社区居委会

调查日期：2006年4月30日

抗日战争时期，我哥哥当时住在禾山镇，在虎头山卖地瓜时被抓、被害。

证　人：钱亮，男，1926年12月25日生，现住湖滨南路188号601室，身份证号码（略）

调查人：韩小莉

调查单位：湖滨社区居委会

调查日期：2006年4月30日

我们钱家在厦门已经住了300多年了，祖祖辈辈在厦门生活、工作，到我父亲这一代生活无忧，父亲三兄弟各自有工作，叔叔开了一家米店，全家20多人生活较为富裕。日军侵略厦门后，损失最大的就是我叔叔开的米店，店内所有的储存都被日军抢走了，全家逃难到鼓浪屿，从此，父辈们的工作没有了，米店没有了，20多人的生活都陷入了困难之中。

证　人：杨玉琼，女，1927年2月12日生，现住湖滨南路188号603室，身份证号码（略）

调查人：韩小莉

调查单位：湖滨社区居委会

调查日期：2006年4月30日

小时候，父亲经营着一家米店，生活还算富裕。日军侵入厦门后，要求凡是有粮食的人家必须登记，不允许私自储存粮食，规定每户只能存放一包米（200斤），其余全部上缴。当时我们家存有100包的泰国香米，这事被汉奸告密，日军将我们家围住，将粮食全部没收，还强制父亲及家中其他人无偿为日军服务。按当时的市价，100斤香米等于12枚银币。米被日军抢走了，也就是我们家的财产全部被日军霸占了，最后全家只能靠挖野菜来充饥。

证　人：杨金赐，男，1928年5月2日生，现住厦禾路825号407室，身份证号码（略）

调查人：韩小莉

调查单位：湖滨社区居委会

调查日期：2006年4月30日

我出生在后江埭，日军侵入厦门后将原属于我家所有的后江埭十几号中的唯一一栋三层楼，约300多平方米的红砖楼，以换粮食为名侵占。当时只给了二布袋的地瓜干，我父亲及两个兄弟和他们的家属只带着随身物品搬出，楼中所有家具及其他物品均被日军霸占，全家只好搬回老家惠安躲避。当时，我们家损失很大，无法估算，我本人也被日本人抓过、打过。

　　证　人：王清顺，男，1921年7月8日生，现住湖中路1号103室，身份证号码（略）

　　调查人：韩小莉

　　调查单位：湖滨社区居委会

　　调查日期：2006年4月30日

　　那时候我大概是19岁，父亲在海沧开了一间食杂店，我帮着父亲打理生意。我们从海沧运货到厦门，换取钱物维持生活，暗地里还经常帮助或运送反日组织成员往返于海沧与厦门之间，后被日军发现，我被捕，关在原厦门日报社99天，忍受日军的毒打、烧烟头、灌辣椒水等酷刑，家中的两条船也被日军没收，一条是金缘花号，另一条是顺德花号。

　　证　人：王辉煌，男，1930年6月30日生，现住湖中路13号503室，身份证号码（略）

　　调查人：韩小莉

　　调查单位：湖滨社区居委会

　　调查日期：2006年4月30日

　　我们一家6口人靠祖母在曾厝垵开的一家菜馆和一间杂货店生活，当时的生意非常好，生活无忧。8岁那年日军攻打厦门，进驻曾厝垵。为了躲避日军的轰炸，祖母带着我们逃到了山上。轰炸中菜馆和杂货店内的东西均被损坏，特别是一口最有价值的大古盒被日军抢走，一间30多平方米的住房也被日军烧毁。从此以后，我们家没有了生活来源，也没有了容身之地。

　　证　人：郭彩芬，女，1929年2月22日生，现住湖中路13号502室，身份证号码（略）

　　调查人：韩小莉

　　调查单位：湖滨社区居委会

　　调查日期：2006年4月30日

　　小时候，父亲在中山路开了一家药店，全家十几口人靠此生活，日子还过得去。可是日军的侵略，使我们全家处于战争的混乱之中。全家逃难到鼓浪屿，无法搬走的药店却被一抢而空，唯一的生活来源就此毁于战争之中，也使我们全家的生活陷于困境。

证　人：林建成，男，1930 年 3 月 14 日生，现住文灶 53 号，身份证号码（略）

调查人：韩小莉

调查单位：湖滨社区居委会

调查日期：2006 年 4 月 30 日

我原籍是同安，后来被卖到惠安，5 岁的时候随家人从菲律宾返回厦门，在梧村开了一家米粉厂。日军侵入厦门后，我们家的米粉厂被日军强行霸占了。全家人没有了粮食，只好开荒种地，种一些粮食以糊口。

证　人：蔡清林，男，1925 年 9 月 17 日生，现住后江埭 116 号 602 室，身份证号码（略）

调查人：林延前

调查单位：希望社区居委会

调查日期：2006 年 4 月 30 日

日本侵略时，我逃到鼓浪屿，后又逃到南安，中途财产被强盗抢夺，思明西路住家被抢光，两层楼的房子也被拆了。两个弟弟蔡清桂、蔡××在南安病死，阿姑肖石也在南安病死。

蔡清桂，男，10 岁，1938 年在南安病死。

蔡××，男，2 岁，1938 年在南安病死。

肖　石，女，10 岁，1938 年在南安病死。

证　人：吴兆熊，男，1928 年 4 月 25 日生，现住湖中路 79 号 405 室，身份证号码（略）

调查人：韩小莉

调查单位：湖滨社区居委会

调查日期：2006 年 4 月 30 日

我们家原住在厦门港，父亲开了一家首饰店，靠海有一大片的房产，在当时的厦门，我们家非常富裕，家中成员较多，生活无忧无虑。父亲曾出资在南普陀山上建了一尊大佛。可是，日军侵入厦门后，我们家的首饰店被抢，房屋被炸毁，全家人被迫逃难到鼓浪屿。无奈之中，父亲带着部分亲属逃往国外，我与姐姐留在厦门，在苦难中勉强生存。

证　人：黄好景，女，1927 年 11 月 8 日生，现住湖滨南路 168 号之二 303

室，身份证号码（略）

调 查 人：韩小莉

调查单位：湖滨社区居委会

调查日期：2006 年 4 月 30 日

我们家原来住在中山路，父亲开着一间不大的面馆，这也是家里唯一的经济来源。日军侵入厦门后，要求每间店面都要挂牌标价，父亲因有一次没按要求挂出来，就被日军抓走，用以开面馆的原材料也被日军抢走。生意做不成了，全家人没有了经济收入，我们只好随同父亲逃到龙海，以谋生存。

证 人：吴晗，女，1911 年生，现住松柏

陈水溪，男，1939 年 8 月 20 日生，现住溪岸路 60 号后门，身份证号码（略）

调 查 人：叶碧虹

调查单位：溪岸社区居委会

调查日期：2006 年 5 月 9 日

1938 年举家逃难至鼓浪屿避难所，1939 年 7 月 7 日陈麒麟与其子划小船欲回家查看家产损失情况，至筼筜港（现电子城附近）被美头山日本驻军的机关炮打中，陈麒麟当场死亡，其子跳海逃生。7 日后，经人相报，方于凤屿后寻获尸体，就地埋藏。

陈麒麟，男，73 岁，渔民，1939 年 7 月 7 日被日军机关枪打死。

证 人：张君福，男，1926 年 2 月 6 日生，现住北门外街 23 号 401 室，身份证号码（略）

调 查 人：叶碧虹

调查单位：溪岸社区居委会

调查日期：2006 年 5 月 11 日

哥哥张君镇 1945 年到金门修飞机场时被日本兵打死，农历三月初五被工友抬回家后，其妻钟月英外出一直没有回来。

张君镇，男，1919 年生，工人，1945 年农历三月初五在金门修机场时被日本兵打死。

钟月英，女，1922 年生，1945 年丈夫张君镇死后，钟月英外出一直没有回来。

证 人：黄耀尘，男，1929 年 6 月 1 日生，现住溪岸路 228 号三楼，身份证号码（略）

调　查　人：叶碧虹

调查单位：溪岸社区居委会

调查日期：2006 年 5 月 12 日

我们一家的生活来源主要依靠父亲黄盖闯从菲律宾寄回侨汇维持，抗战 8 年，侨款汇寄中断，我当时年少，祖母（张懿）年老，母亲（洪秀琴）稍有残疾，妹妹（黄淑婉）年幼，因失去生活来源，一家 3 口活活饿死。

张懿，女，60 岁，无业，1939 年 12 月因失去生活来源饿死。

洪秀琴，女，40 岁，无业，1945 年 5 月因失去生活来源饿死。

黄淑婉，女，8 岁，1942 年 8 月因失去生活来源饿死。

证　人：曾银凤，女，1926 年 8 月 14 日生，现住曾厝垵社 132 号，身份证号码（略）

陈月珍，女，1933 年 5 月 18 日生，现住曾厝垵社 302 号，身份证号码（略）

调　查　人：胡惠莲　曾银叶

调查单位：曾厝垵社区居委会

调查日期：2006 年 5 月 14 日

1937 年农历四月十三日，日军兵分两路（一路从厦大，一路从五通）侵略曾厝垵村，在曾厝垵港口社半边宫附近曾焕子等 24 名青年被捉，跪在地上被日军用机关枪集体扫射死亡。

曾银凤的父亲曾维琪、母亲郑珠、公公叶允被日军飞机扫射死亡，陈福生、曾国波、曾国林、曾清祷、曾锤、郑炳生、郑炳福、柯虾、柯狮、柯浪等 20 人被刺刀活活刺死，郑炳来受伤。

证　人：蔡水保，男，1918 年 7 月 16 日生，现住曾厝垵社 258 号，身份证号码（略）

曾亚续，女，1926 年 1 月 16 日生，现住曾厝垵社 320 号，身份证号码（略）

调　查　人：曾银叶　胡惠莲

调查单位：曾厝垵社区居委会

调查日期：2006 年 5 月 18 日

抗战时期，日军侵略曾厝垵村，烧杀抢掠，无恶不作，给曾厝垵造成巨大损失。曾氏宗祠、顶店仔、港口（李喷花厝）、陈月珍厝、中路尾一片房屋、曾华荣厝、培英厝等约 30 座房屋被烧，鸡、鸭、猪、羊被赶走无数。

证　人：陈水龙，男，1928 年 12 月 21 日生，现住曾厝垵仓里社 78 号，身份证号码（略）

郑连赏，男，1924 年 1 月 21 日生，现住曾厝垵西边 103 号，身份证号码（略）

调 查 人：胡惠莲

调查单位：曾厝垵社区居委会

调查日期：2006 年 5 月 19 日

1937 年农历四月十三日，日军从厦大方向侵入胡里山社。村民陈水龙的父亲陈马生、哥哥阿木结、陈天赐等 13 人被日军炸死（有的用刺刀活活刺死，有 1 个妇女被奸淫后被刺死）。

西边社有 2 人被害死，其中 1 人被放火烧死，1 人被逼跳井死亡。

日军侵略曾厝垵胡里山社时，烧毁胡里山宫庙 1 座、民房 16 座，村民损失惨重，整个胡里山面目全非。

仓里社黄承慈祖厝，黄红柑祖厝，林记团花园、别墅，黄彩勤祖厝等约 10 座房子被烧毁。

西边社李亚有厝、郑氏祖厝、郑亚市厝、永慈厝等 7 座房子被烧毁。

证　人：许阿琼，女，1932 年 3 月 2 日生，现住下澳仔 10 号，身份证号码（略）许有福，男，1934 年 10 月 7 日生，现住顶澳仔 1 号，身份证号码（略）

调 查 人：姜秋月

调查单位：下沃社区居委会

调查日期：2006 年 6 月 2 日

在抗战期间，下澳片区 1 所学校，许姓"四房"、"五房"的房屋被日本侵略者烧毁 300 多间。顶澳片区内 1 所庙宇、许姓"六房"的 40 多间房屋被烧毁，还有 1 家玻璃厂近 200 平方米也被烧毁。

证　人：陈秋农，男，1924 年 4 月 1 日生，现住大人宫 15 号，身份证号码（略）

调 查 人：张丽卿

调查日期：2006 年 6 月 27 日

1945 年，王亚溪（男，24 岁）被日本鬼子抓去日本海军司令部处死。

证　人：洪天贺，男，1942 年 5 月生，现住万寿北里 107 号 101 室

听父亲讲，当时我才 1 周岁多，被姑姑抱着和奶奶一起在鼓浪屿的一所庙里藏身，被日本飞机的炮弹击中，奶奶当场死亡，姑姑腰部受伤，我的腿被弹片击

中，现走路一拐一拐，成了残疾人。

　　证　人：庄耀宗，男，1921年2月生，现住湖滨南路88号之二303室

　　调　查　人：林延前

　　日本侵略厦门时，我家住第一医院路口上古街40号。当时逃到鼓浪屿过夜，然后逃到漳州。抗战胜利后回来，平屋四房一厅、一个场地，全被日本人拆了。房内东西包括檀木椅子、床、家具等全被毁了，衣服也没了。

四、大事记

1937 年

5 月 16 日　上午 10 时许，4 架日军飞机轰炸上杭县城，炸死 5 人，毁屋数间。

6 月 2 日　日机轰炸上杭，投 4 枚炸弹，炸死 6 人，伤数 10 人，毁屋多座。

8 月 28 日　日本军舰在闽江口外扣留中国商船"同济"轮 1 艘，并开始封锁海口。

8 月 30 日　上午 9 时，日机 1 架首次空袭建瓯，投下重磅炸弹 2 枚，死伤 11 人。

8 月 31 日　上午 8 时，日机 4 架在建瓯投弹 2 枚，死亡 30 余人。

9 月 3 日　厦门首次遭受日舰炮击和日机的轰炸扫射，日舰 3 艘入侵。

9 月 7 日　日舰在霞浦西洋岛海面掳去船只 8 艘，船中粮食被抢。

9 月 12 日　日舰两艘在连江海面劫去福清民船两艘，捕去 20 余人，并焚毁船只。

9 月 14 日　日舰在连江海面焚毁渔船两艘。

9 月 17 日　日舰炮轰厦门、永宁、骚扰福建沿海。

9 月 24 日　日舰在海澄县海面捕去渔船、商船 8 艘，货物被抢，船只被焚毁。

10 月 9 日　日舰在海澄县海面劫掠、焚毁小渔船 7 艘，惨杀船上渔民。

10 月 12 日　日舰炮轰霞浦东冲镇。

10 月 24 日　日机 1 架数次盘旋于晋南东石、水头空际，并向五里西桥投弹。

10 月 26 日　晨 3 时许，日军进攻金门，在敌机和敌舰炮火掩护下，日军海军陆战队分乘 20 多艘小艇，从后浦、古宁头登陆，金门失陷。

11 月 18 日　日军肆扰沿海，本省渔民备受荼毒。

12 月　厦门大学被迫迁移长汀。

1938 年

1 月 25 日　日机侵袭厦门，投弹 23 枚，炸沉民船及海关巡逻艇各 1 艘。

2 月 4 日　拂晓至下午 3 时，日机轰炸厦门，出米岩一带被炸毁民房 60 多间，死伤 10 余人。

2 月 9 日　下午 1 时，日机 1 架向建瓯飞机场投弹 10 枚。

2 月 24 日　日机 3 架从漳州旧桥向北低飞，连续投弹 30 多枚，炸中烧灰巷、南市场、龙眼营及上坂中山公园一带，炸毁民房 114 间，伤亡 100 多人。当日福州第一次遭日机空袭。

2 月 25 日　上午 10 时，日机 12 架向建瓯飞机场投弹 30 枚，场中汽油被焚。

2 月 26 日　日机 15 架在漳州汀观道附近投弹 3 枚，倒塌民房 3 间，无伤亡。

3 月 17 日　日机轰炸漳州城，无伤亡。

4 月 4 日　上午 11 时半，日机 18 架向福州王庄乡、莲宅乡投弹 38 枚，又开枪扫射，幸无伤亡。但在空袭中因一民妇闻警逃避，灶火着地酿成火灾，烧毁房屋 18 余间。同日，永泰县遭空袭，死 2 人，伤 3 人，毁屋 12 栋。

4 月 12 日　下午 2 时许，日机 5 架空袭永春，向留安机场投弹 12 枚，烧伤群众 2 人。上午 11 时，日机 6 架向建瓯西北郊投弹 15 枚。

4 月 30 日　下午 2 时 30 分，6 架日机首次空袭长汀县，投掷 12 枚炸弹，毁屋 4 座，良田二丘，未有伤亡。

5 月初　日军集结海军陆战队和华东派遣军第 14 艘队，调动巡洋舰、驱逐舰和航空母舰"能吕登"号，运载海、陆、空军 3000 余人，飞机 30 余架，发动侵厦战役。

5 月 5 日　日机 2 架闯入云霄东坑村上空，用机枪扫射，死 1 人；内外两楼村边遭轰炸，死 2 人。

5 月 10 日　晨 4 时，日机 18 架配合舰艇 11 艘猛烈炮击轰炸厦门何厝一带，日军随即乘汽艇 30 余艘在五通登陆，何厝、江头、禾山相继失陷。

同一天上午 9 时 50 分，6 架日机侵入长汀县上空，在飞机场附近村庄投弹 2 枚，并用机枪扫射，幸无伤亡。上午 10 时，敌机 5 架轰炸古田县城外机场，死 2 人，伤 3 人。上午 12 时，日机 5 架向建瓯西郊飞机场投弹 11 枚。

5 月 11 日　凌晨，日机日舰配合猛攻白石、胡里山、盘石炮台，守军伤亡惨重。午后狂轰厦大，投弹 50 多枚。

5月12日　日机终日轰炸厦门，死伤多人。

5月13日　日本侵略军占领厦门全岛。

5月13日　上午12时14分，3架日机再次空袭长汀县郊飞机场，投弹30余枚，并用机枪扫射，弹均落于空地。

5月16日　上午10时，日机3架向建瓯西郊投弹28枚。

5月18日　有人在前厦门海军司令部门口掷炸弹击毙日本哨兵7人，日军大肆搜查，枪杀无辜居民上百人。同一天，日舰炮轰东山县城。

5月23日　日舰炮轰连江长门要塞及黄岐、北茭、梅花等地。

5月26日　盘踞厦门日军连日炮击澳头、集美。

5月27日　数架日机空袭长汀县，炸毁印塘上民房数座，全部损失折价1.77多万元。

5月30日　上午11时，日机3架向建瓯西郊投弹20枚，其中一枚落于城内长春巷，伤2人。

5月31日　敌机3架对云霄县俯冲三四次，投弹8枚，机枪扫射1次，炸死5人，烧伤4人，毁民房数10间。

5月　日军侵占海澄县浯屿岛后，杀害无辜群众23人，烧毁渔船42只、房屋11间，并将9名生病的群众押到荒岛上活活折磨死。

6月1日　日机投燃烧弹燃烧停泊在长门的炮艇。同日，日军派兵100余名进入鼓浪屿，搜查抗日分子。

同日　日机7架由长乐柳头湾航空母舰起飞，在长乐、马尾、福州上空散发荒谬传单，又在乌龙江螺南乡附近投弹数枚，企图炸"楚泰"军舰。

6月3日　上午10时30分，3架日机侵入长汀县上空，散发标语一束，并投弹30枚，毁民房1座。上午11时，日机3架向建瓯西郊投弹20枚。

6月9日　上午9时30分，3架日机空袭长汀县，投9枚炸弹后遁去，同时又到建瓯西郊投10弹。

6月13日　日本当局在鼓浪屿成立特务队，搜捕有"抗日嫌疑"的厦门青年。

6月21日　上午11时46分，5架日机空袭长汀县飞机场油库一带，投弹13枚后遁去。

7月6日　上午9时，日机3架向建瓯西郊飞机场投弹30枚。

7月13日　罗源县小西门被炸房屋7间。

8月10日　云霄县城西门佛祖庙被炸一大窟窿，一居民血肉横飞。

8月　日舰不断在闽南沿海一带袭扰。

9 月 8 日　日机轰炸闽江，死 10 余人，伤 30 余人。

9 月 10 日　云霄县城遭 3 次轰炸，伤亡不详。

11 月 25 日　厦门日军搜查中华书局及商务印书馆，没收书籍数万册，悉予焚毁。

12 月 24 日　日机 3 批、12 架次飞抵龙海石码上空，投弹 11 枚，炸死 12 人，伤 17 人。巡盐局巡艇及木帆船 6 只被炸。

1939 年

2 月 4 日　日驻台湾总督府决定开辟厦门为自由港，以夺取英在远东以香港为中心的商业利益，并在厦门设拓殖会社，移民垦殖开矿。

2 月 4 日　日机 33 架分 11 批在漳州城上空盘旋近 1 小时，但无投弹。

3 月 1 日　日伪在福建制造鸦片的总机关福裕公司成立。

3 月 3 日　日机在龙溪投弹，并空袭泉州 4 次，投弹 5 枚，死伤 10 余人。

3 月 8 日　午后 2 点钟，日机 4 架轰炸泉州，投下 6 弹，死伤 20 余人，炸毁民船 10 数艘。

3 月 14 日　日机轰炸同安刘五店。

3 月 21 日　日机 4 架两度狂炸福州市区。

3 月 22 日　日机 4 架空袭泉州，投 11 弹，死 8 人，伤 11 人。同日，日机 4 架轰炸晋江，并以机枪扫射。

3 月 23 日　日机 4 架空袭龙海石码，西湖路中弹 4 枚，伤 13 人，死 1 人。

4 月 14 日　日机 3 架空袭龙海上码武庙，向打银巷、直扶街投下 8 弹，炸死 7 人，伤 15 人，毁房屋 30 多间。

4 月 15 日　日机 1 架窥探福州，并在连江罗星塔附近投弹 2 枚。

4 月 16 日　日军派遣汉奸冒充难民，携带大批毒菌自厦门出发，前往内地毒害人民。

4 月 21 日　日机 4 架 3 次狂炸福州市区，死伤 30 余人，毁屋多间。

4 月 22 日　日机 3 架空袭建瓯，向水西桥等处投掷 6 弹，死 4 人，伤 13 人。

4 月 23 日　日机向建瓯北门外投弹 6 枚。

4 月 25 日　日机滥炸福州市区，投弹 40 枚，死伤惨重。

4 月 27 日　上午 10 时 5 分，2 架日机侵入长汀县上空，向飞机场投弹 2 枚，横岗岭落弹，毁民房及店屋 8 座。同日，厦门大学学生宿舍被日机投中 1 弹，宿舍被毁,烧伤群众 3 人。

4 月 28 日　日机三度滥炸长门琯头,死伤数 10 人。

4 月 30 日　日机 1 架侦察闽江口后向电光山投弹,毁渔船 1 艘。

5 月 1 日　日机分批狂炸福州,并开枪扫射,毁屋数 10 间,死伤数 10 人。同日,川石、长门、琯头、闽安、马尾等地均发现日机临空侦察。

5 月 2 日　日机 4 次狂轰福州,市区精华被摧毁殆尽。

5 月 3 日　日机轰炸琯头、长门、福州。

5 月 4 日　日机 1 架在晋江肆虐,并侦察惠安、龙溪。

5 月 5 日　日机轰炸晋江、云霄,共毁屋 30 余间,沉船 4 艘,伤 2 人。

5 月 6 日　同安、大嶝莲河遭日机滥炸。其中同安中 14 弹,炸死 31 人,炸伤 38 人,毁屋 30 余座。

5 月 7 日　日机滥炸福州、集美、海澄、南靖等地。在南靖投弹 22 枚,计炸死 23 人、炸伤 20 余人。

5 月 8 日　日机首次轰炸南平,投弹 13 枚,毁屋多间,死伤 8 人;同时分批狂袭福州,受损惨重。肆虐后往霞浦、罗源、福鼎、宁德等县侦察。

5 月 9 日　日机 7 架滥炸战时国民党省政府驻地永安,在市区投弹 16 枚,并用机枪扫射,倒屋 50 余间。同日,日机 4 架两度空袭泉州,投 20 余弹,死伤 50 余人,毁屋无数。

5 月 10 日　日机 4 架两度狂炸泉州,投弹 20 枚,死伤 50 余人,毁屋 40 余间;2 架空袭长汀,投掷 4 弹,毁屋 40 余座,死 1 人,伤 2 人;11 架侦察海澄、石码、龙溪。

5 月 11 日　日机 13 架猛炸晋江,投弹 36 枚,死伤 6 人,毁屋百余间。

5 月 11 日　日军侵占鼓浪屿。日借口鼓浪屿屡次发生反日事件,派陆战队在该岛登陆。

5 月 12 日　日机 24 架分炸龙溪、石码、海澄。日机 10 架空袭漳州,投弹 29 枚,并开枪扫射。

5 月 14 日　内田总领事向工部局董事会穆尔霍士提出处理鼓浪屿事件的五项条件:彻底取缔抗日反日;由日本人担任工部局局长兼巡捕长以及秘书长,其他职员也应尽可能聘用日本人;日籍台湾人在工部局董事会应享有选举权和被选举权;董事会悬缺的中国纳税者 3 名代表应立即递补;日本总领事馆警察可以协助工部局巡捕搜查检举反日抗日分子。

5 月 14 日　日机 8 架窜入漳州市上空滥施轰炸,计投弹 17 枚,倒屋 50 余间，死伤 20 余人。下午 3 点钟，日机轰炸南安县城丰州，衙口落 30 多弹，炸死百余人，毁屋数 10 间。

5 月 15 日　日机再度滥炸战时省会永安，被炸 11 处，落弹 27 枚，死伤 13 人，毁屋四五十间。福州、马尾、营前及龙溪各地亦遭轰炸。

5 月 16 日　日机两度轰炸福州，同安、集美、海沧、澳头、角尾亦有敌机投弹。

5 月 17 日　日机分炸琯头、马尾，共投弹 16 枚。下午 1 时 30 分，日机 8 架在东山城厢投弹 10 数枚，死伤数 10 人。同日，日机 13 架轰炸同安澳头，无死伤。

5 月 18 日　日机竟日 5 次起飞轰炸福州、马尾。

5 月 21 日　日机 6 架在龙溪县上空投弹 28 枚。

5 月 22 日　海沧、灌口、集美被日机轰炸。

5 月 23 日　日机 3 架滥炸永春县城，投弹 6 枚，烧伤群众 10 人，毁店屋数十间。同时，日机以机枪扫射五里街附近的社山小溪仔和柴坝坑。

5 月 23 日　日驻厦门总领事馆内田向英、美、法领事馆及租界当局要求改组租界行政，并以厦门"维持会"为地方政权主体。

5 月 24 日　日机 4 架飞袭龙岩，投弹 11 枚。

5 月 25 日　日机 3 架第一次飞袭莆田，投弹 7 枚。

5 月 26 日　日机 5 次轮番炸福州，毁民房甚多。同时，集美也遭日机空袭。

5 月 27 日　日机分袭福州、福清、莆田，共投 12 枚炸弹。同日，日机 8 架在东山城关投弹 24 枚，毁民房 83 间，祠宇一所，居民死 39 人，伤 45 人。

5 月 28 日　日机竟日 5 次飞抵福州，投弹 16 枚，并在闽东各县窥察。

5 月 30 日　日机 4 次轰炸闽江口长门，投弹 14 枚。

5 月 31 日　日机 18 架分炸闽南惠安、莆田、龙溪等 7 处，长门 6 次遭空袭。

5、6 月间　日舰常在闽江口肆扰。

6 月 1 日　龙溪被日机轰炸 3 次，共投弹 30 余枚；晋江亦被空袭，投弹 10 余枚；闽南、同安、海澄等县竟日均闻机声。

6 月 4 日　日机 4 架飞炸上杭，在城区投弹八九枚，并用机枪扫射，毁公共建筑 2 间，住宅 29 所，商店 5 间。

6 月 5 日　日机 2 架飞袭莆田并开枪扫射，5 架由粤入闽窥察上杭。

6 月 7 日　日机轮番轰炸长门、琯头；福清、莆田、惠安均发现敌机。

6 月 8 日　日机轰炸古田水口，投 4 弹，并再袭长门、琯头。

6月9日 日机6次空袭长门，每次投弹4枚；湾口、琯头及同安县属第三区青阳均遭日机空袭投弹。

6月10日 日机分炸长门、琯头。

6月13日 马尾、长门、闽安先后遭日机空袭，并有日机窥察南平。

6月14日 日机首次空袭浦城，在城郊投弹10余枚，县立西门小学被毁。闽江口沿岸各地三度遭日机轰炸。

6月15日 日机1架投弹5枚，龙海下仔尾通易公司和紫云岩寺一带被炸死6人，伤14人，毁屋10多座。日机2架空袭霞浦城关，投3弹，炸死3人。

6月16日 日机空袭长门，投弹4枚。

6月17日 日机9架由江西起飞空袭建瓯、古田、水口附近及闽南地区。漳平、华安亦发现日机。

6月20日 日机6架分窜宁洋边上空，旋即折返。

6月22日 日机3架由江西窜入长汀，在市区投弹18枚，炸死20余人，伤23人，毁店屋10多座，造成1000余人无家可归。

6月23日 日机3架轰炸连城，向城区李坊保投弹12枚，房屋被毁275间以上，约值法币150万元。

6月25日 日机3架空袭诏安，向中山路、丹绍小学、黄厝祖祠后投弹4枚，炸死2人。下午5时，日机6架从江西飞入武平县上空轰炸，投弹26枚，炸毁民房24间，炸死17人，炸伤22人。下午4时，日机3架向建瓯青云路、磨房后、小梨山、西大路投弹6枚，死2人，毁屋5座。

6月26日 日机1架向玉楼村投弹2枚，炸死2人，伤1人。

6月27日 闽江口增泊日舰10艘，内有航空母舰1艘，载飞机20架，运舰3艘。同日，日舰突破闽江口外封锁线，占领川石岛，在岛上构筑工事，架设炮位。

6月28日 日机10架更番起飞侦察、轰炸闽江口一带，投弹百数十枚。

6月30日 上午10时30分，日机7架向莆田中心小学投弹13枚，校舍全部被毁，炸死学生2人。

6月 日军驻厦门特务机关"兴亚院"派特务潜入马祖列岛南北竿塘，与踞岛之海匪相勾结，将海匪改编为"和平忠义救国军"。

6月底至7月初 日军向闽江口及附近岛屿发动多次进攻，以图登陆未果。

7月1日 日机不断侦察福州市区四郊、长门、梅花各地，竟日有9次空袭警报。

7月2日 日军从连江筱埕定海村教场前沙滩登陆，枪杀渔民32人，伤30多人。

7月3日 日机9架首次飞袭沙县，向西郊投弹18枚，并开枪扫射，散发荒谬传单。同日，日机轰炸连江苔菉乡，焚毁住户600余家，死50余人。

7月4日 日机轰炸福安县东门吴厝及龙冈街，房屋被炸7所，死伤16人。日机轰炸宁德三都，死2人，毁校舍1座。日机9架滥炸永春县城，投弹10余枚，毁文、武庙和民宅10余间，同时，以机枪扫射五里街至卿园一带公路。

7月5日 日伪兵分由平潭龙王头、溪口、夯尾三处登陆，平潭沦陷。

7月6日 日机9架飞袭建瓯，投弹20余枚，炸死5人，毁屋8座。

7月7日 日机再度空袭福州市区，投弹10余枚。

7月8日 日机数10架分批轰炸长门、琯头、三都。

7月9日 日机侦察长乐、福清、晋江、惠安、莆田各地，并在长门投弹。

7月10日 日军在闽江口外不断捕我民船，封锁海轮交通。闽江口外泊日舰14艘、汽艇13艘。

7月11日 停泊在闽江口外的日舰上飞机6次起飞，分别空袭长门、长乐，各投弹10余枚。建瓯同时发现日机多架，二次侵入侦察。

7月12日 日机4架空袭南平，投弹8枚，并开枪扫射；敌机4架飞窜长门熨斗岛，投弹6枚，亦向电光山投弹6枚。同日，日机3架空袭东山县，投弹9枚，毁民房19余间。

7月13日 日机3架飞袭东山投弹，伤亡不少。罗源凤山镇张保小西门亦遭日机轰炸，死亡7人，民房被毁100余座。同日，日机分炸莆田、涵江、惠安。莆田、涵江共投弹18枚，死1人，伤2人。

7月14日 日机3架首次轰炸建阳，向南郊修车厂投弹5枚。同日，日机三五成群轮番扫射东山城关镇，投弹四五十枚，县城化为焦土，军民均有伤亡。

7月15日 日机23架分三批竟盘旋轰炸东山。日机18架次空袭诏安，投弹15枚，炸死5人，伤1人，毁房屋64座。

7月16日 日机2架向诏安丹绍小学投弹5枚，炸死学生1人，毁教室9间。

7月17日 日机3次向长汀城区投10多枚燃烧弹，城内中正路末段被炸，烧去民房23间，死伤23人。

7月22日 日机飞窜三都澳肆虐，投3弹。日机滥炸长汀联立小学校舍，一女学生被炸死。

7月　日舰在东山岛海面沉放水雷。

8月2日　日机空袭福清松下、海口，共投弹10余枚，炸死4人。龙溪竟日遭日机五度空袭，城区落弹50余枚，毁屋甚多。

8月2—8日　日机10架次分三批向龙海罗锦村、蔡厝巷一带投弹12枚，毁房40多座，炸伤60多人，死38人。

8月14日　日本厦门根据地队在市区内举行攻防演习。

8月23日　日军舰飞机掩护步兵在东山岛屿登陆。至9月3日，炸死民众159人、伤341人，炸毁民房、商店826间，毁民船120只。

8月27日　日机向诏安梅州投弹2枚，死2人，毁房2间。

9月1日　日军在东山西埔纵火烧毁87间房子，抢劫衣物、粮食、畜禽，杀死岛民多人。

9月2日　日机4架向诏安城内投弹12枚，毁房6间。

9月11日　霞浦三沙北澳外洋面渔船9艘被日军舰牵去乐清串作浮桥，渔民49人被殴杀，5人被迫跳海毙命。

9月12日　日机3架向东山沃仔头投弹2枚，毁民船3只，炸死1人，伤2人。日机3架向漳浦城区投弹8枚，死伤16人。日机2架将永泰6艘民船炸沉，船主2人毙命。

9月18日　日机4架向永春上场村投弹6枚，毁民房10余间。日机2架飞入安溪城上空投弹4枚，毁屋数间。日机2架3次轰炸德化县城，先后投弹6枚，死伤无数。

9月18—20日　日机6次轰炸仙游县，共投弹20枚，死5人，伤10人，毁房30间。

9月19日　日机向德化育英小学投弹1枚，当场死3人。日机3架向永春县投弹12枚，伤群众4人，毁民房10余间。上午12时，日机向莆田市投弹4枚，死2人，伤3人，毁兴贤小学及附近民房。

9月20日　日机6架轰炸大田均溪中心小学、私立集美职业学校、大田县立初级学校，共投弹5枚。同日，日机向德化县盐仓投弹，寺后座正殿被炸毁；日机炸毁海澄，毁房数栋。

9月22日　日机7架向沙县城内投弹17枚，毁屋32间，燃烧85间，震毁3间。日机7架轰炸古田县城内三保双坝河等地，死8人，伤4人。

9月23日　上午8时30分，日机2架侵入福安，投弹8枚，炸毁县城西门跑马弄至湖山间民房5座、后巷田管区旧址1座，炸死壮丁6名、平民12人，重伤 8 人。

9 月 23 日 在日舰、日机掩护下，日伪军各部千余人，分由观音澳、夯尾等地登陆，进袭平潭县城。

9 月 24 日 日机 3 架轰炸古田县城东门头村及北门外汽车站，伤 3 人。

10 月 1 日 长乐县三溪中心小学突遭日机狂炸，数座校舍毁灭。

10 月 3 日 日军舰 3 艘向宁德三都连发 4 炮，毁屋 3 间，伤妇女 1 名。

10 月初 由泉赴洋之成千华侨，全被侵厦日军扣禁。

10 月 25 日（27、28）日 机 5 架三度轰炸霞浦城关，投弹 42 枚，死伤 16 人，毁屋百余间。

10 月 26 日 厦门根据地队新任司令官牧田和兴亚院联络部新任政务部长就职。

10 月 31 日 下午 4 时半，日机 7 架向建瓯西郊投弹 12 枚。

11 月 1 日 日机向莆田县城北投弹 13 枚，圣加路医院被毁，炸死病人 6 名，财产损失计 10 万元。

11 月 6 日 日机 9 架次分批空袭莆田，共投弹 14 枚，炸死 10 余人，毁屋多座。

11 月 26 日 日机 3 架飞袭云霄，投弹 47 枚，炸死 2 人。

12 月 1 日 日伪军攻陷诏安，12 月 6 日被国民党军收复。

12 月 5 日 连江琯头发现日机 3 架次，投弹 4 枚，炸死 1 人，伤 7 人。

12 月 7 日 日机 2 架向诏安东关敦伦堂投弹 6 枚，死 6 人，伤 4 人。

12 月 8 日 日机 12 架向诏安林家巷等处投弹 19 枚，死伤平民 7 人，毁坏民房 13 座。日机 3 架轰炸云霄城，投弹 50 多枚，死伤平民 20 多人，倒塌民房 10 余座。

12 月 9 日 日机 5 架向诏安县投弹 18 枚，死 7 人，烧平房 14 间。

12 月 10 日 日机 6 架向诏安许厝田、东路乾等处投弹 13 枚，伤亡 13 人，毁房 37 间。

12 月 11 日 日机 3 架次向诏安美营、岸上、平寨、大埭、仕江等地投弹 9 枚，死伤 4 人，毁屋 8 间。

12 月 20 日上午 日机 6 架向连江琯头投弹 12 枚，死伤 10 余人。

1940 年

1 月 1 日 国民党军为恢复平潭岛，与日、伪军展开争夺战。

3月2日 日机轰炸南安县，毁屋数座。

3月20日 日机飞窜长门、瑭头轰炸，死男女各2人。

4月22日 日机袭击安海，机枪扫射7次，轰炸3次，投弹6枚，死2人。

5月7日 日机8架袭击南靖，投弹25枚，又机枪扫射，死24人，伤30余人，倒屋10余座。

5月17日 日伪因战事失利，日感兵力单薄，对厦禾各地沿海实行封锁，禁止渔民捕鱼。

6月8日 日机1架向诏安圣祖街土地庙前、刘厝祠边投弹1枚，死3人，伤8人。

6月17日 发生"兆和惨案"，兆和公司被捕30余人，损失达3亿元之巨。

7月8日 成立"中日合资"的全闽水产公司。

7月14日 日军航空母舰两艘侵入晋江永宁梅林港游弋，并炮轰村庄田园，炸毁楼房多座，炸死1人。

7月16日 日海军陆战队300余名和伪军，分乘大小汽艇数十艘，在一小型航空母舰（载飞机7架）、6艘战斗舰掩护下，侵扰惠安崇武，大肆劫杀，炸死民众75人、伤30余人，焚毁大小渔船400多艘、民房30余座。

同日 日军500余人分别分乘登陆橡皮艇10只，在2艘航空母舰、6艘军舰、4艘快艇、4架飞机掩护下在晋江永宁登陆，大肆烧杀抢，被炸、被抢杀死民众82人，重伤19人，焚船只近百艘、楼房100余座。

7月16日 惠安县学武镇遭日机轰炸，计死183人，失踪28人，受伤36人，无家可归560人。

7月17日 涵江遭日机空袭3次，投弹19枚，计毁屋10余间，死4人，伤10余人。

7月20日 日本总领事馆发布第3号馆令：公布"取缔出版物规则"。

7月21日 日军出动海陆空军环攻宁德三都岛，先炮击轰炸，继以陆军并混杂海匪登陆，焚烧竟日，四处搜索劫掠，所有民居商店惨遭横祸。

8月7日 闽清县遭日机空袭，震坏民房15间，损失约值5万元，炸死9人，伤5人，毁民船34艘。

8月8日 福安赛岐大道头遭日机轰炸，损失商船3艘、小渔船3艘，死伤16人。

9月3日 日机3架向诏安投弹7枚，死2人，毁房4间。

9月22日 日机5架轰炸连江县城，投弹10余枚，死伤20余人。

9 月 23 日 福安城西小学、基督教堂、王家祠、西门民房被日机炸毁,伤亡 23 人。

10 月 13 日 沙县遭日机空袭,伤 8 人,死 1 人。日机 6 架向福鼎沙埕镇投弹 3 枚,毁民房 4 间。

11 月 20 日 日机 3 架轰炸龙海石码,伤 38 人,死 8 人,毁房 10 多座。

12 月 10 日 日本总领事馆发布第 4 号馆令:厦门日本居留民会和厦门台湾居留民会实行合并,新成立的厦门日本居留民会采取两部制,第一部为日本人,第二部为日籍台湾人。

12 月 15 日 日机 5 架轰炸福鼎县城,毁民房 6 间。

12 月 18 日 日机在同安灌口投弹 5 枚,死 9 人,伤 10 余人。

1941 年

1 月 6 日 日军飞机掩护伪和平救国军千余人进攻平潭县城。

1 月 13 日 日机自厦门起飞,5 次猛炸同安各地。新任厦门日本总领事石川就职。

1 月 14 日、16 日 日机数次轰炸福清,投弹 30 多枚,死伤惨重。

2 月 4 日 国民党福建守军反攻被日军占领的平潭岛、南日岛。

2 月 16 日 伪市府批准厦门劝业银行发行 5 角、2 角、1 角三种纸币。

2 月 23 日 福州疏散人口。

2 月 日本大本营策划攻占福建沿海福州、连江、长乐等县市,并把进攻的代号定为"福州战役"。

3 月 2 日 厦门日军出动水上飞机轰炸同安、海澄一带。

3 月 2 日 日机 70 多架狂炸沿海各地,晋江地区中 6 弹,死 29 人,伤 23 人,倒屋无数。36 架先后投弹六七十枚轰炸平潭岛一个小时,民房损坏甚多,死者 30 余人,伤 10 余人。

3 月 3 日 日机 1 架向晋江县南门旧局址附近投弹 63 枚,死伤者达 10 人。下午 2 时,日机 9 架向福清投弹三四十枚,毁屋 20 余间,死伤民众七八十人。

4 月 4 日 日本海军机队自厦起飞轰炸同安县。

4 月 15 日 日机多架飞经建阳、建瓯、顺昌等地,轰炸崇安、浦城两地。浦城县公共场所被炸 6 所,商店被炸 50 间,住宅 67 间,损失 287612 元;崇安中弹数枚,被机枪扫射烧屋 10 余家。

4月16日 日军在闽江口川石岛海面集结航空母舰两艘、飞机40余架、帆船百余条，作为进攻准备。

4月18日 日军飞机20余架轮番轰炸连江、长乐、福州等地。

4月19日 日本华南方面军第四十八师团主力及第十八师团一部，在其海军陆战队协力下，共出动2000余兵力从长乐、连江等地沿海同时登陆，于下午和晚上占领了长乐、连江、福清等县城。

同日 日军派驱逐舰两艘协同驻川石岛部队向长门要塞进攻。日军飞机接连几天轮番轰炸要塞各炮台，将国民党守军的大炮摧毁，弹药库、军营夷为平地。

4月20日 日机在闽清投弹百余枚，炸毁民船17艘，船夫死23人，伤15人。古田湾被炸，死12人。

4月20日 日军从长乐和连江两县分兵数路包围福州。福州仓山东北端发现日军便衣十余人向市区窥察。

4月21日 日军2000余人在飞机大炮掩护下，由连江、闽江口、长乐各地分四路入侵福州。福州第一次沦陷。长乐、福清、连江同时沦陷。

4月22日 占领福州的日军，其师团司令部设在马尾，在闽江口外泊有航空母舰，不时从舰上派飞机轰炸内地。

同日 由日军陆军特务机关的铃木谦三出面，收罗汉奸成立"福州治安维持会"，会长林赤民，下设民政、财政、建设、交通、公安、水上警察、卫生、社会等8个局；同时成立了伪地方法院、总商会，日军均派顾问常驻监督。

4月23日 日机11架向南平工业区投下炸弹10余枚，炸毁企业公司、铁工电工等到工厂及福利小学一所，死伤工人、平民约200余人。

4月30日 日军飞机、舰掩护伪和平救国军由观音澳江头登陆，侵袭平潭县城。

5月29日 日机2架侵入古田县，投弹12枚，寻珍、超古二中学及怀德医院与美国牧师住宅被毁。

6月9日 日舰4艘在炮火掩护下向霞浦三沙西澳进犯，日兵200余名到处搜索，全镇货物被洗劫一空。

6月9日 日机轰炸浦城县，被炸商店72间、住宅48间。

6月12日夜 长乐县伪维持会诬告本县集仙桥乡民劫取金峰街布店，并串通日军"剿办"，乡民被枪杀39人，重伤9人，大小房屋被焚毁290余座。

6月17日 福州北门九彩园陈椿一家遭洗劫，其父陈旋琨被日军砍死，儿子及两个女儿被活活勒死挂在床边，三岁的小女儿被塞进灶膛几乎闷死，后来被邻居搭救。

6月28日 为报复美国的对日资产冻结，厦门日本总领事馆和伪市府公布《取缔外国资金条例》，即日施行。

7月1日 日机6架向诏安朝天宫、十字街等处投弹，伤13人，烧毁平房19间。同日，永泰遭空袭，死8人，伤5人，毁屋18栋。

7月1日 日伪以"清乡"名义，"剿办"长乐县沙京乡。该乡民众平时抗战情绪高涨，当敌人进乡时，无不忠勇抵抗，共打死日军十余名。同时，无辜民众死50余人，伤10余人，房屋被焚数百间。附近之沟东乡，亦被杀数人，焚屋30余间。

7月某日 日机飞临福清渔溪，投弹后又用机枪猛烈扫射上郑一带，打死100余人。

7月5日 日机向诏安投弹7枚，死11人、伤8人。

7月20日 日机3架从溪口方向侵入闽江上空，投弹3枚，死五六人。

7月21日 福州鼓楼区云步山蔡仁官一家六口，惨遭日军杀害。

7月22日 日军扣留大批邮寄国币包裹，数额达700万以上。

7月26日 日军在福清县星桥乡强捕26名村民，诬指其中11人为游击队，将他们双眼蒙上黑布条后用刺刀活活捅死。

8月1日 宣布日本海军占用的虎头山区域内当日起禁止通行。

8月8日 日本当局宣布，凡持有硬币和中国各银行纸币、各国银行纸币（台湾银行除外）者，日本人和各国人要向日本总领事馆、中国人要向兴亚院办理申请许可证明书。

8月8日 日机2架向龙岩市效投弹6枚，死9人，伤10余人。

8月9日 日机向永安第一桥新村投3弹、茅坪省银行总管理处及政干团银行系各投1弹、渔潭财政厅宿舍附近投1弹，共死9人，伤5人；龙岩小北门、邮局、汽车站、县政府、简易师范学校等处亦遭空袭，死9人，伤11人。

8月12日 日机15架飞袭永安，毁屋60余间，震倒40余间，死伤数十人，由此引发大火，焚毁屋400余间。

8月13日 厦门日机多架分批肆扰闽南，集美3次被炸，海沧亦遭轰炸。

8月16日 日机5架由厦门起飞，经同安、安溪、永春、大田、永安，窜至三元、梅列投弹。

8月17日 日机侵入南平，计死伤男女各8人，毁屋多间。侵入同安投弹10枚，毁屋数座，死伤6人。

8月18日　日机4架两次轰炸龙溪，计投弹15枚，死伤男女22人，毁屋20余间。

8月20日　日机15架袭击永安，毁房百余所，死亡20余人。

8月23日　日军在福清海口前川村将抓获的43名壮丁排列海滩上用机枪扫射，35人当场惨死。

8月24日　日机6架飞窜古田，投弹35枚，计死伤平民10余人，监狱囚犯36人，毁屋83间，震倒房屋90间。

8月25日　日、伪军一部乘汽艇登陆攻陷霞浦三沙，占据3日之久，当地渔船全部停歇。日军撤离时又纵火焚烧，商店住宅被毁40余家，渔船被劫6艘。

8月28日　日机狂炸福清渔溪街市，店铺损失惨重，死伤70余人。

8月29日—9月2日　日机连续7天轰炸连江珑村，全村房屋几乎全被炸毁。

8月31日　日机2架飞窜龙岩市轰炸，死伤20余人。

8月　日军出动28艘战舰，侵入福建省沿海，驶过罗源县近海海面时炮击鉴江镇，炸死炸伤多人。

9月2日　孙仁官、孙林氏夫妇乘车往福州水部光复学校，被诬为中国军情报员，遭严刑逼供后被枪杀于校中。

9月3日　日军撤出福州、闽侯及长乐、连江、福清等地，福州等地光复。日军撤退时在连江县城投下燃烧弹，毁屋600余间。

9月6日　厦门根据地队①司令大野调离，司令一职由昌山耕一郎递补。

9月　国民党当局在福州成立清查逆产办事处，开会讨论关于调查附逆汉奸财产及赈济灾民等问题。全市进行户口总调查，捕获曾任汉奸伪组织科长职务的伪官多人。

10月4日　厦海敌舰炮击漳属沿海地带。

10月6日　日机1架自厦门起飞临轰炸同安，计投弹4枚，死伤男女5人，毁屋2间。

10月7日　日机1架轰炸同安，计投弹4枚，死伤5人，毁屋2间。

10月11日　日机在海沧投弹4枚，死伤4人，毁屋2间。

10月16日　日方发表厦门金融机关拒用交通银行1941年发行的5元纸币的公告。

10月29日　日机多架飞临嵩屿、集美、澳头等地投弹。

---

① 1938年11月15日，驻厦门日本海军陆战队改名为厦门根据地队。

10 月　闽海善后委员会感化团开始办理福州、连江、长乐、福清、平潭、莆田等县附逆已准自新分子集中训练班。截至当年底，共办两期。

11 月 14 日　日机 89 架自上午 5 时半至下午 2 时，分 13 批骚扰闽境，向南平投弹 5 枚，死 3 人，伤 20 余人。

11 月 26 日　日机 1 架向诏安后岭村投弹 1 枚，死 1 人，毁房 12 间。

11 月 29 日　日机 9 架侵入漳平上空，扔下 20 多枚炸弹，居仁小学被炸平，死难 2 人。

12 月 8 日　日本当局宣布与漳泉断绝任何交通，侵占鼓浪屿，留居厦门的英美侨民全部遭日军逮捕。

12 月 9 日　厦门根据地队（日本海军陆战队）本部发布实施灯火管制的告示。

12 月 12 日　日军火原料缺乏，在厦岛搜集铜钱。

12 月 19 日　日机 1 架向诏安西潭村投 3 弹，炸毁房屋 12 间。

1942 年

1 月 8 日　因发生国民党军偷袭鼓浪屿事件，厦门根据地队司令部发布告示：断绝厦门鼓浪屿间交通；断绝厦门大陆间交通；断绝厦门与浯屿间、厦门与金门间交通。

日本当局宣布对鼓浪屿实施戒严；西部海岸的帆船一律禁止入港；自下午 6 时至翌晨 7 时半为戒严时间；禁止一切集会；路灯通宵点亮；发现隐藏武器、不良分子及捣乱治安的人，必须立即向官署报告。

1 月 13 日　连日来日本当局大肆滥捕无辜居民。

1 月 15 日　厦门根据地队司令岛山调离，由井原美歧雄大佐接任。

1 月 15 日　日机 9 架侵入长汀县投弹 43 枚，毁店屋 300 多座、民船 14 艘，死 95 人，重伤 27 人，轻伤 17 人。

1 月 25 日　鼓浪屿派遣队由工部局出面以维持岛上治安为借口，宣布自当日起禁止内厝澳及康泰垵区域居民通往龙头方向，并禁绝一切集会。

2 月 16 日　日机向漳平先后投弹 4 枚，死 15 人，伤 10 多人，毁民房百余间。

2 月 27 日　日本厦门海军当局发表对英、美、荷兰等国籍的中国人的房屋及财产处理方案。

3月14日　召开非常时期工部局董事会，宣布公共租界一切行政权归日方掌握。

4月8日　日机3架轰炸漳州，死2人，毁店1间。

4月22日　日机轰炸建瓯，死伤30余人，毁屋19座。

4月23日　厦门日本警备队司令井原发出公告，委托台湾银行厦门支行为"敌产"管理人，负责清理"敌产"事务。

4月27日　鼓浪屿区商会宣布扫除所有"敌性"路名、店名，诸如和记路改为维新路，同英布店改为同兴布店等。

4月29日　太古码头改名为东亚码头，东亚码头改名为海军栈桥。

5月7日　日机轰炸建瓯，死伤29人，毁屋10座。

5月8—9日　日机轰炸建瓯，死伤15人。

6月5日、17日　福鼎沙堤遭轰炸面积达3000市亩，死2人，伤11人。

6月9日　日军舰6艘、汽车9艘运载步兵在霞浦三沙、陇水乡等地登陆，并炮击村庄，焚烧民房。

6月10—11日、19日　日机11架狂炸浦城，毁商店90间、住房83间。由此，市内数处发生大火。

6月11日　日军舰及登陆汽船5艘运载海军250余人登陆，袭击霞浦三沙镇陇头街，全街民房店铺被焚毁净尽。

6月12日　日军搜劫物资，太古堆栈存货均被运往台湾，价值在百万元以上。

6月14日　日机轰炸建阳，死10人，伤2人，燃屋10余间。

6月19日　台湾银行厦门支行发表公告，决定拒收中国农民银行钞票。

6月22日　厦门在乡军人分会和日本总领事馆警察署人员，在厦门神社附近举行巷战演习。

7月1日　"兴亚院"宣布，将于7月10日起全面流通汪伪南京国民政府中央储备银行发行的新法币。

7月2日　日伪政府决定在广州、汕头、厦门三市实行新旧法币兑换，禁止国民党发行的法币流通。

7月5日　日机1架飞炸福州市，投弹4枚，毁屋10余间。

7月7日　日机8架轰炸建瓯，向飞机场、大洲一带投弹13枚，死2人，伤10余人。

7月11日　日机17架狂炸建瓯，投弹68枚（内多燃烧弹），死伤285人，毁屋 354 座，水吉县横街林森保被炸，毁房屋 4 间，死亡 7 人，伤 1 人。

7 月 14 日 日机 3 架飞袭建阳，投弹 10 余枚，死伤 30 余人，毁屋 70 余栋。

7 月 14 日、15 日 日机轰炸建瓯，投下烧夷弹及爆裂弹 100 余枚，市区 200 余间房屋被烧毁，死伤民众无数。

7 月 18 日 鼓浪屿工部局宣布实施粮食配给制度。

7 月 19 日 诏安遭轰炸，死 1 人，毁屋 2 间。

7 月 20 日 日机轰炸建瓯，死伤 3 人。

8 月 13 日 举行中日军警联合演习。

8 月 17 日 日舰炮轰福鼎沙埕后，又派兵登陆，焚毁民房，劫夺货物。

8 月 22 日 日机轰炸浦城，毁商店 7 间、住宅 37 间。

8 月 24 日 厦门海面窜泊敌大型运输舰 1 艘，小型运输舰 3 艘，驱逐舰 1 艘，汽艇 2 只。

9 月 4 日 日机在长汀县上空投弹 43 枚，死 1 人，财产损失折合 13 万元以上。

9 月 4 日 日方厦门警备队本部发布第 29 号告示，禁止在厦门和鼓浪屿附近海面游泳。

9 月 10 日 日机轰炸晋江，投弹 8 枚，死 2 小孩，伤 8 人，毁屋 15 间。

9 月 10 日 日舰侵犯霞浦三沙，劫去渔船 4 艘。

9 月 24 日 日机飞袭永安，投弹 3 枚，死伤 5 人。

10 月 30 日 日机 7 架飞袭建瓯，向西郊投弹 8 枚，伤 3 人。

10 月 31 日 日机轰炸建瓯，死伤 41 人，毁屋 17 多座。

11 月 14 日 日机 6 架飞炸建瓯。

11 月 21 日 日机 16 架向建瓯西郊投弹 24 枚。

12 月 6 日 日机 12 架窜炸建瓯，盲目投弹并散发荒谬传单。

12 月 10 日 厦门伪市府公布实施粮食专卖制度。

12 月 15 日 "敌产"处理委员会发布公告，清理厦鼓"敌国"各公司财产的事务，委托日本各有关公司办理。

12 月 18 日 日本海军当局发布告示：决定自当日起对收音机实行登记管制，隐匿不登记者，将予严厉处罚。

12 月 19 日 日本部领事馆和厦门伪市府发表"取缔无线电信、电话和收音机规则"布告，并宣布即日起实施。

1943 年

1 月 2 日 日机 30 架空袭永安，投弹四五十枚，并用机枪扫射市民，历二三小时，死 10 余人，伤 20 余人。

1 月 28 日 台湾银行厦门支行奉命清理英国汇丰银行、荷兰安达银行财产。

3 月 2 日 日机 9 架向连江投弹 24 枚，炸死 30 人，伤 60 余人，倒屋 22 间。

4 月 1 日 日机轰炸建瓯投弹 30 枚，死伤 7 人，毁屋 7 座。

4 月 2 日 日机空袭建瓯，投弹 30 余枚，死 3 人，伤数人，毁屋 10 余间。

4 月 5 日 伪市府发表布告称：奉汪伪"国民政府行政院"训令，厦门特别"市府"管辖区包括厦门岛、鼓浪屿、金门岛、浯屿及其他附属各岛屿。

4 月 6 日 当局宣布市面上只许可中央储备券流通。同日成立厦门日本在勤海军武官府。

4 月 7 日 日机 6 架侵入平潭县上空投弹 16 枚，死 3 人，伤 2 人，炸死耕牛 3 头。

4 月 8 日 日机 1 架轰炸建瓯。

4 月 13 日 日机轰炸建瓯，死伤 15 人，毁屋 6 座。

4 月 24 日 日机轰炸建瓯，死伤 26 人，毁屋 55 座。

5 月 5 日 日机 10 架狂炸建瓯，向中山路、河边、留巷、县前（第一监狱）、小梨山、西大路一带投弹 40 余枚，死伤 35 人，毁屋 41 座。

5 月 8 日 日机 6 架向建瓯飞机场投弹 6 枚。

5 月 19 日 日机 9 架向建瓯飞机场投弹 36 枚。

5 月 20 日 上午 10 时，日机 9 架在建瓯上空投燃烧弹及定时炸弹 50 余枚，死 40 余人，伤 20 余人，毁屋数十座。

5 月 20 日 汪伪南京"国民政府外交部长"褚民谊宣布：正式收回鼓浪屿公共租界行政权。

5 月某日 日机 2 架轰炸建阳城关东门工人俱乐部，对面民房中弹，死一户居民 4 人。

5 月 21 日 日机轰炸建瓯，燃烧弹 30 余枚，一防空洞中弹，死伤百余人。

6 月 9 日上午 8 时 日机 25 架向建瓯飞机场投弹 120 枚。

6 月上旬 日机 3 架向建阳投弹数枚，被炸数人；下旬，日机 3 架轰炸水南汽车站，居民数人死难。

7月2日 日、伪军进犯福州琅琦，搜掠粮食后于6日退回厦门。

7月23日 日机7架向建瓯西郊投弹12枚。

7月25日、26日 日机飞扰，建阳、浦城被炸。

7月27日 日机在光泽投弹5枚，死伤20余人，22架轰炸建瓯，投弹50余枚，死伤30余人。

7月28日上午7时至下午3时止 日机12架穿梭轰炸建瓯，投弹120枚，死伤15人，毁屋25座。

7月29日上午8时至下午3时 日机分3批轰炸建瓯，死伤14人，毁屋4座。

8月10日 日机1架轰炸建瓯，投10余弹，炸死4人，伤3人，毁屋10余间。

8月15日 日机3架向建瓯西大路、管葡路一带投弹12枚，毁屋8间。

8月19日上午10时 日机9架向建瓯西郊外投弹数10枚。

9月1日上午8时 日机27架向建瓯西郊外投弹95投。

9月3日 日机10架向建瓯机场投弹56枚。

9月4日 日机9架轰炸建瓯，投弹18枚，死伤6人，毁屋11座。

9月15日下午2时 日机9架向建瓯机场投弹18枚。

9月19日 日机8架轰炸建瓯西郊。

9月24日 日机9架向建瓯飞机场投弹36枚，死4人。

9月29日 日机投下8弹，将亚南东石三公宫附近地面炸成一大窟窿，深达数丈许，死32人，伤无数，毁屋10余栋。1架轰炸诏安城内当铺巷，死4人，伤1人，毁房1间。

10月2日 日机6架轰炸建瓯投弹36枚，死伤87人，毁屋9座。下午4时又向建瓯飞机场投弹52枚。

10月28日下午1时 日机9架向建瓯西郊投弹30枚。

10月 日舰在霞浦嵛山北霜洋面劫去渔船9艘。

11月2日上午9时 日机6架向建瓯西郊投弹20枚。

11月4日 日机16架狂炸永安市区，共死伤300余人，焚毁房屋700余座。同日，18架日机轰炸建瓯，向飞机场投弹120枚。

11月5日上午9时20分 日机21架分7队两次空袭长汀县，投弹128枚，死47人，伤66人，毁民房28座、商店23间，财产损失合计总值528万元。

11月12日上午10时 日机9架向建瓯飞机场投弹52枚。

12 月 1 日　日机 9 架向建瓯飞机场投弹 20 枚。

12 月 5 日　日机 9 架向建瓯机场投弹 50 枚。

12 月 11 日下午 2 时　日机 7 架向建瓯飞机场投弹 52 枚，临江门、南营巷、小梨山各中 1 弹，死伤 3 人，毁屋 5 座。

12 月 19 日　日机 7 架向建瓯飞机场投弹 54 枚。

12 月 27 日　日机 7 架向建瓯西郊投弹 34 枚，府学前亦落 1 弹。

1944 年

1 月 20 日上午 9 时许　日机 7 架向漳州龙溪县投弹 20 余枚，死 39 人，伤 43 人，毁房屋 49 间。

1 月 24 日　日机 5 架向建瓯西郊投弹 35 枚，翌日，日机 8 架又投弹 50 枚。

1 月 28 日　伪厦门市府发出布告，从 2 月 1 日起实行征收通行税。

2 月 18 日　日机 6 架向建瓯西郊投弹 32 枚，28 日日机 7 架又投弹 42 枚。

2 月 19 日　日本当局推行"皇民化"运动，为强制厦门台胞学习日语而设的"国语讲习所"开学。

2 月　日军蓄谋毒化闽浙沿海，勒令各岛屿居民每户种植罂粟 1 亩，金门、壶江等地各种达五六万株，且以金门五里海为"示范罂粟园"，在厦组建"华东株式会社"制造烟膏，向内地销售。

3 月 3 日下午 2 时、24 日、31 日　日机分别以 5、3、2 架向建瓯飞机场投弹 32、24、10 余枚。

3 月 15 日　厦门"特别市政府鼓浪屿办事处"改为"鼓浪屿特别区公署"。

4 月 15 日上午 10 时、28 日　日机分别以 3、4 架向建瓯飞机场投弹各 20 枚。

4 月 28 日　日机 4 架向建瓯飞机场投弹 20 枚。

5 月 1 日　连江东石镇遭日机轰炸，毁民房 10 余栋，死伤 13 人。

5 月某日　日机 2 架向漳州东桥亭一带投弹数枚，民工百余人被炸伤亡。澄道观附近一中学中弹，一女教师被炸死。

5 月 14 日上午 9 时　日机 6 架向建瓯飞机场投弹 36 枚。

6 月 13 日　日机 20 架空袭建瓯，投弹 80 余枚，死伤 21 人，毁屋 3 座。

7 月 2 日　厦门海面泊日舰艇 14 艘。

8 月 7 日　日机 1 架空侵诏安南园祠边，投弹 1 枚，炸死 1 人，毁屋 1 间。

8 月 17 日　日机 5 架空袭建瓯，向飞机场投弹 20 枚。

8 月 25 日　日机 1 架向诏安南前路、下菜园投弹 2 枚，炸死 1 人，毁屋 3 间。

9 月 27 日　日军发动第二次福州战役。日军华中派遣军第二十三混成旅团共 2000 余人，由旅团长长岭喜一率领，从连江县的大澳、筱澳、官岭、浦口一带登陆。当日下午 3 时连江县城失陷。

9 月 28 日　日机 1 架向诏安能济桥投弹 3 枚，炸死 1 人。

9 月 28 日　日军在攻占连江后，兵分二路，一路向北经丹阳进犯罗源，一路向南经潘岭、汤岭、大北岭进犯福州。

10 月 1 日　日军以一部兵力进占闽安镇、马尾一带。

10 月 4 日　日军由大北岭和马尾两个方向进占福州，福州第二次失陷。

10 月　日军以搜查抗日游击队为名在连江县山下村斗门楼抓走青壮年 20 多人，其中 13 人经四昼夜严刑拷打后，被用刺刀活活刺死。

10 月 5 日　占领福州的日军番号庞杂，二十三混成旅团派出四个大队兵力盘踞福州；在特工人员方面，有"奥田机关"、"岁森联络所"等。司令部仍设马江。

10 月 6 日　日军从马尾对江攻入长乐县城。

10 月 15 日　日本最高司令长官发出布告，内容是：安民宣传；实行保甲连坐法；逼迫使用储备币。

10 月　入侵长乐的日军当局限当月 20 日以内当地居民须请发良民证。日军当局催促县城商民组织伪特会。

10 月 11 日　日军绑掳民众百余人，将他们关闭在长乐县政府礼堂及办公厅等处。

10 月 16 日　日机 8 架投弹 1 枚，炸毁诏安金街头与石牌巷的方家，炸死 4 人，伤 2 人。

10 月 27 日　长乐东渡日军遍贴荒谬告示，内容要点：日军驻地数日内全部户口绝对编成；即日起通用伪中央储备券；造缴田亩册，给领良民证；纳税拉夫一律豁免；此次系与英美抗拒，非与中国战争等。

10 月　日军以"日本皇军驻长司令部"名义出示，"你我系兄弟之邦，应联合黄种民族向英美等国抵抗，本部队在此等候大军联合向英美出击，民众应当即速返里各复本业云云"，进行欺骗宣传。

11 月上旬　入侵福州的日军当局要求伪福州商会会长尤柳门负责办理下列

各事项：供应侵榕日军粮食及日用品；通令各商店换用伪币；备军妓100名；登记物资，不登记者没收；失日兵1名须赔20万元。

11月上旬 日军在闽侯义序乡征夫，将民田房屋改筑飞机场，各店铺每日均要出工一人至数十人不等。义序乡果园稻田被破坏千余亩，乡民受害惨重，无田可耕，无家可归。

11月间 日军埋伏于浦口、新洲一带的蔗园中，或乘小舟游弋于洪塘江面，遇着难胞乘船逃走则洗劫一空，妇女更难免受其凌辱。

11月 入侵连江的日伪当局编组保甲完竣，任命杨成栖为镇长兼伪商会长，并开始征收屠宰捐税。

11月12日 国民党方面派出便衣部队分赴榕、连、长各沦陷区实地调查日军实力，得悉侵占福州、长乐、连江之敌总兵力不及2000余人，内日军仅千余，其余均系海匪。

11月13日 日军下令缴收在福州所发之伪组织人员证件，军妓及坦克车车轮之零件亦装运下船，伪币亦已停止兑换。在仓前山一带所掳之私娼亦行释放。

11月18日 日军将抢小麦制成面粉，另外，为加工万余担干谷，又召集市内碾米业限十天内赶碾完成，以便将这些粮食运出海外。

11月19日 日军把商号未登记的物品尽行运置福州中亭街实业银行内。

12月3日 伪福州市商会改称为"福州总商会"，会长由尤柳门继任，当即向日军当局提议征收商号存货登记保护费10%，第一批即被征去4000余万元。

12月8日 日军举行"大东亚圣战"三周年纪念会，强迫市民于8、9、13日悬挂中日国旗，表示"庆祝"与"亲善"。伪福州市筹备委员会亦于是日成立，由王之纲任委员长，委员为陈宏等9人；内部设民、财、建、教四科及一警察局，主管人选均已内定。又成立"福州救火联合会"。

12月8日 汉奸报福州《新东南日报》出现于街头。该报社由叶菁任社长、陈清任副社长、周礼任总编辑，报纸为对开版，多刊载荒谬战讯。

12月上旬 伪军司令郑德民企图来榕组织伪省府，日酋高田以为事关重大须与伪国府商洽后方能决定。随即分别在城内宫巷储金局及中平路一德医院设"和平救国军福州办事处"。

12月中旬 日军当局宣言，如各乡镇伪公所逾限组织成立，即派队往各乡烧毁房屋。随即分兵进驻闽侯侯官市、金桥、催缴派谷，并督促成立伪乡公所；又向沦陷区乡民演说，谬称请民众应认明"同文同种"，协助完成"东亚新秩序"云云。

12 月 日军已令伪市商会为其推销先前所抢的棉花、布疋等类物资，限本月 22 日收款。

12 月 盘踞福州的日军加强特务工作，军事方面由阿田文富主持，民政方面由岁森主持。

12 月 福州邮政海关归日军海军特务机关主持，并准备于最短期内恢复邮运。

12 月 20 日 福州大桥头所停的日军汽艇 30 余艘，装载食谷驶往海口瞄舰。同日，侵榕日军将所抢夺囤存各地之物资概行运往南台装载民船他运，其余物品则向民众低价求售。

12 月 21 日 由源口向竹岐下驶的一艘民船，在偷越白沙封锁线时触雷爆炸，船身破碎，只有 3 人被救，其余生死不明。

12 月 30 日 日军侵犯闽侯桐口小桥，在郭山洲焚毁大屋 5 座，杀害民众计男 5 人女 4 人。

1945 年

1 月 1 日 伪福州市政筹备委员会及伪警局正式成立，并勒收捐税六种（如教育捐等）。

1 月初 正式成立伪长乐、连江两县政委员会，以刘东山、黄冠群分任伪县长。伪福州盐粮管理处亦成立，由委员吴楠山及王壹仙（王之纲之弟）作任正副处长。

1 月 6 日 侵榕日军联络所所长陈幸二郎召集福州各救火会开会，决定由 1 月 14 日起福州治安救火会维持，并于 1 月 11 日起，每会发给储券 100 元，食米 2（面）包。同日，日军将物资运载出口。

1 月 18 日 由沪陆续开来日兵 3000 人左右到榕。1 月份，侵入福州的日军部数 5000 人左右，统归田村少佐指挥。

1 月 20 日 伪闽侯县政委员会成立，日军当局委萧其焱兼任伪闽侯县长，严嘉井等 4 人为委员，并发征田赋布告 4 种。

1 月 侵入福州的日军因给养穷竭，搜括愈烈，勒征铺税、乐户、屠宰、消费、营业、娱乐、防空、警察等 30 余种苛捐杂税，并开辟"地方建设奖券"，每月一期，每期发行一万号，每券售伪币 200 元，强派商户购买。

2 月 闽侯侯官市发现入侵福州的日军福州最高司令部警备部暨伪闽侯第四

区署联衔布告，称因军粮迫急，限本月底如数缴清，并区署经费统限于本月26日以前如数解署。

2月 榕、长、连日军增加约3000名以上，原有的6000余人，总数已达万名。

2月 日军在闽江下游滥扣民船，计瞄舰四五十艘，交水警看管以备装运物资。

2月20日 伪《新东南日报》改组，仍由叶菁任社长，总编辑由赵凯充任。经费方面由日军联络所及尤柳六、张逸舟各供给15万元。

3月21日 入侵福州的日军45人由祭酒岭出发，直抵侯官市。旋即传集各保，挨户勒索，结果被勒去白米3000斤，并强扣盐船一艘，内有食盐7000斤。当日下午，日军将上述物资满载而去。

3月29日上午2时 日机1架在建瓯上空做最后一次侦察。

3月31日 日军盘踞下的厦门、福州粮食来源已告绝。厦门每百斤大米售到1.2万元。厦敌四出抢掠粮食。

4月 伪福州市委会奖励福州人士兴办学校，先后成立有十余校。

4月19日 罗源港桂乡港头保遭日机轰炸，轻伤1人。

4月20日 罗源塔乡管柄保四明亭遭日机轰炸，死8人。

5月9日起 日军临时宣布戒严并抽查户口，其间被捕去约有五六十人。

5月13日 日宪兵队眷属及实业公司人员帆船开始撤退。日军之车马重炮队及大批军需用品已由帆船起运出口。

5月18日 盘踞福州的日军残部独立六十二混成团暨乔木司令民属第三支部第七联队兵力约2000余人，与入侵长乐的日军先后在长乐集结，全部约有4000余人开始向闽东流窜，由陆路经连江、罗源、宁德、福安、霞浦、福鼎等县向浙江平阳集中撤退。福州经历了7个月沦陷之后又宣告光复。长乐、连江、闽侯、福清也全部光复。

5月20日 日军前卫千余人，于当日中午占领罗源，并以一部继续推进宁德。

5月21日 日军三十一混成旅机炮大队500余人，分乘汽艇、民船由长乐驶至霞浦沙塘登陆，午后占领县城。

5月23日 日军占领宁德县城。

5月26日 入侵宁德的日军从县城撤退。

5月29日 日军主力4000余人，从宁德经下白石溪尾、盐田侵入霞浦县城，与海道先前侵入县城的日军会合。

5月30日　罗源洪皇镇皇万村遭日机轰炸，死1人，重伤1人。

5月31日　罗源凤石乡凤保遭日机轰炸，死3人，重伤4人。

5月底　日军撤退前大抓民夫，迫充担架苦力，沿途被杀害者多弃尸于道。

6月2日　福安县境内已无日军踪迹。侵入霞浦的日军一部即向福鼎边境逃窜。

6月5日　福州枪决汉奸蔡金兰等12名。

6月5日　日军4000余人于当午迫近福鼎城郊，县城于下午4时沦陷。集结在城西的日军1000余人，随即向浙边平阳方面进窜。

6月7日　下午4时许福鼎县城克复。

6月8日　入侵福鼎的日军2000余人尚在城郊拉夫企图逃遁。后该部日军退入浙江平阳，向桥墩门、向灵方面逃窜。至此，闽东无日军踪迹。

6月10日　枪决汉奸陈木森等3名。

6月29日　从金厦溃逃的日军铃木师团德本光信部队3000余人在海澄县境登陆进犯（后该部经漳浦、云霄、诏安等县18个乡镇，于1945年7月20日流窜至广东的饶平、黄岗，与在漳东的日军会合）。

8月10日　国民政府厦门市长黄天爵自漳电省，金厦难童12岁以下者计有789名。

（王爱菊整理）

后 记

　　《福建省抗日战争时期人口伤亡和财产损失》一书是在中央党史研究室统一部署下编纂的，是"抗日战争时期中国人口伤亡和财产损失课题"的重要组成部分，该课题为国家社会科学基金委托的一项重大课题。

　　中央党史研究室于2005年下发通知并召开了全国会议布置该课题的调研任务。福建省课题组于2006年初开始了查档，到省内各设区市分片开会以会代训，指导市县调研工作的开展，同时还入村入户采访亲历者。在查阅大量档案资料及开展市县调研的基础上，进行了省级调研报告的撰写。后再根据省级专家组、中央党史研究室专家组的鉴定意见，按照中央党史研究室两次会审的要求进行了多次修改补充，终于完成了书稿的编纂。

　　本书编纂在中央党史研究室的指导和省抗损课题编委会的领导下，由省委党史研究室研究一处组成的省抗损调研课题组完成。省抗损课题编委会由逄立左、陈雄、林玉涵任主任，黄玲、巩玉闽为副主任；由逄立左任主编，黄玲、钟健英任副主编。本书有关内容撰稿的分工是：专题一由钟健英执笔，专题二和专题三由王盛泽执笔，专题四和专题七由吕东征执笔，专题五和专题六由兰桂英执笔，调研报告、大事记、专题八由王爱菊执笔。巩玉闽、钟健英、吕东征、王爱菊参与了档案和文献资料的收集、整理，巩玉闽、钟健英、王盛泽、吕东征进行了口述资料中亲历者的采访，王爱菊负责全书档案、文献、口述资料及照片（图片）的选材、编排、编辑及校对工作。毛立红参与了部分照片（图片）的补充查找，傅奕群、胡自浩参与了调研报告修改过程中所需资料的收集与整理及全书的校对工作。

　　全书由逄立左、黄玲、巩玉闽、钟健英、王盛泽审定。中央党史研究室课题组的霍海丹、李蓉对本书的编纂工作给予了及时的指导；省委党史研究室黄玲副主任对书稿尤其是调研报告多次提出了具体的修改意见；福建省档案馆的林真副馆长、福建省委党校的曹敏华教授、福建师范大学的陈孝华教授也对本书调研报告提出了具体的修改意见。

　　本书编纂过程中，我们查阅和使用了大量第一手资料，也参考和吸收了近年来的研究成果。在收集资料过程中我们得到福建省档案馆、福建省图书馆、福建省政协文史资料编纂委员会、福建师范大学图书馆等单位的大力支持；省内各县、市（区）委党史研究室分别提供了珍贵的历史资料。在此，谨向所有关心、支持和帮助本书编纂出版的单位和同志表示衷心的感谢。

由于历史的原因，特别是一些重要的档案史料已经散失，尚存的档案资料收集亦不完整，我们在书中得出的福建省抗日战争时期人口伤亡和财产损失的有关数据还只是初步的和尚不完整的数据，并不是研究的最终结果；今后，我们将继续推进本课题调研工作，以期在掌握更多资料和取得研究新成果的基础上对有关数据再做出修订和补充，也祈望读者批评指正。

本书编者
2015 年 3 月

总　后　记

　　历时多年的《抗日战争时期中国人口伤亡和财产损失调研丛书》终于问世了。参加这套丛书编纂工作的，主要是承担《抗日战争时期中国人口伤亡和财产损失》课题调研任务的各省、自治区、直辖市及其下属市、县的领导同志和课题组成员，以及部分著名专家。他们以高度的责任心和使命感，竭尽全力，攻坚克难，终于完成了各自承担的任务，并按统一要求，形成了调研成果的 A 系列书稿。同时，有关省、自治区、直辖市还从实际情况出发，编纂了主要反映市、县调研成果的 B 系列书稿。由于各地情况不尽相同及其他原因，呈现在读者面前的丛书，将分批陆续完成和出版。

　　为了保证质量，我们对本丛书中由各省、自治区、直辖市完成的 A 系列书稿（即省级调研成果）实行了四级验收制，即：所有的省级调研成果，先由有关省（自治区、直辖市）课题领导小组及其聘请的省级专家验收组分别审读通过、写出书面意见；然后提交到中共中央党史研究室课题组。中共中央党史研究室课题组审读后，再聘请国内知名专家审读书稿，提出书面意见。对每次审读提出的意见，各省、自治区、直辖市课题组都认真研究落实，对书稿进行反复修改，或是说明相关情况，直到符合要求。由一批专家完成的 A 系列书稿（即带全局性的专门课题调研成果），也通过类似的办法验收。主要反映市、县调研成果的 B 系列书稿，则由有关省、自治区、直辖市党史研究室组织验收。各种调研成果验收修改的过程，同时也是调研的深化过程、提高过程。经过反复修改补充的成果，在质量上都有明显提高。

中共中央党史研究室课题组在中共中央党史研究室室委会和分管室副主任的具体领导下开展工作。中共中央党史研究室几任主要领导同志即曲青山和孙英、李景田、欧阳淞主任，非常关心和重视本课题调研工作的开展。分管这项工作的室副主任李忠杰同志始终严格把握政治方向，精心部署和安排，明确提出创建"精品工程、基础工程、警世工程、传世工程"的要求，给工作指明方向，还及时领导解决调研过程中遇到的种种困难和问题。各地同志和有关专家同中共中央党史研究室课题组保持密切联系，对中共中央党史研究室课题组的工作给予了积极配合和支持。

中共中央党史研究室课题组由李忠杰、霍海丹、李蓉、姚金果、李颖、王志刚、王树林、杨凯等同志组成。先后担任中共中央党史研究室第一研究部领导职务的黄修荣、刘益涛、蒋建农同志参与了课题调研部分和审改的工作。中共中央党史研究室科研管理部、办公厅的部分同志也参与了有关工作。特别是在北京市和山东省召开的两次全国性会议，中共中央党史研究室科研管理部、办公厅的有关同志自始至终参与了繁忙的会务工作，付出了大量心血和辛勤劳动。

在李忠杰同志直接领导下，中共中央党史研究室课题组承担了组织指导与协调推进各地课题调研和联系有关专家完成全局性专题调研的繁重任务。在人手十分有限的条件下，课题组同志们近10年如一日，以对民族负责、对历史负责的自觉精神，克服困难，埋头苦干，为圆满完成任务做了大量工作。计先后编发213期达60多万字的《工作简报》，同各省、自治区、直辖市的同志和有关专家进行了数以千次、万次的电话联系及当面沟通，先后到10多个省、自治区、直辖市实地调查、参加会议，了解情况，当面指导，协助各地完成调研工作，或邀请有关地方的同志到北京进行座谈；还组织22个省、自治区、直辖市课题组编纂《抗日战争时期全国重大惨案》，同中央档案馆联合编辑《抗日战争时期解放区人口伤亡和财产损失档案选编》，同中国第二历史档案馆、中国人民解放军档案馆联合编辑其馆藏的相关档案资料，撰写有关专题报告，等等。将近 10 年来，课题组成员虽有变动，但工作始终如一，没有延误和懈怠。

需要说明的是，《抗日战争时期中国人口伤亡和财产损失》课题，有时也简称为抗战损失课题或抗损课题。虽然有学者认为"抗战损失"或"抗损"通常只能反映抗日战争中财产方面的损失，人口伤亡不能称作损失，但考虑到当年国民政府习惯采用"抗战损失汇报"或"抗战中人口与财产所受损失统计"等表述，所以本课题参照前例，以"抗战损失"或"抗损"作为课题简称。

2014 年初，根据中央领导同志的指示精神和中共中央党史研究室室委会关于做好出版和对外宣传全国抗战损失课题调研成果准备工作的要求，我们组织部分省、自治区、直辖市的分管领导和课题组成员对已经印出样本的 A 系列书稿再次进行复审和互审，并邀请部分承担了抗战损失专题调研任务的专家参加审稿工作。这次集中复审和互审的主要任务是：审核已经印出样本的 A 系列书稿，对相关数据、史实严格把关，保证课题调研结论的真实性，保证书稿没有重大差错。中共中央党史研究室主要领导同志和分管领导同志也提出要求：把工作做得再深入、再扎实一些，统一规范，责任到人，把问题消灭在书稿正式出版之前。

在复审和互审过程中，地方同志和邀请的专家以多种形式及时沟通，围绕审稿发现的问题研究讨论，和中共中央党史研究室分管领导进行交流，对一些重要的共性问题达成一致。经过复审和互审，对有关的 A 系列书稿做出进一步修改。在此基础上，中共中央党史研究室课题组同志又对拟第一批出版的每一部 A 系列书稿进行多环节的审读、检查、修改、校对，严格审核把关，尽可能如实、客观地反映调研情况和成果。

中共中央党史研究室的其他同志及一些外聘同志、从地方党史部门借调的同志，如徐玉凤、谢忠厚、杨延力、郭明泉、戴思厚、王俊云、梁亿新、宋河星、毛立红、王莹莹、茅永怀、庾新顺、李蕙芬同志等，满腔热情地参加了本课题调研的部分工作。不论是调研选题的讨论、同有关各方的联络，还是资料的整理、归类、建档等，他们都付出了辛勤的劳动。

这里，还要特别感谢国家社会科学基金规划办公室、国家新闻出版广电总局有关领导和同志对本课题调研工作的支持和帮助，感谢有关部门对丛书出版经费的支持和保证。中共党史出版社的领导汪晓军以及陈海平、姚建萍等同志，也为这套丛书的出版花费了很多心血。

我们相信，本丛书 A 系列和 B 系列各卷的陆续公开出版，必将大大有助于抗战损失课题调研成果的推广利用，有利于固化历史，更好地发挥以史为鉴、资政育人的作用。但是，我们也深知，本课题调研迄今所取得的成果，还只是阶段性的、部分的、不完全的成果。在已经取得的来之不易的成果的基础上，今后，这一课题的调研工作还要深入不懈地继续进行下去。

中共中央党史研究室课题组

2014 年 4 月 30 日